"十二五"普通高等教育本科国家级规划教材

新编21世纪档案学系列教材

档案管理学

第五版

王英玮　陈智为　刘越男　编著

Records and Archives
Management Science

中国人民大学出版社
·北京·

编者简介

王英玮　历史学博士，中国人民大学信息资源管理学院教授、博士生导师，全国档案领军人才（档案学理论研究领域），档案管理教研室主任，学院学术委员会委员；中国档案学会理事，档案学基础理论委员会委员。主要研究领域包括档案学基本理论、档案管理应用理论、专门档案管理、公司档案治理、信息管理基础理论等。著有《档案文化论》《知识经济时代档案部门的生存与发展策略》《档案管理学》《档案学概论》《信息管理导论》《政务信息管理》《会计档案管理的原理与应用》《档案行政学》《档案管理学基础》《信息时代的人事档案管理》《档案分类》《专门档案管理》等著作。发表学术论文90余篇。主持社会科学基金项目、卫生部项目及各种横向企业（公司）项目10余项。曾获中国人民大学“十大教学标兵”优秀奖、国家档案局科技成果二等奖等。

陈智为　中国人民大学信息资源管理学院资深教授、硕士生导师，曾任学院党委书记。主要研究领域是档案管理应用理论、档案社会学、档案行政学。发表了大量有社会影响力的学术论文，并主编、参编了多部教材、专著，其中《新编档案管理学》《档案管理学》《档案行政学》《档案社会学概论》等教材，深受国内广大师生的好评。

刘越男　管理学博士，中国人民大学信息资源管理学院教授、博士生导师，院长。主要研究领域是电子文件管理、数字档案馆、信息资源管理。目前已经发表学术论文数十篇，并且主编、参编、撰写了多部教材和专著，其中《电子文件管理国家战略》《建立新秩序》《电子文件风险管理》《政府网站的构建与运作》等教材和专著，得到了学界的广泛好评。

内容简介

《档案管理学》（第五版）是“十二五”普通高等教育本科国家级规划教材，同时也是中国人民大学的“十三五”规划教材。全书共分四编十六章，从档案实体管理、档案资源开发利用、专门档案管理、档案信息化四个方面对档案管理学的理论与实务知识进行了详细全面的讲解。

为了适应我国档案治理体系和治理能力现代化的客观需要，使我国的档案管理走向依法管理、走向开放、走向现代化，按照习近平总书记关于新时代档案工作的重要指示精神，本次修订着重对一些已经过时的内容进行了更新和调整。

（1）首次系统提出了档案管理的十大应用原则。

（2）对原书的章节顺序进行了合乎常理和规律的调整。

（3）进一步说明了档案收集的意义，明确了档案分类与档案整理的关系。

（4）完善了档案保护与档案安全管理的理论内容，充实了档案的登记和统计的思想内容。

（5）修订了档案检索部分、档案的提供利用与用户服务部分的知识内容。

（6）增加了数字档案编研方面的新知识。

（7）对第三编的知识内容均做了重要修订，按照党和国家有关部门颁布和实施的新规范、新标准和新要求，重新系统介绍和说明了人事档案管理、会计档案管理和声像档案管理的管理理论、原则、技术和方法。

《档案管理学》（第五版）教材不仅是我国高等教育档案学专业及相关专业开展档案管理教学的教科书，而且可以作为我国档案主管部门、各级各类档案馆（室）、文档中心、社会职业培训机构开展档案管理知识和技能培训的专业教材。

第五版说明

白驹过隙，岁月如梭。《档案管理学》（第四版）自2015年出版以来，转眼又过了六年时光。在这六年里，我国的档案事业发生了一系列的变化，新的档案管理实践经验和理论研究成果层出不穷，新的政策、法律、法规、标准也陆续出现。档案管理工作的对象也发生了较大的变化，电子档案的概念逐渐被人们接受，档案信息化建设已经成为衡量档案事业发展的重要尺度。实践的发展迫切地需要新理论、新方法、新规则的指导，这也是我们开展本次修订的主要动力来源。“十三五”期间，中国人民大学非常重视档案学专业教材的建设。《档案管理学》（第五版）也成为“十三五规划教材”中的一部。

本次修订的主要内容包括：

（1）对第一章第二节所讲述的“档案管理的应用原则”进行了进一步梳理和补充，并第一次系统提出了档案管理的十大应用原则。

（2）对原书的章节顺序进行了合乎常理和规律的调整。

（3）修订了第二章“档案的收集”的内容，系统说明和介绍了档案收集的意义和要求，讲述了社会组织内文件的归档，立档单位的档案收集工作，档案馆的收集工作，档案馆对家庭档案、名人档案的收集，国家档案馆对口述史料的采集和征集等方面的新经验与新理论。

（4）修订了第三章“档案的分类与整理”的内容，系统阐述和介绍了档案分类的概念和种类及意义，全宗，全宗内档案实体分类的要求、标准和方法，档案实体整理工作内容、意义和原则，类内档案文件的整理与系统化等方面的理论、原则、技术和方法。

（5）修订了第五章“档案保护与安全管理”的内容，系统说明和介绍了档案保护管理和档案安全管理等方面的知识、理论、技术和方法。

（6）修订了第六章“档案登记和统计”的内容，介绍了档案登记和统计的基本理论知识，说明了档案统计原理及步骤，明确了档案登记的基本形式和内容，介绍了档案统计台账的建立方法，讲述了全国档案事业统计年报制度的内容和做法。

（7）修正了第七章“档案资源开发与利用概述”的一些提法，将“档案信息资源”的提法统一修正为“档案资源”。

（8）修订了第八章“档案检索”的部分内容。主要对档案著录与标引进行了重新撰写，以利于反映档案著录和标引工作的新的发展方向。

（9）修订了第九章“档案编研”的部分内容，增加了数字档案编研方面的新知识。

（10）修订了第十章“档案提供利用与用户服务”的内容，介绍了档案提供利用工作与用户服务的基本知识，明确了档案提供利用工作的方式，讲述了开展档案用户服务工作、档案开放与公民权利的保障和网上用户服务的理论、原则和方法。

（11）对第三编的三章内容，均进行重新修订。系统介绍和说明了人事档案管理、会计档案管理和声像档案管理的理论、原则、技术和方法。

参加本书编写和修订工作的人员及分工如下：

陈智为：绪论。

王英玮：第一章、第二章、第三章、第四章、第五章、第六章、第七章、第八章、第十章、第十一章、第十二章、第十三章。

刘越男：第十四章、第十五章、第十六章。

李颖：第九章。

全书由王英玮统稿。

在本次修订过程中，我们得到了中国人民大学、信息资源管理学院、中国人民大学出版社的大力支持。在该书的编辑出版工作中，中国人民大学出版社的潘宇老师、盛杰老师等付出了许多，在此一并致谢。

在本次修订的过程中，由于我们的时间和能力的局限，书中的一些观点、数据和文字表达难免存在疏漏和不足，敬请广大读者和同仁指正。

编者

2021 年 1 月

第四版说明

《档案管理学》的教材建设凝聚了几代人的心血和智慧，同时也是中外档案管理工作者实践经验和理论研究成果的集成。现今的档案管理工作正处在一个混合、交融、变革发展的时期。档案管理实践所面对的管理对象、管理业务内容、管理原则、管理理论、管理模式和方法等，都在不断发生变化；档案管理工作的新经验、新理念、新方法、新技术层出不穷。为此，及时对所出版的档案管理专业教材进行补充、完善，使其具有更好的理论指导意义和实践价值，就成为本书编写组应当完成的一项重要任务。

本次修订工作是在中国人民大学信息资源管理学院（原档案学院）和中国人民大学出版社的大力推动与支持下，历经一年多的时间完成的。具体的修订工作是按照“十二五”普通高等教育本科国家级规划教材的编写要求，在中国人民大学出版社 2008 年 9 月出版的《档案管理学》（第三版）（“十二五”普通高等教育本科国家级规划教材）基础上完成的。

《档案管理学》（第四版）的主要修订内容包括：

（1）对原书稿的第二章内容进行较多的修改和补充。重新定义和阐述了档案价值鉴定工作的概念，进一步明确了档案价值鉴定工作需要遵循的思想原则和工作规则，借鉴和吸纳了国外档案价值鉴定理论中的宏观鉴定法、内在价值鉴定法等合理的思想和做法，完善并深化了对档案价值鉴定的相对价值评估法的思想内容，总结归纳了在各种特殊情况下可以采用的档案价值鉴定方法。同时，还对诸如档案价值鉴定工作中的传统“弹性处理方法”的表达，根据国内外的科学实践经验和理论研究成果，进行了更正；对档案价值鉴定工作应采用的档案“整体价值评估法”进行了重新阐释和解读。

（2）对原书稿的第五章和第九章进行了重新编写。增加了现代档案管理所需要的档案保管知识、编研工作知识的阐述和说明。

（3）对原书稿的第八章“档案检索”的内容进行了新的补充。增加了“档案目录数据库”的建设理论与实践方法等方面的新内容。

（4）对原书稿的第十二章的第一节和第三节进行了新的修订，并根据我国人事档案管理实践的发展需要，对人事档案的收集与鉴别、人事档案的分类等，做了新的补充和完善。

（5）对原书稿的第十三章“会计档案”的内容，根据财政部、国家档案局的新规定，结合各立档单位会计档案管理的实践经验，进行了补充和完善，进一步明确了电子会计文件和电子会计档案的管理要求与管理方法。

（6）对原书稿的第四编的内容，根据新的实践经验和国家规定，也进行了必要的补充和完善。

（7）对原书稿的第四章、第七章等章节的个别内容，也进行了必要的补充和修正。

参加本书编写及修订工作的人员及分工如下：

陈智为：绪论、第一章、第三章、第四章、第六章。

王英玮：第二章、第七章、第八章、第十章、第十二章、第十三章。

刘越男：第十五章、第十六章、第十七章。

李颖、王海虹、倪晓春：第五章、第九章、第十一章、第十四章。

全书由王英玮统稿。

本书是受国家教育部委托编写、修订的高等学校专业教材，可供各高等学校的档案学、信息管理和信息系统、图书馆学、情报学、公共管理学、行政管理学、法学、秘书学等专业的本科生、专科生、在职研究生班的研修生使用，也可供各级各类档案管理部门、企事业单位开展业务培训、继续教育、档案管理业务能力提升教育使用。

本书实际上是在中国人民大学信息资源管理学院及相关院校几代人的档案管理理论和实践研究成果的基础上，编写和修订完成的。让我们永远记住这些学者的名字及他们的学术贡献，他们是陈兆祦教授、和宝荣教授、邓绍兴教授、冯惠玲教授。

本书在编写和修订过程中，得到了中国人民大学出版社潘宇老师、宋义平老师的指导和帮助，在此一并致谢。

本书在编写和修订过程中难免会出现一定的错讹乃至观点方面的错误，敬请广大读者不吝赐教并予以斧正。

编者

2014 年 12 月

第三版说明

档案事业的快速发展，尤其是档案信息化的突飞猛进，势必对档案教育以及档案教材内容提出更多、更高的要求。为了适应新的形势，我们以原国家教委高教司编著的《档案管理学教学大纲》为依据，对中国人民大学出版社1996年11月修订出版的《档案管理学》（高等学校文科教材）进行了修订，并补充了一些新的内容。

（1）去掉了原来的“导论”，改为“绪论”，对档案管理学的历史与现状、档案管理的基本理论、档案管理学的学科定位与特点等问题，做了全面、系统的阐述。

（2）根据目前档案管理现代化发展趋势的要求，增加了“档案信息化”这一编，但它也仅仅是探索性的介绍与叙述。

（3）全书共分四编十七章，每编首章即为该编概论，简要介绍该编的主要内容。

参加本书撰写的人员及分工如下：

陈智为：绪论、第一章、第三章、第四章、第五章、第六章、第十一章、第十三章、第十四章。

邓绍兴：第二章、第七章、第八章、第九章、第十章、第十二章。

刘越男：第十五章、第十六章、第十七章。

本书是受国家教育部委托撰写、修订的高等学校专业教材，可供高等学校档案、信息管理、文秘等专业的本科生、专科生使用，亦可供函授大学、广播电视大学、职业大学、夜大学、网络远程教育大学以及自学考试等有关专业学生使用，并可供档案工作者学习参考。

本书是在《档案管理学》1996年修订本的基础上，汲取其中许多有益的论述修订而成的，在此向原书参与编写者冯惠玲、张辑哲、王英玮同志一一致谢。

本书在编写、修订、出版过程中，得到了教育部，中国人民大学校、院、系领导和老师的支持，同时也得到中国人民大学出版社以及潘宇等同志的悉心指导与帮助，在此一并致谢。

由于我们水平所限，本书难免存在缺点甚至错误，敬请读者批评指正。

编者

2008年5月1日

修订本说明

社会主义市场经济体制的确立，档案事业的快速发展，必将对档案教育以及教材内容提出更多、更高的要求。为了适应这一新的形势，我们以国家教委高教司编的《档案管理学教学大纲》为依据，对 1989 年 1 月出版的《档案管理学》（高等学校文科教材）进行了较大范围的修订，突出了部分章节。

（1）对全书框架结构重新进行了调整，补充了新的内容，全部是重新编写。

（2）去掉了“前言”，增加了“导论”，对档案管理学的历史与现状，档案管理的基本理论、全宗原则和开发利用档案信息等重大问题作了全面、系统的阐述。

（3）考虑到档案价值鉴定工作应该贯穿整个档案管理工作的始终，故把这一章内容提前，并在内容与体例上作了较大补充与变动。

（4）根据目前档案管理现代化的发展趋势的需要，增加了档案的计算机检索与电子档案管理等方面的内容。这一部分仅仅是具有探索性的一般介绍。

（5）为了使档案教育与实际工作结合更紧密，本书新增加了“档案馆、室的资料与实物”一章。

参加本书撰写的人员及分工如下：

邓绍兴：第九章、第十三章。

陈智为：第十章、第十一章。

冯惠玲：第一章、第五章、第七章、第十二章。

张辑哲：导论、第三章、第四章、第八章。

王英玮：第二章、第六章。

全书由邓绍兴、陈智为担任主编并修改、定稿。

本书是受国家教育委员会委托撰写、修订的高等学校专业教材，可供高等学校档案专业的本科生、专科生使用，亦可供函授大学、广播电视大学、职业大学、夜大学、自学考试档案专业学生使用，并可供档案工作者学习参考。

本书在编写、修订过程中，得到了国家教委和中国人民大学校系领导的支持和中国人民大学出版社的帮助，在此一并致谢。

由于我们水平有限，本书难免存在缺点甚至错误，敬希读者批评指正。

编者
1996 年 3 月

目录

绪 论

档案管理学是一门理论性与实践性很强的应用学科，是研究档案管理工作基本原理、原则、技术和方法的学科，是档案学中最先建立、历史最长、发展成熟的一门分支学科。对档案管理学的历史与现状、学科定位和学科特点等方面的问题，进行一定的反思和深入研究，对档案学的学科发展具有重要意义。

一、档案管理学的历史

在我国，对档案管理的专门研究始于20世纪的二三十年代，而这种研究开始是直观的、经验性的，而后逐渐趋于系统化和科学化。20世纪三四十年代先后出版了13本档案学著作。其中有代表性的如下：1935年周连宽的《县政府档案处理法》；1936年程长源的《县政府档案管理法》；1938年何鲁成的《档案管理与整理》；1940年龙兆佛的《档案管理法》；等等。这些书籍的相继问世，标志着以档案管理学为代表的中国档案学初步形成。

中华人民共和国成立后，百业待兴，旧中国的档案工作经验又不完全适合，在几乎一片空白的情况下，苏联的档案工作的理论与实践，对我国档案学的建立与发展起到了重要的作用。1950年10月苏联派档案专家到中国，介绍苏联档案工作的理论与实践经验，对中国档案事业建设提出了许多宝贵意见。至1957年，苏联送给中国档案业务资料150余种；中国已翻译、出版了《档案工作的理论与实践》《苏联档案工作的历史和组织》等业务书籍近10种30万册。这些书籍与资料，对我国档案学研究和档案工作实践产生了深刻的影响，使我国20世纪50年代的档案管理学研究打上了苏联档案工作理论与实践的印记。正如吴宝康教授所说的那样："苏联档案学理论由此而系统地传入中国，苏联档案学教材也在我国大量翻译出版，为我们创建以马列主义、毛泽东思想为指导的并与中国实际情况相结合的档案学提供了有利条件，它帮助我们加速了在自己的档案工作实践基础上建立新档案学的过程。"①

苏联档案工作理论与实践的研究与大量著作传入我国，促进了我国档案管理学的创建过程，并使我们在以下几方面有所借鉴：

第一，集中统一管理档案工作的社会主义原则成为我们研究档案管理学的基本原则。1918年6月1日列宁签署的《关于改革与集中统一管理档案工作的法令》以及苏联档案工作集中统一管理，为档案管理学的创建提供了基本原则与思想基础。

---

① 吴宝康．档案学理论与历史初探．成都：四川科学技术出版社，1986：199.

第二，全宗理论的引进使档案实体的管理建立在科学的基础上。保持全宗的完整与不可分散性，对于档案的收集、整理、鉴定、保管、统计以及提供利用，都具有现实意义。

第三，档案馆工作研究成为档案管理学的主要着眼点。在苏联档案学著作中，关于档案馆工作的内容占了很大篇幅，这对后来我国形成的档案管理学有一定启发。众所周知，新中国成立前以及新中国成立初期，档案学研究基本上是以研究机关档案室的工作为研究范围的，对档案馆网的形成和档案工作建设的研究还几乎是一片空白。在这种情况下，苏联有关档案馆建设方面的经验，以及1958年后我国档案馆网的初步形成，对于创建我国的档案管理学确实有不少值得借鉴之处。

苏联经验需要学习和借鉴，但在学习与借鉴苏联档案学过程中，曾出现过忽视实际、机械搬用等教条主义倾向。尽管后来很快得到了纠正，但对档案管理学的创建与发展，还是产生了一些消极影响。在回顾与展望时，这一点也必须予以充分估计。

20世纪50年代后，在学习苏联档案学理论与工作经验的同时，开始着手对新中国成立前档案学的研究与批判吸收。由于教学与科学研究的迫切需要，1958年中国人民大学历史档案系翻印了新中国成立前出版的有关档案学旧著13本。研读了上述诸书，就可以对旧中国的文书处理和档案管理的研究有一个概括的了解，便于我们批判地吸收旧档案学的历史遗产。

对旧中国档案管理学批判吸收，主要基于以下几点原因：

第一，旧中国的档案管理学研究带有深刻的时代烙印。新中国成立前的档案管理学研究，“一方面，它冲击了腐朽的封建档案工作传统，另一方面由于它本身就是激烈的国内政治斗争、阶级斗争的产物，因此一开始就服务于强化政府机构的政治目的。在理论上，旧中国档案学基本停留在机关文书档案的水平之上。这不仅由于旧档案学本身就脱胎于机关文书工作，而且因为中国当时没有像法国那样在资产阶级革命后，建立全国规模的档案馆网体系，尚缺乏档案馆工作的实践，档案工作也远没有发展成为一项全国性、社会性事业。因此，它的基本思想、观点、原则和方法，它的基调和主题，都必然烙有深刻的机关文书档案的印记”①。正因为如此，旧中国的档案学是不适用于新中国成立后档案事业发展需要的，也不能指望以旧档案学来指导新中国档案事业的建设与发展。只有通过批判吸收，才能“去其糟粕，取其精华”。

第二，旧中国档案管理学研究带有很大局限性。如前所述，旧中国档案管理学研究，是在研究机关档案室工作的经验中产生的。它虽然已初步形成一个体系，但水平不高，只反映了机关档案室工作的实践，而且文书研究和对文书工作的研究又占了很大比重。而对档案事业的主体——档案馆等问题的研究，几乎是一片空白，存在着很大的局限性。如果对此不加批判地继承下来，势必使我国档案学的研究走上畸形发展的道路。

第三，旧中国档案管理学受西方档案管理学影响较大，其中以档案分类受欧美各国图书分类法的影响最为明显，人们甚至试图照搬美国杜威十进图书分类法来解决档案的分类的问题。正如吴宝康教授所指出的那样，当时档案的分类方法“在实际工作中是有

---

① 王李苏，周毅．回顾与展望：对我国档案发展的历史考察．上海档案，1988（6）：5－13.

许多缺点的，如层级繁多，号码连串，有的还机械死板，有的分类与立卷相混”[①] 等等，不一而足。因此，这种照搬的结果必然是“南辕北辙”，与我国档案工作的实际情况相去甚远。

尽管如此，旧中国档案学以及档案管理经验，有一些还是可以吸取，为新中国成立后创立新档案学（包括档案管理学）所用的。具体表现为以下方面：

（1）关于档案的定义、性质、种类和作用问题。

（2）关于档案管理的原则与方法问题（比如业务工作环节的划分、档案分类、档案编目、档案价值的鉴定）。

（3）关于档案行政问题。新中国成立前的档案学著作中曾说道，今天谈改革档案管理者大都忽视行政而重技术，他们可能不太清楚，只有具备了良好的行政，良好的技术才有表现的机会。上述言论对于我们今天档案工作的行政组织与管理也有参考价值。

（4）档案人才的培养与使用问题。新中国成立前出版的档案学著作中，对档案管理人才的选拔与培养使用问题，有过很好的论述。在档案管理人、财、物诸因素中，唯独人才最重要。他们有关服务的修养、丰富的知识、谦和的态度以及主办人员、协理人员、档案管理人员三个层次人员选用条件的论述，对新中国成立后的档案工作与档案管理学研究，都有借鉴与参考价值。

新中国成立后，百业待兴、百事待举，但党和国家对档案工作和档案学研究给予了极大关注，批准和颁发了一系列规章和条例，召开了有关会议，尤其是 1956 年 4 月 16 日国务院颁发了《关于加强国家档案工作的决定》，明确要求加强档案学研究以提高科学水平。与此同时，制定了 12 年哲学、社会科学向科学进军的发展规划，把档案学列为该规划的独立学科之一。档案工作的实践也在不断丰富与发展，1958 年广大档案工作者的政治热情同样也被吸引到档案学研究领域中来。尽管受当时整个社会环境的影响，提出过一些不适当的口号，做过一些不适当的估计，但动员领导和群众关心与支持档案事业的热情都是空前的。举办展览、开办培训班、建立档案科学研究所、编教材、写文章、著书立说等工作，为档案管理学的创建，提供了一定的群众基础与实践源泉。

陈兆祦主编的《档案管理学》的出版，标志着具有中国特色的档案管理学著作的问世。其特色主要体现在两个方面。

第一，形成了独立的学科体系。《档案管理学》的最初版本（共两版七次印刷）共分九章，有 17.5 万字。其中既有基础理论（如第一章“档案”、第二章“档案工作概述”），又有档案管理原则与方法（如档案的收集、整理、鉴定、保管、统计与利用），还有档案馆（室）对资料与实物材料的管理。这种结构与体系是符合 20 世纪 60 年代我国档案工作实际情况的，而且这种结构与体系是在 20 世纪 50 年代后期至 60 年代初期档案工作丰富的实践、大量调查研究的基础上形成的。

第二，与《苏联档案工作的理论与实践》一书既有联系又有区别。《苏联档案工作的理论与实践》（T. A. 别洛夫等编）于 1959 年 12 月由中国人民大学出版社出版。该书是苏联当时比较完整的档案管理学方面的著作。它对我国档案管理学的建设具有很大的借

---

① 吴宝康．档案学理论与历史初探．成都：四川科学技术出版社，1986：199.

鉴作用。三年后形成的具有中国特色的《档案管理学》借鉴了如下几点：

(1) 文件材料补充的原则与方法，对档案的收集有启发意义。

(2) 全宗文件材料的系统整理与科学整理、文件材料价值的鉴定、文件材料的编目、文件材料的登记和检查等，对档案整理、鉴定、统计章节的形成有借鉴作用。

(3) 档案馆参考工具与参考资料、文件材料的利用，对档案检索工具的编制和利用工作的开展有参考价值。

这两部著作的区别在于以下方面：

(1)《档案管理学》言简意赅，内容集中明确，结构合理，逻辑性强。而《苏联档案工作的理论与实践》除档案管理的原则与方法外，还包括技术档案，影片、照片、录音档案，文件的缩微复制，档案馆的房屋与设备，对档案馆的指导与检查等，内容庞杂，面面俱到，几乎包括了档案学所有分支学科的内容。相比之下，《档案管理学》内容单一，问题明确，使读者易于了解与实施。

(2)《档案管理学》通俗易懂，反映了我国档案工作的实际。该书作者从我国档案工作实际情况出发，把《苏联档案工作的理论与实践》中的“文件材料存量与状况的登记和检查”改为“档案登记与统计”，并补充与完善了档案登记与统计的具体内容与方法。

(3)《档案管理学》理论部分有一定比重。该书对档案具体工作方法能升华到理论高度，如“档案及其形成”“档案工作性质”“档案整理工作原则”“鉴定档案价值的原则”“档案利用工作概述”“档案统计的一般原理”等。相比之下，《苏联档案工作的理论与实践》具体业务方式方法交代多，理论概括较少。正如吴宝康所指出的那样：“对一些基本理论问题不怎么注重，某些理论化了的问题有时比较简单生硬，有些技术方法搞得比较烦琐和死板。”①

当然，任何事物在历史发展过程中，不可能一开始就很完善，尤其是像档案管理学这样一门新兴学科，肯定还有不足之处。尽管如此，在“文化大革命”前仅仅作为档案学的分支学科——档案管理学，对丰富档案学、对档案管理工作的指导与参考作用，是有目共睹的。

二、档案管理学的发展与现状

党的十一届三中全会至今的 40 多年中，档案工作虽然也走过一些弯路，但经过恢复、整顿，目前已取得较大发展。可以毫不夸张地说，这一阶段是新中国成立后档案工作发展的黄金时期，档案管理学研究出现了繁荣景象。陈兆祦著的《档案管理学》1979 年经局部删改，1980 年 1 月再版；1982 年 9 月和宝荣、陈兆祦编著的《档案工作基本知识》由档案出版社出版；1986 年 5 月和 10 月，邓绍兴、陈智为编著的《新编档案管理学》由档案出版社、中国人民大学出版社相继出版；1988 年 5 月，王德俊编著的《档案管理学》由文化艺术出版社出版；1989 年 1 月，邓绍兴、和宝荣主编的《档案管理学》作为高校文科教材由中国人民大学出版社出版；1991 年 10 月，何嘉荪主编的《档案管

① 国家档案局．档案学理论新探索．北京：档案出版社，1987：184.

理理论与实践》由高等教育出版社出版；1991年12月，赵嘉庆、张明福编著的《档案管理》由档案出版社出版；1996年6月，王秀文主编的《档案管理基础》由高等教育出版社出版；1998年3月，王向明主编的《文件与档案管理》由中国劳动出版社出版；1999年3月，郑文编著的《档案管理学原理》由云南科技出版社出版；1999年12月，冯惠玲主编的《档案管理学》由中国人民大学出版社出版；2002年2月，王云庆、苗壮编著的《现代档案管理学》由青岛出版社出版；2003年8月，杨红主编的《档案管理》由上海社会科学出版社出版；2004年7月，王立维、陈武英主编的《档案管理学简明教程》由浙江大学出版社出版；2005年4月，陈兆祦、和宝荣、王英玮主编的《档案管理学基础》（第三版）由中国人民大学出版社出版；2021年3月，陈兆祦、和宝荣、王英玮著的《档案管理学基础》（第四版）由中国人民大学出版社出版。至此，档案管理学的建设，在原有基础上又有了新的发展。具体表现在如下几方面：

第一，引进一些新思想、新概念。受国际、国内研究环境的影响，中国学术界开始打破封闭，投入多元取向的激流中，新的思想、新的观念、新的方法，甚至新的名词术语层出不穷，形成了一股强大的冲击波。我们这些“保守”“僵化”的“实用经验者”，在这股强大的冲击波面前，不能无动于衷，虽然谈不上“彻底革命”“重起炉灶”，但还是“吸取了信息论、系统论、控制论以及情报学等相关学科的成果”[①]，使《档案管理学》编写的指导思想更为明确：“以马克思主义的理论为指导，总结我国档案工作的实践经验，根据中国档案事业的特点和档案管理学的特点，吸取相关学科的成果和借鉴外国档案学的理论和方法，力求使其理论性和实用性同步提高。”[②] 其具体表现为在新思想、新观念指导下，形成并使用了一批新的概念，并给予较为明确的定义。如档案的情报价值与凭证价值、档案用户、档案利用率、档案主题标引与分类标引、档案咨询、机读文件、档案信息的输入和输出等。上述这些，都是1962年版《档案管理学》中所不曾有过的新概念。引进这些名词术语，并不是赶时髦，而是档案管理学从恢复到发展的重要标志之一。

第二，在固有的基础上有所更新。从《新编档案管理学》《档案管理学基础》到高校文科教材《档案管理学》，档案管理学固守着“档案管理”这一学科概念，坚持“研究档案信息系统运行的规律，阐述档案管理的一般原理、技术和方法”。近些年出版的一些档案管理学著作有一个共同的特点，就是研究对档案的管理问题，而且骨干部分仍然是“六个环节”或“八个环节”（在原有六个环节基础上，增加“检索”与“编研”两个环节）。正如方荣评介《档案管理学基础》所说的那样：“如果说是‘固守’的话，那也是不能不固守的。因为他们毕竟形成了具有中国特色的档案管理学理论体系。这个从无到有的努力过程是新中国档案学理论工作者难以磨灭的功绩和贡献，并占据了中国档案管理学理论发展的几十年历史，对此，轻易否定并不难，但结果却割断了历史。”[③] “《档案管理学》反映并指导了新中国档案事业和档案管理的体系和实践。要不理睬它，那就等

① 邓绍兴，和宝荣．档案管理学．北京：中国人民大学出版社，1989：前言．

② 同①．

③ 方荣．提高档案学理论水平的不懈努力：学习《档案管理学基础》的札记．档案学通讯，1998（5）：65-70.

于无视我国档案管理工作的客观事实，新的理论就难以在实践中驻足。比如说‘六个环节’，不管它怎样显得‘老生常谈’，但在实际的档案工作中，有谁能说这六个环节可以全部或部分不要呢?”① “固守并不等于保守，不等于不能在原有基础上予以修改、补充和发展。恰恰相反，在传统的档案管理学理论基础上，加以更新与改造，使之更臻于完善，这也是我们档案教育与理论研究工作者的心愿。”② 近些年“一批档案工作者，尤其是一些勇于探索的中青年，不再满足于传统的恢复，而是大胆广泛地吸取国内外新兴学科的理论和方法”③。“一些新观念，也被引进古老的档案学。他们试图用新的科学理论、概念和方法，来解释档案工作的现象，来揭示档案工作规律，在新的科学基础上，创立新的档案学理论体系。”④ 这是一个十分令人振奋的局面，长江后浪推前浪，中国档案学的发展与提高的重任正是落在他们身上。他们的勇于探索与追求，使原来比较冷寂的档案学界，吹来阵阵清风，掀起道道涟漪，使人觉得档案学在百花园中也占有一席之地，不可小视。

受这种改革新风的影响，近些年出版的档案管理学著作至少有如下几点更新：

1. 档案管理学的性质和对象更加明确

有关档案与档案工作的一些基本问题不再属于档案管理学的范畴，而档案管理学则成为档案学中一门应用学科，主要研究档案管理的应用原理以及档案管理的原则、技术和方法。总的来讲，它是研究档案信息资源系统运行的规律性。具体来讲，它研究档案馆馆藏建设、档案的日常管理、档案信息资源的开发和利用。其基本内容也比过去充实，分为五部分：（1）以档案收集为重点的档案馆（室）藏建设；（2）档案的日常管理、整理、鉴定、保管的业务原则、技术与方法；（3）档案的检索与编研；（4）档案的利用服务；（5）档案的综合管理与组织。

2. 与有关学科的界限比较清楚

档案管理学在界定与其他学科关系时，抓住了本学科所要解决的特殊矛盾，既不彼此“挖墙脚”，又要合理地衔接与不可避免地交错。同时在处理这些关系时，应该遵循档案学整体优化原则。档案管理学的建设不能只顾自己“丰富而美丽”，而不管档案学学科总体建设得如何。“根深才能苗壮”，事实证明，不顾总体目标，甚至以削弱或破坏档案学整体功能为代价，片面追求本学科的局部优化，其后果是不堪设想的。因为每一种科学都是分析单个的运动形态或一系列互相关联和互相转变的运动形态的，同时科学的分类就是这些运动形态本身依据其内部所固有的次序的分类和排列，而它的重要性也正是在这里。

3. 试图采用新理论作为本学科的方法论

经过修订的高校文科教材《档案管理学》的“绪论”中明确说明：“从档案管理学的方法论来说，以辩证唯物主义和历史唯物主义的哲学方法论作为本学科的最高层次的方法论；以信息论、系统论、控制论、形式逻辑等作为本学科的一般方法论。”当代世界科学技术和社会科学高度发展，并日趋综合、交叉和渗透，呈现一派欣欣向荣的景象。这

① 方荣．提高档案学理论水平的不懈努力：学习《档案管理学基础》的札记．档案学通讯，1998（5）：65－70.

② 同①.

③ 王李苏，周毅．回顾与展望：对我国档案发展的历史考察．上海档案，1988（6）：5－13.

④ 同③.

些新的理论与方法，对档案管理学的深入研究，的确是注入了新的活力，进一步拓宽了档案管理学的研究领域，并且将其提高到了一个新的层次。信息论、控制论和系统论，分别为档案信息的传输、控制与系统稳定，为研究档案信息的管理和组织提供了某些可取之处。因为档案是一个密集的信息源，它有取之不尽、用之不竭的档案信息。同时这些信息具有原始性与再生性，用信息论可以进一步揭示档案的信息属性，强调档案的现实功能，为档案工作从封闭性、半封闭性服务转向开放性服务奠定了理论基础。

档案管理甚至还可以用更新一点的理论——耗散结构论作为指导，因为档案管理必须通过档案信息的输入、加工（整理与鉴定）和输出（提供利用）与外界交换信息与能量，才能使自身达到有序的平衡状态。

所谓试图运用，也仅仅是一种主观愿望，想要运用得好，对于我们来讲，困难实在不小。在运用过程中，我们力求防止或避免生搬硬套。把新的理论引进档案管理学领域，无疑是一件好事，因为这是一种不可抗拒的历史潮流。当然引进新的理论与方法，不可能期望一开始就十全十美。对新理论的运用，既不能“不屑一顾”，又不能过分拔高。前些年我们在讨论教材建设时，大家认为从档案管理学的角度谈论方法论的逻辑结构，可以分为如下三个层次：一是马克思主义的哲学方法论，这是构成科学方法的最高层次；二是一般方法论，即信息论、系统论、控制论、形式逻辑等，这是构成科学方法论的中等层次；三是档案管理学学科中有关的技术手段、操作方法等，这是构成科学方法论的最低层次。可见，辩证唯物主义与历史唯物主义的方法论，对档案学研究仍是最高指导原则。

综上所述，档案管理学作为档案学的一门分支学科，它与整个档案学一样，是在马克思主义、毛泽东思想指导下，经过几代人的艰苦努力创建与发展起来的。然而，它所走过的道路，既不是“汹涌奔腾”那样不可一世，也不是“黄土地、高围墙”般故步自封，而是经历了许多困难与曲折后又取得了比较大的进步。

三、“档案管理学”的学科类型、定位与特点

档案管理学是以档案管理活动及其运动规律作为研究对象的学科。在我国，由于历史原因和条件所限，在相当长的时期内一直把档案学与档案管理学混为一谈，甚至以档案管理学代替档案学。当然，在研究档案管理学时，自然要涉及档案学的一些基本问题，但从学科属性上看，档案管理学只是档案学的一门分支学科。为此，1985 年 8 月国家教委和国家档案局在成都召开的全国档案专业教育改革座谈会上正式确定把“档案学概论”从“档案管理学”中分离出来，作为高校档案专业的一门独立的基础理论课。简言之，从宏观上和理论上探讨档案、档案工作和档案学学科体系及其基本规律的学科称为“档案学概论”；从理论和实践的结合上，对档案室和档案馆的档案管理活动进行应用性研究的学科称为“档案管理学”。

（一）“档案管理学”的学科类型

“档案管理学”的学科类型主要分为以下四种：

（1）文书档案或普通档案管理学。即主要研究机关、团体和企事业单位在党、政事

务活动中产生的，由通用文件转化而来的档案的管理原理、原则、技术和方法的管理学。

（2）科技档案管理学。即研究在自然科学研究、生产技术、基本建设等活动中形成的，由科学技术文件材料转化而来的档案的管理原理、原则、技术和方法的管理学。

（3）专门档案管理学。即研究在专门业务活动中形成的，具有特殊内容或形式的文件材料转化而来的档案的管理原理、原则、技术和方法的管理学。

（4）综合性档案管理学。即研究档案管理的一般原理、原则、技术和方法的管理学。它涉及文书档案、人事档案、会计档案、声像档案、电子档案等不同种类和各种载体档案的管理。

（二）“档案管理学”的学科定位

档案学是以档案及档案管理活动为研究对象的各门系统性专业知识体系的总称，是社会科学领域中一门实践性很强的应用学科。“档案管理学”的特点是以档案管理的全过程为研究对象，其更偏重于对档案管理纵向的、全面的、系统的研究，它虽然与“档案编纂学”“档案保护技术学”有一定联系，但它们之间也有区别。在“档案管理学”中，“档案编研”和“档案保管”仅是作为其课程体系中的一个组成部分存在。而“中国档案史”与“外国档案管理”和“档案管理学”虽然也有一定的联系，但它们是从史学的角度去设置的。因此，“档案管理学”在教学计划中一般都作为以上课程的前置课程，在档案学专业整个教学过程中，它起着一种奠基性的作用，具有比较重要的学科地位。

（三）“档案管理学”的学科特点

作为档案学专业的一门基础学科，档案管理学具有以下几个特点：

（1）理论性和应用性的统一。档案管理学是一门研究如何运用科学的原理、原则、技术、方法和手段管理档案，并使之有效地服务于社会的应用性学科，它所研究的问题都是档案管理实践中需要回答和解决的问题。而它通过科学研究所提出的档案管理的原理、原则等，又具有很强的理论性。所以，它是集理论性与应用性于一身的基础性学科。

（2）综合性与专业性的统一。档案管理学是一门综合性、交叉性的学科。它广泛地运用了文书学、管理学、心理学、逻辑学、统计学、信息学和系统科学等许多学科的基本理论和知识来研究档案管理问题。但它又是一门有着独立的研究对象、专业范畴和一定体系的学科。所以它是一门综合性和专业性相统一的学科。

（3）社会性与服务性的统一。档案管理学是研究档案馆（室）对档案进行有效管理规律的学科，具有鲜明的社会性和服务性。一方面，档案是人们进行社会活动的产物，是社会性的重要信息，所以，档案管理学要按照社会活动的联系性，如机构、组织、个人和时间、空间、内容、形式、价值等，来揭示档案管理的一般规律；另一方面，档案管理学又要面向社会实践把管理有序的档案输送出去，为社会各方面的利用需要服务。因此，它是集社会性和服务性于一身的一门学科。

学习档案管理学要坚持如下原则：从我国国情出发，重视总结我国历史和现实的经验；坚持理论联系实际的原则，倡导实事求是的科学批判精神。

在学习档案管理学时，应掌握如下具体方法：

1. 历史研究法

其主要特点是从前人留下的大量资料中，研究前人在档案管理中的经验与教训，找出档案管理的规律。

2. 调查研究法

在现实的档案管理活动中，通过观察、调查、试验、实践、了解和掌握第一手材料，并对之进行归纳、分析、综合，从中找出规律性的东西来。

3. 比较研究法

挑选有代表性的档案管理事例，研究不同的档案管理思想、理论、模式、方法和技术，在比较中找出其优劣，进行借鉴或归纳出能够普遍运用的规律来。

4. 案例研究法

主要通过对正反两方面的案例研究，尽量多地把握不同情况下处理问题的不同手段，从而提高档案管理的能力。

5. 理论研究法

主要是研究理论工作者的学术著作，继承他人已经总结出的经验，从而提高自己的理论修养。这种方法必须与上述方法结合起来运用，否则容易脱离实际，陷入空泛。

四、我国档案管理学的研究成果与本书构想

我国档案管理学的现状是喜忧参半。喜的是近几十年来，该学科有了长足的发展，有些理论与方法更加成熟与完善；忧的是该学科并未达到尽善尽美的境地。尤其在21世纪当电子文件大量出现并形成档案之后，档案学的理论与实践相对滞后，面对档案管理出现的新情况、新问题，显得束手无策。档案管理学，从比较理想的角度看，它的研究范围与内容似乎应涉及所有门类的档案的管理问题，但严酷的现实却是档案的门类极其繁多而且杂乱，各门类档案不仅在形成规律、形式、内容等方面具有不同的特点，而且在具体的管理方法上差异较大，各有其特殊要求和专门的技术方法。所以现在的档案管理学尚无法将所有门类档案的管理全部纳入其研究范围之内，形成一种涉及所有档案门类即广义的档案管理学，而只能在传统的、以公务活动档案管理为主要研究对象的基础上，适当拓展其涉及的范围与领域，并在这种继承与发展中去不断补充与完善。

我国目前档案管理学的研究成果大致有三种具体表现形式：一种是直接用于指导档案工作实践的普及性知识读物，亦可称作工作用书；另一种是在档案专业教育中使用的专业教科书，即教材；再一种是侧重于理论探讨的学术专著。上述三种形式虽然都是对档案及档案管理问题进行研究、探讨、阐述，但具体内容和研究角度明显不同，各有侧重。其中教科书，尤其是高校文科教材，其主导作用更为突出，从一定意义上来看，它代表着档案管理学这一学科研究的总体水平。

我国目前已正式出版并在教学实践中使用的各种档案管理学教科书，在对学科内容的具体表述上有两种方式：一是集档案与档案管理的基本理论和实践的管理方法、技术于一

身的档案管理学；二是基本理论和管理方法、技术分别自成体系，形成两本教材，一本为《档案学概论》，另一本为《档案管理学》。本书作为教育部指定的高等学校文科教材，属于第二种方式。从近年来档案专业教育实践来看，这种方式存在着理论与方法相分离的问题。为了弥补这种缺陷，本书在近些年档案管理学教学实践的基础上，在不改变目前档案学学科基本格局、体系的前提下，对档案管理学的内容及表述进行了一些局部的调整与改进。这种调整与改进主要有两点：一是在传授方法与技术的叙述中，力求加强其理论性；二是在专门讲述方法、技术各章节之前，设绪言与每编概论，对学科基本情况和档案管理的基本理论以及每编各章节的主要内容作专门介绍与阐述，以弥补理论与方法分离之不足。

本书的内容主要由以下五个基本部分构成：绪论，介绍档案管理学的历史与现状并阐述档案管理的基本理论；第一编，档案实体管理，即对档案的收集、整理、鉴定、保管等实体管理的一般方法与技术，档案管理活动的专项内容（即过程）按顺序展开介绍；第二编，档案资源开发利用，即对档案资源开发的基本原理、原则、方法与技术，以及档案检索、档案提供利用、档案编研等作系统论述；第三编，专门档案管理，即介绍与阐述几种具有普遍性的专门档案、新型载体档案的管理的一般原理和方法与技术；第四编，档案信息化，即对电子文件、档案数字化等问题作系统介绍与阐述，并针对目前实践过程中出现的矛盾，提出应对措施。

第一编

档案实体管理

第一章

档案实体管理概论

内容提要

本章重点讲三个方面的内容：一、何谓档案实体管理。二、档案管理的应用原则。三、档案实体管理的方法。

第一节　档案实体管理的概念

一、档案实体管理的概念

档案实体管理是指针对处于实体状态的档案所进行的一系列科学有效的专业性管理活动。

这一概念是相对于针对处于虚拟状态的档案信息所进行的一系列管理工作而言的。

档案实体管理的基本特点是，根据事物现实存在状态及情况对其实施管理。而档案的虚拟管理主要是根据事物抽象的属性、特征（是一些只存在于人们头脑之中的观念性的东西，并不是客观事物本身）所实施的管理。

二、档案实体管理的内容

档案实体管理的内容主要包括档案的收集、分类与整理、价值鉴定、保护管理与安全管理、登记和统计。

（1）档案的收集。各立档单位在二作和生产活动中形成的文件是由各单位或单位内部的各个机构分散形成的，数量很多，而查找利用档案，则要求一定的集中。为了解决文件形成后的分散状态和利用要求集中的矛盾，就需要将分散的文件经过挑选，按照一定的制度集中保存起来，这就形成了档案的收集工作。

（2）档案的分类与整理。收集起来的档案内容十分庞杂，数量很大，有的甚至成包成捆，处于相对零乱状态，不好管理和无法提供利用，需要加以系统化。为了解决收集来的档案的零乱状态与条理系统便于查找利用的矛盾，必须把这一类档案进一步分门别类，这就形成了档案的分类与整理工作。

（3）档案的价值鉴定。随着各项工作的发展和时间的推移，新的档案不断补充进来，使档案的总量日益增长，而档案材料保存一定时间以后，有些还需要继续保存，有些则已失去价值，致使库存档案庞杂。为了解决档案庞杂和实际利用需要有价值档案的矛盾，要对档案进行审查和鉴别工作，去粗取精，将确实已失去保存价值的档案剔除，这就形成了档案的价值鉴定工作。

（4）档案的保护管理与安全管理。由于自然的和社会的各种原因，档案总是处于渐进性的自毁过程中，或者可能遭受到突发性的破坏，而社会则需要长远利用档案，要求尽可能延长档案的寿命。为了解决档案的不断毁损和长远利用要求的矛盾，就需要采取各种保护措施，防止档案遭受损失，保证档案的完整与安全，想方设法使其“延年益寿”，这就形成了档案的保护管理与安全管理工作。

（5）档案的登记和统计。档案的数量很多，如果只是进行收集、整理、鉴定、保管等工作，对档案的基本情况还是处于不清楚的状态。要科学地管理好档案，还需对档案进行调查研究，全面地了解档案的情况，做到心中有数。为了解决档案数量不清的状态与要求心中有数的矛盾，就要求对档案的状况进行数量的观察和分析研究，这就形成了档案的登记和统计工作。

三、档案实体管理与内容信息开发利用的关系

档案实体管理与内容信息开发利用之间的关系是密不可分的，但在具体管理上应有所侧重。虽然档案实体集载体与内容信息于一身，但是纯粹载体意义上的实体却不能成为档案，而只是一些纸张、笔墨、胶片、磁带、光盘等物质材料。所谓实体管理也必然包括对其内容信息的管理。但档案的内容信息却可以借助一些媒介、方式和手段脱离其实体存在去单独发挥作用，比如档案检索工具、档案复制品等等。档案实体管理在方法上具有稳固、单一的特点和要求，而内容信息开发利用在方法上具有灵活和多样的特点和要求。从一定意义上理解，档案实体管理是手段，而档案内容信息开发利用是目的。档案实体管理具有基础意义，没有档案实体管理的支撑，档案内容信息开发利用、档案信息在社会生活中发挥作用的根本目的就无法实现。

第二节　档案管理的应用原则

一、来源原则

来源原则是档案管理的第一法则。来源原则是被世界各国的档案管理实践反复证明的一条科学、有效的维护档案完整与安全的思想和行为准则。只有按来源原则管理档案，才能使档案文件之间的历史有机联系得到最好的维护，并使档案的利用价值得到最充分的体现。按来源原则管理档案，也是档案管理区别于其他信息资源管理的主要特征。

这里所说的来源包括宏观和微观两层含义。从宏观层面上讲，来源是指形成档案有机体的党政机关、企业事业单位和其他社会组织及个人、家庭、家族等，即档案的“大来源”。从微观层面上讲，来源是指与档案文件的形成存在密切关联的职能、活动、任务、事件、项目、事务、内部组织机构等；在电子网络环境条件下，来源也是用来说明每一份电子档案文件产生背景、上下文关系、管理过程等方面的信息（数据）集合。这种微观层面的来源，也可以称为“小来源”。在档案管理的实践中，坚持按来源原则管理档案，就是要在努力维护同一个“大来源”的档案文件之间的历史有机联系的前提下，在具体整理每个“大来源”档案文件的过程中，努力维护档案文件之间在微观层面的相互关联性。所谓对“来源”的“概念化”理解，就是让我们在管理档案的实践中，既要有效地“维护巴洛克建筑[①]的历史本来面貌”，又要有效地维护“巴洛克建筑物内部的原始秩序”，不要按照管理图书、情报资料及其他文献信息材料的方法去管理档案实体，即按照现代人一时的“便捷性”“舒适性”的要求来改造“巴洛克式建筑的内部结构”。档案文件的来源联系，需要通过档案的形成、积累、收集、鉴定、保存、著录标引等项业务管理活动，进行有效的维护和延续。

按来源原则管理档案是档案管理的第一法则，体现了档案的本质及其运动规律的基本要求，应该贯穿于整个档案管理活动的始终。

二、全宗原则

全宗是一个组织或个人、家庭、家族形成的档案整体。所谓尊重全宗原则，就是在档案管理实践中做到以下方面。

（一）保持同一全宗档案的不可分散性

每一个形成档案全宗的组织或个人及家庭、家族，都可以成为一个立档单位。从具有长久保存价值的档案文件的最终归宿意义上说，同一个立档单位的档案不能分散，不同立档单位的档案不能混杂。做到这一点，是使每一份进入全宗的档案文件的价值得到全面体现和有效利用的最基本条件。换言之，一个全宗的档案只有在其整体性得到有效尊重和维护的前提下，该全宗档案的整体价值才会得到最充分的体现，全宗内的每一份档案文件的具体价值才能得到利用者的全面理解和有效利用。

（二）保持全宗档案实体分类整理的原始顺序不被人为打乱和破坏

历史经验证明，只有档案文件的形成者和最初的分类整理人员才最熟悉档案文件的形成过程及其相互之间的历史联系。经由这些档案文件形成者和整理人员处置过的档案文件所形成的原始顺序，通常可以较为有效地保持文件在产生和处理过程中形成的历史联系。

---

① 巴洛克建筑是17—18世纪在意大利文艺复兴建筑基础上发展起来的一种建筑和装饰风格。其特点是外形自由，追求动态，喜好富丽的装饰和雕刻、强烈的色彩，常用穿插的曲面和椭圆形空间。本书是以这种历史建筑物原始风貌及其内部结构的保存来比喻在实践中档案工作者不能人为地破坏档案文件之间的历史有机联系，包括大的来源联系及每个全宗内档案文件之间的历史有机联系。

（三）保持全宗的来源背景、产生和管理历史信息的完整性

在档案管理实践中，人类可以通过有效地组织和控制档案文件的流向，编制和实施一个立档单位的整体性档案分类方案，做好档案的整理编目、登记、统计工作，开展档案多级著录等方式来实现有效保存全宗的来源背景和管理历史沿革（脉络）信息的完整性。这是有效维护档案的凭证价值和信息利用价值的基本要求，因为这些信息的有效保存可以为用户理解档案的真实性、可靠性等，提供有力的历史证据。

全宗原则与来源原则密切相关，坚持来源原则是实现档案资源按全宗来管理的最基本要求。但是这两种原则所强调的重点依然存在一定的差别。来源原则强调的是维护与不同类型来源密切相关的档案文件之间的密切关联性，即有机的历史联系性。全宗原则更加强调一个立档单位档案的整体性及其不可分散、不可混杂的性质。

三、分类管理原则

分类管理原则，即档案实体的分类管理原则，就是在坚持上述两项原则的前提下，按照全宗内档案文件的形成规律和特点，根据档案文件与相关立档单位的内部组织机构、职能业务活动、任务事项、事件案件、矛盾问题等方面的历史联系特征，确定分类标准和分类方法，并在统一的档案分类方案指导下，对全宗内档案文件实行分门别类的序化思想和行为准则。坚持全宗档案实体的分类管理原则，可以从质量上保持每一份档案文件与其形成者、职能业务之间的有机关联，做到分类科学、整理有序、鉴定合理，有效保证全宗档案的系统完整。

档案文件的形成规律和主要特点之一就是其类属性，即每一份档案文件能够被人们理解、价值被充分认识的基本前提条件就是每份档案文件都不是孤立运动和存在的，而是紧紧依附于一定的职能类别，活动类别，组织机构类别，事件或项目、任务类别等运动和存在的。档案文件对相关类别的紧密依附的属性，我们可以简称为“类属性”。档案实体分类的根本目标就是要体现和维护档案文件的类属性。一旦这种类属性被人为破坏，利用者或研究者就很难认识、理解和把握每一份档案文件的真正意义和价值。

四、前端控制原则

“前端控制是现代文件、档案管理理念的重要内容，它以文件生命周期理论为基础，把文件从形成到永久保存或销毁的不同阶段看作一个完整的过程。……传统文件、档案管理的特征是分阶段、分环节控制，文件管理和档案管理作为两个相对独立的系统分别运行，文件、档案管理的全部目标和要求被分解到不同的阶段、环节和步骤之中。前端控制则是对整个管理过程的目标、要求和原则进行系统分析、科学整合，把需要和可能在文件形成阶段实现或部分实现的管理功能尽量在这一阶段实现。”[①] 前端控制原则是现

① 冯惠玲．电子文件管理教程．北京：中国人民大学出版社，2001：14.

代文件与档案管理的基本理论之一。该原则的基本内容主要包括以下几个方面：

第一，倡导优化管理理念，减少重复性作业和滞后作业。前端控制作为一种文件与档案一体化管理原则，主张现代文件与档案管理系统的建设不应该是对手工管理流程的简单模拟，而应本着更科学、更合理、更有效的原则，对传统的文件管理和档案管理进行“业务流程重构”或“业务流程再造”。通过这种“重构”或“再造”来减少乃至消除文件与档案管理全程中各个管理环节的重复、疏漏和抵牾，从而实现功能合理、效率最佳的管理效果。前端控制是新构建的文件、档案管理业务流程的重要特点，是实现现代文件与档案管理一体化目标的理论保证。

第二，倡导全面、系统的管理理念，避免文件与档案管理的人为分割。文件和档案就其本质而言，是同一事物的两个不同发展阶段。在对文件和档案实施有效管理的实践活动中，我们不能人为地割裂两者之间的本质联系，甚至把它们看作本质不同的两种事物来进行管理。传统档案管理理论的一个严重缺陷就是把文件作为现行事物，把档案当成历史事物，并据此设计出两个关联性较差的管理系统。这种传统管理实践留下的基本教训如下：一些本来在文件的形成和处理阶段就可以轻而易举实现的档案管理目标和要求，被人为地拖后到归档工作之后进行；一些本来在文件的形成和处理阶段已经完成的管理事项，在档案管理阶段又重复进行一次。缺乏全面、系统的管理思想是造成传统文件与档案管理诸多弊端的根源之一。现代档案管理实践表明：只有在文件与档案管理实践中始终坚持全面、系统的管理原则和思想，我们才能设计出有效的文件与档案管理系统，才能为组织和社会的存续和发展提供必要的证据保障，才能更有效地利用有限的资源实现文件与档案管理的根本目的。

第三，前端控制原则不仅适用于电子文件的管理，也适用于纸质及其他载体的文件和档案管理。就目前而言，我国的文件与档案管理基本上可以划分为三种类型，即手工管理、计算机辅助管理、电子网络管理。无论是哪一种管理形式，文件与档案管理人员都应当在实际的管理流程设计、任务分配和责任认定等方面，充分考虑能否将可以并行开展的档案业务管理内容提前到文件的形成和处理阶段完成，并在档案管理阶段充分利用文件管理阶段形成或捕获的数据和信息，避免重复劳动。

总之，前端控制是原则，事后补救是例外，流程重构是手段，实现优化是目的。

五、系统管理原则

系统管理原则强调一切文件与档案管理活动的实质是对系统的管理。按照该原则，文件与档案管理活动必须遵循整体性、动态性、开放性三个方面的理念。

（一）整体性管理理念

整体性管理理念要求文件与档案管理系统要素间的相互关系及要素与系统间的关系，要以整体效果最佳为主要目的。现代文件与档案管理强调文档一体化管理思想，为此在文件与档案管理流程的设计、管理系统的设计活动中，有关人员必须从整体上充分考虑文件的形成、捕获（收集）、著录、鉴定、存储、整理、利用等项业务工作的开展，是否能够满足未来档案管理工作的需要。例如，传统意义上的档案著录工作是在档案管理阶段实现的，工作量大且难度高，不能及时为用户提供满意的信息检索服务；而现代意义上的档案著录工作则提前到文件的制作和形成阶段，并贯穿于文件和档案的整个生命周期。传统意义上的档案著录只是建立档案检索系统的一项基础性工作，目的是揭示档案的主要内容和形式特征；而现代意义上的档案著录则除了具有传统的功能外，还肩负着保障文件和档案真实性、完整性的职能。再如，传统意义上的档案鉴定工作主要包括归档鉴定、期满档案的鉴定和销毁等项内容，通常是在文件形成后进行的，而现代文件与档案管理中的鉴定工作则提前到文档管理系统的设计阶段。传统意义上的档案整理主要是对档案实体的分类、组合、排列和编目，且只能保持文档之间的“线性历史联系”；而现代意义上的档案整理则要求从多方面来保持文档之间的历史联系，不仅包括实体整理方面的内容，而且包括“虚拟整理”或“逻辑整理”方面的内容，可以保证文档之间的“多重的、立体的历史联系”。可见，现代档案工作者只有在文件与档案管理实践中坚持整体性的管理原则和思想，才能使文件与档案管理系统的设计达到科学、有效的目的要求。

（二）动态性管理理念

文件与档案系统内部之间的联系及其与所处环境之间的相互作用，都是有规律可循的。在文件与档案管理的不同发展阶段，我们可以根据实际需要，选择不同的管理流程、管理模式和管理方法。

例如，在手工管理阶段，各有关单位的具体做法如下：在文件的形成阶段，由撰稿人在文件上标出该份文件的主题词或关键词；在文件的核稿阶段由核稿人负责检查文件上主题词或关键词的质量；把文件的收发登记与档案著录合为一体，登记阶段无法填写的项目可待立卷或缩微后再填写齐全；立卷时检查文书处理阶段的著录内容是否正确，对未著录的文件进行著录，并将著录的结果与案卷一并归档。

在计算机辅助档案管理阶段，计算机在档案管理中的应用“几乎覆盖了档案管理的全过程和大部分工作环节，而且正在向与档案工作相衔接或相关的工作领域发展”[①]。具体的应用领域包括档案自动编目和检索、档案全文（原文）存储与检索、档案业务工作辅助管理、辅助立卷、自动标引、自动编辑、文档一体化自动管理、档案保管环境的自动控制、字迹褪变档案的信息增强和恢复性处理等。

在网络信息化档案管理阶段，电子文件成为档案管理的主要对象，无论是文件与档案的管理流程和管理模式，还是具体的管理内容等都发生了较大的变化，有些方面的变化与传统的档案管理方式相比带有革命性的特征。

可见，每个立档单位都应当根据自身所处的管理阶段，选择适合本单位文件与档案管理需要的管理模式、管理手段和管理方法，不能一味地追求所谓的“先进”，也不能故步自封。

---

① 孙淑扬，邱晓威．档案计算机管理教程．北京：中国人民大学出版社，1999：7.

（三）开放性管理理念

文件与档案管理系统与环境之间时刻进行着物质、能量和信息的交流。文件与档案管理系统的建设和管理，应该按照开放性的管理理念，注意收集来自政府部门和社会公众的需求信息，及时进行必要的工作目标调整，强化资源建设并有效地组织相应的文档信息服务，满足档案用户合理合法的信息需要。

现代档案管理机构必须树立环境适应性意识和环境生存意识 一个不注意适应社会环境发展需要的档案管理机构，其生存的空间会变得越来越狭窄 同时其对社会的影响力和贡献力也会不断削弱。只有把现代档案管理系统建设成为开放性的系统，才能使档案部门的生存和发展获得来自政府和社会的双重理解和支持。

六、全程管理原则

无论是传统形态的文件与档案还是现代电子形态的文件和档案，就其产生、存在和发展来说，都存在着一个生命周期。对这种生命周期的认识成果，目前我国档案界将其称为“文件生命周期理论”和“记录连续体理论”（也有人称之为“文件连续体理论”）。此外，文件和档案作为一种人类社会活动和思维活动的原始信息的承载体，就其内容而言，也存在着生命周期问题。正因为如此，文件和档案内容的管理也应遵循“信息生命周期理论”。对文件和档案实行全程管理的理论基础，就是人们通过长期的文件和档案管理实践总结出来的“文件生命周期理论”“记录连续体理论”和“信息生命周期理论”。

所谓全程管理，就是按照文件和档案的生命周期及其内容信息的生命周期的特点，结合人类社会主体的现实需要和历史长远需要，并根据现代档案管理的要求，建立起一个能够保障文件和档案证据价值和内容信息价值的管理系统，对文件和档案的整个生命周期及其内容信息的生命周期实施全程控制、规范管理，实现文件和档案资源的有效管理和开发利用。

全程管理原则的基本内容包括如下几个方面：

第一，现代文件与档案的管理是一种全面的管理，涉及文件与档案的管理流程、管理规则、管理方法以及质量要求。为此，若想对文件和档案实行全程管理，就必须建立起一个涵盖文件与档案全部管理活动的目标体系、程序体系和技术方法体系。

第二，文件与档案的全程管理是一种结果导向的管理，其终极目标和使命就是为人类社会留存比较完整的证据体系和记忆，并为人类社会的进步和发展提供有效的信息资源保障。正是基于这种终极目标和使命的考虑，文件与档案管理才非常关注业务管理流程的设计、制度与标准的建设，并注意通过有效的过程管理、制度管理和规范化管理来实现文件与档案管理的最高目标。在以纸质文件和档案为主要对象的环境中，档案管理部门主要通过参与和协助有关的业务部门和人员制定有关的文件管理标准、规范，建立和健全归档制度的方式来实现对形成文件的质量和完整性的控制目标；在以电子文件为主要对象的环境中，档案部门则需要根据电子文件和电子档案的特点，对电子文件的生成、捕获、著录、流转、利用和保存等每一项具体管理内容的实施过程进行监控，以便能够及时地根据档案管理的要求，提出改进策略和调整措施。

第三，文件与档案的全程管理是一种关注文件整个生命周期及其与环境要素之间互动关系的管理思想。这种管理思想要求根据文件生命周期理论和记录连续体理论来建构各个单位的文档管理体系，对文件的整个生命周期的各个阶段，实施严密控制。其中包括管理系统的设计与运行、管理制度的设计、管理标准与规范的建设与应用、管理目标的确定与执行情况的评价等等。

第四，文件与档案的全程管理还是一种关注文件和档案内容信息生命周期的管理思想。文件与档案的内容中蕴含着丰富的信息资源，这种资源对于政府部门来说，是进行有效社会管理和服务的重要工具和手段；对于企业来说，是企业健康有序发展的必要保障；对于其他社会组织而言，是其存在和发展的重要条件。为此，每一个档案管理部门和管理人员都应当清楚文件与档案的管理，其实也是一种信息管理活动。信息的存在是有生命周期的，在其生命周期内，也会经历从出生到成熟再到衰败的不同阶段，信息在每个生命阶段所具有的价值是会发生变化的。文件和档案管理的责任就是在文档信息生命周期内使其信息价值最大化。

信息生命周期理论一般将信息的整个生命周期划分为六个阶段，即数据创建阶段、数据保护阶段、数据访问阶段、数据迁移阶段、数据归档阶段、数据回收（销毁）阶段。在数据创建阶段，各单位所“产生的数据需要存储环境以利于及时的处理、管理和保护，因而需要稳定、可靠、高可扩展能力的存储设备。……数据的价值通常随着时间逐渐降低，因此所有数据在创建时都应当获得一个由数据的类型、数据的价值和相关法规的要求决定的删除日期。系统将定期清除到期的数据。除非对过期数据的创建进行正确的控制，否则对相关数据的搜索将会导致运营效率的不断降低。信息生命周期管理就是根据应用的要求、数据提供的时间及数据和信息服务的等级，提供相适应的数据产生、存储、管理等条件，以保障数据的及时供应”①。在数据保护阶段，各单位的信息生命周期管理“将按照数据和应用系统的等级，采用不同的数据保护措施和技术，以保证各类数据和信息得到及时和有效的保护”②。在数据访问阶段，信息必须便于访问，最好可以在一个单位的多个业务环节和业务应用之间共享，以提供最大限度的业务价值。这个阶段是信息生命周期管理与业务流程管理的交叉点。在数据访问阶段，信息管理者需要回答的问题主要有两个，一是“这些数据的真正价值是什么”，二是“这些数据被访问的频率是多少”。根据对第一问题的回答，信息管理者可以制定出比较合理的数据存储战略；根据对第二个问题的回答，信息管理者可以决定有关数据是采取在线方式、近线方式还是离线方式存储。在数据迁移阶段，信息管理者需要考虑的问题是，将数据从一个存储设备转移到另一个存储设备，要确保不会影响系统的正常运行，不会影响业务的正常开展。在数据归档阶段，管理者需要考虑的是，维持一个数据备份和归档系统，可以从多个方面支持本单位的业务运作。这些归档数据（备份数据）可以使一个单位在原始信息出于某种原因被损坏时，得到及时恢复。数据备份是现代组织数据存储战略的重要组成部分。

---

① 杜国强．信息生命周期管理．哈尔滨：黑龙江科学技术出版社，2004：150－151.

② 同①151.

在数据回收（销毁）阶段，有关单位必须制定相关的政策，对没有保留或保存必要的数据进行销毁或回收。被销毁或回收的数据将从活动和非活动系统及数据库中清除。对一些数据，不能轻率地进行销毁操作。各单位必须确保其销毁的数据不会与单位和政府的条例和法规相背，于单位业务工作和权利保护无碍。

通过对上述理论的介绍，我们不难看出，现代信息技术的应用为文件与档案内容的信息生命周期管理提供了良好的实现条件。人们可以根据信息生命周期的不同阶段，采取相应的信息技术手段，对信息的生成、捕获、存储、访问、归档、回收和销毁等进行有效控制。

七、集中控制原则

人类管理档案的长期实践经验证明：档案只有以有机体的形式存在，才能有效地体现其各种功能、发挥其作用。集中控制理论正是基于这种规律性的认识提出来的。

文件在其生命周期的现行和半现行阶段，通常以个体的形式存在并发挥作用，满足人类社会活动中各种行政、党务、法律、财务等方面的特性利用需要；而当文件进入档案管理阶段后，则常常是以群体或有机体的形式存在并发挥作用，以满足人们的文化历史等方面的族性（批量）利用需求。因此，档案管理者必须介入和参与文件的早期形成和积累工作，以便有效地了解和掌控文件的形成规律和特点，并在其形成者保存其自身的文件之内在动力不足时，通过集中管理和控制，避免其中具有国家和社会意义的文件失散。这就是档案集中控制原则的主要根据。

另外，文件的双重价值理论也是我们在档案管理实践中采用集中控制方式管理档案的重要理论根据。这种双重价值理论认为，文件的价值包括第一价值和第二价值两种形态。所谓文件的第一价值，是指文件对其形成者所具有的各种有用性和有益性。文件形成后，首先对其形成者有用，而非对其他社会主体有用，这正是促使文件形成者积累和保存档案的内在动力源泉。但是，文件的第一价值并不是一成不变的，而是随着时间的推移和条件的变化逐渐衰弱和淡化的，这时文件的形成者就会逐渐失去保存它们的内在动力。然而，这并不意味着这些第一价值已衰弱的文件都失去了继续保存的价值，而是意味着一部分文件的社会历史使命已经完结，另一部分文件则进入了其生命价值的第二个阶段。所谓第二价值，就是指文件对其他社会用户所具有的各种有用性和有益性。这种价值形态的存在，是人类社会积累和保存档案财富的主要动力来源。

集中控制原则的核心思想是，根据文件和档案的存在与发展特点，在充分分析和研究文件与档案的价值实现规律的基础上，采取有效的组织形式和管理手段，将分散形成的具有档案价值的文件集中控制起来，以保证其定向积累和流动，形成文件有机体系，最大限度地满足人类社会存在和发展的各种现实需要和历史文化需要。

这种档案管理的原则要求在实践上要根据文件和档案的运动规律和特点及其所表现出来的价值形态，对文件这一事物实行分阶段的连续性控制，并有效地防范具有档案保存价值的文件分散与流失。根据这种原则，档案管理一般可以分为三个阶段来进行。首先，在档案依然具有很强的现实使用价值时，将其集中保存在它的出生地——组织或单位内；其次，当档案的形成者在现实的工作或生产等活动中不再经常利用这些档案时，就可以将它们移交给中间、过渡性的档案管理机构或文件中心集中管理；最后，国家依法将经过仔细筛选的具有永久保存价值的档案集中到各级各类档案馆中统一管理和控制。

世界各国长期的档案管理实践证明，对国家档案资源实施集中统一管理，是一条行之有效的管理原则。没有档案的集中统一管理，就谈不上对档案资源的综合开发利用和档案信息资源的共享。可以说，对档案资源的集中控制和管理，不仅是维护档案本质属性的要求，而且是充分实现档案利用价值的客观需要。

对档案资源实行集中控制，也是维护国家安全、民族利益、组织机密和个人隐私的客观要求。档案作为一种内向性较强的信息资源，其中记录和反映了许多事关国家、党派、军队、企业的机密信息，如果不加以集中控制，就很可能给国家和民族造成程度不同的损害，给企业造成经济损失，给公民个人造成伤害。

对档案资源进行集中控制，可以在不同层面实现。在国家层面，我们可以按照党政档案集中统一管理的原则，确立我国的档案管理体制和基本制度，实现对具有国家和社会保存价值的档案的宏观控制；在中观层面，我们可以通过建立和健全各项档案收集工作政策，完善文件中心和档案馆网络体系，集中控制具有一定保存价值的档案资源；在微观层面，我们可以通过建立和健全各个单位的文件归档和移交制度，实现对各单位文件的集中控制目标。

档案的积累需要定向进行，只有实现了有效的集中控制，才能实现档案定向积累的目标，才能从根本上保证文件有机体的“长成”。在分散条件下，任何单位的具有档案保存价值的文件都不可能实现有效的定向积累，文件的有机体系很难形成。所以，在档案管理实践中，我们必须坚决反对分散管理档案的做法，反对人为地“肢解”档案有机体的行为。

八、效益管理原则

效益是管理的永恒主题，任何管理都是为了获得某种效益。作为档案管理者，我们非常熟悉的一句话就是，档案管理不仅要对历史和现实负责，更要对未来负责。在现实社会生活中，有人关心经济效益，有人关心社会效益，有人关心眼前效益，有人关心长远效益，有人关心组织和团队的效益，有人则关心个人和家庭的效益，而档案工作者则更关心如何通过有效的档案资源管理，为档案用户提供优良的文件与档案信息服务，充分实现文件与档案资源的证据价值和信息价值，帮助用户创造更多的经济效益和社会效益。

效益管理原则，不仅是档案鉴定和档案利用工作所坚持的原则，而且是整个档案管理活动所要坚持的原则。在档案资源的收集与建设活动中，档案部门要考虑所收集和积累的文档资源、相关文献资源、实物资源是否能够在目前和今后的档案管理实践中，给用户和社会提供必要的证据保障和历史研究的史料保障；在档案的鉴定工作中，档案部门要考虑国家和社会对档案管理的投入是否与所选留的档案的现实效益和长远效益成正比；在档案的整理工作中，档案部门要考虑对档案实体的整理和对档案信息内容的加工处理是否与档案自身的保存价值相适应；在档案的保管工作中，档案部门要根据档案的珍贵程度、保存价值的不同，决定管理资源的合理使用；在档案的编目和检索工作中，档案部门要根据档案的不同效用来选择著录和标引的对象和级次，并根据用户的需求和档案信息的价值来决定数字化加工的对象；在档案的编研工作中，档案部门要考虑国家基本史料的建设需要及现实用户的需要，使档案编研成果的社会历史效益最大化，同时兼顾档案编研成果的现实效益；在档案提供利用和服务工作中，档案部门要注意为用户提供全面、系统、及时、准确的信息服务，同时要在服务实践中积极创造条件，搭建起档案用户需求与档案信息资源之间的桥梁，使档案的隐性效益显性化。

在档案管理实践中，档案部门应当把对社会效益的追求放在首位，同时还要兼顾档案管理的经济效益。档案是国家和社会发展的重要信息资源，它的管理质量如何将直接关系到国家和社会的稳定，民族文化的延续、继承和发展，国民意识的培养与传承，人类社会历史记忆的保存。所以，档案管理不能只看到眼前的利益，也不能简单地根据档案的利用率（如利用人次或卷次等）来片面地评价档案管理的综合效益。我们不难想象，如果一个国家或民族没有比较充分的档案信息资源做支撑，那么这个国家和民族的前途就会堪忧。一个国家或民族需要档案提供历史证据来说明其存在的历史；一种文化或文明需要档案提供佐证来证明其存在的合理性；一个组织需要档案提供证据来说明其存在的合法性；一个公民同样也需要档案来证明其各种权益的合法性。可见，档案作为一种人类社会存在与发展的证据保障体系和信息资源，对维护人类的正常社会秩序、国际关系秩序，对保障人类的福祉和国家、民族的合法权益等，具有十分重要的现实与历史意义。

档案资源作为人类社会活动经验、智慧、数据、信息和知识的承载体，保存了人类物质文明和精神文明的宝贵记忆，是人类文化的重要组成部分。充分发掘蕴藏在档案之中的这些宝贵精神文化资源，不仅可以为人类社会的建设与发展节省大量的资源，而且可以使人类有条件在前人和他人的经验和智慧的基础上开展工作，创造更多的精神财富和物质财富。人类社会发展至今，城市文明的存续和发展可以说很难离开档案信息资源。如果离开了档案信息资源的支持，可以说今天存在的城市文明就会面临衰败的危机。同样，人类所创造的工业文明，如果离开了档案信息资源的保障，可以说也是寸步难行。人类社会进入21世纪以来，信息社会的建设与发展成为时代的主旋律。在信息社会中，物质、信息和能量依然是社会进步和发展不可或缺的三大重要资源。尤其是信息资源的质与量，已经成为当今社会国家之间、企业之间竞争与发展的核心资源。所以，档案信息资源的有效管理与利用也已成为每个国家和企业生存与发展的重要战略资源，直接关系到国家经济的发展、企业效益的提高。

随着国家政治体制改革步伐的加快，服务型政府、责任政府、法治政府、“阳光”政府的建设已经成为我国政府管理体制变革的重要目标。政府部门若想更好地坚持“以人为本”的施政理念，就必须在档案管理实践中坚持“以公开为原则、以不公开为例外”的信息服务政策，使档案信息资源真正成为一种社会公共信息资源，为民所用。可以说，只有在档案管理实践中坚持“信息公开原则”，才能使档案管理的社会效益和经济效益得到充分实现。

在档案管理实践中，档案管理部门运用效益保障原则管理档案信息资源，应该避免单纯的经济效益导向思想，即只把经济效益看成效益，其他效益都不重要的片面效益观念。因为如果如此行事，档案部门就会陷入作茧自缚的境地，不仅会严重影响国家的基本史料建设目标的实现，损害民族记忆的完整，而且会影响国家和民族的文化传承与发展，影响民族的团结和社会的稳定，影响民族的凝聚力。所以，档案部门在档案管理实践中运用效益保障原则，就必须把追求社会效益与经济效益有机地结合起来，在保证大的社会效益的前提下，注意发挥档案管理的经济效益，绝不可本末倒置、舍本逐末！

总之，各级各类档案管理部门，应当把追求局部效益同追求全局效益协调一致，把追求社会效益与追求经济效益协调一致，注重在档案管理实践中追求长期稳定的高效益，建立科学的档案管理效益观。

九、激活升值原则

激活升值原则的基本思想是，档案资源作为一种人类社会活动的原始信息的记录，其中存在着大量的经验、信息和知识的片段，这些“片断性”的记录只有经过人们的有效加工、分析和转换，才能成为可以服务于一定社会实践目的的有价值的信息和知识；这种加工、分析和转换的工作就是对档案内容所蕴含信息的活化（或称激活）工作。档案内容信息通过“激活”后，可以更好地满足档案用户的利用需求，产生更大的效用。

“激活原则的确立，是因为信息不会自动地为管理者服务，未经激活的信息没有任何用处，只有在被激活之后才会产生效用。”① 人类进入信息社会后，档案管理者的社会角色发生了一定的变化，他们从以往的文件与档案的保管者和维护者逐渐转变为信息和知识的管理者和服务者。档案管理的服务理念正在得到不断的强化。档案工作者不仅要学会自己激活档案内容中的信息，而且要学会借助“外脑”激活所管理的档案内容信息，从而为社会和档案用户提供更高水平和质量的信息服务工作。

档案管理部门不能采取“静态”的思路和做法来从事档案信息资源的管理活动，而应该采取“动态”的思路和做法来激活档案内容中蕴藏的信息和知识，并为广大的社会用户和政府、组织用户提供更具实践价值的信息服务。

十、整序升值原则

无论是档案实体还是档案内容信息，只有通过了人们创造性的劳动，经过了组织化处理后才能使文件和档案的个体价值和整体价值得到更为充分的体现。就此而言，整序是使文件和档案升值的一项重要的工作内容。缺乏整序的文件和档案，不仅其实体的个体和整体价值难以呈现，而且会造成人们价值判断的失误。就档案的内容来说，如果不经过科学合理的组织加工，而是以原始的形态存在，那么档案内容的信息价值难以充分实现，甚至会被人为地埋没。长期的档案管理实践表明，档案的实体整序工作与档案内

① 司有和．信息管理学．重庆：重庆出版社，2001：47.

容的信息整序工作是保障档案管理价值实现的两项必要活动，缺一不可。

档案管理的整序升值原则要求我们在档案管理实践中做到两个方面：一方面要根据文件和档案产生和形成的规律和特点，对档案实体进行科学合理的整理和组织；另一方面要根据档案用户的需求规律和特点，对档案内容信息进行科学合理的加工和组织，使档案的内容信息真正成为一种组织化的、易用的信息资源。

整序升值原则的核心思想是整序原则的运用。所谓整序原则就是对档案实体和档案内容信息，按照一定的规律和特点，进行序化排列的指导思想和行为准则。

在对档案文件进行整序的活动中，档案管理部门必须注意保持文件之间的历史联系和逻辑联系，特别要注意按照来源原则和全宗理论，对档案实体进行整理和组织，并通过这种整序使文件和档案的有机体系得到更好的维护和体现。一个档案工作者必须时刻提醒自己，档案实体最好的整理方法“其实是档案自己指出来的”，不能够无视文件之间的历史联系，完全采用主观性的逻辑方法对档案实体进行所谓的系统化处理。维护档案有机体的历史面貌和文件之间的来源联系，是档案实体整序所必须坚持的基本指导思想。这是因为，同其他的文献形式相比，档案是一种“自然长成的结果”，是一种伴随其形成者的社会历史活动不断成长、发育起来的文件有机体系。而图书、资料等文献形式则不同，它们可以以个体的形式长期存在并发挥作用，即使人们按照学科、专业或主题等方面的联系对它们进行了组织和整序，它们之间的联系也不是历史的、有机的联系，而只是一种逻辑的、人为的内容方面的联系而已。

对档案实体的整序尽管可以有效地维护文件之间的历史联系，并可以通过其有机体的存在形式来体现出更大的整体价值，但是由于多数档案内容信息的原始性特点，很难同一般社会用户所熟悉的利用信息和文献资料资源的习惯和方法相吻合。另外，由于档案内容信息的相对分散性、片断性等特点，也使得想要系统利用有关主题信息的用户们感到不便。因此，档案管理工作者还需要对档案的内容信息进行符合用户要求的信息层面的加工组织，这就是所谓的档案内容信息的整序。档案内容信息的整序，可以采用分类法和主题法的形式来进行，并通过采用计算机技术组建目录数据库和全文数据库等方式来实现。

档案的内容信息与图书资料的内容信息在性质上存在着较大的差异。档案的内容信息与有关社会主体所承担的社会职能分工存在着密切的关联，是这些相关的社会职能分工的记录和反映，所以就总体来说，档案的内容信息具有非常突出的“职能分工”属性。尽管有一些档案的内容信息记录和反映了人类的知识生产活动情况和有关专业与学科研究、建设的情况，具有一定的学科属性和专业属性，但是就档案内容信息的整体而言，这些属性和特征并不占主导地位，所以只有一部分档案的内容信息可以按照学科和专业属性来进行分类整序和主题整序，而绝大多档案的内容信息则只能按照它们突出的“职能分工”属性来进行整序。

对档案实体的整序应坚持历史主义的原则，注意保持文件有机体系的完整性。通过这种整序，各个立档单位的档案和有关项目的档案可以成为真正意义上的有机体，并比较客观地体现出文件和档案的个体价值和整体价值。档案实体的整序前后所呈现出的价值是完全不同的。混乱的、无序的档案实体，无法体现出其真正的价值；只有经过整序的档案实体，才能使其价值得到比较充分的体现。就此而言，档案实体的整序可以有效地使档案增值。另外，我们还必须指出的是，尽管文件和档案的形成存在着一定的规律和特点，但是这种规律和特点却往往是隐藏在文件和档案背后的“秘密的”东西，档案工作者只有通过创造性的劳动和智慧，才能洞悉和把握这些规律和特点，才能据此开展有效的档案实体整序工作。维护档案有机体的历史本来面貌，无论是在纸质档案占主导地位的时代还是在电子文件占主导地位的时代，都是至关重要的，只是所采取的具体管理方式不同而已。

第三节　档案实体管理的方法

档案实体管理的主要方法就是历史的方法。它是根据档案事物这一客观存在状态，对档案实体进行划分和有序化管理的一种方法。除此之外，逻辑的方法在档案实体管理中也具有一定作用。

一、历史的方法与逻辑的方法

面对数量众多，内容、形式、来源复杂多样的档案，要实施有序化管理，大体上可以归纳为历史的和逻辑的两种方法。

历史的方法，也可以称之为客观或自然的方法。其优势主要在实践领域，尤其是档案实体管理的实践领域。因为面对复杂的客观世界，人们固然可以在观念中去进行分门别类的抽象认识，但对于现实中的客观事物，并不是严格按逻辑类别去分门别类的，而是按事物存在的状态去认识的。

逻辑的方法，就是对档案实体管理进行概念化和抽象化的管理。它根据档案这一事物抽象的属性、特征或某一方面的异同去分类，其所分出的类别实质上都是一些抽象的概念，是一些只存在于人们头脑之中的观念性的东西，并不是档案实体本身。但是仅有这种分类方法是不够的，它虽然具有对档案实体进行宏观管理的巨大优越性，但还要有其他的方法与其配合才能发挥更大的作用，其中应用最多的就是历史的方法。

二、档案的本质对历史方法的诉求

管理对象对其管理方法都有一定的要求。这种要求决定了管理不同的对象需要采取特定的方法。而档案实体管理主要采用历史的方法，也是由档案的本质与特性对其管理方法的要求决定的。档案的本质是对社会活动和社会生活的原始记录，其根本价值在于真实地记录并再现人类社会生活的历史。如果用逻辑的方法来管理档案实体，就会将档案这一随着历史进程自然留存下来并具有其形成状态上的历史完整性的原始记录，切割成碎片，从根本上伤害乃至阉割档案的本质特性，使档案不成其为档案，而变成与图书、资料等其他信息没有本质区别的东西。因为历史的完整性和真实性无法用逻辑的方法从实体状态中切割分析出来。至于档案，其内容信息可从逻辑的角度去切割、分析、认识，而实体状态的档案在其形成过程中本来固有的完整性和真实性，则不允许这种主观的任意切割和分解，而只能用历史的方法去管理，以保持其历史状态的本来面目，维护其忠实记录并再现历史的根本价值和本质特性。

三、历史的方法在档案实体管理中的应用

档案实体管理较少采用逻辑的方法，较多采用历史的方法。而逻辑的方法比较多地适用于档案内容信息的开发利用领域。因为档案信息内容涉及社会生活的方方面面，人们对档案信息内容的利用需求是多种多样、复杂多变的，仅仅保持其形成时的固有状态的实体管理，就无法满足各种各样的利用需求。所以，从档案管理工作的整体来看，逻辑的方法和历史的方法正是两种兼用并重、不可偏废的基本方法。而历史的方法则较多地用于档案实体管理。在档案实体管理中应用历史的方法，需要注意以下问题：

（1）尊重和突出档案的本质特性，遵循档案的形成规律，维护档案的有机联系，从而维护历史本来面貌的历史主义思想，应该作为一种基本的管理思想贯彻于档案管理工作的方方面面。这是档案实体管理的基本立足点与出发点。

（2）历史的方法较多适用于档案实体管理，逻辑的方法较多运用于档案内容信息开发利用这一基本结论，是从宏观与总体上而言的，并不是绝对的、无条件的。例如，在以全宗原则为基本管理原则的档案实体管理领域，虽然不允许打破全宗界限，但可以在不同全宗之间去构建实体类别或保管单位，而全宗补充形式中的档案汇集也可以从逻辑角度去构建；在全宗内部继续分类时，仍可采用问题分类法等逻辑的方法。在档案内容信息开发方面，逻辑的方法也不是“一统天下”的。比如，编制专题目录、专题概要等检索工具与参考资料，它以历史事实性的专题为主，所以也可以采用历史的方法。

总之，日益复杂的社会过程相应地使档案种类、成分和形式呈现多样化的特点，从而突破了档案管理中历史的与逻辑的方法的适用范围与界限。档案实体管理中，程度不同地承认按逻辑的方法管理档案的合理性；档案信息资源开发中，也程度不同地承认历史的方法的合理性。这种趋势的出现，要求档案工作者以辩证的观点去观察和处理档案实体管理中出现的矛盾与问题。

思考与练习

1. 何谓档案的实体管理？
2. 简述档案实体管理的主要应用原则。
3. 简述档案实体管理的方法。

第二章

档案的收集

内容提要

本章的主要内容包括：一、档案收集的意义和要求。二、社会组织内文件的归档。三、立档单位的档案收集工作。四、档案馆的档案收集工作。五、档案馆对家庭档案、名人档案的收集。六、国家档案馆对口述史料的采集和征集。

第一节　档案收集的意义和要求

一、档案收集的内容和意义

档案收集，又名档案收集工作，是指各社会组织（包括各级党和国家机关、人民团体、企业事业单位及其他社会组织，以下简称社会组织）所从事的档案接收和征集活动。档案收集是各组织档案管理的起点，是开展其他档案业务管理活动的前提和基础。其质量对组织和国家档案资源体系的建设具有重要影响作用。档案收集的内容主要包括以下方面：

第一，对本组织需要归档的文件的接收；

第二，对各现行组织和撤销组织具有一定保存价值档案的接收和集中保存；

第三，对电子档案及其元数据的接收；

第四，对可以弥补档案内容不足的口述史料、实物、资料的采集和接收；

第五，对散失的历史档案及相关资料的征集和接收。

档案收集的意义在于档案收集是整个档案管理中极其重要的一项业务工作内容。做好档案收集对整个档案管理目标的实现，对建设完整的、安全的档案资源体系都具有非常重要的现实意义和历史意义。

二、档案收集的要求

开展档案收集，应依据档案法律法规和政策规范进行。其中包括《中华人民共和国档案法》[①]《中华人民共和国档案法实施办法》[②]《关于加强和改进新形势下档案工作的意见》[③] 及国家档案局制发的 8 号令、10 号令、13 号令、14 号令等部门规章等。档案收集的基本要求包括以下方面：

（一）加大档案收集力度、确保档案的齐全完整

档案是各社会组织、各级国家档案馆开展工作的重要数据、信息资源和物质基础。要把档案工作与其他工作同规划、同部署、同落实，做到全面覆盖。各级党委和政府成立专项工作机构或协调机构时，应根据需要吸收档案部门参加，确保档案工作与开展专项工作同步进行。县级以上各级党委的档案主管部门（机构）要加强对档案收集工作的监督指导，特别是对重点工作、重大活动、重大建设项目、重大科研项目、重大生态保护项目以及新领域、新专业、新机构、新社会组织等，要监督指导有关方面及时建立档案工作制度。各立档单位和各级国家档案馆应设置专门机构或配备专人进行档案管理，做到档案收集齐全完整，积极开展具有档案价值的文件材料的归档、接收与征集工作。

（二）建立健全和完善收集制度、不断提升档案收集的制度化和规范化管理水平

各社会组织的档案部门和档案工作人员要认真履行职责，建立健全文件材料归档制度，及时制定或修订本组织各类文件材料的归档范围和保管期限表，报同级党委的档案主管部门（机构）审核后实施，做到“应归尽归、应收尽收”。凡是应归档的文件材料（包括应归档的电子文件及传统载体的照片、录音、录像等），要向本组织档案机构移交，任何部门和个人不得据为己有或拒绝归档。对损毁、丢失档案的，档案主管部门要依法查处，并督促档案形成单位（部门）积极予以补救。

社会组织履行职责过程中应当按照有关程序和要求形成归档文件材料。社会组织办公自动化和其他业务系统应当支持形成符合要求的归档文件材料。文件材料形成时，应当采用耐久、可靠、满足长期保存需求的记录载体和记录方式。归档文件材料应当真实、准确、系统，文件材料组件齐全、内容完整。社会组织文件形成部门或业务部门应当及时收集形成的归档文件材料，交本部门指定人员保管。社会组织应当编制本单位文件材料归档范围和档案保管期限表，经同级党委的档案主管部门审查同意后施行。社会组织内部机构或工作职能发生变化时应当对其进行及时修订，经重新审查同意后施行。文件

---

① 1987 年 9 月 5 日第六届全国人民代表大会常务委员会第二十二次会议通过；根据 1996 年 7 月 5 日第八届全国人民代表大会常务委员会第二十次会议《关于修改〈中华人民共和国档案法〉的决定》第一次修正；2016 年 11 月 7 日第十二届全国人民代表大会常务委员会第二十四次会议《关于修改〈中华人民共和国对外贸易法〉等十二部法律的决定》第二次修正；2020 年 6 月 20 日第十三届全国人民代表大会常务委员会第十九次会议修订。

② 1990 年 10 月 24 日国务院批准，1990 年 11 月 19 日国家档案局令第 1 号发布；1999 年 5 月 5 日国务院批准修订，1999 年 6 月 7 日国家档案局令第 5 号重新发布；根据 2017 年 3 月 1 日国务院令第 676 号《国务院关于修改和废止部分行政法规的决定》修订。

③《中共中央办公厅、国务院办公厅印发〈关于加强和改进新形势下档案工作的意见〉的通知》（中办发〔2014〕15 号）。

材料归档范围和档案保管期限表应当全面、系统反映社会组织主要职能活动和基本历史面貌。人事、会计文件材料的归档范围和档案保管期限从其专门规定。

（三）不断完善和丰富民生性档案资源

民生性档案资源是指那些与广大人民群众的合法权利保障密切相关的各种门类、专业档案的总称。县级以上各级党委领导下的档案主管部门要研究制定民生性档案资源的归档和接收范围、管理办法，监督指导民生性档案资源的收集工作。各社会组织档案机构要把与人民群众切身利益密切相关的有利用价值的各类文件材料收集齐全，并按有关规定归档和移交。

各级国家档案馆要积极接收各类民生性档案资源，把民生性档案资源的建设纳入国家档案资源体系。

（四）科学整合档案资源、及时规范档案流向

建立以各级党委领导下的档案主管部门为主导、各行业主管部门密切配合、国家档案馆和立档单位集中统一管理的档案资源管理架构。在机构改革、企业改制、行政区划调整等过程中，有关部门要会同档案主管部门及时规范档案流向，妥善进行档案处置，严防档案流失。

对处置不善、造成档案流失的，应依法追究有关单位和人员责任。各级党委领导下的档案行政部门要统筹规划，支持和鼓励打破部门和条块分割，整合同一社会组织内不同部门、同一地区各档案馆（立档单位）及不同地区档案馆（立档单位）的档案资源，推动档案资源科学配置和高效利用。

规范档案流向应坚持全宗原则。全宗是一个立档单位档案的有机整体。一个社会组织的各项活动不是孤立的，而是有联系进行的，这就决定了一个社会组织形成的档案之间固有的内在联系，使其成为一个有机整体。保持全宗的整体性，是档案管理的一条基本原则，也是贯穿所有档案管理活动的核心问题。只有首先在收集工作中坚持全宗不可分散的原则，以后的各项档案管理活动才有可能按全宗管理。因此，在收集档案时，必须把一个社会组织的档案作为一个全宗集中在档案机构内，不允许把一个全宗的档案人为地分割。某些单位由于一时需要而把某些档案从全宗中抽走另行集中，这种做法是不科学的。如果实际工作确实需要集中一些档案原件使用或存案，则应以档案副本（如数字化副本、缩微副本或纸质副本）代替。

同时，在档案收集中，不仅要保持全宗的不可分散性，而且需要注意各个全宗之间的相互关系。因为，在一定时期、地点和条件下活动的各个社会组织，它们的工作都不是孤立的，而是相互联系的，反映在它们各自形成的档案上，各个全宗之间也就自然出现了一定的联系。

这种在历史上形成的有着这样或那样联系的若干全宗，称为“全宗群”。同一全宗群的各个全宗，通常应集中收集在一个档案馆里，这才有利于反映历史上一定时间和一定区域内社会活动的全貌。

第二节　社会组织内文件的归档

各社会组织在开展档案资源体系建设活动中，应按照国家、行业主管部门及相关规定，合法合规地进行。

一、归档制度的建立

建立健全文件材料[①]的归档制度，是各社会组织开展档案资源体系建设的主要途径。所谓归档，就是将社会组织在各项职能活动中形成的、具有一定保存价值的文件材料，由相关形成部门（机构）的工作人员，通过线上或线下的方式，实时或定期地移交给立档单位的档案部门或档案管理人员集中保存的业务活动。现行《中华人民共和国档案法》的第十四条规定："应当归档的材料，按照国家有关规定定期向本单位档案机构或者档案工作人员移交，集中管理，任何个人不得拒绝归档或者据为己有。国家规定不得归档的材料，禁止擅自归档。"国家档案局制发的 8 号令、10 号令、13 号令、14 号令等部门规章及相关的规范性文件，都对机关或企业的文件材料的归档工作和相关制度建设的内容，提出了明确的要求。

归档制度的内容，主要包括三个方面：归档范围、归档时间、归档要求等。

（一）归档范围

归档范围是指应作为档案保存的文件材料的范围，即哪些文件应当归档，哪些文件不必归档。根据 2018 年 10 月 11 日公布的《机关档案管理规定》（国家档案局第 13 号令）、2006 年 12 月 18 日公布的《机关文件材料归档范围和文书档案保管期限规定》（国家档案局第 8 号令）、2012 年 12 月 17 日公布的《企业文件材料归档范围和档案保管期限规定》（国家档案局第 10 号令）等部门规章的要求，各社会组织在确定文件材料的归档范围时，可遵循下述要求进行。

1. 确定文件材料归档范围的一般要求

（1）确定文书类或管理类文件材料的归档范围，应按照《机关文件材料归档范围和文书档案保管期限规定》《企业文件材料归档范围和档案保管期限规定》等部门规章的要求，并结合本组织的实际工作需要来确定。

（2）确定会计、科研、基建类文件材料的归档范围，可依据《会计档案管理办法》、《科学技术研究课题档案管理规范》（DA/T 2—92）、《建设项目档案管理规范》（DA/T 28—2018）及《国家电子政务工程建设项目档案管理暂行办法》等规章和标准的规定要

① 文件材料是一个约定俗成的称谓，在日常工作活动中，人们习惯于将工作活动中的各种公文、文件、数据材料、数据电文、电子文件等记录形式，统称为文件材料。它不是一个规范的专业术语，但为了方便读者理解和运用本书的知识内容，在本书的正文叙述中依然采用了这种说法。

求进行，并结合本组织的实际工作需要来确定。

（3）确定照片类文件材料的归档范围，可依据《照片档案管理规范》（GB/T 11821—2002）和《数码照片归档与管理规范》（DA/T 50—2014）等标准的要求，并结合本组织的实际工作需要来进行。

（4）确定电子文件及其元数据的归档范围，可依据《数字档案室建设指南》、《企业数字档案馆（室）建设指南》、《电子文件归档与电子档案管理规范》（GB/T 18894—2016）、《文书类电子文件元数据方案》（DA/T 46—2009）、《照片类电子档案元数据方案》（DA/T 54—2014）、《录音录像类电子档案元数据方案》（DA/T 63—2017）等标准规范的要求进行。归档保存的数字档案资源门类应齐全、完整，各门类电子档案或数字副本应齐全、完整，能够系统反映本单位履行主要职责的过程；关于同一事由的往来文件以及文件的组件应齐全、完整，文件之间的有机联系得以保存；电子档案内容信息处于原始状态，基本元数据齐全、完整。

（5）确定其他门类文件材料的归档范围应按照国家相关规定执行。

（6）社会组织在各项职能活动中形成有保存价值的日常公务活动文件材料，社会组织设立临时机构处理专项工作、处置突发事件、举办重要活动等形成的文件材料，社会组织承担重大建设项目、重大科研课题等形成的文件材料，社会组织所属机构撤销形成的文件材料等，均属于归档文件材料的范围。

2. 各级党政组织和人民团体文件材料的归档范围

各级党政组织和人民团体一般应将下列文件材料纳入归档范围：

（1）反映本组织主要职能活动和基本历史面貌的，对本组织工作、国家建设和历史研究具有利用价值的文件材料。

（2）组织工作活动中形成的在维护国家、集体和公民权益等方面具有凭证价值的文件材料。

（3）本组织需要贯彻执行的上级组织、同级组织的文件材料，下级组织报送的重要文件材料。

（4）其他对本组织工作具有查考价值的文件材料。

各级党政组织和人民团体不纳入归档范围的文件材料主要包括：

（1）上级组织的文件材料中，普发性不需本组织办理的文件材料，任免、奖惩非本组织工作人员的文件材料，供参考的抄件等。

（2）本组织形成的重份文件材料，无查考利用价值的事务性、临时性文件，一般性文件的历次修改稿、各次校对稿；无特殊保存价值的信封，不需办理的一般性人民来信、电话记录，组织内部互相抄送的文件材料，本组织负责人兼任外单位职务形成的与本组织无关的文件材料，有关工作参考的文件材料。

（3）同级社会组织的文件材料中，不需贯彻执行的文件材料，不需办理的抄送文件材料。

（4）下级组织的文件材料中，供参阅的简报、情况反映，抄报或越级抄报的文件材料。

3. 企业（公司）文件材料的归档范围

企业（公司）应纳入归档范围的文件材料包括：

（1）反映本企业的研发、生产、服务、经营、管理等各项活动和基本历史面貌的，对本企业各项活动、国家建设、社会发展和历史研究具有利用价值的文件材料。

（2）本企业在各项活动中形成的对维护国家、企业和职工权益具有凭证价值的文件材料。

（3）本企业需要贯彻执行的有关组织和上级单位的文件材料，非隶属关系单位发来的需要执行或查考的文件材料；社会中介机构出具的与本企业有关的文件材料；所属和控股企业报送的重要文件材料。

（4）有关法律法规规定应归档保存的文件材料和其他对本企业各项活动具有查考价值的文件材料。

企业（公司）形成的下列文件材料可不归档：

（1）有关组织和上级主管单位制发的普发性不需本企业办理的文件材料，任免、奖惩非本企业工作人员的文件材料，供参考使用的抄件等。

（2）本企业产生的重份文件材料，无查考利用价值的事务性、临时性文件，未经会议讨论、未经领导审阅和签发的文件，一般性文件的历次修改稿、各次校对稿，无特殊保存价值的信封，不需办理的一般性来信、来电记录，企业内部互相抄送的文件材料，本企业负责人兼任外单位职务形成的与本企业无关的文件材料，有关工作参考的文件材料。

（3）非隶属关系单位发来的不需贯彻执行和无参考价值的文件材料。

（4）所属和控股企业报送的供参阅的一般性简报、情况反映，其他社会组织抄送不需本企业办理的文件材料。

（5）其他不需归档的文件材料。

4. 电子文件及其元数据的归档范围

电子文件归档范围应包括各业务活动中形成的各种结构化和非结构化数据，以独立文档形式存储的具有保存价值的信息记录，包括办公自动化系统、产品或业务系统、财务会计管理信息系统、人力资源管理信息系统、门户网站、微博、微信、公务邮件系统及本企业其他职能活动业务系统中形成的电子文件，以及从外部接收的电子文件。

有些信息系统有可能通过租用基础设施或以云计算服务的形式存在，所形成的电子文件不一定存储在本单位的服务器中，但其产生的电子文件也应纳入本单位文件材料归档范围予以归档。单位已实施的支撑主营业务的信息系统均应具有归档功能，导出的归档电子文件存储格式、元数据等均应符合《电子文件归档与电子档案管理规范》的有关要求。各社会组织的数字档案馆（室）建设期间应完成办公自动化系统形成的电子文件归档并实现至少一个核心业务系统电子文件归档。

各社会组织应按照国家法律法规和标准规范的要求，结合各自的具体情况，确定本单位文件材料的归档范围和不需要归档的文件材料范围。

（二）归档时间

社会组织文件材料的归档时间有三种情况：定期归档、实时归档、延期归档。

1. 定期归档

社会组织根据实际工作的需要，在切实保证纳入归档范围的文件材料的完整、安全的前提下所确定的一种相对固定的向档案部门或档案人员移交档案的时间。这种归档时间通常适用于线下归档的采用传统载体形式形成的文件材料和采用光磁存储介质归档的电子文件。例如，党政组织、社会团体及其他社会组织形成的属于归档范围的文件材料，经文书或业务部门整理完毕后，应当在第二年 6 月底前向本单位的档案部门或档案人员归档。再如，采用物理归档的电子文件也应定期完成。

2. 实时归档

社会组织据实际工作的需要，对通过各种业务信息系统（如办公自动化或其他业务信息系统）形成的属于归档范围的电子文件，以及那些会因采用定期归档而造成归档文件失真、失全、失密等问题的传统载体形态的文件材料等，可进行线上实时归档或线下随办随归。例如，电子文件及其元数据的归档时间，采用逻辑归档的应实时进行。设备随机文件材料、单位负责人外出开会带回来的文件材料等，应采用随办随归档的方式进行。

3. 延期归档

社会组织根据实际工作的需要，对那些形成部门（机构）在业务活动中需要经常或频繁使用的、纳入归档范围的文件材料，可采用延期归档的时间控制方式。但是，通常情况下，归档时间的延迟不可超过 3 年，否则将会在一定程度上造成档案完整性、有效性的损害。会计文件材料的归档、驻外机构文件材料的归档、承担特殊职能任务的派出机构的文件材料的归档等，均属于此种特殊情况。例如，对于专业方面的专门文件，或驻地分散在外的个别业务部门或单位的文件材料，为了便于形成部门或机构日常工作的查考，可适当延长文件材料的归档时间。但是，国家或主管部门对归档时间有特殊规定的，各社会组织应从其规定。

（三）归档要求

为有效保证归档文件材料的质量，维护立档单位各项职能业务活动的原始记录之间的有机联系，保证档案资源的品质，各立档单位的文件材料归档工作应满足如下基本质量控制要求。

1. 一般要求

（1）归档时交接双方根据归档目录清点核对，并履行交接手续；随办随归的文件材料，还应当按规定履行登记手续，记录电子文件归档过程的元数据。任何部门和人员不得将应归档的文件材料据为己有或拒绝归档。

（2）归档文件材料应当为原始记录。电子文件需要转换为纸质文件归档的，若电子文件已经具备电子签名、电子印章，且电子印章按照规定转换为印章图形的，纸质文件不需再行实体签名、实体盖章。

（3）不具有永久保存价值或其他重要价值的电子文件，以及无法转换为纸质文件或缩微胶片的电子文件可仅以电子形式进行归档。

（4）各社会组织应当编制本单位文件材料归档范围和档案保管期限表，经同级党委的档案主管部门审查同意后施行。社会组织内部机构或工作职能发生变化时应当及时对其进行修订，经重新审查同意后施行。文件材料归档范围和档案保管期限表应当全面、系统反映社会组织主要职能活动和基本历史面貌。人事、会计文件材料的归档范围和档案保管期限从其专门规定。社会组织所属机构文件材料归档范围和档案保管期限表报组织审查同意后施行。

2. 各级党政组织和人民团体文件材料的归档要求

（1）凡属组织归档范围的文件材料，必须按有关规定向本组织负责档案工作的部门移交，实行集中统一管理，任何个人不得据为已有或拒绝归档。

（2）社会组织对应归档电子文件的元数据、背景信息等要进行相应归档。

（3）社会组织应归档纸质文件材料中，有文件发文稿纸、文件处理单的，应与文件正本、定稿一并归档。

（4）社会组织联合召开会议、联合行文所形成的文件材料原件由主办社会组织归档，其他社会组织将相应的复制件或其他形式的副本归档。

（5）各社会组织应根据《机关档案管理规定》，结合本组织职能和各部门工作实际，编制本组织的文件材料归档范围和文书档案保管期限表，经同级档案主管部门审查同意后执行。有垂直领导关系的中央、国家组织应依据《机关档案管理规定》，结合本系统工作实际，编制本系统的文件材料归档范围和文书档案保管期限表，并经国家档案局审查同意后执行。

（6）在编制本组织或本系统文件材料归档范围和文书档案保管期限表时，应全面分析和鉴别本组织或本系统文件材料的现实作用和历史作用，准确界定文件材料的归档范围和划分档案保管期限。

3. 企业（公司）文件材料的归档要求

（1）凡属企业归档范围的文件材料，必须按有关规定向本企业档案部门移交，实行集中统一管理，任何个人不得据为已有或拒绝归档。

（2）企业产品生产和服务业务、科研开发、基本建设、设备仪器、会计、干部与职工人事等文件材料的归档制度，按国家有关规定、标准，结合企业实际执行。

（3）企业应归档纸质文件材料中，有重要修改意见和批示的修改稿及有发文稿纸或文件处理单的，应与文件正本、定稿一并归档。

（4）企业对于无相应纸质或确实无法输出成纸质的电子文件应纳入归档范围并划分保管期限。企业对归档的电子文件的元数据要进行相应归档。

（5）多个企业联合召开的会议、联合研制的产品、联合建设或研究的项目、联合行文所形成的文件材料，原件由主办企业归档，其他企业将相应的复制件或其他形式的副本归档。

（6）企业应依据《机关档案管理规定》和国家及专业相关规定，结合本企业生产组织方式、产品和服务特点，编制本企业的各类文件材料归档范围和档案保管期限表。企业应按资产归属关系，指导所属企业根据有关规定规范各类文件材料归档范围和档案保管期限表的编制，并审批所属企业的文件材料归档范围和档案保管期限表。中央管理的企业（包括国务院国有资产监督管理委员会监管的中央企业、金融企业、中央所属文化企业等）总部的文件材料归档范围和管理类档案保管期限表，报国家档案局同意后执行。地方国有企业总部编制的文件材料归档范围和管理类档案保管期限表，报同级档案主管部门同意后执行。

（7）企业资本结构或主营业务发生较大变化时，应及时修订和完善文件材料归档范围和档案保管期限表。

（8）企业在编制文件材料归档范围和档案保管期限表时，应全面分析和鉴别本企业形成文件材料的现实作用和历史价值，统筹考虑纸质文件材料与其他载体文件材料的管理要求，准确界定文件材料的归档范围和划分档案保管期限。

4. 各社会组织电子文件及其元数据的归档要求

（1）归档保存的电子文件及其元数据应齐全、完整，各类电子文件或传统载体档案的数字副本应齐全、完整，能够系统反映本单位履行主要职责的过程；关于同一事由的往来文件以及文件的组件应齐全、完整，文件之间的有机联系得以保存；各门类电子文件的内容信息处于原始状态，基本元数据齐全、完整。

（2）归档电子文件及其元数据的品质等应符合《电子文件归档与电子档案管理规范》、《归档文件整理规则》（DA/T 22—2015）、《档号编制规则》（DA/T 13—94）等国家、行业推荐标准或地方规范的要求；应参照国家或地方相关标准规范设置、捕获归档电子文件元数据，推荐采用包括文件实体、机构人员实体、业务实体在内的多实体元数据方案，元数据的赋值应以自动捕获为主、手工著录为辅。

（3）把带有归档标识的电子文件集中，制成归档数据集，拷贝至耐久性的载体上，至少一式两套，一套封存保管，一套供查阅使用。必要时，复制第三套，异地保存。对于加密电子文件，则应解密后再完成上述工作。

（4）推荐采用的载体按优先顺序分别如下：只读光盘、一次写光盘、可擦写光盘、磁带等。禁用软磁盘作为归档电子文件长期保存的载体。

（5）存储电子文件的载体或包装盒上应贴有标签，标签内填写编号、名称、密级、保管期限、硬件及软件环境。

（6）将相应的电子文件机读目录、相关软件、其他说明等一同归档并附归档电子文件登记表。

（7）需要长期保存的电子文件应当把归档电子文件与相应的机读目录存在同一载体上。如果是自行开发的应用软件，则应将软件及相关数据存在同一载体上。

（8）原电子文件数据集载体在完成电子文件归档后，保留时间至少一年。

（9）在网络中进行了逻辑归档操作的电子文件应按上述归档过程完成物理归档。

（10）电子档案管理等应用系统（ERMS、EDMS 等）应支持电子文件的分类、编目、命名和存储，完成电子文件的归档保存。

（11）电子档案管理等应用系统（ERMS、EDMS 等）应能以自动或半自动化方式为各类电子文件或传统载体归档文件的年度、机构、问题、项目代号、案卷号、件号、保管期限等分类项赋值，调整其排列顺序，从而完成电子文件或辅助完成传统载体归档文件的分类组织，维护关于同一事由的往来文件、组件的完整性和相互间的有组织联系。

（12）电子档案管理等应用系统（ERMS、EDMS等）应能统筹电子文件和传统载体归档文件，根据分类结果自动赋予档号，完成归档过程。应能依据档号各构成项自动、逐级建立并命名文件夹，分类存储电子档案，并采用档号自动为电子档案命名。应使用第三方权威机构提供的技术手段，在适当时间生成电子档案原文的固化信息，提供验证途径。传统载体档案数字副本的上传、挂接和存储功能需求可参照执行。

（13）电子档案管理等应用系统（ERMS、EDMS等）的建设与运行必须加强安全管理，遵守相关保密规定，安全设备配置齐全；严格控制归档文件和数据的访问权限；应制定完善的数据归档管理规范，制定备份规范。管理涉密归档电子文件及其元数据的电子档案管理系统，应按照涉密信息系统分级保护管理的要求进行安全设计和建设，并通过有关部门测评后方可投入使用。管理非涉密归档电子文件及其元数据的电子档案管理系统应根据系统重要程度及其实际安全需求，参照《计算机信息系统安全保护等级划分准则》（GB 17859—1999）确定电子档案管理系统应达到的安全等级，并依照《信息安全技术信息系统安全等级保护基本要求》（GB/T 22239—2008）、《档案信息系统安全保护基本要求》、《档案信息系统安全等级保护定级工作指南》等标准要求，开展安全建设和登记管理。

二、归档工作的组织

（一）档案管理部门（机构）对形成文件的作用

为保证归档文件的系统完整、准确可靠、安全有效，便于保管和利用，各社会组织的档案管理机构和人员不仅要通过归档制度做好归档文件的接收归档工作，而且要按照全生命周期（或全程管理、前端控制）的管理要求，关心文件的形成情况。各社会组织内往往有些工作做了，但没有做到“业务留痕”或记录不全。这都会在一定程度上影响立档单位归档文件的质量。因此，档案管理机构和人员有责任对文件管理制度、流程、格式、存储介质等方面存在的问题，通过本组织的档案管理网络，向主管领导和相关业务职能部门反映和提出改进意见，以便从根本上提升本组织文件材料的归档质量，切实维护本组织归档文件的齐全和完整。

（二）指导和协助各业务职能部门组织归档工作

第一，指导和协助各业务职能部门执行文件归档制度。实践表明，由组织的各业务职能部门和本组织的文件处理部门集中开展文件材料的归档工作，可以有效地发挥其熟悉文件的形成规律和特点的优势，从而提高归档文件的质量。改变承办人分散保存文件的现象，有利于保守国家秘密和单位的秘密事项。

第二，协助和督促有关业务职能部门做好归档前的准备工作。这些工作包括做好平时文件材料的分类、积累、价值鉴定、日常整理、安全控制等。

（三）临时性文件的归档管理

即使建立了本组织的文件归档制度，也会有些“账外文件”不能按归档要求及时归全，做到“应归尽归”。如果社会组织内的归档制度本身就不够健全，那么归档文件的完整性可能会受到更大的影响。因此，各立档单位的档案管理机构和人员需要采取某些临时性的措施，以弥补归档制度的不足。各社会组织可以结合安全保密检查，节假日前的文件清理工作，机构调整和人员调动，以及临时性的工作活动，随时把应归档的文件集中、登记，并做好记录。

（四）加强对归档工作重要性的宣传和日常管理

为了推动归档制度的顺利实施，应针对各立档单位的具体情况，宣传国家的相关法律法规、政策规范，说明文件归档对保证本单位各项业务工作的连续性和健壮性的必要性，说明归档对维护本单位证据体系的完整性、保障单位和相关人员切身利益的重要性。同时，各立档单位还应通过业绩考核和评奖等方式，对本组织各业务职能部门在归档工作中表现突出的，给予表彰和奖励；对归档工作落后、不认真执行归档制度的部门和人员，给予相应的惩戒。

第三节　立档单位对档案的收集

一、立档单位档案的收集范围

各立档单位确定本组织档案的收集范围，可按如下要求进行。

（一）文书档案的收集范围

应按照《机关档案管理规定》《机关文件材料归档范围和文书档案保管期限规定》，结合本组织的具体需要来进行。

（二）会计、科研、基建档案收集范围

应符合《会计档案管理办法》《科学技术研究课题档案管理规范》《建设项目档案管理规范》及《国家电子政务工程建设项目档案管理暂行办法》的一般规定要求。

（三）照片档案的收集范围

应符合《照片档案管理规范》和《数码照片归档与管理规范》的一般管理要求。

（四）电子档案的收集范围

电子文件应当连同元数据一并收集。收集的电子档案及其元数据一般应当符合《数字档案室建设指南》《企业数字档案馆（室）建设指南》《电子文件归档与电子档案管理

规范》《文书类电子文件元数据方案》《照片类电子档案元数据方案》《录音录像类电子档案元数据方案》等一般规定要求。

其他门类档案收集范围按照国家相关规定执行。

二、立档单位收集档案的种类

（一）各级党和国家组织、人民团体收集档案的种类

根据《机关档案工作条例》《机关档案管理规定》的规定，组织收集档案的种类包括以下几个：

（1）文书、科技（科研、基建、设备）、人事、会计档案。

（2）组织履行行业特有职责形成的专业档案。

（3）照片、录音、录像等音像档案。

（4）业务数据、公务电子邮件、网页信息、社交媒体档案。

（5）印章、题词、奖牌、奖章、证书、公务礼品等实物。

（6）其他档案。

上述档案中无论是传统载体档案还是电子档案，均具有同等效力。

（二）企业收集档案的种类

根据《企业文件材料归档范围和档案保管期限规定》的要求，企业收集档案的种类依据保存价值和保管期限可分为永久和定期档案两类。具体种类包括：企业经营管理、生产技术管理、行政管理、党群工作等管理类档案，企业产品生产和服务业务、科研开发、基本建设、设备仪器、会计、干部与职工人事类档案等。

1. 永久保管的企业管理类档案的种类

永久保管的企业管理类档案的种类主要包括以下几个：

（1）本企业设立、合并、分立、改制、上市、解散、破产或其他变动过程中形成的文件材料，本企业董事会、监事会、股东会的构成、变更、召开会议、履行职责和维护权益的文件材料。

（2）本企业资产和产权登记、评估与证明文件材料，资产和产权转让、买卖、抵押、租赁、许可、变更、保护等凭证性文件材料，对外投资文件材料；本企业资本金核算、确认、划转、变更等文件材料，企业融资文件材料。

（3）本企业关于重要问题向有关组织和上级主管单位的请示、报告、报表及其复函、批复，有关组织和上级单位制发的需本企业办理的重要文件材料，行业协会、中介机构等对本企业做出的重要决定和出具的审计、公证、裁定等重要文件材料，本企业与其他组织和个人形成的重要合同、协议及补充协议等文件材料。

（4）本企业发展规划、战略决策、重大改革、年度计划和总结文件材料，内部管理制度、规定、办法等文件材料。

（5）本企业机构演变、人力资源管理的重要文件材料，本企业涉及职工权益的其他

重要文件材料，企业文化建设文件材料。

（6）本企业经营管理工作的重要文件材料。

（7）本企业生产技术管理工作的重要文件材料。

（8）本企业行政管理工作的重要文件材料。

（9）本企业党群工作的重要文件材料。

（10）新闻媒体对本企业重要活动、重大事件、典型人物的宣传报道。

（11）有关组织和上级主管单位领导、社会知名人士等重要来宾到本企业检查、视察、调研、参观时的讲话、题词、批示、录音、录像、照片及企业工作汇报等重要文件材料；本企业参与国家和社会重大活动的重要文件材料，本企业职工参加上级党、团、工会、人大、政协等代表大会形成的重要文件材料。

（12）本企业直属单位，所属、控股、参股、境外企业和机构报送的关于重要问题的报告、请示和批复等文件材料。

2. 定期保管的企业管理类档案的种类

定期保管的企业管理类档案主要包括以下几类：

（1）本企业资本金管理、资产管理的一般性文件材料，本企业涉及职工权益的一般性文件材料。

（2）本企业部门工作或专项工作规划，半年、季度、月份计划与总结等文件材料。

（3）本企业召开会议、举办活动的一般性文件材料，发布的一般性公告。

（4）本企业经营管理工作的一般性文件材料。

（5）本企业生产技术管理工作的一般性文件材料。

（6）本企业行政管理工作的一般性文件材料。

（7）本企业党群工作的一般性文件材料。

（8）本企业关于一般性问题向有关组织和上级主管单位的请示、报告、报表及有关组织和上级主管单位的复函、批复，有关组织和上级主管单位、行业协会制发的需本企业贯彻执行的一般性文件材料和对本企业出具的一般性证明文件，本企业与其他单位和个人形成的一般性合同、协议文件材料。

（9）直属单位、所属和控股企业一般性问题的请示、报告、来函与本企业的批复、复函等文件材料。

（10）本企业参与国家和社会活动的一般性文件材料，本企业职工参加上级党、团、工会、人大、政协等代表大会形成的一般性文件材料；本企业接待重要来宾的工作计划、方案等一般性文件材料。

三、立档单位收集电子档案的质量要求

根据《数字档案室建设指南》和《企业数字档案馆（室）建设指南》的要求，数字档案室的数字档案资源应包含文书、声像（照片、录音、录像）、科技、专业等各门类电子档案、传统载体档案数字副本和数字资料等，若条件成熟，公务电子邮件、网页等门类的电子档案也应作为数字档案资源建设内容。各立档单位收集电子档案的质量要求一

般包括以下方面：

（一）文书类电子档案的收集质量要求

文书类电子档案的收集，应符合国家档案局第 8 号令、《归档文件整理规则》等规范标准的一般要求。此外，在办公自动化等业务系统中形成并归档保存的电子公文，其质量还需满足以下要求。

1. 完整性要求

关于同一事由的往来电子公文齐全、完整，电子公文的组件（包括正本、定稿、公文处理单）、集中记录修改过程的彩色留痕稿以及确有必要保存的重要修改稿等齐全、完整；红头、电子印章齐全、完整；文件标题、文号、主送组织、正文、发文组织署名和成文日期 6 个要素齐全、完整。

2. 版面格式要求

电子公文正本的公文格式应符合《党政机关公文处理工作条例》第三章要求，正本的页面尺寸及版面要求、公文格式各要素编排规则、公文的特定格式和式样应分别符合《党政机关公文格式》（GB/T 9704—2012）的要求。

3. 文件格式要求

电子公文的正本、定稿、公文处理单应以 OFD、PDF、PDF/A 等版式文档格式归档保存，版式文档格式应符合《版式电子文件长期保存格式需求》（DA/T 47—2009），并支持向同级国家综合档案馆采用的长期保存格式转换；集中记录修改过程的彩色留痕稿以及确有必要保存的重要修改稿可以 WPS、RTF、DOC 等同级国家综合档案馆认可的格式归档保存。

4. 元数据捕获要求

应参照《文书类电子文件元数据方案》设置、捕获电子公文元数据，至少应包括以下 20 项：聚合层次、来源、立档单位名称、电子文件号、档号、年度、保管期限、内容描述、题名、日期、密级、形式特征、存储位置、脱机载体编号、权限管理、机构人员名称、业务状态、业务行为、行为时间、实体标识符。

5. 封装要求

若条件成熟，根据同级国家综合档案馆要求，可以对文书类电子档案与其元数据进行封装。封装可参照《基于 XML 的电子文件封装规范》（DA/T 48—2009）执行。

（二）科技和专业类电子档案的收集质量要求

科技类电子档案收集质量的基本要求包括以下方面：

1. 科技类电子档案收集的一般质量要求

科技类电子档案的收集应该参照《科学技术档案案卷构成的一般要求》（GB/T 11822—2008）、《建设项目档案管理规范》及《国家电子政务工程建设项目档案管理暂行办法》等标准规范执行。图形类电子档案应以 DWG 等通用格式收集，其他电子档案的保存格式可参照文书、声像类电子档案执行。

2. 专业类电子档案收集的一般质量要求

在履行本单位主要职能过程中产生的专业类电子文件都应收集、归档，包括但不限于国家档案局颁布的第一批、第二批国家专业档案基本目录所列内容。各种专业类电子文件的整理、鉴定、编目参照相应的管理办法执行。仅以数据库形式存在的专业类电子文件，如人口、环境、农业等各种普查数据，可以XML等跨平台通用格式收集、归档，或直接以原数据库数据文件归档，同时归档一套完整的数据库设计文档。以电子文档形式存在的专业类电子文件，可参考文书类电子档案的各项管理要求执行。

3. 电子档案元数据设置与捕获的质量要求

应参照《档案著录规则》（DA/T 18—1999）、《文书类电子文件元数据方案》等有关标准，设置、捕获科技、专业类电子档案元数据，至少应包括以下各项：聚合层次、档号、年度、题名、责任者、成文时间、文号、密级、稿本、保管期限、计算机文件名、格式信息、计算机文件大小，以及描述电子档案管理过程的机构人员、管理活动元数据。

（三）纸质档案的数字化副本的收集质量要求

纸质档案数字化的各项技术要求应按照《纸质档案数字化规范》（DA/T 31—2017）以及同级国家综合档案馆的相关要求执行。为保证档案数字化副本的真实性、完整性和可用性，参照《缩微摄影技术缩微品的法律认可性》（GB/Z 20650—2006）、《信息与文献——档案数字化实施指南》［ISO/TR 13028：2010（E）］等标准规范的相关规定，纸质档案数字化还应符合以下要求。

1. 数字化对象确认要求

应按完整性、规范性要求确认需数字化的纸质档案。原则上，年度内、每个案卷内或保管期限内、关于同一事由的往来文件、每份文件的组件应完整数字化。涉密纸质档案数字化应符合相应规范要求。推荐实行数字化对象审批制，拟数字化的档案原件应经过本单位相关负责人的审查签批。

2. 元数据捕获要求

在数字化过程中，纸质档案数字化系统应以件为单位自动捕获数字化元数据，至少应包括以下各项：数字化授权信息、数字化日期与时间、水平分辨率、垂直分辨率、色彩空间、格式信息、计算机文件大小、数字化软硬设备等。应将数字化元数据与目录数据组合形成纸质档案数字化副本的元数据库，并导入数字档案室应用系统以提供检索服务。

3. 数字化质量控制要求

应制定并在数字化过程中实行各种相应、有效的质量控制措施，对纸质档案的安全、数字副本的完整性和规范性、图像质量、元数据库的准确性等实施全程监控。

4. 数字化工作文档管理要求

在数字化项目实施过程中形成的重要数字化工作文档应归档保存，应与纸质档案数字化副本的保存期限相同。应归档的数字化工作文档包括数字化对象审批书、招投标文件、数字化成果验收报告、数字化流程单等。

总之，在档案收集实践中，坚持科学的档案观念，切实维护档案的“原始记录”本质，维护其作为业务和法律乃至科学研究凭证价值的属性。各立档单位的档案管理部门或国家档案馆的工作人员都应当铭记：档案的前身——各种形态的文件材料，以什么形态产生或形成，最好就以什么形态加以收集和保存；电子文件及其元数据最好利用现代信息技术和信息系统进行收集和保存；传统形态的文件材料最好以传统的形态加以收集和保存。电子档案至少应保存三套，才能切实维护其完整性、可靠性、真实性和安全性，才能进行有效的相互印证；纸质等传统载体形态的档案，除非在文件的形成阶段有意识地多形成若干套，才能实现多套制收集和管理的目标，否则只能被动地接受以原件形式存在的档案的现实。诚然，为了实现长期保存档案内容的目标，可以对传统载体形态的档案进行数字化加工，制作多套档案数字化副本，丰富各立档单位数字中心（信息中心、数字档案馆、数字档案室）和国家数字档案馆的资源库的内容。

第四节　档案馆的档案收集

一、档案馆保存档案的来源和接收范围

（一）国家档案馆保存档案的来源

依据 2011 年 11 月 21 日公布并实施的《各级各类档案馆收集档案范围的规定》（国家档案局 9 号令）及各省市制定的实施细则，各级各类国家档案馆要贯彻科学发展、以人为本的理念，在各级党委的档案三管部门的监督指导下，按照统一规划、分级管理的原则，依法开展档案收集，将属于本馆收集范围的具有长久保存价值的档案收集进馆。各级国家档案馆保存的档案主要来源应包括以下四个方面：

（1）接收现行组织的档案。即现在正在进行日常工作活动的组织形成的档案，其特点如下：每个立档单位的档案处于生长状态，全宗档案的规模在不断扩大。按党和国家的有关规定要求，这些组织形成的档案中具有长久保存价值的部分需要定期向国家档案馆移交，因此这种来源的档案资源是国家档案馆的主要来源。

（2）接收撤销组织的档案。一般是指中华人民共和国成立后，由于党和国家的体制改革、机构变革、行政区划调整等各种原因被撤销的组织形成的档案。接收撤销组织的档案，也是各级国家档案馆保存档案的主要来源之一。

（3）征集历史档案。凡是在历史上曾经存在过的组织、个人形成的有国家和社会意义的档案、文件材料等，都属于国家档案馆征集档案的对象。征集来的档案材料也是弥补馆藏档案缺陷和不足、提高国家档案馆馆藏质量的必要补充源。

（4）档案馆之间交接档案，也是国家档案馆补充档案资源的来源之一。

（二）国家综合档案馆接收档案的范围

根据《各级各类档案馆收集档案范围的规定》的要求，各级国家综合档案馆依法接收本级下列组织机构的档案，其中包括以下方面：

1. 接收现行组织及相关单位具有长远保存价值的档案

（1）中国共产党委员会及所属各部门具有长远保存价值的档案。

（2）人民代表大会及其常设机构具有长远保存价值的档案。

（3）人民政府及其所属各部门和单位具有长远保存价值的档案。

（4）人民政协及其常设机构具有长远保存价值的档案。

（5）人民法院、人民检察院具有长远保存价值的档案。

（6）各民主党派机关具有长远保存价值的档案。

（7）工会、共青团、妇联等人民团体具有长远保存价值的档案。

（8）国有企业、事业单位具有长远保存价值的档案。

（9）接收各现行组织的下属单位或临时性机构的档案。各级综合档案馆可全部或部分接收立档单位的下属单位和临时性机构具有长远保存价值的档案。

（10）接收乡镇机构形成的档案。乡镇机构形成的具有长远保存价值的档案列入县级综合档案馆接收范围。

（11）接收围绕重大活动、重要事件形成的档案。属于国家综合档案馆所在行政区域内重大活动、重要事件形成的档案列入综合档案馆收集范围。

（12）接收涉及民生的专业档案。属于国家综合档案馆所在行政区域内涉及民生的专业档案列入综合档案馆收集范围。

（13）接收本行政区域内社会组织、集体和民营企事业单位、基层群众自治组织、家庭和个人形成的档案。经协商同意，综合档案馆可以收集或代存本行政区域内社会组织、集体和民营企事业单位、基层群众自治组织、家庭和个人形成的对国家和社会有利用价值的档案，也可以通过接受捐赠、购买等形式获取。

（14）接收各专业主管部门及其所属的组织、机构履行行政管理职能的档案。

（15）接收现行组织移交来的电子档案。《机关档案管理规定》第五十三条要求："电子档案一般自形成之日起 5 年内向国家综合档案馆移交，也可按《机关档案管理规定》第五十二条与相应的纸质文件或缩微胶片同步移交。电子档案移交可以采用在线移交或离线移交。在线移交应当通过档案主管部门指定的电子档案接收系统和专用网络，不得通过未设置安全可靠措施的互联网移交。电子档案移交后，机关继续留存的，应当按照档案管理的要求进行管理。"《各级各类档案馆收集档案范围的规定》第八条要求："档案馆要适应信息化建设的需要，收集电子档案和纸质档案的数字化副本。有条件的档案馆应根据国家灾害备份的要求，建立电子文件备份中心，开展电子文件备份工作。"

所谓具有长远保存价值的档案是指省级以上（含省级）档案馆接收保管期限为永久的档案，省级以下（不含省级）档案馆接收保管期限为永久和 30 年以上（含 30 年）的档案。

2. 接收撤销组织及相关单位的档案

根据《机关档案管理规定》《各级各类档案馆收集档案范围的规定》，组织撤销或合并的档案移交按照下列办法进行：

(1) 撤销组织的档案，应当由有关主管组织代管或按照规定向同级国家综合档案馆移交。

(2) 撤销组织的业务分别划归几个组织的，其档案不得分散，可由其中一个组织代管或向同级国家综合档案馆移交。

(3) 一个组织并入另一个组织或几个组织合并为一个新的组织，其档案应当移交给合并后的组织代管或向同级国家综合档案馆移交。

(4) 组织所属机构撤销的，其档案由主管组织代管，属于国家综合档案馆接收范围的可按照规定向同级国家综合档案馆移交。

(5) 国有企业发生破产转制，事业单位发生撤销等情况，其档案可按照有关规定由本级国家综合档案馆接收。

各级国家综合档案馆应积极接收上述组织移交来的档案，不得以任何理由拒绝接收。

3. 征集中华人民共和国成立前的历史档案

《各级各类档案馆收集档案范围的规定》要求：中华人民共和国成立前本行政区域内各个历史时期政权机构、社会组织、著名人物的档案列入国家综合档案馆的收集范围。

保存在境内外各级各类档案馆、图书馆、博物馆、纪念馆等机构中的珍贵档案资料，国家综合档案馆可通过接受捐赠、交换、资源共享等方式开展收集工作。

（三）部门档案馆和专门档案馆收集档案的范围

根据《各级各类档案馆收集档案范围的规定》的要求，各级部门档案馆收集档案的范围包括本部门及其直属单位形成的档案，但其中履行行政管理职能的档案要按有关规定定期向综合档案馆移交。

各级专门档案馆，收集本行政区域内某一专门领域或特定载体形态的专门档案或档案副本。

（四）国有企业、事业单位设立的档案馆收集档案的范围

根据《各级各类档案馆收集档案范围的规定》的要求，国有企业、事业单位设立的档案馆，收集本单位及其所属机构形成的档案。国有企业发生破产转制，事业单位发生撤销等情况，其档案可按照有关规定由本级综合档案馆接收。

此外，《各级各类档案馆收集档案范围的规定》的第九条还要求："档案馆在收集档案时，应同时收集有助于了解档案内容、立档单位历史的资料，收集有助于管理和利用档案所必需的专用设备。"

（五）几种特殊情况的档案收集和处置要求

(1) 移交进馆时间的处置要求。属于向国家档案馆移交范围，但尚未达到移交年限的档案，由于立档单位的保存条件恶劣可能导致不安全或者严重损毁的，经档案形成组织与国家档案馆协商同意，应提前移交进馆；专业性较强或者需要保密的档案，经各级

党委的档案行政部门审查和同意后，可适当推迟移交进馆的时间。

（2）电子档案及其他数字化档案资源的移交要求。属于向国家档案馆移交档案范围的各组织，应按相关标准和保密要求移交电子档案或纸质档案的数字化副本。涉密电子档案和纸质档案的数字化副本，应当严格按照保密规定进行保管、存储和使用。

（3）档案馆收集档案的门类及相关的电子档案和数字化档案副本的要求。档案馆收集档案的门类应包括有文书档案、科技档案、专业档案、音像档案和实物等，音像档案包括照片和音频、视频档案。其中文书档案、科技档案、专业档案和照片档案包括纸质档案和与之相对应的电子档案。档案馆在接收各单位纸质档案的同时，接收内容相对应的电子档案及其元数据、档案的数字化副本。

（4）涉及民生内容的专业档案的收集要求。国家档案馆应关注涉及民生内容的专业档案的收集工作。国家档案局在 2011 年发布了两批《国家基本专业档案目录》，列举了与民生相关的专业档案多达 40 余种。2012 年全国档案局馆长会议要求各级综合档案馆涉及民生内容的专业档案要达到馆藏 60％左右。国家档案局的 9 号令也明确要求：涉及民生的专业档案列入综合档案馆收集范围。

（5）收集和征集保存在社会其他机构的档案的要求。保存在境内外的其他收藏机构中的珍贵档案、资料，档案馆可通过接受捐赠、交换、资源共享等方式开展收集工作。

（6）死亡干部的档案的收集要求。死亡干部的档案，应按照《干部人事档案工作条例》的规定，由相应的档案馆接收保存。

（7）《档案馆接收档案单位名录》的编制要求。为保证档案收集的正常有序开展，各级国家档案馆应编制和实施《档案馆接收档案单位名录》，并根据实际情况，依《各级各类档案馆收集档案范围的规定》及其实施细则进行调整、发布和实施，分期分批地开展国家档案馆的档案收集工作。

二、各级国家档案馆收集档案细则的制定

国家档案局的 9 号令《各级各类档案馆收集档案范围的规定》只是从国家层面提出了各级各类档案馆的档案收集范围，并对一些原则性的问题如何解决，提出了规范性的要求。各级国家档案馆（主要指综合档案馆）在确定自身的档案收集范围时，还应当按照“为了建设覆盖人民群众的、内容丰富、结构合理的国家档案资源体系”的档案收集目的要求，本着贯彻科学发展、以人为本的理念，结合本地区的特点，细化档案馆收集档案的范围并做出明确的要求。

第五节　档案馆对家庭档案、名人档案的收集

根据建设覆盖人民群众的、内容丰富、结构合理的国家档案资源体系的要求，各级各类档案馆要按照贯彻科学发展、以人为本的理念，拓展档案收集的范围。在新时代，我国许多档案馆都在积极探索拓展与民生和老百姓关心的事项相关的档案资源的收集工

作，并取得了一定的成效。在家庭档案的收集方面，辽宁省沈阳市的经验值得推广和借鉴。各省市县国家档案馆制发的名人档案收集方面的地方规范性文件，都为国家档案资源体系的建设，提供了有效的支持。

一、档案馆对家庭档案的收集

（一）家庭档案的概念及其管理原则

依据《沈阳市家庭档案管理规范》，家庭档案是指“家庭及家庭成员在家庭生活中形成和在社会活动中形成可归属个人的保存备查的文字、图表、音像及其他各种形式的历史记录”。

家庭档案是维护家庭及家庭成员合法权益、经济利益，反映家庭历史真实面貌的重要依据，应集中存放、统一管理。

（二）档案馆对家庭档案的收集要求和范围

1. 家庭档案的收集和管理要求

家庭档案所有者可以自愿向国家档案馆捐赠其家庭档案。家庭档案捐赠档案馆后，家庭档案所有者对其家庭档案享有优先利用权，并可对其家庭档案中不宜向社会开放的部分提出限制利用的意见。

家庭档案的所有者有权公布自家的家庭档案，但必须遵守国家有关规定，不得损害国家安全和利益，不得侵犯他人的合法权益。

家庭所有的对国家和社会具有保存价值的或者应当保密的家庭档案，向国家档案馆以外的任何单位或者个人出卖的，应当经各级党委的档案主管部门批准，严禁倒卖牟利，严禁卖给或者赠送给外国人。

2. 家庭档案的收集范围

对国家和社会具有保存价值的家庭档案，包括证书、书信、票据、手稿、字画、病历、照片、录音（像）带、电子记录、综合性记录材料等，应列入档案馆的收集范围。其中主要包括以下方面：

（1）家庭主要成员的婴幼儿记录材料：计划生育材料、胎儿诞生及发育成长材料、婴儿出生材料、婴幼儿保健材料、婴幼儿教育材料、婴幼儿音像材料等。

（2）家庭主要成员的学生时代记录材料：典型的学习课本、学习作业、学习成绩单，毕业证等证件，学校生活的照片、音视频材料，升学考试材料，学习日记，师生书信，毕业纪念及同学互赠材料，择业材料等。

（3）家庭主要成员的恋爱婚姻记录材料：恋爱书信及照片、结婚证书、结婚照片、婚礼录像等。

（4）家庭主要成员的成果记录材料：工作日记，发表的论文及著作手稿，科研、革新、发明的材料，工作照片及录像等。

（5）家庭理财记录材料：当家理财记录、购物发票、家庭参与经营和财产购置材料等。

（6）家庭主要成员的医疗保健记录材料：病历、身体检查的片子、化验单、家族病史记录等。

（7）家庭历史档案：家族简况、家史，父系亲属和母系亲属简况记录，谱牒等。

（8）综合性记录材料：阖家欢聚的照片，家庭成员生日录像，有纪念意义活动的录音、录像，家庭大事记，家庭成员基本情况记录等。

二、档案馆对名人档案及资料的收集

（一）名人档案及资料的收集范围

1. 名人档案的概念

名人档案也称著名人物档案，是指社会各界名人从事的各种活动中直接形成的对国家和社会具有保存价值的各种文字、图表、声像等不同形式的历史记录。各级国家综合档案馆可设立名人档案库或名人档案管理中心，专门管理本行政区划范围内的历史和现代著名人物的档案。

2. 社会著名人物的范围

社会著名人物主要指一定行政区划范围内的历代原籍（包括在域外或国外的人士）或曾在某行政区划范围内长期活动过的非原籍的政界、军界、工商界、科学文化界等领域具有重要影响的政府领导人、专家学者和社会贤达及其他重要人物。可参考的具体标准如下：

（1）政界：担任过本行政区域重要职务或任高职的政府领导人及其他著名政治家（包括相当级别的各党派领导人、无党派民主人士领导人）。

（2）军界：授予少将以上军衔或担任过师级以上（含师级）职务的军官及其他著名的军事家。

（3）工商界：具有重要影响和名望的企业家、实业家、金融家。

（4）科学技术界：担任国家级科学、工程院士以及在某项科学技术领域（包括自然科学和社会科学）有较深造诣、有突出成就的专家、学者。

（5）文化教育界：有重要影响、较深造诣、突出成就的专家、学者、作家、艺术家、编辑、记者、教师、医师等；在世界和全国比赛中获得冠、亚军的运动员及其教练员。

（6）宗教界的著名领袖。

（7）著名的社会活动家、知名人士，著名民间艺人、匠人。

（8）有名望的祖籍在本地的华侨领袖及外籍华人。

（9）对国家和社会有突出贡献或有社会声望的人士，如全国五一劳动奖章获得者等。

（10）长期在本行政区域内活动过的有重要影响的港、澳、台人士及外国人。

（11）国家档案馆经研究认定需要建立名人档案的具有代表性和典型意义的社会人士等。

（二）国家档案馆名人档案、资料的收集内容

（1）反映名人一生经历及其主要活动的生平材料，如自传、传记、回忆录。

（2）反映名人职务活动及社会交往的材料，如文章、日记、信函、音像、实物。

（3）反映名人成就的材料，如著作、研究成果、书画。

（4）社会对名人研究、评价的材料，如纪念性、回忆性材料、著作，研究介绍材料。

（5）反映名人身份、资历、权属的材料，如各类证书、委任状、谱牒、信函。

（6）反映名人活动的音像（录音带、录像带、照片）、实物等载体形式的材料。

（7）名人收藏的反映本地区（行政区划范围）历史的珍贵图书、稀有资料、文物、字画及其他有保存价值和历史研究价值的收藏品。

（8）名人的口述历史材料。

（9）其他有保存价值的名人物品等。

（三）档案馆收集名人档案、资料方法

国家档案馆应依据《中华人民共和国档案法》及其他档案法规进行接收和征集名人档案、资料。收集方法如下：

（1）依据《中华人民共和国档案法》及相关档案法规进行征集。

（2）单位或个人依法向国家综合档案馆移交。

（3）对其他档案馆及其他部门（如图书馆、博物馆等）保管的名人档案进行复制或交换目录。

（4）对流散在域外、国外的名人档案进行购买、复制或交换。

（5）对散存在其他地方的名人档案进行征集。

（6）档案所有者将档案向国家综合档案馆捐赠、出售、寄存。

其一，捐赠。档案所有者向国家综合档案馆捐赠名人档案时，国家综合档案馆应向捐赠人颁发“名人档案收藏荣誉证书”，并给予表彰或适当奖励。

其二，出售。档案所有者向国家综合档案馆出售名人档案时，国家综合档案馆与出售人签订征购协议，支付征购款，并向其颁发“名人档案收藏荣誉证书”。

其三，寄存。档案所有者向国家综合档案馆寄存名人档案，国家综合档案馆与寄存人办理寄存协议，并发给寄存证书。

（7）国家综合档案馆与档案所有者商定的其他收集方式。

值得注意的是，各级国家综合档案馆在接收和征集名人档案的过程中，不能盲目扩大范围，必须遵循名人档案形成的客观规律，保持文件材料之间的内在联系，并组织专家对征集到的名人档案进行鉴定，确保名人档案的真实性。名人档案的保管期限统一划分为永久保存。

档案馆应设名人档案库，专门保管名人档案，并采取有效措施，配备相关设备，科学规范保管名人档案，确保名人档案的安全，防止名人档案丢失或损坏。档案馆需定期检查名人档案的保存状况，对破损、变质的档案及时采取修复、复制等技术进行保护抢救。

档案馆可以每个名人为单位设立全宗。

名人全宗内档案的分类：按“载体结合问题或重要程度”进行分类。

（1）纸质类包括生平传记、著作、手稿、学术论文、信件、题词、外事活动、出版物、报刊等纸质材料。

（2）照片类包括感光照片和数码照片等。

（3）声像类包括录音、录像及光盘等由磁性材料制成的记录材料。

（4）实物类包括奖杯、奖状、奖章、像章、证章、证书、纪念品、书画及有保存查考价值和纪念意义的其他物品等。

整理单位：名人档案以卷（册）为单位进行整理。名人档案中的纸质档案和实物的整理，照片、声像、电子等档案的整理，参照国家相关标准和相关规定执行。

名人档案可采取装订或不装订方式进行整理、排列与编目：

（1）在分类的基础上按问题、时间顺序对档案材料以卷为单位进行编排。

（2）为保护名人档案的原样，不在名人档案原件上编页号和加盖档号章，将卷内每件名人档案文字材料装入 A4 纸大小的信封，在信封右上角加盖档号章并填写相关内容。

（3）将名人档案材料按类别顺序装入档案盒，盒号即为案卷号。不同载体形式的档案材料一般不能混装，名人的字画及其他实物应根据不同的形状与尺寸制作装具。

第六节　国家档案馆对口述史料的采集和征集

口述史料是国家档案馆资源体系建设的重要内容和组成部分。2018 年年初，国家档案局为适应我国口述史料采集和管理工作的需要，实现口述史料采集规划、采集流程、史料管理的规范化、标准化、科学化，发布和实施了行业推荐标准《口述史料采集与管理规范》（DA/T 59—2017）。

一、口述史料采集概述

（一）口述史料的概念

口述史料（oral historical materials）是由事件亲历（见闻）者口述或转述的，经采集者以标准方法采集的，能弥补历史事件和人物相关记忆的，具有一定保存价值、历史研究价值的文字、图表、声像等形式的记录材料。国家档案馆收藏口述史料既是对口述史工作的推动，也为国家档案馆履行保存和传播中华文化的职责提供了重要资源。

口述史料由不同形式的载体组成，包括采集过程中形成的文字、照片、录音、录像等，应将其一并保存。主要包括以下各项：录音录像带、数码录音录像音视频文件；纸质照片、数码照片；录音录像文字转录形成的电子文稿；已整理成文字材料的纸质材料等。

（二）口述史料的采集范围和采集主题

一般来说，口述史料的采集主体对象范围应包括对国家、民族、集体或个人的历史、现实、未来具有重要历史价值和研究价值的重大历史事件、重要活动的亲历者、亲见者、亲闻者及其后代知情（见闻）者。

口述史料的采集主题应选择可以有效弥补档案内容不足、有效丰富国家档案资源体系的重大历史事件、重要社会活动、重要工程建设、重大科技发明，以及在我国历史和现代曾经产生过重大国际、国家影响的活动主题。

按采集口述史料的紧迫程度，可以把采集的主题范围划分为现代主题和历史主题。按采集口述史料所涉及的领域，还可以包括社会发展每个历史阶段的重要人类活动领域的事件和人物主题，如口述史料战争、外交、文化艺术、体育、宗教、民俗、经济、政治，农村改革、工业改革、体制变革，专家学者、科学家、农民、工人、民营企业家、金融家、外交家、将军、政府领导人、留学生等。

对亲历（见闻）者年事已高、发生时间久远的重大历史事件、重要活动应优先确定为采集主题，进行抢救性采集。同时，也应按照人类记忆的规律和特点，将我国改革开放前，尤其是“文革”前和“文革”中的重大事件、重要活动、重大项目、重要会议等方面的主题，有计划、有组织地进行相关口述史料的采集。对于改革开放后40年中，我国所经历的重大事件、活动、项目等，同样也要有计划地进行口述史料的采集。人类的记忆往往是越久远越模糊，越接近越清楚，为此口述史料采集主题的确定一定要立足历史的长远发展需要，为子孙后代了解真实的社会历史考虑，不能等到当事人都已年近古稀的时候，才想起来做抢救性的采集活动。

口述史料的采集工作也不能仅仅依靠国家档案馆及其他国家文化研究机构来进行，应当鼓励社会力量的参与，如中国传媒大学提供了一座约8 000平方米的独立大楼，建立了中国传媒大学崔永元口述历史研究中心和口述历史博物馆，其口述历史库里就有约10 000人的口述史料。实践表明，政府与民众互动和合作，是有效采集口述史料、积累口述史料资源、丰富和延续民族历史记忆的良好途径。

二、采集口述史料的组织

国家档案馆开展口述史料的采集工作，应做好如下工作。

（一）编制口述史料采集方案

国家档案馆的口述史料采集者应根据采集方案，在采集范围内有计划、有重点、有针对性地开展工作。所谓采集方案，是依据已确定的采集规划、计划和主题，查找、梳理线索，明确采集对象和采集主题而编制采集工作提纲和行动安排。

编制采集方案，应在调查研究的基础上，全面细致地进行。采集方案的主题要突出，内容一般应包括主题、历史背景信息、口述者、时间、地点、方式、经费、设备、采集者等。

（二）确定口述史料的采集流程

口述史料的采集流程通常包括以下方面：确定口述者，采集准备，采集实施，采集整理，收集入库等。

1. 确定口述者

依据采集主题内容，遵循最大限度地弥补历史记录不足的原则，从不同的角度、层次、角色出发，将有关历史事件和活动的亲历者、亲见者、亲闻者确定为口述者。口述者中年事已高的人应优先安排采访。在同类历史事件和活动中，那些道德和知识素养较高且身体状况较好、记忆清晰、表达清楚的亲历者、亲见者、亲闻者，应优先安排采访。

2. 采集准备

凡与采集主题内容和事件、人物、历史背景直接或间接相关的资料，都应当收集梳理，全面翔实地掌握相关的信息素材，以便增强采集的针对性、准确性。采集准备工作的具体内容包括以下方面：

（1）主题内容、事件、背景信息。根据总的采集规划所确定的采集方案与主题的具体实施计划，选择熟悉该项主题内容的人员作为采集者。

（2）了解口述者的主要经历，尤其是与采集的主题内容、事件、人物有关的部分，包括其他背景资料及其与采集内容之间的关系，以保证采集的完整性与科学性。

（3）了解口述者的家庭、身体状况、性格、谈话特点等，以保证采集工作的顺利实施。

（4）掌握与采集主题内容、事件、人物相关的历史和专业知识，以保证采集内容的针对性。每次采集应围绕主题进行。对群体口述者除掌握和具备以上条件外，还应了解群体中的个体差异。

（5）采集时间、地点的安排。一般应根据采集方案确定采集时间和地点。为避免口述者忘记采集时间和地点，应做好口述者家属的联系协调工作，在采集前同口述者确认并预约。

3. 采集实施

口述史料采集必须遵循真实性、准确性、完整性的原则和采集流程规范化的要求。采集者要真实记录口述者的叙述，对口述者叙述的录音录像保持其原始性、完整性，不可断章取义。对所采集历史事件的年代、月份、日期、人名、地名，以及相关领域的专用名词等进行标识，做好记录，经核对无误后留待整理文稿时备用。对涉及与其他口述者对同一事件描述的信息不一致时，不做主观评断，保留其原始性。要充分尊重口述者的情感、人格、隐私等，并与其建立互相信任的合作关系。当口述者出于某种原因拒绝讲述某些方面内容时，应尊重个人意愿。采集过程中口述者和采集者通过语言交流，由于口述者的生活经历、文化层次和个性特点各有不同，采集方式可采用多种方式，而采集者的知识结构、专业特点、兴趣爱好不同，采集的技巧运用也不同，但采集应以挖掘事实为原则。

在采集工作中，采集者要充分了解口述者和采集事件主题以及相关专业知识，对采集主题内容深入探查，充分挖掘事件内容和细节。在采集过程中，应积极倾听口述者讲述，避免随意打断口述者，以防错过真正有用的信息。

在采集实施的过程中，还应做好采集协议。

（三）口述史料的整理加工

1. 口述史料的整理原则

其主要包括以下原则：

（1）口述史料整理应以一个事件或一个人物为整理单位。

（2）口述史料整理应遵循口述材料的形成规律，保持记录材料的联系。

（3）口述史料整理可采取档案化的整理方法，便于计算机管理或计算机辅助管理。

（4）口述史料整理应保证纸质记录材料和电子记录材料的协调统一。

2. 口述史料的整理要求

其主要包括以下方面：

（1）所采集内容应尽快整理、保存，以防遗忘、错乱、丢失。

（2）对口述者录音录像材料进行实事求是的整理，严格排除采集者的个人倾向、误解、臆测等，在整理时切忌用主观价值取向决定原始口述史料的取舍和采集者个人的评论。

（3）能够证明该口述史料真实性、权威性的实物材料都应分类整理，同时保存。

（4）采集过程中形成的录音、录像、照片、纸质材料的整理方法可参照国家有关规定执行。

（5）口述者有地方口音或不善表达造成该录音不清晰或较难听懂的部分，应在文字材料中加注释，以备下一步补录核实。对录像中的人物要进行注释。

（6）口述史料涉及国家秘密的应按照《中华人民共和国保守国家秘密法实施条例》要求进行管理。

（7）采集编号构成规则为专题代码-主题代码-口述者-件号，并在采集成果封面右上角标注。

（8）形成的口述史料记录材料的组件（件的组织）、分类（专题、主题）、排列、编号、编目，可参照《归档文件整理规则》的要求执行。

3. 口述史料的整理内容

其包括基本信息记录材料的整理、主题事件内容记录材料的整理、采集实施情况材料的整理，主要涉及以下方面：

（1）基本信息记录材料：采集信息表。

（2）主题事件内容记录材料：录音录像、现场笔录、录音录像的文字整理材料、照片。

（3）采集实施情况材料：对采集方案、采集实施的情况、采集口述史料使用权协议等的整理等。

所有材料，整理后可打印两份，并交口述者审核后签字盖章，与形成的记录材料一并登记造册，由课题组指定的专人保存。

4. 口述史料录音录像的文字记录

口述史料采集时对录音录像文字记录的要求包括以下方面：

（1）编制与采集主题相关的特殊术语和专业用语词汇表，以便对照核准。

（2）国名、地名、人名及机关、团体、企事业单位和其他组织与个人的名称使用全称或通用简称。

（3）采集者要经过缜密的考证后，形成文字说明材料。

（4）对所采集的内容、方式、载体、地点、当事人等应做文字概述。

（5）录音录像文件的音频内容应形成文字记录材料，并与录音录像口述史料一并分类整理保存。

（6）采集者要对口述者的记录和录音录像进行认真核对、校正，避免由于口述者年龄、口齿、方言等因素造成的误差。进行文字记录整理时，对口述者以方言方音讲述的涉及重要地名、人名、风俗等，应采用国际音标注音法标注。

（7）口述者使用多种语言或兼用两种语言，需要进行翻译和注释。

5. 口述史料的打印格式要求

一般应使用统一的封面和正文格式打印口述史料整理文本。其内容包括以下方面：

（1）封面：包括采集主题名称、口述者及采集者姓名、采集编号、采集时间、采集时长、文稿页数。

（2）口述者生平简介。

（3）正文及录音录像形成的标注等。

6. 口述史料的照片整理

采集者可按照《照片档案管理规范》《数码照片归档与管理规范》要求，对采集形成的照片进行整理。采集过程中形成的照片要与其他相关材料一并保存。

7. 口述史料编目

其要求包括以下方面：

（1）可依据采集编号顺序编制口述史料文件目录。编目应准确、详细，便于检索。

（2）应逐件编目。采集方案、采集实施情况材料、录音录像的文字转录材料打印稿、采集信息表、采集口述史料使用权协议等材料各作为一件。

8. 装盒与排架、编目

（1）口述史料按采集编号的顺序装盒。

（2）口述史料整理完毕装盒后，上架排列，按采集编号的顺序上架排列。

（3）目录数据的著录可按照《中国档案机读目录格式》（GB/T 20163—2006）的要求，并且根据口述史料的自身特点，对采集形成的口述史料进行编目著录。移交的口述史料机读目录数据库格式应采用通用的数据格式。所选定的数据格式应能直接或间接与DBF文档或通过XML文档进行数据交换。

9. 电子口述史料的通用格式

（1）音频格式名称：WAV、MP3、AAC。

（2）视频格式名称：AVI、MPEG、VOB、FLV、RM、ASF、MOV、WMV、MP4。

（3）照片格式名称：JPEG、TIFF。

（4）文本格式名称：PDF、TXT、DOC、CEB、OFD、RTF。

（5）数据格式名称：DBF、EXCEL、XML 等。

10. 电子口述史料的命名

电子口述史料包括文字材料、照片、音视频文件等，其命名方式的选择应遵循如下原则：

（1）可根据采集编号为其命名。

（2）同一类载体的电子口述史料的命名要具有同一性。

（3）应科学建立电子口述史料的存储路径，确保数据批量挂接的准确性。

三、口述史料的收集方式

各级国家综合档案馆口述史料的收集方式如下：

第一，各级国家综合档案馆直接采集形成的口述史料，按以上采集流程和整理方式归档，并列入该馆馆藏保存。

第二，各级国家综合档案馆根据馆藏的实际情况，对各机关、团体、企业事业单位及个人采集形成的口述史料进行有计划的接收进馆。

第三，各级各类专门档案馆直接采集形成的口述史料，按以上采集流程和整理方式归档，列入该馆馆藏保存。

第四，征集其他社会组织或个人采集形成的口述史料。

《 思考与练习 》

1. 档案收集的概念、内容、要求是什么？
2. 组织或立档单位如何有效地开展本单位的文件归档工作？
3. 归档制度的主要内容是什么？
4. 立档单位关于档案的收集工作内容和具体做法有哪些？
5. 立档单位如何开展文书档案的收集工作？
6. 立档单位如何开展电子档案的接收工作？
7. 国家档案馆保存档案的主要来源有哪些？
8. 国家档案馆如何开展电子档案的收集工作？
9. 国家档案馆为什么要接收家庭档案和名人档案？
10. 名人档案的收集范围和注意事项是什么？
11. 口述史料的采集对丰富档案馆的档案信息资源体系有什么作用？
12. 口述史料的采集工作如何正常进行，相关工作如何合理安排？

第三章

档案的分类与整理

内容提要

本章系统介绍了档案分类与整理工作的理论、原则和方法及开展工作的要求。主要内容包括：一、档案分类的概念和种类及意义。二、全宗。三、全宗内档案实体分类的要求、标准和方法。四、档案实体整理工作内容、意义和原则。五、类内档案文件的整理与系统化。

第一节 档案分类的概念和种类及意义

一、档案分类的概念和种类

档案分类是指根据档案学研究、档案实体管理、档案内容管理的需要，以档案的客观属性和特征为划分标准，根据一定的逻辑规则和方案，对档案及其内容信息进行辨识、区分和关联，使之形成有序体系的活动。其中包括：档案概念分类（又名档案种类划分）、档案实体分类（又名档案整理分类、全宗内档案文件分类）、档案内容分类（又名档案信息分类、档案信息检索分类）等等。本章主要介绍档案实体分类的内容和要求。

档案实体分类是指依据档案实体的形成规律、特点和业务历史联系，辨识、区分和确定各个立档单位全宗的逻辑体系结构，制定分类方案，将各全宗内的档案划分为各个类别，使全宗内的档案成为有机整体的活动。

档案实体分类，应注意体现档案在来源、职能、时间、内容和形式等方面的历史联系，并考虑档案实体有效管理的需要。档案实体分类须符合客观性、逻辑性与实用性的要求。档案实体分类是实现全宗及全宗内档案文件科学管理，有效开展档案保存价值鉴定，乃至有序进行文件分类管理的必要条件。

档案实体分类的主要业务活动内容包括：划分全宗，即根据来源原则和全宗管理理论与方法，将各个立档单位的档案全宗划分清楚；开展全宗内档案实体的分类，即选择全宗内档案文件的分类标准、确定分类方法，通过分析立档单位的职能和业务活动及相关档案实体的客观属性与特征来进行；明确分类规则；制定分类方案（分类大纲）；档案文件归类；对归入“其他类”中的文件进行分析，并通过靠类归类或另立新类目来归类等方式予以处置；调整档案分类方案中不适当的类目，并在分类方案的编制和使用说明中予以注释；等等。

二、档案实体分类的意义

档案实体分类的意义可以从以下几个方面来理解和认识：

1. 档案实体分类是实行档案科学管理的重要方法之一

一个全宗的档案是一个有机的整体，一个全宗内的档案文件之间有着不可分割的密切联系。然而，仅仅以全宗为单位来整理档案文件还不足以满足档案的科学管理和有效利用的需要。一个立档单位的活动有着许多方面，它们之间既有联系又有区别，为了进一步体现这种区别，便于保管和利用，就需要把一个全宗内的档案文件分成若干类别，既体现它们之间的联系，又要有次序地按照类别对它们进行排列。随着档案馆藏量的逐渐增多，必须对档案进行科学的整理，才能满足提供利用的需要．而分类则可以揭示出档案文件之间的内在联系。揭示档案内容、保持档案文件之间联系的方式方法是多种多样的，但是区分全宗、对全宗内档案进行分类，则是必须首先采取的步骤。

2. 档案实体分类是档案整理的重要环节之一

全宗内的档案文件只有经过分类，才能进行有效鉴定、系统化和编目。全宗内档案文件不分类可能给其他方面的工作带来很大困难。在分类理论指导下所确定的科学分类法，不仅可以保证档案文件分类的类项设置合理，而且可以使归类工作顺利完成。对于各立档单位平时的文件组织管理、文件价值鉴定、归档移交和国家档案馆的期满档案价值鉴定、档案目录数据库的建设和实体档案的科学排架管理等等，都具有一定的现实意义。

3. 档案实体分类为档案的科学管理和有效利用提供了必要条件

科学的档案实体分类，是一个立档单位的档案成为有机整体的关键保证，也是形成连续的、相对完整和系统可靠的凭证体系和信息内容体系的关键。正是因为如此，才使各全宗的档案资源成为完整的有机整体，并以整体的“力量”，来有效满足社会各方面的利用和信息开发的需求。

因此，分类时要以科学的档案分类理论和方法为指导，根据档案的来源、职能、内容、时间等属性特征，遵循档案有机体的存在和运动发展规律，进行档案实体的分类。

第二节　全宗

一、全宗的概念、 种类及其管理作用

全宗是一个社会组织或个人、家庭形成的具有有机联系的档案整体，是国家档案馆

保存档案的第一层分类、管理单位。

我国档案全宗的类型，按形成全宗的单位和全宗内容的性质，分为组织全宗和人物（名人）全宗两种；按全宗的范围和构成方式，分为独立全宗、联合全宗、全宗汇集和档案汇集四种。

全宗概念的基本含义包括如下三个方面。

（一）全宗是一个立档单位形成的档案整体

全宗是有机联系的档案整体，说明全宗具有不可分割性。全宗是组成国家档案全宗和进行档案分类管理的基本单位。同一全宗的档案不能分散，不同全宗的档案不能混淆。

在我国，全宗的整体性还受到国家法规的约束与保障。中共中央办公厅与国务院办公厅1983年发布的《机关档案工作条例》和《档案馆工作通则》，分别规定“一个机关的全部档案是不可分割的整体，应统一向一个档案馆移交”“进馆档案应保持全宗的完整性”。1987年12月4日国家档案局印发的《机关档案工作业务建设规范》规定：“一个机关在其工作活动中形成的各种门类和载体的档案为一个全宗。”2018年国家档案局发布和实施的《机关档案管理规定》（国家档案局第13号令）也规定，“机关全部档案构成一个全宗”。

电子档案与传统载体档案具有同等效力。电子档案的管理依然要遵循来源原则，并要维护好电子档案的来源（形成或产生背景）、内容、结构、管理过程等方面的元数据，才能有效地保持电子档案与其所属全宗之间的有机联系。失去全宗联系的电子文件或电子记录，无论人们通过什么信息组织的方法加以整理，都将无法为利用者全面认识、理解电子文件或电子记录的整体意义和价值提供充分的保证，甚至会使它们丧失作为人类社会活动凭证价值的属性。为此，有学者提出对来源原则要做概念化的理解，是有一定道理的。但是，如果不是从整体上，即从全宗意义上去理解来源原则的概念化，而是从个体文件的角度去加以诠释，则会使电子档案的管理部门或人员陷入“只见树木，不见森林”的困境之中。因此，任何脱离全宗概念去理解来源原则概念化的思想，都是在实践中必须加以摒弃的。

（二）全宗是立档单位在一定的历史活动中形成的

全宗是社会组织或个人、家庭在其社会历史活动中形成的。它是对一个立档单位整个生命周期的真实记录。按全宗管理档案，就是要将每个立档单位视为一个生命体，并根据其存在和发展的规律和特点，对其所形成的档案进行全生命周期的管理。

（三）全宗是以一定的社会单位为基础而构成的

全宗是以一定的社会单位为基础而构成的，说明了特定的档案整体的来源和界限。全宗是以产生它的社会组织和个人为单位而构成的。这就为档案全宗确定了一个区分标志。全宗定义中的来源要素对档案管理具有实用价值。

档案为什么必须以全宗为单位来整理呢？

第一，按全宗整理档案，能够揭示档案内容的实质，从而正确评价档案的价值，为档案的提供利用奠定科学基础。按照全宗来整理档案，能比较完善地反映机关或个人活动的面貌，从而便于对档案的利用，使人们有可能通过档案全宗全面地、系统地去研究历史上各个机关或著名人物在工作活动中所积累下来的丰富的历史经验与教训。

第二，全宗是档案管理的基本单位，对档案管理有重要的组织作用。在档案管理的全过程中，要以全宗为基本单位进行分类、编目、鉴定、统计等管理工作，避免造成某种不必要的混乱发生，区分全宗是档案整理的第一步。

第三，按全宗整理档案，不仅仅是一个方法问题，而且是一个理论问题。按全宗管理档案，是档案管理区别于图书管理及其他文献管理的重要特点之一。同一全宗的档案不能分散，不同全宗的档案不能混淆。应该按照档案的来源把全宗内已分散的各部分档案集中起来，从而维护全宗的完整性以及挖掘全宗内档案价值的潜力。

总之，不应该把全宗理论绝对化，忽视全宗理论不断发展的规律，同时也要防止把全宗问题看得过于简单，甚至取消全宗的理论。全宗问题不解决或解决得不好，都将直接影响档案整理工作的进行。因此，整理档案必须以全宗为单位进行。

二、全宗和立档单位的构成条件

从组织层面讲，立档单位是构成档案全宗的国家机构、企业、事业单位及其他社会组织，又称“全宗构成者”。一个立档单位产生的全部档案就是一个全宗。确定全宗要从组织的社会独立性入手。用以确定组织社会独立性的因素被称为全宗或其立档单位的构成条件。另外，社会著名人物（一般称为“名人”）、家庭在非公务活动中形成的有保存价值的文件材料也可以构成独立的档案全宗，即名人档案全宗、家庭（族）档案全宗。名人档案全宗（简称“名人全宗”）、家庭（族）档案全宗的形成者包括社会著名人物、家庭、家族等也可以成为立档单位或全宗构成者。

全宗从其形成者角度看有组织全宗和人物（家庭、家族）全宗（或称名人全宗）两大类。组织全宗是全宗的主体部分，在现实中占绝大多数。组织全宗的构成者就是立档单位。立档单位与通常所说的各机关、企业、事业单位等社会组织在多数情况下是一致的，但有时也不一致。那么，什么样的社会组织是立档单位，什么样的社会组织不能够成为立档单位呢？应该有一个划分的条件和标准。

确定一个社会组织是不是立档单位，主要应该分析它是否能够独立行使职权，并能以自己的名义单独对外行文。通常情况下，在行政管理、人力资源管理、财务管理上有一定独立性的社会组织均可成为立档单位。构成立档单位的具体条件如下：

（1）可以独立行使职权，能以自己的名义对外行文；

（2）设有会计单位或独立的核算单位，自己可以编造预算或财务计划；

（3）设有人力资源管理机构或人员，并有一定的人事任免权。

上述构成立档单位的条件是互有联系的。在一般情况下，上述三个条件是统一的。如果不统一，通常应按第一个条件来判定。

在档案整理时，怎样去确定一个社会组织是否具备立档单位的条件呢？通常是从两个方面去考虑：一方面应该依据法规性文件去分析；另一方面应该从社会组织的实际情况去分析研究。在实际工作当中，有比较健全文书工作的单位，通常就是一个立档单位。此外，单位名称、印信等也可作为分析构成立档单位条件的参考。比如，中国人民大学是一个立档单位，而各个院、系、处（室）就不是立档单位。

还有一种情况值得注意：一个社会组织是不是立档单位，不能以这个社会组织人员的多少、权限的大小和形成档案数量的多少来确定。

各党政机关、企业事业单位的党委（党组）的档案，工会、共青团等组织的档案，都是立档单位全宗的有机组成部分，应作为全宗的一部分看待。我国各级政府机关、企业事业单位的党、政、工、团等机构是密切联系的一个整体，应当作为一个立档单位。它们所形成的档案，是一个社会组织内互有联系的档案，应当一起构成一个全宗。

三、区分全宗

立档单位不是固定不变的。社会发展、体制改革、职能调整、业务增减等常常引起一些社会组织的增设、分立、撤销或合并。这些变化常给全宗的划分带来一些新的问题，需要认真对待。这就要求在划分全宗时研究立档单位的各种变化情况，辨别：哪些变化是根本性的，应当产生新的立档单位和全宗；哪些变化是非根本性的，不能产生新的立档单位和全宗。

（一）政权更迭及跨政权立档单位的全宗区分

不同政权中的政权机关（立档单位），虽社会职能相同或相近，但因所属政权性质不同，名称也不会完全相同，绝不能作为跨政权的同一立档单位看待。其档案自然应构成不同全宗。跨政权存在的非政权性质的立档单位，如企业、学校、文艺团体、政党、社团、宗教组织等，其档案一般构成一个全宗，但在管理中可分为两个不同的政权时期或部分。跨政权存在的政治色彩较强、对政权依附性较大的立档单位，如警官学校、军事院校等，一般在政权更迭时要进行重大改造，其档案应分别构成不同的全宗。个人全宗无论其立档单位（个人）是否跨政权存在，无论其政治立场、信仰、职业等是否有重大变化，其档案均构成一个全宗。

研究某一立档单位是否有根本性变化，主要应该从立档单位的政治性质和基本职能等有关方面去考察。对于政府机关、团体和事业单位，主要应从政治性质分析它们的变化。

（二）立档单位变化时的全宗区分

在立档单位的政治性质无根本变化的情况下，主要是分析其基本职能是否有根本变化。凡是基本职能发生根本性变化的，就会产生新的档案全宗；相反，则一般不会产生新的档案全宗。《机关档案管理规定》要求，“机关隶属关系、名称发生变化但工作性质和主要业务范围未变化的，维持原全宗不变”。中共中央办公厅、国务院办公厅转发的《国家档案局关于在地方机构改革中加强档案工作的意见》（以下简称《意见》）也对机构改革中出现变化的机关、单位的全宗划分提出了明确要求。

1. 新建

新成立的机关、企事业单位，其形成的档案均可以构成一个全宗。比如，城乡建设环保部是新成立的机关，其档案就构成一个新的全宗。《意见》要求，“新组建机构自成立之日起形成的档案，由各部门各单位新设档案全宗进行管理”。

2. 分立

新成立两个或两个以上的机关（单位）代替已被撤销的一个旧的机关（单位）的职能，即一个机关（单位）分为两个或两个以上的单位。由于旧的机关（单位）已被撤销，它所形成的档案应该单独构成全宗。新成立的机关（单位）各自形成的档案，应分别构成不同的全宗。比如，北京市电子仪表工业局在1984年机构调整时撤销，分别成立电子工业总公司、仪表工业总公司、光学工业总公司，这些新成立的公司所形成的档案应分别构成新的全宗。《意见》要求，“部分职责划入其他机构的，划入前履行该职责形成的档案仍属原档案全宗，不得分散”。

3. 合并

由两个或两个以上的被撤销单位合并成一个新单位。尽管这些单位与原有的单位前后有一定的联系，但在基本职能上是不同的。它们所形成的档案应分别构成全宗。

4. 独立

从某一立档单位分离出去作为一个新的单位，它代替了原立档单位的一部分职能。从它改变为独立单位时起，它所形成的档案应构成新的全宗。

5. 从属

原来是一个立档单位，后来因为工作需要，改变为某一机关内部的一个内部组织机构。改变前的档案为一个全宗，改变后是另一全宗的一部分而不能单独划分全宗。

6. 合署

两个单位合署办公，而文件又是分别处理的，它们形成的档案应该分别构成全宗。比如，某市民主建国会与市工商联合署办公，但它们的文件是分别处理的，它们形成的档案分别构成两个全宗。

7. 撤销

不再保留或纳入重新组建机构、撤销建制的部门和单位，自变动之日起档案全宗终止，档案整体移交新组建机构代管，实行封口管理，不得分散，达到规定年限后移交同级综合档案馆。

（三）临时性机构档案的全宗区分

各种临时性机构形成的档案，一般不设立新全宗。因为临时性机构的业务往往属于某机关或若干机关业务范围之内，存在的时间不很长，形成档案的数量不多。个别的临时性机构，独立性较强，存在时间较长，其档案也可以考虑成立新的全宗。

上述情况说明，只有一个单位的职能发生了根本性的变化，其档案才可能构成新的全宗。这一般是指新中国成立后的各机关企业、事业单位，至于在政权性质、生产关系等方面发生的变化就更是根本性的变化，变化前后的机关单位所形成的档案应分别构成新的全宗。

属于下列情形者，不是根本性的变化，不能成立新的全宗。立档单位名称的改变，立档单位领导关系的变更，立档单位内部组织机构的调整，立档单位工作地点的变更，立档单位短期停止活动以后又恢复。立档单位变化中确定与划分全宗问题，情况错综复杂，应该遵循全宗理论做具体分析研究，实事求是地加以解决。《意见》规定："保留机构或单位名称的、优化职责或部分职责发生变化的，沿用原档案全宗。""更名、调整领导管理体制的部门和单位继续沿用原档案全宗。"

（四）判定档案文件所属全宗

在整理过程中，尤其在整理历史档案或撤销机关档案时，会遇到几个全宗混在一起的情况，有些零散文件分辨不清是哪个单位形成的。在这种情况下，就要判定档案文件的所属全宗。只有这样，才能确保全宗档案的完整，避免档案体系的混乱，便于档案资源的查找和开发利用。

判定档案文件的所属全宗，关键在于确定档案文件的形成者（立档单位）。判定档案文件所属全宗的一般方法主要应从收文、发文和内部文件等方面着手。

1. 收文

收文，只要查明了文件的实际收受者（收文单位），也就确定了它所属的全宗。在通常情况下，收文上面都指明主送单位或个人，而收文机关收到文件后要加盖收文章并附有阅办单，写明领导批办意见。根据以上特征，判明文件的收受者。在实际判定时，会发现虽文件写明主送单位，但是该机关收到后又转给另一机关办理的情况，这时应该判定实际办理文件的机关才是收受者。

2. 发文和内部文件

发文和内部文件，它们的作者就是档案的形成者，只要查明了文件的作者，也就确定了它所属的全宗。通常情况下，发文有固定作者的文件格式，而且有发文机关的印信，所以判定文件的作者并不困难。但有些文件并无固定的发文字头，有时也不盖机关印章，在这种情况下，可以从文件的其他方面，比如发文的起草人、文件的签批人、文件的外形特点等，去考察文件的作者。内部文件由于没有固定的文件格式以及制成材料的多样性，更应从文件的标题、落款、负责人签名、印章和文件内容去分析文件的作者。

对于全宗混淆状况严重的特殊问题，不能运用通常的方法去判定文件所属全宗，往往要借助于文件上的各种标记去判定，比如承办单位负责人或承办人的签字，批注的记号，收文和归档的印章或其他戳记，文件上的各种日期等。还可以通过研究文件的内容，根据文件内容所涉及的领导机关和领导人以及时间、地点、内容、范围等方面进行分析研究。也可以利用档案形成机关的收发文簿、文件移交清册及其他簿册、目录来查对文件。从文件的外形、标记、笔迹、墨水、载体和书写方面去同标明作者和收受者的文件进行比较和判定。但是，不论用什么方法去考证，都常常是把这些方法联系起来加以综合分析判断，才能比较准确地判定文件的所属全宗。

（五）组织全宗与人物全宗档案的区分

人物全宗与组织全宗中的档案有时会出现相互交叉的问题，即某些档案文件既有个人属性，又有组织属性，如以社会组织领导人个人名义制发的文件。对这一问题的处置原则是，凡以社会组织或社会组织成员名义制发的文件正本均应归入组织全宗，人物全宗若认为必要时可保存副本。不允许将组织全宗中具有双重属性的档案文件抽出纳入人物全宗之中，组织全宗中一般也不保存仅涉及个人性质的文件。正常社会组织活动中形成的，诸如个人登记表、履历、自传、对个人生活情况的调查、审查性文件，应归入人事档案。但如果人物全宗与组织全宗均不完整且程度有较大差异，则可将具有双重属性的档案文件有意识地向完整程度较好的一方倾斜，以避免或减轻“两败俱伤”的不良结果。在进行这种有意倾斜处理时，除全宗完整程度上的差异外，还应同时考虑所涉及的社会组织和人物全宗重要性上的差异。

确认与区分全宗的工作一经完成，具体的全宗一旦建立，就应对各全宗进行统一的编号（编全宗号），并赋予其正式的全宗名称。全宗名称一般就以立档单位的正式名称命名，并加“全宗”二字。

四、名人档案全宗

名人档案全宗是社会知名人士，如社会活动家、科学家、艺术家、教育家、企业家、英雄模范、将军及其他社会有影响力和贡献力的著名人物等，在其一生活动中形成的档案整体。历史上一些著名的家庭、家族所形成的档案，在我国也属于人物全宗的类型。形成名人档案的个人、家庭和家族，也是立档单位。

名人档案全宗，包括个人的著作、手稿、日记、信件、遗嘱以及记载个人或家庭、家族活动的全部有价值的材料，还包括别人撰写和收集的与人物全宗构成者个人、家庭和家族有关的材料以及直系亲属的、能够说明立档单位情况的材料。

名人档案全宗中不得收入全宗构成者在其社会组织公务活动中处理的官方文件原件。我国以及其他国家多年的实践证明，如不切实掌握名人档案全宗的这种界限，必然导致全宗管理的许多混乱以及不良后果。

个人、家庭和家族的文件材料，无论何时、何地形成以及立档单位的政治思想和社会地位有何重大变化，都只能构成一个全宗。

名人档案全宗是国家档案全宗的组成部分，其中往往拥有相当珍贵的材料，对于科学、经济、政治、历史、艺术、军事等方面的研究具有重要的价值。人物的知名度是相对的，不同的档案馆应从不同的社会领域和不同层次，根据人物的特点，确定如何组建名人档案全宗。

五、全宗的补充形式

在整理档案的过程中，并不是所有的档案文件都能按全宗明确地分开整理。在一些特殊情况下，档案整理人员必须采取一些变通的措施来整理档案文件，并形成一些类似于全宗的档案整理成果。这些档案整理成果，一般被称为全宗的补充形式。全宗的补充形式主要有下面几种。

（一）联合全宗

联合全宗指两个或两个以上立档单位形成的、互有联系而不易区分全宗的档案构成的全宗。

能够作为联合全宗的主要有以下两种情形：一种是前后有密切继承关系的立档单位，由于工作关系密切，档案互相混淆，很难区分。这样就可以把两个立档单位形成的档案组成联合全宗进行整理。另一种是两个机关合署办公，对内一套编制，对外两块牌子，而文件又是混在一起无法区分的。在这种情况下，可以将这种合署办公的机关所形成的档案作为一个联合全宗进行整理。例如，档案局与档案馆，在许多地方是对外两块牌子，对内一套编制，文件常常混在一起，这种情况就可以作为联合全宗对待。

（二）全宗汇集

若干个立档单位形成的、可以区分全宗但数量很少的、具有某些相同特征和联系的档案构成的全宗，称为全宗汇集。

档案馆所保存的全宗，其档案数量是不等的。有一些小全宗，全宗之间的界限十分清楚，能够分清，但档案数量却很少，如果把这些数量极少的全宗也作为保管单位，势必增加保管和利用上的麻烦和不便，也没有这种必要。遇有此种情况，就可以把档案数量很少而性质又相近的全宗集中起来，组成全宗汇集，只给一个全宗号相当于一个全宗那样保管和统计，例如“××革命历史档案全宗汇集”。

全宗汇集与联合全宗的区别在于全宗汇集中的单个全宗档案数量少且能够分开，而联合全宗的档案之间联系密切，档案混在一起很难分开。联合全宗具有长久性，一旦固定下来，基本保持不变，而全宗汇集具有不稳定性，若发现有新的档案补充就需要做出相应的处理，重新进行整理和编目。

（三）档案汇集

用人为方法将不知其所属全宗的残缺不全的文件，按照一定特点集中起来的混合体，称为档案汇集。它也和其他全宗一样，被赋予全宗号作为一个单位保管，统一编号。在整理新中国成立前的档案时，或因特殊情况接收撤销机关档案时，会发现一些残缺不全的档案。这些档案很难确定它们所属的全宗界限，或者虽然能判明所属全宗，但其所属全宗已不存在，只剩下很零碎的一些档案，已经很难再按全宗进行整理。为了便于管理和提供利用，才采取这种补救措施。

档案汇集主要是针对档案残缺不全、全宗界限十分模糊的情况，在档案管理中很少采用这种办法。只有在很特殊的情况下，确实找不出更好的处理方法时才采用档案汇集这种应急措施。

上述几种形式，都是以全宗理论为基础，从档案整理的实际情况出发，作为按全宗整理和保管档案这一基本形式下的一些必要补充形式。但上述形式不是随意乱用的，只有在极少数特殊的情况下才能运用，而且一旦发现这种补充形式有不合理之处，就应立即采取补救措施加以纠正。因此，实际应用中应注意以下几方面问题：

第一，上述的补充形式不应随便采用，只有在无法区分全宗或确实不便于按全宗管理的不得已情况下才可以采用。

第二，全宗补充形式的组成有一定的灵活性，可以根据实际情况进行必要的调整与补充。

第三，档案馆根据馆藏建设的总体规划，有选择地接收一些机关的部分档案时，由于接收档案的数量较少，也可以采用全宗汇集的方式加以管理。

六、全宗群及其划分

各个立档单位的社会活动不是孤立的，而是互有联系的。这就使得它们所形成的全宗之间存在着历史时期、地理区域、职能业务、工作性质等方面的种种联系。在档案管理中，人们常常把具有上述某种或几种联系的若干全宗视为一个群体，称为全宗群。

为了便于档案的保管和利用，可以将互有联系的全宗组织到一起，维护一定类型全宗的相互关系。全宗群可首先按照档案形成的不同时期分为几大部分，如新中国成立前的档案、革命历史档案、旧政权档案和新中国成立后现行机关的档案，然后每一部分再按立档单位的类型和特点进行细分。比如，按照立档单位的性质，把档案分成工业交通系统，农林水利系统，财政、金融、商业贸易系统，科学文化、教育、卫生系统等，或者按区域划分，分别组成全宗群。全宗群的划分一般应和档案的分库保管相一致，一个或几个性质相近的全宗最好集中保存在同一档案库房内。

值得注意的是，全宗群不是对档案实体进行整理和统计的一个固定单位和保管单元，而是在档案管理中起指导和组织作用的一种思想方法，一般可用于指导馆藏全宗的组织管理或指导全宗档案的基本流向。

第三节　全宗内档案实体分类的要求、标准和方法

一、全宗内档案实体的分类要求

根据不同立档单位的活动和全宗内档案成分的特点，进行全宗内档案的分类是一项比较复杂细致的工作，因而对档案的分类有比较严格的要求。

（一）档案分类应该具有客观性

由于档案是社会组织活动中系统积累而形成的历史记录，应遵循档案形成规律，从

全宗的实际情况出发进行分类，努力维护它们在立档单位活动中原有的某些主要方面的历史联系，科学地选择分类标准，确定分类方法，合理地设置类目，准确地归类，使全宗内档案的分类能够较为系统地反映出立档单位活动的面貌。

（二）档案分类体系应该具有逻辑性

全宗内的档案是机关在处理各种事物中形成的，全宗的成分及其纵横联系往往比较复杂，全宗内档案的分类又常常采用几种方法，所以分类体系的构成应力求严密。因此，应遵守每次分类按照同一标准进行，不应有交叉或互相包容的矛盾现象。

（三）档案分类应该注重实用性

档案的分类必须便于保管、查找和利用。比如，对于现行机关和撤销机关的全宗、大全宗与小全宗、全宗内形式与载体特殊的档案材料，往往采取不尽相同的分类方法。在档案分类过程中，要防止无视全宗的特点而生搬硬套的分类方法，更要禁用空设的虚类。对某些历史档案以及政策性较强的档案进行分类时，必须以正确的政治思想为指导，根据档案的实际内容和相关因素，合理地组织类别体系和设置类目，如实反映出立档单位的性质及其活动状况，揭示档案的内容实质和相互联系。

二、档案实体分类的一般标准

就档案分类的整体而言，档案分类标准是用于档案实体分类或档案信息分类的相关属性和特征。档案实体分类标准是根据便于档案的科学管理和有效利用的目的要求，选择出来的作为档案分类或划分依据的档案客观属性和特征。全宗内档案的属性和特征很多，只有那些对于档案的科学组织管理和档案资源的有效开发与提供利用有意义的，稳定的档案属性和特征才能成为档案实体的分类标准。

（一）选择档案实体分类标准的规则

选择档案实体的分类标准，应始终遵循客观性、稳定性、实用性等规则。具体来说，包括如下规则要求。

1. 档案实体的分类标准应具有客观性

该规则的基本思想内涵是，档案实体的分类标准必须取自分类对象档案自身的客观属性或特征，不能是主观想象的，也不能是从图书、情报、资料等分类经验中简单照搬过来的。在档案管理历史上，曾经出现过照搬图书的分类标准来管理档案的失败案例。如法国的国民议会档案馆（后来的国家档案馆），就曾经展开过采用图书的分类标准对档案实体进行分类的错误实践，结果造成许多全宗档案的整体性受到破坏而难以恢复的不良后果。我国在新中国成立前的一些机关也曾犯过类似的错误，但是好在是在一个单位内部进行的。前事不忘，后事之师。历史经验教训应使现代档案工作者更加重视根据档案的形成规律和特点客观选择档案分类标准的重要意义。

2. 档案实体的分类标准应具有长期稳定性

在档案分类实践中，有的档案自身特征是不容易被准确识别和把握的，如档案的价值特征、保密性特征等。即使人们通过一定的鉴定或鉴别标准或尺度进行了划分，也仅仅是一个时期或一个时代人们的认识而已。比如，一些记录和反映立档单位职能业务活动微观情况的文件材料，在纸文档为主体的时代，由于其数量巨大而难以进行有效留存，所以被判定为“没有价值的东西”，一些划定为定期保存的档案也是因为考虑到保存空间不足，而做了“忍痛割爱”的处置。但是这些情况，在电子网络信息时代，却得到了有效的改观，尤其是档案部门引入了大数据思维，采用了“存量资源数字化、增量资源电子化”的策略和管理技术之后，许多档案又获得了新的生机。因此，那些掺入了过多主观判断认识内容的所谓档案属性特征等，很难保持长期的相对稳定性，一般不应作为档案实体分类的标准来选择应用。这些标准主要包括档案的保管期限、档案的保密等级、档案的重要程度等等。

3. 档案实体的分类标准应具有可辨性和易操作性

档案实体分类标准的选择，应注意其可辨性和易操作性。有些分类标准，如主题分类标准，虽然可用，但是归纳主题的难度较大。而且许多档案文件的内容所涉及的主题是两个甚至两个以上，如果按主题标准来划分，就会出现某些主题的档案集中、某些主题的档案分散的问题。

4. 档案实体的分类标准应具有实用性

档案整理的目的是为档案的科学管理和有效利用创造条件。同样的道理，档案实体分类标准的选择也应符合这一根本目的的要求。有些分类标准，对于某些档案来说是科学、有效的；但对于另一些档案来说却是不实用的，甚至会损害档案的有机联系性。例如，档案文件的载体、文种、规格、形状等特征，在一些情况下，可以作为档案分类的标准来使用，如载体较为特殊的档案可以根据档案保护的特殊要求采用载体分类标准来划分，一些专门性的文件因其文种与内容的高度一致性也可以把文件的文种作为档案分类的标准。但是，对于绝大部分档案实体而言，这些标准都不能成为档案分类的主要标准。其主要原因是这些标准不能体现出档案的主要特征和本质要求。在档案分类实践中，分类人员如果遇到因采用何种分类标准而产生意见分歧，应根据该规则来认定采用哪种分类标准更有利于实现档案整理的根本目的，更能体现档案的形成规律和主要特点，更能有效地反映档案的类的运动要求。

（二）档案实体常用的分类标准

综合国内外档案实体分类的经验和相关理论思想成果，档案实体分类的常用标准主要包括以下几种。

1. 体现档案文件的产生时间特征的分类标准

体现档案文件的产生时间特征的常见分类标准有 3 种，包括年度分类标准、历史时期分类标准、工作（业务）活动阶段分类标准等。

2. 体现档案文件的来源特征的分类标准

体现档案文件的来源特征的常见分类标准有 7 种，包括组织机构分类标准、职能分类标准、作者分类标准、通信者分类标准、型号分类标准、项目分类标准、课题分类标准等。

3. 体现档案文件的内容特征的分类标准

体现档案文件的内容特征的常见分类标准有 4 种，包括问题分类标准、实物对象分类标准、地理（或地域）分类标准、专业分类标准等。问题分类标准是指档案的内容所涉及的主题或问题；实物对象分类标准是指档案文件内容所涉及的相关实物，比如粮、棉、钢、铁、石油等；地理（或地域）分类标准是指文件内容所涉及的地理区域、行政区域等。

4. 体现档案文件的形式特征的分类标准

体现档案文件的形式特征的常见分类标准有 3 种，包括文件种类分类标准、文件制成材料分类标准、文件形状（规格）分类标准等。

值得注意的是，有些部门和单位采用价值分类标准，对所形成的档案文件进行分类。这种分类标准虽然简便易行，但是却不符合档案分类标准选择的一般要求。因为，人们无论怎样用心地去判定档案的保存价值，总会受到这样或那样的因素的限制和鉴定人员自身认识水平的局限，如就连过去一直认为不会发生变化的某些专门档案的保管期限也已经发生了变化。另外，按照精益化的管理原则和要求，纸本档案的保管期限变得越来越细化（国外的档案处置表的编制和实践经验早已提供了相应的实践证据），而且我国目前的实际情况是处在一个过渡时期，档案保管期限的划分相对来说还较为粗略。基于上述原因，在档案分类实践中，应尽早加以改变。

遗憾的是，目前的一些行业规范和标准中也堂而皇之地将“保管期限”作为一种常用的甚至是全宗内第一级档案分类的标准来使用。

其实，我国的档案管理理论一直是将“保管期限”作为实体档案排架的方法来使用的。如果推行这种错误的分类标准，就很难保证立档单位档案分类方案和档案分类体系的长期稳定，同时也会造成一些档案目录数据的不稳定。为此，我们提倡将“保管期限”作为档案著录或元数据的一个项目，并在档案实体排架管理和档案保管活动中加以利用。

三、档案实体的分类方法

（一）档案分类方法概述

档案分类方法是为实现档案分类目的而采取的途径、步骤、方式，是完成档案分类任务的一系列具有逻辑关系动作的集合整体。档案分类方法因分类的对象不同，可以划分为档案概念划分方法、档案实体分类方法和档案信息分类方法等 3 种。按照档案分类方法的实践效果的不同，可以划分为科学的档案分类方法和主观无效的档案分类方法。

科学的档案分类方法，是档案分类人员有效进行全宗内档案实体分类和开展档案信息分类的重要指导思想和实践工具。

确定档案分类方法的基本逻辑关系动作一般包括以下方面：

（1）分析和选择档案分类标准。通过分析档案分类对象的客观属性和主要特征，选择符合档案科学研究需要、实体有效管理需要、用户利用需要的相关属性和特征作为档案分类标准。

（2）明确分类标准使用的先后顺序。即根据分类的目的和任务要求，遵循一定的分类逻辑规则。首先使用最能够体现分类对象属性的分类标准进行一级类目的划分，其后再根据每个一级类目的分类对象的主要特征分别确定它们的分类标准（注意，每个一级类目的下位类目的分类标准可以一致，也可以不一致），对二级及其下位类目的划分也应遵守上述规则。

（3）将分类标准的逻辑顺序用分类规则固定下来，并通过分类方案或分类大纲的形式予以体现。

（4）对归类或聚类后每个类目的情况进行必要的检查，消除重复归类、交叉归类、错误归类等问题，保证分类体系的严整性。

（5）根据档案管理和用户的合理需求，对分类方案实行版本管理，及时调整和补充相关的类目安排。

不同立档单位形成档案的具体特点和形成规律不尽相同，在坚持来源原则，保持档案文件之间有机联系和便于保管利用的前提下，各立档单位可以根据实际情况，在合法合规的基础上，开展档案的分类工作。组织全宗（机关组织全宗、企业事业单位档案全宗、社会团体档案全宗等），常用的档案分类方法不尽相同。

（二）文书档案分类的基本方法

组织全宗内文书档案最常用的基本分类法有 3 种，即年度分类法、组织机构分类法与问题分类法。

1. 年度分类法

年度分类法是以形成和处理文件日期所属的年度为依据进行分类的方法。在实际使用中，它是一种比较常用的分类方法。一个立档单位一般都存在若干年时间，每年都要形成一定数量的档案。从文书工作来看，也是以年度为单位整理归档的，在客观上很自然地形成了一个个类别。

采用年度分类法，应该注意准确地判定档案的所属年度。在判定所属年度时会遇到下面几种情况：

（1）文件上面没有明确的日期。

文件上如果没有日期或者日期不准确，就会给按年度分类带来困难，应该运用多种方法判定文件的准确日期或者接近准确的日期。分析文件的内容、研究文件的制成材料，或者从文件的字体、格式、编排和标记等来判定，都是行之有效的方法，同时还可以利用已有准确日期的文件与没有日期的文件比较对照的方法来判定，而且这些方法应当结合起来使用。

（2）文件上有两个以上日期而又属于不同年度。

在这种情况下应根据文件的不同特点，确定一个最能说明文件时间特点的日期作为分类的根据。法规性文件以批准日期为根据（公布之日生效的文件，应以公布日期为根据），领导性文件以签署日期（即落款日期）为根据，会议记录以开会日期为根据，计划、总结、预决算以内容针对时间为根据，来往文书中的收文以收到日期为根据。当档案文件的形成时间和文件内容记述的时间不一致的时候，当文件的制成和发出、收到和办理跨了年度的时候，就要具体分析实际情况，确定各类文件归入哪一个年度最适宜。

（3）跨年度文件。

跨年度文件有两种情况：一是单份文件内容跨了两个年度。比如一份文件既有前一年的工作总结，又有后一年的工作计划，内容针对两个年度。这份文件如果以工作总结为主要内容，应该归入前一个年度；如果是以工作计划为主要内容的，就应该归入后一个年度。如果不分主次，而是平分秋色，则一般应归入形成文件的最后年度。还有的计划和总结，其内容不是针对一个年度，而是涉及几个年度，如五年计划、三年总结、十年规划等，属于计划性的应该归入计划开始的一年，属于总结性的应该归入总结针对的最后一年。二是一组有密切联系的文件，形成于两年或者两年以上。应按照这些文件的形成年度分别归档，并在归档文件目录的备注栏中予以注明。

（4）专门年度的文件。

在实际工作当中，除了一般通用的年度外，各专业部门还采用专门的年度来开展工作，如学校中的教学年度，是根据工作上特殊需要而制定的一种计算方法。它的一个年度的起止日期，不是以 1 月 1 日至 12 月 31 日来计算的，而是另外规定一种起止日期来计算。比如，2018—2019 学年，就是从 2018 年 9 月 1 日开始至 2019 年 8 月 31 日结束，分为第一和第二两个学期。

2. 组织机构分类法

这种分类方法也是一种主要的和经常采用的分类方法。

（1）组织机构分类法的优点。

首先，采用组织机构分类法进行分类，符合档案形成的特点。在一个立档单位里，档案是由其内部组织机构在履行职能过程中形成的，而各内部组织机构所承担的任务是不尽相同的。按组织机构分类就能客观地反映立档单位各个组织机构工作活动的面貌和状况，能较好地保持档案在来源上的联系。

其次，采取组织机构分类法分类，便于查找利用档案。立档单位内设的各个组织机构，除了综合性的工作部门（办公室、政策研究室）外，其余的都是按照各自的业务分工，在其职权范围内形成文件。某一个内部组织机构所形成的档案，一般就是某一方面问题的档案。但是，组织机构与问题两者不能等同。按组织机构分类可以保持档案在来源上的一致性，但不一定能保证档案内容的一致性。

最后，采用组织机构分类，有比较明显的客观标准，简便易行，归类准确。立档单位内部有多少组织机构，就可以设立多少类。这些组织机构都有各自的职权范围，它们在承办文件时往往会留下一定标记的（收发文章、收发文字号、经办人签字等），这样就可以避免或减少因认识水平不同而产生分类不一致的缺点。尤其正在行使职权的机关单位，如果文件是采用分散整理的（即由各组织机构负责整理自己的归档文件），那么每个组织机构形成的档案很自然地构成一类。

（2）采用组织机构分类法需要具备的条件。

虽然按组织机构分类有这些优点，但全宗档案只有具备下述条件才能采用这种分类方法。

第一，要考察档案的实际情况，各内部组织机构之间的档案有没有被混淆，是否残缺不全。如果内部机构之间的档案已经混乱、缺损不全，有的已按其他方法分类，在这种情况下，已经很难再按组织机构分类，应该采取其他方法分类。

第二，要了解立档单位的组织机构情况，内部组织机构是否健全，是否经常变动。如果内部组织机构少、工作简单，或者虽有内部机构，但经常变化，内部很不稳定，在这些情况下也不一定按组织机构分类。

（3）采用组织机构分类法需要处理的一般问题。

第一，按组织机构分类应该分到哪一层机构适当，主要由立档单位的大小和形成档案数量的多少来决定。比如，中央机关，内部机构层次较多，档案的数量也多，而且是采取分散处理文件的，每层组织机构都有人专管或兼管文书工作，档案的分类就可以分到第二层甚至第三层组织机构。对于大多数立档单位来说，按组织机构分类分到第一层就可以了，有一个机构设置一个类，组织机构的名称就是类名。

第二，按组织机构分类时，对于机关内部设立的临时性组织机构所形成的档案，应该怎样设类？一般情况下，对临时性机构所形成的档案，在分类时应该和其他内部机构形成的档案一样对待，单独设类，并排在最末一类。但是，有些临时性机构情况特殊，它虽然是在全省、市、县范围内设立的临时性机构，但往往与某单位的内部机构合署办公，甚至还可能是一套人马，对外是两个名义（有时用立档单位名义，有时用临时性机构名义）。比如，某县防汛指挥部，它是全县的临时性组织机构，但附设在县水利局内办公，它所形成的档案一般不作为单独全宗，而是作为水利局全宗的一部分。防汛工作年年进行，可在县水利局档案中单设防汛指挥部（或防汛办公室）类。

第三，按组织机构分类，还会遇到立档单位内党、政、工、团档案的分类问题。对于立档单位内党、工、团等组织形成的档案，应视立档单位的情况，采用切合实际的分类方法。一种方法是针对立档单位较大、内部组织机构层次多的，可将党、工、团的档案一分为二，分开归类。立档单位的一级机构（比如大企业中的工厂、高等学校的校部）党、工、团和二级机构（如公司中的处、室、车间，高等学校中的处、院系）党、工、团所形成的档案分别列类。

另一种方法是无论哪一级机构形成的关于党、工、团的档案，一概集中为党（党组、党委、党总支、党支部）、工会、共青团三类。如果立档单位小，档案数量少，还可以将三者（党、工、团）合设为一类——党群类。

3. 问题分类法

问题分类法是按照档案内容所说barrel的问题来分类的，也是经常采用的一种分类方法。它和组织机构分类法有许多共同点，也能较好地保持文件之间的联系，能使相同性质的档案得到集中，可以减少同类问题档案分散的现象，便于档案的查找和利用。但是，在如何设置类目，尤其是档案文件归类等具体问题上，常常难以掌握，比起前两种分类方法要复杂。由于档案工作人员的知识与业务水平的不同以及各种因素的影响，分类结果不易做到准确无误。所以，对问题分类法的采用，要根据立档单位和档案工作人员的实际情况来决定。遇到下面几种情况，可以考虑采用问题分类法：

第一，立档单位小，内部组织机构只有简单的分工，工作常有交叉。

第二，立档单位内的档案已经混淆，很难再按组织机构分类。

第三，立档单位内部虽有组织机构，但经常变动，按组织机构分类有实际困难。

总之，一般是在不可能或不适于按组织机构分类的情况下，可采用问题分类法。在按问题分类时，有下面几个问题需要注意：

（1）类、属类的设置力求符合实际。

在按问题分类时，类的设置不像按组织机构分类那样明确，需要认真地调查研究，才能提出切合实际的分类方案。调查研究的重点应该放在以下方面：一方面要了解立档单位的实际状况，比如，立档单位的主要职能和具体工作任务以及内部机构的变化等；另一方面要了解全宗内档案的实际状况，比如，档案内容主要反映了哪些问题，反映各种问题的档案数量有多少，问题的交叉情况如何，档案原来整理的基础怎样，有无可以值得借鉴的情况。为了使类的设置尽可能符合实际，节省时间，不少单位采用参照立档单位内部组织机构来设置类别。实践证明，这是行之有效的方法。因为立档单位每个内部组织机构的设立，都是为了承担某一方面的工作任务，往往体现了一个方面的问题。例如，市化工机械厂是一个中小型的国有企业，它形成的档案按组织机构分类已不可能，决定采用问题分类法。在对立档单位和档案实际状况分析研究之后，拟设总类、生产类、劳动人事类、计划财务类、供销类、基建类、行政事务类共七大类。这些类的设置是参照了该厂内设的组织机构：党委办公室、厂长办公室、生产处、技术处、劳动人事处、计划处、财务处、供销处、基建处、行政处。按问题分类所设的类和内部组织机构基本上是一致的。只是考虑到档案数量不等，技术处、计划处的档案数量不多，并未设立相应的类别，而是采取按性质相近合并的办法（技术处多与生产处形成档案有关）。这种参照组织机构来设置类目的办法，一般情况下可以采用，而对于较大的具有综合性质的立档单位则不适用。

（2）类目体系力求符合逻辑。

按问题分类所设的类，概念要明确，层次要清楚。一般情况下，按问题分类类目的设置取决于全宗的大小和立档单位档案数量的多少。所设各类之间是平行关系，不能互相交叉，更不能互相包括。

（3）类项的确定力求逐步完善。

一个全宗内的档案分类，究竟设立哪些类，不是整理工作一开始就能确定下来的，而是要经过反复研究和实践，需要了解情况，初步确定分类方案，在实际归类过程中对分类方案补充和修订，最后确定类和属类。有些全宗要设立一个综合类（总类）。设立综合类并不是随心所欲的，而是根据分类时的客观实际需要。综合类具有伸缩性和灵活性的优点，但不是杂类，凡是档案文件可以归入专门类的就应归入相应的专门类，甚至合并设类，而不应遇到不好分类的档案文件就轻易将其归到综合类内。

（三）全宗内科技档案分类常用的基本方法

企业（公司）全宗内档案分类常用的基本方法主要有职能分类法、型号分类法、课题分类法、项目分类法等。

1. 职能分类法

职能分类法就是依据各种社会组织的职能分工将档案实体（或档案信息）分成若干类别的方法。职能分类法可以同其他分类法分层使用，是档案实本分类和档案信息分类实践中常用的一种档案分类方法。

中国的档案职能分类法在20世纪中期以前主要用于档案实体分类，即根据立档单位所承担的职能、任务、业务活动类型等对全宗内的档案实体进行分类。20世纪中期以后，伴随着《中华人民共和国档案法》编制工作的开展，职能分类法作为档案信息的一种主要分类方法，得到了中国档案学术界的普遍关注。进入21世纪以来，在企业档案分类中，职能分类法得到了较为广泛的使用。

（1）职能分类法在档案实体分类中的应用。

分类人员在对立档单位的职能、业务活动、计划任务安排的分析基础之上，按照职能、活动、任务事项等分类标准，进行各个层级类目的设置。

（2）职能分类法在档案信息分类中的应用。

分类人员在对各种社会组织的职能分工或某个专业（行业）系统职能分工的分析基础上，按照职能分类标准并结合档案信息内容所记述和反映的各种主题特征，进行各个层级类目的设置。

同一职能活动所形成的归档文件或档案信息，一般应统一归入分类体系中相关职能、活动、事件的类目。如果一份归档文件的内容涉及两个或两个以上的职能类别，则应根据其所记述和反映的主要职能活动，归入该主要职能活动的类别。如果难以区分主次，则应将类似的归档文件统一归入其中某个职能类目，其他相关类目仅作为交替类目。对于数量较少，不能以独立的类别存在的归档文件或档案信息，则应采用靠类归类的方式处理，并通过类目注释予以说明。

根据职能分类方法建立的档案分类体系，通常具有良好的稳定性，既可以客观地反映立档单位及其各个内部组织机构的职能活动状况，又可以在档案信息分类实践中按职能分工类聚相关的档案信息。职能分类法能较好地保持全宗内文件之间职能活动方面的固有联系，便于用户从职能活动角度查找和利用档案资源或档案信息的内容。

2. 型号分类法

型号分类法是以产品或设备的型号特征为分类标准，将有关设备档案（设备仪器档案）或产品档案划分成各个类别的方法。每个型号的产品档案或设备档案，就是一个基本的分类单元。

型号分类法的主要特点是，同一个型号的产品或设备档案集中在一起，保持其完整成套，反映一个产品或一个设备的全貌及其内部组、部件之间的结构隶属关系，便于成套地利用产品和设备的科技档案。

设备档案分类的基本方法是型号分类法。不同单位和不同设备，其具体的分类形式有三种：性质-型号分类法，就是按照设备的使用性质结合设备型号，对设备档案进行分类。首先，按照设备性质设置类目，再于每一个类别内以型号为单元划分档案类别。凡是独立性较强的单体设备，其档案都可以采用这种分类方法。工序-型号分类法，多适用于生产工艺或工序连续性较强的设备档案的分类。这种分类方法的特点是，以型号为基础，保持了一个型号设备档案材料的完整。时间-型号分类法，多适用于设备档案不多的机关、企事业单位的分类。这种分类方法，就是按照设备的购置时间先后结合设备型号，对设备档案进行分类。

3. 课题分类法

课题分类法是以科学研究（包括基础科学研究、应用科学研究和开发研究等）的课题特征为分类标准，将有关科研课题的档案（科研项目的档案）划分成各个类别的方法。每个课题的科研档案或科研项目档案，就是一个基本的分类单元。

课题分类法的主要特点是，同一个科研课题的档案集中在一起，保持其完整成套，反映一个课题研究活动的全貌及其科研活动过程、阶段情况，便于成套地利用有关科研课题的科技档案。

课题分类法是科研档案的基本分类方法。在实际工作中，各相关单位可以根据不同科研项目所具有的学科或专业属性特征，对科研档案实施有效的管理。例如，基础科学研究形成的科研档案，可以以课题为基础，结合所属学科进行分类和归类工作；而应用性和开发性的科研项目活动所形成的科研档案，由于研究活动都是在一定学科范围内分专业进行的，许多科研单位也有较为明确的科研专业分工，所以在分类时可以先按专业划分大类，之后再以课题为基础进行细分。

4. 项目分类法

项目分类法是以建设项目（指建筑、安装等形成固定资产的活动中，按照一个总体设计进行施工，独立组成的，在经济上统一核算、行政上有独立组织形式、实行统一管理的单位）的项目特征为分类标准，将有关建设项目活动中形成的档案划分成各个类别的方法。每个项目的档案，就是一个基本的分类单元。

各种建设项目，无论是单项工程（建设项目中具有独立设计文件、可独立组织施工，建成后可以独立发挥生产能力或工程效益的工程）、单位工程（具有独立设计文件、可独立组织施工，但建成后不能独立发挥生产能力或工程效益的工程），还是部分工程（指按工程的不同部位、结构形式等划分的工程项目）等形成的档案，都具有明显的按项目成套的特征。只有按项目分类法进行分类，才能将有关项目的档案有效地集中在一起，为日后的管理、维护、改进和扩建等项活动的开展，提供充分的档案资源保证。为此，《建设项目档案管理规范》（DA/T 28—2018）要求：项目文件整理应遵循项目文件的形成规律和成套性特点，保持卷内文件的有机联系，分类科学，组卷合理，便于保管和利用；项目文件应按照形成阶段、专业、内容等特征进行分类。

四、联合分类法及其适用范围

档案联合分类法是依据两种或两种以上的分类标准将立档单位的档案文件划分成各个类别的方法。

（一）文书档案常用的联合分类法

社会组织文书档案常用的联合分类法主要包括以下几种：

（1）年度-组织机构分类法。这种联合分类法是党政机关、社团组织和事业单位文书档案最常用的分类方法。

（2）年度-问题分类法。先将立档单位的归档文件按年度分类，然后再按照各个年度类别中归档文件的主题内容、职能活动等划分子类。适用于内部组织机构不稳定且经常调整、变化或不设内部组织机构的立档单位归档文件的整理分类。

（3）组织机构-年度分类法。通常用于立档单位积存档案的整理分类。

（4）问题-年度分类法。对于不适合按组织机构分类的立档单位积存档案的整理分类，可考虑采用此种联合分类法。

按上述联合分类法分类的文书档案，可以依据其保管期限的不同进行系统排列。

1. 年度-组织机构分类法

年度-组织机构分类法是先把全宗内档案按年度分开，然后在每个年度下面再按内部组织机构进行分类。这种分类方法适用于立档单位内部组织机构经常变化但不复杂的全宗。目前正在行使职权的机关、单位比较多地采用了这种形式。

这种方式的优点是简便易行。每年各内部组织机构移交到档案室的案卷，只要按照比较固定的顺序排放就可以了。一般情况下不要重新编造案卷目录，档案库房和装具也不需要大的变动。但是它也有缺点：一个组织机构的档案被年度分隔成许多部分，如若按组织机构来查阅档案，就会感到不便。不过，这个难题可以通过编制检索工具或建立档案目录数据库的方式来解决。

2. 组织机构-年度分类法

全宗内的档案，先按组织机构分类，然后在组织机构下面再分年度。这种分类方式，对于历史档案和撤销机关的档案比较适宜。因为立档单位撤销也就不会再形成新的档案，档案分类整理的顺序和排列完全可以固定下来，不再变动。某些内部组织机构比较稳定的立档单位，也有采用这种方式的。

在国家机关、企业和事业单位，还有党、政、群众团体档案的分类问题。一般情况下，是把党、政、工、团的档案分成几大类，在大类中视档案数量的多少再决定是否继续划分属类。

3. 年度-问题分类法

全宗内的档案先分开年度，然后在每一年档案中按问题分类。这种分类方式适用于立档单位内部机构变动频繁，档案已无法按组织机构进行分类的情况。有些单位的内部机构，时增时减，时而合并，经常变动。这种经常性的变化，给档案的分类带来了一些新问题和新情况。如果采用组织机构分类方法，就不能适应这种变化，如果采用年度-问题分类法，就可以以不变应万变。

也有一些单位，虽然内部也设一些机构，但是非常简单，内部分工也不十分明确，有些机构（比如办公室）形成档案较多，而有些机构（比如工会、共青团）形成档案很少。在这种情况下，也不适于按组织机构分类，基层单位往往会出现上述情况。

还有一些综合性的领导机关，比如省、市、县人民政府，虽然这些立档单位内部组织机构健全，甚至数量很多，但只是综合性的机构，在建设事业不断发展的情况下，各厅、局相继从政府独立出去，政府只剩下办公厅（室）等综合性机构和行政办事机构。如果采取年度-组织机构分类法，就很难反映出立档单位的真实面貌，所以有的省人民政府的档案采用年度-问题分类法，分成若干大类。

4. 问题-年度分类法

这种分类法是指全宗内档案先按问题分开，然后在每个类别里按年度分开。这种分类方法适用于历史档案和撤销机关的档案，现行机关、企业事业单位很少采用这种方式。

上述分类法，以第一种即年度-组织机构分类法应用较多。但是无论哪一种分类方法一般都离不开年度。档案是逐年形成的，向档案馆移交档案也是按年度进行的。总之，无论按什么方法进行分类，一个立档单位全宗内的档案分类方法应一致。

全宗内档案的分类，无论采取哪种分类方法，机关内党、政、工、团的档案都应单独设类，不能与其他类的文件混在一起。特别是党组织的档案，应该单独作为全宗内重要的一部分或一类，这也是组织机构分类法的一种特殊形式。

档案的分类应尽量利用原来的基础，不要轻易变化，要求档案馆与机关档案部门经常保持联系，上级档案业务主管部门对下属单位档案工作应经常过问，其中档案分类就是过问的内容之一。

会计、诉讼、人事、声像等专门档案具有各自的特点，在档案分类方面也有其特殊性。

（二）科技档案实体常用的联合分类法

企业单位科技档案常用的联合分类法是指在编制科技档案分类方案（大纲）的过程中，将两种或两种以上的分类方法联合使用，以实现对有关单位科技档案整体分类目标的分类工作方法。

科技档案联合分类法的典型形式如下：（1）基本建设项目档案的联合分类方法，包括性质-工程项目分类法、流域（水系）-工程项目分类法。（2）产品档案的联合分类法，包括使用性质-型号分类法、系列-型号分类法等。（3）设备档案的联合分类法，包括性质（设备的使用性质）-型号分类法、工序-型号分类法等。（4）科研档案的联合分类法，包括学科-课题分类法、专业-课题分类法等。

采用科技档案联合分类法的意义和价值在于以下方面：（1）使分类后的科技档案之间各个层级的联系紧密而形成有效体系；（2）使分类后的档案资源可用性得到进一步提升；（3）便于按科技档案的各种特征标准，查找和利用科技档案信息资源。

五、档案分类方案的编制

（一）档案分类方案的概念、类型、体例结构

1. 档案分类方案的概念和作用

档案分类方案是规范和指导档案实体分类或档案信息分类的计划性文件。档案实体分类方案是指用于规范和指导一个立档单位或若干同类型、同系统的立档单位的全部档案实体或某种专门档案实体分类活动的文件。档案信息分类方案是指用于规范和指导一个立档单位或若干同类型、同系统的立档单位的全部档案信息或某种专业档案信息分类活动的文件。

档案分类方案是各个立档单位建立归档文件、档案实体分类体系，组织档案实体排架，建构档案信息分类检索系统的重要工具，也是开展科学的档案价值鉴定，为用户提供有效信息服务的必要条件之一。

2. 档案分类方案的类型

按照档案分类方案的适用对象，可分为一个立档单位的档案分类方案，一种档案的分类方案，同类型立档单位的档案分类方案，同一行业、同一系统的档案分类方案，同一地区范围内的档案分类方案，同一历史时期的档案信息分类方案（如革命历史档案信息分类方案、民国档案信息分类方案等）。

按照档案分类方案涉及的档案种类范围，可分为综合性档案分类方案、专门（专业）档案分类方案、特定类别的档案分类方案等。

3. 档案分类方案的体例结构

一部相对完整的档案分类方案通常包括：（1）编制目的和使用说明；（2）分类原则或分类规则说明；（3）大类（基本类目）描述；（4）分类号的结构、编制方法和示例；（5）档案分类主表；（6）档案分类辅助表（复分表）；（7）类目注释和常见分类问题解决方案等。

（二）档案分类方案的编制要求和规则

1. 档案分类方案的编制原则

（1）档案实体分类方案的编制原则。

根据立档单位业务活动的规律和特点，以相关立档单位的职能活动和档案的主要特征为主要划分依据，以保持文件之间的历史有机联系为目标，以便于档案实体的保管和利用为目的，尽最大可能使类目设置符合实际。

（2）档案信息分类方案的编制原则。

以国家机构、社会组织从事社会实践活动的职能分工为基础，结合档案记述和反映的事物属性关系，兼顾用户需求的主题类型。

两种档案分类方案中的类目体系应具有总体概括性、严整性、相对稳定性、实用性

和伸缩性；分类号的设计应科学、简明，并与相关的类目保持密切的对应关系。

2. 档案分类方案的编制规则

档案分类方案的编制，应该注意遵守如下逻辑规则：

（1）同一性规则。

在编制分类方案时，一般一次分类（划分）只能采用一个分类标准。这一规则可以保证档案分类在同一类目中划分标准的一致性，避免类目因划分标准的不统一而产生相互交叉、交错等问题。有的学者将这种规则解释为同一级的类目只能采用一个分类标准来进行，这是一种误解。因为在一部档案分类方案中，二级以下的类目可分属不同的上位类目，只要保证在一个上位类目的范围内，档案分类的标准同一就是符合逻辑要求的；所以一部分类方案同一层级的类目划分标准可以一致，也可以不一致。而在一次分类中，除了特殊情况外，一般不能同时并列采用两种或两种以上分类标准。比如，分类方案的一级大类采用年度分类标准来划分，就不能同时采用组织机构或问题等分类标准来划分。

（2）排斥性规则。

在编制分类方案时，同一级的类目之间在类目的概念外延上应相互排斥，不能相互交叉、包含，类的范围必须明确。这一要求即分类的排斥性规则。遵守这一规则，可以保证分类方案在使用过程中不同属性的归档文件可以顺利归入相应的类别，即保持归类工作的前后一致性。如果违背这一规则，归类时就会出现同一性质的文件，时而归入某个类，时而又归入另一个类的问题。比如，按问题分类，所设各类不能相互交叉。第一类中设教育类，同位类就不能再设高等教育类、中等教育类，因为教育类包括高等教育、中等教育，只能把它们设为属类。同级中设有人事类，就不能再设干部任免类，同样道理，既然设财务类，也就不能再设经费类。

（3）伸缩性规则。

在编制分类方案时，应充分考虑到立档单位业务活动发展的需要，在类目体系的设计和分类号的编制上应留有可扩展的余地。档案是社会实践活动的产物，而社会实践活动是丰富多彩的。工作内容时而增加，时而减少，组织机构时而撤销，时而合并。因此，分类方案中的各类均应留有伸缩的余地来增加或减少类别，以适应客观变化的需要。例如，有的单位在编制档案分类方案时，采用了十进分类编号法，而且这十个分类号全部用完了。这种情况就是违背了伸缩性规则，没有给日后可能出现的新类目预留延展空间。为此，我们建议：一级大类可采用英文字母编制分类号（注意字母 I、V、U、O 等最好不用，以免与阿拉伯数字混淆；其他的 22 个英文字母都可以采用）；同位类目较多的二级、三级类目可采用“双位法”编制分类号；终端类一般可考虑采用“十进法”编制分类号。

（4）扁平性规则。

在编制分类方案时，编制人员应注意控制好分类层级，并坚持“除非必要，勿增层级”的要求。这一规则就是所谓的扁平化规则。采用该规则，可以使立档单位的档案分类方案更加实用，方便管理和查找利用。为了保证反映重要活动的档案类目不被淹没在类目的“海洋深处”，编制人员有时可以将本属于下位类的类目提升到上一级的类目中，但应通过类目注释或系统归类提醒的方式，防止错误归类问题的出现。

实践经验表明，一部编制质量良好的档案分类方案可以成为指导档案管理乃至前端文件管理（归档前文件管理）的有利组织工具。规则不是机械的、僵化的，在实际工作中，各立档单位应结合具体情况，辩证地加以应用。分类方案的质量高低，最基本的衡量标准就是是否为档案的科学管理和保管、利用等业务工作的开展，提供了良好的条件。

（三）档案分类方案的一般体例和编制方法

根据国家的有关规定，一个立档单位应编制统一的档案分类方案。一部档案分类方案的基本体例结构应包括编制目的说明、适用范围、责任规定、编制原则、基本大类设置说明、依据文件、档案分类主表（主分类表）、档案分类辅助表、术语表和附录（编号示例）等部分。

（1）编制目的说明。通常应从满足立档单位主要职能活动开展，统一立档单位范围内的档案实体分类号的编制，促进档案实体分类、编码、检索的标准化和规范化，推动文档管理的一体化，实现立档单位档案资源的有效利用等方面，说明编制本单位统一档案分类方案的目的。

（2）适用范围。主要是说明所编制的档案分类方案的使用对象（如机关或企业总部或立档单位的所有内部组织机构等）。

（3）责任规定。应明确修订（升版）工作的责任部门或责任人，执行部门（如公司档案部门）的检查、监督和指导责任，应用部门（如业务部门、信息中心）的责任等。为了保证档案分类方案的质量，及时发现问题和修改完善，各立档单位应鼓励实际使用部门和人员根据业务发展的需要，适时向档案部门提出对分类方案的完善、修改意见或建议，以保证档案分类方案的科学性和适用性。

（4）编制原则。编制原则是指导和规范档案分类思想和行为的基本准则，一般应执行如下编制原则：

第一，尊重档案的来源联系。来源联系具体体现为档案与各种事务活动（或事件）、任务、项目、职能及相关主体之间的有机关联性。档案实体分类只有有效地保持了文件及各种记录之间的来源联系，才能使档案的利用价值得到更充分的体现。

第二，体现立档单位的职能活动。职能活动是指一个立档单位各部门所管理的事项和承担的职责。在立档单位的存续与发展过程中，有的立档单位的内部组织机构会因客观需要进行必要的调整和变动，采用组织机构分类法难以保证档案实体分类体系的长期稳定性。职能活动是立档单位各部门档案所具有的一种相对稳定的基本特征。依据职能活动进行档案实体分类，将某一项或者某一方面职能活动产生的全部档案类聚在一起，既有利于反映立档单位职能活动的整体情况，也有利于保证各项职能活动档案的完整性，并可以使立档单位的档案实体分类体系保持长期稳定性。

第三，反映业务活动特点。例如，在档案实体分类实践中，通过分析各个项目的工作过程，梳理伴随这些工作过程产生的文件、记录，不仅可以组建反映该项目（或事项）全过程的档案有机体，而且可以体现和保证一个立档单位项目档案的完整性。

第四，继承档案管理的合理方式。立档单位的各部门在既往的档案实体分类实践中，积累了一些合理的经验并形成了相应的管理规范。充分利用这些智力劳动成果，不仅可以保持立档单位档案实体分类工作的连续性，而且有助于维护立档单位档案实体的历史联系、减少重复劳动、降低管理成本、提高档案管理效益。

第五，满足档案分类体系的可扩展性需要。档案实体分类既要充分满足目前立档单位已经形成档案分类的客观要求，又要预见立档单位未来职能活动发展的需要，为新类目的增设预留空间。为此，应通过在档案分类编码中增设对象特征码，以及在二级类目编码中采用双位法、八分法等方法，有效地满足立档单位档案实体分类体系的扩展需要。

第六，控制档案实体分类深度和层级。档案实体分类方案的类目设置，应在保持逻辑相对完备的基础上，充分考虑档案实体归类的可操作性和档案用户检索档案的便利性需要，立足档案管理数字化、信息化和网络化的发展趋势，优化档案分类编码的层级设置。档案实体分类编码应根据立档单位实际工作需要和职能状况，适当增加档案分类方案一级类目的数量，并通过增加“对象特征码”的方式，降低分类深度，减少分类层级。

（5）基本大类设置说明。档案实体分类方案应主要以职能活动为分类轴心，按照所确定的分类原则，通过对立档单位内各部门业务活动的分析和梳理，设置基本大类，并对所设立的基本大类的类目名称列举说明。例如，某企业的档案分类方案所列举的大类类目包括党群工作、行政管理、法律事务、人力资源、财务会计、投资管理、信息管理、经济贸易、基建工程、设备管理、实物档案等十一个基本大类。

（6）依据文件。应列出编制分类方案所有的法律法规和标准规范依据。

（7）档案分类主表（主分类表）。分类主表一般应包括分类代码、类目名称和类目范围说明等内容，如表 3－1 所示。

表 3－1　某公司档案分类主表

分类代码	类目名称	类目基本范围说明
A	党群工作	
A11	党团工作	
A110	党务工作	公司党委工作的计划和报告、学习制度、规定、表彰先进、党务往来文件，党委会纪要，党委制度，政工职称评审工作文件等 **党务机要保密工作的文件、制度、规定等入此类
A111	团务工作	团组织建设工作文件及会议文件，团员、青年名册，统计报表等
A12	组织宣传	
A120	党员管理	党员名册、党员统计报表等
A121	组织建设	公司党委的设立、撤销、换届选举、增补委员的文件；民主评议党员、团组织设立、撤销、换届选举、增补委员文件等
A122	宣传工作	公司党团组织宣传工作的计划、宣传出版物及稿件，政工简报等
A13	统战工作	公司的民主党派、无党派、港澳台、华侨工作文件；民族、宗教事务等工作活动的文件
A14	纪监信访	

续表

分类代码	类目名称	类目基本范围说明
A140	纪检监察	纪检监察案件材料（案件报告、处理决定）、纪委会纪要等
A141	信访工作	信访登记表、处理报告、处理决定等文件，信访工作的会议文件
A15	工会工作	
A150	工会管理	工会工作计划、报告，表彰先进的文件，“职工之家”和建家升级工作文件材料，计划生育工作的文件，合同文件（职工服装购买合同、场租合同）等
A151	会议管理	工代会、职代会文件，工会会议材料等

（8）档案分类辅助表。档案分类方案中的分类辅助表是将主表中一些重复性较高的子类划分表抽取出来，单独编成若干个“小分类表”。在需要对主表中的某个类目细分时，只要将辅助表中的分类代码接续在主表的分类号后面即可。常见的档案实体分类方案中的辅助表包括档案存储介质代码表、组织机构代码表、工程专业代码表、档案所属门类代码表等。如表 3－2 所示。

表 3－2　《机关档案管理规定》的档案门类代码表

序号	档案门类名称	门类代码
1	文书	WS
	科技	KJ
	人事	RS
	会计	KU
	专业	ZY
	照片	ZP
	录音	LY
	录像	LX
	业务数据	SJ
	公务电子邮件	YJ
	网页信息	WY
	社交媒体	MT
	实物	SW
	科研	KJ・KY
	基建	KJ・JJ
	设备	KJ・SB

（9）术语表。为了方便档案分类方案的使用者（部门）正确理解分类方案中所使用的专业术语的含义，防止因误解而产生问题，大型机关或企业单位应在分类方案中设置档案分类术语表（见表 3－3）。

表 3-3　立档单位档案分类常见的术语定义表

序号	术语名称	术语定义
1	档案	在立档单位各项业务职能活动中直接形成的，有保存价值的各种形式的历史记录
2	档案实体	以各种物理载体形式存在的档案，包括纸质、照片、缩微胶片、光盘、磁性载体等形态的档案
3	文件	在履行其法定职责或处理事务中形成的各种形式的信息记录
4	电子文件	以数码形式记录于磁带、磁盘、光盘等载体，依赖计算机系统阅读、处理并可在通信网络上传输的文件
5	文档	可以作为一个单元存在的记录信息或信息实体，是档案分类的具体对象
6	档案分类	依据档案分类体系中所规定的逻辑结构、方法和程序规则，对业务活动记录文档进行的系统标识和整理活动
7	档案分类方案	根据档案科学化和规范化管理需要，依据的职能活动、业务活动、工作项目及档案文件的主题特征、文档类型特征等统一编制的，用以指导档案分类工作的类目体系，包括分类主表和辅助表等
8	分类规则	在各职能部门档案分类活动中应遵守的基本行为规范
9	编码规则	确定档案代码（档号）时应遵守的编码行为规范
10	分类轴心	进行档案实体分类时所采用的各级类目的划分标准和分类依据
11	分类方法	在进行档案实体分类时所选用的各种分类标准的实现过程与方式
12	类目	一组性质相同的、互有联系的档案文件的主题名目及其分类逻辑代码的总称，包括类名和分类号两个部分
13	档案编码	即档案号，简称“档号”，是档案分类方案中各级类目的分类标识
14	编码形制	档案编码的方式和方法，包括单纯号码制和混合号码制。档案实体分类采用混合号码制，即以字母和阿拉伯数字混合使用的方式来编制档案号
15	档案分类号	依据档案实体分类表赋予的档案实体分类代码
16	对象特征码	档案实体编码的组成部分，是用以表示档案分类实体对象的各种重要特征的一组代码，如文书档案的部门来源特征、年度特征、保管期限特征、安全级别特征，合同档案的部门来源特征、合同号特征、保管期限特征、安全级别特征，工程档案的部门来源特征、工程项目代号特征、工程阶段特征、工程专业特征，设备档案的部门来源特征、型号特征、保管期限特征、安全级别特征，经济贸易档案的部门来源特征、项目号特征、国别特征等。采用对象特征码来编制档案代码，可以有效地降低分类深度，减少分类主表的体积，也有助于通过它所提供的档案实体重要特征方便检索，并为档案的安全保管、防止越权利用等提供可识别的标识
17	案卷号	档案实体编码的组成部分，是对由互有联系的若干文件组合成的档案保管单位——案卷的统一编号。案卷号可采用四位编码制

续表

序号	术语名称	术语定义
18	件号	档案实体编码的组成部分，是对以“件”为整理基本单元的文书档案的统一编码。文书档案件号可采用四位阿拉伯数字编码，通常应以年度为单位，分段编制。具体编码方法依《归档文件整理规则》执行
19	职能	依法承担的各项主要工作职责，是进行公司档案实体分类的主要分类轴心
20	正本	有规范格式和生效标志的正式文本
21	原件	最初产生的区别于复制件的原始文件
22	复制件或数字副本	与原件内容相同的文档复制品

（10）附录（编号示例）。参见本章第五节。

六、综合档案室保存档案的分类

综合档案室保存档案的分类是近几年遇到的新问题。归纳起来主要有三种做法：一是门类分类法，即基本上保持原来档案门类的划分，仍将全部档案分为文书档案、科技档案、人事档案、会计档案等若干门类，在各门类档案中亦沿用原来的分类编号方法，也可以从综合管理的要求出发，赋予每种门类档案以一定的门类代字或代号。二是组织机构分类法，即打破原来对档案门类的划分，将机关全部档案按其形成机构划分。三是问题分类法，即打破原来档案门类的划分，将机关全部档案按其内容所涉及的问题分成若干类目。如《××市机关档案综合管理分类、编号方案》中规定，分为党、政、工、团档案，产品档案，基建档案，设备仪器档案，科研档案，会计档案，审计档案，已故人员档案，声像档案九大类，每个大类应根据文件形成状况再分若干属类，同时允许各机关根据具体情况增设或减少类目。这几种方法均可与年度分类法结合运用。

七、名人全宗档案的分类

人物全宗内的档案是否进行分类以及怎样分类，也要根据其档案数量、成分、内容等实际情况和管理上的需要来决定。人物全宗与组织全宗最大的不同之处是其档案成分、来源、类型比较复杂且其内容均与立档单位个人或家庭（族）成员有密切关系，能说明立档单位个人或家庭（族）成员某一方面的情况和问题。其分类方法一般就是按其立档单位个人或家庭（族）成员社会活动和个人生活的现实状况分为若干类别。其具体类别大致如下。

（一）生平传记材料

凡能说明立档单位个人或家庭（族）成员生平、历史基本情况的档案文件均入此类，如出生证明、学历证明、身份证明（身份证、工作证等）、各种登记表、履历表、个人自传、奖状及奖励、荣誉证书、有关组织对其历史问题的鉴定审查材料、遗嘱等等。

（二）创作材料

创作材料主要包括立档单位个人或家庭（族）成员在进行科学研究和文学艺术创作活动中形成的各种手稿（如书稿、图纸、画稿、乐谱等）以及日常生活中形成的各种基础性创作材料，如日记、笔记、摘抄、记录等。

（三）公务活动材料

即立档单位个人或家庭（族）成员在从事公务活动中形成的档案材料。正式担任公职且以公职身份形成的、具有组织全宗与人物全宗双重属性的档案材料，应归入组织全宗。在组织全宗实际上已不复存在的情况下，方可归入人物全宗。因此，人物全宗中的公务活动材料一般只是其立档单位个人或家庭（族）成员参与公务活动的通知、发言稿、个人性的笔记、记录、抄件以及担任公职的聘书等等。

（四）个人书信

即立档单位个人或家庭（族）成员写给别人的信函底稿和别人的来信、贺卡等等。

（五）经济材料

即反映记录立档单位个人、家庭（族）及其成员经济财产状况的文件材料，如动产或不动产的契约（合同）证书、账簿、票据、账单等等。

（六）亲属材料

即立档单位个人或家庭（族）成员的直系亲属和重要的非直系亲属的有关材料。

（七）评价材料

即别人和社会有关组织对立档单位个人或家庭（族）成员的评价文章、纪念文章、介绍材料、回忆录、祭文、悼词、口述记录等等。

（八）声像材料

即立档单位个人或家庭（族）成员及其亲友、同事、同学等的照片、画册、录音、录像材料。

（九）其他材料

指不能归入以上各类别的有关材料，如与立档单位个人或家庭（族）成员有特殊关系的别人（如挚友）的材料，立档单位收藏的字画、古玩等文物和其他收藏品（如邮票、钱币等），接受的珍贵礼品，能说明立档单位重要情况和问题的某些实物和日常生活用品如摄影家的相机、书法家的笔砚、音乐家的乐器以及奖章、锦旗等等。

第四节　档案实体整理工作内容、意义和原则

档案实体整理工作（以下简称档案整理）就是按照档案的形成规律和特点，根据一定的原则和要求，对具有档案价值的文件，进行分类、组合、排列、编目（基本编目）、编码（档号），使其成为便于保管和利用的有序档案体系的业务活动。其中，分类是档案整理的核心工作内容。只有编制了科学的档案分类方案，各立档单位档案整理的其他业务活动，才能有效进行。

档案整理直接关系到各立档单位和国家档案馆保存档案资源的质量，并对档案资源的信息开发和利用服务工作有着决定性的影响。

一、档案整理的内容

档案整理的内容主要包括以下方面：区分全宗；全宗内档案文件分类；终端类内文件组合；归档文件排列或案卷内文件排列；归档文件或案卷基本编目；档案代码或档号编制；归档文件目录或案卷目录（文件/案卷分类目录）编制；归档文件装盒上架或案卷排架。

由于档案存在状况不同，各立档单位的档案整理内容会出现差异。档案整理按其内容的范围可以分成三种类型。

（一）系统排列和编目

当立档单位的档案管理部门（如档案室、文档信息中心、企业档案馆、事业单位档案馆、联合档案室、文件中心等）接收的是本单位各部门按照归档要求整理好的档案时，档案整理主要是在更大范围内，根据档案保存和管理的需要，对全宗内档案进行系统排列，对馆藏档案目录进行某些加工。

（二）局部调整

业已存入立档单位的档案管理部门和国家档案馆保存的档案，对于其中显然不符合整理要求、不便于保管利用的部分，应进行加工以提高其质量。另外，档案自身或整理体系会随着时间的推移而发生变化，也需要进行必要的调整。

（三）全过程整理

立档单位的档案管理部门和国家档案馆，有时也接收和征集一些零散文件、积存文件。这时，为了有效地维护档案资源体系的完整性和系统性，就必须对零散文件和积存文件进行全过程的整理工作。

二、档案整理的意义

（一）档案整理是有效保持档案文件之间有机联系，形成完整、系统的档案资源体系的前提条件

保存档案的主要目的，是及时、有效地提供档案资源为党和国家及社会各项事业服务。为实现这一目的，完整、系统的档案资源是必要条件。没有经过整理和系统化加工的档案文件，往往不能充分体现出档案的原始记录本质及其有机联系性、真实记录性等特点，也不能完整地反映出立档单位各项职能活动的历史联系和本来面貌，会影响乃至丧失档案的存在和利用价值。档案整理的基本目标就是把各立档单位的档案文件组成一个连续的、完整的证据、信息保障体系，并通过编目等方式使其整理成果固定下来，使之成为方便社会各方面开发利用的档案资源体系。

（二）档案整理是开展其他档案业务活动，建设档案利用服务体系的必要条件

科学有效的档案整理不仅可以为档案的利用创造方便条件，而且可以为整个档案管理奠定良好基础。在档案管理的各项业务内容中，档案收集是起点，有效提供利用服务是档案工作的根本目标，而档案整理则是承上启下的关键性业务工作。接收或征集来的档案文件，经过档案整理这项活动的加工处理，可以进一步了解和检查档案收集的质量，对档案收集有一定的促进作用。档案在整理过程中，往往是与档案价值的鉴定结合进行，可以说没有分类基础做保障的档案价值鉴定，常常是盲目的；而鉴定档案的价值和划分档案的保管期限，必须对档案进行全面的考察和仔细认真的分析。只有经过系统整理的档案文件，才能提供这种可能性。经过整理以后的案卷（保管单位）或纳入分类体系中的归档文件，是档案的保管、统计、安全保管和检查的具体工作对象和基本单位，也使编制档案检索工具和档案参考资料、建立档案数据库、构建档案数据中心和档案信息中心有了主要依据。

（三）档案整理是实现档案管理现代化目标，构建档案资源安全保障体系的必要条件

采用现代化手段管理档案，要求对档案实体加以整理，使之达到一定的系统化程度。例如，档案信息管理系统需要以档案实体的一定体系为基础。档案的数字化、信息化加工，更要求每个全宗的档案文件完整有序，并体现出档案文件之间的有机历史联系。无序、混乱的档案文件，不利于实现档案管理数字化、信息化、网络化的档案管理现代化的目标，同时也会给档案的安全管理和档案的有效保护工作带来麻烦和不良影响。

三、档案整理的原则

档案整理的一般原则是，充分利用原有的整理基础，保持档案文件之间的有机联系，

便于保管和利用。

（一）充分利用原有的整理基础

档案不仅记录了其产生时的社会活动情况，而且反映了整理和保存档案的状况。整理档案时，要尊重历史和前人的劳动成果，充分利用原有的整理基础。这样也有利于保持档案文件之间的历史联系，提升档案整理的效率，提高档案整理的质量。

充分利用原有的基础，应在档案整理实践中做到以下方面：

1. 提高对原来整理工作的认识

对于过去的整理方法，应该采取实事求是的态度。对原有基础予以充分的重视，认真分析研究其利弊，合理部分应该继承保持下来。

2. 不要轻易重新整理已整理过的档案

一般情况下，只要不是零散文件，已经有了一定的整理基础，就应该力求保持原有的整理体系。通过必要的加工整理或者其他补救措施，提高整理档案的整体水平。如果轻易把档案打乱、返工重整，不仅费时费力，增加管理成本，而且会对档案资源的正常利用产生不利影响。

总之，原有的整理基础是一定时期档案整理水平的反映，不要轻易否定。除非原来基础太差，否则不要轻易改变。

（二）保持档案文件之间的有机联系

档案文件之间的有机联系（也称历史联系或内在联系），就是文件在产生和处理过程中所形成的各种关联关系。档案文件虽然是以个体形式陆续产生的，却是以组合的群体形式（类的方式）存在和运动的。因此整理档案时，必须保持档案文件的固有联系，才能把档案文件组成科学的有机体系，反映各立档单位历史活动的原貌和档案文件之间的相互关联性。

档案文件之间的历史联系，主要表现在以下几个方面。

1. 来源方面的联系

档案文件在来源方面的联系主要指文件是以一定的社会组织或个人、家庭（族）为单位形成的，每份档案文件都与其形成者有着不可分割的历史联系。档案整理应保持文件之间这种固有的联系，不可随意脱离形成单位。档案文件之间的历史联系是多方面的，而来源方面的联系是首要的。只有在保持了档案文件来源方面的联系的前提下，其在时间、内容、形式等方面的联系，才能更深刻地反映档案形成单位的活动面貌，体现档案作为原始记录的本质要求。

2. 时间方面的联系

档案文件在时间方面的联系主要是指形成档案文件的社会组织或个人进行工作活动时都有一定的过程和阶段性，从而使档案文件之间具有一定的时间联系。整理档案时，应该在保持档案文件来源联系的同时，注意保持档案文件之间的这种时间联系。

3. 职能、内容方面的联系

档案文件在职能、内容方面的联系主要是指档案文件是立档单位在行使、履行其法定职责的过程中形成的，是在解决一定问题、处理一定事务的过程中产生的。一项职能活动、一项工作任务、一起事件、一次行动、一次会议等形成的文件，在内容上往往有着非常密切的联系。整理档案时必须考虑到这种密不可分的联系。

档案文件之间在职能、内容方面的联系有时是它们之间最紧密的联系。例如，在分类、组卷、组件等整理活动中，如果完全没有表现出档案文件之间在职能、内容方面的联系，那么档案文件在来源、时间、形式等方面的联系也会受到一定的影响。诚然，只有在坚持来源原则，保持档案文件在大的来源联系不被破坏的前提下，它们之间在职能、内容方面的历史联系才会得到更深刻的体现。

4. 形式方面的联系

档案文件在形式方面的联系是指档案文件的形式标志着档案文件的特定作用，并在一定程度上反映了档案文件的来源、时间和内容的性质。因此，档案文件的形式联系也是它们之间的一种历史联系。档案文件的形式包括内部形式（如种类、名称）和外部形式（如载体和记录方式）两方面。

保持档案文件之间的历史联系，应从以下两个方面辩证地看待和处理。

一方面，要善于找出和保持档案文件之间最紧密的联系，并尽量从多方面全面保持联系。档案文件之间的联系有时错综复杂、多种多样，其中的一些联系反映了档案文件最密切的联系。因而应该根据档案文件情况，找出和保持档案文件之间最紧密的联系。不能只看到档案文件之间的某种联系，就随意整理。同时，在整理档案的全过程中应该力求从档案文件的来源、内容、时间和形式等各方面，全面地保持档案文件的联系，为档案的鉴定、检索和利用工作创造良好的条件。

另一方面，不能离开实际整理归档文件，简单地确定某种整理方法和评说优劣。应该根据一定的条件，如不同门类档案的特点、形成的不同情况等等，采取保持档案文件联系的不同方法。另外，要从整理工作的各个环节和各个方面，全面考虑是否保持了档案文件之间的联系。不能只从某一个方面，孤立地看待是否保持了档案文件的有机联系，不要把某种联系理想化和把某种整理方法绝对化。

（三）便于保管和利用

一般情况下，如果在整理档案时，注意利用原有的基础，保持档案文件之间的有机联系，就可以基本上达到便于保管和利用的目的；但是，有时保持档案文件的联系和便于保管利用又不一致。例如，一次会议的文件，有纸质的，也有胶片、磁性载体的，有机密性的，也有可以公开的，有永久保存的，也有定期保管的。如果单纯强调保持档案文件之间的历史联系，将它们全部混同起来进行整理，显然不便于保管和利用。因此，在整理档案时，如果保持档案文件之间的联系和便于保管利用发生矛盾，相关人员就不能机械地运用保持档案文件联系的原则，而要充分考虑档案保管和利用的方便。对于记录方式、载体材料、涉密程度和保管价值等显然不同的档案文件，应该根据情况分别整理、恰当组合，在相应的范围内保持档案文件最优化的联系。

为了便于理解档案整理的一般原则，我们把它分成上述三个层次加以说明，实际上这三个层次是一体的，都不可偏废。

第五节 类内档案文件的整理与系统化

本节着重讲述全宗内的档案文件（archival document or record）经过分类后的进一步系统化整理和编目工作的理论、规则要求和方法。主要依据《机关档案管理规定》《机关档案工作条例》《归档文件整理规则》《科学技术档案案卷构成的一般要求》等规章和标准的相关规定来介绍。

所谓档案文件就是指纳入归档范围的，也已确定作为档案保存的文件（或文件材料）。在实践中，人们习惯于将这种档案文件称为“归档文件”。类内档案文件的整理就是对完成实体归类或虚拟归类（逻辑归类）的归档文件进行进一步系统化整序、编目组织，使之成为便于保存和利用的最基本的档案保管单位（件、组件、案卷等）的过程。

一、文书档案的类内文件整理与系统化

根据《机关档案管理规定》、《归档文件整理规则》、《文书档案案卷格式》（GB/T 9750—2008）等规范和标准的要求，各级机关、团体、企事业单位和其他社会组织对应作为文书档案（反映党务、行政管理等活动的档案）保存的归档文件要进行整理。以下方法和要求主要适用于各立档单位形成的纸质归档文件和作为电子档案纸质备份的副本文件的整理。

（一）以“件”为单位进行类内文件整理的一般要求

在立档单位已经通过档案信息管理系统（EDMS/ERMS）实现了对本单位归档文件有效管理和控制的前提下，相关单位对纸质归档文件的整理和系统化工作可以简化进行，不必再去进行较为复杂的立卷整理和系统化工作，而可以按照《归档文件整理规则》的要求，以“件”为单位，对各个类内的文件（材料）进行加工处理。

1. 类内归档文件整理的原则

第一，归档文件整理应遵循文件的形成规律，保持文件之间的有机联系。

第二，归档文件整理应区分不同价值，便于保管和利用。

第三，归档文件整理应符合文档一体化管理要求，便于计算机管理或计算机辅助管理。

第四，归档文件整理应保证纸质文件和电子文件整理协调统一。

2. 组件的一般要求

归档文件一般以每份文件为一件。正文、附件为一件；文件正本与定稿（包括法律

法规等重要文件的历次修改稿）为一件；转发文与被转发文为一件；原件与复制件为一件；正本与翻译本为一件；中文本与外文本为一件；报表、名册、图册等一册（本）为一件（作为文件附件时除外）；简报、周报等材料一期为一件；会议纪要、会议记录一般一次会议为一件，会议记录一年一本的，一本为一件；来文与复文（请示与批复、报告与批示、函与复函等）一般独立成件，也可为一件。有文件处理单或发文稿纸的，文件处理单或发文稿纸与相关文件为一件。

3. 组件内文件排序要求

归档文件排序时，正文在前，附件在后；正本在前，定稿在后；转发文在前，被转发文在后；原件在前，复制件在后；不同文字的文本，无特殊规定的，汉文文本在前，少数民族文字文本在后；中文本在前，外文本在后；来文与复文作为一件时，复文在前，来文在后。有文件处理单或发文稿纸的，文件处理单在前，收文在后；正本在前，发文稿纸和定稿在后。

4. 归类要求

（1）一般应采用年度-机构或年度-问题的分类方法进行分类；档案数量较少，内设机构简单的单位可采用年度分类法。各立档单位应制定本单位档案分类方案，并保持相对稳定。终端类的归档文件应区分保管期限，分别集中排列。

（2）确定归档文件所属年度类别，一般应以文件签发日期（即落款日期）为准进行归类。对于计划、规划、总结、预决算、统计报表、表彰先进以及法规性文件等内容涉及不同年度的文件，统一按文件签发日期来判定文件所属年度类别。

（3）跨年度形成的文件，按文件办结年度归类。例如：跨年度的会议文件材料，归入会议闭幕年度类；跨年度的案件材料，归入案件办结年度类；跨年度的请示、批复，归入批复年度类。当形成年度无法考证时，年度为其归档年度类，但要在附注项加以说明。

（4）当若干份文件作为一件时，应以最前面的文件日期为归类依据。例如：正本与定稿为一件时，以正本日期为准进行归类；正文与附件为一件时，以正文日期为准进行归类；转发文与被转发文为一件时，以转发文日期为准进行归类；来文与复文为一件时，以复文日期为准进行归类。

（二）类内文件整理的主要内容

1. “件”的排列

归档文件应在分类方案的最低一级类目内，按时间结合事由排列。

同一事由中的文件，按文件形成先后顺序排列。会议文件、统计报表等成套性文件可集中排列。未及时整理归档的零散文件，可以排在年度、机构、问题等类别的其他所有文件之后，并对该情况在备考表中加以说明。

2. 档号的编制

归档文件应依分类方案和排列顺序逐件编写档号。档号编制应遵循唯一性、合理性、稳定性、扩充性、简单性原则。

3. 归档章的内容组成和填制要求

归档章的内容组成应包括以下方面：全宗号、年度、保管期限、件号，以及页数等必备项；机构（问题）可以作为选择项。为便于识记，归档章的保管期限也可以使用“永久”“30年”“10年”等简称标识，机构（问题）也可以用“办公室”等规范化简称标识。

归档文件应在首页上端的空白位置加盖归档章并填写相关内容。电子文件可以由系统生成归档章样式或以条形码等其他形式在归档文件上进行标识。

填写归档章的各项目时应使用符合档案保护要求的字迹材料。需要生成电子文件纸质副本的可以由系统生成归档章样式或以条形码等其他形式在归档文件上进行标识。

光荣册等光面印刷文件材料，首页上无法盖章，也无法在文件首页前另附纸页，可在材料内第一页上端的空白位置加盖归档章。统计报表等横式文件，在文件右侧居中位置加盖归档章。

4. 类内文件的编目

归类文件应依据档号顺序编制归档文件目录。编目应准确、详细，便于检索。

归类文件应逐件编目。来文与复文作为一件时，对复文的编目应体现来文内容。归档文件目录应设置序号、档号、文号、责任者、题名、日期、密级、页数、备注等项目。

（1）序号：填写归档文件顺序号。

（2）档号：按照《归档文件整理规则》的要求编制。

（3）文号：文件的发文字号。

（4）责任者：制发文件的社会组织或个人，即文件的发文机关或署名者。

（5）题名：文件标题。

（6）日期：文件的形成时间，以国际标准日期表示法标注年月日。

（7）密级：文件密级按文件实际标注情况填写。没有密级的，不用标识。

（8）页数：每一件归档文件的页面总数。文件中有图文的页面为一页。

（9）备注：注释文件需说明的情况。

归档文件目录推荐由系统生成或使用电子表格进行编制。目录表格采用A4幅面，页面宜横向设置。归档文件目录除保存电子版本外，还应打印装订成册。装订成册的归档文件目录，应编制封面。封面设置全宗号、全宗名称、年度、保管期限、机构（问题），其中全宗名称即立档单位名称，填写时应使用全称或规范化简称。归档文件目录可以按年装订成册，也可每年区分保管期限装订成册。

5. 纸质归档文件的修整、装订、编页、装盒和排架

（1）归档文件的修整。

归档文件装订前，应对不符合要求的文件材料进行修整。归档文件已破损的，应按照《档案修裱技术规范》（DA/T 25—2000）予以修复；字迹模糊或易褪变的，应予复制。归档文件应按照保管期限要求去除易锈蚀、易氧化的金属或塑料装订用品。对于幅面过大的文件，应在不影响其日后使用效果的前提下进行折叠。

（2）归档文件的装订。

归档文件一般以件为单位装订。归档文件装订应牢固、安全、简便，做到文件不损页、不倒页、不压字，装订后文件平整，有利于归档文件的保护和管理。装订应尽量减少对归档文件本身影响，原装订方式符合要求的应维持不变。

(3) 归档文件的页码编制。

纸质归档文件一般应以件为单位编制页码。页码应逐页编制，宜分别标注在文件正面右上角或背面左上角的空白位置。文件材料已印制成册并编有页码的，拟编制页码与文件原有页码相同，可以保持原有页码不变。

(4) 归档文件的装盒。

将归档文件按顺序装入档案盒，并填写档案盒盒脊及备考表项目。不同年度、机构（问题）、保管期限的归档文件不能装入同一个档案盒。档案盒应采用无酸纸制作。

(5) 归档文件的备考表。

备考表（210mm×297mm）置于盒内文件之后，项目包括盒内文件情况说明、整理人、整理日期、检查人、检查日期。

(6) 归档文件的排架。

归档文件整理装盒后，上架排列方法应与本单位的分类方案一致。依据《归档文件整理规则》的要求，归档文件整理完毕装盒后，上架排列方法应避免频繁倒架。排架的方法有以下两种：按照“年度-机构（问题）-保管期限”分类的，在库房排架时，每年形成的档案按机构（问题）序列依次上架；按照“年度-保管期限-机构（问题）”分类的，在库房排架时，每年形成的档案按保管期限依次上架。

（三）归档电子文件的整理要求

归档电子文件组件（件的组织）、分类、排列、编号、编目，可参照《归档文件整理规则》的一般要求执行。

归档电子文件的格式转换、元数据收集及归档数据包的组织、存储等整理要求，参照《数字档案室建设指南》、《电子文件归档与电子档案管理规范》、《基于 XML 的电子文件封装规范》、《电子文件归档光盘技术要求和应用规范》（DA/T 38—2008）等标准执行。

归档电子文件整理，应使用符合《数字档案室建设指南》《电子文件归档与电子档案管理规范》等标准的应用系统。

（四）以“卷”为单位的类内档案文件整理要求

根据国家推荐标准《文书档案案卷格式》的要求，凡是不适宜采用以件为单位整理的立档单位的全宗内文件的整理，即没有依托的档案管理信息系统和计算机辅助管理系统的单位，可以采用立卷的方式，对类内的归档文件进行系统化整理和编目工作。《机关档案管理规定》的第三十二条要求：“机关档案整理应当遵循文件材料的形成规律，保持文件材料之间的有机联系，区分不同价值，便于保管和利用，逐步推进卷件融合管理。”文书档案立卷所采用的相关包装材料和目录规格，各立档单位可以参见《文书档案案卷格式》的附录执行。

二、科技档案的类内文件整理与系统化

依据《科学技术档案工作条例》《企业档案管理规定》和《科学技术档案案卷构成的一般要求》，各立档单位形成的科技档案[①]的类内整理与系统化工作，主要包括如下基本内容和要求。

（一）科技档案的案卷组织

科技档案的案卷是由互有联系的若干文件组合而成的档案保管单位。案卷组织应遵循相应的科学组织原则，按照一定的要求和方法来进行。

1. 组卷原则

组织案卷应遵循科技文件[②]的形成规律，保持案卷内科技文件之间的有机联系和案卷的成套、系统，便于档案的保管和利用。在科技档案的组卷中，各立档单位还应遵循相关的标准和规范要求。例如，建设项目档案的组卷，应遵循《建设项目档案管理规范》提出的原则进行，即“项目文件整理应遵循项目文件的形成规律和成套性特点，保持卷内文件的有机联系，分类科学，组卷合理”。

2. 组卷要求

组织案卷的基本要求包括以下方面：案卷内的科技文件应齐全、完整，签章手续完备；案卷内科技文件的载体和书写印制材料应符合档案保护要求。

各门类科技档案的具体组卷要求，按相应的行业推荐标准执行。

3. 组卷方法

针对具体项目的管理性科技文件应放入所针对的项目文件中，按阶段或分年度组卷。

科研课题、产品、设备仪器方面的科技文件，应按其项目、结构、阶段或台（套）等分别组卷。成册、成套的科技文件宜保持其原有形态。

通用图、标准图可放入相应的指定项目文件中或单独组卷。其他涉及这些通用图、标准图的项目，应在卷内备考表中注明并标注通用图、标准图的图号、档号。底图以张或套为保管单位进行整理。

产品局部或零部件变更、建设项目和设备仪器在维修和维护中形成的科技文件，宜采取插卷的方式，放入原案卷中；亦可单独组卷，排列在原案卷之后，但应在原案卷的备考表中予以说明和标注。产品升级换代、建设项目后评估、改扩建或重建所形成的科技文件应单独组卷排列。

建设项目形成的科技文件，应根据《建设项目档案管理规范》的规定，按下述方法组卷：

---

① 国家机构、社会组织以及个人从事各项社会活动形成的，对国家、社会、本单位和个人具有保存价值的，应当归档保存的科技文件。

② 记录和反映科学研究、生产运营、项目建设活动和设备仪器运行、维护及其管理工作的文字、图表、声像等不同形式文件材料的总称。

（1）立项审批、勘察、设计及设计基础文件按内容组卷，其中施工图设计按单位工程（专业、装置）组卷。

（2）项目管理文件按内容组卷，其中招投标、合同文件按招标项目、标的组卷。

（3）施工文件按单位工程、装置、阶段、结构、专业组卷。

（4）监理综合性文件按内容、时间组卷，质量、进度、投资、安全等控制文件按单位工程组卷。

（5）设备工艺文件按设备台套组卷；科研文件按项目、课题组卷。

（6）竣工验收文件按内容组卷；试运行文件按内容结合形成时间组卷。

（二）科技档案的案卷和卷内文件的排列

科技档案宜按系统、成套性特点进行案卷或卷内文件排列。卷内文件的一般排列方法如下：文字材料在前，图样在后；译文在前，原文在后。

案卷内管理性文件按问题结合时间（阶段）或重要程度排列。一般排列方法如下：印件在前，定稿在后；正件在前，附件在后；复文在前，来文在后。

科研类案卷卷内文件的一般排列方法是，按课题可行性研究立项、方案论证、研究实验、总结鉴定、成果和知识产权申报、推广应用等阶段排列。

产品类案卷卷内文件的一般排列方法是，按产品设计（含初步设计、基础设计、技术设计）、工艺、工装、制造、定型等工作程序，或按其产品系列、结构等排列。

建设项目类案卷卷内文件的一般排列方法是，按项目前期、项目设计、项目施工、项目监理、项目竣工、项目验收及项目后评估等阶段排列。

设备仪器类案卷卷内文件的一般排列方法是，按设备仪器立项审批、外购设备仪器开箱验收（自制设备仪器的设计、制造、验收）、设备仪器安装调试、随机文件材料、设备仪器运行、设备仪器维护等阶段或工作程序排列。

（三）科技档案的案卷编目和案卷装订

1. 卷内文件页号编写要求

卷内文件页号编写要求一般包括以下方面：卷内文件以件为单位编写页号，以有效内容的页面为一页；已有页号的文件可不再重新编写页号；卷内目录、卷内备考表可不编写页号。

2. 案卷封面编制

案卷封面编制的要求一般包括以下方面：

（1）案卷封面应印制在卷盒正表面，亦可采用内封面形式，封面式样见《科学技术档案案卷构成的一般要求》附图 A. 1。

（2）案卷题名应简明、准确地揭示卷内文件的内容，主要包括产品、科研课题、建设项目、设备仪器名称或代字（号）、结构、阶段名称、文件类型名称等。

（3）立卷单位应填写负责组卷的部门或单位。

（4）起止日期应填写案卷内文件形成的最早和最晚的时间——年、月、日（年度应填写四位数字)，如 20180212。

(5) 保管期限应填写组卷时依照有关规定划定的保管期限，密级应填写卷内文件的最高密级。

(6) 档号是以字符形式赋予档案实体的用以固定和反映档案排列顺序的一组代码。

3. 案卷脊背的编目

案卷脊背应印在案卷盒的侧面，脊背式样见《科学技术档案案卷构成的一般要求》附图 A. 2。案卷题名、保管期限、档号，填写方法同封面。案卷脊背项目可根据需要选择填写。

4. 卷内文件目录编制

登录卷内文件题名和其他特征并固定文件排列次序的表格，排列在卷内文件之前，以下简称卷内目录。科技档案案卷的卷内目录应排列在卷内文件首页之前，样式见《科学技术档案案卷构成的一般要求》附图 A. 3。

卷内目录的著录项目包括序号、文件编号、责任者、文件题名、日期、页数、备注、档号等。填写要求和方法如下：序号，应依次标注卷内文件排列顺序；文件编号，应填写文件文号或型号或图号或代字、代号等；责任者，应填写文件形成者或第一责任者；文件题名，应填写文件全称，文件没有题名的，应由立卷人根据文件内容拟写题名；日期，应填写文件形成的时间——年、月、日；页数，应填写每份文件总页数；备注，可根据实际填写需注明的情况；档号，填写方法同案卷封面的要求一致。

5. 卷内备考表编制

备考表是科技档案案卷的卷内文件状况的记录单。科技档案案卷的卷内备考表式样见《科学技术档案案卷构成的一般要求》附图 A. 4。卷内备考表应标明案卷内全部文件总件数、总页数以及在组卷和案卷提供使用过程中需要说明的问题。卷内备考表，应排列在卷内全部文件之后，或直接印制在卷盒内底面。

其中的编目项目包括立卷人、立卷日期、检查人、检查日期、互见号、档号等。具体的编目要求如下：立卷人，应由立卷责任者负责签名；立卷日期，应填写完成立卷的时间；检查人，应由案卷质量审核者签名；检查日期，应填写案卷质量审核的时间；互见号，应填写反映同一内容不同载体档案的档号，并注明其载体类型；档号，填写方法与案卷封面的要求相同。

6. 案卷目录编制

科技档案的案卷目录是登录案卷题名、档号、保管期限及其他特征，并按案卷号次序排列的档案目录。

各立档单位在编制案卷目录时，应采用《科学技术档案案卷构成的一般要求》附图 A. 5 的样式执行。案卷目录的著录项目包括序号、档号、案卷题名、保管期限、总页数和备注等。其中，序号，应填写登录案卷的流水顺序号；档号、案卷题名、保管期限，填写方法同案卷封面；总页数，应填写案卷内全部文件的页数之和；备注，可根据管理需要填写案卷的密级、互见号或存放位置等信息。

7. 案卷装订

科技档案的案卷内文件可整卷装订或以件为单位装订；以件为单位装订的应在每件文件首页空白处加盖档号章，归档章的式样应按《科学技术档案案卷构成的一般要求》附图 A.7 执行。大于卷盒幅面的科技文件，应折叠后装盒。图纸折叠方法可按《技术制图 复制图的折叠方法》（GB/T 10609.3—2009）的要求执行。破损的科技文件应修复。

三、档号的含义和编制方法

（一）档号的含义

我国的《档号编制规则》中，档号的术语概念定义是“档案馆（室）在整理和管理档案的过程中，以字符形式赋予档案的一组代码。档号是存取档案的标记，并具有统计监督作用”。

鉴于目前人们对档案馆和档案室的理解问题，有必要对“档案馆（室）”这一“种差”作如下两种修改。其一，删除。好处是各单位在编制档号时不必纠结谁来编的问题。其二，细化。即对“档案馆（室）”的描述更加具体，如立档单位及其内部组织机构的档案部门和国家档案馆（综合档案馆和专门档案馆）。

档号从本质上讲是一种人工标识语言。从功能意义上分析，档号的基本含义如下：

（1）档号是表征立档单位和国家档案馆所管理档案的整理体系，反映和固定全宗内档案文件或其基本保管单位（案卷）的整理和管理特征的一组代码。

（2）档号是以档案整理的基本单元——归档文件（档案文件）或案卷为实体对象编制的。

（3）档号是因其唯一性特征而成为具有指代作用的固定代码。

（4）档号具有对档案实体存取的标记功能。

（5）对档案的整理、统计、检索和提供利用以及库房日常管理等活动，档号都是重要的管理工具。如利用档号对立档单位的档案工作进行统计监督和审查等。

（6）档号是对电子档案和数字化档案副本命名的依据。

因此，档号可以定义为在档案的整理和管理活动中编制的，以字符形式赋予档案的基本保管单位（案卷或文件）的一组固定的，具有标识、指代和存取功能的代码。

（二）档号的编制规则

编制档号的过程中各立档单位的档案部门和国家档案馆应遵循以下基本规则：

1. 唯一性规则

档号应指代单一，一个编号对象只能被赋予一个代码，一个代码只表示一个编号对象。具体地说，在一个立档单位和国家档案馆内不能有重复的全宗号，在一个全宗内不能有重复的案卷目录号或类别号、项目号，在一本案卷目录或一个类别中不能有重复的案卷号，在一个案卷或一个终端类中不能有重复的页（张）号或件号。

2. 合理性规则

档号结构必须与库藏档案的整理分类体系相适应。档号应保持完整，不能随意减少某种代码；档号最末的代码（页号、张号、件号）的选择应从档案的实际情况出发；按流水顺序编号时不应有空号；档号应留有适当的递增容量，以备不断补充档案的需要。

3. 稳定性规则

档号一经确定，一般不应随意改变。这一规则要求，除非十分必要，不应在档号中增加主观的、可变的编码成分。对必须改变的档号，应在卷皮、卷盒、所有相关检索工具和档案数据库中做出相应的更改；对用档号命名的电子档案或数字化档案副本的相应编码也要做出相应的更改，要严格保持档号在实体存放处与检索工具上的一致性。改变档号时，还应注明原来的档号。

4. 简单性规则

档号力求简短明了，以便减少代码差错，节省存储空间，提高处理效率。

（三）档号的编制依据

编制档号不是一种随意的行为，而是应遵循相关的规范要求和标准，结合立档单位的档案管理实际需要，才能合理合规完成的一项业务工作。编制档号的主要依据包括以下方面：

1. 各级党和国家机关、人民团体的档号编制依据

各级党和国家机关、人民团体（以下统称机关）在编制档号时，主要的规范依据包括《机关档案管理规定》《档号编制规则》《归档文件整理规则》《数字档案室建设指南》等。

（1）《机关档案管理规定》提出的档号编制要求。

2019 年 1 月 1 日开始实施的《机关档案管理规定》第三十三条规定："机关档案应当逐卷或逐件编制档号。档号应当指代单一，体现档案来源、档案门类、整理分类体系和排列顺序等档案基本属性。档号结构应当符合《档号编制规则》（DA/T 13）、《归档文件整理规则》（DA/T 22）和《数字档案室建设指南》要求，不同载体或形式的档号编制方法应当协调呼应。"

（2）《归档文件整理规则》提出的档号编制要求。

该行业推荐标准对机关归档文件的档号的概念、编制原则、结构、编制要求和方法等都提出了具体的要求。具体内容包括：

档号的概念：在归档文件整理过程中赋予其的一组字符代码，以体现归档文件的类别和排列顺序。

档号的编制原则：归档文件应依分类方案和排列顺序编写档号。档号编制应遵循唯一性、合理性、稳定性、扩充性、简单性原则。

档号的结构宜为：全宗号-档案门类代码·年度-保管期限-机构（问题）代码-件号。上、下位代码之间用"-"连接，同一级代码之间用"·"隔开。如"Z109-WS·2011-Y-BGS-0001"。

档号的编制要求和编制方法：

全宗号：档案馆给立档单位编制的代号，用 4 位数字或者字母与数字的结合标识，按照《档号编制规则》编制。

档案门类代码·年度：归档文件档案门类代码由“文书”2 位汉语拼音首字母“WS”标识。年度为文件形成年度，以 4 位阿拉伯数字标注公元纪年，如“2013”。

保管期限：保管期限分为永久、定期 30 年、定期 10 年，分别以代码“Y”“D30”“D10”标识。

机构（问题）代码：机构（问题）代码采用 3 位汉语拼音字母或阿拉伯数字标识，如办公室代码“BGS”等。归档文件未按照机构（问题）分类的，应省略机构（问题）代码。

件号：件号是单件归档文件在分类方案最低一级类目内的排列顺序号，用 4 位阿拉伯数字标识，不足 4 位的，前面用“0”补足，如“0026”。

(3)《数字档案室建设指南》提出的档号编制要求。

《数字档案室建设指南》的 5.2“数字档案资源命名规则”要求：

应采用档号或唯一标识符为数字档案资源命名。采用档号为数字档案资源命名的，若以卷为单位整理，按《档号编制规则》编制档号，推荐增设档案门类代码作为类别号的子项；若以件为单位整理，档号可采用“全宗号-档案门类代码·年度-保管期限-机构（问题）代码-件号·子件号”结构。具体编制要求和编制方法如下：

全宗号：用 4 位代码标识，按照《档号编制规则》编制。

档案门类代码·年度：文书、照片、录音、录像、科技、专业的门类代码分别为“WS”“ZP”“LY”“LX”“KJ”“ZY”；年度为文件形成年度，以 4 位阿拉伯数字标注公元纪年，如“2013”。当形成年度无法考证时，年度为其归档年度，并在附注项加以说明。

保管期限：保管期限分为永久、定期 30 年、定期 10 年的，分别以代码“Y”“D30”“D10”标识。采用其他保管期限的，也应使用其相应的缩写代码。

机构（问题）代码：机构（问题）代码采用 3 位汉语拼音字母标识，如办公室可用“BGS”标识。未按照机构（问题）分类的，应省略机构（问题）代码。

件号·子件号：件号是单件归档文件在一个保管期限下排列的顺序号，用 4 位阿拉伯数字标识，不足 4 位的，前面用“0”补足，如“0026”。子件号是指件内单份文件排列的顺序号，用 3 位阿拉伯数字标识，不足 3 位的，前面用“0”补足，如“001”。不需要编制子件号的，子件号可以省略。如有需要，可以在件号·子件号之后编制下位代码，比如页（张）号等。

(4)《档号编制规则》提出的档号编制要求。

《档号编制规则》规定了纸质档案案卷的档号编制结构、编制原则和编制方法。

档号的编制结构包括三种，即“全宗号-案卷目录号-案卷号-件、页（张）号”“全宗号-类别号-案卷号-件、页（张）号”“类别号-项目号-案卷号-件、页（张）号”。

档号的编制原则包括唯一性原则、合理性原则、稳定性原则、扩充性原则、简单性原则。

档号的编制方法具体规定了全宗号、案卷目录号、案卷号、类别号及件、页（张）号的编制方法。

2. 企业单位的档号编制依据

各企业（公司）在编制档号时，主要的规范依据包括《企业档案工作规范》（DA/T 42—2009）、《档号编制规则》、《科学技术档案案卷构成的一般要求》、《企业数字档案馆（室）建设指南》等。

（1）《企业档案工作规范》提出的企业档号编制要求。

国家档案局2009年11月2日发布了《企业档案工作规范》（DA/T 42—2009）。它规定了档号的一般编制要求、原则、结构等。该规范要求企业应根据分类方案和排列顺序编制档号。档号应指代单一，具有唯一性。档号编制方法见《档号编制规则》。档号可采用“［全宗号-］分类号（或项目代号或目录号）-案卷号（或件号或盘、盒、张号）”（［］表示可选）结构。全宗号由企业根据对所属单位集中统一管理档案的需要和企业产权变更情况自行设定。

（2）《科学技术档案案卷构成的一般要求》提出的企业档号编制要求。

《科学技术档案案卷构成的一般要求》对科技档案档号的概念、结构组成等，提出了要求。该标准规定，档号是以字符形式赋予档案实体的用以固定和反映档案排列顺序的一组代码。档号，由全宗号、分类号（或项目代号或目录号）、案卷号组成。其中各部分的编制要求如下：

全宗号，需向档案馆移交的档案，其全宗号由负责接收的档案馆给定。

分类号，应根据本单位分类方案设定的类别号确定。

项目代号，由所反映的产品、课题、项目、设备仪器等的型号、代字或代号确定。

目录号，填写目录编号。

案卷号，应填写科技档案按一定顺序排列后的流水号。

（3）《企业数字档案馆（室）建设指南》提出的企业档号编制要求。

《企业数字档案馆（室）建设指南》提出的企业档案编号要求是，依据档号编制规则形成档号，所形成档号唯一、简明、合理、稳定、可扩充。

3. 其他编制档号的依据

我国各主管机关会同国家档案局或单独制定了相应档案的档号编制规范，各相关立档单位在档案整理实践中，应遵循这些特殊的规范要求。例如，照片档案的档号编制可依据《照片档案管理规范》的要求执行。高等学校档案的档号编制可依据2008年9月1日起施行的教育部和国家档案局制定的《高等学校档案管理办法》（中华人民共和国教育部、国家档案局令第27号）的要求实行。会计档案的档号编制可依据《会计档案管理办法》执行。

思考与练习

1. 档案整理的目的、内容、任务、原则是什么？如何开展有效的档案整理工作？

2. 什么是全宗？如何理解全宗的概念？区分全宗的意义是什么？
3. 全宗的构成条件是什么？如何判定一个组织是否可以成为立档单位？
4. 全宗的补充形式有哪些？名人全宗的档案文件分类如何进行？
5. 档案分类的概念如何理解？档案分类的目的是什么？
6. 档案实体分类常有的分类标准有哪些？
7. 如何有效开展全宗内档案文件的分类工作？如何编制科学合理的档案分类方案？
8. 编制档号应当遵循哪些规则？如何编制档号？
9. 如何开展本单位的积存文件和零散文件的整理分类工作？
10. 如何在立档单位的变化过程中，科学合理地进行全宗的划分？

第四章

档案价值的鉴定

内容提要

本章重点讲五个方面的内容：一、档案价值鉴定工作的内容与要求。二、档案价值鉴定工作的规则与方法。三、档案价值鉴定标准。四、档案保管期限表。五、档案鉴定工作的制度与组织。

第一节　档案价值鉴定工作的内容与要求

一、档案价值鉴定工作的概念

档案价值鉴定工作，就是以科学的档案价值鉴定理论为指导，合理运用档案价值鉴定的原则、法律规范、标准、程序和方法，判定档案的保存价值，确定档案保存期限，决定档案“存”与“毁”的一项专业性档案业务管理工作。

在纸质档案占主导地位的时代，档案价值鉴定工作的重心是对档案保存价值的评价与预测，旨在解决档案实体数量大量增长与档案管理部门有限存储空间之间的矛盾，并为组织和人类社会保存相对充分的历史活动证据和集体记忆。在电子文件和电子档案占主导地位的时代，档案价值鉴定工作的重心则是切实保障归档电子文件、电子记录的质量，并为组织和人类社会留存可以长期保存的真实、完整、可读、安全的数字证据和数字记忆。本节将重点说明以纸质档案为主体的档案价值鉴定工作。

档案价值鉴定工作概念的内涵特征主要包括以下方面：

第一，档案价值鉴定工作必须以科学的档案价值鉴定理论为指导。没有科学理论指导的档案价值鉴定工作，必然是盲目的实践活动，也会给组织和社会证据体系的完整性、系统性和安全性带来巨大的风险和损失。为此，中外档案学理论研究都非常重视对档案价值鉴定理论的研究和探索，并提出了诸如“双重价值论”“职能鉴定论”“年龄鉴定论”“宏观鉴定理论”“文献战略”“相对价值论”等理论思想。

第二，档案价值鉴定工作必须遵从切合实际的档案价值鉴定原则、法律规范、标准、程序和方法。“合法合规”已经成为一种通行的指导档案价值鉴定工作、组织开展档案价值鉴定活动的原则。这种原则可以有效地避免档案价值鉴定实践中随意、主观地毁损档案资源问题的发生，并可以统一参与鉴定工作人员的思想，规范其鉴定行为，保证档案价值鉴定质量，提高档案价值鉴定工作效率。

第三，档案价值鉴定工作是对档案保存价值的评价和预测。档案之所以有保存的必要，首先是因为它可以为其形成者提供较为充分的业务活动证据和法律证据，并可以为组织和人类社会积累和保存具有参考价值的经验、数据、信息和知识。其次是因为在纸质档案占主导地位的时代，因文件和记录的数量以几何级数增长，人类社会没有能力保存数量如此巨大的文件和记录，只有通过鉴定，“去粗取精”，并根据有限的保存空间决定文件和记录的“存”与“毁”，将其中保存价值较大的留存下来，而对那些保存价值不大或没有保存价值的加以销毁。

第四，档案价值鉴定工作应对确定留存的档案划定保存期限。档案作为一种证据性记录和历史信息记录，其发挥作用的时限是不同的。有的档案发挥作用的时限是短期的，有的档案发挥作用的时限是长期的，有的档案发挥作用的时限却是永久的。档案价值鉴定工作组织和鉴定人员应根据对档案发挥作用时间长短的估价和预测，合理划定留存档案的保存期限。

第五，档案价值鉴定工作是一项专业性很强的档案管理业务工作。从事档案价值鉴定工作的人员，不仅应当熟悉和掌握档案价值鉴定的理论、原则、规则、程序、规范、标准和方法，而且要拥有足够的业务工作经验、严谨的工作作风、科学的工作态度和团队合作精神。只有如此，才能保证档案价值鉴定工作的质量，避免组织和国家档案财富的损失。

二、档案价值鉴定工作的基本内容

档案价值鉴定工作的基本内容包括以下方面：

（1）建立档案价值鉴定的工作组织，完善档案价值鉴定工作机制。需要开展档案价值鉴定工作的组织，应按法律法规的要求，成立档案价值鉴定工作委员会或档案价值鉴定工作小组，并在单位主管（分管）领导的统一指挥下，开展档案价值鉴定工作。完善的档案价值鉴定工作机制是确保档案价值鉴定质量的重要保证性条件。其中应包括以下方面：有效的沟通机制——确保鉴定工作中遇到的难点问题得到合理解决；有效的管控机制——确保国家有关法律法规和标准得到切实落实；经验记录机制——使档案价值鉴定工作中取得的经验得到记录；风险防范机制——确保列入销毁范围内的档案得到合法合规的处置，杜绝擅自销毁有保存价值的档案和档案处置过程中的失密、泄密等风险的发生。

（2）制定科学的档案价值鉴定工作政策和规则，订立合理的工作程序、制度和标准。档案价值鉴定工作政策应明确说明档案价值鉴定工作的主要目的和目标，承担档案价值鉴定工作任务的组织和人员的责任和义务，档案价值鉴定工作中的重点、难点问题的应对措施，以及开展档案价值鉴定工作的人、财、物的条件保障等。档案价值鉴定工作的规则、程序、制度和标准是开展此项工作的要件，缺一不可。档案价值鉴定工作规则，可以有效地保证参与鉴定的人员明确自己在整个鉴定工作中的行事要求和权限，有利于统一鉴定人员的思想和行为，防范违规事件的发生。档案价值鉴定工作程序，是根据档案价值鉴定工作的目标和任务，做出整体工作业务的流程安排。档案价值鉴定工作制度和标准，是根据鉴定对象的实际情况，以国家的有关法律法规为依据，制定的各项档案鉴定工作制度和档案保管期限表。

（3）具体判定档案的保存价值，划定需要保存档案的具体保管期限。档案价值鉴定人员，可根据对档案保存价值的判断和估价结果，按照档案保管期限表，划定列入保存范围的档案的保管期限。

（4）处置列入销毁范围的档案。在保证档案内容安全的前提下，档案价值鉴定工作组织可以根据档案销毁制度和档案安全保密制度的要求，选择合理的方式和方法，销毁经过鉴定已失去保存价值或保存价值不大的档案，并做好处理工作。

三、档案价值鉴定工作的要求

开展档案价值鉴定工作必须从国家和社会的整体利益出发，既要考虑到档案形成者的业务工作需要，又要考虑到国家和社会历史记忆保存的需要，用全面的、历史的、发展的和效益的观点，科学合理地判定档案的保存价值。

（一）应从国家和社会的整体利益出发去判定档案的保存价值

档案价值鉴定工作是一项直接关系到一个国家和民族的社会历史记忆能否得到有效维护、传承和保护的重要工作，应从国家和社会的整体利益出发，科学地组织和开展。那种只考虑本单位利益，而忽视国家和社会整体利益的档案价值鉴定思想是十分有害的。因为，每个立档单位之所以会保存档案，其直接的动力来源是为本单位的业务工作的可持续进行，留存足够的业务活动证据和法律所要求的证据，同时也为保证本单位业务活动的健壮性，留存那些具有参考价值的文件和记录。但是，随着时间的流逝和立档单位的业务发展，原来留存的档案就会逐渐失去其业务证据价值和业务参考价值，这时立档单位继续保存这部分档案的“原动力”就不存在了。如果一个组织只顾及自身的利益，而缺乏国家、民族的整体利益意识，那么必然的结果就是整个国家和社会的历史记忆不断流失。为此，在开展档案价值鉴定工作时，尤其是在对“保存期满”的档案进行“定期鉴定”时，各立档单位和国家档案管理部门只有遵循“从国家和社会的整体利益出发去判定档案的保存价值”的原则性要求，才能保证我们的国家记忆、民族记忆、社会历史记忆的相对完整性，才能保证我们民族文化的长久传承和发展。

（二）应采用全面的观点指导档案价值鉴定工作

不谋全局者，难以谋一域。所谓用全面的观点指导档案价值鉴定工作，从立档单位角度看，就是在判定档案保存价值时，应全面分析影响档案保存价值的相关因素，综合判定档案的保存价值；从社会角度看，就是在判定档案保存价值时，应避免只从一个机关、一个部门（机构）或个人的需要出发去开展价值鉴定工作，而应从社会的需要出发去开展工作。从档案管理的整体效益角度看，坚持全面的观点开展档案价值鉴定工作，也是实现整个国家档案资源体系建设整体优化目标的需要。要想有效地消除全宗之间的“档案重复留存”问题，关键的解决办法之一就是在档案价值鉴定工作中切实采用“全面的观点”，通过有效的整体控制手段和措施来实现。

用全面的观点指导档案价值鉴定工作，有助于档案价值鉴定人员从整体上把握和认识有关全宗、类别（系列）、案卷的保存价值，避免孤立地判定每一份文件的保存价值。

（三）应采用历史的观点指导档案价值鉴定工作

档案是历史记录，具有鲜明的历史时代性特征。那种只从“现实需要”出发判定档案保存价值的思想和行为，会给人类社会档案记忆的完整性和连续性造成极大的损害。在鉴定档案价值时，坚持历史的观点，就是要根据档案产生的历史条件及其在历史上的作用，科学地评价其对维护人类社会历史记忆的有用性，确定其保存价值。在档案价值鉴定工作实践中，坚持历史的观点，就必须坚决反对片面的实用主义观点。

（四）应采用发展的观点指导档案价值鉴定工作

在档案价值鉴定工作中，按照发展的观点开展档案价值鉴定工作，就是要充分考虑到档案保存的未来意义。档案的保存不仅是现实社会存续和发展的需要，也是子孙万代的生存与发展需要。档案价值鉴定工作人员应具有一定的预测未来社会发展需要的能力。随着数字时代的到来，一些在纸质档案占统治地位的时代被鉴定为“保存价值不大”的文件和记录，其数字形态的记录却因为蕴藏着丰富的、可分析和加工的“数据”和“信息”，而成为一种非常具有留存价值的资源。所以，那种简单地认为“纸质文件和记录”与“电子文件和记录”的保存价值相同的观点和做法，是非常武断和有害的。正确的做法是，纸质档案按传统的价值鉴定标准去判定其保存价值，数字档案（电子档案）的价值鉴定标准则应重新确立。

（五）应采用科学的效益观点指导档案价值鉴定工作

对于纸质档案等传统载体形态档案的价值鉴定，必须考虑立档单位和国家档案管理部门的保存能力。那种认为只要文件和记录具有些许利用价值就应作为档案加以保存的思想观念，不仅脱离实际，而且一旦实施就会劳民伤财。为此，开展档案价值鉴定工作时，鉴定人员应对列入保存范围的文件和记录的利用价值和利用效益，进行充分的预测和评价。只有当档案发挥作用所带来的经济效益和社会效益大于我们所付出的管理成本时，才能认为档案是具有保存价值的。诚然，单纯的“效益”观点（即只评价档案保存的经济效益，却忽略档案保存的社会效益的观点），在档案价值鉴定中也要坚决避免。

第二节　档案价值鉴定工作的规则与方法

一、档案价值鉴定工作的规则

档案价值鉴定工作的规则，是依据国家档案价值鉴定工作的法律规范和制度要求规定的供参与档案价值鉴定工作的全体成员共同遵守的制度性行为规范。其内容通常包括以下方面：

（1）规范有据。该规则要求机构、组织开展档案价值鉴定工作，应自觉遵从国家法律、法规、行政规章、地方规章及地方法规的有关规定进行。机构、组织及各级各类档案管理部门开展档案价值鉴定工作，应依据《中华人民共和国档案法》《中华人民共和国档案法实施办法》《机关文件材料归档范围和文书档案保管期限规定》《企业文件材料归档范围和档案保管期限规定》，各专业主管部门制定的相关实施细则、部门规章，地方人大和人民政府制定的行政规章、行政法规等规范性文件中的有关规定执行；并注意遵循“法无规定即禁止”的原则要求。

（2）统一管控。该规则要求机构、组织开展档案价值鉴定工作，应自觉接受国家档案行政管理部门的行政监督和业务指导。《中华人民共和国档案法》第二十一条规定：“鉴定档案保存价值的原则、保管期限的标准以及销毁档案的程序和办法，由国家档案主管部门制定。禁止篡改、损毁、伪造档案。禁止擅自销毁档案。”《机关文件材料归档范围和文书档案保管期限规定》第十二条规定：“各机关应根据本规定，结合本机关职能和各部门工作实际，编制本机关的文件材料归档范围和文书档案保管期限表，经同级档案行政管理部门审查同意后执行。有垂直领导关系的中央、国家机关应依据本规定，结合本系统工作实际，编制本系统的文件材料归档范围和文书档案保管期限表，并经国家档案局审查同意后执行。”国家档案行政管理部门通过档案保管期限表的“审批制”，可以使我国各级党政机关、人民团体及具有行政管理职能的事业单位的档案价值鉴定工作得到有效的管控，防止国家档案财富的流失。军队系统、民主党派、企业事业单位要在同级档案行政管理部门的帮助指导下，开展本单位的文书档案保管期限表编制工作，不须经同级档案行政管理部门审批。

（3）依理行鉴。该规则要求机构、组织开展档案价值鉴定工作，应自觉践行科学的档案价值鉴定理论和方法，如体现系统鉴定思想的“职能鉴定论”“双重价值论”，体现“高龄案卷应当受到尊重”思想的“年龄鉴定论”，体现内容分析思想的“内在价值论”，体现辩证拣选思想的“相对价值论”等理论和方法。

（4）标准先行。该规则要求机构、组织开展档案价值鉴定工作，应事先编制适合本单位（或本系统、本行业、本地区）形成文件归档鉴定需要的具体标准——档案保管期限表；没有编制经过档案行政管理部门审核通过或认可的档案保管期限表之前，不能开展本单位的档案价值鉴定工作。

（5）擅存禁止。该规则要求机构、组织开展档案价值鉴定工作，应按照《中华人民共和国档案法》第十四条的规定“应当归档的材料，按照国家有关规定定期向本单位档案机构或者档案工作人员移交，集中管理，任何个人不得拒绝归档或者据为己有。国家规定不得归档的材料，禁止擅自归档”。机构或组织所确定的本单位文件归档范围，是其开展档案价值鉴定的重要依据和标准，凡是未被列入归档范围的文件，一律禁止擅自作为档案保存。

（6）证据保全。该规则要求机构、组织开展档案价值鉴定工作，应从保持本单位业务工作活动连续性的需要出发，注重本单位业务证据、法律证据留存的完备性，使所保存的档案可以满足本单位业务工作的存续和发展的需要。

（7）记忆保健。该规则要求机构、组织开展档案价值鉴定工作，应为本单位的组织记忆留存相对完整的历史记录，以保证本单位历史记忆的健壮性，为本单位的组织文化建设及社会历史文化建设提供充分的档案资源保证。

（8）以我为主。该规则要求机构、组织开展档案价值鉴定工作，应将本单位形成的记录和反映其主要职能活动、重大任务、重要活动、重大事件的档案作为保存的重点，而对来自其他机构或组织的文件的留存则应“从严把关”；留存档案保管期限的划分，本单位的档案应从宽，外单位的档案则应从严。

（9）宽严适度。该规则要求机构、组织开展档案价值鉴定工作，应在不影响本单位业务活动证据体系完整性和系统性的前提下，掌握好“孤本从宽，复本从严；原件从宽，复制件从严；正件从宽，过程件从严；高龄从宽，低龄从严；涉及公民权益的从宽，涉及基础性、常规性、事务性的从严；本单位的文件从宽，外来文件从严”等鉴选尺度。

（10）期满重鉴。该规则要求对那些保存已满最初所划定年限的档案，应定期进行重新鉴定和复核，并根据业务工作需要、历史研究需要，进行相应处置。这是因为档案价值鉴定工作是带有一定主观色彩的业务工作，不能一蹴而就。特里·库克（Terry Cook）认为，鉴定不可避免地是一个主观过程，任何“价值”判断都会随着时间、地点、政府结构/定位，以及社会和民族文化的变化而变化，而现在的档案工作者正在建构未来将要知道的过去。“时间是最好的鉴定师”，通过对保存期满档案的重新鉴定，可以保证有价值的档案得到有效留存，并可以对那些确实没有继续保存必要的档案及时销毁。

（11）程序合规。该规则要求机构或组织的档案价值鉴定工作，应按照规范的业务工作流程，有领导、有组织地进行；要杜绝无领导、无组织的鉴定销毁档案的行为。

（12）业务留痕。该规则要求机构、组织应通过编写“档案价值鉴定工作报告”（或“档案价值鉴定工作分析报告”），编制“档案销毁清册”（或“档案销毁清单”）等方式，总结档案价值鉴定工作的经验，明确档案价值鉴定工作的主要问题及应对措施和办法，并为已销毁档案留下可追溯的业务活动证据。由于鉴定的复杂性、鉴定的社会重要性以及鉴定的主观性，档案工作者及其所在的机构应该通过对背景研究、鉴定过程、存毁决定，以及最终的档案文件移交等做充分和透明的记录，以保证他们对鉴定决定的负责态度。

二、档案价值鉴定工作的方法

综合国内外档案价值鉴定工作的方法，主要包括档案整体价值评估法和档案内在价值鉴定法等几种类型。

（一）整体价值评估法

整体价值评估法是从整体上评价和预测档案价值鉴定工作的方法总称。这类档案价值评估方法，目前最具影响力和理论与实践意义的主要包括宏观鉴定法、档案双重价值鉴定法两种。宏观鉴定法的主要适用对象是电子文件、记录和档案的价值鉴定；档案双重价值鉴定法的主要适用对象是纸质文件、记录和档案的价值鉴定。档案双重价值鉴定法在纸质文件、记录和档案依然大量存在的时代，依然是一种指导档案价值鉴定工作实践的经典专业方法；但是，随着电子文件、记录和档案的大量涌现，其局限性也逐渐暴露出来了。宏观鉴定法却可以较好地解决电子文件、记录和档案的价值鉴定难题，其有效运用不仅可以使留存的电子档案的数量得到有效控制，而且更为重要的是，它简化了档案价值鉴定工作，保证了留存电子档案的整体质量，使人类社会建立覆盖社会治理的“全景档案”综合体成为可能。

1. 宏观鉴定法

（1）宏观鉴定法的概念及其提出。

宏观鉴定法是基于职能来源，以形成档案的社会背景及目前可知的档案利用需求（而非预测的研究利用需求）为根据，从整体上判定档案价值的方法。宏观鉴定法是确定哪些形成者、职能、工作项目、活动，哪些相关的文件或记录，将反映在档案之中的鉴定工作方法。它也是从整体上判定哪些人和事将不被载入档案的档案价值分析与评价方法。

1989 年，加拿大的特里·库克提出了这种档案价值鉴定工作方法。宏观鉴定法中的“职能”概念作为其中心理论假设，揭示了什么有价值、什么没有价值，什么值得被社会铭记、什么不值得，什么文件或记录应成为档案永久保存、什么文件或记录可以销毁。通过宏观鉴定的职能分析，确认应长久保存的档案。

（2）宏观鉴定法的基本思想。

运用宏观鉴定方法开展档案价值鉴定工作，档案工作者不是运用“直接鉴定法”具体针对每份文件或记录进行鉴定，而是要鉴定这些文件或记录的各种形成背景及其在当下被利用的状况，即对文件或记录的职能来源进行鉴定。因此，运用这种鉴定方法，档案工作者可以同时对围绕某一特定职能形成的文件或记录实施综合性鉴定活动。

宏观鉴定法的应用前提条件是，要求档案工作者对组织文化、机构职能，对文件或记录的管理体系、信息流、记录载体及其在时空转换中的变化等方面的信息，进行深入研究。

运用宏观鉴定法，档案工作者需要做出如下两种价值判定：

第一，依据档案形成者形成和利用这些文件的职能，即相关的组织背景和文化，进行价值判定。

第二，根据各种社会活动主体（包括公民、客户、团体、公司、协会等）如何与该背景和文化进行互动、如何受其影响等情况，进行价值判定。

宏观鉴定理论和方法，对文件或记录的职能来源建构的思想内容包括以下方面：

一是机构依据法律、法规、政策规定等确立其正式、内部的职能。

二是这些机构的存在就成为社会的趋势、活动、需要、观念、愿望，以及社会“珍视”的那些事物和概念的“过滤器”和“镜子”。

三是这些机构的价值和愿望，通常会借助非常宏观的若干类大职能得到表达。如就政府而言，其职能主要包括社会职能，文化、遗产职能，经济发展职能，自然资源开发职能，国防和外交职能等。

四是这些大的宏观职能中的一部分，再由高层中央机构分派给不同的组织，先是大部，然后是较小规模的机构（但并非总是如此）。

五是针对这些指派的职能，相关机构要确定各项分职能，然后再把它们分派给机构内部不同的部门或单位，授权一个部门履行或实施一个职能或一个职能的一部分或若干职能的若干部分。

六是这些重要的职能部门为了履行其职能，又会制定和开展各项持续性或一次性的工作项目和活动，而这些项目和活动又引发具体的行动和事务处理；同时职能部门为了有效地处理这些事务，建立了信息系统。

七是各种社会活动主体（公民、客户、团体、公司、协会等）与这些职能、组织、项目、活动等发生互动，凭借互动所能达到的高度和灵活度，反过来又在不同程度上直接对这些工作提出挑战并加以塑造、修改，从而通过这一直接的互动式职能行为对社会价值再次产生有力的影响。

数字社会媒体的出现，使这种互动变得更为普遍。在这种互动的过程中，档案就是在那些事务处理信息系统（公民、社会与国家互动的信息系统）中形成的最终证据。

档案工作者分析形成文件或记录的背景，应注重把握如下因素（见表 4－1）：

表 4－1　影响政府档案价值的职能背景因素表

<table>
<tr><th>序号</th><th colspan="3">背景因素</th><th>因素说明</th></tr>
<tr><td rowspan="5">1</td><td colspan="4">宏观职能（政府基本职能）是指国家行政机关依法对国家和社会公共事务进行管理时应承担的职责和所具有的功能。政府职能反映着公共行政的基本内容和活动方向，是公共行政的本质表现。其中包括政治职能、经济职能、文化职能和社会职能等四种类型。</td></tr>
<tr><td rowspan="4">宏观职能</td><td colspan="2">政治职能</td><td>政府为维护国家统治阶级的利益，对外保护国家安全，对内维持社会秩序的职能。</td></tr>
<tr><td colspan="2">经济职能</td><td>政府为国家经济的发展，对社会经济生活进行管理的职能。</td></tr>
<tr><td colspan="2">文化职能</td><td>政府为满足人民日益增长的文化生活的需要，依法对文化事业所实施的管理。它是加强社会主义精神文明，促进经济与社会协调发展的重要保证。</td></tr>
<tr><td colspan="2">社会职能</td><td>指除政治、经济、文化职能以外的政府必须承担的其他职能。这类事务一般具有社会公共性，无法完全由市场解决，应当由政府从全社会的角度加以引导、调节和管理。</td></tr>
<tr><td rowspan="6">2</td><td rowspan="6">职能</td><td rowspan="4">政治职能</td><td>军事保卫职能</td><td>维护国家独立和主权完整、保卫国防安全、防御外来侵略的职能。</td></tr>
<tr><td>外交职能</td><td>通过政府的外交活动，促进本国与世界其他各国正常的政治、经济往来，建立睦邻友好关系，促进国与国之间互惠互利，反对强权政治，维护世界和平等方面的职能。</td></tr>
<tr><td>治安职能</td><td>维持国家内部社会秩序、镇压叛国和危害社会安全的活动、保障人民的政治权利和生命财产安全、维护宪法和法律尊严的职能。</td></tr>
<tr><td>民主政治建设职能</td><td>通过政府活动，推进国家政权完善和民主政治发展的职能。</td></tr>
<tr><td rowspan="2">经济职能</td><td>宏观调控职能</td><td>政府通过制定和运用财政税收政策和货币政策，对整个国民经济运行进行间接、宏观调控的职能。</td></tr>
<tr><td>提供公共产品和服务职能</td><td>政府提供良好的经济发展环境（基建）和市场信息（数据）的职能。政府通过政府管理、制定产业政策、计划指导、就业规划等方式对整个国民经济实行间接控制；同时，还要发挥社会中介组织和企业的力量，使其与政府一道共同承担提供公共产品的任务。</td></tr>
</table>

续表

序号	背景因素			因素说明
2	职能	经济职能	市场监管职能	政府为确保市场运行畅通、保证公平竞争和公平交易、维护企业合法权益而对企业和市场所进行的管理和监督等方面的职能。
			社会管理职能	政府为维护社会生产安全，处理突发性、群体性事件，解决纠纷，协调市场主体的利益所承担的职能。
		文化职能	发展科学技术的职能	政府通过制定科学技术发展战略，加强对重大科技工作的宏观调控，做好科技规划和预测等工作，重视基础性、高技术及其产业化研究。
			发展教育的职能	政府通过制定社会教育发展战略，优化教育结构，加快教育体制改革，逐步形成政府办学与社会办学相结合的新体制。
			发展文化事业的职能	政府通过制定各种方针、政策、法规等，引导整个社会的文学艺术、广播影视、新闻出版和哲学社会科学研究等各项事业健康繁荣发展。
			发展卫生体育的职能	政府制定各种方针、政策、法规等，引导全社会的卫生体育事业发展。
		社会职能	调节社会分配和组织社会保障的职能	政府为保证社会公平、缩小地区发展差距和个人收入差距，运用各种手段来调节社会分配、组织社会保障，以提高社会整体福利水平，最终实现共同富裕。
			保护生态环境和自然资源的职能	政府通过各种手段，对因经济发展、人口膨胀等因素所造成的环境恶化、自然资源破坏等进行恢复、治理、监督、控制，从而促进经济的可持续发展。
			促进社会化服务体系建立的职能	政府通过制定法律法规、政策扶持等措施，促进社会自我管理能力的不断提高。
			提高人口质量、实行计划生育的职能	政府对计划生育工作的管理，包括计划生育的法制建设，方针、政策的制定，规划组织计划生育科学研究，加强计划生育的宣传、咨询和技术服务工作。
3	政府的运行职能是指政府管理社会公共事务的程序、方式和方法，即管理过程当中所起的作用。政府职能必须通过各个管理环节才能实现，从政府职能管理过程来看，行政职能又包括一系列的运行职能。其中包括决策职能、组织职能、协调职能、控制职能、监督职能等。			
	运行职能	决策职能		决策职能是行政管理过程的首要职能。决策贯穿于管理的全过程。
		组织职能		为有效地实现既定的行政管理目标和任务，通过建立行政组织机构，确定职位、职责和职权，协调相互关系，将组织内部各个要素联结成有机的整体，使人、财、物得到最合理的使用，就是组织职能。
		协调职能		协调职能是行政管理过程的重要环节。因为行政管理归根到底就是要设计和保持良好的行政环境，使人们能在组织内协调地开展工作，有效地完成行政目标。
		控制职能		控制职能是按行政计划标准，来衡量计划完成情况并纠正计划执行中的偏差，确保目标实现的管理活动。
		监督职能		政府在社会中应当起到一个掌舵人的作用，按照社会道德法律、规范标准，引导、监督社会各个生产生活环节。当然，政府的监督必须是在一定范围内的，不能无限扩大其监督职能。

资料来源：根据百度百科、搜狗百科所提供的资料整理而成。

（3）宏观鉴定法的应用要点、解决的鉴定问题及其意义。

宏观鉴定法要求鉴定人员应把鉴定工作的重点放在分析、鉴别那些数量上可控的职能、项目、活动及公民互动的重要性方面，而不是放在鉴定那些数量庞大的文件、记录或事务处理信息系统方面。

档案工作者如果能知晓整个背景（职能、项目、活动及公民互动的重要性），就可容易地辨认和剔除那些价值不大及重复性的文件，迅速锁定、鉴别出重要职能部门形成的、记录在最佳介质上的那些最简明、最准确、最重要的文件，并将它们作为档案长久保存。

宏观鉴定法把鉴定的主要焦点，从档案及档案本身所具有的研究特征或研究价值，转移到了形成档案的职能背景上，即档案的概念来源、虚拟来源或职能来源上。

档案工作者通过对机构职能的分析（包括对职能与组织的互动、组织文化的动力、文档管理系统、公民或客户的参与及其与机构或职能互动等情况的分析），并运用从分析中获得的知识，就可以顺利地开展档案价值鉴定工作。

对档案工作者而言，档案价值鉴定工作需要回答的主要问题就变为如下三个层面的问题：

第一，形成者的哪些职能和活动应该被记录（而不是哪些文件应该被保存）？

第二，谁在制定和执行关键性的职能及项目计划？在机构的事务处理中，谁会有动机和责任去形成文件，所形成的可能是哪种类型的文件，形成者在这些文件的形成或使用中与谁发生了互动关系？

第三，哪些文件形成者或“职能”（而不是文件本身）最为重要？

只有在回答了上述问题后，档案工作者才能从“宏观鉴定”的角度，按其认定的详细程度（或者按传统鉴定所采用的诸如年代、广度、唯一性、时间跨度、完整性、破损度、可靠性等“判定标准”），切实锁定哪些文件或记录最具潜在的档案价值。同时，档案工作者也只有在这种情况下，才能确定哪些私人领域形成者的文件或记录，可用来充实或补充政府档案的不足，从而建立起可以覆盖社会治理的“全景档案”综合体。

鉴于这些宏观层面的问题是由政府一方回答的，这便意味着大量的文件不用做细致调查即可销毁。在此基础上，机构和档案馆用在鉴定和文件处置工作上的时间、空间和资金成本，可以大为节省。

宏观鉴定法是基于职能而不是基于档案的鉴定方法。首先，宏观鉴定法不仅聚焦职能，它还聚焦职能、组织、公民的三方互动。其次，用来评判（或鉴定）职能的方法是评估一个项目计划对社会的重要性（进而也是相关文件或记录的重要性）的手段。鉴定理论的焦点在于社会性，即要鉴定那些为政府有力影响社会提供证据的文件，而不是为政府职能本身提供证据的文件。最重要的是聚焦社会（公民）治理和公民与政府的互动，而不仅仅是记录政府的职能。

由上而下的职能路径，不仅是理论之需求，也是实践之诉求。宏观鉴定实践就是把基于背景的来源放归鉴定，不再关注文件的具体主题内容。在宏观鉴定实践中，档案工作者主要的鉴定研究焦点及随后的决策，应放在职能互动过程这个治理概念的核心上。处在不稳定的自动化办公空间或持续变化的关系数据库中，或面对浩瀚的现代纸质文件，档案工作者要在文件级阶段做出存毁决定，要么不可能，要么极其困难和极不准确。因此，基于来源背景，文件在现代机构中被形成和管理，它既包括政府的职能运作和各个项目的实施，也包括公民与政府职能活动的互动（他们是怎样接受、拒绝、抗议、申诉、改变、修正以及影响这些职能工作的，反过来又是怎样被其影响的）。通过把鉴定焦点放在社会治理和公民与国家互动这个双向职能作用上，而不只是关注政府职能，宏观鉴定法使档案工作者有机会为未来挑选出更有价值的档案。

宏观鉴定法的应用是信息时代档案鉴定工作的必然选择，是对各种业务信息系统中生成、存储、归档的电子文件和记录，进行“批处理”鉴别的重要理论方法和实践工具。

2. 档案双重价值鉴定法

档案双重价值鉴定法是一种从整体上预测和估价档案保存价值的专业方法。我国档案管理学中所讲的档案双重价值鉴定法的思想，源自美国档案学者谢伦伯格（T. R. Schellenberg）的“文件双重价值论”。谢伦伯格在《现代档案——原则与技术》（1956）一书中，系统说明和阐述了其“文件双重价值论”。他认为，公共文件具有两种不同的价值：一是对原机关的原始价值，即第一价值；二是对其他机关与私人利用者的从属价值，即第二价值。具体来说，第一价值是指文件对其形成部门工作事务的有用性，分别体现为行政管理价值、法律价值、财务价值和科技价值。第二价值是指文件对形成机关以外的其他利用者的有用性，包括证据价值和情报价值。“文件双重价值论”为美国档案价值的鉴定奠定了理论基础，谢伦伯格也因此被誉为“美国档案鉴定之父”。

我国学者陈兆祦、和宝荣先生将谢氏的“文件双重价值论”，依据我国档案价值鉴定工作的实际，结合我国档案概念术语的边界，创造性地提出了“档案双重价值论”。他们认为，档案的价值具有双重属性——档案的第一价值和第二价值。即档案对其形成者所具有的作用（有用性和有益性）构成了档案的第一价值；档案对其形成者之外的其他利用者的作用，构成了档案的第二价值。在档案价值实现的历程中，首先实现档案的第一价值，然后实现档案的第二价值。档案所具有的第一价值，是每个立档单位自愿积累和保存档案的内在动力。但是，档案不仅限于对其形成者有用，而且对社会其他利用者也具有有用性。在档案价值鉴定实践中，档案工作者也是基于对档案的第一价值和第二价值的综合分析和判定，来确定档案的“存”与“毁”，评估档案发挥作用的时间长短，从而合理地划分档案的保管期限，并剔出那些已经失去档案保存价值的文件或记录予以销毁。

从某种意义上说，档案双重价值论既是揭示档案价值实现过程及其规律性的一种档案学基础理论思想，也是一种指导我国档案价值鉴定工作实践的应用理论和方法。其实质是根据文件生命周期理论，从整体上分析、评价和预测档案保存价值、确定档案保管期限、决定档案如何处置的一种专业理论和方法。

档案双重价值鉴定法，就是在档案价值鉴定工作实践中，运用“档案双重价值论”的思想，综合分析影响档案保存价值的各种档案自身因素和档案形成单位的业务需求及社会用户的工作、生活和研究等方面的需求因素，进而合理评价和预测档案的保存价值，划分档案的保管期限，并对已经失去保存价值的档案予以销毁的一种整体性档案价值鉴定工作方法。

档案双重价值鉴定法，在纸质档案占统治地位的时代，对有效解决各种社会机构、组织的文件数量激增和整个人类社会有限的保存档案空间之间的矛盾，确实起到了不可低估的作用，也取得了较好的保存人类社会历史记忆的作用。因此，作为一种指导以纸张文件和记录为主体的档案价值鉴定工作实践的专业方法，它不失为一种有效的经典理论和专业方法。即使在现时代（纸质文档和电子文档并存的混合时代），它也依然具有较强的生命力。例如，国家档案局分别于2006年12月18日和2012年12月17日发布的第8号令（《机关文件材料归档范围和文书档案保管期限规定》）和第10号令（《企业文件材料归档范围和档案保管期限规定》），都是对这种档案整体价值鉴定方法的应用性成果。

（二）内在价值鉴定法

1. 内在价值概念的提出及其含义

内在价值概念及其鉴定法是1980年由美国的“国家档案与文件局”（the National Archives and Records Service）的一个专门研究“内在价值”的委员会提出并付诸实践的一种档案价值分析方法。

所谓“内在价值”，是一个档案术语，用以说明具备永久价值的记录的属性和特征。它使这些记录以档案部门唯一接受的原始物理形式加以保存。记录的原始物理形式所具备的属性和特征不能被保留在其副本中，故具备内在价值的档案必须以记录的原始物理形式保存。

决定档案内在价值的属性或特征，可能是记录的物理形式或智力内容，即它们可能与记录的物理载体、记录信息的方式或记录所包含的信息相关。档案工作者有责任确定哪些记录具有内在价值。档案工作者通常是在记录的系列层级上做出这种判断的。因为在所有其他档案鉴定活动中，做出判断的关键是记录之间的联系（背景关系），通常通过考察所有系列，可更好保持这种联系。但是，档案工作者也可以在一个系列范围内判断某些个体记录的内在价值，尤其是那些因具备特殊物理特征而被保存的个体记录。

2. 影响档案内在价值的属性或特征

具备以下一个或多个特定的属性或特征的所有记录，均具有内在价值。这些属性或特性与记录的物理特征、潜在用途及其所包含的信息相关。

在档案价值鉴定实践中，档案工作者通常通过分析和评价记录是否具备如下属性或特征，判定其内在价值（见表4-2）。

表4-2 具有内在价值的档案的属性和特征一览表

序号	属性和特征	备注与说明
1	物理形式	记录的物理形式可能成为研究课题——如果记录提供关于这种物理形式的有意义的证据或值得注意的例证。某些文件因其可作为技术发展的证据而被以原始形式加以保存。例如：新闻稿件、玻璃底片、蜡筒录音机等。虽然不是所有记录都因为具备某种特定的物理形式而被视为有内在价值的，但那些足以提供技术发展历史证据的记录则被认为具有档案保存价值。

续表

序号	属性和特征	备注与说明
2	美学或艺术性	具备美学或艺术性的记录，包括照片，用铅笔、墨水绘制的素描，地图，建筑图纸，雕刻，印刷品等，往往具有独特的或奇特的物理特性。独特的或奇怪的物理特性可能包括质量和纸张的纹理，颜色，火漆印，印、水印，油墨等。虽然不是所有记录因为具备某种特定的物理特征而被认定具有内在价值，但每种类型的代表性记录则具有档案保存价值。
3	年龄（独一无二的时代性）	年龄因素是相对的而不是绝对的内在价值特征。一般来说，早期形成的记录比晚期形成的记录具有更大的意义。这可能是因为记录形成者职能活动的历史性转变所造成的。早期形成的记录往往具有稀缺性，意味着记录方式的改变或这些因素的组合。年龄甚至可以成为比较最近记录的一个内在价值因素。例如，在无线电行业或核电的发展历程中最早形成的记录，都可能因为年龄特性具有内在价值。
4	在展品中具有使用价值	常被用于展出的记录，通常具备一些可赋予其内在价值的属性和特点。具备展出价值的记录所传达的一个事件的紧迫性、所描述问题的重要性，以及记录的主体或发起人是谁等信息，往往给人以深刻印象。在这些情况下，原始记录的影响不能被其复制品替代。
5	真实性可疑的日期、作者或其他特征	指有研究意义的，但通过物理检查确定在真实性、日期、作者或其他方面存有疑问的记录。某些记录的真实性是值得怀疑的或含有可被公开质疑的信息内容，但我们又不可能预见这些记录在未来会受到怎样的质疑。某些记录的真实性是众所周知存有争议的。在有些情况下，人们可以通过检查手稿和签名，鉴别纸张的年龄，或运用其他物理测试等方法，验证记录的真实性。在某些情况下，争议可以通过诉诸原物的方法解决（如通过检查笔迹、纸张的年龄、影印照片的原底片等），而在其他情况下，该方法将不会是决定性的，但可为研究者提供最好的证据，帮助他们得出结论（比如不明飞行物的原始照片等）。
6	引起广泛的和实质性的公众兴趣	记录因为与著名的或具有历史意义的人物、地点、问题或事件等存在直接关联，而能够引起广泛的和实质性的公众兴趣。这个标准不仅最难运用，而且将其运用于哪些记录也非常重要。档案的历史重要性，可以用来支持应以原始形式保留全部具有永久价值的记录的观点。记录是否可以引发广泛的和实质性的公众兴趣，是否是直接相关的，是否是著名的或具有历史意义的，都是档案价值鉴定应考虑的至关重要的因素。通常，含有这类高浓度信息的记录应保存下来。
7	对一个部门或机构的建立或存续有法律依据意义的文献	部门或机构通过行政、立法及政府司法部门而成立并获得或失去其职能。记录这些行动的文件可能集中在某个系列或分散在各个系列中。它们在最高层面上共同记录了部门或机构职能的变化特征。
8	作为制定政策文件的意义	这种记录对最高行政机构的政策制定具有重要意义——超越了对其形成机关或机构的影响，而具有重要意义和广泛影响。反映决策的记录数量很多；然而，大多数政策性记录只有相对有限的影响，反映出相对较小的地区影响力。具有内在价值特征的政策记录的特点是，最高行政级别记录的起源，具有深远的影响，包含重要的主题。

资料来源：Intrinsic Value in Archival Material，Staff Information Paper Number 21，Published by the National Archives and Records Administration，Washington，D C，1982.

3. 内在价值鉴定法的应用

如果可能，具有任何内在价值属性或特征的记录，都应以其原始形式加以保存。所以，内在价值概念不是相对的。关于记录是否具有内在价值的认识，不同的档案工作者之间、不同时代的档案工作者之间是变化的。因此，必须在所有关于内在价值的决定中进行专业性的档案判断。在一个档案机构内，记录保存机构之间的协调，也许是必要的。例如，保存着相似研究课题记录的各单位，应当相互协商以避免重复。尽管内在价值概念应用于古老记录可能比较容易，但是与内在价值有关的决定能够应用于所有具有充分价值的决定尚需验证。

包括研究人员使用过的，具有内在价值的记录的副本，可以进行必要的备案。事实上，由于记录的脆弱性、稀有性或重要性，研究人员可能需要通过复制品开展工作。

具有内在价值的记录应受到保护或修复；但是，在做出长期保存的连续性判断活动中，记录具有内在价值的判断也只是第一步而已。保存活动的优先顺序，还应考虑其他影响因素，例如，记录的重要意义和利用频率、恶化率、未来潜在的保存问题的严重性，以及现有的修复方法的效果和费用成本等。

尽管具有内在价值的记录是档案机构应该以原始形式保存档案的核心组成部分，但是档案机构也必须保留那些不能进行档案复制的副本性记录。在研究活动中，这些副本的使用可以使原始记录的耐久性和使用性得到延长。如果不能用这种记录制作足够的复制件，那么缺乏内在价值的原始记录副本就不能考虑销毁。例如，目前采用视听记录的副本制作的复制品通常比依据原件制作的复制品的质量低，故大多数视听记录的原始副本均应予以保存。只有根据记录的复制品制作的备份质量相当于或优于原始记录副本，才可考虑销毁原始记录的副本。

某些记录虽然不具有内在价值，但因法律要求保存，所以还必须保留原有的物理形式。

对内在价值的概念应用这里举三个实例。在这些例子中，首先，档案工作者按照内在价值标准审查了这些记录。其次，如果确定记录不具有内在价值，则会考虑审查是否有法律层面的记录保存要求。最后，如果前两者是否定的，档案工作者还需要研究记录的备份是否充分。

档案工作者也许不需要准备包含下述问题的正式文件，但是在处置原始记录时应当提出并回答相似的问题。

示例 1：RG 33，美国联邦政府推广管理局的记录，劳动力计划、战俘的管理计划，1943—1946，1 英尺（排架长度），按字母顺序排列。

鉴定对象描述：是同农业生产中雇用战俘的需求、地点和地位有关的通信记录。这些记录反映了所使用的战俘劳动力和从墨西哥与加勒比海地区来的移民劳动力之间的关系。

档案工作者在鉴定工作中所进行的价值判断过程如表 4－3 所示。

表 4-3 内在价值判断示例 1 的问题、答案和鉴定结论一览表

序号	问题	答案	鉴定结论
1	记录的物理形式是否具有典型性？	没有，这些记录是 20 世纪中叶常见记录的物理形式。	这些记录不具有内在价值。保管单位可以复制并要求处置这些记录。
2	记录是否具备美学或艺术性？	没有，这些记录不具有直观有趣性。	
3	记录是否具有独特的或奇特的物理特征？	没有，这些记录上没有不寻常的印章、纸张或油墨等。	
4	记录是否具有年龄方面的代表性特征？	没有，根据年龄因素判断，这些记录不具有独一无二性。因形成于第二次世界大战时期的此类记录众多，在永久保存的档案中这个时期的战俘记录也较多。	
5	记录是否具有展览方面的潜在价值？	不可能。	
6	记录的真实性是否受到了质疑？	没有，人们对这些记录的真实性，包括其中的签名和字迹鉴定，不存在任何疑义。	
7	记录是否会引起公众的普遍兴趣？	没有，虽然这些记录反映了一些美国历史中有意义的问题（如在第二次世界大战中的战俘待遇问题），但其中没有涉及重要历史人物和历史事件的内容。这些记录并没有经常使用的情况。	
8	记录是否为某个部门或机构存在的法律依据？	不是，它们只是执行性的记录。	
9	记录是否为高层政府机构政策的思想来源？	不是，它们只是操作层面的记录。	
10	记录是否被某个法令要求以原有的物理形式保留？	没有。	
11	是否可以用这些记录制作质量良好的复制件？	可以，因为这些记录在复制过程中不存在尺寸、规格、色调、隐私权保护等方面的问题。	

资料来源：Intrinsic Value in Archival Material, Staff Information Paper Number 21, Published by the National Archives and Records Administration, Washington, D C, 1982.

示例 2：RG 49，美国联邦土地管理局的记录，公有土地的处置，废弃的军事用地，1818—1945，60 英尺，根据保留地的最初处置或行动时间顺序排列。

鉴定对象描述：记录联邦土地管理局的行政命令、信函、头衔证件、图版、地图、蓝图、描图纸及其他印刷材料。这些记录反映了该局在处置和管理美国陆军部和海军部所放弃的公共土地活动中所起的作用。记录包括该局在履职过程中使用物资和服务等方面的信息。在公共土地管理局的其他记录系列中也保留有相关的记录，在内政部、首席工程师管理局、军需办公厅、副官的办公室、美国陆军司令部，以及军法署署长办公室（军）的记录系列中也存在相关记录。

档案工作者在鉴定工作中所进行的价值判断过程如表 4-4 所示。

表 4－4　内在价值判断示例 2 的问题、答案和鉴定结论一览表

序号	问题	答案	鉴定结论
1	记录的物理形式是否具有典型性？	否，这些记录都是 19 世纪和 20 世纪常规类型的政府档案。	
2	记录是否具备美学或艺术性？	偶尔，虽然有些记录上带有艺术性的装饰，但制图和建筑记录通常是功利性的。	
3	记录是否具有独特的或奇特的物理特征？	否，这些记录上没有不寻常的印章、纸张或油墨等。	
4	记录是否具有年龄方面的代表性特征？	是，对比南北战争时期的记录，内战前的美国军事记录数量较少。在这些案卷中，内战前和内战后的材料均有归档。	
5	记录是否具有展览方面的潜在价值？	是，这些记录可用于军事展示，以及西部大开发、组织的边界、测绘、土地配置、军事组织，甚至名人签名（William Tecumseh Sherman、Joel Poinsett）的展示。	这些记录具有内在价值。
6	记录的真实性是否受到了质疑？	没有。	
7	记录是否会引起公众的普遍兴趣？	是，许多军事历史学家和爱好者会使用这些材料，尤其是对废弃的军事委员会特别感兴趣的人。	
8	记录是否为某个部门或机构存在的法律依据？	否，这些都是土地收购和处置政策的实施记录，没有提供制定基本政策的依据性记录。	
9	记录是否为高层政府机构政策的思想来源？	否，虽然这些记录中包含了美国国内战争期间各部门之间的重要通信与实施土地处置政策的最初记录，但这种记录并不是关于土地处置政策制定的通信。	

资料来源：Intrinsic Value in Archival Material，Staff Information Paper Number 21，Published by the National Archives and Records Administration，Washington，D C，1982.

示例 3：RG 341，美国空军总部的记录，由航空技术情报中心、莱特帕特森空军基地、俄亥俄空间现象研究机构等形成的三个相关联的视听记录，由反映“蓝皮书计划”的照片（7 280）、录音记录（23）、影片（20）组成，1950—1967，共 7 323 件，按箱号排列。

鉴定对象描绘：通过三种不同的形式制作的视听记录，是美国空军在其正式调查不明飞行物（UFO）存在期间获得或收集的。其中有所谓的不明飞行物目击事件照片（35 毫米底片）21 幅，包括一些记录在胶卷上的表明所观察到的现象的雷达响应时间的照片；影片（8 毫米和 16 毫米），主要由军事人员和平民用原始摄像机镜头（未修改）拍摄；由美国空军记录或收集的录音，还包括对宣称见过不明飞行物的目击者的访问记录，以及在所谓的目击时间留下的声音记录；伴随着“蓝皮书计划”项目档案和案件档案形成的相关的文字记录。

档案工作者在鉴定工作中所进行的价值判断过程如表 4-5 所示。

表 4-5 内在价值判断示例 3 的问题、答案和鉴定结论一览表

序号	问题	答案	鉴定结论
1	记录的物理形式是否具有典型性?	否，表现形式为标准的、常见的音像复制形式。	这些记录具有内在价值。
2	记录是否具备美学或艺术性?	否。	
3	记录是否具有独特的或奇特的物理特征?	否。	
4	记录是否具有年龄方面的代表性特征?	否。	
5	记录是否具有展览方面的潜在价值?	是。	
6	记录的真实性是否受到了质疑?	是，对 UFO 的历史和围绕整个现象，以及关于“蓝皮书计划”的目的和作用问题存在争议，研究需要 NARS 保存的、由空军获得或制作的原始记录，能提供可用于审查、实验、检测及验证证据的材料。	
7	记录是否会引起公众的普遍兴趣?	是，UFO 的历史，虽然是一个专门性研究课题，但却存在着广泛的公众兴趣和情感魅力。	
8	记录是否为某个部门或机构存在的法律依据?	否。	
9	记录是否为高层政府机构政策的思想来源?	否，这些记录属于操作层面的记录。	

资料来源：Intrinsic Value in Archival Material，Staff Information Paper Number 21，Published by the National Archives and Records Administration，Washington，D C，1982.

(三)相对价值评估法

从某种意义上说，人们对档案价值的预测与判断都只具有相对意义。所谓相对价值评估法，就是要求档案工作者在正确的档案相对价值鉴定理论的指导下，从不同角度出发，综合判断和估价档案对人类社会存在和发展所具有的各种积极意义。

首先，就档案的整体而言，只有在档案有机体保存相对完整的情况下，其保存价值和利用价值（业务价值和文化价值）才会最大化；而在档案有机体遭到自然和人为因素破坏的情况下，其整体价值就会受到严重的损害，并会严重影响其业务价值和历史文化研究价值。

其次，就档案文件的个体来说，多数只是记录和反映了组织和个人业务活动的零星、片断性的数据和信息，任何个体文件都不足以满足业务持续性和发展性的需要，诚然也不足以为组织和社会留下相对完整的“记忆”。因此，过分强调残存档案的价值会相应提高“原理”和“方法”的重要性，而忽视对档案有机体“完整性”之重要意义的肯定，或者片面地强调“档案的完整程度越高、绝对数量越多，每一份档案文件的价值就相对降低”的思想，无疑都会将鉴定工作实践引入歧途。实践表明，如果在档案价值鉴定工作中，过分地强调“个体”档案价值的相对性判断，则会严重影响档案全宗整体价值的相对性判断。

最后，就人类历史文化、历史记忆的保存而言，完整的档案有机体的价值也远远高于“残缺不全”的零散档案文件的价值。当档案有机体可以有效保证各种现实业务活动正常运作和持续发展时，其价值最大，管理档案的效益最高；而当档案有机体不能有效保证各种现实业务活动持续正常开展的时候，其价值就会大大降低。

档案工作者可以从以下几个层面，分析和鉴别档案文件及其有机体所具有的相对价值。

1. 基于“来源”因素导向的档案相对价值判断方法

在影响档案相对价值的各种因素中，来源因素是一个非常重要的关键性价值因子。一般来说，档案的来源价值因子的主要呈现形式包括形成档案有机体的“立档单位”的社会地位、责任者的社会责任与社会影响力、相关业务活动项目的重要性及其社会关注度等。在具体鉴定实践中，鉴定人员必须注重分析上述三个方面的因素，比较分析“立档单位”的社会地位高低、责任者的社会责任重要性与社会影响力的大小、相关业务活动项目的重要性及其社会关注度的大小。根据已有的档案价值鉴定工作经验，结合国外先进的理性认识成果，我们可以得出这样一些档案相对价值判定的基本标准：

其一，档案价值会随着立档单位地位的高低而变化，两者一般成正比关系。

其二，档案价值的大小与其形成者所承担的社会责任的重要程度及其社会影响力成正比关系。

其三，档案价值的大小与形成档案的项目来源及其重要程度成正比关系。

2. 基于“内容”因素导向的档案相对价值判断方法

档案的内容因素是影响档案相对价值的核心性价值因子。档案内容的真实性、完整性、可替代性、稀缺性、保密性和时效性等“子因素”，均会对档案的相对价值产生重要影响作用。通过对档案内容因素的对比分析、真实性分析、完整性分析、可替代性分析、稀缺性分析、保密性分析和时效性分析，厘清档案内容所含数据和信息的集中性、独特性和重要性，将有助于人们合理判断档案的相对价值。实践经验表明，档案文件及其有机体所包含数据和信息的集中度高低，是否具有独一无二性，所涉及事件的重要性和受社会关注的程度等，均会影响档案的相对价值。以往的档案鉴定实践和理论研究成果虽然已经对此有所认知，但多是将关注的焦点放在个体档案文件上，缺乏对档案有机体的有效关注，所以对档案价值鉴定实践的实际指导意义也受到了一定影响。为此，将关注点和关注的重心转移到“档案有机体”层面，是深化我国档案价值鉴定实践的必然要求。通过对已有研究和认识成果的总结，我们目前可以得出以下结论性认识：

其一，档案文件及其有机体所涵盖数据的集中度高低与其保存价值的大小成正比；文件内容反映的信息内容的新颖度与其保存价值成正比。

其二，档案文件及其有机体内容的独特性（独一无二性），在很大程度上影响着档案价值的大小。同样，档案文件及其有机体内容的真实性、完整性也影响着其价值的大小。

其三，档案文件及其有机体内容的可替代性、保密性、时效性及所涉及事件的重要性和社会影响性等因素，也在一定程度上影响着档案的保存价值。

3. 基于“形成时间”因素导向的档案相对价值判断方法

档案的形成时间因素是影响档案相对价值的重要因素之一。构成档案形成时间因素的“子因素”主要有档案文件及其有机体的形成时期、年代和产生的业务工作阶段。在档案相对价值的判定实践中，鉴定人员如果能切实分析档案文件及其有机体形成时期的重要性、形成年代的重要性和久远性、产生业务工作阶段的关键度，则会更有助于取得合理的价值判断成果。基于此，我们可以得出如下三点结论性认识：

其一，组织确立后早期形成的文件及其有机体，尤其是支持和证明其存在合法性的文件价值较大。“高龄案卷”应当受到尊重。

其二，重要历史时期（如发生变革、转型时期）的组织文件及其有机体通常具有较高的保存价值。非常时期、非常年代形成的文件应多留存一些。

其三，关键性、总结性业务工作阶段形成的文件及其有机体的保存价值较高。

4. 基于“职能”因素导向的档案相对价值判断方法

档案及其有机体是围绕着有关组织的职能活动形成的，为此，职能活动的重要性无疑对档案的相对价值存在着重要影响。随着档案存在形态的日益数字化，传统意义上档案价值鉴定所要解决的“文件数量几何级数增长与人类社会有限的存储空间”之间的矛盾已经逐步化解，目前我们需要关注的新矛盾是“数字档案的质量与人们的业务需求和文化需求多样性、有效性、及时性”之间的矛盾，即人们需要有较为充分的、高品质的档案资源来满足其不断增长的业务连续性需求和文化知识性需求。档案价值鉴定工作组织对各种职能活动中形成的文件处置，更多地依赖文档管理系统，并以“批处理”的方式来加以实现，档案价值判断已逐步走向智能化的发展道路。而这种转变的关键是要求人们在文档管理系统的设计和开发实践中，更为重视对诸如“职能重要性”“任务重要性”“事件或项目重要性”的分析与说明。那种认为现代档案价值鉴定更加“粗放”的观点是非常有害的，相反较为“精细化的职能活动分析”才是我们应当选择的正确道路。档案价值鉴定人员和鉴定工作组织，应当有能力编制和管理相关单位的“职能活动重要性分析地图”，确定各种职能、任务、事件、项目等的相对价值等级，并对“地图”实施动态管理，以保证其相对合理性。基于上述分析，我们可以得出如下结论性认识：

其一，围绕单位重要或主要职能活动形成的文件及其有机体的价值高于辅助职能活动形成的文件及其有机体的价值。

其二，围绕重要工作活动、任务形成的文件及其有机体的价值高于围绕一般性工作活动、任务形成的文件及其有机体的价值。

其三，围绕主要任务事项形成的文件及其有机体的价值高于围绕事务性任务事项形成的文件及其有机体的价值。

5. 基于“形式”因素导向的档案相对价值判断方法

形式因素是影响档案相对价值的“价值因子”之一。通过分析档案文件的内在形式、外在形式特征，可以在一定程度上帮助我们解决某些通过上述“价值因子”分析无法最终得出结论的问题。在运用这种方法的实践中，我们应注意明确这样几个问题，即是否为首次采用的形式，是否为独一无二的形式，形式与内容的关联度如何。之后，我们可以依据下述标准来实施判断：

其一，含有首次出现之形式的文件价值高于其后出现的相同形式的文件价值。

其二，特殊文种、形状、结构、规格的文件价值高于常规文件的价值。

其三，形式与内容关联度高的文件价值高于形式与内容关联度低的文件价值。

综上所述，档案的相对价值问题研究不能仅仅停留在对“相对价值”概念的探讨层面，更应当深入鉴定工作亟待解决的“方法”层面。从整体上（即从档案有机体）认识档案的相对价值，远比从个体上认识档案的相对价值更为有效、科学。在现实的理论研究实践中，我们不仅要考虑到传统纸质档案的鉴定工作需要，而且要考虑到电子文件的鉴定工作需要。对档案相对价值的判断，应充分考虑到“档案有机体”的存在意义，考虑到它与社会组织的职能活动之间的密切关联，确立宏观的、整体性鉴定思想意识。可以说，没有科学理论指导的档案价值鉴定工作是盲目且无实效的。只有选择好正确的路径并依据合理的方法工具，才能使我们对档案及其有机体的相对价值认识更为清楚、明了。

（四）其他档案价值评估方法

在现实的档案价值鉴定实践中，档案鉴定人员和鉴定工作组织有时会遇到一些较为特殊的矛盾和问题。合理地化解这些矛盾和解决所面临的问题，对促进档案价值鉴定工作效率的提高、鉴定工作质量的提升等，均具有非常重要的意义。本书主要介绍如下几种可以在特殊情况下选择使用的档案价值评估方法：

1. 弹性方法

在进行归档鉴定工作中，档案鉴定人员有时会遇到这样的情况：某些文件可以归档也可以不归档；纳入归档范围的某些文件的保管期限可以划定为10年，也可以划定为30年；某些文件可以长期保存也可以永久保存；档案馆或档案室在开展期满档案价值鉴定时，某些档案可以销毁也可以不销毁，某些档案的保存年限可以延长5年也可以延长10年等。这些是各种介于“两可”之间的难题。

能否科学合理地解决好这类问题，不仅会影响鉴定工作的效率，而且会影响档案的价值鉴定质量。

传统的档案价值鉴定理论认为，当遇到上述问题时，档案鉴定人员应当采取“就高不就低”的处理方法：可归档也可不归档的文件，一律归档保存；保管期限划分存在争议时，一律从长；档案可以销毁也可以不销毁时，一律留存；期满档案进行重新鉴定时，一律从长。但是，通过我国的档案价值鉴定工作实践的检验，已经证明了这种“弹性方法”的存在许多弊端。其中包括以下方面：

（1）由于滥用传统的“弹性方法”，造成一些立档单位文件归档范围被人为放大，甚至出现了“有文必档”的严重问题。其不良影响是，加大了档案管理成本，造成了档案库房和档案装具紧张，增加了无效的档案管理工作量，损害了真正具有长远保存价值档案的保管条件的改善。

（2）由于采用传统的“就高不就低”方法划分档案的保管期限，人为地造成了档案鉴定人员和鉴定工作组织的“惰性”，并在档案保管期限的划分上出现了过度“从宽”的问题，使得所留存档案呈现出“两头小中间大”（短期保存档案的数量少、永久保存档案的数量少，长期保存档案的数量多）的不正常情况。例如，按照“介于两可之间的档案保管期限一律从长”的做法，本来可以保存 10 年的档案就被人为地保存 30 年，甚至更长的时间。这样的实践结果，不仅大大降低了档案价值鉴定工作的质量，而且给机关、组织和国家档案管理部门增加了大量的管理负担。

（3）由于采用传统的“弹性方法”，粗放的鉴定思想风气获得了生存的土壤，进而又进一步助长了档案价值鉴定工作中某些人员的官僚作风，得过且过，严重影响了档案价值鉴定专业人才队伍的建设与发展。

由此可见，如何重新界定“弹性方法”就成为现代档案学理论必须面对的一个重要问题。

通过总结我国档案价值鉴定工作的实践经验和教训，本书提出如下改进策略：

第一，将传统的“就高不就低”的提法，改造为在合法合规的前提下，对于列入档案保存范围的文件、记录的保管期限进行划分，如若发现其保管期限“介于两可”之间，则应采取“就低不就高”的处理方法。即首先为归档文件、记录确定一个最低的保存时限，待保存期满后，再进行二次价值鉴定。如果发现某些保存期满的档案不再需要延长保管期限，即可销毁档案；但如果发现某些保存期满的档案依然具有保存价值，则可以确定一个新的保存期限。

第二，对于介于“销毁”和“保存”之间的文件或档案，则应用“保存年限从低”的方法来处置。即对于介于“归档”与“不归档”两可之间的文件，先应按规定将其纳入归档范围，然后再划定一个最低的保存期限。待保存期满后，再对这些档案的保存需要进行重新评估。

第三，在档案销毁鉴定中，对于介于“销毁”和“保存”两可之间的档案，应按规定，先“判处死刑”，再确定一个两年左右的观察期。待观察期满后，如果经过重新评估，确定确实没有继续保存必要者，则应加以销毁；但如果观察期满后，经过重新评估后发现档案依然具有一定的有用性或保存价值，则应予以继续留存。

第四，对那些保存已满一定年限，经过反复斟酌与评价，依然无法确定可否销毁的档案，则应考虑做出抉择：一是如果期满档案被销毁，无法通过其他档案或资料来满足可能会出现的“零星”性用户需求，则应选择继续留存的处置方法；二是如果期满档案被销毁，利用者依然可以通过查找到其他相关的档案或资料来满足需求，则可以对期满档案进行销毁处理。

值得注意的是，弹性方法只是一种在上述特殊情况下，才可以考虑采用的档案价值鉴定工作方法。

2. 典型抽样法

在档案价值鉴定工作中，所谓典型抽样法是指从具有相同或相似保存价值的样本（文件有机体）中，抽取某一个完整的样本加以保存的方法。

应用这种方法开展档案价值鉴定应注意如下两个问题：

（1）涉及对象的特殊性。只有需要进行档案价值评估的对象存在多个具有相同或相似保存价值的样本，才可以考虑采用这种方法。

（2）抽取对象的完整性和代表性。不同于随机抽样方法，该方法的应用要求是，必须在具有相同或相似保存价值的样本（文件有机体）中抽取某一个完整的样本加以保存。

3. 随机抽样法

在档案价值鉴定工作中，所谓随机抽样法是指从具有相同或相似保存价值的且数量巨大的样本（文件个体或有机体）中随机抽取一些样本加以保存的方法。

应用这种方法开展档案价值鉴定应注意如下两个问题：

（1）涉及对象的大量重复性。只有我们发现需要鉴定的文件、记录存在具有相同或相似保存价值的但数量巨大的样本（文件个体或有机体），才能考虑采用这个方法。

（2）抽取样本活动的随机性和适当选择性。尽管该方法所采用的抽样方法是随机性的，但档案鉴定人员依然需要认真检查所抽取保存的文件或记录样本的质量。如果发现所抽出的文件或记录样本的质量有问题，则应重新进行抽取，直到能够确认所抽出的样本文件或记录的质量可以满足档案留存的需要时，才可结束抽样活动。

4. 暂留观察法

所谓暂留观察法，是指对那些一时难以判断其保存价值的文件或文件有机体，可暂时保存一段时间，待时机成熟时再做鉴定。但观察期一般不要超过 5 年。

立档单位或档案馆的档案鉴定工作组织，在鉴定工作中确定列入销毁范围的档案，通常应当再保存一段时间。这段继续保存的时间，称为“观察期”，一般可以分为短期、中期、长期三种。短期观察的时限可确定为 1～6 个月；中期观察的时限可确定为 1～2 年；长期观察的时限可确定为 3～5 年。设立观察期的主要益处，就是尽可能防止人为性的档案价值判断失误、失当，错误地销毁依然有保存价值的档案。

应用这种鉴定方法，还可以使立档单位和档案管理部门有效避免“鉴而不销”“鉴后急销”等问题的产生。例如：有的单位在档案价值鉴定工作已经确定了档案的销毁对象后，无限期地拖延依法准销档案的销毁时间；有的单位分管档案工作的领导迟迟不肯在“档案销毁清册”或“档案销毁清单”上签字，担心日后承担责任；有的单位出于“规避”法律风险和“躲避”责任追究风险的考虑，对于列入销毁范围的档案，采取了“判处死刑，立即执行”的急迫销毁行动等。这些做法，从法律意义上说，都有违程序正当原则和权责统一原则，应尽早改正。

5.“计划生育”法

所谓“计划生育”法，是指根据每一项职能工作的需要，预先制订文件的出生计划，并同时确定文件的保管期限的方法，实现前端控制。

各立档单位的档案管理部门与各业务部门之间应加强业务沟通和工作联系，并通过业务协同、业务融合的方式，让各个业务部门了解档案留存的需要和具体的价值鉴定标准要求。在现阶段，各立档单位应按照国家档案行政管理规范的要求，认真编制好本单位的档案保管期限表。在编制保管期限表的实践中，各单位的档案工作者不能仅凭自身的经验或简单模仿，就草率地、应付性地完成编制档案保管期限表的任务。正确的工作程序方法如下：

第一，各单位应成立档案保管期限表编制工作组，专门负责编制本单位的档案保管期限表。单位主管或分管领导应承担工作组的管理和组织责任。工作组的人员构成应包括档案人员、各部门熟悉本部门业务工作的人员、单位分管领导、专家等。

第二，工作组要认真学习国家档案行政部门发布的规范性文件、本行业的档案保管期限表、同行业其他单位的档案保管期限表，提升对档案价值鉴定理论、原则、规则、方法的认识水平，提高编表人员的业务能力。

第三，档案人员应提出一个要求各个业务部门的相关人员填写的调查问卷，以便查明各个部门的主要职能分工情况、业务类型及业务活动内容、文档类型、业务工作的文档需求等方面的信息。

第四，档案人员应对回收的调查问卷内容，进行必要的数据整理分析。对那些没有得到确切回答的问题，档案人员还应主动与有关人员进行反复沟通，直至问题解决。在此基础上，提出本单位档案保管期限表草案或建议书。

第五，档案保管期限表编制工作组对所提出的档案保管期限表草案或建议书进行认真研讨，修订完善。

第六，将修订后的档案保管期限表分发给每个组织成员，广泛征求意义，博采众长，真正实现文档价值鉴定工作的全员参与。

第七，档案保管期限表编制工作组再次对保管期限表进行修改和完善，并形成定稿，报送给同级档案行政管理机关审核。

第八，将经过档案行政管理机关审核的保管期限表，依据其条款内容进行分解，使单位每个部门的工作人员都能知晓与之相关的文档留存范围，明确责任部门和责任人。有条件的单位还可以将保管期限表嵌套在业务管理系统中，实现文档形成和保存的自动控制。

6. 专家评估法

所谓专家评估法，是指对那些难以确定保存价值的文件或文件有机体，可请同行专家参与鉴定评估，并据专家意见划定保管期限的方法。

第三节　档案价值鉴定标准

档案的价值是客观存在的，而档案价值鉴定工作则是人们对档案价值的认识和评价，带有很强的主观性。为了使这种主观认识活动最大限度地符合实际，保证鉴定工作的质量，必须建立明确的档案价值鉴定标准。档案价值鉴定标准不是档案工作人员主观随意的产物，它以客观存在的档案价值构成为依据，具有明显的客观性。坚持按照客观的鉴定标准来认识和评价档案价值，可提高档案鉴定结论的客观性、可靠性和准确性。

一、档案属性标准

从档案方面分析，文件来源、内容、时间与时效及形式特征可作为鉴定档案价值的标准。

（一）档案的来源标准

档案来源是指档案的形成者，即文件的责任者（作者）和立档单位。其价值的鉴定应遵循以下原则：

1. 分析文件的价值，应站在本单位的角度

本单位制发的文件是保存的重点，大部分需要长久保存。一个单位的档案是否齐全完整，能不能反映本单位的历史面貌，在很大程度上是看本单位制发的重要文件是否保存下来。除了保存本单位制发的文件，文件的保存还应包括外单位制发的文件，主要是直属上、下级制发的文件。对外单位制发的文件，主要看它在本单位的承办处理情况与本单位的关系，是针对本单位需要直接承办并产生文件的，还是没有产生文件和不是针对本单位的；是直属上、下级的文件，还是同级或非直属上、下级的文件。要牢牢把握住文件与立档单位的关系这一线索，将一个单位的全部档案材料与本单位的主要职能活动和任务联系起来，分析其在行使本单位主要职能和完成主要工作任务，以及反映基本情况方面的作用。也就是说，凡是记述和反映本单位主要职能、中心任务、基本情况方面的档案材料，对本单位、国家建设和历史研究有长远利用价值的档案，都应作为永久保存；反之，可作为定期保存。

2. 分析文件的价值，应看立档单位在社会上的地位和作用

由于立档单位担负的职能，在政府机关体系中、社会上、历史上所处地位、所起作用的不同，所形成文件的价值也不同。一般来说，担负的职能和地位重要的立档单位所形成的档案全宗及其所属档案文件，从总体上看具有较高价值。如党中央、国务院及各部委、中央军委及各总部、人大常委会等高级领导机关以及地方上的党政领导机关所形成的档案，在政治、经济、科研等方面的价值要大一点，应多保存一些；一些基层单位，如小商店、小学、小工厂等单位形成的档案，价值相对小一点，保存的数量应少一些，具有抽样保存的性质，甚至可以考虑整个全宗都不必永久保存。从人物全宗来说，党和国家领导人、著名科学家、社会活动家等知名人士形成的档案价值很高。

3. 在本单位制发的文件中，具体的撰写者、制发机构也对档案价值产生影响

单位领导人、决策机构、综合性办公机构、主要业务职能机构、人事机构、外事机构制发的文件大多比较直接地反映本单位主要职能活动和基本情况，因而具有长久保存价值的文件比例较高，而一般行政事务机构、后勤机构及某些辅助性机构中具有长久保存价值的文件比例则较低。

（二）档案的内容标准

文件的内容所记录的信息和反映的情况，是分析判定档案价值的关键因素，因为文件的用途是和内容联系在一起的。分析文件的内容，主要应看以下几方面：

1. 看文件内容的重要性

看说明了什么问题，反映了什么事实。一般说来，反映党的方针政策、重大事件、主要业务活动的比反映行政事务、一般业务活动的重要；反映本单位主要职能活动、基本情况的比反映非主要职能活动和一般情况的重要；反映中心工作的比反映日常工作的重要；反映全局性的比反映局部性的重要；有针对性和依据性、需要贯彻执行的比普发性、参考性的重要；有效时间长的比有效时间短的重要；典型性的比一般性的重要。对于重要档案，要永久保存，而一般档案，价值较小，多数只能定期保存。

2. 看文件内容的独特性

实践证明，内容独特、新颖的档案材料有较大的利用价值。因此，档案馆、室鉴定档案价值时，应充分重视档案内容的独一无二性。凡是具有本单位、本系统、本地区特色的档案，以及特殊事件、特殊产品、特殊人物、特殊成果和具有开创意义的新人、新事、新方针、新政策方面的档案及各种特色档案，应尽可能予以保存，并适当延长保管期限。文件内容的独特性，还包括力求减少馆、室档案的重复，将重复现象减至最低限度。

3. 看文件内容的真实性

文件内容真实可靠才具有利用价值，内容不实则丧失利用价值而应当被剔除。若将内容不实的文件保存起来并提供利用，则会因以讹传讹而产生负面影响。只有在特定历史条件下，避免人为造成“历史空白”，才允许保存一些文件本身形成是真实的但内容不真实的文件材料，并谨慎地、批判地加以利用。

4. 看文件信息内容的综合性或集中性

分析文件内容信息的综合性或集中性，主要看文件在记载某一事件、某一活动、某一主题时，是详细还是简略，是深入具体还是肤浅概括。这种分析需要与其他文件联系起来进行比较、判断。如综合性总结、年度总结的价值一般高于季度、月度总结的价值；记录事件、活动的发生、过程、结果比较详细，信息量大而且集中的文件，其价值高于记录内容浮浅和不具体的文件。

（三）档案形成的时间与时效标准

1. 文件形成时间对档案价值的影响，具体表现在文件形成时间的远近，文件形成于特别时期还是一般时期

文件形成时间久远的历史档案，应尽量多保存。一般来说，文件产生的时间越早，保存下来的就越少，就显得越珍贵。如古代的甲骨档案、简牍档案、缣帛档案，已成为国宝，不容许有任何毁损。明清档案、民国档案、革命历史档案，产生的时间距今远者有六七个世纪，近者也有半个多世纪，保存下来的，数量也有限，确定其保管期限应从宽，对判定销毁应持谨慎态度。凡有保存价值的，一定要尽可能保存下去，传给子孙后代。在世界范围内，早在20世纪初，普鲁士的迈斯奈尔就提出“高龄档案应受到尊重”的思想。它揭示出文件作为一种证据性材料所固有的历史价值，改变了人们只注重文件材料行政参考作用的片面做法，使人们认识到，文件可以作为考察机构职能活动与历史情况的证据，从而避免了大量古老的珍贵档案受到人为的毁坏。根据这一思想，许多国家制定了禁销档案的日期，禁销日期以前的档案应全部保存。我国明清档案中的革命历史档案是禁止销毁的，对于民国档案的销毁问题应持慎之又慎的态度。而对新中国成立后的档案，一般来说，形成于特殊时期或重要历史时期的价值相对大一些，如新中国成立初期、“文化大革命”时期、改革开放时期形成的档案应适当多保存一点。因为这些时期是今人或后人研究历史和社会发展所关注的焦点。

2. 档案价值的时效性，表现为档案可以在不同时期满足人们不同需要的阶段性，即现实的使用价值、历史的参考价值和鉴赏的文物价值

所谓现实的使用价值，就是看档案在现实的工作、生产活动中的行政效力与法律效力。如条约、契约、协定、协议书、合同、法律、指示、方针政策、规章制度、规划、决算等文件材料，在一定时间和条件下，具有行政上和法律上的效力，这就有相当的价值，应予以保存。当其有效性丧失后，会降低或失去原有的价值。实际工作中，这类档案在有效期满后，通常再保存相当于有效期限的时间，以备查考。所谓历史的参考价值，是指档案是历史的产物，在特定的历史条件下形成的，是前人实践活动的信息积淀。就一事件而言，此部分档案，即为此事件之历史。就一组织而言，该组织之档案即为该组织之历史。因此，在鉴定档案价值时，要充分认识档案的历史价值，即史料价值。所谓鉴赏的文物价值，即指年代久远的档案，如甲骨档案、简牍档案、缣帛档案、明清档案，除本身的史料价值外，还兼具文物价值。

（四）档案的形式特征标准

档案的形式特征是指文件的名称、文件的文本、文件的外形特点等等，这些形式特征在某种情况下，也可能对档案的价值产生影响。

1. 文件的名称

文件的名称具有特定的性质，表示着文件不同的作用，也在一定程度上反映出文件的不同价值。比如：决定、决议、命令、指示、条例、纪要、报告等，就比一般性的通知、简报、来往函件重要；会计档案中的决算报告、账簿就比凭证的价值大；教学档案中教学计划、教学大纲就比教学日历、课程表的价值大。但是，看文件的名称只具有参考的性质，由于文件名称用法上的不统一，以及实际情况的复杂，有的文件不能单独只看名称，还要看文件的内容。比如有些通知就含有重要指示、决定的意义，不能当一般通知看待。又如一些党政领导人、知名人士之间关于某些重要活动的来往函件，就不能当作一般性的函件来处理。

2. 文件的文本

同一文件在撰稿、研制过程中可以形成各种稿本，如正本、副本、草稿、定稿、底图、蓝图等。不同稿本的文件，在行政效能、凭证作用等方面是有区别的，因此价值亦不相同。正本具有标准的格式，有机关的印章或负责人的签署，是机关进行工作的依据，具有法定的效能和凭证作用，可靠性大，其价值也大一些。副本、草稿、草案的可靠性差一些，价值也小一些。某些重要文件的草稿、草案可以反映文件的形成过程，也具有较高的保存价值，应与定稿、正本一样永远保存。

3. 文件的外形特点

有些文件从内容上看并不重要，但它的外形特点影响其价值。如制成材料、书法、图案等方面有科研或艺术价值，或者文件上有著名人物的批示、题词、签字等，也影响其保存价值。

档案属性特征的各个方面是互有联系、不可分割的。档案自身各方面的特征，对档案的保存价值发生影响时，往往呈现出比较复杂的情况。有时，某些方面相辅相成，一致地影响着档案保存价值的大小；有时，某些方面相互抵消，交替性地影响档案的保存价值；有时，在各方面相互作用的基础上，某一方面的特征更加突出地影响着档案的保存价值。为此，分析档案价值时，必须综合地分析和考察文件各个方面的特征及其作用，切忌孤立地、机械地单从某一方面的特征就判定档案的保存价值。总之，鉴定档案的价值，必须根据每份或每组文件的具体情况，以文件的内容为中心，全面联系地分析文件所属立档单位，文件的责任者、产生时间、名称、可靠程度、有效性、外形特点等诸种因素，全面分析文件自身特点，以科学地判定档案的价值。

二、社会需求标准

社会需求和利用对档案的价值有影响、调节和使用的作用。在鉴定工作中，必须予以重视，凡社会需要的档案，说明档案对社会有用，即有价值，应当予以保存；社会不需要的档案或较少需要的档案，说明对社会的作用小甚至无作用，若无潜在的价值，则一般不予保存。社会利用需求标准，一般包括以下几方面：

（一）社会需求方向

所谓社会需求方向，是指围绕广大利用者需要利用哪些内容和哪些类型的档案，把握住总的发展趋向。但在不同历史时期，不同的利用者类型、不同目的利用者所需要的档案信息内容有很大的区别，因此，档案人员要站在社会需求的高度，把握公民个人、机关以及社会方方面面利用档案信息的需要。从总的方面看，留存档案应满足社会主义物质文明和精神文明建设的需要，满足全面地为政治、经济、军事、科学、文化以及党和国家各项事业发展的需要，满足各研究领域和人民大众维权、丰富业余生活休闲利用的需要等等。在过去的档案鉴定工作中，曾经有过重政治轻业务、重宏观轻微观以及某些盲目现象，致使一些档案馆（室）档案利用率很低，不能满足广大利用者的利用需求。近年来，许多档案馆（室）调整了馆藏结构，在保存党政档案的同时增加了专门业务档案的比例，在保存“宏观”档案的同时，也抽样保留一些具有典型性、代表性的“微观”档案，受到了利用者的欢迎。为了把握社会需求方向，档案人员要加强对现有档案利用状况的统计和研究，总结经验，摸索规律，开展预测，尽可能使选留保存的档案能满足社会各方面需要。

（二）社会需求面

社会对档案的需求是多方面和多层次的。社会生活丰富多彩，对档案的需求多种多样，而档案的内容上自天文，下至地理，中及人事，无所不包，可以满足社会的广泛需求。人们在社会实践中，有的利用档案解决行政管理、生产建设，以及日常生活中的各种具体问题；有的使用档案进行科学研究与著书立说。利用档案的领域有政治、经济、科学、文化等方方面面。利用者有行政管理人员、专业技术人员、工人、农民、商人、学生等。无论在什么情况下，档案只要能满足社会需要就具有价值，否则就无价值。需要的满足程度对社会的利益影响越大，档案价值就越大，反之就越小。因此，在鉴定工作中决定档案的留存和确定保管期限时，应以一定的社会需求面（即广泛性）为前提，要避免片面地以个别需求为鉴定标准，而要考察每份文件的社会意义。有些档案在失去现行效用之后，不仅对本机关有查证、参考意义，而且可作为其他方面工作人员、研究人员工作参考和研究素材，具有较大的社会意义，从而具有较高的价值。

（三）社会需求时间

社会对档案的需求，从时间上可分为近期利用需求与长远利用需求。近期利用需求是指档案形成机关在一定时期内需要查考利用档案，以及档案进馆初期各方面对档案的利用。鉴定档案价值时，既要照顾重点用户（形成机关），又要兼顾社会各方面现实的近期利用需求。长远利用需求是指鉴定档案价值时，应深入预测未来的潜在利用需求，通过对既往利用频率、利用效果、利用需求、用户状况等方面的调查分析，仔细剖析影响社会对档案需求的种种因素，探索利用需求的发展规律，从而准确地判定社会对档案的潜在需求，充分发挥档案馆史料基地的作用。

三、相对价值标准

从理论上讲，每一份文件价值的大小是客观的，它取决于档案的自身属性及其满足利用者需要的程度。但在鉴定工作中，实际上还有一种被鉴定档案与其他档案相比较而存在的价值——相对价值，它是通过相互比较来衡量档案保存价值的一种标准。例如，某一件（卷）档案的价值并不大，但由于这个时期、这个机关保存下来的档案数量少，这一件（卷）档案的价值就相对提高，保管期限也适当延长；反之，孤立看某一件（卷）档案似乎很重要，但同一全宗存有众多同类型档案，或在档案进馆后会与其他全宗的档案重复，这件（卷）档案的价值就会相应降低，可适当缩短保管期限。因此，根据档案价值相对性的特点，在开展档案鉴定工作时，一定要全面观察一个全宗和一个档案馆档案的整体状况，既要分析档案本身的固有价值，又要重视馆（室）藏档案质量的优化和减少重复。

（一）相关档案的保存状况

分析档案的价值，不能孤立地从单份文件或单个案卷出发，应从全宗文件之间的有机联系出发，从全宗群以及同时期、同类型全宗的档案数量、结构、完整程度、可靠程度出发，全面地考查文件的价值。全面地分析档案价值，有一个被鉴定档案的价值与相关档案的价值的比较问题。就某一份档案材料来说，其价值不大，但该时期的档案材料很少保存下来，这份档案具有“样本”性质而应当保存。某些档案就一个全宗看具有保存价值，但从档案馆角度看，相关全宗已经保存，为减少重复而应当剔除。为此，鉴定档案价值时，看相关档案的保存状况，应注意以下几点：

1. 看档案的完整程度

在正常情况下，一个全宗、全宗群，或同类单位的档案数量大、保存得比较完整，鉴定档案价值时，应严格一些，挑选确有价值的才保存。假若由于某种原因，某一个历史时期，或某一全宗、全宗群保存下来的档案材料不完整，鉴定档案价值时，标准就应稍宽一些。

2. 看档案是否重复

档案之所以珍贵，是其向以“孤本”著称。若保存过多的重份文件，就会给保管、保护工作带来困难，造成人力、物力的浪费。鉴定档案价值，应注意对全宗内的重复文件和各全宗之间交叉重复文件进行清理和剔除，力求做到一个全宗内不出现重份文件，档案馆内各全宗之间少出现重份文件。

3. 看文件的可靠程度

同一文件在撰稿、印制过程中，以及根据使用的需要，可以形成各种稿本，分为正本、副本、定稿、草稿、草案等。不同稿本的文件，在行政效能、凭证作用等方面是有区别的。正本具有标准的格式，有机关的印章或负责人的签署，是机关进行工作的依据，具有法定的实际效能和凭证作用，可靠性大，价值也就大一些。副本、草稿、草案的可靠性差一些，价值也小一些。由于科学技术的进步，副本与正本在内容和形式上可以毫无差异，副本也可以起凭证作用，特别在没有正本的情况下更是这样。某些重要文件的草稿、草案也具有一定的价值，可以看出重要文件的形成过程，需要保存一段时间。

4. 看档案内容的可替代程度

如果一份文件的内容已为其他更重要的文件所包容，那么这份文件的价值可以从严判定；反之，如果一份文件独立地反映了一个方面的问题，别无其他材料，那么这份文件的价值就相对提高。例如，一般说来，本机关的年度总结、统计报表等应永久保存。季度、月份的总结、统计报表应定期保存，但在无年度总结、统计报表的情况下，季度或月份的总结和统计报表就会变得重要起来，其价值就会相对提高。再如，在有正本的情况下，副本、草稿的价值就比较小，一般可不归档，而在没有正本的情况下，副本、草稿的价值相对提高，可归档视同正本保存。

（二）保管条件和费用

鉴定档案价值的目的，就是挑选有价值的档案继续保存，剔除无须保存的档案予以销毁。但在具体判定哪些档案值得保存和保存多久，哪些档案不值得保存时，应考虑保管档案的现有条件和效益。

1. 现有保管条件

我国是发展中国家，在较长时期内向档案方面投入的财力是有限的，档案馆室的库房建设及设备的增长速度远远赶不上档案数量的急剧膨胀，二者矛盾十分突出。鉴定工作中，在确定应保存档案的数量和保管期限时，要适当考虑现有的保管条件与设备的承受能力。

2. 保管费用

所谓保管费用，是指保管档案过程中的花费，包括储存费用、处理费用、保护费用、参考咨询费用。保存档案应考虑效益问题，只有当档案发挥作用所带来的利益超过因保存档案所付出的代价时，档案才具有保存价值。有的档案虽然具有一定的价值，但限于现有条件不足或保管费用过高，也难以保存。所以，档案工作者在鉴定工作中应有效益观念。但是，必须指出，考虑档案的效益，不能只考虑经济效益，还应全面分析档案的社会效益。从整体效益和局部效益、当前效益和长远效益等方面，具体比较档案的“投入”与“产出”，才能对档案价值的评价更准确，更符合实际，避免在效益问题上的片面性。

第四节　档案保管期限表

档案保管期限表，是用表册的形式列举档案的来源、内容和形式并指明其保管期限的一种指导性文件。它是立档单位、档案室、档案馆鉴定档案价值和确定档案保管期限的依据和标准。

一、档案保管期限表的作用

（一）能够保证鉴定工作的质量和提高鉴定工作的效率

档案保管期限表是根据档案价值鉴定的原则，认真总结鉴定工作经验，经过反复讨论研究而形成的，实践证明是行之有效的。有了保管期限表，就有了一个明确的标准，档案鉴定工作人员可以根据档案保管期限表来统一进行档案鉴定工作，可以避免个人认识上的局限性和片面性，以致造成判定档案价值过宽或过严的倾向，确保准确地判定档案价值，提高鉴定工作的质量。同时，由于标准明确，认识一致，有利于推动鉴定工作的顺利开展，提高鉴定工作的效率。

（二）能够有效防止任意销毁文件

因为档案保管期限表明确规定了什么样的文件要保存，什么样的文件不保存，标准明确，界限清楚，加上严格的制度，就能够有效地防止因有意或无意的错误而销毁文件。

二、档案保管期限表的类型

目前我国的档案保管期限表，归纳起来有以下几种类型：

（一）通用档案保管期限表

它是由国家档案事业管理机关编制的，供全国各机关、团体、事业单位鉴定档案时通用的保管期限表。如 2006 年 12 月国家档案局颁发的《机关文件材料归档范围和文书档案保管期限规定》中的《文书档案保管期限表》，就是通用保管期限表。它的特点如下：第一，概括了全国各机关、团体、事业单位普遍产生的文件及其保管期限，具有通用性，是确定全国各机关、团体、事业单位档案材料保管期限的标准和依据。第二，是制定其他各种保管期限表的依据。各个系统、各个部门、各个机关都可以根据通用保管期限表的原则精神，结合自己档案材料的具体情况，编制本系统、本部门、本机关的档案保管期限表。

（二）专门档案保管期限表

它是由档案事业管理机关会同专业主管部门编制，供各机关、团体、企业、事业单位鉴定专门档案时使用的一种保管期限表。例如 2015 年财政部、国家档案局颁发的《财政总预算、行政单位、事业单位和税收会计档案保管期限表》，就是供全国各级财政机关、行政单位、事业单位和税收机关鉴定会计档案的统一标准。

（三）同系统机关档案保管期限表

它是由主管领导机关编制的，供同一系统各机关鉴定档案价值时使用的保管期限表。例如《中国人民解放军文书档案保管期限参考表》，它概括了军队系统各单位可能产生的文书档案及其保管期限，作为军队系统各单位鉴定文书档案价值的统一标准。

（四）同类型机关档案保管期限表

它是由档案事业管理机关或主管机关编制的，供同一类型（如医院，工厂，学校，区、乡政府）各单位鉴定档案时使用的依据和标准。如××市人民政府制定的《各区人民政府档案材料保管期限表》，× ×地区《医院文书档案保管期限表》，× ×县《乡人民政府档案保管期限表》，就属于同类型机关档案保管期限表。

（五）机关档案保管期限表

它是根据各机关档案的具体情况，由本机关编制的，供本机关鉴定档案时使用。如《× ×省人民政府档案材料保管期限表》《中共× ×县委会档案材料保管期限表》，就是这种类型。在这种保管期限表中，包括了一个机关在工作活动中可能产生的所有文件及其保管期限，明确具体，使用起来很方便。

三、档案保管期限表的结构

档案保管期限表的结构，包括顺序号、条款、保管期限、附注以及说明等部分。对于条款较多的档案保管期限表，还可以加上类别。以上是档案保管期限表的一般结构，可以根据档案保管期限表的特点和实际需要，增加或减少某些项目，但条款与保管期限是最基本的项目，任何档案保管期限表都必须有。

（一）顺序号

档案保管期限表的各条款经过系统排列后，在各条款的前面编上统一的顺序号。编顺序号的目的，是固定条款的排列位置，作为鉴定工作人员使用档案保管期限表时引用条款的代号。因此，条款必须从头到尾统一编流水号，不能有重号。

（二）条款

条款是同一组类型相同的文件的名称或题名（档案部门习惯称标题）。拟制条款要求能反映出一组文件的来源、内容、名称和形式，文字要简明确切。在列举一组文件的来源、内容、名称和形式时，可以指出具体的作者、问题，也可以概括出一组文件所反映的级别、问题和名称。如“会议文件”“上级机关”“下级机关”“报表”等。必要时，还需要指出文件的作用和可靠程度，如“执行”“批准”“备案”“参考”以及“定稿”“草稿”“正本”“副本”等。每一条款应代表一组有内在联系的价值相同的文件，有时为了使条款简洁醒目，也可以将价值不同的而有联系的一组文件写成一个条款，在条款下面分别指出不同的保管期限。条款一般不宜拟制得过多过细，但也不能概括成文教、卫生等类别，以免使用时发生困难。

（三）保管期限

保管期限的划分是鉴定档案价值的主要任务。保管期限划分得是否正确，是衡量档案价值鉴定工作做得好坏、质量高低的重要标准。所以，确定保管期限是编制档案保管期限表最核心的问题。

根据 2006 年 12 月国家档案局颁发的《机关文件材料归档范围和文书档案保管期限规定》，保管期限分为永久、定期两种。

1. 永久保管的文书档案

永久保管的文书档案是指凡是反映机关主要职能活动、中心工作和基本历史面貌的，对本机关工作、国家建设和历史研究有长远利用价值的文件材料，以及在维护国家、集体和个人权益等方面具有永久性凭证价值和文化价值的各种文字、图表、声像等不同形式的文字材料。2006 年，国家档案局颁发的《机关文件材料归档范围和文书档案保管期限规定》，将一个机关应划为永久保管的文书档案分为八类：(1) 本机关制定的法规政策性文件材料；(2) 本机关召开重要会议、举办重要活动等形成的主要文件材料；(3) 本机关职能活动中形成的重要业务文件材料；(4) 本机关关于重要问题的请示与上级机关的批复、批示，重要的报告、总结、综合统计报表等；(5) 本机关的机构演变、人事任免等文件材料；(6) 本机关房屋买卖、土地征用、重要合同协议、资产登记等凭证性文件材料；(7) 上级机关制发的属于本机关主管业务的重要文件材料；(8) 同级机关、下级机关关于重要业务问题的来函、请示与本机关的复函、批复等文件材料。

2. 定期保管的文书档案

定期保管的文书档案是指在一定时期内，本机关进行工作、总结经验有查考利用价值的材料。2006 年国家档案局颁发的《机关文件材料归档范围和文书档案保管期限规定》，将定期保管的文书档案分为九类：（1）本机关职能活动中形成的一般性业务文件材料；（2）本机关召开会议、举办活动形成的一般性文件材料；（3）本机关人事管理工作形成的一般性文件材料；（4）本机关一般性事务管理文件材料；（5）本机关关于一般性问题的请示与上级机关的批复、批示，一般性工作报告、总结、统计报表等；（6）上级机关制发的属于本机关主管业务的一般性文件材料；（7）上级机关和同级机关制发的非本机关主管业务但要贯彻执行的文件材料；（8）同级机关、下级机关关于一般性业务问题的来函、请示与本机关的复函、批复等文件材料；（9）下级机关报送的年度或年度以上计划、总结、统计、重要专题报告等文件材料。

（四）附注

附注亦称注释，就是对某些条款及其保管期限所做的必要注释和说明。如“重要的”是指方针政策性或反映重大问题、具有科学历史价值的文件材料；“一般的”是指一般业务和事务性问题、科学历史价值不大的文件等等。

（五）说明

说明一般应指出保管期限表的使用范围，制定保管期限表的依据，保管期限表的结构，保管期限的计算方法，保管期限表的批准机关以及其他有关事项。

四、档案保管期限表中的若干问题

（一）制定永久保存档案的独立评价体系与实施比例控制法，确保永久保存档案的完整与优化

我国幅员辽阔，各类型机关、团体、企业、事业单位形成的档案，在数量、内容、价值等方面存在很大差异，国家不可能对其鉴定、处置问题做出条分缕析的规定。鉴定工作应贯彻宏观调控的指导思想，采取有所为有所不为的原则。有所为是指对国家和社会有长远利用价值的，需要永久保存的档案，由档案行政管理机关在总结已有经验、深入调查研究和科学论证的基础上，制定永久保存档案的独立评价体系与《永久保存档案一览表》。制定时有两个方案可供选择：一是由国家档案行政管理机关制定一个《永久保存档案一览表》，供全国使用；二是由各级档案行政管理机关分别制定中央、省（市、自治区）、地（市）、县级机关《永久保存档案一览表》。中央级机关的《永久保存档案一览表》的原则精神，对省、地、县级机关确定永久保存档案标准时是适用的，但机关级别越低，需永久保存的档案应越少。《永久保存档案一览表》应尽可能全面、具体地列出各机关在工作活动中形成的、需要永久保存档案的名目，按时向档案馆移交。

为将宏观调控的指导思想落到实处，应该从国家各级机关形成档案的不同价值出发，对需要进入各级档案馆永久保存的档案实施量的控制。采用比例控制法，有利于提高进馆档案的质量，有利于严格划分档案的保管期限，有利于控制和减少进馆档案的数量，

有利于进一步完善和优化文件归档的范围。具体确定进馆档案的比例时，应充分考虑文件形成机关的性质，在国家体系中以及社会上的地位，该机关担负职能的重要性，形成的文件与其他文件对照时表现出的持久性与独特性，该机关参与准备、负责及调查与处理的事件、事务、问题的重要性，等等。一般说来，行政级别高、担负职责重的机关形成的档案相对重要一些，应多保存一点。中央级机关形成的档案需要永久保存的比例要比省级机关高一些，依此类推。各级党委、政府、人大、政协机关形成的档案需要永久保存的比例比一般机关高一些。究竟什么样的比例合适，应在充分调查研究、听取各方面意见以及参照外国经验的基础上，结合各级各类档案馆的实际，由档案行政管理机关作出决断。

运用上述评价体系的理由有两点：第一，抓永久保存档案就抓住了要害。永久保存档案是每一个全宗中档案的精华部分。对形成单位来说，它是履行主要职能活动的原始记录，是积累智慧和经验的仓库，是保持各项工作前后一致和继续发展的依据，同时对国家的政治、经济、科学、文化等方面均有利用的价值。从国家的角度看，若能将永久保存的档案完整、齐全地保存下来，党和国家历史的真实面貌就能得到有效的维护，我国的文明史就能得到延续和发展，子孙后代利用档案材料就有了雄厚的物质基础。第二，能防止对永久保存档案造成的不利影响。确定文件的归档范围与具体的保存期限是鉴定工作的关键性阶段，其工作主要是由机关文书人员具体实施的。文书人员往往未受过专门的历史或档案专业训练，对档案的第二价值知之甚少，即使鉴定工作有机关中精通业务的专业人员参与，他们受工作职责、所处地位和环境等各种因素的限制，考虑文件价值的出发点也多局限于文件对形成部门事务的有用性，即文件的第一价值，较少考虑文件的第二价值。在这样的情况下，一些具有研究价值的档案在归档与确定保管期限时有可能就被判处了“死刑”。为此，制定永久保存档案的独立评价体系与《永久保存档案一览表》，确保对永久档案的挑选，既可避免文书人员、机关业务人员在鉴定工作中的自身局限性，又能通过标准实施实现对永久保存档案的有效监督。此外，国家可对定期（长期、短期）保存档案提出指导性意见，以便机关制定保管期限表时有所遵循。

（二）分级分系统制定档案保管期限表，构建有中国特色的档案鉴定工作体系

档案的作用是多方面的，档案的价值可以从不同角度区分，例如，第一价值、第二价值，证据价值、情报价值、文物价值，现实价值、潜在价值，等等。不同的机关形成档案的价值是有差异的，档案价值的鉴定标准应具有多元性，不适宜用一个表一统天下，也不适宜从中央机关到基层单位的档案，保管期限实行一刀切。从国家的角度看，三级单位与基层单位只需选样留存典型单位永久保存的档案即可。为此，二、三级单位与基层单位形成档案的保管期限不能与中央级或一级机关“持平或延长”，永久保存档案更应精练。对于一些较难确定保管期限的档案，也可由过去的“就高不就低”改为“就低不就高”，经过实践检验，确有继续保存价值的，期满复查时再延长也未尝不可。应该从各机关形成档案价值的实际出发，分别制定同级、同类型、同系统机关档案保管期限表、专门档案保管期限表、机关档案保管期限表，分别肩负不同的任务，组成一个有机的体系。这种分则独立、各司其职，合则一体的鉴定工作标准体系，兼顾了标准化与实用性相结合的原则，既切实可行，又能满足方方面面鉴定工作的需要，充分体现出有中国特

色的档案鉴定标准体系。

（三）档案保管期限表的期限、条款应明确和细化，走划限与标时（年）法相结合之路

对于档案保管期限表的制定，各国档案界在出发点上存在两种不同的态度：一是保持灵活，因而档案保管期限表趋向概括、抽象；二是力求具体，因而档案保管期限表趋向机械、细致。半个多世纪以来，我国制定档案保管期限表是持前者的原则和态度。坚持前者暴露出的缺点如下：期限表结构不完整，缺少说明与注释，用词过于抽象（重要的、一般的），条款渐行渐少，档次过粗（一刀两断——永久、定期或二刀三断——永久、长期、短期）、永久比例过高，一身二任，重宏观轻微观，等等，这些问题长期未能妥善解决。20 世纪末，我国档案界的"三分法"与"两分法"之争则是问题的表象之一。其实"三分法""两分法"并无质的差异，双方论据的优缺点也大都能"以子之矛，陷子之盾"（《韩非子·难一》），三分与两分都不能解决档次过粗的问题。

档案保管期限表的期限与条款，从理论上讲，既规范明确，又能灵活掌握可能更好一些。但实际操作起来，作为鉴定工作的指导性文件，规范、明确、具体是至关重要的。西方国家档案保管期限表的条款至少不下百八十条，保管期限的档次有十多个。保管期限表的档次与条款，虽然不是越细越好，但适当细化其档次与条款，明确每一条款的专指性，走划限与标时法相结合之路，则是利大于弊的。所谓"标时法"，就是根据档案价值的大小，具体给档案标明保管年份，如 3、5、10、15、20、30、40、50 等具体年份。凡定期保存的档案，都有具体的保管年份。划限与标时结合，有以下好处：

（1）有利于档案保管流程畅通。该进馆的档案进馆，不进馆的档案有具体的保存期限，该短则短，该长则长，这样多档次、短时距的淘汰频率，使馆室藏档案能不断吐故纳新，始终处于优化状态。

（2）责任分明。什么样的档案应保存多久，条款上定得一清二楚，鉴定人员按其规定销毁是履行职责，不存在什么法律责任。即使销毁错了，也是法规本身尚有不完善之处，是有关部门总结经验加以改进的问题。

（3）方便及时处置，可以较好地解决当前存在的"有期无限"、"鉴而不毁"、一拖再拖直到不了了之的问题。

（4）便于对号入座。条款及档次具体准确，与机关形成的档案相对应，可操作性好，能提高鉴定工作的效率。

（四）科学性、实用性、可操作性是评价档案保管期限表优劣的重要标准

档案保管期限表是确定档案保管期限的重要工具，不是单纯的理论研究。编制档案保管期限表，要把科学性、实用性与可操作性放在重要位置，忽视这一点，所编制的保管期限表就会因不便使用而束之高阁，不能发挥应有作用。所谓档案保管期限表的科学性是要求档案保管期限表能科学地揭示档案文件的保存价值，据其能较准确地划分出档案的具体存留年限，使人们对档案有效发挥作用的预期与所划定的保管期限大体吻合。为实现科学性的要求，在制定档案保管期限表时，一是要有科学的档案鉴定理论为指导，

二是要对鉴定对象——档案有深入的研究与思索。而档案保管期限表的实用性与可操作性，则应符合全面、系统、准确、明了的要求。所谓全面，是指档案保管期限表的条款能容纳相关范围内所有档案，以便鉴定时都有条可归。所谓系统，是指档案保管期限表的众多条款都遵循一定的逻辑顺序加以系统排列，做到条理清晰，层次分明，方便使用。所谓准确，是指档案保管期限表的条款、保管期限、注释、范例、总的说明等部分的文字表述，措辞准确，含义清楚，界限分明，一般不会产生歧义。所谓明了，一是指条款与注释尽量少用模棱两可、含糊其词的语言，把“重要”“一般”等不确定性词语的使用降到最低限度，凡容易产生歧义的条款就用范例说明，易于产生歧义的词加以必要的注释；二是指保管期限不宜弹性太大，要有具体的保存年限，使鉴定人员一看就懂，方便实用，可操作性好。

第五节　档案鉴定工作的制度与组织

一、档案鉴定工作的制度

档案鉴定工作是一项严肃、细致的工作，直接决定国家宝贵的文化财富的命运。因此必须严格按照党和国家的规定办事，建立和健全鉴定工作制度，确保鉴定和销毁档案有组织、有领导地进行，减少工作中的失误，防止人为有意破坏档案，力争将这项工作做好。根据国家的有关规定，档案鉴定工作制度的基本内容主要包括以下方面：

（一）确立统一的鉴定原则和标准

由党和国家及其档案事业管理机关制定统一的全国性鉴定标准，各地区、各系统、各机关据以制定具体的鉴定标准，各档案馆、各机关根据规定的鉴定标准进行鉴定工作。如2006年12月18日国家档案局颁发的《机关文件材料归档范围和文书档案保管期限规定》和《文书档案保管期限表》就是鉴定工作的指导性文件、统一的鉴定标准。

（二）鉴定工作的组织领导

鉴定工作必须有组织、有领导、有计划地进行。机关档案鉴定工作，一般由办公厅（室）领导人、档案人员、业务人员组成三结合的鉴定小组负责进行。档案馆的鉴定工作，由馆长、同级档案事业管理机关和档案馆的有关人员组成鉴定工作委员会负责进行鉴定工作。在鉴定某一机关档案的时候，还可邀请机关的代表参加。建立鉴定工作组织是为了加强对鉴定工作的领导，提高鉴定工作的效率与质量，防止片面性和草率从事。

（三）销毁档案的批准与监销制度

根据党和国家及档案事业管理机关的有关规定，销毁档案应编制销毁清册，办理批准手续，坚持执行监销制度。省档案馆销毁档案由鉴定委员会审查后，报请主管领导机关批准；县档案馆销毁档案，也要报请主管领导机关批准；机关销毁档案由机关领导人批准。

销毁1949年以前的历史档案，除经主管领导机关同意外，还应同时报国家档案局批准。未经鉴定和批准，不得销毁档案。销毁档案应注意安全保密，一般要有两人以上监销。销毁后监销人应在销毁清册上签字盖章，并注明销毁方式（焚毁、粉碎或打成纸浆）和日期。

（四）制定档案保管期限表，实行审批制度

为强化各级档案行政管理部门对机关文件材料归档与进馆档案的监督指导力度，提高档案保管期限表的质量与权威性，2006年12月18日国家档案局颁布的《机关文件材料归档范围和文书档案保管期限规定》将1987年《国家档案局关于机关档案保管期限的规定》中的“各机关根据本规定和《文书档案保管期限表》，以及有关的专门档案保管期限表，结合本机关的实际情况，编制本机关或本系统档案保管期限表，经本机关领导人审查批准后执行，并报同级档案行政管理部门备案”改为“各机关应根据本规定，结合本机关职能和各部门工作实际，编制机关的文件材料归档范围和文书档案保管期限表，经同级档案行政管理部门审查同意后执行。有垂直领导关系的中央、国家机关应依据本规定，结合本系统工作实际，编制本系统的文件材料归档范围和文书档案保管期限表，并经国家档案局审查同意后执行”。改备案制为审批制，是我国档案鉴定制度的一个新发展。这种改变使档案行政管理部门能更好地发挥宏观监控和微观调整的能力，对于提高档案鉴定工作质量与确保档案保管期限表的质量，有着积极的意义。

二、档案鉴定工作的组织

（一）机关档案室的档案价值鉴定工作

在机关档案室，档案价值鉴定工作通常分三个阶段实施。首先是在机关文件归档时确定归档范围，同时剔除一部分没有保存价值的文件，由机关文书处理部门或业务部门保存一两年后销毁。归档的过程是对文件价值的初步判定，是文件能否转化为档案的“资格审查”，是档案鉴定工作的第一个关口。其次是对于归档的文件确定保管期限。通常的做法是各机关在每年的归档文件目录中初步确定保管期限，平时根据每份文件的内容和价值分别归入不同的档案盒，正式整理时再以件（卷）为单位依据保管期限表确定其保管期限。这一阶段的鉴定工作主要由机关档案工作人员与文书立卷人员共同实施。再次是到一定年限进行价值复审。永久与部分定期保存档案的价值复审，是在机关档案室向档案馆移交档案时，由机关档案工作人员与档案馆有关接收人员共同对进馆档案进行复审。档案馆接收人员除了对每件（卷）档案的自身价值进行考查外，还要从优化馆藏出发，重视避免进馆档案的重复问题。定期保存档案的复审通常在保管期满时进行，经复审后，将确实具有长久保存价值的档案向档案馆移交。

（二）档案馆的档案价值鉴定工作

档案馆保存的档案，大都是由机关经过鉴定程序后移交来的，只需定期复审拣出保存期满的档案予以销毁。但是，由于种种原因，档案馆也接收了一些未经鉴定的档案，

仍须全面进行档案价值鉴定工作。档案馆对档案进行鉴定工作，应当在鉴定委员会或鉴定小组的领导下进行。

三、档案的销毁

档案销毁就是对经过鉴定失去价值的档案作毁灭性处置的过程。为了便于机关领导人审查批准应销毁的档案，必须编制档案销毁清册。它是登录被销毁档案题名、数量等内容并由责任人签署的文件，也是日后查考档案销毁的凭证。档案销毁清册封面的项目有全宗号、全宗名称和立档单位名称、编制档案销毁清册的单位名称和编制日期等。销毁档案的登记项目有顺序号、案卷或文件的题名、起止日期、号码（案卷目录号、案卷号或文件字号）、数量、原保管期限、销毁原因、备注等。除此之外，也可增加档案保管期限表的条款号、审查意见等项目。档案销毁清册应编制一式两份，一份送有关领导审查批准，一份留档案馆（室）保存。如果须送档案行政管理机关或上级主管机关审查批准，则还应多编制两份同时送去，一份经批准后退回。

为了方便机关领导或主管机关领导了解必要的情况，在报送档案销毁清册的同时，应附上销毁档案的简要说明。为了便于主管领导部门审批，应对所要销毁档案的主要原因、法律依据、鉴定过程、鉴定人员组成，以及销毁档案的内容、种类和数量等情况作出简要说明。必要时还须附上一份立档单位和全宗的简要说明，其内容包括立档单位和全宗的历史概况，档案的形成、保管、完整程度以及现存档案的主要成分，历次鉴定工作情况等。

档案部门在准备好销毁清册和销毁档案的简要说明后，还应以档案馆（室）的名义，向有审批权力的部门领导写出简明的书面报告，提出申请批准销毁档案的请求，报告的附件是销毁清册和销毁档案的简要说明。

准备销毁的档案，在未批准前应单独保管。档案销毁清册正式批准后，一般可将销毁档案送造纸厂做原料或自行焚毁与粉碎。为保守国家机密，严禁将销毁档案出卖或作其他用途。无论采用什么方式销毁，均应有两人以上监销，负责监督档案确已销毁后，在销毁清册注明“已销毁”字样和销毁日期，并由销毁人签字。

思考与练习

1. 档案价值鉴定工作的内容和要求是什么？
2. 档案价值标准有哪些方面？
3. 简述档案价值鉴定的原则、规则与方法。
4. 简述档案保管期限表的类型和结构。
5. 简述档案鉴定工作的制度和程序。
6. 简述档案价值宏观鉴定法。
7. 简述档案内在价值鉴定法。

第五章

档案保护与安全管理

内容提要

本章主要说明和介绍了档案保护管理和档案安全管理的相关理论、知识、技能和实际工作经验。内容包括：一、档案保护管理。二、档案库房管理。三、档案实体保护。四、档案安全管理。五、档案应急处置管理。

第一节　档案保护管理概述

一、档案保护管理的含义和内容

在档案管理业务活动中，档案保护管理通常被人们习惯性地简称为“档案保管工作”，是指为实现有价值档案的长期保存的目标，根据档案的成分和状况，采取各种有效的手段和措施，防止档案受损、延缓档案褪变、及时抢救和修复受损档案的活动。它是档案部门的基本职责之一，同时也是法律要求组织和公民个人应当承担的法律义务。档案保护管理的根本目的是维护档案实体的完整与安全。

所谓档案实体就是指档案的内容（人类活动的数据和信息）与一定存储介质（无论是需要长期保存的介质还是在一定时间范围内需要保存的介质）的复合体。传统意义上的档案具有内容与存储介质不可分离的特点，需要通过档案保护管理尽可能地延长档案的寿命；现代意义上的电子档案及传统档案的数字化副本，需要通过档案保护管理来保证其在发生转存、迁移等变化前，使其存储介质（光磁介质）处于有效状态，维护其真实性、完整性、可靠性、可读性的安全。

《中华人民共和国档案法》的第五条规定：“一切国家机关、武装力量、政党、团体、企业事业单位和公民都有保护档案的义务，享有依法利用档案的权利。”《机关档案管理规定》要求：“机关档案管理应当维护档案的真实、完整、可用和安全，便于检索、利用和开发。”《档案馆工作通则》规定：“档案馆应研究和改进档案保护技术，延长档案的寿命。对已破损和字迹褪色的重要档案，要及时修复或复制。”“档案馆应对馆藏档案和资料的保管情况进行定期检查，遇有特殊情况应立即检查，及时处理。”“档案库房必须坚固适用，并应具有抗震、防盗、防火、防水、防潮、防尘、防虫、防鼠、防高温、防强光等设施。”

档案保护管理的内容，主要涉及两个基本方面，即档案库房管理和档案实体保护。具体工作内容包括：(1) 档案库房的日常管理；(2) 对流动过程中的实体保护；(3) 保护档案所采取的各项专门措施。

档案库房的日常管理和库内档案保护的工作内容包括：档案库房的编号、档案装具的编号、档案的存放和全宗排列、档案存放位置索引的编制、全宗卷的建立和管理、档案库房温湿度控制等。

对流动过程中的实体保护的工作内容包括：在各项档案业务管理活动中为维护档案的完整、准确、系统和安全所采取的安全防护措施和行动。

保护档案所采取的各项专门措施的内容包括：为有效延长档案的寿命所采取的技术保护措施和制度安排，如防火、防水、防潮、防尘、防虫、防鼠、防高温、防强光、防盗、防磁、防震、防风等技术保护措施及相关的制度安排等。

二、档案保护管理的任务

社会对档案资源的利用需求是长期的，这就要求档案部门要有效维护档案实体的完整与安全。有些档案的存在涉及党、国家、立档单位的特定利益，必须采取有效的保护措施和制度安排与行动，加以妥善保存。但是，由于种种社会的和自然的不利因素的干扰和影响，档案实体往往会在保护措施或管控活动不正常、不科学、不到位的情况下，出现损坏甚至损毁，从而使档案实体的完整性和有效性等受到破坏。由于档案实体的长期保存要求同档案可能遭受损坏之间的矛盾始终存在，所以需要档案部门开展积极的档案保护管理工作来有效地解决这一矛盾。

造成档案损坏和遭受破坏的原因，不外乎社会原因和自然原因（人为因素和自然因素）两个方面。

人为损毁，主要表现为以下三种情形：

其一，由于政治斗争及其他各种原因，对某些档案文件进行有计划、有意识的破坏。

其二，档案工作人员或因利用档案等而接触档案的有关人员，由于麻痹大意、玩忽职守、不守规章导致的管理或使用不善造成档案丢失、损坏或档案系统紊乱。

其三，在档案的利用和管理过程中，档案会因频繁使用而加速老化。

自然损毁，概括起来有两个因素：一是内因——档案本身，即档案的制成材料，如纸张、胶片、光盘、彩带（盘）等介质材料，书写材料，技术发展等，这些因素的变化直接影响档案的寿命；二是外因——档案所处的环境和保管档案的条件，如不适宜的温度、湿度，有害气体，灰尘，水火，虫鼠，以及机械磨损等因素对档案的破坏。

档案保护管理的任务，是了解和掌握档案损坏规律，通过经常性工作，采取专门的技术措施，最大限度地防止和减少档案的损毁，延长档案实体的寿命，维护档案实体的系统性和完整性。档案保护管理就是人们向一切可能损毁档案的自然的、社会的不利因素做斗争。维护档案实体的完整与安全是我国档案工作基本原则对全部档案工作的基本要求，而档案保护管理是实现维护档案实体的完整与安全的重要环节和直接手段。换言之，维护档案实体的完整与安全就是档案保护管理最基本的、经常的任务。因此，档案工作者必须学习和掌握有关的科学技术知识，具有高度的政治警惕性和严格的纪律性，使档案实体的保护管理处于最佳状态。

三、档案保护管理的原则

实践表明，档案的保护管理如果有效地遵循如下工作原则，就可以为档案实体的完整和安全提供最基本的思想和行为保证。这些原则及其思想内容包括以下方面：

（一）以防为主，防治结合

即在整个档案管理和利用活动中，采用各种必要的设施和技术手段，避免档案损毁或损坏问题的出现。在档案管理实践中，档案部门应积极地采取“八防”措施，包括防火、防水、防有害气体、防光（紫外光）、防尘、防霉、防虫、防盗等，尽可能减少这些不利因素对档案的损害。如果发现问题，档案部门应予以及时解决和处置，改善档案保护的条件，修复受损档案。

（二）加强重点，兼顾一般

档案部门应根据档案保管期限的长短及发挥作用的重要程度，对重点的档案采取特别的措施加以管控，并在资源和条件保障方面优先考虑。而对一般的非重点档案的保护，则应做到兼顾，保证其在需要保存的时间范围内可以供人们正常使用。

（三）制度保证，违规必究

如果没有科学合理的档案保护管理制度保证，任何先进的技术措施和手段都会失去其应发挥的作用。所以档案部门必须加强档案保护管理的相关制度建设，对重点保护的档案还应做出更为严整的制度安排，并在实际工作中，尤其是在日常的管理活动中，切实加以落实。档案保护管理的制度设计应当责任主体明确、责任内容清晰且目标合理、奖惩措施到位。对于在档案保护管理方面出现的问题、事故、安全事件等，应予以及时解决；对在档案保护管理中能够及时发现隐患、发现潜在风险和问题的工作人员，以及在档案保护管理模式创新、档案保护技术发明、档案保管业绩方面表现突出的机构和个人等，应给予物质和精神方面的奖励、表彰；对违反工作制度和工作纪律的人员，要给予批评教育，造成损失的要依法依规进行及时处理。

第二节 档案库房建设与管理

档案库房是档案保护管理的先决性条件之一。《档案馆工作通则》规定：“档案库房必须坚固适用，并应具有抗震、防盗、防火、防水、防潮、防尘、防虫、防鼠、防高温、防强光等设施。”没有良好的库房条件，档案保护管理的许多措施和手段都会失去其应有的效果。本节结合国家的有关行业推荐标准和相关的制度要求，着重介绍档案库房建设和库房管理的基本业务工作内容和相关要求。

一、档案库房的建设规范和要求

依据 2011 年 2 月 1 日起实施的《档案馆建筑设计规范》（JGJ 25—2010）和 2008 年 7 月 1 日实施的《档案馆建设标准》（建标 103—2008）的相关规定，档案库房的设计和建设应充分考虑如下要求。

（一）档案馆基地选址的要求

《档案馆建设标准》对档案馆的基地选址提出了四点要求。第一，应选择工程地质条件和水文地质条件较好的地段，并宜远离洪水、山体滑坡等自然灾害容易发生的地段；第二，应远离易燃、易爆场所和污染源；第三，应选择交通方便、城市公共基础设施较完备的地段；第四，应选择地势较高、场地干燥、排水通畅、空气流通和环境安静的地段。

（二）档案馆建筑设计的一般规定

档案馆建筑应根据其等级（副省级市以上的档案馆建筑为一级，市地县级档案馆建筑为二级）、规模和功能设置各类用房，并宜由档案库房、对外服务用房和技术用房、办公用房和附属用房等组成。

档案馆的建筑布局应按功能区分布置各类用房，并应达到这样的要求，即功能合理、流程便捷、内外相互联系又有所分隔，避免交叉。各类用房之间进行档案传送时，不应通过露天通道。档案馆建筑设计应使各类档案及资料保管安全、调阅方便；查阅环境应安静，工作人员应有必要的工作条件。

四层及四层以上的对外服务用房、档案业务和技术用房要设电梯。两层或两层以上的档案库应设垂直运输设备。锅炉房、变配电室、车库等可能危及档案安全的用房，不宜毗邻档案库房。

（三）档案库的设计与布置要求

档案库可包括纸质档案库、音像档案库、光盘库、缩微拷贝片库、母片库、特藏库、实物档案库、图书资料库、其他特殊载体档案库等，并应根据档案馆的等级、规模和实际需要选择设置或合并设置。

档案库应集中布置、自成一区。除更衣室外，档案库区内不应设置其他用房，且其他用房之间的交通也不得穿越档案库区。档案库区的平面布局应简洁紧凑。档案库区及档案库入口应设缓冲间，面积不小于 6m^2；若设置了外走廊，则可以不设置缓冲间。

档案库区内比库区外楼地面应高出 15mm，并应设置密闭排水口。每个档案库应设两个独立的出入口。档案库净高度不低于 2.6m。档案库内档案装具布置应与有窗墙面成垂直。档案装具间的通道应与外墙采光窗对应，当无窗时，应与管道通风孔开口方向相对应。

档案装具排列的各部分尺寸应符合以下要求：主通道宽度不小于 1.2m，装具之间的距离不小于 0.8m，装具端部与墙体的距离不小于 0.6m，邻墙装具与墙体的距离不小于 0.1m。

档案装具的存储档案量应符合以下要求：采用五节档案柜，库房存储档案排列长度不小于 2.7 延长米；采用双面档案架时，库房存储档案排列长度不小于 3.3 延长米；采用密集架时，库房存储档案排列长度不小于 7.2 延长米。

档案库楼面均布活荷载标准值不应小于 5kN/m^2；采用密集架时不应小于 12 kN/m^2。母片库不应设外窗，珍贵档案存储应设特藏库。

档案馆其他用房的标准要求，各档案馆在设计时应按《档案馆建设标准》的规定和要求执行。

二、档案库房围护结构防热措施与要求

档案库房围护结构中的屋顶、墙体、门窗等需要采取的防热和隔热措施包括以下要求：

（一）屋顶防热

因平屋顶比斜屋顶的防热效果差，所以在可选择的情况下，档案库房的屋顶最好是斜（坡）屋顶。

实体材料隔热屋顶：即在屋顶的内层或外层铺设一定厚度的隔热材料，使库内温度有所降低，通常屋内同屋外相比，出现最高温度的时间应延迟 3～5 个小时。

空气间层隔热屋顶：通过设置架空层的方式，利用空气及其流动的方式达到阻热的效果。架空层的高度不应小于 0.3m。炎热多雨地区的坡屋顶其下层为空间夹层时，内部应通风流畅。

（二）外墙隔热

可利用墙体隔热材料和结构来隔热，也可通过设置外走廊，在外墙表面涂布浅色涂料，设置屋檐，以及在档案库周围增加绿色植被等方式，达到隔热目的。

（三）门窗隔热

档案库房的门窗应尽量南北朝向，选用合成树脂类玻璃及含铁质玻璃材料制作的双层窗户或真空窗。窗户的面积与同一面墙的面积比不大于 1∶10，库门应选择双道密闭门，保证门窗的密闭性，并采用必要的遮阳设施等。档案库门应为保温门；窗户的气密性能、水密性能及保温性能分级要求应比当地办公建筑的要求提高一级。档案库房不得采用跨层、跨间的通长窗。

三、档案库房围护结构防水措施与要求

对档案库房的屋顶、地面、墙体及门窗的缝隙应采取必要的密闭措施，防止库外水气进入库内。具体要求包括以下方面：

（一）屋顶防水（防潮）

屋顶防水或防潮的措施：采用防水的屋顶结构设计，如坡屋顶等；在屋顶上铺设防水材料，如沥青、油毡等卷材或新型的防水材料等。

（二）外墙防水（防潮）

外墙防水或防潮的具体措施：在档案库房外墙表面涂布一层水泥砂浆与防水砂浆制成的防水材料；墙体内层选用透气性差的材料；把墙体设计成空心墙或空斗墙；加厚踢脚部墙体，设置防潮层；外墙周围设一定宽度的散水坡和排水沟；对库房的墙基进行隔潮处理等。

（三）门窗防水（防潮）

库房的门窗要有良好的密封性，防止库外潮湿空气和雨雪水通过门窗缝隙侵入库房。

（四）地面防水（防潮）

地面以架空地面防潮为主，也可采用水泥砂浆防水、铺设混凝土垫层、铺设油毡防水层等方法。

四、档案库房的防火措施和要求

档案库房的防火设计，应符合《建筑设计防火规范》（GB 50016—2014）、《高层民用建筑设计防火规范》（GB 50045—95）和《建筑内部装修设计防火规范》（GB 50222—2017）的有关规定。

档案库区中同一防火分区内库房之间的隔墙应采用耐火极限不低于 3 小时的防火墙，防火分区间即库区与其他部分之间的墙体应采用耐火极限不低于 4 小时的防火墙，其他内部隔墙可采用耐火极限不低于 2 小时的不燃烧体。档案库中楼板的耐火极限不应低于 1.5 小时。

供垂直运输档案的电梯应临近库房，并要设在防火门外；电梯井要封闭，其围护结构应为耐火极限不低于 2 小时的不燃烧体。

注意档案馆的特藏库房最好单独设置防火分区。

特级、甲级档案馆和属于一类高层的乙级档案馆的建筑要设置火灾自动报警系统。其他乙级档案馆的库房等房间应设置火灾自动报警系统。馆区要设室外消防给水系统。

特级、甲级档案馆中的特藏库和非纸质档案库、服务器机房，要设惰性气体灭火系统。特级、甲级档案馆中其他档案库房可采用洁净气体灭火系统或细水雾灭火系统。档案库内严禁设置明火设施。档案装具最好采用不可燃烧材料或难燃烧材料。档案库区建筑及每个防火分区的安全出口不应少于2个。

档案库区缓冲间及档案库的门要向疏散方向开启，并采用甲级防火门。

库区内设置楼梯时，应采用封闭楼梯间，门要采用不低于乙级的防火门。档案馆建筑应配置灭火器，器材应符合《建筑灭火器配置设计规范》(GB 50140—2005）的规定。

五、档案库房的管理

档案库房管理工作是档案保管工作的基础，因而只有做好经常、具体的库房管理工作，才能为整个档案工作顺利进行创造必要的条件。

（一）档案库房的编号

为了有条不紊地管理库房，应将各个库房加以统一编号。库房的编号有两种方法：一种是为所有的库房编一个总顺序号，适合库房较少的档案馆（室）；另一种是根据库房所在地的方位及库房建筑的特征进行分区编号，如“东一楼”“东二楼”“西一楼”“西二楼”等。每幢库房的内部，应根据建筑及房间的划分情况进行编号。如系楼房，就应自下而上编层号；每层房间，应从入口开始，从左向右编房间号。

（二）档案架（柜）的编号

为了便于对库房内档案的管理和能够迅速地存取档案，所有档案架（柜）应进行统一编号。编号方法是自门口起从左至右编架（柜）号，每个架（柜）子的栏也从左向右编号，每栏的格自上而下编号（如果没有栏，则是自上而下编格号）。

（三）档案的存放和全宗排列

1. 存放和排列

在我国一般的档案馆和档案室所保存的档案，都是按照全宗进行整理和保管的，因此当考虑档案存放的时候，首先应按全宗来进行，一个全宗内的档案应集中在一起。但是，有些特殊情况应予妥善处理。如库房或柜架预留的空位已被排满，新入馆的档案不能与先入馆的同一全宗的档案放在一起的时候，可以暂时单独保存，待有可能调整时，再将一个全宗的档案集中起来，或有计划地分阶段分库定位排列保管。有的全宗内可能还包括一部分影片、照片、录音带、录像带、技术图纸或会计报表等档案，这些不同类型的档案，可以分别保管。对于暂时或定位分别保管的全宗中的这部分档案，应填写参见卡，把它放在原全宗（全宗主体）存放位置内，指明其存放地点，以保持其应有的联系。库房内各个全宗单位，应进行系统排列。全宗排列方法，主要有按全宗顺序号流水排列法和全宗分类排列法两种。前者对库房空间和全宗实体的安排比较方便，后者对全宗的系统管理和全宗的信息控制较为有利。在我国，通常采用按全宗群排列的方法，即在保持全宗完整的情况下，安排所有全宗存放地点的时候，尽量将同一时期同一系统或相同性质的全宗放在一起，以保持全宗与全宗之间的联系。在安排一个全宗内案卷排列次序的时候，必须严格地按照全宗内既定的分类体系和案卷的顺序号进行，以保持案卷之间的联系。当确定了全宗和案卷的排放次序以后，就可以组织上架，上架的次序应根据档案架（柜）及其“栏”“格”的编号次序进行。

2. 存放方式

存放方式一般有两种：竖放和平放。但在特殊情况下，特大特长幅面的档案文件（如底图、地图等）以卷放为好。竖放是目前采用比较广泛的一种方式，好处是检取和存放案卷比较方便。平放的方法，虽然取放不太方便，但对保护档案是有利的。平放文件较舒展，文件上的皱纹日久后就会消失。这种方法适合于保管珍贵档案和不宜竖放的档案（如卷皮质软、没有装订、幅面过大等）。平放档案时，为了取放方便和避免文件承担过重的压力，堆叠的高度以不超过 0.4 米为宜。

例如，底图存放的方法有平放、卷放两种方法。平放，即按整理顺序将底图平放在多层抽屉的底图柜中。这种方法能较好地保持底图的平整，存取比较方便，有利于底图的保护，也便于查找利用。卷放，即将底图按套或案卷卷成筒状排放在底图柜中。具体可以将底图卷成小圆筒或者用薄木板、纸板做柱，将底图卷成扁平卷。重要和加长的底图卷好后可放进特制底图筒里。卷放的优点是节约库房面积和空间，但经常卷绕会增加底图磨损。特大特长幅面的底图以卷放为好。

再如，蓝图及复印图、白图的保管方法可以选择竖放。折叠方法可依据《技术制图 复制图的折叠方法》（GB/T 10609.3—2009）执行。以“手风琴”式，折叠成 A4 图纸（297mm×210mm）幅面大小，折叠时右下角的标题栏应露出以便查阅，如果需要装订，左边应空出装订线。蓝图折叠后装入卷盒或卷皮中保存。其中图样一般采用散装的形式，而文字材料一般采取装订的形式。

（四）档案存放位置索引

为了便于保管工作人员切实掌握档案馆（室）档案的存放情况和迅速取放档案，还必须对所排放好的档案编制档案存放位置的索引。存放位置索引，按其作用可以分为两种：

第一种指明档案的存放位置，即以全宗及其各类的档案为单位，指出它们的存放地点（见表 5-1）。

表 5-1 以全宗及其各类档案为单位编制的索引

<table>
<tr><td colspan="3">全宗名称：</td><td colspan="6">全宗号：</td></tr>
<tr><td rowspan="2">案卷
目录号</td><td rowspan="2">案卷
目录名称</td><td rowspan="2">目录中起止
案卷号</td><td colspan="6">存放地点</td></tr>
<tr><td>楼号</td><td>层号</td><td>房间号</td><td>架（柜）号</td><td>栏号</td><td>格号</td></tr>
<tr><td></td><td></td><td></td><td></td><td></td><td></td><td></td><td></td><td></td></tr>
</table>

第二种指明各档案库房保存档案情况，即以档案库房和档案架（柜）为单位，指出

它们保存了些什么档案（见表 5－2）。

表 5－2 以档案库房和档案装具号为单位编制的索引

楼号			层号		房间号		
架（柜）号	栏号	格号	存放档案				
			全宗号	全宗名称	案卷目录号	案卷目录名称	目录中起止案卷号

上述两种索引，按形式又可分为簿籍式和卡片式两种。而第二种存放位置索引还可以采用图表形式，就是把每个库房（或楼，或层，或房间）内档案存放的实际情况绘成示意图。此种图表，可悬挂在相应的库房入口处，便于保管和调卷人员随时参看使用。上述两种索引的详细程度和表格中的项目，可以根据档案馆（室）的规模和查找档案的频繁程度等具体情况来决定。

（五）档案代理卡

由于提供利用或档案馆（室）内部工作需要（如重新整理、修补、复制、编检索工具等），经常需要将库房中已上架排放好的档案暂时移出库外，为了便于库房管理人员掌握档案流动情况和安全检查，可以填制一种卡片放在档案原来存放的位置上，这就是通常所谓的“代理卡”或“代卷卡”（见表 5－3）。

代理卡是一种简便适用的管理工具。如案卷调出量大、频繁，而不设或不用代理卡，就往往会发生虽从检索工具中查出，而到架上提取案卷时没有案卷，又不知道其短缺原因或何时借往何处的情况。如查阅档案出库登记和借出登记簿，往往因按时间流水登记，一时查不出某一案卷的去向，而通过代理卡就可以随时了解档案的具体去向。

表 5－3 档案代理卡

全宗号	案卷目录号	案卷号	移出日期	移往何处		库房管理人员签字（移出）	归还日期	库房管理人员签字（收回）
				单位名称	经手人			

六、全宗卷

全宗卷是由记录和说明全宗立档单位及档案历史和现状的有关文件材料组成的专门案卷，是管理全宗档案的重要工具。《机关档案管理规定》要求：“机关应当建立并定期完善全宗卷。全宗卷应当包含全宗背景、档案状况、工作制度、管理记录等内容，编制要求按照《全宗卷规范》（DA/T 12）执行。”《档案馆工作通则》第十一条规定：“每个全宗都要建立全宗卷，记载立档单位和全宗历史演变情况。”

（一）全宗卷的编制原则

全宗卷的编制，应遵循如下原则：

（1）档案馆（室）应以全宗为单位编制全宗卷，收集、保管在档案管理过程中以单个全宗为对象形成的相关文件材料。

（2）全宗卷中收集的文件材料应做到齐全、完整、真实，力求全面反映全宗及其管理的历史面貌。

（3）全宗卷的整理应做到分类合理、方法科学、格式规范。

（4）综合全宗卷可以按馆（室）藏、全宗属类、全宗群或联合全宗进行编制，收集、保管在档案管理过程中以馆（室）藏、全宗属类、全宗群或联合全宗等多个全宗为对象形成的相关文件材料。综合全宗卷是由记录和说明多个全宗立档单位及档案历史和现状的综合性文件材料组成的专门案卷，是管理馆（室）藏档案的重要工具。

（二）全宗卷的内容构成

全宗卷的内容构成通常包括如下九种类型的管理性文件材料：

1. 全宗（馆藏）介绍性材料

全宗指南（全宗介绍）、大事记等说明全宗背景和档案状况的文件材料。

2. 档案收集活动形成的材料

档案接收和征集工作的办法、标准，档案（资料）交接文据及相关目录，档案来源和档案历史转移过程说明材料等。

3. 档案整理活动形成的材料

文件材料分类、保管期限和归档范围的规定，档案整理工作方案、整理工作说明和小结等。

4. 档案鉴定活动形成的材料

档案保管期限鉴定、档案开放鉴定、档案分级鉴定、档案销毁鉴定、珍贵档案考证鉴定等鉴定工作的制度、组织、方案和标准，鉴定工作形成的报告、请示及批复，鉴定及销毁处置档案的目录（清册）等。

5. 档案保管活动形成的材料

档案保管工作制度，档案安全检查、档案破损情况调查与修复（抢救）、重点档案保护、珍贵档案仿真复制件制作等工作的记录和说明材料，档案保管状况分析和工作总结、报告等。

6. 档案统计活动形成的材料

档案基础统计台账，档案工作基本情况统计报表，档案工作统计分析材料等。

7. 档案利用活动形成的材料

档案利用制度，检索工具编制情况，档案开放与控制情况，档案编研与出版情况，档案展览与公布情况，珍贵档案介绍，档案利用效果典型事例等。

8. 新技术应用活动形成的材料

应用现代技术管理档案的情况记录、工作报告及说明材料，档案信息化和数字化工作情况，电子档案（文件）创建和应用环境（硬件和软件）及数据格式说明等。

9. 综合全宗卷材料

管理馆藏、全宗属类、全宗群或联合全宗的综合性业务工作规范和管理制度，以及上述八类材料中涉及多个全宗的文件材料。

（三）全宗卷的整理

1. 全宗卷内文件材料的分类与类内文件材料的排列

（1）分类。属于同一全宗卷的文件材料，一般分为八类（见表5-4）。

表5-4 全宗卷文件材料分类表

类号	类目名称	类目范围
1	全宗（馆藏）介绍类	全宗指南（全宗介绍）、大事记等说明全宗背景和档案状况的文件材料
2	档案收集类	档案接收和征集工作的办法、标准，档案（资料）交接文据及相关目录，档案来源和档案历史转移过程说明材料等
3	档案整理类	文件材料分类、保管期限和归档范围的规定，档案整理工作方案、整理工作说明和小结等
4	档案鉴定类	档案保管期限鉴定、档案开放鉴定、档案分级鉴定、档案销毁鉴定、珍贵档案考证鉴定等鉴定工作的制度、组织、方案和标准，鉴定工作形成的报告、请示及批复，鉴定及销毁处置档案的目录（清册）等
5	档案保管类	档案保管工作制度，档案安全检查、档案破损情况调查与修复（抢救）、重点档案保护、珍贵档案仿真复制件制作等工作的记录和说明材料，档案保管状况分析和工作总结、报告等
6	档案统计类	档案基础统计台账，档案工作基本情况统计报表，档案工作统计分析材料等
7	档案利用类	档案利用制度，检索工具编制情况，档案开放与控制情况，档案编研与出版情况，档案展览与公布情况，珍贵档案介绍，档案利用效果典型事例等
8	新技术应用类	应用现代技术管理档案的情况记录、工作报告及说明材料，档案信息化和数字化工作情况，电子档案（文件）创建和应用环境（硬件和软件）及数据格式说明等

（2）排序。文件材料归类后，每类所含文件材料按形成时间顺序排列。新增的文件材料插入相关类目，向后接续排列。

2. 全宗卷内文件材料装订和编号

全宗卷内各类中的文件材料以件为单位进行装订。在文件材料首页上方的空白处进行编号。文件材料的编号格式是全宗号-类号-件号。其中，全宗号填写文件材料所属全宗的编号。综合全宗卷的全宗号，填写档案馆（室）编号或档案属类代号。类号填写参见表5-4执行。件号填写文件材料在相关类目中的流水排列序号。编号示例如下：

SZ1-1-2（中共湖北省委全宗，全宗介绍类，第2件）

3. 编制文件材料目录

全宗卷内的文件材料，分类别，以件为单位，按照排列顺序编制文件目录。全宗卷文件目录采用A4（长×宽为297mm×210mm）纸张、表格形式，设置“类目名称”“件号”“责任者”“题名”“日期”“备注”等项目。

新增文件材料在相关类目中接续编制目录。当相同材料出现新旧几种版本时，应在目录备注栏中注明新版本文件替代旧版本文件的名称和时间。

4. 文件材料装盒和编制盒号

全宗卷文件材料按照分类编号顺序装盒。文件材料较多，一盒装不下时，可按分类编号顺序装入数盒。装有文件材料的全宗卷应填写卷盒封面和脊背。

全宗卷装具采用无酸纸制作的翻盖式卷盒。封面与脊背分别设置“全宗号”“全宗名称”“盒号”等填写项目，卷盒的外形尺寸为310mm×220mm（长×宽），盒脊厚度为30mm、40mm两种规格。

编制全宗卷盒号。全宗卷卷盒区分全宗，按卷盒排列顺序编制流水号。综合全宗卷单独编制盒号。

（四）全宗卷的管理

档案馆和保管全宗较多的档案室，宜将全部馆（室）藏档案的全宗卷集中保管，按照全宗编号顺序组织排列。

区分馆藏档案全宗属类的档案馆，也可按照全宗属类分别集中管理全宗卷。保管单一全宗的档案室，全宗卷宜与档案一并保管，将全宗卷置于该全宗档案的卷首。也可以将全宗卷与书本式检索工具放在一起管理。档案室建立全宗卷，宜采用双套制。档案室向档案馆移交档案时，应同时移交与该批移交档案相关的全宗卷。

第三节　档案实体保护

档案实体保护内容一般包括温湿度控制、防潮防水、防日光直射及紫外线照射、防尘、防污染、防有害生物和安全防盗等。

一、档案实体保护的库房条件要求

（一）档案库房的温湿度控制

纸质档案库房温湿度控制的要求是，温度应控制在14℃～24℃之间，相对湿度应控制在45％～60％之间。

特藏库、音像磁带库、胶片库等特殊档案库的温湿度控制的要求分别如下：

（1）特藏库：温度应控制在14℃～20℃之间；相对湿度应控制在45％～55％之间。

（2）音像磁带库：温度应控制在14℃～24℃之间；相对湿度应控制在45％～60％

之间。

（3）胶片库：拷贝库的温湿度控制要求同音像磁带库；母片库的温湿度控制要求如下：温度应控制在13℃～15℃之间；相对湿度应控制在35%～45%之间。

档案库房的温湿度选定后，还应注意每昼夜的温度波动幅度不大于±2℃，相对湿度波动幅度不大于±5%。

（二）档案馆区的防潮和防水控制

一般要求如下：馆区内应排水通畅，不得出现积水；室内外地面高差不应小于0.5m；室内地面应有防潮措施；档案库应防潮、防水，特藏库和无地下室的首层库房、地下库房应采取可靠的防潮和防水措施；屋面防水等级应为Ⅰ级；地下防水等级应为一级，并要设置机械通风或空调设备。

（三）防光控制

档案库及其他档案用房应具备防光的功能，防止日光直射，并应避免紫外线对档案的照射危害。

档案库、档案阅览室、展览厅及其他技术用房的人工照明应选用紫外线含量低的光源。当紫外线含量超过每小时75μW/lm时，应采取防紫外线的措施。

（四）防尘和防污染控制

档案馆区内的绿化设计，要有利于防尘、净化空气、降温和防噪声等。档案库要防止有害气体和颗粒物对档案的危害。锅炉房、除尘室、消毒室、实验室以及洗印暗室等的位置应合理安排，并结合实际需要设置通风设备。

档案库楼、地面应平整、光洁、耐磨。档案库内装修、档案装具和固定家具等应表面平整、结构简单，并应选用环保材料。

（五）有害生物的防治

管道通过墙壁或楼、地面处，都应采用不可燃的材料填充密实，其他墙身孔洞也要采取类似的防护措施；底层地面要采用坚实的地坪。

库房门与地面的缝隙不应大于5mm，最好采用金属门。档案馆应设立消毒室或配备消毒设备。档案库外窗的开启扇要设纱窗。采用这些设施和措施，可以在一定程度上减少和消除外界有害生物的侵入，保护档案实体的完整与安全。

（六）安全防盗控制

档案馆建筑的外门及首层外窗，要有可靠的安全防护设施。档案馆应设置入侵报警、视频监控、出入口控制、电子巡查等安全防范系统。档案馆的重要电子档案保管和利用场所，要满足电磁安全屏蔽的要求。

对重要的珍贵档案的安全保护应注意：严格限制利用；即便提供利用，一般也不提供原件，只提供缩微品或复印件；利用中要格外注意监护问题，必要时可责成专人始终陪伴进行利用。对重要档案的复制也应比一般档案有更严格的限制和保护性措施。

二、常见的档案的保护要求

（一）纸质档案的保护要求

纸质档案对字迹的耐久性有要求。评价字迹的耐久性，应将色素成分和转移固定方式两个因素结合起来综合考虑。

1. 最耐久的字迹材料

凡色素成分是碳黑，转移固定方式是结膜的字迹最耐久。由于碳黑是性质极其稳定的无机颜料，它耐水、耐光、耐热、耐酸碱，因而是最耐久的色素。另外，字迹以结膜方式与纸张结合的，既不易被磨掉，又不易扩散，因而此种固定方式耐久。这种字迹色素成分和转移固定方式的综合效果最耐久。属于这种字迹的有墨和墨汁、黑油墨。

2. 较耐久的字迹材料

凡色素成分是颜料，转移固定方式是结膜或吸收的字迹比较耐久。颜料是一种细小颗粒的有色物质，它的特点是不易溶于水、油和其他溶剂中，耐光性能好，并有一定的耐酸碱性，属于较耐久的色素。另外，字迹被吸收在纸张纤维里，不易被磨掉，但易发生扩散。因而，吸收方式属于较耐久的转移固定方式。此种字迹色素成分和转移固定方式的综合效果较为耐久。此种字迹有蓝黑墨水、彩色油墨、印泥、蓝图铁盐线条。

3. 不耐久的字迹材料

凡色素成分是染料，无论是采用哪种固定方式，均属于不耐久的字迹。染料是一种有色的有机化合物，它易溶于水、油或其他溶剂，并且不耐光、不耐酸碱，属于不耐久色素。因此，无论何种固定方式，其字迹的耐久性都差。此种字迹材料有红墨水、纯蓝墨水、圆珠笔、复写纸、印台抽、重氮盐线条。

（二）胶片档案的保护要求

1. 控制温湿度

胶片档案对环境温湿度要求较为严格，控制好库房的温湿度在胶片档案的保护工作中占有重要的地位。根据国家档案局《照片档案管理规范》的要求，保存一般胶片的适宜温度为14℃～24℃，相对湿度为45％～60％；保存母片的适宜温度是13℃～15℃，相对湿度为35％～45％。底片、照片应恒温、恒湿保存。长期贮存环境，24小时内温度的周期变化不应大于±2℃，相对湿度变化不应大于±5％。中期贮存环境，24小时内温度的周期变化不应大于±5℃，相对湿度变化不应大于±10％。所推荐的温度、湿度条件，应在各单独的贮存器具内或整个贮存室内加以保证。

2. 防止阳光照射

阳光直接照射在胶片上，会使胶片变色、脆裂。保存胶片档案的库房最好选用无窗库房。库房有窗时，可加设外遮阳和内遮阳设施，也可以把窗户密封起来，以防止阳光直接照进库内。

3. 保持库内清洁

灰尘能随风飘扬而散布到库房的每一个角落，对胶片造成危害。要防止灰尘对胶片造成危害，首先要杜绝灰尘的来源，而要杜绝灰尘的来源，除库房围护结构内表面采取必要的防尘措施外，在库房日常管理中，定期进行库房清洁卫生工作是必不可少的。

4. 注意预防火灾

胶片制成材料多为易燃性物质，一旦发生火灾，将会造成无法挽回的损失。在胶片保管过程中，胶片库房要远离火源；要禁止将火种，如火柴、打火机等携带进库；严禁在库内吸烟；库内禁止使用明火；定期检查电气设备和线路，发现问题及时处理；库内应设置气体灭火设备和自动报警装置。

5. 加强检查

胶片入库时，均应严格检查验收。要认真检查胶片有无影响阅读的划伤、手印、污迹，有无受潮、脆裂、生霉现象，对于不符合要求的胶片应采取适当措施及时进行处理。在库房管理工作中，应建立并严格执行检查制度。可采用定期和不定期相结合的方法，随时观察和发现胶片的异常变化，以免造成胶片严重受损。此外，当库内外温湿度相差较大时，胶片进出库房前应在调节室或调节柜中进行温度和含水量调节后方能进出库房。

（三）磁带、光盘档案的保护要求

1. 磁带档案的保管要求

磁带档案的保管要做到以下方面：为防止外磁场的消磁影响，要远离磁场源，同时放入用抗磁介质制成的装具内保存；防止产生复印效应（可将磁带置于低温环境中，每半年或一年重新绕带一次，最好以正常带速进行，让磁带在一根磁性很弱的磁棒上通过等）；减轻自退磁效应的影响（应选用矫顽力大的磁介质记录材料）；创造适宜的温度和湿度（温湿度最好控制在温度14℃～24℃，相对湿度45%～60%）。

2. 光盘档案的保护要求

（1）减少使用。光盘寿命的长短，与光盘累计使用时间的长短息息相关。激光光能对光盘制成材料稳定性的影响，是随光盘累计使用时间的延长而加大的。为延长光盘寿命，要采取有效措施，减少光盘使用时间。

（2）防污染物。工业区的空气中常有氟化氢、氯化氢气体等有害物质。在靠近海洋的地方，空气中含有较多的海盐微粒。为了减轻这些卤化物对光盘的影响，光盘保存环境要注意远离以上使用和产生卤化物的场所，必要时须采取空气过滤措施。氨气对光盘的寿命有较大的影响。室温下，氨极易挥发成气体。使用氨气的工业区、晒图室等场所的空气中常含有氨，因此，保存光盘的环境同样应注意远离这些场所。用氨气进行纸质档案、文献和图书资料的气相去酸时，以及用磷化铝片剂进行熏蒸杀虫时（磷化铝片剂中的氨基甲酸按潮解后会产生氨气），如果库房内同时保存有光盘，则应采取隔离保护措施。有机溶剂会使光盘表面产生龟裂，因此，光盘的保管环境要注意远离使用有机溶剂的工厂和实验室等场所。

（3）调控温湿度。低温干燥、恒温恒湿的温湿度环境，最适宜光盘的长期保存。由于光盘的构成物质较为复杂，各种组成物质因其性能各有不同，其适宜的温湿度不尽相同。综合考虑各组成物质的特点，光盘保存比较适宜的温度范围是14℃～24℃，较适宜的相对湿度范围是45％～60％，且每天温度的变动不应超过±2℃，相对湿度每天的变化范围不要超过±5％。为此，保存光盘的环境最好设置自动恒温恒湿的空气调节装置；库房的外围护结构应采取必要的隔热防潮措施；受条件限制时，可采用通风降湿、除湿机降湿、吸潮剂除湿等与密闭相结合的方法，以调控库房的温湿度。

（4）保持读取面清洁。虽然采用编码技术能够检测和纠正光盘上长达2.5mm的轨迹误码，但对这一误码的纠正还必须依靠对其同一轨迹前后位置数倍于2.5mm长的轨迹信息的正确拾取。这就要求必须保证光盘读取面的清洁，不能有过大的脏污和划痕。在每次拿取光盘时，只能接触光盘的内外沿，不能触摸光盘的数据区，以免油渍、汗渍和指纹落在读取面的数据读取区。使用完毕后，应将光盘立即放回盘盒中，避免灰尘、异物的污染。

（5）防标记面机械损伤。由于标记面的保护涂层非常薄，距离信息记录的坑点只有约30微米，因此，即使轻微的划伤都有可能大面积地破坏信息记录的坑点，导致原始记录信息的不可纠正性的损坏。因此绝对禁止在标记面上进行任何形式的书写、划伤，以免造成信息记录层的损坏。

三、档案实体的修复技术

（一）档案修复原则

档案修复是一项复杂而细致的技术工作。在整个修复过程中，要遵循以下基本原则：

（1）有利于延长档案寿命。修复中采用的各种材料、方法对档案制成材料不能有损害，应有利于延长档案寿命。

（2）保持档案原貌。档案是历史的原始记录，在修复过程中不能丢掉片纸只字，不能任意涂改字迹，不能损坏档案上的任何历史痕迹。

（3）试验先行。使用的修复方法事先要经过试验，确有把握后，才能着手修复工作。

（二）档案修复技术的种类和方法

档案的修复技术主要包括档案字迹和纸张加固技术、档案去污技术、档案去酸技术、档案修裱技术等。

1. 档案字迹和纸张加固技术

目前主要技术方法有涂料加固、丝网加固和塑料薄膜加固。涂料的主要成分是成膜物、溶剂和助剂。常用的加固涂料包括乙基纤维素、氟树脂、聚甲基丙烯酸甲酯等。

2. 档案去污技术

主要有水洗法和有机溶剂去污法。水斑、泥斑和一些溶于水的污斑，可以用水洗法去除。对某些不溶于水的污斑，如油斑、蜡斑等，可以用有机溶剂去除。档案的霉斑、蓝黑墨水斑等色斑，需使用氧化去污法（如过氧化氢去污、高锰酸钾去污等）。

3. 档案去酸技术

去酸实质就是去除氢离子。去酸方法有液相去酸法和气相去酸法。液相去酸法是使用某些碱性溶液与氢离子反应而达到去酸目的。它有碱性水溶液去酸和碱性有机溶液去酸。碱性水溶液去酸有氢氧化钙-碳酸氢钙去酸、碳酸氢镁溶液去酸及缓冲溶液去酸等方法。气相去酸是将档案置于碱性气体或蒸汽中进行去酸的一种方法。它有氨气去酸、吗啡啉去酸、二乙基锌去酸等方法。以下简要介绍液相去酸法中的氢氧化钙-碳酸氢钙去酸和缓冲溶液去酸。

（1）氢氧化钙-碳酸氢钙去酸。

● 将去酸档案在清水中浸透，然后放入 0.15 优的氢氧化钙溶液中约 10～20 分钟。氢氧化钙溶液中的氢氧根与氢离子发生中和反应生成水。

● 取出档案后放在清水中洗，以除去纸张上大部分氢氧化钙。然后放入 0.15%～0.2%的碳酸氢钙溶液中 10～15 分钟，碳酸氢钙与氢氧化钙反应生成碳酸钙，这样就去除了残留在档案上的氢氧化钙。

● 将去酸后的档案放在吸水纸中压干。残留在档案上的碳酸氢钙会慢慢分解变成碳酸钙。

这种去酸方法最后残留在档案上的是微小颗粒的碳酸钙，它慢慢渗入档案纸张纤维中，既能增加纸张白度，又能防止纸张酸度增高，因为它具有抗酸作用，这是该方法的最大优点。

（2）缓冲溶液去酸。

缓冲溶液是一种能够抵制外加少量强酸或强碱稀释的影响，而其 pH 值基本不变的混合溶液。它具有调节、控制酸碱度的能力。缓冲溶液去酸原理是缓冲溶液中存在着大量能吸收、结合外加氢离子的负离子，因此，档案放入缓冲溶液中，纸张中的氢离子被吸收而得以去除。去酸后，档案纸张的 pH 值与缓冲溶液的 pH 值一致。

不同化学物质可组成不同 pH 值的缓冲溶液。档案纸张经缓冲溶液去酸后，其 pH 值与缓冲溶液的 pH 值基本相同。纸张的酸碱度呈中性或微碱性则对其耐久性有利。因此，档案去酸时应选择 pH 值为 7～8 的缓冲溶液。一般采用磷酸盐组成的缓冲溶液，如磷酸氢二钠-磷酸二氢钾缓冲溶液。

4. 档案修裱技术

（1）揭档案砖，主要有干揭、湿揭及生物酶解等技术。

（2）修补技术，主要包括以下几类：补缺技术，即对档案残缺或有孔洞处进行修补的技术。搭接处不宜宽，约 2 毫米。托补技术，主要有溜口（补纸宽度一般为 1 厘米左右）和加边、接后背等技术。托裱技术，即在整页的一面或二面托上一张纸的技术。托裱技术有湿托和干托两种。湿托技术，即把糨糊刷在档案上，然后再上托纸。湿托技术适用于字迹遇水不扩散的档案。干托技术，即把糨糊刷在托纸上，然后再与档案粘合。干托包括飞托和腹托两种技术：飞托是把糨糊刷在托纸上，然后把档案上到托纸上；腹托是把刷有糨糊的托纸上到档案上，适用于破损严重的档案。干托技术主要用于修裱字迹遇水扩散的档案。

第四节　档案安全管理

一、档案安全管理的内容、原则、目标和任务

（一）档案安全管理的概念和基本内容

档案安全管理是指各级各类立档单位、国家档案馆为实施“以人为本、服务为先、安全第一”的战略，依据相关安全理论、法规政策、规范标准，为保证档案实体安全和档案内容的政治安全，而采取的各项切实维护档案及档案信息系统安全的活动及相关策略、措施和手段。

档案安全管理的基本内容，一般包括以下三个方面：

第一，采取有效保护措施，保证档案实体避免受到自然灾害或人为侵害，并使其处于安全状态。

第二，保证档案信息系统在接收归档、整理鉴定、存储保存、利用服务、风险管控的过程中不被非法访问或修改，对合法用户不发生拒绝服务。

第三，为保证档案安全所采取的专项管理策略、技术措施和手段。

（二）档案安全管理的原则

2016年4月1日，国家档案局印发的《全国档案事业发展“十三五”规划纲要》（简称《纲要》）明确指出：“电子政务建设极大推进和实现了电子档案的形成、管理；档案信息化与互联网利用成为发展趋势；云计算、大数据和移动网络技术的发展，给信息安全、隐私保护和数字记忆留存带来挑战。”《纲要》要求继续实施深入推进“三个体系”建设，其中就包括“档案安全防范体系”的建设。为实现这一体系的建设目标，《纲要》确立了四项档案事业发展必须坚持的基本原则：“坚持把牢方向、着眼大局。坚持正确的政治方向，把高度的政治自觉和强烈的政治责任贯彻到档案工作始终，紧紧围绕党和国家工作大局推进档案事业发展”；“坚持以人为本、服务为先。把以人为本作为档案工作的核心，努力满足社会各方面对档案信息的利用需求，更好地为党和国家各项事业发展服务”；“坚持夯实基础、筑牢根基。注重协调、持续、健康发展，着力解决档案工作中的薄弱环节和重点难点问题，全面加强各项基础业务建设，推动绿色环保型档案馆库建设”；“坚持安全第一、守牢底线。把档案安全摆放在档案工作头等重要位置，坚持实体安全与信息安全并重，切实提升安全保障能力，牢牢守住档案安全底线”。为档案安全管理工作的开展，提供了基本的思想和行为准则。《机关档案管理规定》第六十六条规定：“机关应当统筹开展传统载体档案数字化、电子文件归档与电子档案管理的安全保密工作，采取有效措施严防信息篡改、丢失、外泄。涉密档案进行数字化、涉密电子文件归

档与电子档案管理应当严格遵守保密规定。”

基于上述规定，档案安全管理应坚持的主要原则，归纳起来包括以下方面：

(1) 档案安全管理必须坚持正确的政治方向。各类立档单位的档案部门、国家档案馆都应本着“对历史负责、为现实服务、替未来着想”的宗旨，按照“为党管档、为国守史、为民服务”的档案管理方向，在新时代的档案管理数字化、信息化、网络化的进程中，把握正确的方向，不断增强档案安全管理意识，提高档案安全管理水平。没有正确的政治方向，档案安全管理的任务和目标就难以实现。

(2) 坚持以人为本、服务为先的原则，是档案安全管理的核心。在档案安全管理实践中，不能以没有政策、法律法规和相关制度依据为借口，人为地限制档案用户的合法利用需求，片面地强调保密和信息安全。

(3) 坚持夯实基础、筑牢根基的原则。着力解决档案工作中的薄弱环节和重点难点问题，是维护档案安全的重要前提条件之一。档案安全管理不只是档案安全保密责任人或责任部门的事情，而是贯穿于整个档案管理过程、需要全员参与的事情。实践表明，任何一个档案管理环节出了问题，都会给档案及其内容的安全造成损害。

(4) 坚持安全第一、守牢底线的原则。各立档单位和国家档案馆都应把档案安全摆放在档案工作头等重要的位置，坚持实体安全与信息安全并重，切实提升安全保障能力，坚决守住档案安全底线。

(5) 坚持综合治理、强化档案安全防范体系建设。各立档单位必须按照党和国家的统一部署和要求，结合本单位的实际，利用现代信息技术手段和管理措施，不断提升信息时代的档案安全管理能力；坚持综合治理，多管齐下、多措并举，做到综合施策、全面覆盖；要突出重点部位治理，对档案库房、设备机房、档案数据库、档案信息系统以及涉密载体、设备、网络等高风险部位，要严格落实各项安防措施和管理制度，并对设备设施运行情况等经常进行巡查；要突出关键环节治理，对档案交接、整理、利用、运输以及档案信息系统改造、档案数据迁移等容易出现问题的环节，要加强业务培训、严格工作流程、明确操作规范；要突出薄弱领域治理，对电子档案管理、档案数字化外包、档案社会保管服务、企业资产与产权变动过程中的档案处置、农村档案工作等领域的档案安全问题，要加强研究、完善制度；要突出特殊时段治理，针对严重自然灾害、极端天气情况、突发公共事件、重大会议活动以及敏感历史事件周年日等特殊时段和时间节点，要提前制定工作预案，密切关注形势发展变化，有针对性地加强防范应对，既要确保档案本身的安全，又要防止有人借助档案炒作敏感话题、制造负面影响。

(三) 档案安全管理的主要目标和任务

《纲要》规定的“档案安全高效化”是档案安全管理的主要目标。为实现这一管理目标，各立档单位和国家档案馆应按如下要求行动：

(1) 提供更加完善的档案安全保障基本条件。

(2) 建立健全档案安全管理机制，包括应急管理机制、灾备管理机制等。

(3) 建设人防、物防、技防“三位一体”的更加健全的安全防范体系。

(4) 全面提升档案网络和信息系统风险管理能力。

为确保档案实体与档案内容的信息安全，立档单位和国家档案馆应努力完成如下安全管理工作任务：

（1）完善落实档案库房安全管理制度，加强档案库房的安全管理和检查。

（2）严格执行国家保密制度，完善档案信息公开发布保密审查程序。

（3）建立档案数据安全管理制度，保障安全、高效、可信、应用。

（4）加强档案信息资源在公开共享等环节的安全评估与保护。

（5）加强对涉密信息系统、涉密计算机和涉密载体管理，强化涉密人员保密意识。

（6）建立健全人防、物防、技防“三位一体”的档案安全防范体系。

（7）改善档案库房环境，加强档案保护修复。

（8）以容灾为目标，制定相关标准和规范，开展数字档案资源异地异质备份。

（9）制定数字档案馆应急处理预案，加强演练，提高应对突发事件的应急指挥和处置能力。

（10）开展对机关、企业档案管理系统安全保护、档案管理应急预案的检查。

二、档案安全管理的各项制度建设

（一）档案安全管理制度建设的主要依据

各立档单位和国家档案馆在开展档案安全管理的制度建设实践中，应注意遵循的主要法规政策、规范标准依据如下：

1. 主要政策性依据

新时期我国开展档案安全管理制度建设的主要政策依据主要包括以下方面：

（1）《关于加强和改进新形势下档案工作的意见》。

2014 年 5 月，中共中央办公厅、国务院办公厅印发了《关于加强和改进新形势下档案工作的意见》（中办、国办〔2014〕15 号），明确了做好新形势下档案工作的重要要求之一就是以“确保档案安全保密的档案安全体系为目标”。该文件要求“建立健全确保档案安全保密的档案安全体系”，并对档案安全体系的建设提出了具体的政策性和纲领性的要求。其中包括加大安全保密执法检查力度，建立完善档案安全应急管理制度，切实改善档案保管保密条件，对重要档案实行异地异质备份保管，保障档案信息安全，等等。

（2）《关于进一步加强档案安全工作的意见》。

2016 年 4 月 26 日，国家档案局印发了《关于进一步加强档案安全工作的意见》（档发〔2016〕6 号）。该文件对档案安全管理工作提出了非常明确的要求。其内容包括以下方面：

第一，对档案安全工作提出了总体要求。首先，充分认识档案安全工作的重要性。做好档案安全工作是推动档案事业科学发展的前提，是健全档案工作“三个体系”，构建国家基础性战略资源的重要保证。其次，各部门各单位要充分认识加强档案安全工作的重要性和迫切性，不断增强忧患意识和戒惧之心，增强责任感和使命感，从推动各项事业科学发展、维护党和国家及人民群众根本利益的高度，把档案安全工作抓实抓紧抓好。

第二，明确了做好档案安全工作的指导思想。要求各级各类档案部门应坚持“安全第一、预防为主”的档案安全工作方针，以高度的政治责任感和使命感，继续强化对档案安全工作的领导，进一步明确档案安全责任，积极开展档案安全风险防控和治理，不断完善档案安全保障，建立健全人防、物防、技防“三位一体”的档案安全工作新格局。

第三，明确了档案安全工作目标任务。建成“党委政府领导、档案部门依法监管、各部门各单位全面负责”的档案安全工作机制，各部门和单位建立起档案安全责任清晰明确、档案安全风险治理切实有效、档案安全预防控制完备可靠、档案安全保障健全有力的档案安全体系，有效防范各种档案安全风险。

第四，对档案安全管理的责任提出了原则性要求。首先，完善档案安全工作领导机制。各级党委和政府应支持和加强对档案安全工作的领导，并作为档案工作的重点列入党委和政府工作的议事日程，研究部署重要工作、重点项目时要强调和安排档案安全工作，检查工作任务完成情况时要检查档案安全措施落实情况。要定期研究档案安全工作，保障相关经费落实，解决影响档案安全工作的重大问题。其次，加强档案安全工作监督管理。最后，落实档案安全主体责任。各部门和单位要按照“谁主管、谁负责，谁实施、谁担责”的原则，切实承担档案安全管理职责。国家档案馆主要负责人、立档单位分管领导等是第一责任人，对档案安全工作负全面责任；档案管理部门的业务人员为直接责任人，对档案安全工作负直接责任。各部门和单位要以建立健全档案安全责任、风险治理、防控和保障工作机制为目标，进一步完善各项档案安全规章制度，设置档案安全和应急管理机构，配备足够的专兼职管理人员，并按权责一致的原则，建立健全以第一责任人为核心的档案安全管控体系，形成档案安全责任共同体。

第五，明确了档案风险管理的要求。首先，法律政策执行风险治理。其次，制度安全风险治理。各级党委的档案行政管理部门要不断完善和细化涵盖各个重点领域、各种形式载体、各个管理流程的档案标准规范和技术要求，做到标准统一、要求明确、制度之间协调一致。再次，资源安全风险治理。档案安全风险治理要抓住收集归档、移交接收两大关键点，做到“应收尽收”“应归尽归”，“应交尽交”“应接尽接”，从源头上保障档案资源安全。复次，档案实体管理风险治理。要求切实改善档案保管条件，按《档案馆建设标准》《档案馆建筑设计规范》建设档案库房，提高档案库房的安全防灾标准，注意采用先进技术和设备，做好“八防”工作，加强对档案库房的精细化管理，严格执行各项档案业务管理和利用工作程序等。又次，档案信息管理风险治理。各部门和单位要在环境及设备、网络、系统、数据和数据载体安全等方面制定完善信息安全策略并贯彻执行，保障档案信息数据真实、完整、可用和安全。数字档案馆（室）的信息环境及设备、基础设施和信息安全设施应能保障电子档案管理系统的正常运行和内容管理、传输需要；要按照《档案信息系统安全保护基本要求》等规范建立健全档案信息管理系统安全保护体系，保存数字档案资源的信息系统与其他信息系统物理隔离；要制定数据备份和迁移策略并认真实施，要对重要的数字档案资源实行异地异质备份，并及时进行检查、迁移，确保数据长期安全保存；要针对不同的数据载体制定相应的保管方案，保证数据载体的可用和安全；要按照《档案数字化外包安全管理规范》等要求，开展档案数字化安全管理工作。最后，档案保密、开放与利用风险治理。各部门和单位要加强对涉密信息系统、涉密计算机和涉密载体的保密管理，按照涉及国家秘密的信息系统分级保护要求，严防档案在传输过程中失密。要按照相关规范要求，对涉密档案、重要档案的存储介质进行检验和认证。要严格执行档案保密管理制度，对上网档案信息进行严格审查，严防把涉密档案信息传输到非涉密网络上。各级国家档案馆要依法依规开展馆藏档案解密、划控和开放工作，落实保密责任审查制度和程序。要严格执行档案利用制度，避免超权限、超范围利用档案。

第六，强调了档案预防控制要求。首先，加大安全检查力度。其次，提高应急处置能力。要按照应急预案要求，经常开展演练，提高应急处置能力，主要依据《档案工作突发事件应急处置管理办法》《档案馆防治灾害工作指南》等执行。再次，严肃事故责任追究。要建立健全档案安全事故问责机制，加强对事故隐患的事前问责和事故发生后的责任追究。发生档案安全事故的，要按《中华人民共和国档案法》及其实施办法、《档案管理违法违纪行为处分规定》等予以查处，严肃追究直接责任人和第一责任人责任。最后，完善监理约束机制。要坚持失职追责，同时激发和保护各部门和单位档案安全工作的积极性。要将档案安全工作纳入年度考核机制。要加强对档案中介服务机构的监管。

第七，完善了档案保障措施要求。首先，加大档案安全工作投入。其次，推进档案安全人才队伍建设。再次，强化档案安全技术职称。最后，推进档案安全文化建设等。

2. 主要法律法规依据

开展档案安全管理，应注意遵循国家的法律、行政法规、行政规章、地方法规、地方规章及相关的档案安全工作规范性文件的要求。

（二）档案安全管理制度的种类

立档单位的档案部门和国家档案馆，应依据国家的法律法规、规范标准的要求，建立健全各项档案安全管理制度，有效激励和约束各部门和单位的档案安全管理思想和行为。其中在当前形势下，必须建立和完善以下档案安全管理制度：

（1）档案库房安全管理制度。

（2）档案保密管理制度。

（3）档案数据安全管理制度。

（4）档案网络和信息系统风险管理制度。

（5）涉密档案信息系统、涉密计算机和涉密载体管理制度。

（6）档案工作突发事件应急处置管理制度。

（7）档案数字化外包安全保密管理制度。

（8）重要档案容灾备份管理制度。

（三）档案安全管理制度的主要内容设计

建立健全各项档案安全管理制度是新时代档案事业发展的必要保障条件，也是切实维护档案的完整与安全，保证党和国家及各立档单位的正常档案数据、信息资源供给，促进各项现代化建设事业健康发展的重要条件。设计各项档案安全管理制度，应着重考虑做好以下制度内容的安排：

1. 体现“三位一体”的档案安全防护体系建设思想

《全国档案事业发展“十三五”规划纲要》提出了“档案安全高效化”的档案事业发展目标。即在总体国家安全观的基本思想指导下，完善档案安全的基本条件和应急管理机制，建立并健全人防、物防、技防“三位一体”的安全防范体系，提高档案网络和信息系统风险管理能力。建设“三位一体”的安全防范体系是档案安全管理制度的重要内容。所谓“人防”就是按照党和国家的要求，把档案人才队伍管好。只有完善档案安全主体责任制度，才能充分发挥人在档案安全管理制度建设中的重要作用。所谓“物防”就是通过不断改善档案管理的各项软件和硬件设施等基础条件，维护档案资源的安全和档案信息系统的安全。所谓“技防”就是通过不断增强档案部门的信息技术安全保障能力，维护档案资源的安全和档案信息系统的安全。

在现时代和今后一个时期内，档案安全管理制度的建设和实施与档案工作人员密不可分，各级档案部门务必对档案干部队伍存在的问题给予足够的重视，并在人才识别、培训教育、选聘、留用、裁汰等方面，采取积极的行动。具体要求应包括以下方面：(1) 完善档案安全主体责任制。各立档单位和国家档案馆的主要领导是档案安全的第一责任人，对档案安全负总责；档案部门或机构具体负责相关工作的人员是档案安全的直接责任人。各部门和单位的档案部门要实行安全责任一票否决制，对安全问题采取零容忍。(2) 建设档案安全人才队伍。在“人人有责”的安全责任制的约束下，组建专门的由分管领导、各部门负责及专（兼）职档案人员构成的档案安全人才队伍，并通过培训不断提升整个队伍的政治和业务素养。

构建“三位一体”的档案安全防范体系的物质基础必不可少。随着档案资源体系建设的“存量资源数字化、增量资源电子化”战略的实施，档案安全管理模式、管理对象、管理设施、应用技术等都发生了一定的变化。例如：档案安全管理模式已由“人工管理模式”转变为“人机交互”“人机协同”模式；档案安全管理对象中的电子档案和档案数字化资源的数量所占的比例越来越高；档案安全管理设施由以传统形态的档案实体安全设施为主转变为以数字档案资源的信息安全设施为主；档案安全应用技术已经由传统的档案保护技术为主向以现代信息安全技术为主的方向发展。这些变化对档案部门的物防措施提出了新的要求，只有不断完善实体档案、数字档案资源的安全设施和安全管理，才能减少各种内部和外部不利因素对档案安全的威胁和影响。

移动互联网、云计算、大数据等技术的兴起，在为档案工作提供先进管理方式的同时，也给档案安全带来了新的风险和问题。面对新形势新情况，传统的工作思路和方法已不能完全适应档案安全工作的需要，必须通过创新发展特别是引入新技术新手段来应对档案安全风险。为此，档案部门应进一步加强档案实体保护技术的应用，提升重要档案异地异质备份的能力，实现档案长期安全保存的目标，将档案实体的安全风险降低到最小限度。同时，应进一步提升对现代信息安全技术的应用能力和水平。档案部门应不断完善安全防护体系，利用信息技术保障档案信息安全；建立健全档案云存储备份中心等。

2. 不断强化档案实体和档案信息系统的安全管理机制

一般来说，机制通常指制度机制，是从属于制度的。机制通过制度系统内部组成要素按照一定方式的相互作用实现其特定的功能。《全国档案事业发展“十三五”规划纲要》提出要建立健全档案安全管理机制，包括应急管理机制、容灾备份管理机制等。在档案安全管理实践中，建立健全档案安全管理机制应遵循严格管理、预防为主、防治结合、确保安全的原则。通过档案安全管理职责、档案实体安全管理、电子档案安全管理和档案库房安全管理等项管理制度的建立和实施，避免档案实体及其信息管理系统受到自然灾害或人为侵害，并使其处于安全状态，形成良性的互动机制。

3. 加强档案安全管理制度体系的建设，形成整体制度合力

档案安全管理制度的设计应考虑全面，不能顾此失彼，并将设计科学、实施有效、持续改进作为建立健全档案安全制度体系建设的指导思想。该体系应包括档案实体安全管理制度、数字档案资源安全管理制度、档案信息系统安全管理制度等。

第一，不断完善和持续改进档案实体安全管理制度的内容。具体制度安排应包括以下方面：

（1）文件材料归档和档案收集安全管理制度。各立档单位应通过建立健全和持续改进文件材料的归档制度，确保其在职能业务活动或服务活动中形成的、有保存价值的文件材料及时归档，做到“应归尽归”，从源头维护档案的完整性、系统性、可靠性、可用性和机密性不受损害。实践表明，完整性是维护档案实体安全和档案内容政治安全的最重要前提条件。残缺不全的档案，是造成档案安全隐患的最大风险。各立档单位的档案部门和国家档案馆，应建立健全各种属于本单位收集范围档案的接收、征集工作制度，明确接收和征集档案的范围及相关的时间和程序安排，保证有价值档案的完整、真实、可靠、可用，维护涉密档案的机密安全。在保证档案完整性的前提下，档案收集是否及时，往往是影响档案实体安全的关键性因素。尤其是在信息系统环境下，如果档案收集工作不能及时进行，就会使档案质量安全受到一定程度的影响甚至损害。为此，对档案的形成单位或个人来说，应做到“应交尽交”，而且要“及时移交”；对于各类档案部门来说，应做到“应收尽收”“应接尽接”，并且要“及时接收”。

（2）档案文件的登记、检查和清点核对制度。各立档单位的档案部门应加强对流动和使用之中的档案文件的管控，并通过建立健全档案归卷制度、借阅制度、复制管理制度、出入库登记制度、安全检查制度、归还档案的清点制度、档案登记台账制度等，有效控制流动和使用中的档案的安全。

（3）完善档案的存放制度。各立档单位的档案部门和国家档案馆应通过建立健全档案的存放制度，尤其是珍贵、涉密档案的存放制度，对不同载体材质的档案分类存放、规范保存。对特殊载体档案、珍贵档案的存放应做出特殊的制度安排，如通过建立特藏室并建立特藏档案的管理制度等，有效保证档案实体的安全，尤其是珍贵、重要的，有特殊意义的档案和对保管条件有特殊要求的档案的实体安全和档案内容的政治安全。

（4）完善档案的修复和抢救制度。对老化、破损、褪色、霉变等受损档案文件，必须采取及时有效的抢救措施，确保各档案全宗的完整和安全。档案部门应采取复制（如制作档案缩微复制品或档案数字化副本）等方式，对珍贵、重要的档案进行复制，并用复制件代替原件提供利用。

（5）完善涉密档案及涉密载体的管理制度。应体现国家保密法律法规和对涉密载体的专门管理规定的要求。

第二，加强数字档案资源安全管理制度和档案信息系统安全管理制度的内容设计和制度落实。数字档案资源包括电子档案、传统载体档案的数字化副本等。档案管理部门应从有效实现数字档案资源长期保存的需要出发，采取现代信息技术手段，并通过建立健全相关的制度等方式，实现数字档案资源的长期可用、完整可靠、涉密内容安全等安全管理目标。

(1) 完善电子文件归档和电子档案安全管理制度。电子文件归档过程的安全管理要求应包括建立和执行科学的归档制度，保证电子档案内容逻辑上的准确，归档时要尽可能地以主流技术统一电子档案的保存格式。

(2) 电子档案保管和利用过程中的信息安全制度。其内容应包括以下方面：保证电子档案载体物理上安全的原则、规范和管理技术与信息技术手段；对电子档案载体进行有效的检测与维护的安全规范要求；电子档案管理系统或档案信息系统的设计、设施、维护和使用、废止淘汰等安全规范要求；对电子档案管理软件的选择、升级、更新的安全规范要求；对电子档案的格式转换、数据迁移、数据备份、数据转换等的安全规范要求；对电子档案管理系统或档案信息系统的访问、存取的安全规范要求等。

三、档案信息系统的功能及安全保护定级管理

依据2013年7月国家档案局制发的《档案信息系统安全等级保护定级工作指南》的要求，档案信息系统的功能和安全保护定级工作，可按下述内容进行。

(一) 档案信息系统的功能

档案信息系统一般包括档案信息管理系统、档案信息服务系统和档案办公系统等三种类型。这三种档案信息系统的名称、管理对象、依托的网络环境和基本功能（见表5-5）。

表5-5　档案信息系统基本功能描述

系统类别	系统名称	管理对象	网络环境	基本功能
档案信息管理系统	档案目录管理系统	案卷级目录、文件级目录、专题目录等	局域网	目录数据采集、整理、检索、统计等
	数字档案接收系统	数字档案接收工作	局域网、政务外网	档案接收业务指导，档案数量、质量检查，交接手续办理等
	数字档案管理系统	馆藏档案数字化成果、接收进馆的电子档案、采集接收的数字信息资源等	局域网、政务外网	数字档案资源的接收、导入、整理、鉴定、审计、统计和长期保存等，部分系统同时具有档案目录管理、利用服务等功能
	档案数字化加工系统	传统载体档案、档案数字化成果	局域网	对各类传统载体档案的数字化处理、数据质量控制和数据统计、备份、导出等

续表

系统类别	系统名称	管理对象	网络环境	基本功能
档案信息服务系统	档案利用服务系统	通过政务外网提供的目录及其数字档案信息	政务外网	数据导入、用户注册、权限管理、档案检索服务、数字档案阅览服务及利用档案审核、利用统计等
	档案网站系统	公开档案目录、全文，公开政务信息等	因特网	用户注册、权限管理、信息发布、统计等，部分系统同时具备政务信息公开的功能
档案办公系统	办公业务系统	档案局、馆档案工作管理办公业务	局域网、政务外网	公文制发、文件处理、工作督查、事务管理、会务管理、内部邮件收发或其他辅助办公功能

（二）档案信息系统的定级原则

档案信息系统主要有以下定级原则：

（1）自主定级原则。档案信息系统使用单位按照国家相关法规、标准和《档案信息系统安全等级保护定级工作指南》要求，自主确定档案信息系统的安全保护等级，自行组织实施安全保护。

（2）重点保护原则。根据重要程度和业务特点，将档案信息系统划分为不同等级，实施不同强度的安全保护，集中资源，优先保护涉及重要数字档案资源的信息系统。

（3）动态保护原则。根据档案信息系统管理对象、服务范围等方面的变化，重新确定安全保护等级，及时调整安全保护措施。

（4）同步建设原则。档案信息系统在新建、改建、扩建时应当同步规划和设计安全方案，投入一定比例的资金建设信息安全设施，保障档案信息安全与档案信息化建设相适应。

（三）档案信息系统安全保护等级的划分

1. 受侵害客体的定义及其判定顺序

受侵害的客体是指法律保护对象受到破坏时所侵害的社会关系，主要包括国家安全，社会秩序、公共利益，公民、法人和其他社会组织的合法权益等三方面。确定档案信息系统受到破坏后受侵害的客体时，应首先判断是否侵害国家安全，然后判断是否侵害社会秩序、公共利益，最后判断是否侵害公民、法人和其他社会组织的合法权益。

2. 对客体侵害程度的划分

等级保护对象受到破坏后对客体造成侵害的程度有三种：

第一，造成一般损害。这种损害会使单位的工作职能受到局部影响，业务能力有所降低但不影响主要功能的执行，出现较轻的法律问题、较小的财产损失、有限的社会不良影响，对其他组织和个人造成较低损害。

第二，造成严重损害。这种损害会使单位的工作职能受到严重影响，业务能力显著下降且严重影响主要功能执行，出现较严重的法律问题、较大的财产损失、较大范围的社会不良影响，对其他组织和个人造成较严重损害。

第三，造成特别严重损害。这种损害会使单位的工作职能受到特别严重影响或丧失行使能力，业务能力严重下降且功能无法执行，出现极其严重的法律问题、极大的财产损失、大范围的社会不良影响，对其他组织和个人造成非常严重损害。

3. 档案信息系统安全保护等级

根据国家有关信息系统安全保护等级的相关规定和标准，从低到高依次划分为自主保护级、指导保护级、监督保护级、强制保护级、专控保护级五个安全等级（见表 5－6）。

表 5－6 档案信息系统安全保护等级

等级	等级名称	等级描述
第一级	自主保护级	档案信息系统受到破坏后，会对公民、法人和其他组织的合法权益造成损害，但不损害国家安全、社会秩序和公共利益
第二级	指导保护级	档案信息系统受到破坏后，会对公民、法人和其他组织的合法权益产生严重损害，或者对社会秩序和公共利益造成损害，但不损害国家安全
第三级	监督保护级	档案信息系统受到破坏后，会对社会秩序和公共利益造成严重损害，或者对国家安全造成损害
第四级	强制保护级	档案信息系统受到破坏后，会对社会秩序和公共利益造成特别严重损害，或者对国家安全造成严重损害
第五级	专控保护级	档案信息系统受到破坏后，会对国家安全造成特别严重损害

4. 档案信息系统安全保护等级确定的方法

档案信息系统安全保护等级的确定包括以下步骤：确定定级对象，确定档案信息系统受到破坏时受侵害的客体，确定档案信息系统受到破坏时对客体的侵害程度，确定档案信息系统的安全保护等级，编制定级报告。

第一步，确定定级对象。根据《档案信息系统安全等级保护定级工作指南》对档案信息系统的划分，档案部门对本单位档案信息系统进行梳理，确定本单位应定级的档案信息系统。

第二步，确定受侵害的客体。根据档案行业特点，分析档案信息系统遭到破坏时受侵害的客体，侵害的事项主要包括三个方面：（1）国家安全方面。档案信息系统受到破坏后影响有关国家政治、经济、文化、外交、科技、民族、宗教、安全等档案信息保管、利用、发布、展示的正常进行，进而损害国家政权稳固、国防建设、国家统一、民族团结和社会安定。（2）社会秩序、公共利益方面。档案信息系统受到破坏后影响数字档案资源的真实性、完整性和可用性，致使国家机关政务信息发布、档案业务开展、办公等工作无法正常进行，进而侵害社会正常生产、生活秩序和公众获取公开信息资源、使用公共设施、接受公共服务等方面的合法权益。(3) 公民、法人和其他组织的合法权益方面。档案信息系统受到破坏后影响档案的移交、接收、管理、保存、查阅、利用、获取、公布、展示、捐赠等工作的正常进行，进而侵害公民、法人和其他组织的隐私、知识产权、物权、信息获取等方面的合法权益。

第三步，确定对客体的侵害程度。档案信息系统受到破坏后，对客体的侵害程度与信息系统所属单位的行政级别、所管理信息的重要敏感程度以及信息系统的影响范围有关，分别描述如下：

● 国家级“数字档案管理系统”所管理的档案记录了过去和现在的国家政权的历史真实面貌，对国家历史、现在与未来具有不可或缺的重要作用，社会影响极大。这些系统受到破坏，可能直接造成国家档案的损失，对国家安全造成一般损害或严重损害，对社会秩序和公共利益造成特别严重损害。

● 省级“数字档案管理系统”所管理的档案记录了过去和现在的省级党政机构的历史真实面貌，对该地区历史、现在与未来具有不可或缺的重要作用，社会影响重大。这些系统受到破坏，可能直接造成该地区档案的损失，对国家安全造成一般损害，对社会秩序和公共利益造成一般损害或严重损害。

● 国家级“档案目录管理系统”“数字档案接收系统”“档案利用服务系统”包含国家较高级别的敏感信息，具有很大的社会影响力。这些系统受到破坏，可能导致敏感档案信息或政务信息泄露或损失，档案管理和服务能力下降，对国家安全造成一般损害，对社会秩序和公共利益造成一般损害或严重损害，对公民、法人和其他组织的合法权益造成严重损害。

● 省级“档案目录管理系统”“数字档案接收系统”“档案利用服务系统”包含的业务信息有一定的区域性和社会影响力。这些系统受到破坏，可能造成本地区敏感档案数字资源信息或政务信息泄露，档案管理和服务能力下降，对社会秩序和公共利益造成一般损害或严重损害，对公民、法人和其他组织的合法权益造成严重损害。

● 国家级、省级“档案数字化加工系统”包含较高级别的敏感信息，但存储档案数量较少，这些系统受到破坏，可能导致档案业务能力下降，给信息系统所属单位造成一定损失，对单位权益造成严重损害。

● 国家级、省级“档案网站系统”“档案办公系统”受到破坏，不直接影响档案管理业务，但可能造成公布信息的篡改、办公效率的下降，给信息系统所属单位造成一定的财产损失、经济纠纷、法律纠纷等，对单位权益或社会秩序造成一般损害或严重损害。

第四步，确定档案信息系统的安全保护等级。

确定档案信息系统安全保护等级时需要考虑业务信息安全和系统服务安全两个方面，其中业务信息安全是指确保信息系统内信息的真实性、完整性和可用性等，系统服务安全是指确保信息系统可以及时、有效地提供服务。

根据业务信息安全被破坏时受侵害的客体以及对相应客体的侵害程度，可以形成业务信息安全保护等级矩阵表（见表 5-7），并可据此得到业务信息安全保护等级。

表 5-7 业务信息安全保护等级矩阵表

业务信息安全被破坏时受侵害的客体	对相应客体的侵害程度		
	一般损害	严重损害	特别严重损害
公民、法人和其他组织的合法权益	第一级	第二级	第二级
社会秩序、公共利益	第二级	第三级	第四级
国家安全	第三级	第四级	第五级

根据系统服务安全被破坏时受侵害的客体以及对相应客体的侵害程度，可以形成系统服务安全保护等级矩阵表（见表 5-8），并可据此得到系统服务安全保护等级。

表 5-8 系统服务安全保护等级矩阵表

系统服务安全被破坏时受侵害的客体	对相应客体的侵害程度		
	一般损害	严重损害	特别严重损害
公民、法人和其他组织的合法权益	第一级	第二级	第二级
社会秩序、公共利益	第二级	第三级	第四级
国家安全	第三级	第四级	第五级

在确定档案信息系统的安全保护等级时，应按业务信息安全保护等级和系统服务安全保护等级的较高者定级。

确定档案信息系统安全保护等级，应在综合分析档案信息系统业务信息安全保护等级和系统服务安全保护等级基础上，主要通过考察所管理档案信息的重要程度和敏感程度来确定。但是，重要和敏感信息的数量与档案信息系统所属单位的行政级别存在一定关系，一般来说，高行政级别单位的重要和敏感信息要多于低行政级别单位的重要和敏感信息。为便于操作执行，对档案目录管理系统、数字档案接收系统、数字档案管理系统、档案数字化加工系统、档案利用服务系统、档案网站系统、办公业务系统等七种常用档案信息系统安全保护等级建议如表 5-9 所示。

表 5-9 档案信息系统安全保护等级定级建议表

系统类别	系统名称	行政级别	建议等级
档案信息管理系统	档案目录管理系统	国家级	3 或 2
		省级	3 或 2
	数字档案接收系统	国家级	3 或 2
		省级	3 或 2
	数字档案管理系统	国家级	4 或 3
		省级	3 或 2
	档案数字化加工系统	国家级	2
		省级	2
档案信息服务系统	档案利用服务系统	国家级	3 或 2
		省级	3 或 2
	档案网站系统	国家级	3 或 2
		省级	2
档案办公系统	办公业务系统	国家级	2
		省级	2

第五步，编制定级报告。

初步确定定级对象的安全保护等级后，档案信息系统使用单位应编制定级报告。跨地区的档案信息系统由该系统的主管部门统一确定安全保护等级。

总之，档案信息系统安全保护至关重要。如果出问题，就会在一定程度上造成整体性、全局性的危害。各立档单位和国家档案馆要把档案信息系统安全管理纳入信息化建设整体布局，做到同步规划、同步实施、同步考核；按照《档案信息系统安全等级保护定级工作指南》《档案信息系统安全保护基本要求》，建立健全档案安全管理制度建设，并认真将所建立的制度落到实处，要坚决杜绝“制度如林、执行无人”等问题的出现。同时，各立档单位和国家档案馆要采用先进的信息技术和管理手段切实维护物理安全、网络安全、主机安全、应用安全和数据安全。各级档案部门应进一步做好档案数据的安全备份，建设适用的电子档案存储应用系统，实现电子档案在备份阶段的可验证、可维护、可迁移和可控制，确保电子档案的长期保存和其他数字档案资源的安全有效。

第五节　档案安全保障体系和档案应急处置管理

档案安全保障体系的建设是新时代我国档案事业发展的重要保证。各立档单位应按照国家法律法规和规范标准的要求，结合本单位的具体情况，切实做好数字档案资源的安全保障体系的建设工作。

一、数字档案资源的备份管理

数字档案资源的备份管理，是构建档案安全保障体系的重要基础性工作。各立档单位和国家档案馆应着眼本单位电子政务整体备份需求制定数字档案资源备份策略，需明确备份对象、近线和离线备份策略及管理规范，配备必要的恒温恒湿防磁柜等设施设备。

（一）备份对象的选择

数字档案资源备份对象应包括各门类电子档案、各门类传统载体档案数字化副本、元数据库、目录数据库、各类数字资料、数字档案馆（室）应用系统配置文件与日志文件等。

（二）备份的方式和要求

数字档案资源的备份方式和备份要求归纳起来主要包括以下方面：

（1）近线备份。各立档单位和国家档案馆应结合虚拟带库、带库等备份系统作用机制和便于管理等情况，明确数字档案资源备份策略，包括容错级别、增量备份或全量备份、备份周期、核验和检测机制、磁带更新等。

（2）离线备份。各立档单位和国家档案馆应根据数字档案资源形成与大小特征等，确定各门类数字档案资源的离线备份介质与管理规范。应确定离线备份介质编号规则，推荐编号由数字档案资源门类代码、离线备份介质类别代码、备份年度、介质流水号等若干项构成。

各立档单位和国家档案馆应按照规范的存储结构备份数字档案资源，推荐离线备份介质根目录下建立数据文件夹、目录文件夹、授权文件夹、其他文件夹及说明文件，数据文件夹存储各门类电子档案或传统载体档案数字化副本，目录文件夹存储元数据、目录数据及数字档案室应用系统配置文件和日志文件等，授权文件夹存储数字化、备份、介质转换等的审批文件，说明文件用于描述离线备份介质制作有关的各方面情况。

各立档单位和国家档案馆应定期检测、更新离线备份介质，并记录检测情况、介质转换情况等。

除上述备份要求外，各立档单位和国家档案馆所收藏的重要档案还应通过纸质或缩微胶片等方式进行异质备份；重要档案的范围应按照国家或地方的相关规范执行。

二、机关数字档案室的安全保障体系建设

数字档案室是机关电子政务的核心信息资源中心，其建设、运行和维护是一项长期的系统工程，需建立经费、制度和人才等各方面的保障机制。根据国家档案局 2014 年印发的《数字档案室建设指南》的要求，数字档案室的保障体系建设应得到经费、制度和人才条件的保障，为构建各立档单位的数字档案安全保障体系，提供必要的条件。

（一）经费保障

各立档单位应为数字档案室建设予以经费保障。要将各门类电子（文件）档案的归档管理、纸质档案数字化、数字档案资源备份管理以及数字档案室应用系统的运行维护、升级费用等纳入本单位预算，给予长期的经费保障。

（二）制度保障

各立档单位应制定保障数字档案室正常运行的各项制度，并切实贯彻实施。包括各门类电子文件归档管理制度，人才配备与经费保障制度，数字档案资源备份管理制度，数字档案室应用系统运行维护和安全管理制度，机关档案管理部门和电子文件形成部门、信息化部门职责分工及奖惩制度等。

（三）人才保障

各立档单位应为数字档案室配备满足工作需要的专职管理人员，条件成熟的，应配备 2 名以上专职管理人员。配备人员应具备档案或信息技术相关专业的本科学历，应具有较好的管理才能和计算机应用技能。应在制度上为专职档案管理人员的发展和进步予以保障。

三、企业数字档案馆（室）的安全保障体系建设

企业单位为有效维护本单位的数字档案资源的完整与安全，履行法律所规定的企业

社会责任和义务，保证企业的各项职能活动正常有序进行，应依据国家档案局印发的《企业数字档案馆（室）建设指南》，结合本企业的实际情况，建立和健全数字档案资源的安全保障体系。

企业数字档案馆（室）建设与运行必须加强安全管理，遵守相关保密规定，安全设备配置齐全；严格控制信息资源利用范围，制定严密的信息发布审核制度，严格控制数据访问权限；制定完善的数据接收、移交、销毁等管理规范，制定备份规范。

管理涉密档案的电子档案管理系统，应按照涉密信息系统分级保护管理的要求进行安全设计和建设，并通过有关部门测评后方可投入使用。

管理非涉密档案的电子档案管理系统，应根据系统重要程度及其实际安全需求，参照《计算机信息系统安全保护等级划分准则》（GB/T 17859—1999）确定电子档案管理系统应达到的安全等级，并依照《信息安全技术 信息系统安全等级保护基本要求》（GB/T 22239—2008）、《档案信息系统安全保护基本要求》、《档案信息系统安全等级保护定级工作指南》等开展安全建设和登记管理。

企业应为数字档案馆（室）建设与运行提供经费和人才方面的保障。

经费主要包括计算机硬件采购费，软件开发、升级、购置、接口开发、评测费，运行维护费，传统载体数字化费，项目实施费，人员培训费等。企业数字档案馆（室）建设应按照整体规划，制定相应的经费计划，确保软硬件设备购置、实施经费及管理经费的落实，为企业数字档案馆（室）的建设工作提供必要的保障。

各企业应结合本企业业务实际积极开展档案部门人员的业务技能、信息化技能的培养。在人才引进方面，应注重档案和信息化方面的人才引进，以满足数字档案馆（室）建设和运行的需求。

四、档案工作突发事件应急处置管理

应急处置是档案安全管理的最后一道防线。2006 年，国务院发布了《国家突发公共事件总体应急预案》，设立了专门的应急机构，建立了应急管理制度。2007 年，国家又颁布了《中华人民共和国突发事件应对法》，明确了应急处置工作的法律要求。2008 年，国家档案局印发了《档案工作突发事件应急处置管理办法》，对做好档案部门的应急处置工作做出了制度安排。2010 年，国家档案局印发了《档案馆防治灾害工作指南》，为各级国家档案馆做好防灾减灾工作，提供了有效指引。

（一）档案工作突发事件及其应急处置的原则和要求

所谓突发事件，是指由人为或自然因素引起的突发性危及或可能危及档案安全和严重干扰档案工作秩序，需要采取应急处置措施以应对的事件。

档案工作突发事件应急处置的原则是，统一领导、分级负责、及时反应、果断决策、合作互助。

档案工作突发事件应急处置的一般要求如下：

（1）各立档单位和国家档案馆应建立严格的突发事件防范和应急处置责任制。

（2）各立档单位和国家档案馆应依据法律法规、规范标准，制定和不断完善本单位的突发事件应急处置工作预案；突发事件应急处置预案应向当地党委和政府、有关主管机关和上级档案行政管理部门备案。

（3）各立档单位和国家档案馆应切实履行各自职责，做好档案安全保管工作，防范突发事件的发生，重视应急培训和演练，避免“纸上谈兵”，保证突发事件应急处置工作有序进行。各立档单位和国家档案馆应定期对突发事件应急处置人员进行相关知识的培训，组织救灾演练和对所属防灾、救灾设备设施进行检查；对本单位全体工作人员开展突发事件应急知识教育，增强对档案工作突发事件的防范意识和应对能力。

（4）各立档单位和国家档案馆要推进联防联动。在建立完善系统内部的协调联动机制的同时，还要主动加强与公安、消防、气象、保密、网管等部门的联系，并在预警信息上实现资源共享，增强对安全形势的研判能力，争取在应急处置上做到无缝对接，形成应对合力。

（5）档案部门应指定专门机构或人员负责突发事件的日常监测工作，建立突发事件预警机制，及时收集有关政府机构、气象部门发出的预警信息。在监测过程中发现潜在隐患以及可能发生突发事件，应及时启动有关预案，采取果断措施进行处置，防止危害和事故的发生。

（二）档案工作突发事件应急处置的预案

档案工作突发事件应急处置预案应包括以下八项基本内容：

（1）编制和实施预案的有关危机情况和背景。

（2）应急处置工作的目标、要求和具体措施。

（3）应急指挥机构的建立及其人员组成、应急处置工作队伍的数量、分工、联络方式、职能及调用方案。

（4）有关协调机构、咨询机构及能够提供援助的机构、人员及其联系方式。

（5）抢救档案的顺序及其具体位置，库房常用及备用钥匙、重要检索工具的位置和管理人员。

（6）档案库房所在建筑供水、供电开关及档案库区、重点部位的位置等。

（7）向当地党委和政府、有关主管机关和上级档案行政管理部门报告的联系方式。

（8）其他预防突发事件、救灾应注意的事项。

（三）档案工作突发事件应急处置的措施

1. 应急处置的一般措施

各立档单位和国家档案馆在突发事件发生后，要采取下列应急处置措施：

（1）及时报警，在第一时间通知抢险负责人和相关人员，通知专业抢险救援部门等。在可能的情况下，采取行动消除事故。

（2）组织救援遇险人员，转移和妥善安置安全受威胁的档案。迅速控制危险源，标明危险区域，关闭和限制使用有关设备、设施，采取防止发生次生、衍生事件的必要措施。

（3）对突发事件可能造成的危害和损失做出初步判断，启动相关应急处置预案。

（4）对灾害事故造成的受损档案，立即组织力量进行抢救。特别是对受水淹的档案，要及时采取冷冻或干燥的办法稳定档案的状态，避免灾情进一步恶化。

2. 应急处置的报告制度的建立与实施

各立档单位和国家档案馆应在突发事件发生后立即向当地党委和政府、有关主管机关和上级党委的档案行政管理部门报告。

有下列情形之一者，县级以上党委的档案行政管理部门和各级国家档案馆在向当地党委和政府、有关主管机关和上级党委的档案行政管理部门报告的同时，需向国家档案局报告：

（1）因人为、自然原因或其他原因造成档案严重损坏或丢失的。

（2）因人为、自然原因或其他原因造成档案馆库房建筑损坏，危及档案安全的。

（3）国家档案馆工作秩序受到冲击，危及档案安全的。

（4）法律、法规规定的其他重大安全事故。

突发事件报告应包括如下内容：

（1）事件发生或可能发生的地区（单位、部门）、时间、地点和现场情况。

（2）事件的简要经过和档案损失情况的初步估计。

（3）事件原因的初步分析。

（4）事件发生后已经采取的措施及效果。

（5）其他需要报告的事项。

3. 突发事件报告制度执行的要求

突发事件报告制度执行的要求主要包括以下方面：

第一，任何单位和个人对突发事件不得隐瞒、缓报、谎报或者授意他人隐瞒、缓报、谎报。

第二，接到突发事件报告的档案行政管理部门应依照《档案工作突发事件应急处置管理办法》立即组织力量对报告事项调查核实，采取必要的控制措施，并及时向有关部门报告核查情况。

第三，省级以上党委的档案行政管理部门接到突发事件报告后，应视事件严重程度，决定是否有必要组成突发事件应急处置小组对突发事件进行调查处理。突发事件应急处置小组人员构成应包括突发事件所涉及的有关部门负责人以及相关档案业务方面的专家。

第四，国家档案局应根据接报突发事件的情况，及时向中共中央办公厅、国务院有关部门报告。突发事件发生地的省、自治区、直辖市档案行政管理部门，应根据突发事件发生的情况，向相关单位通报。

第五，各级国家档案馆、中央和国家机关档案部门未依照《档案工作突发事件应急处置管理办法》规定履行相应职责的，由其上级档案行政管理部门责令改正。

第六，各级党委的档案行政管理部门、各级国家档案馆、中央和国家机关应对参加突发事件应急处置工作做出贡献的机构和个人，给予表彰和奖励。

思考与练习

1. 档案保护管理的目的、内容、任务、原则是什么？如何有效地组织开展档案保护管理工作？

2. 作为一个单位的档案工作者，你应如何有效地开展档案库房的各项管理工作？

3. 在网络信息时代，档案管理部门应当如何组织和开展档案信息安全管理工作？

4. 有效的档案信息系统管理应当具备哪些基本条件？

5. 如何有效地提升和持续改进我国档案部门的档案安全管理工作的质量？

6. 你对档案安全管理工作的相关法律法规、标准规范的修改建议或评价是什么？

7. 从用户角度出发，你对档案信息网站的安全管理有什么建议？

8. 开展档案工作突发事件应急处置工作有何意义？

9. 档案部门如何有效地组织开展档案工作突发事件应急处置工作？

第六章

档案登记和统计

内容提要

本章主要说明和介绍了档案登记和档案统计的相关理论、知识、技能和实际工作经验，包括：一、档案登记和统计概述。二、档案统计原理及步骤。三、档案登记的基本形式和内容。四、档案统计台账的建立。五、全国档案事业统计年报制度。

第一节　档案登记和统计概述

一、档案登记和统计的概念

档案登记和统计是档案管理的重要业务工作内容，需要根据法规标准的要求，运用科学的统计学方法和技术手段，以指标、数据等形式记录和反映档案和档案工作的进程、现状，揭示档案管理中存在的问题、矛盾、发展规律和特点。

依据《中华人民共和国档案法》《中华人民共和国统计法》《机关档案管理规定》《档案工作基本术语》等法律法规和标准要求，对档案登记和统计的概念可以做如下理解。

（一）档案登记

《档案工作基本术语》（DA/T 1—2000）对档案登记的术语定义是，“登录档案和档案管理有关数据的过程”。这一定义说明档案登记的目的是对档案管理中发生的种种较为重要的事实、行为、现象、数字等进行随时记录，以把握整个档案管理活动的进程与现状。

（二）档案统计

《档案工作基本术语》对档案统计的术语定义是，“对反映和说明档案及档案工作现象的数量特征进行搜集、整理和分析的活动”。档案统计是一种较为宏观的定量描述、定量分析的技术方法，其目的是通过对档案和档案管理的数量现象的描述和分析，进而认识把握档案管理的总体状态、发展趋势和性质，为立档单位、国家档案馆及各级党委的档案行政部门的科学决策和管理行动提供真实、准确、完整的基础性信息支持。

（三）档案登记和统计的关系

档案登记和统计的总体关系是，登记虽不是专门为统计而设置的，但登记的结果可以成为重要的统计素材和基础。档案统计除专门设置的统计调查项目外，许多基础性的数据都来源于档案登记的结果数据。就此而言，档案登记可以说是有效开展档案统计的前提条件和重要基础。档案登记和统计是贯穿于档案管理始终的一项综合性业务活动。通过档案登记，档案人员可以有效地了解档案管理的各项业务活动和工作任务的进程和结果，从而为及时掌握档案管理状况提供客观依据，是实现业务计划安排、业务监督与评价的基本依据；对相关档案登记数据和统计调查数据的整理、分析，可以从宏观上使管理和决策机构全面系统地掌握相关单位、系统（行业）、地区和全国档案工作的发展现状、趋势与特点，从而为制定科学合理的档案事业发展规划、档案工作计划、行动方案，开展科学决策，明确人财物等资源的合理配置和使用目标，保证档案事业发展的健康有序开展，创造有利条件。

二、档案登记和统计的任务与要求

（一）档案登记和统计的任务

根据《机关档案管理规定》《企业档案管理规定》《档案馆工作通则》等法规文件的要求，档案登记和统计工作包括以下基本任务：

（1）机关①应建立完善统计工作，对所保管档案情况、档案年度出入库情况、档案设施设备情况、档案利用情况、档案移交进馆情况、档案鉴定销毁情况、档案信息化情况、档案人员情况、档案业务社会化服务等情况定期统计并建立完备统计台账。

（2）机关应编制档案工作情况统计年报，汇总分析当年档案工作情况形成年度报告，并报送同级档案行政管理部门、上级档案部门。

（3）机关应加强对档案工作变化情况的分析，为决策提供参考。

（4）企业应做好档案统计工作。国有大中型企业应按档案行政管理部门的要求填写有关报表。企业应认真做好对国家和社会有保存价值的档案的登记工作。

（5）国家档案馆对档案的收进和移出、全宗和案卷数量、利用等情况，及时准确地进行统计；按照统一规定和要求，向同级和上一级档案业务管理机关报送本馆基本情况统计表和全宗卡片，并于每年 1 月份补报上一年度的全宗变化情况。

（二）档案登记和统计的要求

档案登记和统计应当符合准确、及时、科学的要求；档案统计的结果应当真实、准

---

① 《机关档案管理规定》中的“机关”是指“各级党和国家机关、人民团体”。

确、完整，支持以可视化方式显示，便于统计分析。具体包括以下要求：

1. 真实性和准确性

保证档案登记和统计数字的真实性、准确性，是档案登记和统计的根本要求。档案登记和统计必须实事求是，一切从实际出发，要保证统计资料的准确性和客观性。档案管理情况的统计，自1984年起已被纳入国民经济和社会发展计划的国家统计指标体系，所以档案统计必须依照《中华人民共和国统计法》和国家有关规定，如实地提供统计数据，不得虚报、瞒报、拒报，不得伪造、篡改。

2. 完整性和及时性

保证档案登记和统计数据的完整性和及时性是有效开展档案统计的必要前提。各立档单位和国家档案馆应建立统计制度，使档案统计纳入正常的工作轨道。各级各类国家档案馆和立档单位的档案管理部门应做到档案登记和统计制度化并相互配合，逐步在全国档案系统中形成一个上下贯通、条块结合的档案统计网络。如果没有登记和统计数据，就会给档案管理和档案事业发展造成一定的盲目性；而数据登记和统计填报不及时，也会给各项决策和管理工作带来不利影响。

3. 代表性和科学性

档案登记和统计对象的选择要具有代表性。档案登记和统计的目的是通过登记和统计，获取真实的数据和信息，及时掌握现实的档案管理状态，为科学管理与决策提供准确的数据和信息支持。在常规的档案登记和统计中，应选择那些能够反映档案和档案管理情况的基本方面和关键因素。档案统计应按《中华人民共和国统计法》和国家有关规定的要求，应用科学的标准和方法去收集、整理统计资料，开展统计分析。档案统计涉及统计学相关知识，需要结合统计学的原理，选用科学的统计方法搜集、整理、分析相关统计资料，编制规范的统计报表，统一格式和标准，明确统计的范围、内容、项目和要求，设计形成合力的统计指标体系，以便使各级档案部门有所遵循，使档案统计更具科学性。

在实际工作中，各级各类国家档案馆和立档单位只有满足了上述基本要求，才能使档案登记和统计发挥有效的服务和监督作用。档案登记和统计，是有关方面从事研究的不可或缺的重要数据和信息来源。

三、档案登记和统计的意义

科学的档案登记和统计工作的意义在于以下方面：

（一）保证各项档案管理活动顺利进行的必要条件

档案登记和统计贯穿于档案收集、整理、鉴定、保管、检索、利用等各个业务环节，是及时、准确地了解和掌握各项业务工作开展现状及存在问题的重要信息来源；通过对档案登记和统计调查所获得的相关数据的系统整理和分析，档案部门可以有效掌握档案管理的发展趋势和主要特点，找到现存问题和矛盾的产生原因，从而为相关档案管理政策的制定、法律法规及标准制度的内容调整等项工作的开展提供科学的依据。因此，档案登记和统计是保证各项档案管理工作顺利进行的必要条件。

（二）促进档案管理水平整体提升的有利条件

通过开展科学的档案登记和统计，利用定量与定性分析相结合的方式，可以有效地揭示和认识档案和档案管理活动中存在的问题、矛盾及档案管理的发展规律和主要特点。在此基础上，档案管理部门可以更加有效地开展精细化管理，并为我国档案管理整体水平的提升创造有利条件。

（三）促进档案管理科学决策能力提高的信息依据

通过科学的档案登记和统计，档案部门能够系统地了解和掌握档案管理与利用的数量状况和变化情况，把握档案管理的发展趋势和特点、档案部门的工作量以及档案部门对人力、财力、物力的需求量，全面系统地认识档案管理在整个社会和经济发展中的地位和作用，从而为我国档案事业的科学决策提供真实、准确、系统、完整的信息依据。

（四）衡量和评价档案管理质量的客观依据

档案登记和统计的工作成果多数是通过数字的形式表现出来的，这是直接衡量档案管理业绩和管理质量的客观尺度。同时，通过开展档案统计分析，档案管理部门可以获得相关的对比分析数据、综合情况数据、变化情况数据，从而为客观地评价有关立档单位、国家档案馆的档案管理质量，提供真实、准确的依据。

第二节　档案统计原理及步骤

档案统计是对反映和说明档案及档案工作现象的数量特征进行搜集整理和分析的活动。其工作原理和一般工作步骤主要包括如下内容。

一、档案统计指标及统计指标体系的设计原则

（一）档案统计指标

档案统计指标是指反映档案和档案管理总体现象数量特征的概念和具体数值。它包括几个构成要素：指标名称、计量单位、计算方法、时间限制、空间限制、指标数值。这是统计实际工作中经常使用的档案统计指标的含义。完整的档案统计指标包括四项内容：

（1）指标名称，用以说明所反映现象数量特征的性质和内容。

（2）统计的时间界限和空间范围。

（3）计量单位。

（4）指标的数值。

统计指标主要包括以下特点：

第一，数量性。所有的统计指标都可用数值来表现。统计指标所反映的就是客观现象的数量特征。正因为统计指标具有数量性的特点，它才能对客观总体进行量的描述，才使统计数据分析和研究成为可能。

第二，综合性。统计指标既是同质总体大量个别单位的总计，又是大量个别单位标志差异的综合，是许多个体现象数量综合的结果。统计指标的形成应经过从个体到总体的过程，它可以通过个别单位数量差异的抽象化来体现总体综合数量的特征。

第三，具体性。含义包括两个方面：一是统计指标不是抽象的概念和数字，而是一定的具体的现象的量的反映，是在质的基础上的量的集合；二是统计指标说明的是客观存在的、已经发生的事实，它反映了现象在具体地点、时间和条件下的数量变化。统计指标反映的是过去的事实和根据这些事实综合计算出来的实际数量。

统计指标的种类可以从不同的角度来认识：

（1）统计指标按说明总体内容的不同，可分为数量指标和质量指标。数量指标是用来说明总体外延规模的统计指标。例如，室藏档案总量、馆藏档案总量、全宗档案数量、档案利用人次（卷次）、档案借阅数量等。数量指标所反映的是总体的绝对数量，其数值的大小，随着总体范围的变化而变化，它是认识总体现象的基础指标。质量指标是说明总体内部数量关系和总体单位水平的统计指标。它通常用相对数和平均数的形式表现，其数值的大小与总体范围的变化没有直接关系。例如，不同年度和历史时期的馆藏档案数量增长的百分比、各个年度的档案工作人员的平均数量等。

（2）统计指标按作用和表现形式的不同，可分为总量指标、相对指标和平均指标。

（3）统计指标按管理功能作用的不同，可分为描述指标、评价指标和预警指标。描述指标主要反映档案管理的状况、过程和结果，提供对档案管理总体现象的基本认识，是统计信息的主体。评价指标被用于对档案管理的结果进行比较、评估和考核，以检查各项业务工作的质量或与其他定额指标结合使用，包括国家档案馆评价指标和立档单位的评价指标。预警指标一般被用于对档案和档案管理的状况进行监测，对档案管理中即将发生的失衡、失控等情况进行预报、警示。通常选择档案管理中的关键性、敏感性档案现象，建立相应的监测指标体系，例如，濒危档案的数量增长量、档案人员流失率、档案库房缺失率、文件归档完整率等。

（二）档案统计指标体系

由于档案和档案管理现象具有复杂多样性，因此各种现象之间相互联系的性质，只用个别统计指标来反映是不够的，需要采用指标体系来对其进行描述。统计指标体系就是各种相互联系的统计指标所构成的一个有机整体，用来说明所研究现象各个方面相互依存和相互制约的关系。统计指标体系因各种现象本身联系的多样性和统计研究的目的不同而被分为不同的类别。

根据所研究问题的范围大小，档案统计指标体系被分为宏观统计指标体系和微观统计指标体系。宏观统计指标体系就是反映整个现象大范围的统计指标体系，如反映国家档案事业的统计指标体系。微观统计指标体系就是反映现象较小范围的统计指标体系，如反映具体立档单位的档案统计指标体系。介于这两者之间的档案统计指标体系可以被称为中观统计指标体系，如反映各地区或各部门的档案统计指标体系。

根据所反映现象的范围内容不同，统计指标体系可以被分为综合性档案统计指标体系和专题性档案统计指标体系。综合性档案统计指标体系是较全面地反映总系统及其各个子系统的综合情况的统计指标体系。专题性档案统计指标体系则是反映某一个方面或问题的统计指标体系。

（三）档案统计指标及指标体系的设计原则

科学地选择档案统计指标与构建档案统计指标体系是保证档案登记和统计有效进行的基础，也是使统计研究获得正确结论的前提。因此，档案统计指标及指标体系的设计需要满足以下原则。

1. 客观性原则

档案统计指标及指标体系的设计必须要立足中国档案工作实践。具体来讲，档案统计指标和指标体系的设计不仅要符合档案工作本身的性质、特点和运动规律，而且要能反映我国档案事业的发展现状和特点，适应我国档案管理的原则，统计内容要尽可能全面反映我国档案工作状况。

2. 实用性原则

档案统计指标及指标体系的设计要与管理的要求或者研究的目的相匹配，要注重实用性。档案登记和统计工作是为了准确地掌握档案工作与事业的基本情况，继而对档案工作与事业实行科学管理提供可靠、科学的依据。因此，选择哪些指标，哪个作为核心指标，怎样确定这些指标的计算方法，以及怎样运用它们来对档案和档案工作进行考核和观察等，都要充分地考虑到管理的要求或研究的目的。

3. 层次性原则

档案统计调查是一项兼具复杂性与技术性的工作，其调查对象也具有广泛性和复杂性。要将大量复杂而多变的档案工作现象通过数字有条理地反映出来，必须从整体和全局考虑各个档案统计指标之间的联系，形成一套多层次、多系统的统计指标群，以便全面描述档案工作现象和过程的各个方面。

4. 统一性原则

统计指标及指标体系的设计要考虑统一性原则，强调计量单位和计量方法的科学、统一与稳定。档案统计必须按照统一的指标、统一的计算方法、统一的计算口径和统一的时间来进行。如果破坏了这种统一性，各行其是，汇总出来的统计数字就不能准确地反映客观情况，因而是没有意义的。

（四）常用的档案统计指标

目前，我国档案统计的主要指标包括以下几类：

（1）有关档案馆（室）保存档案情况的主要指标。它通常包括三类：保存档案总量；

不同种类、不同历史时期、不同保管期限、不同制成材料、不同整理状况的档案的数量；保存档案资料数量。

（2）有关提供利用方面的指标。它包括利用者情况的统计指标和利用服务情况的指标。

（3）有关档案人员基本情况的指标。

（4）有关档案管理经费和档案机构建设方面的指标。

（5）有关档案专业教育基本情况的指标。

具体情况可以参见表 6－1 中所列举的内容。

表 6－1　常用档案统计指标一览表

一级指标	二级指标	三级指标
保存档案情况指标	档案总量	立档单位保存档案总量/国家档案馆保存档案总量
	结构分量	不同种类档案数量/不同历史时期档案数量/不同保管期限档案数量/不同制成材料档案数量/不同整理状况档案数量
	资料数量	不同种类资料总量/不同种类资料数量
提供利用情况指标	利用者数量	
	利用服务情况	提供利用总量/不同方面利用分量/编研成果数量
档案经费和档案机构建设情况的指标	档案事业费/机构设置/档案馆基建情况/档案库房面积/档案设备	
档案人员基本情况指标	人员总量	
	结构分量	不同年龄组/不同文化程度/不同档案专业程度/不同专业技术职称
档案专业教育基本情况指标	普通高校	学生数量/师资数量
	成人高校	学生数量/师资数量
	中等学校	学生数量/师资数量

二、档案统计调查

档案统计工作首先要从统计调查开始。档案统计调查是根据档案统计的目的与要求，采用科学的调查方法，有计划、有组织地搜集档案统计资料的过程。档案统计调查的基本任务是取得各种原始数据和资料，并对其中的有关数据进行核算。

（一）制定档案统计调查方案

为了使调查工作顺利进行，及时完成搜集资料的任务，每一项调查都应制定一个调查方案（即调查工作计划），作为全部调查阶段的指导性文件。方案中一般应包括以下几方面的内容：

1. 明确调查任务

调查方案首先需要指明调查的任务或要解决的问题。调查任务要重点突出，主次分明。

2. 选定调查范围

在明确了调查任务之后，就可进一步选定调查范围。调查范围一般包括调查对象和调查单位。前者指调查研究的现象总体；后者指组成调查总体的单位，在统计研究中称“总体单位”，也就是在调查中需要登记其特征的单位。

3. 确定统计调查指标

档案统计调查指标是指需要调查的内容，由调查的数字和基本情况组成。它们是说明调查单位基本特征的指标，可以反映和说明档案工作的现象、过程和发展规律。

4. 设计统计调查表

统计调查表是将确定的调查指标按照合理的顺序编制成的表格。统计调查表是档案统计的载体和工具，直接影响统计工作的质量与数量。

5. 制订组织实施计划

为保证调查工作有组织、有计划地进行，调查方案还应包括一个组织实施计划。具体内容包括但不局限于调查时间、地点、方式、资料的报送方法，以及调查工作的组织领导和调查前的准备工作等。

（二）档案统计调查的方式

档案统计调查有统计报表和专门调查统计两种基本方式。

1. 统计报表

统计报表是下级档案行政管理机关和档案馆（室），按照统一的规定向上级机关以表的形式定期报送的文件，它是档案统计中最基本、最经常的调查方式。读者可通过本章第五节的内容对其进行深入了解。档案统计报表有以下几类：

（1）基本情况统计表。它是由国家档案局制定，国家统计局批准发至各省、自治区、直辖市以及中央、国家各级档案机构，以调查全国档案工作情况的统计报表，如《档案工作基本情况统计年报》。

（2）专业档案统计表。它是中央各专业主管机关根据自身工作需要制发，调查本专业或本系统档案工作基本情况的统计报表，如《铁路档案工作基本情况统计年报》。

（3）地方档案统计表。它是由各省、自治区、直辖市档案行政管理部门和统计部门制定批准的，了解本地区有关档案工作基本情况的统计报表。

2. 专门调查统计

专门调查统计是根据特殊需要，临时组织的、单独对某一方面工作和情况进行的调查统计，是统计报表的补充形式。专门调查统计有普遍调查统计和抽样调查统计两种类型。

（1）普遍调查统计指对调查范围内的所有对象逐一进行调查。

（2）抽样调查统计指在调查范围内采用一定方法选择部分对象作为样本所进行的

调查。

以上两种类型的专门调查统计具有不同功能，在实际工作中采用哪种类型要根据统计工作目的、任务和对象的特点加以确定。但需要明确的是，专门调查统计不能太多，以免造成不必要的重复，增加实际工作部门的压力。

三、档案统计整理

为使档案统计调查所获得的大量的、个别单位的原始资料成为能反映整体现象的资料，有关部门必须对原始资料进行分类、汇总和综合整理，使之系统化、条理化。档案统计整理的结果是各种统计表。档案统计整理的一般步骤如下：

（一）统计审核

审核档案统计资料的完整性和准确性是档案统计整理的首要环节。例如，档案统计项目和调查单位是否完整，统计报表中数字的计算是否平衡，其逻辑关系是否正常合理，等等。

（二）统计分组

分组（分类）是整理和分析统计资料的基础。通过对档案统计资料进行分组，档案人员可以研究档案工作中诸现象的类型和特征、总体的构成以及现象之间的依存关系，继而发现各种类型现象的质的特征及发展规律。

正确地选择分组标准（也称分组标志）是保证实现分组任务的关键，是使统计研究获得正确结论的前提。必须选择最能实现研究目的、反映现象本质的标准。对同一现象，当研究目的、时间、地点和条件不同时，须采用不同的分组标准。

档案统计分组，根据分组标准的多少又可分为简单分组和复合分组两种。简单分组是按一个标准对统计资料进行分组；复合分组是按两个及以上标准对统计资料进行分组。

（三）编制统计表

统计表应能简明精确地把观察结果反映出来，应该能显著地表现出研究现象的基本特征，表现出现象之间的联系和相互依存性。统计表的设计应该满足下列具体要求：

（1）表格紧凑。统计表的横格可以较长些，纵栏则要短些，但横格纵栏的幅面都不宜过大。

（2）构成体系。在一系列的统计表之间、统计表内部的各项目之间，应当构成一个有机联系的整体。在制表时，各个统计表、各个项目的序列应被合理地安排。

（3）标题精确。统计表的总标题、标目（栏目名称）必须精确。表的总标题应该简要明确地反映统计表所有项目的基本内容，表现出表中数字资料的主要意思，并应标明资料的所属地区和时间。统计表中的指标名称、各个项目的概念，应该明确、具体。对某些不易被了解的概念，应做统一解释和说明。

（4）明确计量单位。统计表中应指明计量单位的名称并附以必要的说明。

（5）统计表应注明填报单位、时间及制表人。

四、档案统计分析

档案统计分析是对反映档案工作现象的大量统计数据进行综合分析，从中发现问题、说明问题，为科学管理档案提供依据，是整个档案统计工作的最后阶段。通过档案统计分析，档案人员可以透过现象掌握本质，揭示档案工作发展的规律性。因此，档案统计分析是提供统计研究成果的阶段，也是发挥统计作用的阶段。

（一）档案统计分析的原则与步骤

1. 档案统计分析的原则

（1）以全面、联系、辩证的观点来观察问题，反对形而上学的分析方法。

（2）以大量、充分的统计资料为依据，切忌主观随意性。

（3）切忌就数字论数字，要从大量的原始数据中分析档案工作的发展水平和变化趋势，研究各项业务之间的相互联系和平衡关系。

2. 档案统计分析的步骤

（1）选题。明确统计分析的目的，根据具体的工作需要，选定需要分析的问题。选题须有现实意义和针对性，不能脱离实际。

（2）收集和鉴定统计资料。资料的来源有定期统计报表、平时积累的统计资料、从有关部门搜集的资料、典型调查的资料等。在统计资料收集齐全后，档案人员要对资料的完整性、可靠度以及适用性加以鉴定，对有错误的资料进行重新调查，或加以调整。

（3）选用适当的统计分析方法进行具体分析。要根据分析的目的灵活运用各种分析方法，从地区上、时间上、结构上、相互联系上进行系统、深入、细致的分析。

（4）撰写统计分析报告。得出结论，并提出建议。

（二）常用的档案统计分析方法

档案统计分析是指对档案统计资料进行分析、研究，以认识档案工作的状况和发展规律，找出解决问题的方法。档案统计分析的方法比较多，一般常用的分析方法有对比分析法、动态分析法、指数分析法、分组分析法、综合分析法、因果分析与相关分析法等。

（三）档案统计分析的表现形式

统计分析的结果须用特有的形式正确表现出来。采用何种形式，要根据分析的对象、内容和解决的问题决定。统计分析的表现形式主要有统计分析报告、文字说明和统计图三种。

1. 统计分析报告

统计分析报告是一种常用的重要的表达统计分析结果的形式，包括以下几种：

（1）定期分析报告。它主要是对计划执行过程进行检查分析，一般按月、季、年定期检查分析计划执行情况，并写出报告。内容包括：计划完成程度，计划完成与否及原因，计划执行中存在的问题和发展趋势，有哪些薄弱环节，改进工作的建议和措施，等等。

（2）专题分析报告。这是根据某一时期的中心工作，针对某一专门问题，进行深入细致的分析后提出的报告。它的特点是重点突出、内容专一。

（3）综合分析报告。这是对研究对象进行综合分析所写作的报告。它的内容丰富完整，能充分说明档案工作现象的内在联系和发展规律。综合分析报告必须具有准确性、鲜明性、生动性。

2. 文字说明

文字说明使用简短的文字表达分析的结果，一般是结合统计报告内容所做的说明。

文字说明不应简单地重复计算出来的数字，而应指出数字所反映的问题，揭示隐藏在现象后面的本质，说明规律性，指出亟待解决的问题。

3. 统计图

统计图是根据统计分析结果绘制的图形，用以说明档案工作现象的规模、水平、结构、发展趋势等。统计图能以具体的形象说明档案工作的现象和过程，从而使阅读者直观地获得明确而深刻的印象。常用的统计图有下面几种：

（1）条形图。即以相同宽度的条形的长短来比较指标数字大小的图形。

（2）象形图。即以直观、形象的图形来比较指标数值大小的统计图。

（3）动态曲线图。即以曲线的升降来表现统计对象在实践中发展变化情况的图形。

（4）饼状结构图。即以全圆面积表现统计对象总体，以所分成的扇形面积表现各组成部门所占比例大小的图形。

第三节　档案登记的基本形式和内容

档案登记，就是登录档案和档案管理有关数据的过程，是档案统计的基础。档案登记主要包括档案数量和状况登记、档案利用情况登记。

一、档案数量和状况登记

档案数量和状况登记包括以下基本形式：

（一）卷内文件目录、案卷目录以及归档文件目录

卷内文件目录是对卷内单份文件进行登记，它是档案整理工作中的一种编目，同时又对案卷内文件起着保护和统计数量的作用。

案卷目录是登记每一个案卷标题及其他基本状况的簿册，它是统计已整理编目档案

的最可靠的基础材料。

按照《归档文件整理规则》的规定，"归档文件应依据档号顺序编制归档文件目录"。归档文件目录设置序号、档号、责任者、文号、题名、日期、密级、页数和备注等。

（二）收进登记簿

收进登记簿用于档案馆记载档案增长情况。收进登记簿的登记，是以收进档案的次数为单位编号进行的，每次收进档案不管是一个或几个全宗，或是全宗的一部分，都只占一个顺序号，每个顺序号下以全宗为单位登记。在登记后把顺序号记在移交目录或其他的交接文据上，以资对照查询。收进的档案如系初次进馆，则应先在全宗名册上登记，以取得全宗号，然后再登入收进登记簿。收进登记簿样式如表 6-2 所示。

表 6-2 收进登记簿

序号	收到日期	移交单位	文据（名称、日期、编号）	全宗（或类别）名称	所属年度	数量			档案状况简要说明	全宗号	备注
						卷	件	米			

（三）全宗名册

全宗名册是登记档案馆所保存的每一个全宗的名册，是档案馆统计全宗数量和固定全宗号所用的工具，全宗名册样式如表 6-3 所示。

表 6-3 全宗名册

全宗号	初次入馆日期	全宗名称	移出说明	备注

全宗号即全宗名称的代号，用以统计全宗数量。除了当档案馆新建全宗名册时可以按其他各种特征编排全宗号外，在一般情况下，全宗号都是在每一个全宗初次入馆登记时，按入馆先后进行编排的。

全宗名称，必须是立档单位的全称。如名称有变化，则应将历次名称登上并指出改变日期。由于现行机关全宗名称的改变难以推断，因此应在每一全宗名称下留有适当空格，以便改变时填写。

移出说明一栏，只有一个全宗的全部档案从档案馆移出才能填写。

档案馆如有新中国成立前旧政权全宗，则应和新中国成立后全宗分别设立全宗名册，并分别编号登记。因此，一个档案馆可视全宗性质设立一本或几本全宗名册，如新中国成立前旧政权档案全宗、革命历史档案全宗、新中国成立后档案全宗，应分别设立全宗名册，分别编号登记，在全宗号前加"旧""革""建"等不同的字头以示区别。

（四）全宗单

《全宗单》（GB/T 13967—2008）规定，全宗单是以表格的形式反映全宗基本情况、全宗内档案成分与数量的统计文件。全宗单的内容由全宗情况介绍、档案成分与数量统计两部分构成。

1. 全宗单格式要求

全宗单设封面和正页。

（1）全宗单封面格式。封面用纸幅面尺寸规格为 A4 型 297mm×210mm（长×宽）或 16 开型 260mm×184mm（长×宽）。全宗单封面页项目包括以下几项（见图 6－1 和图 6－2）：

- 名称：全宗单。
- 全宗号：馆编数字序号或代字加数字序号。
- 编制单位：编制全宗单的档案馆或其他档案收藏单位名称。

（2）全宗单正页格式。全宗单正页用纸幅面尺寸规格等于封面用纸幅面尺寸。正页由全宗情况介绍表格和档案数量统计表格组成。全宗情况介绍表格图文区规格为267mm×165mm（长×宽）；档案数量统计表格图文区尺寸规格为 267mm×170mm（长×宽）。

全宗单

全 宗 号__________

编制单位__________

图 6－1　全宗单封面

全宗情况介绍

<table>
<tr><td>全宗名称</td><td>起止日期</td><td rowspan="5">检索工具编制种类</td><td></td></tr>
<tr><td></td><td></td><td></td></tr>
<tr><td></td><td></td><td></td></tr>
<tr><td></td><td></td><td></td></tr>
<tr><td></td><td></td><td></td></tr>
<tr><td>缩微及计算机应用情况</td><td colspan="3"></td></tr>
<tr><td>备注</td><td colspan="3"></td></tr>
</table>

图 6－2　全宗情况介绍表格格式

2. 全宗单栏目及其填写方法

（1）全宗情况介绍。

全宗情况介绍包括全宗名称、起止日期、原全宗号、检索工具编制种类、缩微及计算机应用情况、备注。

全宗名称：全宗名称应填写全称或规范化简称；全宗名称（所有曾用名称）按时间顺序分别填写；中华人民共和国成立前形成的档案在全宗名称的书写上应加必要的定语或说明，如国民政府教育部、密云县政府（民国）、国民政府（汪伪）外交部、礼部（清）；中华人民共和国成立前的个人全宗，在人名后用圆括号注明人物所属时代，如端方（清）、冯玉祥（民国）、蒋中正（民国）。

起止日期：一般采用公元纪年填写，必要时可以使用朝代纪年或其他历法年号。使用公元纪年年号时按《数据和交换格式 信息交换 日期和时间表示法》（GB/T 7408—2005）的规定填写，起止年度之间加“～”。

原全宗号：填写进馆后重新给予编号的全宗原保存单位保存的编号。

检索工具编制种类：填写本全宗有哪些类型的检索工具。

缩微及计算机应用情况：全宗档案缩微复制的数量，档案数字化的数量及使用计算机存储、检索等情况。

备注：需要对本全宗说明的其他事项。

（2）档案数量统计。

档案数量统计包括以下项目：

登记日期：收进或移出（移交或鉴定后销毁）档案的时间。

接收或移交单位名称：应填写全称或规范化通用简称，禁用曾用名称。

档案类别：按档案的不同门类、不同载体顺序填写。

保管期限：按国家有关规定划分为永久、定期两种。

收进档案数量：按档案类别分别填写收进已编目档案和未编目档案的数量。填写内容包括文书档案的案卷卷数和上架排列长度（米）、科技档案的卷数和底图的张数、声像档案（影片档案）的盒（盘）数和照片档案（底片）的张数及其他专业档案（城建档案、会计档案、地名档案、人口普查档案、艺术档案等）和各种资料的卷（册、盒）数。

移出档案数量：按档案类别填写移出（移交或鉴定后销毁）已编目档案和未编目档案的数量。

现有档案数量：按档案类别分别填写收入数减去移出数后结存的已编目档案和未编目档案数量。

全宗单一般按全宗号的顺序排列保留。如果档案馆全宗数量多，全宗单的数量也就相应地多，为了便于查找使用，档案部门可以为所有全宗单另制一套索引，也可以直接将全宗单按照一定的特点（如立档单位的性质、组织系统、地区、立档单位名称的笔画等）加以分类排列保管。

（五）案卷目录登记簿

案卷目录登记簿用来统计档案馆内各个全宗案卷目录的数量，固定案卷目录顺序号。

一个全宗内的案卷目录应集中按顺序编号保管，其格式如表 6－4 所示。

表 6－4　案卷目录登记簿

顺序号	全宗号	目录号	目录名称	所属年度	案卷数量	目录页数	目录份数	移出说明	备注

使用方法：按全宗分别登记，每一全宗内的目录编一顺序号，不同全宗的目录不要编在一起，每一全宗的目录之间要留一定的空格。“移出说明”一栏只有在整个目录的档案移出时才填写。某一案卷目录内的档案文件全部移出，应在案卷目录登记簿上注销，新编制的目录要进行登记，旧的案卷目录不必销毁，与新的案卷目录分别保存。革命历史档案、旧政权档案和新中国成立以后的档案，应分别登记。

（六）立档单位档案部门对档案数量和状况的登记

立档单位档案部门除编有“卷内文件目录”和“案卷目录”外，还需再建立一本“总登记簿”。

总登记簿登记的数量包括案卷收入、案卷移出和目录中现有数量三个部分。其具体内容和格式，如表 6－5 所示。已建立综合性档案统计台账的立档单位，可不再采用总登记簿。

表 6－5　总登记簿

案卷目录号	案卷目录名称（组织机构名称）	所属年度	案卷收入			案卷移出				目录中现有数量		备注
			收入日期	目录中之数量	实收数量	移出日期	移交何处	移出原因和文据	移出数量	卷	米	

二、档案利用情况登记

档案利用情况登记，是档案馆（室）登记工作中重要的组成部分。它是档案发挥作用的范围及利用档案要求的说明，既是衡量利用工作质量的尺度，也是整个档案工作成果的一种反映。通过档案利用过程的登记，档案部门能了解档案的利用情况，为提升利用工作质量提供依据。档案利用情况登记形式有以下几种：

（一）利用者登记卡

它是档案馆掌握服务对象情况的一种登记形式。登记内容可参见表 6－6。

表 6－6　利用者登记卡

姓名：	性别：	年龄：	阅览证号：
所在机关：	职务：		
印鉴或签字：		填卡日期：	

利用者登记卡，是每个利用者第一次来馆利用档案办理入馆手续发予阅览证的时候填写的。它本身是领取阅览证的一种凭证。它所设置的内容是为了确定利用者利用档案的范围，同时它也是对利用者人数和情况进行登记的一种基本材料。

（二）档案利用登记簿

档案利用登记簿是一种全面、系统地记录档案提供利用情况的综合性登记形式。它既是档案机构记录、掌握提供利用情况的一种登记形式，同时又是档案机构在向利用者具体提供档案时履行交接手续的一种交接凭据。立档单位档案部门往往将其作为唯一的档案利用登记手段使用。其具体的登记项目及格式参见表 6－7。

表 6－7　档案利用登记簿

顺序号	日期	利用者			利用目的	利用方式	档案		利用者签名	归还	
		姓名	职务	工作单位			档案号	数量（卷/件）		日期	经手人

（三）档案借出登记簿

档案借出登记簿是专用于对档案被借出档案机构之外的情况进行登记的一种登记形式。档案馆和档案室均可使用，其具体的登记项目及格式参见表 6－8。

表 6－8　档案借出登记簿

顺序号	借出日期	借阅单位（地点及电话号码）	利用目的	借出案卷						归还案卷		备注
				数量	全宗号	目录号	案卷号	借阅期限	借卷人签字	日期	签字	

（四）档案复制、摘抄登记表

档案复制、摘抄登记表是专用于对档案在利用中被复制、摘抄情况进行登记的一种登记形式，具有提出复制、摘抄申请，履行批准手续和确认复制、摘抄事实的凭据性质。这种登记表一般应用于档案馆和规模较大的档案室。复制、摘抄登记表一般为散页的表格，以方便使用。但在每月或每年结束时，档案部门可将其装订成册，从而形成全面系统的记录复制、摘抄情况的登记簿。其具体的登记项目及格式参见表 6－9。

表 6－9　档案复制、摘抄登记表

编号	利用者			拟复制、摘抄档案		份数	用途	审批		日期	复制、摘抄人签名
	姓名	职务	工作单位	文件标题	档号			意见	审批人		

（五）档案利用效果登记表

档案利用效果登记表是立档单位档案部门和国家档案馆记录档案实际利用情况及其效果的登记形式。其具体登记内容和格式可参见表 6－10。

表 6－10　档案利用效果登记表

利用者基本情况						利用目的	利用档案的数量（卷/件）	档号	利用方式					利用效果
姓名	性别	年龄	职业	职务	工作单位				阅览	借出	复制	摘抄	制发证明	
满意度						意见和建议								

档案利用效果登记表中各项目内容的表述应充分考虑利用者的心理因素，并尽量使之具体化、指标化，以便于填写。例如，登记表的开头可设一段简短的沟通性、说明性文字，着重说明此登记表的目的仅在于了解利用效果，为改进利用服务工作提供现实素材和依据，绝无任何其他用意，并感谢利用者通过如实填报此表所给予的合作和支持，以融洽档案机构与利用者之间的关系，消除利用者的顾虑与戒备心理。

第四节　档案统计台账的建立

档案统计台账是根据全国档案事业统计年报制度及各立档单位和国家档案馆管理工作的实际需要，在遵守国家法律法规要求的前提下，用一定的表格形式，将分散的原始记录资料按规定的指标和时间先后顺序进行系统登记、积累和汇总统计的账册。档案统计台账可提供全面系统的基本统计资料，有利于积累历史统计资料，为开展分析研究工作打下基础。

档案统计台账的指标应在满足国家档案事业统计报表所需基本内容的前提下，结合各单位自身的特点和需求进行设置。统计台账的记载必须与原始记录数据衔接，做到准确、及时、连续、完整、清晰，查询方便。使用计算机管理档案统计台账的单位，要做好资料的备份工作——既要保存磁介质资料，也要打印纸介质资料保存备查。

一、档案部门保存档案、资料情况统计

（一）保存档案和资料总量统计

档案馆（室）保存档案情况、资料总量情况的统计台账主要包括以下几种类型。

1. 全宗一览表

全宗一览表的登录项目主要包括序号、全宗号、全宗名称、已接收档案年度、全宗变动情况说明等，详见表 6-11。

表 6-11 全宗一览表

序号	全宗号	全宗名称	已接收档案年度	全宗变动情况说明

注：1. “全宗变动情况说明”应完整反映全宗各时期的变化；2. 此表可采用 Excel 表制作，并根据全宗变化情况及时更新。

2. 全宗档案总量一览表

这种统计台账是用来登录一个全宗档案数量及其变化情况的一览表。各单位可以根据档案门类或档案所属大类设计登录项目，并逐年连续统计。这种统计台账既可以反映出全宗档案的数量情况，又可以反映出每个年度新增加档案的数量情况，详见表 6-12。

表 6-12 全宗档案总量一览表

全宗号　　　　　　　　　　　全宗名称：

<table>
<tr><th colspan="2">年度
项目</th><th colspan="2">2019</th><th colspan="2">2020</th><th colspan="2">2021</th><th colspan="2">2022</th><th colspan="2">2023</th><th colspan="2">2024</th><th colspan="2">2025</th></tr>
<tr><td colspan="2" rowspan="2">文书档案</td><td>卷</td><td>m</td><td></td><td></td><td></td><td></td><td></td><td></td><td></td><td></td><td></td><td></td><td></td><td></td></tr>
<tr><td>件</td><td>m</td><td></td><td></td><td></td><td></td><td></td><td></td><td></td><td></td><td></td><td></td><td></td><td></td></tr>
<tr><td rowspan="7">专门档案</td><td rowspan="2">基建档案</td><td>卷</td><td>m</td><td></td><td></td><td></td><td></td><td></td><td></td><td></td><td></td><td></td><td></td><td></td><td></td></tr>
<tr><td>件</td><td>m</td><td></td><td></td><td></td><td></td><td></td><td></td><td></td><td></td><td></td><td></td><td></td><td></td></tr>
<tr><td rowspan="2">会计档案</td><td>卷</td><td>m</td><td></td><td></td><td></td><td></td><td></td><td></td><td></td><td></td><td></td><td></td><td></td><td></td></tr>
<tr><td>件</td><td>m</td><td></td><td></td><td></td><td></td><td></td><td></td><td></td><td></td><td></td><td></td><td></td><td></td></tr>
<tr><td>……</td><td>…</td><td>…</td><td></td><td></td><td></td><td></td><td></td><td></td><td></td><td></td><td></td><td></td><td></td><td></td></tr>
<tr><td rowspan="2">合计</td><td>卷</td><td>m</td><td></td><td></td><td></td><td></td><td></td><td></td><td></td><td></td><td></td><td></td><td></td><td></td></tr>
<tr><td>件</td><td>m</td><td></td><td></td><td></td><td></td><td></td><td></td><td></td><td></td><td></td><td></td><td></td><td></td></tr>
<tr><td rowspan="2">声像档案</td><td>照片档案</td><td>册</td><td>张</td><td></td><td></td><td></td><td></td><td></td><td></td><td></td><td></td><td></td><td></td><td></td><td></td></tr>
<tr><td>录音录像档案</td><td>盘</td><td>分</td><td></td><td></td><td></td><td></td><td></td><td></td><td></td><td></td><td></td><td></td><td></td><td></td></tr>
<tr><td colspan="2">电子档案</td><td>件</td><td>GB</td><td></td><td></td><td></td><td></td><td></td><td></td><td></td><td></td><td></td><td></td><td></td><td></td></tr>
<tr><td colspan="2">缩微胶片</td><td colspan="2">幅</td><td colspan="2"></td><td colspan="2"></td><td colspan="2"></td><td colspan="2"></td><td colspan="2"></td><td colspan="2"></td></tr>
<tr><td colspan="2">实物</td><td colspan="2">件</td><td colspan="2"></td><td colspan="2"></td><td colspan="2"></td><td colspan="2"></td><td colspan="2"></td><td colspan="2"></td></tr>
<tr><td colspan="2" rowspan="2">其他档案</td><td>卷</td><td>m</td><td></td><td></td><td></td><td></td><td></td><td></td><td></td><td></td><td></td><td></td><td></td><td></td></tr>
<tr><td>件</td><td>m</td><td></td><td></td><td></td><td></td><td></td><td></td><td></td><td></td><td></td><td></td><td></td><td></td></tr>
</table>

注：“m”为排架长度“米”；“分”为录音录像的记录时长“分钟”。

3. 立档单位保存档案情况统计表

这种统计台账是用来登录一个立档单位的档案室（馆）保存档案数量及其变化情况的一览表。各立档单位可以根据档案的种类（如纸质档案、数字档案资源）来设计登录项目，并逐年连续登记。这种统计台账既可以反映出一个立档单位保存档案的总量情况，又可以反映出每个年度新增加档案的数量情况，详见表 6－13。

表 6－13 立档单位保存档案情况统计表

年度	保存档案数量情况															
	纸质档案										数字档案资源					
	以卷为保管单位		以件为保管单位		永久		长期（30 年）		短期（10 年）		电子档案（总数）		电子档案（分项数）			
	卷数	排架长度	件数	排架长度									数码照片		数字录音数字录像	
	卷	米	件	米	卷	件	卷	件	卷	件	件	GB	件	GB	件	GB
2018																
……																

4. 立档单位档案数字化成果情况统计表

这种统计台账是用来登录一个立档单位档案室（馆）保存的传统载体档案数字化成果的总数量及其变化情况的一览表。各立档单位可以根据所保存的传统档案的种类（如纸质档案、照片档案、音像档案等）来设计登录项目，并逐年连续登记，详见表 6－14。

表 6－14 立档单位档案数字化成果情况统计表

项目 年度	档案数字化成果											
	纸质档案						其他载体档案					
	以卷为保管单位档案			以件为保管单位档案			照片档案		录音磁带、录像磁带、影片档案		其他	
	卷	幅	GB	件	幅	GB	件	GB	件	GB	件（幅）	GB
2018												
……												

（二）档案年度出入库情况统计

各级各类国家档案馆和立档单位档案部门，可通过建立如下几种档案统计台账来了解和掌握档案年度出入库情况。

1. 档案接收情况统计表

档案接收情况统计表是档案馆或档案室了解和掌握各个年度入库档案数量变化情况

的一览表，详见表 6－15。

表 6－15　档案接收情况统计表

项目 年度	年度接收档案情况																						
	纸质档案		数字档案资源																		其他载体档案		
	以卷为保管单位	以件为保管单位	电子档案		电子档案分项				档案数字化成果												照片档案	录音磁带录像磁带影片档案	实物档案
									纸质档案						其他载体档案								
					数码照片		数字录音数字录像		以卷为保管单位档案			以件为保管单位档案			照片档案		录音磁带录像磁带影片档案		其他				
	卷	件	件	GB	件	GB	件	GB	卷	幅	GB	件	幅	GB	件	GB	件	GB	件	GB	张	盘	件
2018																							
……																							

2. 立档单位移出档案数量情况统计表

这种统计台账是登录一个立档单位档案室（馆）向国家档案馆移交的档案数量及其变化情况的一览表。各立档单位可以根据所移出档案的种类（如纸质档案、数字档案资源等）来设计登录项目，并逐年连续登记，详见表 6－16、表 6－17。

表 6－16　立档单位移出档案数量情况统计表（1）

项目 年度	移出档案数量情况													
	纸质档案		数字档案资源											
	以卷为保管单位	以件为保管单位	电子档案						档案数字化成果					
									纸质档案					
			总数		数码照片		数字录音数字录像		案卷			以件为保管单位		
	卷	件	件	GB	件	GB	件	GB	卷	幅	GB	件	幅	GB
2018														
……														

表 6－17　立档单位移出档案数量情况统计表（2）

项目 年度	移出档案数量情况													
	其他载体档案													
	照片档案		录音磁带		录像磁带		影片档案		其他档案					
	卷	张	盘	件	盘	件	盘	件	卷	幅	盘	件	张	GB
2018														
……														

3. 征集档案数量情况统计表

这种统计台账是用来登录一个档案馆（室）每年征集档案数量及其变化情况的一览表。各单位可以根据所征集档案资源的种类（如纸质档案、数字档案资源等）来设计登录项目，并逐年连续登记，详见表 6－18、表 6－19。

表 6－18 征集档案数量情况统计表（1）

<table>
<tr><th rowspan="6">项目
年度</th><th colspan="14">年度征集档案</th></tr>
<tr><th colspan="2">纸质档案</th><th colspan="12">数字档案资源</th></tr>
<tr><th rowspan="3">案卷</th><th rowspan="3">以件为保管单位档案</th><th colspan="6">电子档案</th><th colspan="6">档案数字化成果</th></tr>
<tr><th rowspan="2" colspan="2">总数</th><th rowspan="2" colspan="2">数码照片</th><th rowspan="2" colspan="2">数字录音
数字录像</th><th colspan="6">纸质档案</th></tr>
<tr><th colspan="3">案卷</th><th colspan="3">以件为保管单位档案</th></tr>
<tr><th>卷</th><th>件</th><th>件</th><th>GB</th><th>件</th><th>GB</th><th>件</th><th>GB</th><th>卷</th><th>幅</th><th>GB</th><th>件</th><th>幅</th><th>GB</th></tr>
<tr><td>2018</td><td></td><td></td><td></td><td></td><td></td><td></td><td></td><td></td><td></td><td></td><td></td><td></td><td></td><td></td></tr>
<tr><td>……</td><td></td><td></td><td></td><td></td><td></td><td></td><td></td><td></td><td></td><td></td><td></td><td></td><td></td><td></td></tr>
</table>

表 6－19 征集档案数量情况统计表（2）

<table>
<tr><th rowspan="4">项目
年度</th><th colspan="10">年度征集档案</th></tr>
<tr><th colspan="6">档案数字化成果</th><th colspan="2">其他载体档案</th><th rowspan="2">实物档案</th><th rowspan="2" colspan="2">接收寄存档案</th></tr>
<tr><th colspan="2">照片档案</th><th colspan="2">录音磁带
录像磁带
影片档案</th><th colspan="2">其他</th><th>照片档案</th><th>录音磁带
录像磁带
影片档案</th></tr>
<tr><th>件</th><th>GB</th><th>件</th><th>GB</th><th>件</th><th>GB</th><th>张</th><th>盘</th><th>件</th><th>卷</th><th>件</th></tr>
<tr><td>2018</td><td></td><td></td><td></td><td></td><td></td><td></td><td></td><td></td><td></td><td></td><td></td></tr>
<tr><td>……</td><td></td><td></td><td></td><td></td><td></td><td></td><td></td><td></td><td></td><td></td><td></td></tr>
</table>

二、档案鉴定销毁情况统计

各级各类国家档案馆和立档单位档案部门，可通过建立销毁档案数量情况统计台账来了解和掌握年度档案鉴定销毁情况。

这种统计台账是用来登录一个立档单位档案室（馆）历年销毁档案数量情况的一览表。各立档单位可以根据所销毁档案的种类（如纸质档案、电子档案、声像档案、实物档案及其他档案等）来设计登录项目，并逐年连续登记，详见表 6－20。

表 6-20 立档单位销毁档案数量情况统计表

项目 年度	销毁档案数量情况											
	纸质档案		电子档案		声像档案				其他载体档案			
	以卷为保管单位	以件为保管单位			照片	录音带	录像带	影片	实物档案	其他档案		
	卷	件	件	GB	张	盘	卷	件	件	卷	件	
2018												
……												

三、档案资料利用、编研成果和开放数量情况统计

各级各类国家档案馆和立档单位档案部门，可通过建立如下几种档案统计台账来了解和掌握档案资料利用、编研成果和开放的数量情况。

（一）立档单位档案资料利用及编研成果数量情况统计表

这种统计台账是用来登录一个立档单位档案室（馆）历年档案资料利用数量变化情况和档案编研成果数量情况的一览表。各单位可以根据档案和资料的利用情况及档案编研情况来设计登录项目，并逐年连续登记，详见表 6-21。

表 6-21 档案资料利用及编研成果数量情况统计表

项目 年度	利用档案总数量		利用档案分项数量（按需求类型划分）					利用资料总数量		陈列室	网络服务		办展	本年编研档案资料			
			工作查考		……	其他								公开出版		内部参考	
	人次	卷（件）次	人次	卷（件）次	……	人次	卷（件）次	人次	册次	平方米	访问数	点击数	次	种	万字	种	万字
2018																	
……																	

（二）国家档案馆开放档案和档案目录数量情况统计表

这种统计台账是用来登录一个国家档案馆历年开放档案和档案目录数量变化情况的一览表。各级各类国家档案馆可根据具体情况来设计登录项目，并逐年连续登记，详见表 6-22。

表 6－22　档案馆开放档案和档案目录数量情况统计表

项目 年度	档案开放情况							
	新中国成立前档案		新中国成立后档案		开放档案目录			
					线下目录		在线目录	
					案卷级	文件级	案卷级	文件级
	卷	件	卷	件	万条	万条	万条	万条
2018								
……								

（三）国家档案馆档案资料利用数量情况和政府公开信息利用情况统计表

这种统计台账是用来登录一个国家档案馆历年档案利用数量情况和政府公开信息及馆藏资料利用情况的一览表。各级各类国家档案馆可根据具体情况来设计登录项目，并逐年连续登记，详见表 6－23。

表 6－23　档案资料和政府公开信息利用数量情况统计表

项目 年度	档案利用情况							政府公开信息和馆藏资料利用情况			
	本年利用档案		利用目的					政府信息公开查阅场所	本年利用政府公开信息	本年利用资料	
			单位		个人						
			工作查考	其他	学术研究	权益维护	其他				
	人次	卷（件）次	卷（件）次	卷（件）次	卷（件）次	卷（件）次	卷（件）次	个	人次	件次	人次
2018											
……											

四、国家档案馆档案宣传、展览、编研和出版数量情况统计表

这种统计台账是用来登录一个国家档案馆历年档案宣传、展览、编研和出版数量及其变化情况的一览表。各级各类国家档案馆可根据具体情况来设计登录项目，并逐年连续登记，详见表 6－24。

表 6－24 档案馆档案宣传、展览、编研和出版数量及其变化情况统计表

项目 年度	档案宣传情况					举办档案展览			编研档案资料				档案期刊出版情况	
	档案网站	本年IP访问次数	档案微信公众号	推送文章数量	爱国主义教育基地	档案展览	基本陈列	参观人数	公开出版		内部参考		种类	年度出版
	个	次	个	篇	个	个	个	人次	种	万字	种	万字	种	期
2018														
……														

五、档案工作人员构成及数量情况统计

这种统计台账是用来登录一个立档单位或国家档案馆历年档案工作人员构成及其数量变化情况的一览表，详见表 6－25、表 6－26。

表 6－25 档案工作人员构成及数量情况统计表（1）

项目 年度	现职人员总数	人员构成及数量情况										
		性别		年龄			文化程度					
		男	女	50岁以上	35～49岁	34岁以下	博士	硕士	研究生班研究生	本科	大专	高中（中专）
	人	人	人	人	人	人	人	人	人	人	人	人
2018												
……												

表 6－26 档案工作人员构成及数量情况统计表（2）

项目 年度	人员构成及数量情况													
	档案专业程度（受过档案专业教育）						档案干部专业技术职务					兼职人员	本年度接受在职培训教育	
	博士研究生	硕士研究生	研究生班研究生	大学本科	大专	中专	研究馆员	副研究馆员	馆员	助理馆员	管理员			
	人	人	人	人	人	人	人	人	人	人	人	人	人	次
2018														
……														

六、档案部门设施设备数量情况统计

各级各类国家档案馆和立档单位档案部门，可通过建立如下几种档案统计台账来了解和掌握设施设备数量及其变化情况。

（一）立档单位档案部门设施设备数量情况统计表

这种统计台账是用来登录一个立档单位的档案室（馆）设施设备数量情况及其变化情况的一览表，详见表 6－27。

表 6－27　立档单位档案部门设施设备数量情况统计表

项目 年度	档案室（馆）建筑面积		档案室（馆）设备				
				安全防范系统			
		档案库房建筑面积	服务器	门禁系统	视频监控系统	自动灭火系统	温湿度控制系统
	平方米	平方米	台	套	套	套	套
2018							
……							

（二）国家档案馆设施设备数量情况统计表

这种统计台账是用来登录一个国家档案馆设施设备数量情况及其变化情况的一览表，详见表 6－28。

表 6－28　国家档案馆设施设备数量情况统计表

项目 年度	馆内设施设备情况						
			安全防范系统			自动灭火系统	
	缩微设备	服务器	门禁系统	视频监控系统	温湿度控制系统	气体灭火系统	细水雾灭火系统
	台	个	套	套	套	套	套
2018							
……							

七、档案馆基本建设情况统计表

这种统计台账是用来登录一个国家档案馆基本建设及其变化情况的一览表，详见表 6－29。

表 6-29　档案馆基本建设情况统计表

项目 年度	档案馆基本建设情况																	
	档案馆建筑面积					本年度在建项目							本年度竣工项目					
	建筑总面积	档案库房建筑面积	后库面积	档案业务和技术用房建筑面积	对外服务用房建筑面积	新建	改扩建	建筑面积	档案库房建筑面积	计划总投资额	累计完成投资额	本年度完成投资额	新建	改扩建	建筑面积	档案库房建筑面积	计划总投资额	实际完成投资额
	m^2	m^2	m^2	m^2	m^2	个	个	m^2	m^2	万元	万元	万元	个	个	m^2	m^2	万元	万元
2018																		
……																		

八、档案编目及档案抢救情况统计表

这种统计台账是用来登录一个立档单位的档案室（馆）和国家档案馆档案编目及档案抢救数量情况及其变化情况的一览表，详见表 6-30。

表 6-30　立档单位档案部门和国家档案馆档案编目及档案抢救情况统计表

项目 年度	档案编目情况			国家重点档案抢救情况					
	手工目录	机读目录		应抢救档案总数		已抢救档案数量			
		案卷级	文件级					本年度抢救档案数量	
	本	万条	万条	卷	件	卷	件	卷	件
2018									
……									

第五节　全国档案事业统计年报制度

全国档案工作基本情况统计年报制度始于 1983 年。《全国档案事业统计年报制度》是由国家档案局根据《中华人民共和国统计法》及相关规定的要求，为了准确地掌握全国档案事业的基本情况，对全国档案事业实行科学管理提供可靠、科学的依据，切实履行档案部门的职责，建立有序的工作制度，而制定的一项按年度开展的统计调查制度。根据我国档案事业发展和变化情况，国家档案行政管理部门会对统计调查的指标和项目内容进行必要的调整。

一、全国档案事业统计年报制度的概述

（一）调查目的

建立和实施全国档案工作基本情况统计年报制度的目的如下：

（1）科学、准确、系统地掌握全国档案事业的基本情况。

（2）为科学管理全国档案事业提供可靠、科学的依据。

（3）档案部门的职责，为建立有序的工作制度提供依据。

（二）统计对象

各级档案行政管理部门（包括中央、省、地、县各级档案局），各级各类档案馆，县级以上机关、人民团体、民主党派档案室（处、科），企事业单位档案室（处、科），开办档案专业教育的高等学校、中等学校和规定范围内的各级各类档案部门均为统计对象。

（三）调查内容

档案行政管理部门基本情况、档案馆基本情况、档案室基本情况、档案专业教育基本情况、档案科技基本情况和国家综合档案馆基本建设情况等。

（四）调查频率和时间

全国档案工作基本情况统计年报制度按报告期别为年报。调查时期为上一年度（1月1日至12月31日）。

（五）调查方法

一般采用全面调查的调查方法进行。

（六）组织实施

由国家档案局政策法规研究司统一组织，分级实施，由各级各类档案部门负责数据的审核和上报。

（七）报送要求

中央、国家机关，人民团体，民主党派负责本机关及所属企事业单位档案机构统计年度的汇总工作，然后将综合年报的数据于次年3月15日前报送国家档案局；中央级国家档案馆报送时间为次年3月15日；地方各级档案行政管理部门负责本行政区域内列入统计范围的各级各类档案机构统计年报的汇总工作，并将汇总出的综合年报数据逐级上报到省、自治区、直辖市档案局，由省、自治区、直辖市档案局汇总出本省、自治区、直辖市的综合年报数据，于次年3月31日前报送国家档案局，同时抄送本省、自治区、直辖市统计局。报送方式为邮寄报送——将纸质报表和数据寄送国家档案局政策法规研

究司。

在填报基本表时，填报单位只需填写本单位对应表格，凡与本单位无关的表格，不要填报。

统计年报坚持严肃认真的态度，不得虚报、瞒报；实行分级分类的单位类别代码，各级各类部门应按类填报。

基本表中档案排架长度和电子档案计量单位的数字取整数，小数点以后四舍五入；其他涉及小数的数字保留两位。如有特殊情况，另附说明。

（八）统计资料公布及数据共享

本报表制度综合统计数据由国家档案局公布。部分综合数据可与其他部门及在本系统内共享使用。

二、档案馆基本情况的主要统计调查指标

（一）机构情况

机构指列入年度档案工作基本情况统计范围的各级各类档案馆，其中包括国家档案馆（综合档案馆、专门档案馆）、部门档案馆、企业档案馆和事业单位档案馆等。具体是指以下几类：

（1）国家综合档案馆，指归口中央或地方各级档案行政管理部门直接管理的，按行政区划或历史时期设置的，收集和管理所辖范围内多种门类档案的档案馆。

（2）国家专门档案馆，指归口中央或地方各级档案行政管理部门（或有关部门）直接管理的，收集和管理某一专门领域或某种特殊载体形态档案的档案馆，如照片档案馆、城建档案馆等。

（3）部门档案馆，指中央或地方某些专业主管部门所属的，收集、管理本部门及其直属机构档案的档案馆，如外交、安全、公检法等。

（4）企业档案馆，指列入本年报统计范围的企业集团和大型企业设置的负责收集、管理本企业及其所属单位档案的档案馆。

（5）事业单位档案馆，指事业单位设置的负责收集、管理本单位及其所属机构档案的档案馆，包括文化事业单位（如理工农林医类以外的大专院校、文艺团体、新闻出版单位等）档案馆和科技事业单位（如研究院、设计院、理工农林医类大专院校等）档案馆。

（二）人员情况

人员情况指列入年度档案工作基本情况统计范围的各级各类档案馆的定编、人员构成情况。其中包括以下方面：

（1）定编，指机构编制管理机关核定的本单位人员数额。

（2）现有全部门专职人员，指本单位专门从事档案工作的在职职工。

（3）文化程度，按学历如实填写。

（4）博士研究生，指在具有招收和培养攻读博士学位研究生资格的普通高等学校和科研机构完成博士研究生课程学习并取得博士学位的。

（5）硕士研究生，指在具有招收和培养攻读硕士学位研究生资格的普通高等学校和科研机构完成硕士研究生课程学习并取得硕士学位的（含党校通过全国教育统考招生录取的研究生）。

（6）研究生班研究生，指在具有招收和培养研究生班研究生资格的普通高等学校和科研机构完成研究生课程学习并取得毕业证书的。

（7）大学本科、大专，指在普通高等院校和国家承认学历的成人高校（包括夜大学、函授大学、电视大学、职工大学和自学高考等）学习过并取得毕业证书的。

（8）高中（中专），指在普通高中、职业高中以及各类中等专业学校、中等技术学校、有关部门批准的业余中等专业学校学习过并取得毕业证书的。

（9）档案干部专业技术职务，指专职档案干部评聘的专业技术职务。在档案部门工作聘为其他业务、技术职称的人员，应按级别分别填入与其对应的栏目。如技术员相当于“管理员”；助教、助理工程师、助理翻译、助理编辑、助理记者、助理会计师等相当于“助理馆员”；讲师、工程师、翻译、编辑、记者、会计师等相当于“馆员”；副教授、副编审、副译审、高级记者等相当于“副研究馆员”；教授、编审、译审、特级记者等相当于“研究馆员”；高级工程师、高级会计师相当于“副研究馆员”或“研究馆员”。

（三）馆藏情况

馆藏情况指列入年度档案工作基本情况统计范围的各级各类档案馆保存纸质档案、数字档案资源、其他载体档案、档案编目情况、国家重点档案抢救情况及档案接收情况等。具体包括以下方面：

1. 纸质档案的数量统计指标

（1）全宗数量。全宗是指一个具有社会独立性的组织或个人在其社会实践中所形成的档案的有机整体。

（2）案卷数量。案卷是由互有联系的若干文件组合成的档案保管单位。

（3）以件为保管单位的档案数量。以件为保管单位的档案指按照《归档文件整理规则》的要求，以件为基本保管单位的纸质档案。

（4）排架长度。排架长度指档案装订或装盒后竖排在柜架上的长度，一般用“米”计量。

2. 数字档案资源的数量统计指标

数字档案资源是指国家机构、社会组织和个人在社会活动过程中形成的具有一定保存价值的数字记录，包括电子档案、数字化档案、各职能部门的行业及专业档案数据库、互联网中具有档案价值的数字信息等，计量单位为 GB。

（1）数字档案馆，指运用现代信息技术对电子档案及其他数字资源进行采集、存储、管理，并通过各种网络平台提供利用的档案信息集成管理体系。

（2）电子档案，指机关、团体、企事业单位和其他组织在处理公务过程中形成的对国家和社会具有保存价值并归档保存的电子文件。

（3）馆藏档案数字化成果，包括数字图像、档案目录数据、元数据、数字化工作中产生的工作文件、存储载体等。

3. 其他载体档案的数量统计指标

（1）照片档案的数量。这里指专门集中保管的照片档案，与其他档案一起立卷保管的照片档案不计在内。

（2）缩微胶片的数量。这里指所保管的、截至填报年度的累计全部缩微胶片，包括接收来的缩微胶片档案和馆藏档案的缩微复制品。

（3）实物档案的数量。

4. 馆藏资料的数量统计指标

馆藏资料指已编目的用作资料的古籍、图书、期刊、报纸等，以及其他形式的技术资料、编研资料和不作为档案保管的文件材料。

5. 档案编目的数量统计指标

（1）手工目录，包括以全宗为单位编制的案卷名册、以全宗为单位编制的案卷及卷内文件目录、以全宗为单位编制的所有归档文件的名册，即案卷目录、全引目录、归档文件目录。

（2）机读目录，即计算机可读目录，指输入计算机并通过计算机进行编制和检索的档案目录。

（3）案卷级目录，指以全宗为单位登录案卷的题名及其他特征并按案卷号次序编排而成的一种档案目录。

（4）文件级目录，登录文件题名及其他特征并固定文件排列次序的一种档案目录。

6. 国家重点档案抢救情况的数量统计指标

国家重点档案指由各级国家档案馆保存，在中国各个历史时期形成的，在政治、军事、经济、科学、技术、文化、宗教等方面具有重要的研究和利用价值，国家需要永久保存的珍贵档案。其主要包括以下方面：

（1）1949 年以前，反映中国共产党及其领导的革命组织、革命根据地、革命政权，以及革命活动家的档案。

（2）1949 年以前，反映各个历史时期政权机构、社会组织和著名人物的档案。

（3）中华人民共和国成立以来，反映党和国家领导人活动的档案。

（4）经省级（含计划单列市）档案部门鉴定确认的，并报国家档案局批准的其他重点档案。

7. 本年接收档案情况的数量统计指标

指本年度接收的上一年度或以前年度档案数量情况。

（四）档案开放情况的数量统计指标

（1）开放档案数量统计指标，指各级各类国家档案馆已经依法向社会开放的档案数量。

（2）开放档案目录数量统计指标，指为已开放档案编制的、供利用者自行检索的开放性检索工具的数量。

（五）档案利用情况的数量统计指标

（1）利用人次，指当年每日查档人数累计。

（2）利用卷（件）次，指当年每日提供档案的数量累计。

（3）利用目的中的“工作查考”（指用于行政事务等日常工作等）人次和卷（件）次；“学术研究”（指个人用于历史研究或其他学术研究，以及各种地方志、专业志的编修，等等）的人次和卷（件）次；“权益维护”（指公民个人用于维护合法权益的方式）的人次和卷（件）次。

（4）政府信息公开查阅场所的数量统计，指按照《中华人民共和国政府信息公开条例》的要求，各级人民政府在国家档案馆设置的政府信息公开查阅场所的数量。

（六）档案宣传情况的数量统计指标

（1）本年 IP 访问次数，指使用 IP 地址登录访问网站的数量。

（2）微信公众号，指官方认证的档案微信公众号的数量。

（3）推送文章数量，指本年度档案微信公众号的发文总量。

（4）爱国主义教育基地，指经各级党委、政府或者相关部门批准命名、公开挂牌，由国家档案馆管理，以馆藏档案为主要资源，向社会开展爱国主义、革命传统教育和国情、省情、市情、区情、县情教育及科技文化知识教育的活动场所。

（5）基本陈列，指以档案原件或复制品、仿制品的陈列展出为手段，揭示档案馆馆藏，系统反映馆藏特色，内容相对固定，在馆内常年展出的方式。

（6）本年编研档案资料，指本单位利用档案自编或与其他有关部门合编的档案汇集、参考资料等。其中，公开出版指当年由各级出版社正式出版的书籍（包括公开发行和内部发行），内部参考指当年编纂完毕未公开出版、留作内部使用的参考资料。

（7）档案期刊，指定期公开出版的档案刊物。

（七）馆内设施设备情况的数量统计指标

（1）服务器，指信息系统中为客户端计算机提供特定应用服务的计算机系统，是信息系统的重要组成部分。按照外观，服务器可以被分为台式服务器和机架式服务器。不能正常使用的服务器不计入本指标。

（2）门禁系统（出入口控制系统），指利用自定义符识别和模式识别技术对出入口目标进行识别并控制出入口执行机构启闭的电子系统或网络。

（3）视频监控系统，指利用视频探测技术，监视设防区域并实时显示、记录现场图像的电子系统或网络。

（4）温湿度控制系统，指运用现代科技手段，通过传感技术、自动化技术、信息化技术实现对温度和湿度进行实时监测，并控制空气调节设备、通风设备、除湿设备等保持库房温湿度符合标准规范的集成系统。

(5) 气体灭火系统，指以气体状态进行灭火的物质为灭火剂的灭火系统。灭火物质包括二氧化碳，七氟丙烷，三氟甲烷，氮气（IG100），氩气（IG-01），氮气与氩气混合气（IG55），氮、氩、二氧化碳混合气（IG541）。

(6) 细水雾灭火系统，指由一个或多个细水雾喷头、供水管网、加压供水设备及相关控制装置等组成，能在发生火灾时向保护对象或空间喷放细水雾并产生扑灭、抑制火灾效果的自动灭火系统。

（八）档案馆基本建设情况的数量统计指标

(1) 档案库房建筑面积，指档案馆专门用于保管各种类型档案的用房的建筑面积。

(2) 后库面积，指由本单位管理的异地战备库，由国家综合档案馆填报。

(3) 档案业务和技术用房建筑面积，指档案馆用于接收、收集、整理、保护、数字化加工等档案基础业务、技术的用房的建筑面积。

(4) 对外服务用房建筑面积，指档案馆通过阅览、展览等提供利用档案的用房的建筑面积。

(5) 竣工面积，指竣工的可供使用的房屋建筑面积。

三、档案室基本情况的主要统计调查指标

（一）人员情况的数量统计指标

参见档案馆人员情况的数量统计指标设计，但应注意分清专职和兼职档案人员的数量状况。

（二）室存情况的数量统计指标

(1) 案卷的数量，指由互有联系的若干文件组合成的档案保管单位的数量。

(2) 以件为保管单位的档案数量，指按照《归档文件整理规则》的要求，以件为基本保管单位的纸质档案的数量。

(3) 排架长度，指档案装盒后竖排在柜架上的长度。

(4) 照片档案的数量，指专门集中保管的照片档案的数量，与其他档案一起立卷保管的照片档案不计在内。

(5) 实物档案的数量。

(6) 数字档案室，是指机关（团体和其他社会组织）在履行职能过程中，运用现代信息技术对机关电子档案和数字化档案信息进行采集、加工、存储、管理，并通过不同类型网络提供共享利用和有限公共档案信息服务的档案信息集成管理平台。

(7) 电子档案的数量，指机关、团体、企事业单位和其他组织在处理公务过程中形成的对国家和社会具有保存价值并归档保存的电子档案的数量，计量单位为GB（1GB=1 024MB，1MB=1 024KB）。

（8）室存档案数字化成果的数量，指馆藏传统载体档案经扫描仪等数字化转换设备转换得到的数字格式副本的数量。

（9）室存资料的数量，指已编目的用作资料的古籍、图书、期刊、报纸等，以及其他形式的技术资料、编研资料和不作为档案保管的文件的数量。

（10）手工目录的数量，包括以全宗为单位编制的案卷名册、以全宗为单位编制的案卷及卷内文件目录、以全宗为单位编制的所有归档文件名册的数量，即案卷目录、全引目录、归档文件目录的数量。

（11）机读目录的数量，即计算机可读目录，指输入计算机并通过计算机进行编制和检索的档案目录的数量。

（12）案卷级目录的数量，以全宗为单位登录案卷的题名及其他特征并按案卷号次序编排而成的一种档案目录的数量。

（13）文件级目录的数量，登录文件题名及其他特征并固定文件排列次序的一种档案目录的数量。

（14）本年移出档案的数量，指本年度因机构或职能变化导致部分室存档案所有者变更，而移交给有关单位的档案的数量。

（三）档案利用情况的数量统计指标

（1）利用人次，指当年每日查档人数累计。

（2）利用卷（件）次，指当年每日提供档案的数量累计。

（3）工作查考的利用数量，指用于行政事务等日常工作，如制订计划、落实政策、案件处理、人事工作等的档案数量累计。

（4）陈列室的数量和面积。陈列指以档案原件或复制品、仿制品的陈列展出为手段，揭示机关、企事业单位发展历史，对内开展职工爱岗敬业教育，对外作为接待、宣传窗口，内容相对固定，在本单位常年展出的方式。

（5）本年编研档案资料的数量，指本单位利用档案自编或与其他有关部门合编的档案汇集、参考资料等的数量。一个书名为一种。其中，公开出版指当年由各级出版社正式出版的书籍（包括公开发行和内部发行），内部参考指当年编纂完毕未公开出版、留作内部使用的参考资料。

（四）室内设施设备情况的数量统计指标

（1）服务器，指信息系统中为客户端计算机提供特定应用服务的计算机系统，是信息系统的重要组成部分。按照外观，服务器可以被分为台式服务器和机架式服务器。不能正常使用的服务器不计入指标。

（2）门禁系统（出入口控制系统），指利用自定义符识别和模式识别技术对出入口目标进行识别并控制出入口执行机构启闭的电子系统或网络。

（3）视频监控系统，指利用视频探测技术，监视设防区域并实时显示、记录现场图像的电子系统或网络。

（4）温湿度控制系统，指运用现代科技手段，通过传感技术、自动化技术、信息化技术实现对温度和湿度进行实时监测，并控制空气调节设备、通风设备、除湿设备等保持库房温湿度符合标准规范的集成系统。

思考与练习

1. 什么是档案登记和统计？档案登记和统计的作用是什么？
2. 档案登记和统计的任务和要求是什么？档案登记和统计的意义有哪些？
3. 档案统计的基本步骤有哪些？
4. 档案登记的基本形式和内容有哪些？
5. 什么是全宗单？
6. 如何建立和使用档案统计台账？
7. 什么是全国档案事业统计年报制度？

第二编

档案资源开发利用

第七章
档案资源开发与利用概述

内容提要

本章重点讲三个方面的内容：一、档案资源开发的意义和原则。二、档案资源开发面临的主要障碍和应对措施。三、档案提供利用的含义与我国档案利用理论的形成及发展。

第一节　档案资源开发的意义和原则

一、档案资源开发的含义

当今信息时代，信息成为一种资源已是人们的共识，开发作为社会记忆工具的档案的信息资源为社会服务，已成为档案部门的中心任务。档案资源开发，就是档案部门根据社会需要采用专业方法和现代化技术，发掘、采集、加工、存储、传输所收藏档案中的有用信息，方便利用者利用，以实现档案的价值和作用。这一概念，包含以下内容：

第一，档案资源开发主体是档案管理部门及其工作人员。

第二，档案资源开发的对象是指经过条理化、系统化并保存起来的馆（室）藏档案，档案实体的有序化和科学管理为档案资源开发奠定了良好的基础。

第三，档案资源开发要采用专业方法与现代化技术相结合的方式，我们既要与时俱进，采用现代化技术手段，对档案信息进行采集、加工、存储和传输，又要对传统的、专业的开发档案资源的方法予以继承和发扬，并将二者有机结合起来。

第四，档案管理部门和档案工作人员（主体）对馆（室）藏档案（客体）中的有用信息进行浅加工和深加工。所谓浅加工是指对档案进行著录、标引，建立检索系统，将档案信息存储在一定载体上，即档案信息的检索工作；所谓深加工是指根据社会需求，将庞杂的档案信息进行系统化、有序化，制成档案产品（人们称之为编辑史料），编写参考资料，参加编史修志，撰写文章和著作（档案界概括为档案的编研工作）。

第五，档案馆收藏的是处于静态的档案信息，经过档案工作人员的采集、加工、存储后，需要正常输出传递给利用者，以满足社会上方方面面的利用需要，这一过程被称为档案信息传输工作。

上述定义使我们认识到，档案的收集、整理、保管、鉴定、统计等环节是对档案实体进行科学管理，为档案资源开发提供相应保障，没有这些工作环节的支持，就谈不上档案资源的开发，但这些环节不宜包含在“开发”之中。档案的检索与编研是发掘档案中有用信息的浅加工和深加工，是档案资源开发的主要部分，但还不是全部，从整体（或广义）上说，还应包括信息的传输。因为通过信息传输，才能使档案信息由“潜在”成为“活化”，实现服务社会、指导实践的功能。信息传输在一定程度上与利用服务存在一定的交错。档案资源开发与档案实体管理和利用服务诸环节既平行又交错，这或许是对档案资源开发的含义认识长期不能取得一致的原因。实际上，档案管理整个过程就是，首先把档案收集起来，将它整理有序，再科学地保管好，在此基础上才有可能发掘档案中的有用信息进行分析研究，并按社会需求进行加工、处理，形成档案信息产品，最后提供给利用者，为社会进行信息服务。如果把档案管理的整个过程按其先后顺序划分为实体管理（或称收藏、整理、鉴定、保管、统计）、资源开发（包括编目与检索、编辑与研究）与利用服务（包括各种方式的利用工作）三个阶段，或者实体管理和资源开发与利用服务两个阶段，就可能有助于对档案资源开发问题的理解认识，更有利于开发工作的具体实践。

二、档案资源开发的意义

（一）档案资源开发是实现档案价值的根本途径

档案是国家宝贵的执政资源，也是人类社会的重要资产，反映国家、社会、人民活动的方方面面，内容广泛，形式多样，数量浩瀚，门类众多，具有政治、经济、科学、文化等各方面的价值。但档案资源除一般信息的共性外，还具有以下特性：一是分散性，档案是人们在社会实践中，按工作、生产、生活的时间顺序自然形成的，有用信息分散于数以亿计的案卷（件）中，档案形成者形成档案的目的与利用者利用档案信息的目的是不一致的；二是档案信息的历史性，档案是历史的沉淀物，所反映的社会活动内容与现实有一定的时间距离，正是这种时间距离使档案信息具备了回溯性特征；三是原始性，它是用数字、文字、图形、声像对某一活动所做的最初最直接的记载，具有凭证和情报价值。这些特性决定了档案资源开发并不是简单地打开库房变成阅览室就行了，而是要对档案中记录的各种信息进行分析、整理、归纳、加工，从原始的、分散的、芜杂的档案材料中提炼出真正对现实有用的东西。因此，只有对档案资源进行有效开发，加工成档案信息产品，使其为利用者所用，才能产生新的生产力、新的知识、新的社会效益和经济效益，体现其自身的价值。

（二）档案资源开发是发展档案事业的需要

长期实践证明，只有开发档案资源，把“静态档案资源”变成“动态档案信息”，提供给利用者广泛地、反复地、多角度地、全方位地、连续不断地利用，才能转化为物质形态的生产力，才能充分发挥档案的凭证、参考、研究等方面的作用，才能增强社会的档案意识，取得领导的重视和社会各界的支持，为档案工作发展创造良好的外在氛围，才能解决档案工作中普遍存在的一些矛盾（如档案原件存储信息的静止状态与利用要求档案信息变成动态信息的矛盾，档案产生分散、零乱、庞杂等状态与利用者要求获得的档案信息应具有针对性、浓缩性、系统性的矛盾，档案原件是孤本与利用者要求广泛输出档案信息的矛盾，等等），才能满足社会广大利用者的需求，使其成为推动社会生产力发展的催化剂。因此，档案资源开发是档案事业的生命与活力所在，是发展档案事业的必备条件。

（三）档案资源开发可以更好地为社会文明的建设服务

档案部门的特殊优势就是保存大量的档案资料，而这些档案资料又承载着各种各样极为繁复的信息，将这些信息根据现实需要，系统、有序地开发出来，使固定的、沉睡的档案信息转化为动态的、增值的生产力要素，才能更好地为我国的现代化服务。

档案资源开发应为精神文明作出贡献。社会精神文明建设，主要是对公民进行爱国主义、集体主义和社会主义教育，使人们树立正确的世界观、人生观、价值观和科学发展观，提高整个中华民族的思想道德素质，增强民族的自豪感和自信心。我国历史悠久，各级各类档案馆（室）中保存有极其丰富的档案资料，它们翔实地记录了国家、民族、地区的历史足迹，记录了新中国社会主义建设的伟大成就，是进行爱国主义、集体主义、社会主义教育的生动素材。许多地方政府在制定精神文明建设方针时，把当地档案馆列为对广大人民群众特别是青少年进行爱国主义教育的基地，它在社会精神文明建设中具有巨大的、深远的作用。

档案记载和反映了经济的发展和进步、各行各业的生产经营与管理活动，不仅具有凭证价值和情报价值，而且具有较强的知识性和较大的信息量，是生产建设的重要依据，能为社会主义现代化建设提供决策和参考信息，对制订经济计划、检查和总结生产状况，推广先进技术和管理经验，以及防灾减灾等都有着十分重要的作用。因此，充分开发档案资源，使档案资源转化为直接的生产力要素，对提高社会生产力、加强经济管理、提高经济效益具有重要的意义。

三、档案资源开发的原则

（一）资源为王原则

根据《中华人民共和国档案法》规定，机关档案室是保管本单位档案的内部机构，档案馆是永久保管档案史料的基地，是提供档案为社会服务的中心。档案馆（室）性质决定了档案资源开发必须以所收藏档案为基础，因馆（室）制宜，扬长避短，突出馆（室）藏特色，做好开发工作。只有各级各类档案馆（室）从本身的实际出发，大力丰富馆（室）藏，最大限度地发挥馆（室）藏优势，坚持馆（室）藏基础原则，才能对档案信息资源开发以至档案事业的发展起到推动作用。实践表明，只有依托丰富的档案资源，才能切实提高档案资源开发的实际水平。

（二）信息组织原则

档案资源开发的首要工作是使档案资源结构有序化。简单地讲，就是为利用者利用档案信息建立查找入口处，并把这些入口处集中在一起，架起一座档案信息与利用者之间沟通的桥梁，这就是通常说的建立检索系统——目录、索引、数据库。档案信息实现有序化，是开发档案资源的基础和前提。因为有用的档案信息蕴藏于数以亿计的档案案卷（件）之中，处于分散、杂乱、不系统、不集中的状态。这些原始的档案信息经过采集和加工处理，变成集中、系统而有序的信息，为档案信息的充分利用创造条件。档案馆（室）在档案资源开发过程中，投入大量人力、物力，采用各种处理手段和工作方法，都是为了更好地实现档案信息被利用的程度和实现档案价值的程度。对于广大利用者，若能在利用档案信息时具备有序化的查寻思维，大体了解档案馆（室）对档案信息有序化的概貌，将能大大提高利用档案信息的效果。

（三）信息激活原则

信息激活是档案资源开发的最基本和最高的目标性原则。从档案部门来讲，为了有效地提供档案信息为利用者服务，需要不断提高档案信息的开发层次，进行浅加工和深加工，把档案中有用的潜在信息挖掘出来，及时提供给利用者，才能发挥档案的最大效益和实现其价值。对档案利用者来讲，信息激活体现在对档案信息的消化、吸收、利用，继而产生新的知识上。

激活档案信息的方法主要有三种。

1. 信息的分解和析出

除对档案文件和案卷（保管单位）进行著录、标引外，还要尽可能将档案中的许多信息单元及数据分解开来，单独析出，最大限度地提取档案中的信息并充分揭示出来，为利用者所用，实现档案的价值。

2. 信息的浓缩和提炼

将分散、杂乱的档案信息，经过筛选、分析、加工处理，形成浓缩的或提炼成新的档案信息，提供给利用者，如文摘、概要、专题汇编、述评、综述等，为利用者提供系统化、专题化的档案信息。

3. 知识的综合归纳

在对某一专题的档案信息进行收集、整理、分析研究的基础上，将分散芜杂的档案信息，去粗取精，去伪存真，由此及彼，由表及里，加以逻辑推导、综合归纳、总结评价，以成果的形式提供给利用者。这种信息成果的价值将大大超过分散在档案中信息价值的总和。

（四）有效利用原则

它要求档案馆（室）在档案资源开发中找到更多的利用者，而利用者则能方便快速地获得更多的档案信息，以实现档案信息充分利用的目标。实现这一目标有以下途径：

1. 扩大档案信息对不同利用者的适应性

由于利用者的知识结构、文化素养、心理素质、社会职业分工和兴趣爱好的差异，其对档案信息的需求不同。因此，对档案资源开发要多层次、多角度、全方位地揭示档案信息，以适应不同利用者的需要，使档案信息得到充分利用。

2. 充分发挥检索和信息传输系统的作用

充分发挥检索和信息传输系统的作用，尽可能缩短档案信息的查找和传递时间，使利用者简便、迅速、准确地获得更多的档案信息，降低利用成本．从而最大限度地发挥档案信息的社会效益和经济效益。

3. 引导与帮助利用者在有限的时间内增加对不同档案信息的利用

档案工作应通过多种途径和方法，强化对馆（室）藏有用档案信息的集中、有序化与揭示，优化咨询服务，及时向利用者提出建议，以避免在查寻档案信息中走弯路和对有效信息的疏忽与遗漏，提高检索效率，提高档案信息的利用质量和效益。

（五）整体效益原则

在市场经济条件下，开发档案资源不计成本、不讲效益是不行的。开发档案资源是为了利用，为了产生经济效益和社会效益，这就涉及投入与产出的关系问题。只有产出大于投入时，投入才是有效的，这就要求有务实态度，以与现在经济基础相适应的方式来进行档案资源开发的投入，切忌好高骛远，片面追求硬件设备的高、精、新、尖，造成得不偿失的后果，必须遵循投入产出规律，深入研究如何科学地、经济地投入人力、财力、物力，以获取最佳、最大的效益。效益原则的内容是多方面的：从范围上看，有局部效益和整体效益；从时间上看，有现实效益和长远效益；从价值上看，有社会效益和经济效益。开发档案资源时，要有轻重缓急之分，局部服从整体，优先考虑急需者和发挥效益较大者，既要强调现实效益的发挥，又要采取积极有效的措施，保护档案原件，以便于今后的利用，发挥其长远效益。既应重视社会效益，又不能忽视经济效益，社会效益中隐含着经济效益，经济效益中融入社会效益，二者相辅相成。因此，档案资源开发应力求做到现实效益与长远效益相统一，局部效益与整体效益相协调，社会效益与经济效益并重。

第二节　档案资源开发面临的主要障碍和应对措施

一、当前档案资源开发面临的主要障碍

档案资源开发是一项系统工程，开发过程中面临来自思想认识、政策法规、经济、科技、文化、教育、资源管理、人员等各方面的障碍。这些障碍包括观念层面、实践层面、理论层面等，其中关键性障碍主要有以下几方面：

（一）社会环境方面

1. 受封闭落后的传统观念束缚

我国历史上曾长期处于半殖民地半封建状态，受自给自足小农经济的影响，闭关锁国和故步自封，在人们头脑中形成了重物质、轻信息，重眼前、轻长远，重微观、轻宏观等不正确观念。社会交流与信息意识较差，人们档案意识淡薄，反映在档案工作方面，则是长期只注意收藏，限制了档案资源的开发、交流与利用服务。

2. 部分国民文化素养还不够高

档案资源的开发与利用程度和人们的文化素养高低有直接关系。由于历史原因，我国部分国民的文化水平不高，这在客观上使我国目前利用档案信息的范围受到较大的局限。

3. 受经济发展水平制约

档案资源的开发与广泛利用，要以一定的物质条件为保证，需要投入较多的物力与财力。我国还是一个发展中国家，生产力水平还不够高，经济还不太富裕，不可能对档案事业有较大的投入。档案资源开发与日常维护需要大量的资金，政府对档案事业的拨款除维持正常运转外，进行相应建设已显得捉襟见肘，从而制约了档案资源的开发。

（二）档案部门自身方面

1. 档案人员观念上的障碍

一是受重藏轻用观念的制约，千百年来，档案部门处于封闭状态，几乎与世隔绝，重藏轻用思想根深蒂固，对档案资源开发重视不够。二是“保密保险，利用危险”的心态，使档案人员对档案资源开发顾虑重重，束手束脚，甚至不敢或不愿向外界传输档案信息。三是有一部分人跟不上改革开放的新形势，缺乏竞争与开拓创新意识，自我封闭，孤芳自赏，看摊守堆，因循守旧，安于现状，未能与时俱进和强化社会参与意识，对社会和用户了解不够，限制了档案部门开发档案资源的积极性和主动性。

2. 工作上的障碍

（1）没有建立起丰富的档案资源体系。档案部门所拥有档案信息的数量和质量是开发档案资源的物质基础，若离开了馆（室）藏，谈开发无疑是无米之炊，无源之水。多年来在馆（室）藏建设中，存在重数量轻质量的偏向，使得馆（室）藏还不够丰富和优化，还不能充分满足社会利用的需求，原料不足限制了档案资源的开发。

（2）档案业务基础建设中还存在收集不齐全，归档率低，案卷质量不高，查找困难，保护不到位，标准化、规范化、现代化步伐不够快等因素，制约了档案资源的开发。

（3）档案部门利用服务方式单一、范围狭窄。档案利用服务的方式，长期局限于等客上门、你查我调的阅览室被动服务方式，档案信息的提供以档案原件为主。这种传统的档案利用方式，存在传播信息有限、范围狭窄、效率低下等弊端，无法满足新时期社会利用档案信息的广泛需求。

（4）检索工具质量不够高和传输档案信息的手段落后。目前，我国档案部门档案检索与档案信息传输服务还处于手工方式向计算机技术和网络技术的过渡阶段，许多档案馆（室）还未建立起数量齐全，结构合理，能多角度、全方位检索档案信息内容的，较完备的检索体系和大容量的数据库，网络服务平台建设还处于起步阶段，实现数字档案馆，档案信息网络化还有很长的一段路要走。

（5）开发主体单一化。档案馆（室）是国家档案财富的保管者，被赋予档案资源保管权、公布权和开发权，档案馆（室）自然成为档案资源开发的主体。档案馆（室）限于主客观条件，如开发资金严重不足，不可能有大量投入；人员数量少，知识结构、技能等都难以适应信息时代深入开发档案资源的需要。唯一主体和单兵作战，使档案资源的开发力度不大，成果有限，数以亿计的档案成为死财富，长期沉睡于档案库房之中。

（三）用户方面

1. 社会档案意识淡薄

千百年来，档案收藏于宫廷与官府深宅大院的石室金匮（柜）之中，几乎与外界隔绝，蒙上了一层神秘的面纱，人们对档案的价值与作用知之甚少。加上对开发利用档案信息的宣传不够，公众对去档案馆（室）查阅利用档案所需的手续不清楚，以及利用制度偏严等多种因素，使用户对档案信息的需求动力不足。

2. 受利用者获取信息习惯的限制

人们利用、获得信息多以易用性为首要标准，而档案信息由于来源众多、分散杂乱、系统性差等因素，加之档案多为孤本，获取档案信息往往要到档案馆（室）去阅览原件，费时费力，使利用者望而却步。当今信息时代，用户获取有用信息的渠道很多，一般用户偏爱不借助信息机构由自己直接完成信息交流，如从网络上直接获取和交流信息等。

3. 受用户获取档案信息能力的制约

目前除了专家学者、研究人员、机关工作人员以及文化素质高的群体利用与获取档案信息的能力较强外，一般的普通利用者利用档案信息的能力受到局限。比如没有古汉语知识，较难利用明清档案；没有外文阅读能力，较难获得外文档案资料信息等。

二、档案资源开发的措施

档案资源开发应以创新观念、深入宣传、改善环境为出发点，通过优化丰富馆（室）藏、健全档案资源开发机构来确立资源与人员的保障体系，以采用现代化技术和手段为切入点，以用户需求为导向，以提供有效的档案信息产品和服务为目标，走特色开发之路。

（一）创新观念

1. 继承与创新发展观念

千百年来，档案部门在收藏档案的同时，自觉与不自觉地进行了一些档案资源的开发，如为统治阶级提供档案利用服务和编纂档案史料汇编等。新中国成立后，伴随着档案事业的发展，在档案资源开发方面有了较大的发展，但与时代的要求还有一定差距。我们应坚持科学发展观，保证可持续发展，紧跟时代步伐，坚持与时俱进，全方位、多层次深入开发档案资源，满足新时期方方面面利用档案信息的需求。

2. 被动服务与主动服务并举观念

档案工作的根本目的就是服务。长时期内采用等客上门、你查我调的被动服务是不够的，还应树立主动服务观念，才能产生自觉的服务行动。应坚持被动服务与主动服务并举，使档案资源在交流服务中发挥更大的作用，体现其自身的价值。

3. 社会观念(或称开放观念)

档案部门只有从封闭走向开放，面向社会，贴近社会，融入社会，参与社会生活，服务社会大众，充分开发档案资源，才能满足社会对档案信息的需求。将档案信息利用服务扩大到政治、经济、文化和社会生活各个领域，渗透到社会大众的工作、生活、休闲等各个方面。档案资源开发应充分体现共享意识，从传统的档案人员各自为战，一馆一室的小作坊式开发，扩展为广泛地吸收社会力量的大联合、大开发，开创档案资源开发的新局面。

4. 文化观念

档案作为一种社会记忆的原始记录，将分散杂乱的档案信息进行重新组合，以及对档案信息的二、三次加工，其本身就是一项文化建设和文化创造，反映出档案工作的文化功能，形成的各种成果就是再创造的文化产品。

5. 信息共享观念

共享是由档案信息自身的特性决定的，它来源于人类社会实践，又服务于人类社会发展需要。因此，它具有社会属性，理应成为社会的公共财富，为人类所共享。共享是社会发展的需要，档案既是人类活动的原始记录，又是前人经验的积累，它可以成为社会政治、经济、文化、科学技术发展的基础和阶梯。共享可以克服根深蒂固的“重藏轻用”观念，治愈自我封闭、同社会隔绝、档案信息利用率低的顽症，促进档案信息的广泛交流和传播。

（二）做好宣传，改善环境

当前社会环境不利于档案资源开发的主要因素是社会经济水平、人们的文化素质和社会档案意识。社会经济水平和人们的文化素质很难靠档案部门的自身努力来改变，它是由社会发展水平决定的，而社会档案意识可以通过档案部门的努力在一定程度上得到改善。实践证明，广泛宣传是增强社会档案意识的重要手段，档案部门应把宣传工作作为一项长期任务来抓，不仅要对内，更要面向社会，面向国外，加强对外宣传与交流。档案部门必须与新闻单位加强联系，通力合作，充分利用广播、电视、报刊等新闻媒介向社会广泛宣传档案信息的作用、发挥的效益、利用的办法和手续等，使档案信息不时“飞入寻常百姓家”，以此增强社会档案意识，扩大档案工作的社会影响，促进档案信息的社会利用。此外，还应通过政策和立法来实现环境的改善。档案部门必须进一步加强法规与政策建设，逐步扩大档案开放和档案信息开发的范围，简化利用手续，进一步改善档案信息资源开发的环境。

（三）优化资源内容结构，提高配置水平

1. 优化库藏资源，建立档案资源保障体系

档案实体管理机构，一般可分为档案室和档案馆。建立档案资源保障体系，从档案室来说，当前重点应切实改变分散管理体制，设立综合档案室，统一管理本单位的全部档案。有条件的单位可建立信息中心，实行档案、图书、情报一体化管理，最大限度地整合单位信息资源。从档案馆来说，当前重点是坚持丰富与优化馆藏并举，质量与数量并重的方针。合理扩大接收范围，不仅要接收本级党政机关的档案，而且要接收直属企事业单位的档案；不仅要接收文书档案，而且要接收科技档案与专门档案；不仅要接收一级单位档案，而且适当接收有代表性的二、三级单位中确有长远保存价值的档案。再就是对进馆档案严格实行质量控制，根据档案自身的价值，对不同级别的全宗分别采取大部分或少部分进馆的方式。此外，还要完善档案补充机制，除正常接收途径外，还应通过征集、寄存、购买等途径，把社会发展和公众有利用需要的、目前尚不在接收范围的档案收集起来，丰富馆藏。如收集、寄存或购买个人、家庭、家族或非政府机构的档案；也可以征集本地区重大活动和名产、名人、名胜和反映本地区的经济、历史、文化状况的特色档案，改善档案的空缺情况，让档案反映民众生活，贴近社会，调动社会民众去档案馆的积极性，更好地满足社会民众的利用需要。

2. 建立健全档案资源开发机构，配备专业人员

进行任何一项工作都必须以一定的机构和人员作为组织保证，档案资源开发工作也不例外。档案部门应建立健全档案资源开发机构（或档案资产经营管理机构），配备高素质的人员制定相应的开发规划、措施和制度，以确保开发工作有序进行。开发水平的高低和开发产品质量的优劣，取决于开发人员的专业水平与对现代化技术特别是计算机的掌握程度。人才是最宝贵的财富，高素质人员是开发档案资源的人才保障，也是开发工作中最活跃、最关键的因素。因此，要坚持以人为本，把工作的重点放在基础上的力量，始终把培养人才、建设队伍、提高人员素质放在第一位。

（四）充分利用信息技术

当前在档案资源开发活动中，应注意采用现代信息技术，对档案资源进行发掘、加工、处置和传输服务，将使开发过程缩短，投入的人、财、物相对减少，效益明显提高，推动我国档案管理模式从面向档案实体的整理、保管为重点向以档案实体信息化、数字化和面向社会传输档案信息服务为重点的转变过程。应用信息技术手段和高新技术开发档案信息，为这项工作注入了新的活力。譬如，应用计算机数据库技术，形成高质、高效信息流，使档案信息能准确、系统、快速地被检索出来；在档案信息加工过程中，应用计算机技术、多媒体技术等先进技术，可以形成集图、文、声、像于一身的多媒体视听材料和专题档案材料，形象、生动、直观；网络技术应用于信息传输服务中，利用者通过网络来浏览、搜索、下载等，使信息传递速度快、容量大、覆盖面广，档案信息得

到充分利用。

（五）以用户需求为导向，以创造名牌档案信息产品为目标

以用户需求为导向，为档案资源开发注入了新的活力，加速将档案信息转变为直接生产力。根据市场经济发展、生产经营等各方面的需要，全方位、多角度、深层次开发档案信息，形成高质量的各种编研成果，做好主动服务，使档案信息在经济建设、技术进步、经营管理、市场开发中发挥更重要的作用。在档案资源开发过程中，什么样的档案信息需要开发，在多大深度上加以开发，主要取决于市场用户的需求，因此必须积极推进档案信息产品进入市场，多出精品和拳头产品，以满足市场各方面的需求，并以此扩大档案工作在社会上的影响和知名度。

（六）走特色开发之路

特色开发就是重点开发具有独特色彩的档案。特色是指他无我有，他有我多，他多我优。特色的表现多种多样，如有的经济特色比较明显，像一些城市或地区的名优产品档案，往往能在一定程度上反映一个地区的经济发展历史和发展水平。有的文化色彩突出，像一些城市或地区的知名人物和名胜古迹档案，常常反映这些地区的悠久历史和古老文化。有的极具地域特色、时代特色、民族特色等。我国拥有各级各类档案馆 3 000 余个和数以万计的各级各类档案室，由于它们所在的地理位置、专业系统性质、档案形成的特殊性，以及国家的有关政策规定等因素，每个档案馆（室）收藏的档案都有自己的鲜明特色。在档案资源开发中，应深入分析社会需求，从本馆（室）藏档案的特点与优势出发，形成各自的档案资源开发特色。如中央级综合性档案馆是按历史时期划分的（中央档案馆保存革命历史档案与中华人民共和国成立以来的档案，中国第一历史档案馆保存明清档案，中国第二历史档案馆保存民国档案），地方综合档案馆是按地域（省、地、县）划分的。综合性档案馆馆藏以该地区党政机关、团体的档案为主，档案资源开发的重点可以面向各级党政机关团体，突出地域特色，为本地区各项工作服务；专业性与部门档案馆应立足于本专业、本部门的工作任务，有针对性地开发档案资源，为本专业本部门的各项工作服务；企业档案馆（室）应以生产和经营为中心，以原材料供应、产品生产、经营销售、技术革新等为重点，为本企业的各项工作服务；各级各类档案室应为本单位提供档案信息服务。

第三节　档案提供利用的含义与我国档案利用理论的形成及发展

一、档案提供利用工作的含义

档案提供利用工作，亦称档案利用工作，是档案保管部门以所收藏的文化财富为依据，通过一定的方式与方法，直接提供档案信息，为社会各项事业服务的一项业务活动。

档案提供利用工作的基本内容，包括以下方面：了解和熟悉馆（室）藏档案信息的内容和成分及各种档案检索工具的使用方法；分析和预测社会对档案信息的需求特点，把握档案利用需求的发展规律；向档案用户介绍和报道馆（室）藏中相关的档案信息线索，积极开展档案咨询服务；通过各种方式和方法，迅速、准确地向档案用户提供他们所需要的档案文献。

利用档案和档案提供利用是密切联系而又不同的两个概念。利用档案是指利用者为了研究和解决各种问题有目的地来档案馆（室）实际使用档案。档案提供利用是指档案馆（室）为满足利用需要向利用者提供档案材料，也就是为利用者服务的工作，称之为档案提供利用工作。但这两者之间又有密切联系：有了利用档案的需要，才有档案提供利用工作；有了档案提供利用工作才能实现档案的利用。档案提供利用是为利用档案创造方便条件，利用档案是档案提供利用工作的内容，两者结合才能充分发挥档案的作用。利用档案是利用者的任务，提供利用是档案工作者的职责。弄清这两个概念，有利于档案部门明确自己的工作范围和档案利用工作的目的，注重利用工作效果，积极主动地开展利用工作，为社会主义现代化建设事业服务。

档案提供利用和档案资源开发是既有区别又有联系的两个不同的概念。它们的区别在于，档案资源开发是指将蕴藏于档案中有价值的信息尽可能挖掘出来，进行采集、加工、存储，以便最大限度地为广大利用者所利用。档案提供利用工作的基本任务在于及时、准确、全面、有效地为利用者（档案用户）提供所需的档案信息。档案资源开发的内容是对馆（室）藏档案中隐含的、杂乱无序的、潜在的原始信息，进行鉴别筛选、加工整序、编目汇纂，尽可能地将有用的信息揭示出来，满足利用者的需要。档案提供利用的主要内容是熟悉馆（室）藏档案的内容和成分，了解社会需要，开展档案咨询与接待等工作，满足档案用户利用档案信息的需要。

档案提供利用工作和档案资源开发工作亦有密切的联系：(1) 它们的活动宗旨相同，都是为了发挥档案的作用，实现档案的使用价值，为社会创造财富。(2) 它们的工作对象相同，都是以能够满足档案用户需要的档案为对象。(3) 两者在实际工作中是相互衔接、相互促进的，开发为提供利用创造了良好的条件，提供利用的成效体现着开发的结果。(4) 广义的档案资源开发包括信息的传输服务，与档案提供利用有一定的交叉。从这个意义上讲，档案资源开发与档案提供利用工作，是同一社会活动过程的两个相互关联甚至有一定交叉的环节。

二、我国档案利用理论的形成与发展

根据史料记载，从西周到中华民国都有档案利用工作，利用档案一是资政，为官府服务；二是育人，统治者以档案为教材，教育培养后代；三是编纂档案史料和提供档案材料为编史修志服务。但是，旧中国由于档案工作基础薄弱，又受政治条件及客观因素的制约，利用工作未能广泛开展起来，不可能形成档案利用理论，只是进行了档案分类、整理、立卷与编目等问题的研究。

新中国成立后，由于党和国家对档案和档案工作的重视，档案利用工作获得了很大发展。20世纪50年代中期到60年代初期，我国的档案利用理论开始形成。1956年1月，周恩来总理在中共中央召开的关于知识分子问题会议上强调指出，“为了实现向科学进军的计划，我们必须为发展科学研究准备一切必要的条件。在这里，具有首要意义的是要使科学家得到必要的图书、档案资料、技术资料和其他工作条件。必须……加强图书馆、档案馆、博物馆的工作”①。1956年3月27日，国务院常务会议通过了《关于加强国家档案工作的决定》，明确指出：“国家的全部档案……都是我们国家的历史财富。档案工作的任务就是要在统一管理国家档案的原则下建立国家档案制度，科学地管理这些档案，以便于国家机关工作和科学研究工作的利用。”这一决定为社会主义制度下的档案利用提供了一定的发展空间，从而为我国档案利用理论的形成奠定了理论基础，有力地推动了我国档案利用理论的形成。1959年至1961年，档案学家吴宝康教授先后提出档案的保管和社会的利用是档案工作的基本矛盾，档案利用是档案工作诸环节中的主要环节，利用是中心，利用是目的，并说这是我国档案工作发展的客观规律。1962年，中国人民大学出版社出版了新中国第一本《档案管理学》，在论述档案利用的章节中，探讨了档案利用概念的内涵，档案利用工作的地位，档案利用工作的服务方向，档案利用与保密的关系，开展档案利用的前提条件等档案利用的基本内容。从以上文件与科研成果可以看出，从20世纪50年代中期至60年代，我国档案利用理论已初步形成。

1978年12月，随着党的十一届三中全会胜利召开，我国的档案利用理论研究在“解放思想，实事求是”思想路线的指引下获得新生。对于我国档案理论研究具有里程碑意义的，是1980年5月23日至6月6日国家档案局在北京召开的省级以上档案馆工作会议。这次会议传达讨论了中共中央书记处关于开放历史档案的决定。曾三同志在会上做了《加强档案馆的恢复与整顿，积极开放历史档案，为社会主义现代化建设服务》的重要讲话。会议重点讨论了怎样加强档案馆基础的工作，积极开放历史档案，更好地为社会主义现代化建设、科学研究和历史研究服务的问题。这次会议决定向社会开放历史档案，标志着我国档案利用工作开始从封闭走向开放，由被动服务转向被动服务与主动服务并举。1985年，国家档案局在北京召开了全国档案馆工作会议，会议提出了解放思想，加快步伐，积极创造条件，开放一切应该开放的历史档案的建议，使开放历史档案的工作向深度和广度发展。1987年，全国人大常委会批准颁布了《中华人民共和国档案法》，明确规定了档案利用与公布的原则，为档案利用工作的开展提供了法律依据，促进了我国档案利用理论的进一步完善。随着《中华人民共和国档案法》的贯彻和实施，档案界对档案利用理论进行了深入探讨，发表了一系列论著，使我国档案利用理论的内容更加充实和完善，体系日益成熟，并逐步形成我国自身的特色。但也应该看到，随着高新技术特别是电子计算机的普及应用和网络时代的来临，我国档案利用的方式、方法正在发生革命性的变化，档案利用理论应与时俱进，使之日臻完善。

---

① 周恩来．周恩来选集：下卷．北京：人民出版社，1984：186.

思考与练习

1. 简述档案资源开发的含义与意义。
2. 简述档案资源开发的原则。
3. 档案资源开发面临的主要障碍有哪些?
4. 简述档案资源开发应采取的措施。
5. 简述档案提供利用、利用档案、档案资源开发之间的区别与联系。
6. 简述我国档案利用理论的形成与发展过程。

第八章
档案检索

内容提要

本章着重介绍和讲述了档案检索的原理、规则、标准和方法等方面的管理知识。其主要内容包括档案检索的概念、意义和作用，档案检索的内容、检索效率，档案检索语言，检索词典的基本内容，档案著录和标引的含义与规则，档案检索体系和档案目录数据库的建设，机读档案目录的建设，档案目录数据库管理系统，常用手工档案检索工具等。

第一节　档案检索概述

本节将着重介绍档案检索的基本概念和基本原理，明确档案检索的类型和主要特性。

一、档案检索的概念与基本内容

（一）档案检索的术语定义

我国的《档案工作基本术语》对档案检索的术语定义是“存储和查找档案信息的过程”。美国档案工作协会的在线《档案与记录术语汇编》（A Glossary of Archival and Records Terminology）中，把“检索”概念解释为“在存储中查找材料或信息并将其提供使用的过程”①。

一般来说，档案检索是对档案信息进行系统存储并根据需要进行查找的过程。档案检索是开展档案信息服务的必要条件和开发档案信息资源的重要手段。档案检索可以有广义和狭义两种解释。广义的档案检索包括存储与查找两个过程。狭义的档案检索就是查找档案中有用数据和信息的过程。因此，就整体而言，档案检索的全过程由档案信息存储和查找两个部分构成。存储是指把档案中具有检索意义的属性和特征揭示出来，加

① A Glossary of Archival and Records Terminology. retrieval. ［2019－01－20］. https：//www2. archivists. org/glossary/terms/r/retrieval.

以组织，形成检索工具或档案信息数据库的过程；查找是指利用档案检索工具或数据库，找到用户所需档案数据、信息的过程。存储是查找的前提，查找是存储的目的。

在实践中，人们更习惯于从狭义的信息检索角度来理解档案检索概念，即将档案检索理解为利用检索工具或检索系统从所存储的档案信息集合中快速有效地获取所需信息或信息线索的过程。在一般的信息管理理论中，广义的信息检索包括信息组织和信息查找两个过程或两个流程。受这种思想的影响，档案界的多数人也持有同样的看法，只是更多情况下把“信息组织”称为“档案信息存储”而已。但是，应当注意到，档案检索除了具备一般信息检索的功能和特性外，还有一种较为重要的功能表现，即在档案检索体系中馆藏性档案检索工具所起到的登记、统计、审计、监督等作用。其实，不仅馆藏性档案检索工具有这种特殊的作用，而且其他按照档案著录规则编制或建立的检索工具、检索系统也具有记录和反映档案的来源、所属全宗、所属档案分类体系之间历史有机联系特征的作用。档案检索的这些特点，是由档案资源本身的形成规律和特点决定的，也是档案检索有别于其他信息检索、文献检索的突出特点。因此，那种认为档案检索就是信息检索的观点是有失偏颇的。

（二）档案检索的基本内容

档案检索的存储工作主要包括以下内容：

（1）著录和标引。

著录是对档案的来源、全宗、类别、管理史、内容和形式特征进行分析、选择和记录的过程；标引主要是根据档案记录和反映的职能活动主题内容，赋予其规范化检索标识的过程。相关知识可参阅本章第三节的内容。

（2）组织检索工具。

即对著录标引后形成的条目进行系统排列，组成各种检索工具，或输入档案信息管理系统，建立档案目录数据库的过程。

档案检索的查找工作主要包括以下内容：

（1）确定查找内容。

即对用户的检索需求进行分析，明确用户需求主题的过程。

（2）查找操作。

即档案人员或用户利用档案目录、索引、指南或档案信息检索系统，从中找到与需求主题相匹配的信息线索或档案数据、信息的过程。

二、档案检索的意义和作用

档案检索是开发利用档案信息资源的必要条件和基本手段，其作用主要表现为以下方面：

（一）提高档案管理部门业务工作质量和利用服务水平的重要手段

档案检索，尤其是在信息网络环境下开展的信息检索工作，要求档案的著录、标引人员具备较好的业务素养，不断地根据信息技术的发展要求和信息检索技术的应用要求，提高自身的业务素质和工作能力。立档单位的档案部门和国家档案馆的用户满意度高低，在很大程度上取决于档案检索系统的质量和档案检索服务的水平。

（二）广泛传播档案信息，促进档案利用价值实现的必要途径

从某种意义上说，档案检索是一种在大量的档案信息和用户需求之间进行居间促成的过程，是从最接近用户请求的档案信息中检索选定相关信息线索和信息内容的过程。这说明，档案检索常常是促进档案价值实现的必要途径。通过检索，可以及时、准确地将用户所需要的档案数据、信息查找出来，实现档案信息及时利用、有效利用和广泛传播的档案管理目标。

（三）维护档案真实性、可理解性、可利用性的必要手段

通过编制和使用某些档案检索工具，开展规范的档案著录标引工作，可以实现对档案资源的智力控制，保证为利用者提供可靠、真实、可理解、可利用的档案资源。例如，通过档案多级著录等规则的应用，立档单位和国家档案馆可以有效地分析、选择和记录档案的所属全宗、档案文件及其组合体的来源线索、档案的管理史、档案的所属类项及法律法规约束要求等方面的信息线索，从而为从事历史研究、科学研究、业务研究的档案用户以及档案管理人员等，提供清晰可辨的历史线索及档案文件之间的关联信息线索。

三、档案信息检索的基本原理

就整体而言，档案检索的一般原理可以理解为对经过系统化整合的档案资源检索信息集合与利用者需求信息集合进行合理匹配、选择的过程（见图 8－1）。

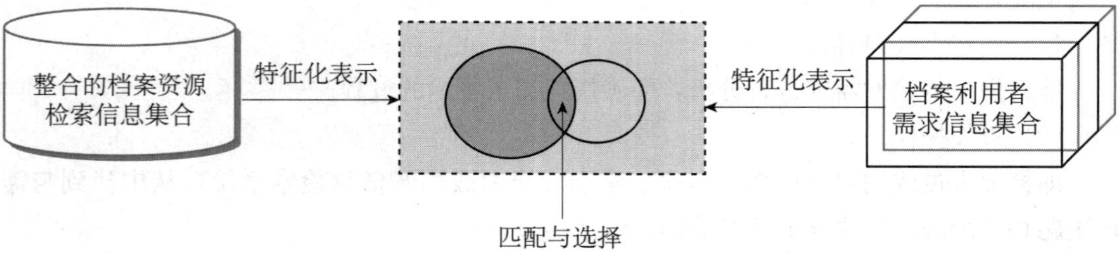

图 8－1　档案检索的一般原理

注：该图参考了马费成和宋恩梅著的《信息管理学基础》（第二版）第 242 页的内容。

不同立档单位的档案部门和国家档案馆所面对的档案利用需求可能不尽相同，每个利用者获取档案内容信息的渠道和方法也存在一定的差异，但档案检索的基本原理却没有太大的差别。从本质上说，档案检索基本原理的核心是用户信息需求与档案检索信息集合的比较和选择，是两者匹配的过程。具体来说，包括以下两个基本过程。

（一）存储

存储也称档案资源信息组织，其目的是通过一定的方式，按照一定的规则要求，把原始状态的档案资源转化为一种有序的档案信息集合。本书在许多地方采用了“档案资源”概念而非“档案”概念，两者的区别是档案资源既包括一般意义上的档案，同时也包括通过数字化加工而获得的档案数字化副本，可以弥补档案内容不足的文献资料等。所以，档案资源是一个综合性的概念。

各立档单位和国家档案馆通过组织开展档案资源的著录和标引、元数据采集等方式，可以使档案资源成为一种组织化的资源，其来源、全宗、类别、内容和形式等方面的有价值的数据得到有效记录，并成为管理和查找档案资源的信息线索。各立档单位和国家档案馆将这些信息线索进行整合和集中，就成为真正意义上的档案资源检索信息集合。档案资源利用者，正是根据这些档案资源的检索信息集合的指引和导向，才可以实现其从大量的（甚至是海量的）的档案资源中，找到可以满足其需要，消除其不确定性的相关档案文件及档案资源。同时，通过档案检索信息，档案利用者还可以判断所获取的档案资源信息线索的可靠性及与之相关的其他档案资源的信息线索。

档案资源不同于图书、情报资料等文献资源。因为一本图书、一份经过整理加工的资料往往都具有较强的相对独立性；而档案却不同，它作为人类活动的原始记录，每一份档案文件所能提供的信息较为有限，只有一系列的档案文件集合才能为利用者提供有关活动、事件的相对完整的“故事”信息。换言之，只有按形成规律得到有效关联的一组、一类档案文件才具有较大的价值。为此，绝大部分档案资源检索信息都具有这种历史的、职能的关联性质。

（二）查检

档案检索的查检过程实质上是存储过程的逆过程。查检的过程是利用者的信息提问与档案资源检索信息相比较而决定其取舍的过程。在一般的检索实践中，档案利用者首先要通过自然语言将自己对档案资源的需求表达出来，之后档案资源管理部门针对用户的信息提问，进行需求主题概念分析，将概念分析的结果根据一定的检索语言规则转换成检索词，最后则是用检索词与存储的检索信息相比较和匹配。如能取得一致，则为档案信息检索系统检索命中，找到所需档案资源。如果无法匹配，就需改换或修改检索词，继续重新查找，直到两者一致为止。这个过程，对于手工档案检索和计算机档案检索来说，没有本质的不同。

可见，档案检索就是从利用者的特定信息需求出发，采用一定的方法、技术手段，根据一定的线索与规则，从特定的档案资源检索信息集合中找出相关信息的全过程。

四、档案检索的类型

从历史和现实角度看，档案检索的类型多种多样。从不同的视角，可以对档案检索的类型形成不同的认识结果。

（一）从存储和查检的内容角度

从该角度，我们可以把档案检索区分为如下几种类型。

（1）全文检索。这种检索是以档案文件或其组合体的全文、摘要等为对象的档案检索活动。例如，利用者为了进行历史研究或科学研究、编写参考资料等，需要大量的档案文件作为参考和支撑，为满足这些利用需求，就需要档案部门开展相应的全文检索服务。

（2）数据检索。在档案数据库中存储了大量的业务活动数据、专业性数据、科技数据、自然现象的观测观察及分析性数据、各种统计数据等等，这些数据资源常常是决策者、研究者、设计者、市场分析者、数据分析工程师等用户经常需要检索和访问的对象。为此，档案部门应利用相应的档案信息检索系统，满足此类用户的数据查询、数据分析的利用需求。

（3）事实检索。在档案资源的检索信息集合中，包含了大量反映人类活动事件、项目、案件等方面的著录信息线索（如时间、地点、人物、事件过程、事件结果等）和相关的元数据。这些信息可以有效地满足相关档案用户对历史事件事实性数据查询的需要。

高级的事实检索要求档案检索系统不仅可以从事实数据集合中查检出已存入的档案数据或事实，而且可以从已知的档案数据或事实中推演出新的数据或事实。事实检索是档案资源信息检索中最复杂的一种。它要求档案信息系统中的数据或事实最好以自然语言的方式进行存储；不仅要将档案内容中的各种数据、事实单元存入检索系统，而且要将各单元之间的语义关系、句法关系及相关的背景信息等存入检索系统。利用者可以用自然语言提问，检索系统也可以用自然语言回答利用者的提问。所以，具备事实检索功能的档案资源信息检索系统应有一定的逻辑推理和对自然语言理解的功能。

可见，事实检索是一个相当复杂的过程。目前，这个过程通常还是依靠人工来完成。具体做法是，首先利用档案检索工具、工具书、数据库或其他途径查出相关的原始档案数据、事实或档案文件的信息线索，然后进行比较分析，筛选过滤，最后才将得到的数据或事实提供给利用者。

随着信息社会的进步和发展，数字档案资源和电子档案资源在整个档案资源中所占的比重越来越高，尤其是电子政务、电子商务、物联网的发展极大地改变了人们保存和利用信息资源的理念和做法。档案资源的检索对象越来越数字化，档案检索的类型也出现了新的变化。文本检索、图像检索、声音检索、图片检索等都已成为现代档案资源信息检索的重要组成部分。下面着重介绍一下文本检索和图像检索。

1. 文本检索

文本检索，亦称为自然语言检索，是指根据文本内容（如关键字、语意等）对文本集合进行检索、分类、过滤等。从信息技术角度来说，文本检索指在不对档案资源对象进行任何标引的情况下，直接通过计算机以自然语言中的语词相匹配来查找的系统检索方式。文本检索进行匹配的对象，可以是完整的档案文件或其组合体，也可以是它的各个数据元，如题名、责任者、成文时间、职能主题、事件主题、业务活动主题、记录对象等。以档案文件正文为对象进行的匹配查找，称为全文检索。这种方式无须标引，数据库制作快，可以很快投入运行。

随着档案资源数量的增加，运用第一代文本检索技术已经很难查检出精确的检索结果，于是根据文本内容的第二代文本检索技术应运而生，即根据系统对文本和检索语句的理解，计算文本和检索语句的相似度，再根据相似度对检索结果排序，将相似度最高的检索结果呈现给用户。

2. 图像检索

基于内容的图像检索是对图像集中的各个对象进行内容特征分析、相似度匹配来实现检索目标的。20 世纪 90 年代以后，出现了对图像的内容语义，如图像的颜色、纹理、布局等进行分析和检索的图像检索技术，即基于内容的图像检索（CBIR）[①] 技术。CBIR 属于基于内容检索（CBR）的一种，CBR 中还包括对动态视频、音频等其他形式多媒体信息的检索技术。该技术的出现和应用，为档案部门提升对图像型档案资源的检索能力，创造了有利条件。

基于 CBIR 技术的图像检索系统，在建立图像数据库时，系统对输入的图像进行分析并分类统一建模，然后根据各种图像模型提取图像特征存入特征库，同时对特征库建立索引以提高查找效率。用户在通过用户接口设置查询条件时，可以采用一种或几种的特征组合来表示，然后系统采用相似性匹配算法计算关键图像特征与特征库中图像特征的相似度，最后按照相似度的大小顺序将匹配图像反馈给用户。用户可根据自己的满意程度，选择是否修改查询条件继续查询，以运到令人满意的查询结果。[②]

CBIR 的实现依赖于两个关键技术的解决：图像特征提取和匹配。从图像中提取的特征可以组成一个向量，两个图像之间可以通过定义一个距离或者相似性的测量度来计算相似程度。特征匹配是图像检索的一个关键环节，具有特征依赖的特点，不同的特征应该采用不同的度量方法。在检索的过程中，根据系统相似性度量的算法计算查询特征与特征库中对应的每组特征的相似程度，把所得结果相似度由大到小排序后得到一个匹配图像序列返回给用户。最早成功应用基于内容的图像检索技术的是 IBM 的 QBIC 系统。除了 IBM 的 QBIC 系统之外，比较著名的系统还包括伊利诺伊大学厄巴纳-香槟分校（UIUC）的 MARS 系统、麻省理工学院（MIT）的 Photo book、加利福尼亚大学伯克利分校（UC Berkeley）的 Digital Library Project，以及哥伦比亚大学的 Visual Seek 等。基于内容的图像检索体系结构，如图 8-2 所示。

（二）从检索系统中档案信息的组织方式角度

从该角度可以把档案检索划分为全文检索、多媒体检索和超媒体检索等类型。

1. 全文检索

全文检索是依托全文数据库进行的一种档案检索类型。全文数据库是将一个完整信

① 基于内容的图像检索（CBIR）对应的英文是 content based image retrieval。

② 基于内容的图像检索．（1992-01-10）［2019-01-21］．https：//baike.baidu.com/item/基于内容的图像检索/10506348.

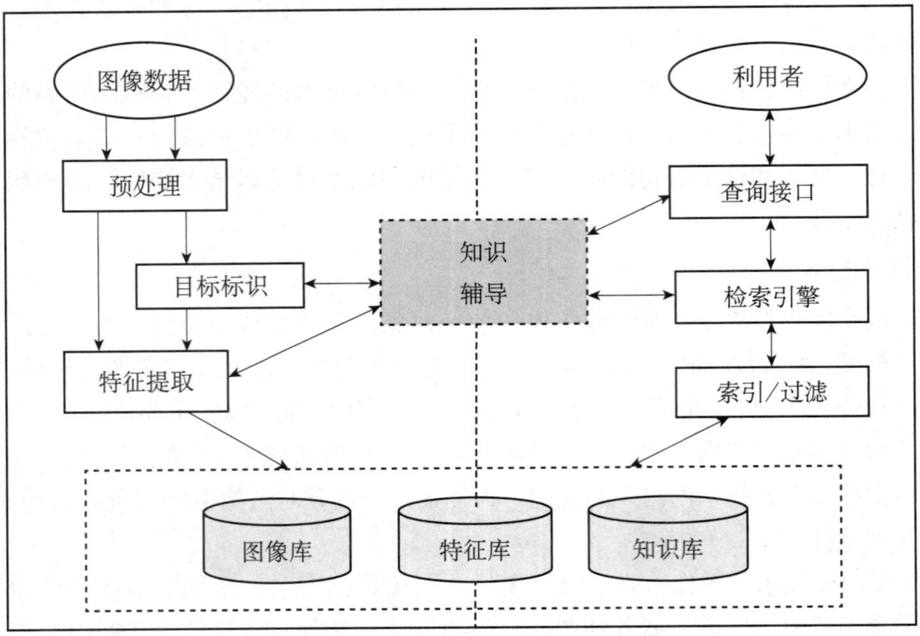

图 8-2　基于内容的图像检索体系结构（特征提取和查询子系统）

息源的全部内容转化为计算机可以识别、处理的信息单元而形成的数据集合，它具有对全文数据进行词、字、段落等更深层次编辑加工的功能。

档案全文数据库的特点如下：(1) 档案全文数据库包含的信息基本上是未经信息加工的原始文本，具有良好的客观性。(2) 档案全文数据库的信息检索可对文中任何内容及其位置关系进行查检。(3) 档案全文数据库以自然语言检索档案文件。(4) 档案全文数据库中的档案数据具有相对的稳定性。(5) 档案全文数据库中的档案数据具有非结构性。

档案全文检索系统的实现技术，主要包括以下方面：(1) 档案数据准备。即对计划加载到全文数据库中的档案数据进行预先处理，并组织专门人力录入建库。(2) 文本预处理。包括规范格式，当格式多种多样时，应加以整理，使档案文件的格式规范化。(3) 数据加载。数据准备好以后，便可以加载到数据库文件中去了。加载数据有单件方式或批量方式。单件方式一次加载一份，适于平时对档案文件的随时加载。批量方式一次加载多份，适于集中大量加载的情况。(4) 数据检索。数据库建立起来之后，便可根据全文检索系统提供的检索功能对数据库进行检索。(5) 数据维护。全文数据库建立以后，需要经常对数据库的内容进行索引、更新、追加和清理。

2. 多媒体检索

多媒体检索是一种基于内容的图像（视频）检索，是通过提取图像（视频）的颜色、纹理、形状和运动等视觉特征来表征图像（视频）内容所蕴含的语义，进而实现查询与管理的图像（视频）数据的检索目标。多媒体检索一般指多媒体分类检索。

由于多媒体本质上是由文本、视频和音频等多种媒质交互融合而成的，它们之间存在或多或少的语义关联，一种媒质和另外一种媒质可以表示同一语义，媒质之间可以相互索引。其中，音频中蕴含了大量的语义信息[①]，基于内容的音频检索受到越来越多的关注，其主要思想是通过提取音频流中的时域（频域）特征来描述音频内容。

基于内容的视频检索、音频检索和基于视觉、听觉感知特征相似度比较的检索，对多媒体内容的描述都是基于其所蕴含的语义信息来实现的。目前，语义概念模型主要包括：（1）高级语义，是对不同时空的若干多媒体事件高度抽象概念化的结果，它需要探讨人脑的思维机制。（2）中级语义，是对高级语义中涉及的人、事件的分别描述，不涉及几个事件的交叉。（3）低级语义，是利用视觉、听觉信息对多媒体数据进行初步分类，如“音乐”“语音”等。档案部门及相关信息管理部门可以通过对多媒体数据进行语义标注，实现多媒体档案的结构化，从而有效组织多媒体数据流，为多媒体档案资源的检索提供方便。

3. 超媒体检索

此外，还有超媒体检索。超媒体，即超级媒体，是一种采用非线性网状结构对块状多媒体信息（包括文本、图像、视频等）进行组织和管理的技术。超媒体在本质上和超文本是一样的，只不过这一技术在诞生初期的管理对象是纯文本，所以叫作超文本。随着多媒体检索技术的兴起和发展，超文本检索技术的管理对象从纯文本扩展到了多媒体。

（三）从档案检索的实现方式角度

从档案检索的实现方式角度来划分，档案检索包括线下检索和线上网络检索两种类型。从今后的发展趋势上看，网络档案信息检索，尤其是移动网络档案信息检索，将成为档案利用者检索和利用档案资源的主要方式。

从历史上看，档案资源的信息检索经历了手工检索、计算机辅助检索到网络化、智能化检索等多个发展阶段。档案资源信息检索的对象从相对封闭、稳定一致、由独立数据库集中管理的档案资源的信息内容扩展到开放、动态、更新快、分布广泛、管理松散的 Web 内容；档案资源信息检索的利用者则由原来的档案专业人员扩展到包括公务员、企业人员、教师学生等在内的人群。利用者对档案资源信息检索从结果到方式提出了更高的要求。适应网络化、智能化以及个性化的需要是目前档案资源信息检索技术发展的新趋势。

（四）从档案检索的匹配方式角度

我国的《数字档案馆建设指南》《数字档案室建设指南》《企业数字档案馆（室）建设指南》均对数字档案馆、数字档案室的信息检索系统功能提出了指导性的要求，包括不设定检索字段的简单检索、选定多项检索字段及其逻辑关系的高级检索、模糊检索、精确检索、跨档案门类检索、全文检索等。应支持用户根据需要设定任意检索条件查找其权限许可范围内的数字档案资源，并能在检索结果中进行更精确的查找。

---

① 语义信息是指能够消除事物不确定性的有一定意义的信息，可以借助自然语言去领会和解释。只有人类社会的信息才包含语义信息。由于人们在知识水平和认识能力方面有差异，对语义信息的理解往往带有较强的主观色彩，从同一语法信息中所得到的语义信息和语用信息明显不同。

1. 精确检索

精确检索，又称精确搜索，即精确匹配检索，是指检索词与资源库中某一字段完全相同的检索方式。精确匹配意味着只有整个字段与检索词相同才匹配，往往将输入的检索词作为固定词组进行检索。

2. 模糊检索

模糊检索，即同义词检索，是指档案信息检索系统自动按照利用者输入关键词的同义词进行模糊检索，从而获得更多检索结果。同义词应由档案信息检索系统的管理界面配置。如配置了“档案”与“archival record”为同义词后，检索“档案”，则包含“archival record”的结果也会出现在检索列表中。模糊检索中的同义词是利用者通过档案信息检索系统中的同义词典来配置的。利用者在检索界面中输入同义词中任一检索词时，只要选中“模糊检索”复选框，则该检索词所有同义词的信息线索及相关文档也都能被查检出来。

3. 跨档案门类检索

跨档案门类检索，又称跨库检索，是指档案信息检索系统自动按照利用者输入的检索词，在不同的档案数据库（包括目录库、全文库、专题库等资源库）中进行检索，为利用者提供更多检索结果的匹配检索方式。这种检索可以极大地提高档案资源利用者所需档案信息的查全率。

4. 筛选检索

筛选检索，又称筛选搜索，是档案资源数据检索流程中的一个重要阶段。数据检索包括数据排序和数据筛选两项操作。（1）数据排序。查看数据时，往往需要按照实际需要，把数据按一定的顺序排列展示出来，这个过程称为数据排序。（2）数据筛选，是指根据给定的条件，从表中查找满足条件的记录并且显示出来，不满足条件的记录被隐藏起来，这些条件称为筛选条件。

5. 截词检索

档案信息截词检索是预防漏检、提高档案信息查全率的一种常用检索技术。档案信息检索系统应具备提供截词检索的功能。所谓“截词”是指在档案检索词的合适位置进行截断，然后使用截词符[①]进行处理，这样既可节省输入的字符数目，又可达到较高的查全率。档案信息截词检索一般是指右截词，部分支持中间截词，能够帮助提高检索的查全率。

综上所述，运用计算机及其相关技术设备管理数字档案资源信息，当前一般采取数据库技术方法进行。数字档案资源库包括目录数据库或元数据库、内容数据集等。

目录数据库是数字档案资源管理的基础，它是将反映数字档案特征的规范数据，依

---

① 不同系统所用的截词符不同，常用的有“?”“$”“*”等。截词分为有限截词（一个截词符只代表一个字符）和无限截词（一个截词符可代表多个字符）。例如：

后截断，前方一致：File? 表示 file，files 等。前截断，后方一致：? computer 表示 minicomputer，microcomputer 等。中截断，中间一致：? compute? 表示 minicomputer，microcomputers 等。

照一定的字段要求存入计算机中，通过系统的排序等处理，形成由计算机检索的目录数据体系。目录数据库的建立主要有两种基本途径：一是通过传统载体档案数字化采集的档案目录数据库，一般通过人工录入建库的方式建立；二是通过接收电子文件的方式形成的数字档案，再由档案管理系统自动采集生成或从数字档案元数据库中提取而成，经过数据整理规范审核与补充完善后建立。

保存数字档案元数据是保证数字档案可靠和可用的一项重要措施。元数据库按照数字档案元数据采集规范要求建立。元数据主要通过对电子文件或数字档案的背景、结构和管理过程信息进行自动生成和适当人工添加而形成。

内容数据集是数字档案资源建设的主体，它是通过数据库、数据仓库等技术方法将档案全文按照一定的分类、排序方式排列形成的集合。内容数据一般通过与目录数据挂接的方式得到有效管理。随着信息技术特别是检索技术的发展，将来也会采用其他技术方法对内容数据进行有效管理。对于由电子文件归档形成的电子档案，其内容数据还应与其元数据建立持久有效的联系，防止非法修改，采取技术措施，确保其可靠和可用。

数字档案资源库的建设应遵循《中国档案机读目录格式》和《档号编制规则》等标准规范。

五、档案检索效率和检索策略

（一）档案检索效率

档案检索效率，即档案信息检索效率，主要是指查找所需档案信息、数据的全、准程度，即查全率和查准率。关于信息检索效率的内涵，1960 年莫斯（Moors）在莫斯定律（Moors Law）中指出：当读者在使用某信息检索系统时，若取得信息时手续麻烦和不便程度大于其得到该信息的好处，该检索系统就会趋向于无人使用。信息检索效率，不仅是影响信息检索系统价值的主要因素，而且是人们评价信息检索质量的重要指标。衡量档案检索效率的指标有查全率、查准率、漏检率、误检率、检索速度。这些评价指标的具体含义和计算方法如下：

1. 查全率

档案查全率，是指从档案资源数据库内检出的相关信息量与总量的比率。查全率的绝对值很难计算，只能根据档案资源数据库内容、数量来进行估算。查全率＝［检出相关文档数据量/数据库内相关文档数据总量］×100%。

2. 查准率

档案查准率是衡量某一检索系统信号噪声比的一种指标，是指检出的相关档案数据（档案信息线索）与检出的全部数据（档案信息线索）的百分比。查准率＝［检出相关文档数据量/检出文档数据总量］×100%。

3. 漏检率

档案漏检率，即漏检比率或漏检概率，是与查全率相对应的概念。它是指未检出的相关文献量与文献库中该种相关文献总量之比。

4. 误检率

档案误检率是指检出不相关文档数据与检出文档数据总量之比。误检率＝［检出不相关文档数据量/检出文档数据总量］×100％。

5. 检索速度

档案检索速度是指利用者检索相关档案信息时的系统响应时间长短。在计算机的应用中检索无所不在。检索速度是衡量检索技术最重要的指标之一。检索速度主要受检索算法和硬件影响。

影响档案检索效率的因素是多种多样的。具体来说包括以下方面：

（1）影响档案查全率的因素。其主要包括以下几类：档案资源库收录数据不全；档案索引词汇缺乏控制和专指性；档案词表结构不完整；词间关系模糊或不正确；标引不详；档案标引前后不一致；档案标引人员遗漏了档案文件的重要概念或用词不当；检索策略过于简单；档案查检的选词和进行逻辑组配不当；档案检索途径和方法太少；档案检索人员业务不熟练；档案信息检索系统不具备截词功能和反馈功能，档案检索时不能全面地描述检索要求等。

（2）影响档案查准率的因素。其主要包括以下几类：索引词不能准确描述档案主题和档案检索要求；档案标引的组配规则不严密；选词及词间关系不正确；标引过于详尽；组配错误；档案检索时所用检索词（或检索表达式）专指度不够，档案检索面宽于检索要求；档案信息检索系统不具备逻辑“非”功能和反馈功能；检索表达式中允许容纳的词数量有限；截词部位不当，检索表达式中使用逻辑“或”不当等。

在信息网络环境下，档案利用者提高档案信息检索效率的主要途径如下：选择响应速度快、界面友好的检索系统；选择档案数据库容量大、检索结果准确度高的检索系统；选择合适的上网时间，避开上网高峰；使用恰当的检索词；使用高级检索；利用网络导航；多使用布尔逻辑检索等。

（二）档案检索策略

档案检索策略，就是在分析检索提问的基础上，确定检索的数据库、检索用词，并明确检索词之间的逻辑关系和查找步骤的计划安排。所谓“检索表达式”是指检索用词与各运算符组配成的算式。

在网络信息环境下，档案资源利用者可通过确定检索系统、选择检索途径、选择检索词、在检索规程中调整检索方案等方法，提高网络信息的检索效率。

档案信息检索过程中的首要环节，就是要明确利用需求。模糊的档案利用需求不能形成良好的检索效果。由于档案利用者对自己的需求，特别是潜在的、模糊的需求表达并不明确，因此需要对这些需求进行分析，才能得到完整且明确的需求表达。档案部门在对档案利用者的需求分析中，通常应澄清如下问题：

1. 分析档案利用者的检索目的

例如，科研人员在开始某一项科学研究或承接某项工程设计时，通常需要对与任务相关的档案资源信息进行全面的普查，并从中筛选出所需的信息材料，用以编写可行性报告、计划任务书等。对这类需求，档案部门应选择一个收录相关专业的档案信息较为丰富的数据库，在全面回溯检索的基础上，选出相关的档案目录信息线索，再获取档案全文数据信息。再如，对那些为解决某个技术难题，想查找关键性的技术档案信息的用户，档案部门应为其选择工程和技术类档案数据库或专利信息数据库。又如，为某项决策而需要查找有关档案信息的利用者，档案部门应根据决策的不同性质，进行综合性的全面档案信息调研，并为利用者提供涉及产品、市场、科研、技术发展等最新动态方面的档案信息服务。

2. 主题分析

明确档案利用者的检索需求后，就要对利用者需求的具体内容做主题分析，这是正确选用检索词和逻辑运算符的关键步骤。它将决定检索策略的质量并影响检索效果。主题分析就是对利用者的需求进行主题概念的分析，并用一定的概念词来表达这些主题内容，同时明确概念与概念之间的逻辑关系。对利用者需求的主题分析应注意处理好以下几个问题：

第一，对需求的概念表达要确切。抓住需求的实质性内容，分析出需求中有几个概念组配。

第二，找出核心需求的概念因素，排除无关概念因素；意义不大的概念和重复概念，也应排除。事实上，过多过严的概念组配很可能导致大量的漏检，甚至使检索结果为零。因此有时需要简化逻辑关系，减少概念的限定词，以提高检索效率。

第三，找出隐含的概念。档案数据库的标引往往使用比较专指的词，而用户对标引规则又不甚了解，往往会列出比较抽象的概念，而忽略了比较专指的概念。

第四，明确概念之间的逻辑“与”“或”“非”关系。什么概念可用于扩大检索范围，什么概念有助于缩小检索范围。

在确立检索策略过程中，档案服务人员会涉及较多的知识与技能，例如：档案利用者对检索需求表达的明确程度，对检索需求主题分析的准确度；档案服务人员对档案数据库及档案信息检索系统功能和特性的熟悉程度；档案服务人员或利用者制定逻辑检索表达式的技巧以及调整检索策略的方法等。这些都会影响档案利用者的整体检索效率。①

第二节　档案检索语言

一、档案检索语言概述

档案检索语言是一种与自然语言相对的，根据档案资源检索需要而创制的人工语言。其功能是用于规范地表达档案的主题概念和检索主题概念，建立档案检索工具或计算机

① 本部分的编写参考了罗少芬的《网络信息检索策略的设计》一文，该文发表在《图书情报知识》2000年第1期。

档案信息检索系统。

档案检索语言由词汇和语法组成，通常具有三个构成要素：拥有一组系统的文字或符号，用来构成检索词汇要素，如分类号、主题词、档号等；具有一定量的词汇，基本上可以表达档案信息中所包含的主题概念；有一套明确的语法规则，用以满足档案检索系统多样化的检索需求。

档案检索语言的种类包括档案分类检索语言、档案主题检索语言和档号检索语言（亦称馆藏法检索语言）等三种。

档案检索语言的主要特点：(1) 可以简明、专指地表达档案及检索需求的主题概念；(2) 词语与概念一一对应；(3) 可以明确显示出概念之间的相互关系，便于对概念进行系统排列；(4) 方便检索是将档案标引用语进行相符性比较；(5) 对人类活动的职能、事务、事件等概念表达明确，有助于利用者更好地理解和使用档案的信息内容。

档案检索语言的作用，概括起来说就是保证检索效率，提高查全率和查准率。它是信息存储和查检的桥梁，也是档案人员与档案利用者之间沟通和满足档案信息利用需求的桥梁。档案检索语言质量的高低直接影响着档案信息的检索效率。

二、《中国档案分类法》简介

《中国档案分类法》（简称《中档法》）是我国为建立统一、规范的档案分类检索方法，实现档案分类检索体系规范化，提高档案检索的效果，为全国和地方建立档案目录中心和进行分类标引提供的一部词典。《中档法》的第一版于 1987 年问世，其后经过十年使用，又于 1997 年出版了第二版。《中档法》在编制过程中，总的强调了科学性、逻辑性和实用性，也运用了系统工程的原理，特别是整体性、结构性、层次性、有序性、开放性的原理。

（一）编制原则

《中档法》是以国家机构及其他社会组织所从事的社会实践活动的职能分工为基础，结合档案记述内容和特点，分门别类组成的分类表。这部分类法的编制原则包括以下方面：

(1) 分类体系的确立、类目的设置和其序列的先后，都力求具有思想性、科学性、逻辑性、实用性，充分反映我国档案的特点，适应我国社会各项事业利用档案的需要。

(2) 分类法的体系和基本类目的设置，是以不同历史时期的国家机构、组织从事社会实践活动的职能分工为基础，紧密结合档案内容记述和反映的事物属性关系，采取从总到分、从一般到具体的逻辑体系。

(3) 分类法在总体上具有概括性和包容性，能够容纳各个历史时期、各项社会实践活动所形成的各类档案，并力求保持基本类目的稳定性。分类法既能适用于类分档案管理部门现存档案的内容信息需要，又给今后的变化留下了充分的余地。

(4) 分类法的类目名称和标记符号，力求准确、规范、简明、易懂、好记，便于人们掌握和使用。

（二）体例结构

《中档法》的宏观结构如下：

（1）编制说明。编制说明包括《中档法》的编制目的、原则、体系结构、标记制度、适用范围，以及使用《中档法》应注意的问题等。

（2）分类表。《中档法》提供的分类表包括中华人民共和国档案分类表、新民主主义档案分类表、民国档案分类表和清代档案分类表。四个分类表中的每一个分类表，都由主表和辅助表组成。主表是分类法的主体，是分类体系的具体体现。辅助表（复分表）是对主表类目进行复分的依据。

（3）附录。《中档法》的附录包括编委会名单、综合编审组名单，以及审定委员会的审定意见和后记等。

《中档法》的微观结构如下：

1. 中华人民共和国档案分类表

中华人民共和国档案分类表包括主表和辅助表两大部分。其中，主表共设 19 个基本大类，如表 8－1 所示。

辅助表包括综合复分表、世界各国和地区表、中国行政区划表、中国民族表、科技档案复分表等。

表 8－1 《中档法》的中华人民共和国档案分类表的大类设置一览表

分类号	大类类目名称	分类号	大类类目名称
A	中国共产党党务	L	贸易、旅游
B	国家政务总类	M	农业、林业、水利
C	政法	N	工业
D	军事	P	交通
E	外交	Q	邮电
F	政协、民主党派、群众团体	R	城乡建设、建筑业
G	文化、教育、卫生、体育	S	环境保护、土地管理
H	科学研究	T	海洋、气象、地震、测绘
J	计划、经济管理	U	标准、计量、专利
K	财政、金融		

2. 新民主主义档案分类表

新民主主义档案分类表由主表和综合复分表组成。其中，主表共设 13 个基本大类，如表 8－2 所示。

综合复分表列出了政策法规、会议、计划规划、报告总结、调查统计、出版物、历史、人物等八个方面的类目，供主表各类需要复分时使用。

表 8-2 《中档法》的新民主主义档案分类表的大类设置一览表

分类号	大类类目名称	分类号	大类类目名称
A	中国共产党党务	J	经济管理
B	政务	K	财政、金融
C	公安、政法、法院	L	商业
D	军事	M	农业
E	国际共运、外事	N	工业
F	群众团体、群众运动	P	交通
G	文化、教育、卫生、科研、体育		

3. 民国档案分类表

民国档案分类表由主表和辅助表构成。其中，主表共设 16 个基本大类，如表 8-3 所示。

为适应共性复分的需要，特别编制了综合复分表、世界各国和地区表、民国时期行政区划表等三个辅助表。

表 8-3 《中档法》的民国档案分类表的大类设置一览表

分类号	大类类目名称	分类号	大类类目名称
A	中国国民党党务	J	教育、文化、科学研究
B	政务总类	K	经济总类
C	内政	L	财政、金融
D	社会	M	农、林、水利
E	考试、监察	N	工、矿、电业
F	司法	P	商业
G	军事	Q	交通
H	外交	R	邮电

4. 清代档案分类表

清代档案分类表由主表和辅助表构成。其中，主表共设 18 个基本大类，如表 8-4 所示。

主表后面附有四个辅助表，即综合复分表、世界各国和地区表、清代行政区划表、中国民族表，供主表共性类目的复分。

表 8-4 《中档法》的清代档案分类表的大类设置一览表

分类号	大类类目名称	分类号	大类类目名称
A	政务总类	K	文化、教育、卫生、科学研究
B	宫廷、皇族及八旗事务	M	财政
C	职官、吏役	N	金融
D	军事	P	农业、水利、畜牧业
E	政法	Q	手工业、工业、公共事业
F	民族事务	R	建筑
G	中外关系	S	交通邮电
H	镇压人民斗争活动	T	商业
J	宗教事务	V	天文、地理

三、《中国档案主题词表》简介

（一）选词原则

《中国档案主题词表》（简称《中主表》）共收录主题词 25 891 条，其中正式主题词 21 785 条，非正式主题词 4 106 条。在选词中遵循的原则如下：

第一，以马列主义、毛泽东思想为指导，坚持辩证唯物主义和历史唯物主义观点，力求思想性、科学性和实用性的统一。

第二，选用的主题词能够反映综合性档案馆、机关档案室收藏档案内容的主题概念，在标引和检索中具有使用价值和一定的使用频率。

第三，选用的主题词符合汉语的结构特点，词形简练、概念明确、词义单一。

（二）体例结构

《中主表》由主表（字顺表）、词族索引、范畴索引、首字笔画检字表和附表、附录组成，其中对主表、词族索引、范畴索引和附表略作说明。

（1）主表。主表的基本单元是主题词款目。主题词款目由款目主题词及其汉语拼音、范畴号、注释和词间关系项等内容构成。

（2）词族索引。词族索引是把主表中具有属分关系、包含关系和整体部分关系的正式主题词，按规定属分级别展开全显示的一种词族系统。这种索引是在标引河检索中提供系统查词和选定标引词的辅助工具；也是在机检系统中实现自动扩检、缩检、上位登录及满足族性检索的重要手段。

（3）范畴索引。它是将主表中的全部主题词按照既定的类目分类排列，以便按类查词的一种辅助工具。

（4）附表。附表包括人名表和机构名表。

（三）使用方法

根据主题概念查找《中主表》，选词包括以下方法：

（1）按汉语拼音音序、调序、字形笔画参照天头提示，从主表或附表中查找标引用的主题词，或按笔画笔顺从词目首字笔画检字表中检出主题词的首字，再按该字所在页码从主表中查找标引用的主题词。

（2）按分类类目从范畴索引中查找标引用的主题词，必要时再从主表中查阅该词的词间关系项，以选定更恰当的主题词。

（3）所选词在主表、附表或范畴索引中标明属非正式主题词者，应转换为正式主题词做标引词。

（4）在主表中查到的主题词，如果不能恰当地反映档案文件主题，可参考该词的词间关系进行校正，也可按该词的范畴号或族首词在索引表中查找更恰当的词。

（5）从词族索引中查找属性相同的某一族词，从中选定最专指的主题词。必要时，再从主表中查阅该词的其他词间关系，以选定更恰当的主题词。

（6）应用计算机进行标引、检索时，可利用计算机机读主题词表中的词族索引进行上位登录和自动扩检、缩检，以提高标引速度和检索效率。

第三节　档案著录标引

一、档案著录的概念和价值

（一）档案著录的术语定义

档案界对档案著录概念的理解是“在编档案目录时，对档案内容和形式特征进行分析、选择和记录的过程”。我国的《档案工作基本术语》和《档案著录规则》中对这一概念的解释大体相同。这样的术语解释几乎与《文献著录 第1部分：总则》（GB/T 3792.1—2009）中对“3.46 著录”的解释是基本一致的，即“在编制文献目录时，按照一定规则，对文献的形式特征和内容特征进行分析、选择和记录的过程”。但也存在一定的差异，如目前的多数教材对档案著录术语概念的定义中，并没有强调“按照一定规则”这一关键性的种差。

《国际标准——档案著录规则（总则）》[ISAD（G）：General International Standard Archival Description]，是由国际档案理事会档案著录标准化特别委员会制定，并由国际档案理事会于1994年正式颁布的标准，简称ISAD（G）。1999年，国际档案理事会档案著录标准化委员会对ISAD（G）第一版进行了修订，并于2000年正式颁布了第二版。ISAD（G）的第二版对第一版的著录规则作了部分调整，并在其中增加了更多的档案著录实例。ISAD（G）是当今国际上应用最广的国际标准，其采标率达到92%以上。[①] ISAD（G）的主体部分（著录规则的主要内容），是由第一部分档案多级著录规则和第二部分档案各著录项规则等两部分构成的。

ISAD（G）的制定，是建立在档案的来源原则、全宗原则和档案实体分类管理原则的基础之上的，体现了档案管理的特殊要求。ISAD（G）在档案著录中具有对其他档案著录标准制定的引领性，这一作用地位的确立是由该国际标准是作为其他国际档案著录标准制定的基础决定的。如国际档案理事会颁布的《国际标准——团体、个人与家族档案规范记录著录标准》，简称ISAAR（CPF），就是以该国际标准为基础而制定的，而当今在国际档案领域中档案著录的最佳实践——《档案置标著录》（简称EAD），更是以该国际标准为基础制定的。由此，现在以该国际标准为中心，已形成了一个完整集成的档案著录标准体系，如国际档案职能著录标准、国际档案机构著录标准、档案背景信息的

---

① 张正强．论《国际标准——档案著录规则（总则）》的主要著录规则、特点及启示．档案学研究，2013（3）：75-80.

置标著录标准（简称 EAC）等。①

我们目前的《档案著录规则》尽管取得了一定的实践应用效果，但同 ISAD（G）相比，依然有需要改进和完善之处，尤其是对多级著录规则的运用更应多加注意。

档案著录是在编档案目录和建立档案信息检索系统时，按照档案管理的基本原则，依据一定规则，对档案的来源、内容和形式特征进行分析、选择和记录的过程。这个术语概念的基本含义如下：

第一，明确了档案著录的主要目标。开展档案著录的主要目标是建立方便档案管理和档案内容信息利用的档案目录和档案信息检索系统。

第二，明确了档案著录需要遵循的基本思想和行为准则。档案著录是档案业务工作的一项重要内容，肩负着维护档案的来源、全宗等方面历史联系的使命，所以它不仅仅是为档案用户提供档案资源检索利用服务的。通过有效地著录档案的各数据项，也可以为档案用户深刻地理解档案的内容、系统客观地总结历史经验、澄清历史事实、发现业务活动规律和发展趋势等，提供可靠、真实的历史信息线索。

第三，明确了档案著录应按一定规则进行的基本要求。较为理想的档案著录规则可以通过制定必要的行业统一标准来实现。为了实现档案资源体系、利用体系和安全体系的整体建设目标，统一的标准引领是必不可少的。目前我国在开展档案著录活动中，虽然有《档案著录规则》等行业标准，但是由于制定的时间较早，针对的又主要是以纸质档案为对象的手工著录，所以在标准引领方面还需加强。在建设档案信息检索系统的实践中，各有关省份出台了档案目录数据交换格式等地方性推荐标准，起到了弥补国家层面相关标准不足的作用，但依然存在着一些要求和规则不够统一的问题，对构建全国档案目录中心或档案数据中心来说，也是不利的。所以，应当在采标方面，积极向 ISAD（G）靠拢，并组织人力加速进行《档案著录规则》等标准的修订和完善工作，并将多极著录的规则作为档案著录的规则纳入标准的规范性要求之中。

第四，著录不能仅局限在对档案的内容和形式特征的分析、选择和记录的层面，还应对著录的档案对象所属的全宗、来源特征及分类结果等信息线索进行分析、选择和准确记录。

（二）档案著录的价值和作用

档案著录的价值和作用是多方面的，归纳起来主要表现在以下几个方面：

（1）档案著录是人类实现对档案资源进行全生命周期管理和利用的重要手段。

根据我国以往的档案著录工作经验，将档案著录完全作为立档单位档案部门、档案人员和国家档案馆的一项工作任务，是缺乏远见和实现可能性的。对巨量的档案资源进行著录，是一项非常艰巨的工作任务，只有以全生命周期管理理论为指导，“化整为零”，科学组织，才能使这项工作的目标得以实现。各立档单位的档案部门或档案人员应结合

---

① 张正强．论《国际标准——档案著录规则（总则）》的主要著录规则、特点及启示．档案学研究，2013（3）：75－80.

本单位的实际情况，按照国家或行业统一的档案著录标准及相关规范文件的指引，充分利用档案部门在档案管理网络中的特殊地位和作用，通过制度机制建设、任务分解等方式，加强同本组织的信息化部门和业务部门的合作，在文件材料归档组织中，落实档案著录的任务和要求。档案部门或档案人员对相关的著录结果进行质量检查、业务指导以及必要的补充完善等工作。组织的档案部门和国家档案馆可在遵循统一规则的前提下，依据国家的相关规范、标准和制度要求，将一部分档案（可开放档案）的著录工作以业务外包的方式，交给专业的社会服务机构来进行；档案部门则应组织人员强化质量检查、指导和监督，以保证档案著录的整体质量。

（2）档案著录是对档案进行智力控制，保证利用者所用档案资源的可靠性、真实性、可理解性、可利用性的重要措施。

通过档案多级著录规则等的应用，立档单位和国家档案馆可以有效地分析、选择和记录档案的所属全宗、档案文件及其组合体的来源线索、档案的管理史、档案的所属类项及法律法规约束要求等方面的信息线索，从而为从事历史研究、科学研究、业务研究的档案用户以及档案管理人员等，提供清晰可辨的历史线索及档案文件之间的关联信息线索。

一些历史上保存下来的档案文件，由于没有得到及时的著录，特别是许多档案馆保存的声像档案，由于缺乏必要的著录信息而变得无法理解和正常利用。这说明了开展档案著录工作是科学的档案管理实践必不可少的一项业务工作。

（3）档案著录具有登记、介绍、报道、传播档案内容信息的功能和促进档案资源利用与开发的价值。

档案著录是登记、管控档案资源，维护档案完整与安全的必要手段。通过档案著录，可以使组织和国家档案馆顺利地了解所管理档案资源的数量、质量状况，掌握各种档案资源的利用限制对象和控制使用对象的数量和质量情况。

档案著录所提供的档案资源内容信息，是立档单位档案部门和国家档案馆介绍、报道、传播存量档案资源的重要前提条件。档案著录提供了大量的存量档案资源的信息线索，是档案部门开展信息推广、推介、推送服务的有利条件。

档案著录是建立和有效运作档案信息检索体系、检索系统、查询平台的必要条件，是开发档案内容资源服务于党和国家及广大人民群众的基础性、支撑性管理活动。如果缺少了这种条件，技术水平再先进的信息系统都不能发挥有效作用，并会陷入“有路、有车，但无货”的尴尬境地。

二、档案标引

（一）档案标引的概念和作用

从一定意义上说，标引是档案著录的一项内容。在档案著录过程中，著录人员依据一定的规则，根据对档案的来源、内容、形式特征及管理史的分析和选择，赋予档案统一检索标识的过程，就是档案标引。其中，按规则赋予档案规范化的分类号过程就是档案的分类标引，按规则赋予档案规范化的主题词或关键词标识的过程就是档案的主题标引。

目前，档案的标引工作可按照档案分类标引规则和主题标引规则及相关实施细则等标准规范文件的要求，利用主题转换工具，对所选择确定的档案主题进行标引。

档案分类标引规则和主题标引规则主要包括《档案分类标引规则》（GB/T 15418—2009）、《档案主题标引规则》（DA/T 19—1999）、《民国档案目录中心数据采集标准 民国档案分类标引细则》（DA/T 20.3—1999）、《军队档案分类标引规则》（GJB 4339—2002）、《革命历史档案资料分类标引规则》（DA/T 17.4—1995）、《革命历史档案资料主题标引规则》（DA/T 17.3—1995）、《民国档案主题标引细则》（DA/T 20.2—1999）及相关主管部门发布和实施的档案分类、主题标引细则。

档案标引过程中所采用的主题转换工具包括《中国档案分类法》（第二版）、《中国档案主题词表》等。

档案标引的主要作用是通过为档案用户提供规范化的档案检索标识，有效地提高档案检索效率，使档案检索的主要评价指标如查全率、查准率等得到有效保证和提升。鉴于档案的数量巨大、标引的难度值较高等特点，所以本书推荐对具有长久保存价值的档案进行标引；而对只有定期保存价值的档案，可以根据实际需要，有的放矢地确定标引的对象范围。

（二）档案分类标引

1. 标引规则

（1）基本标引规则。

依据《档案分类标引规则》，档案分类标引应遵守以下六项基本规则。

第一，确定标引依据要求。档案标引应以社会组织从事实践活动的职能分工为基础，结合档案记述和反映的事物属性关系，并兼顾档案的其他特征。标引时，应对档案文件进行周密的主题分析，把握其所述及的主题概念，准确地给予分类标引对象以分类号标识。

第二，标引工具选择要求。应选择《中国档案分类法》（包括各专业主管部门编制的档案分类法）及其使用指南。

第三，标引类目理解要求。要正确地理解标引词典中的类目含义和范围，避免脱离类目之间的联系和类目注释的限定，片面地理解类目含义。

第四，标引深度和分类标识要求。标引应充分考虑实际的检索需求和检索方式，根据档案的具体内容和用途，选定适当的标引深度。涉及两个或两个以上主题的档案文件或案卷，除按第一主题或最重要的主题标出确切的分类号外，必要时也可对其他主题附加相应的分类号。

第五，专指性要求。标引必须按专指性的要求，分入恰当的类目，切不可分入较宽的上位类或较窄的下位类。当分类表中无恰当的类目时，可分入范围较大的类目（上位类）或与档案内容密切相关的类目。

第六，一致性要求。标引应保持一致性。为含有相同或相似主题内容的档案对象标引的分类号均应一致。遇有某些难以在分类表上找到恰当类目可归的档案，无论归入上位类还是归入与其密切的相关类目以及增设类目，都应予以记录，以后遇有类似情况，均按此处理。

（2）各种类型档案分类标引规则。

《档案分类标引规则》明确了各种类型档案分类标引时选择标引工具的规则和标引级次的确定规则。具体包括以下要求：

第一，档案分类表的选用。清代档案使用《清代档案分类表》；民国档案使用《民国档案分类表》；革命历史档案使用《新民主主义档案分类表》；中华人民共和国时期的档案使用《中华人民共和国档案分类表》；专业档案馆（室）、部门档案馆（室）、企业事业单位档案馆（室）可使用行业分类表，进行分类标引。

第二，档案分类标引级次。一般以文件级、案卷级为单元进行分类标引。若遇档案内容联系紧密或记述同一事物的几份文件或几个案卷情况，也可以作为一个单元进行分类标引。

（3）各种主题档案分类标引规则。

第一，单一主题的档案，一般依主题主体因素所属的类目标引；若是从一个方面对主题进行论述，就依这方面所属类目标引；若是从多方面对主题进行论述，一般只依主题所属类目作整体标引。

第二，主题内容互相交叉时应依据《中国档案分类法》关于集中与分散的有关规定进行标引。

第三，主题涉及国家、地区、民族、时代等因素时，需要复分则应给出复分号。

第四，多主题的档案，标引时应充分考虑利用者的检索需要、主题价值及主题逻辑关系，综合分析后再赋予一个或几个分类号。

第五，多个主题之间是并列关系且均具有检索价值，可分别予以标引。

第六，多个主题之间是从属关系，一般应对母主题作整体标引；如果子主题也具有检索价值，也可对子主题作互见标引。

第七，多个主题之间是因果或影响关系，一般应对结果或受影响的主题进行标引。对于互为因果、互相影响的主题作全面标引。

第八，档案内容涉及的几个主题之间如存在应用关系，一般依被应用主题所属类目标引。必要时可以对其他主题附加相应的分类号。

2. 标引程序

档案分类标引的一般工作程序如下：

第一步，研读分类标引词典，如《中国档案分类法》等，深入透彻地掌握其使用方法。

第二步，档案主题分析。应充分考虑立档单位的性质、职能和任务，通过分析题名、浏览正文、参考文件版头和案卷封面，从而了解档案的中心内容和涉及的主要问题，判明其属性特征，以便正确归类。

第三步，判定所属类别。进行主题分析后，须确定对文件、案卷所论述的事物中哪些主题应予以标引，能为利用者提供检索途径。然后根据主题性质，到分类标引工具书

（分类表）中查找其所属的类目。

第四步，标引分类号。用《中国档案分类法》等工具书（分类表）中的分类号来表达档案主题性质的标引过程，也就是将判定的类别赋予分类标识。给予分类号，应根据文件、案卷内容的属性、主题、起草意图、利用对象检索需求等特点，采用恰当的方式和方法，准确、一致、适度地标引出来。遇有难以分类的新事物、新主题的档案材料，分类表上无确切类目可归时，各档案馆（室）可增设新类目予以分类标引，同时上报《中档法》编委会确认。今后若遇到同类主题的文件、案卷亦照此办理，确保一致性。

第五步，审校。审校是分类标引的最后一道工序，是确保标引质量的最后关口。审校内容包括检查验证档案的内容是否得到全面的分析，主题概念是否准确、恰当，类目辨识是否准确，同一主题的档案是否归类一致，标引的分类号是否充分、完整、准确，书写是否正确无误。审校程序通常包括自校、互校和总校等。

（三）档案主题标引

档案主题标引是依据一定的规则，利用档案主题词表等主题概念转换工具，根据对档案内容主题分析的结果，赋予档案以主题词标识的过程。档案主题词表是由反映档案内容的主题词及其词间关系组成的规范化词典，是将档案、标引人员或用户的自然语言转换成规范化主题检索语言的一种术语控制工具。

1. 主题分析

主题分析是主题标引的基础，是通过对档案的内容特征进行分析，准确提炼和选定主题概念的过程。其工作内容包括以下方面：

（1）审读档案。即通过审读档案，了解和判断档案所反映的中心内容及其主题因素。标引人员可通过阅读题名、浏览全文等方式审读档案，了解档案的主题情况。在档案无题名或题名不能全面、准确地反映档案主题时，标引人员应浏览全文，发掘档案所述及的隐含主题。浏览全文的重点是阅读全文的开头、结束语、段落题名，必要时还应阅读批语、摘要、简介、目次、图表、备考表等。

（2）明确主题类型。档案的主题类型可以分为单主题和多主题两种。单主题包括单元主题和复合主题（即多元主题）；多主题则由几个单主题组成。

（3）分析主题结构。任何主题都是由一定的主题因素构成的。构成主题的因素一般可以分解为主体因素、通用因素、位置因素、时间因素、文种因素等。

（4）主题概念的选定。提炼选定出一个或若干个表达档案主题的自然语言主题概念。选定主题概念的原则如下：选定的主题概念应是档案中论述的问题；选定的主题概念应具有实际检索意义；选定的主题概念应能准确地表达档案的核心主题及有检索价值的主题。

2. 选词标引

选词标引即对档案主题概念给予主题词标识的过程。具体内容包括以下方面：

（1）选出的主题概念应转化成档案主题词表中的正式主题词进行标引，书写形式应与词表中的词形相一致，非正式主题词不能作为标引词使用。

（2）应选用档案主题词表中与档案主题概念直接相对应的、专指的主题词。

（3）当档案主题词表中没有与档案主题概念直接对应的专指主题词时，应选用两个或两个以上的主题词进行组配标引。组配应是概念组配，其中包括交叉组配（指用两个或两个以上具有概念交叉关系的同级主题词组配表达其相应的下位概念）和限定组配（指由一个表示事物的主题词，与另外一个或几个表示事物某个属性或某个方面的主题词组配表达相应的下位概念）。

组配标引的规则如下：优先考虑交叉组配，然后考虑限定组配；应选用与档案主题概念关系最密切、最临近的主题词进行组配，不能越级组配，即不能用其上位或下位主题词组配；组配结果所表达的概念应清楚、确切，只能表达一个主题概念；避免多主题虚假组配造成误检；当某一主题概念在档案主题词表中有组代主题词（先组复合词）时，应选用规定的组代主题词，不应另选其他主题词进行组配标引。

（4）当某一主题概念在档案主题词表中查不到专指的主题词，也无法通过组配标引来表达该主题概念时，可以采用靠词标引法。靠词标引法有两种：一是用上位概念主题词作靠词标引，即从词族索引选用最直接的上位概念主题词进行标引，但不应使用越级上位主题词标引。二是用近义词作靠词标引，即从范畴索引选用与主题概念含义最相近的主题词进行标引。

（5）关键词标引。关键词是档案主题词表以外的、未经规范化处理的自然语言词。采用关键词标引的情形如下：某些概念采用组配的结果会出现多义；某些概念虽可进行靠词标引，但当这些概念的被标引频率较高时；词表中明显漏选的词；表达新生事物的词。关键词应尽可能选自其他词表或较权威的参考书、工具书，选用的关键词应达到词形简练、概念明确，实用性强。使用关键词标引后，应有所记录，并反馈到所用档案主题词表的管理部门。一个标引对象，标引用词一般为2～10个。

三、档案著录的主要规则

（一）ISAD（G）的著录规则介绍[①]

ISAD（G）的著录规则主要由档案多级著录规则和各档案著录项规则两个部分组成。

1. 档案多级著录规则

档案多级著录规则，是指根据档案实体分类的不同级次，自上而下依次加以著录的规则，即档案著录必须首先从全宗著录起，由全宗逐级向下著录到类别，然后再由类别著录至案卷、文件的规则。档案多级著录规则是档案管理的来源原则、全宗原则及档案实体分类管理原则在档案著录中的实际运用与体现。

档案多级著录的级次可分为全宗级著录、类别级著录、案卷级著录和文件级著录

---

① 本节内容主要根据张正强教授的《论〈国际标准——档案著录规则（总则）〉的主要著录规则、特点及启示》一文整理，该文发表在《档案学研究》2013年第3期。

等四级。其中也包括中间过渡级次，如分全宗或分类别级别的著录。其中每一级次都可以根据档案形成机构的行政管理结构和职能的复杂性以及档案的组织体系进一步细分。

张正强教授认为，档案著录的级别应该与档案实体管理的级别一一对应，形成由全宗至文件的多级著录，也正因如此，档案著录规则只有建立起多级著录规则，才能满足档案著录的根本要求，从而进一步满足档案检索与利用的要求，实现档案信息资源在深度与广度上开发利用的目标。目前，在我国的档案行业标准《档案著录规则》中，还没有设置档案的多级著录规则。因此，我国的档案著录规则还有很大的提升与改进的空间。

2. 各档案著录项规则

ISAD（G）的著录规则共细分为 26 项，其中有一部分与《档案著录规则》中的相同，但有许多著录规则是后者没有的。目前还没有列入《档案著录规则》的规则内容包括以下方面：

（1）行政管理沿革、传记梗概著录规则。

主要是就对著录单位形成负有责任的组织机构的由来、形成、发展及工作等的重要信息，或对著录单位负有责任的个人的生平或工作等的重要信息进行简要的著录。规则的目标是，提供档案形成者的行政管理沿革或其生平传记的情况，以便使档案处于一定的历史背景之中，使之更好地被理解。

对于组织机构，著录诸如官方名称、存在时间、授权、职能、机构的宗旨和发展，行政的隶属关系及早期的、不同的或相继使用过的名称。示例见图 8－3：

中国红十字会创设于 1904 年（清光绪三十年），称万国红十字会。1907 年该会改名为大清红十字会，1909 年定名为中国红十字会，1912 年加入瑞士万国红十字会，是年十月在上海召开统一大会，成立中国红十字会总会，获准在内务部立案。其职责为履行日内瓦红十字公约赋予之战争救护、灾难救济和国际救济义务。中国红十字会总会的职权为：①执行全国会员代表大会决议；②监督、指导所属各分会及各直属机关；③统筹红十字会事业及养成救护人才；④征求会员及筹募捐款基金。中国红十字会总会内部设 4 个处，分掌总务、组训、业务、秘书、会计事项。

图 8－3　全宗级行政管理沿革项著录示例

对于个人或家族，著录其名称的全名和头衔、生卒年月、出生地、曾经居住地、活动、职业或职务、原名及其他名称、重要的成就及死亡地等信息。示例见图 8－4：

冯玉祥，字焕章，安徽巢县人。他曾任北洋陆军第十六混成旅旅长，第十一师师长，陕西、河南督军及陆军检阅使，国民军总司令，1927 年后，任国民党第二集团军总司令、抗日同盟军总司令、军事委员会副委员长等职。1948 年，他由苏联回国途中，因轮船失事遇难。

图 8－4　全宗级传记梗概著录示例

（2）档案历史沿革著录规则。

主要是对著录单位所具有的拥有权、责任和保管的历次转换进行著录，并著录对其当前结构和整理起作用的活动，如有关该著录单位整理的沿革、各时期检索工具的编制以及软件移植的文件再利用等。规则的目标是，提供对于档案的凭证性、完整性和可理解性具有重要作用的历史信息。示例见图 8－5 和图 8－6：

孙中山的手稿及写给宋庆龄的信件是由宋庆龄捐赠的，并由宋庆龄保管直到去世。宋庆龄去世之后根据其遗嘱被送交到第二历史档案馆，现在这些手稿作为孙中山全宗的一部分。

图 8－5　全宗级档案历史沿革著录示例

本类档案是 1979 年移交给上海档案馆的，当时这些档案包括了经部分整理和未经整理的两部分，本类档案是将这两部分档案合并后再给予整理而成的。

图 8－6　全宗级档案历史沿革著录示例

（3）档案整理体系著录规则。

主要是对著录单位的内部结构、排序及分类体系等的有关情况进行著录，对档案工作人员如何处理的情况也进行著录。对于电子文件，还需著录有关系统设计方面的文件或参考信息。规则的目标是，提供档案内部结构、排序及（或）分类体系等的有关信息。示例见图 8－7 和图 8－8：

全宗内档案的排列顺序是按原有的顺序保管的，并被整理成五个类，以反映档案形成者在其中的主要活动。

图 8－7　全宗级档案整理体系著录示例

该全宗档案从 1978—1985 年共 19 卷，1 309 份。文件排列基本齐全，按年度-组织机构分类，直属单位的案卷排列在每年度的最后，历年干部任职存入党委类。

图 8－8　分全宗级档案整理体系著录示例

（4）档案查阅管理条件著录规则。

主要是对影响著录单位查阅的法律或法律情况、契约、规章制度和政策等情况的著录。著录时，还应说明该著录单位不可被查阅的时间期限和其未来将适时开放查阅的时间。规则的目标是，给档案利用者提供有关限制或影响查阅档案的法律情况或规章制度等方面的信息。具体的著录示例如下：

本全宗中包括的个人档案资料，根据档案法从其形成之日起 30 年内不对外开放查阅。研究人员要利用这些文件可根据档案馆档案利用规定提出书面申请。

（5）档案复制管理条件著录规则。

主要是对在著录单位被提供查阅后有关其是否可被复制的管理条件的著录，如版权的著录。如果有关这些管理条件的情况不详，也应予以著录说明。设置该规则的主要目的是，明确档案利用时对档案是否可进行复制的任何限制条件。示例如下：

示例 1：本全宗档案的艺术家声明保留其版权。（全宗级）

示例 2：本档案利用时只提供阅读，不能复制。（文件级）

（6）档案物理特征与技术要求著录规则。

主要是对任何影响著录单位使用的重要的物理条件进行著录，如对保管要求及对利用著录单位所需的软件、硬件进行著录。规则的目标是，说明影响档案使用的任何重要的物理特征或技术要求的信息。具体的著录示例如下：

示例 1：录像带是 1/2 英寸开盘式螺旋制式（类别级）

示例 2：由于时间和相纸不稳定的化学条件，至少有 6 幅相片的图像已模糊不清。（类别级）

（7）档案检索工具著录规则。

主要是对档案机构或文件形成者所能提供的检索著录单位的背景及内容信息的检索工具进行著录。规则的目标是，为了确认可供检索档案的任何检索工具。具体的著录示例如下：

示例 1：本全宗有电子版全宗目录可供利用，其网址是：http：//www. mnhs. org/library/findaids/00020. xml.（全宗级）

示例 2：本全宗可通过检索工具进行检索，该检索工具在因特网上可获取使用，其网址是：http：//www. nla. gov. au/ms/findaids/8822. html.（全宗级）

（8）档案原件的留存及收藏地规则。

主要是对可利用的著录单位原件的收藏地进行著录。如果原件已不存在，或其收藏地不详，也应说明此情况。规则的主要目标是，当利用的档案是复制件时，说明其原件的留存、收藏地、可利用性及其毁坏情况。具体的著录示例如下：

示例 1：自文件原件 81645 于 1988 年 8 月从案卷 A471 中抽出后，该案卷就不知存放在何处。现故以该案卷的照片复制件放在本类中以代替原件。（类别级）

示例 2：原件存放在××档案馆。（类别级）

（9）复制件的留存及收藏地著录规则。

主要是对可利用的著录单位的复制件的收藏地进行著录。规则的主要目标是，说明档案复制件的留存、收藏地及可利用的情况。具体的著录示例如下：

示例 1：美国克里斯蒂家族南北战争信件的数字化副本可以在网上获得，其网址是：http：//www. mnhs. org/collections/christie. html.（全宗级）

示例 2：中国国际救济委员会文件在北京档案馆被缩微在 11 卷 35mm 的缩微胶卷上，缩微号为 106-38976。全套缩微胶卷由中国第二历史档案馆保存。（全宗级）

（10）相关档案的著录单位著录规则。

主要是对在同一收藏机构或别处收藏机构中根据来源或其他联系相关的著录单位的信息进行著录。规则的主要目标是，提供相关档案材料的著录信息。具体的著录示例如下：

示例 1：参见中国红十字会全宗，全宗号 ZHS201。(全宗级)

示例 2：王人健副市长的讲话录音带保存于大连连云港水警区全宗中，全宗号为 HJ310。(全宗级)

从以上《国际标准——档案著录规则（总则）》中所设置的这些著录规则可以看出，它们对建立完整的集成的档案资源体系、档案利用体系乃至档案安全体系都具有实质性的现实和历史意义。

（二）《档案著录规则》的著录规则介绍

我国现行的档案著录规则是 1999 年 5 月 31 日国家档案局批准的，自 1999 年 12 月 1 日起开始实施的行业推荐标准《档案著录规则》。我国的档案著录标准化工作开始于 20 世纪 80 年代中期，当时实施的标准是国家推荐标准《档案著录规则》（GB/T 3792.5—85)。档案著录规则的实施，对推进我国档案著录工作的开展，起到了积极作用。

《档案著录规则》的主要内容包括支持手工档案目录编制工作的著录项目、标识符号、著录格式、著录级次、著录用文字和著录来源、著录细则等。其中著录细则是《档案著录规则》的核心内容，共包括 7 个大项（题名与责任说明项、稿本与文种项、密级与保管期限项、时间项、载体形态项、附注与提要项、排检与编号项）和 21 个小项（子项）的著录细则。

《档案著录规则》规定的 7 个大项的著录项目中，每个大项还包括若干个子项（见表 8 - 5）。其中所规定的著录项目用标识符号主要适用于手工检索工具，编制记录目录及建立档案目录数据库应执行相关的标准，一般应省略这些著录项目用标识符号。

表 8 - 5 《档案著录规则》规定的著录项目一览表

序号	著录大项	著录子项		著录项目说明及著录规则要求
		序号	子项	
1	题名与责任说明项	1	正题名	a. 正题名是档案的主要题名，一般指单份文件文首的题目和案卷封面上的题目。正题名照原文著录。 b. 单份文件没有题名，依据其内容拟写题名，并加“ [] ”号。 c. 单份文件的题名不能揭示内容时，原题名照录，并根据其内容另拟题名附后，加“ [] ”号。 d. 单份文件的题名过于冗长时，在不丢失重要信息和损伤原意的情况下，可删去冗余部分，节略内容用“……”号表示。 e. 案卷题名不能揭示案卷内容或题名过于冗长时，一般应重新拟写，将原题名修改好后再著录。
		2	并列题名	并列题名是以第二种语言文字书写的与正题名对照并列的题名，必要时并列题名与正题名一并著录，并列题名前加“＝”号。

续表

序号	著录大项	著录子项		著录项目说明及著录规则要求
		序号	子项	
1	题名与责任说明项	3	副题名及说明题名文字	a. 副题名是解释或从属于正题名的另一题名。副题名照原文著录，正题名能够反映档案内容时，副题名不必著录。 b. 说明题名文字是指在题名前后对档案内容、范围、用途等的说明文字。必要时说明题名文字照原文著录。 c. 副题名及说明题名文字前加“:”号。
		4	文件编号	a. 文件编号是文件制发过程中由制发机关、团体或个人赋予文件的顺序号。文件编号包括发文字号、科研试验报告流水号、标准规范类文件的统编号、图号等。 b. 文件编号除年度用“[]”号外，其余照原文字符号抄录，其前加“:”号。 c. 联合发文或档案上有多个文件编号时，一般只著录一个文件编号，但立档单位的文件编号必须著录。若著录多个文件编号，中间用“;”号隔开。 d. 档案室一般应著录文件编号。
		5	责任者	a. 责任说明著录责任者，必要时著录职责或身份（职务、职称等）。责任者，也称作者，是指对档案内容进行创造、负有责任的团体或个人。 b. 责任者只有一个时，照原文著录，其前加“/”号。 c. 责任者有多个时，著录列居首位的责任者，立档单位本身是责任者的必须著录，其余视需要著录。被省略的责任者用“[等]”表示。第一个责任者之前加“/”号，责任者之间以“;”号相隔。多个责任者具有同一职责或身份又必须著录时，可将职责或身份置于最末一个责任者后的“()”号中，责任者之间以“,”号相隔。同一责任者有多个职责或身份又必须著录时，可将多个职责或身份置于责任者后的“()”中，职责或身份之间以“,”号相隔。 d. 机关团体责任者必须著录全称或不发生误解的通用简称。 e. 历代政权机关团体责任者，著录时其前应冠以朝代或政权名称，并加“()”号。 f. 个人责任者一般只著录姓名，必要时在姓名后著录职务、职称或其他职责，并加“()”号。文件所署个人责任者有多种职务时，只著录与形成文件相应的职务。 g. 清代及其以前的个人责任者应冠以朝代名称，并加“()”号。 h. 少数民族个人责任者称谓各民族有差异，著录时，应依照该民族的署名习惯著录。 i. 外国责任者，姓名前应著录各历史时期易于识别的国名简称，其后著录统一的中文姓氏译名。必要时著录姓氏原文和名的缩写。国别、姓氏原文和名的缩写均加“()”号。 j. 文件所署责任者为别名、笔名时，均照原文著录，但应将其真实名称附后，并加“()”号。 k. 未署责任者的文件，应著录根据其内容、形式特征考证出的责任者，并加“[]”号；考证无结果时，以三个“□”代之。 l. 文件责任者不完整时，应照原文著录，将考证出的完整责任者附后，并加“[]”号。 m. 文件责任者有误，仍照原文著录，但应考证出真实责任者附后，并加“[]”号。 n. 考证出的责任者根据不足时，在其后加“?”号，一并著录于“[]”号。

续表

序号	著录大项	著录子项		著录项目说明及著录规则要求
		序号	子项	
1	题名与责任说明项	6	附件	a. 附件是指文件正文后的附加材料，只著录附件题名，其前冠“＋”号。 b. 文件正文后有多个附件时，应逐一著录各附件题名，各附件题名前均冠以“＋”号。如附件题名过长，也可简略，其节略内容用“…”号表示，自拟附件题名加“［］”号。 c. 若附件题名具有独立检索意义，亦可另行著录条目，但应在附注项中加以说明。
2	稿本与文种项	7	稿本	稿本是指档案文件的文稿、文本和版本。稿本项依实际情况著录为草稿、定稿、手稿、草图、原图、底图、蓝图、正本、副本、原版、试行本、修订本、影印本、各种文字本等，其前加“．—”号。
		8	文种	文种是指文件种类的名称。文种项依实际情况著录为命令、决议、指示、通知、报告、批复、函、会议纪要、说明书、协议书、鉴定书、任务书、判决书、国书、照会、诰、敕、奏折等，其前加“：”号。
3	密级与保管期限项	9	密级	a. 密级是指文件保密程度的等级。密级按《文献保密等级代码与标识》（GB/T 7156—2003）文献保管等级代码表划分为5个级别（见表8－6）。 b. 密级一般按文件形成时所定密级著录，对已升、降、解密的文件，应著录新的密级，公开级、国内级可不著录。密级前加“．—”号。
		10	保管期限	a. 保管期限是指根据档案价值确定的档案应该保存的时间，一般分为永久、长期、短期三种。 b. 保管期限一般按案卷组成时所定保管期限著录，其前加“：”号，若已更改的，应著录新的保管期限。
4	时间项	11	文件形成时间	a. 一般公私文书、信札为发文时间，决议、决定、命令、法令、规程、规范、标准、条例等法规性文件为通过或发布时间，条约、合同、协议为签署时间，技术评审证书、技术鉴定证书、转产证书为通过时间，获奖证书、发明证书、专利证书为颁发时间，科研试验报告、学术论文为发表时间，工程施工图、产品加工图为设计时间，竣工图为绘制时间，原始试验记录、测定检验数据为记录时间等。 b. 时间项一律用8位阿拉伯数字表示，第1—4位数表示年，第5—6位数表示月，第7—8位数表示日。 c. 历史档案中的朝代纪年、农历、地支代月、韵目代日，应照原文著录，同时将换算好的公元纪年附后，并加“（）”号。 d. 没有形成时间的文件，应根据其内容、形式特征等考证出形成时间后著录，并加“［］”号。 e. 文件时间不完整或部分时间字迹不清时，仍著录原时间，原时间中缺少或字迹不清部分以“□”补之，再将考证出的时间附后，并加“［］”号。 f. 文件时间记载有误或有疑义时，仍照原文著录，再将考证出的时间附后，并加“［］”号。 g. 文件形成时间考证不出时，著录为“．—□□□□□□□□”，亦可著录文件上的收文时间、审核时间、印发时间等其他时间，但应在附注项中说明。 h. 若考证出的时间根据不足，则在其后加“?”号，一并著录于“［］”号内。
			文件起止日期	以一组文件、一卷、一组案卷为对象著录一个条目时，著录其中最早和最迟形成的文件的时间，其间用“－”号连接。起止时间的表示，无论是本年度或跨年度，著录时均不能省略年度。

续表

序号	著录大项	著录子项		著录项目说明及著录规则要求
		序号	子项	
5	载体形态项	12	载体类型	载体形态项著录档案的载体类型标识及档案载体的物质形态特征。档案的载体类型分为甲骨、金石、简牍、缣帛、纸、唱片、胶片、胶卷、磁带、磁盘、光盘等。以纸张为载体的档案一般不予著录，其他载体类型据实著录，其前加“. —”号。
		13	载体形态	a. 数量及单位：数量为阿拉伯数字，单位用档案物质形态的统计单位，如“页”“卷”“册”“张”“盒”“米”等。著录时其前加“：”号。 b. 规格：规格指档案载体的尺寸及型号等，著录时其前加“：”号。
6	附注与提要项	14	附注项	附注项著录档案中需要解释和补充的事项。附注项的内容依各项目的顺序著录，项目以外需解释和补充的列在其后。每一条附注均以“. —”号分隔。 各著录项目中需要注明的事项：题名附注——注明同一文件的不同题名或其他称谓；责任者附注——注明考证出责任者的依据和责任者项未著录责任者的数目或名称；时间附注——注明考证出时间的依据，若著录为非文件形成时间，则应注明为何种时间；载体形态附注——注明载体形态的破损、残缺、变质及字迹褪变等情况。 著录项目以外需要注明的事项。
		15	提要项	提要项是对文件和案卷内容的简介，应反映其主要内容、重要数据（包括技术参数等）。提要在附注之后另起一段空两个汉字位置著录，一般不超过 200 字。提要内容依汉语的语法和标点符号使用法著录。
7	排检与编号项	排检与编号项是目录排检和档案馆、室业务注记项。		
		16	分类号	分类号依据《中国档案分类法》和《档案分类标引规则》的有关规定著录，置于条目左上角第一行。
		17	档案馆代码	档案馆代码依据《编制全国档案馆名称代码实施细则》所赋予的代码著录，置于条目右上角第一行。档案馆代码在建立目录中心或报道交流时必须著录。
		18	档号	档号是指档案馆、室在整理和管理档案的过程中，以字符形式赋予档案的一组代码。档号著录于条目左上角第二行，与分类号齐头。档号中各号之间以“—”号相隔。
		19	电子文档号	电子文档号是档案馆、室管理电子文件的一组符号代码，著录于条目第二行的中间位置。
		20	缩微号	缩微号是档案馆、室赋予档案缩微制品的编号，著录于条目右上角第二行，与档案馆代码齐头。
		21	主题词或关键词	主题词是在标引和检索中用以表达档案主题内容的规范化的词或词组。关键词是在标引和检索中取自文件题名或正文用以表达档案主题并具有检索意义的词或词组。主题词按照《中国档案主题词表》及本专业、本单位的规范化词表进行标引。主题词或关键词著录于附注与提要项之后，另起一行齐头著录。各词之间空一个汉字位置，一个词或词组不得分作两行书写。

表 8-6　文献保密等级代码表划分的级别及代码

数字代码	汉语拼音代码	汉字代码	名称
1	GK	公开	公开级
2	XZ	国内	限制级
3	MM	秘密	秘密级
4	JM	机密	机密级
5	UM	绝密	绝密级

四、档案标引的步骤和方法

档案标引一般可以分为两个步骤来进行。

（一）主题分析

主题分析是确定被标引档案内容主题概念的过程。档案的内容主题主要有职能主题、业务活动主题、事件主题、人物主题、项目主题、任务主题等。档案主题分析的工作内容一般包括两个方面：一是分析档案内容的主题类型；二是分析主题的构成因素。

档案内容的主题类型又可以划分为单主题和多主题。单主题是指一份档案文件、一个档案文件组合、一个案卷、一个终端档案类别等只表达一个问题，讲了一个“故事”；多主题是指一份档案文件、一个档案文件组合体、一个案卷、一个终端档案类别等表达了两个及以上的问题，讲了多个“故事”。

档案的内容主题因素主要有五种：主体因素，它是反映档案主题内容的关键性概念；通用因素，它是对主体因素起补充和限定作用的通用概念；位置因素，它是档案内容所记述对象的空间和地理位置概念；时间因素，它是档案所记述对象的存在时间概念；档案文件类型因素，它是档案文件所属类型和形式方面的概念。在档案标引中，档案内容的主体因素是最重要的，不可遗漏的标引对象（即必须通过规范的分类号、主题词或关键词予以表达的对象），而其他主题因素则可通过分析，选择有意义的，予以标引。

档案的内容主题是通过对档案的来源、内容构成、形式特征的分析、筛选而得到的。内容构成特征是主要依据，来源特征是根本，形式特征是补充。在开展档案主题分析时，标引人员可通过了解立档单位的职能分工、任务安排、事件处理、项目计划等来源信息、背景信息，以及阅读档案文件的题名、案由、批注，浏览档案文件正文，检阅档案文件的外部特征等方式，认真细致地进行此项工作。

在组织安排上，建议由档案人员或熟悉业务的人员，按档案的分类方案进行分工作业，两个人负责同一类别的档案主题分析工作。这样可以有效地提高工作效率，加快主题分析工作的进程。

（二）档案主题概念转换

所谓概念转换，就是利用档案标引工具（如档案分类法、档案主题词表）等，将分析所得的档案主体概念以检索语言的形式表达或标识出来。

档案分类标引概念转换的基本做法是，根据对档案主题分析的结果查找档案分类标引工具书，如《中国档案分类法》及其他专业档案分类法（表），将用自然语言或书面语言表达出来的档案主题概念，转换为分类号并赋予档案标引对象。档案主题标引概念转换的基本做法是，根据档案主题分析的结果查找规范化的档案主题词转换工具书，如《中国档案主题词表》及各相关专业的档案主题词表等，将用自然或书面语言表达出来的档案主题概念，转换为规范的主题词并赋予档案主题标引对象。如果采用自然语言中的关键词直接表达档案的主题概念，则可以成为关键词标引。

对单主题的档案标引对象的概念转换，只要赋予相应的一个分类号或一个（或若干个）主题词标引即可；对多主题的档案标引对象的概念转换，首先要将多主题分解为单主题，然后再分别赋予相应的分类号或主题词。

第四节　档案检索体系和档案目录数据库的建设

一、档案检索体系

档案检索体系是由立档单位的档案部门或国家档案馆，根据利用者的检索需求，结合所存档案资源的实际情况，主导建立的可以满足各需求方对档案及其内容数据、信息查询和管理需要的、功能完备的信息服务系统。档案检索体系，通常包括设计合理、功能上相互配合的各种档案检索工具、数据库和相应的数据库管理系统（DBMS）及信息查询服务平台。它所体现的是档案管理主体、档案用户、档案资源和档案检索系统之间的相互作用关系。建设科学的档案检索体系，不仅可以为档案资源的完整与安全维护提供必要的管控工具和手段，而且可以为广大档案用户创造利用和开发档案资源的有利条件。

（一）档案检索体系的建设原则和概念模型

1. 建设原则

各立档单位的档案部门和国家档案馆在建设档案检索体系的过程中应遵守如下三项基本原则：

第一，规范性原则。检索体系的建设应严格遵从国家及行业性标准和规范的要求，为档案资源的有效查找和管理服务奠定基础。

第二，适用性原则。检索体系的建设应充分考虑本单位及相关用户的信息检索需求，以为用户提供快捷、满意的档案资源检索服务为目标。

第三，可扩展性原则。检索体系的建设应考虑档案资源数据库（目录数据库和全文数据库）建设对标准提出的更新、扩展和延伸的要求，为将来技术发展提供框架和发展余地，并可以随着信息技术发展和相关国家标准、行业标准的不断完善而进行充实和修订。

2. 概念模型

档案检索体系的建设为立档单位和国家档案馆对保存的档案资源进行有效管理、合理控制和有效利用提供途径。档案检索体系的建设可参照图 8－9 的概念模型来进行。

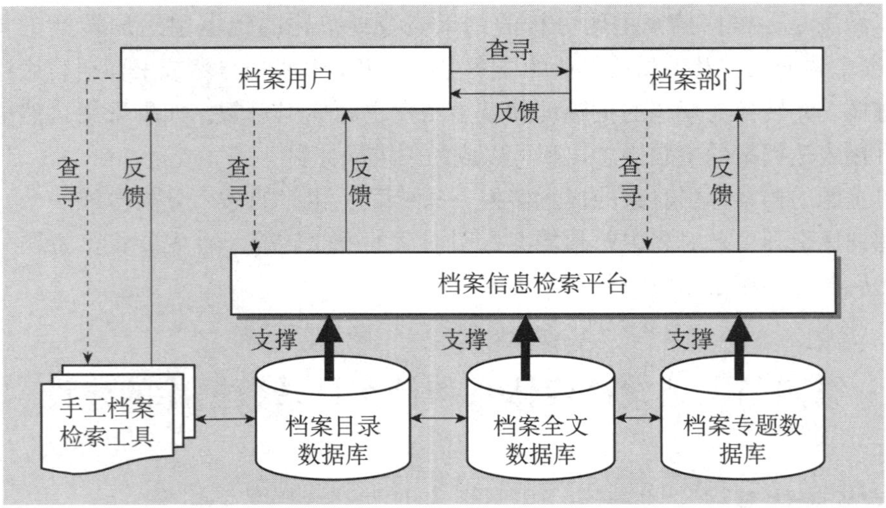

图 8－9 档案检索体系的概念模型

（二）档案检索工具的概念及其作用

开展档案著录和标引的主要目的之一，就是为建立各种类型的档案检索工具、构建档案检索体系提供服务。

档案检索工具是用于存储、查找和报道档案信息的系统化文字描述工具，是目录、索引、指南等的统称。在档案管理中，档案检索工具具有桥梁、交流和管理等方面的作用。

（三）档案检索工具的种类

无论是手工检索工具还是电子检索工具，按其编制体例都可以区分为如下三种类型：

（1）目录。将档案的著录条目按照一定次序编排而成的检索工具。

（2）索引。将档案中的某一内部或外部特征及其出处按一定次序编排而成的检索工具。索引和目录之间没有严格的界限，一般说来，目录条目是对档案内容和形式特征进行全面、系统的著录，著录项目比较完整；索引条目则比较简单，通常只有排检项（如档案涉及的类名、人名、地名等）及其出处（档号）两个项目。

（3）指南。指南是以文章叙述的方式综合介绍档案情况的检索工具。

档案检索工具按其载体形式分，包括以下几类：

（1）书本式检索工具，是将著录条目连续记录并装订成册的检索工具。

（2）卡片式检索工具，是将一个条目著录于一张卡片，将卡片按一定顺序排列而成的检索工具。其主要优点是，具有较大的灵活性，便于增减条目和调整条目之间的顺序，耐翻检等。其主要缺点是，卡片数量多、体积大，不便管理、传递和交流。

（3）缩微式检索工具，是以缩微摄影方式制作的以胶片为载体的检索工具，手工检索时使用缩微阅读器放大阅读，也可用于计算机检索。

（4）机读式检索工具，将档案目录等按照一定格式输入计算机内，可以由计算机读取、管理、检索档案目录信息。

档案检索工具按其按功能分，包括以下几类：

（1）馆藏性检索工具，是反映档案实体整理体系及其排列顺序的检索工具，如案卷目录、全引目录、归档文件目录等。其主要功能是固定和反映档案整理顺序，档案管理人员可借助它了解馆藏情况，并按照整理顺序查找档案。其缺点是，目录组织方式受档案整理顺序的限制，检索途径单一，检索深度较浅。

（2）查找性检索工具。上述馆藏性检索工具当然具有查找性，它们一般是在整理程序中“自然”形成的。这里所说的“查找性”检索工具，指专门为各种查找而编制的，不受档案实体排列顺序的限制，从档案的某一内容或形式特征提供检索途径的检索工具，如分类目录、主题目录、专题目录等。其主要功能如下：建立多种检索标识，提供多途径检索；不受档案整理顺序的限制，可以打破全宗、案卷等实体单元的界限进行检索；可以选择任意的检索深度。

（3）介绍性检索工具，是介绍和报道档案内容及其有关情况的检索工具，如各种指南。其主要功能是，全面概括地介绍档案情况，客观评述档案价值，发挥宣传报道作用，向利用者提供一定的档案线索。但是由于它并没有系统地记录档案的检索标识和建立排检项，因此一般不能直接用于查找。

二、机读档案目录的建设

（一）中国机读目录相关标准的建设现状

从档案检索工具的发展趋势上看，机读目录代表了今后立档单位和国家档案馆档案目录建设的发展方向。这也是档案部门实现档案信息检索现代化（信息化、网络化）的必然要求。

2006 年 3 月 15 日，国家质量监督检验检疫总局和国家标准化管理委员会发布了《中国档案机读目录格式》（GB/T 20163—2006），并于该年的 10 月 1 日起实施。在《中国档案机读目录格式》实施前后，我国各地档案行政管理部门和专业主管部门也陆续出台了一系列的相关机读目录格式标准和规范文件。例如，《明清档案目录中心数据采集标准 明清档案机读目录数据交换格式》（DA/T 33—2005）、《民国档案目录中心数据采集标准 民国档案机读目录软磁盘数据交换格式》（DA/T 20.4—1999）、《革命历史档案机读目录软磁盘数据交换格式》（DA/T 17.5—1995）等。另外，有关地方档案行政管理部门编制了档案机读目录交换格式，例如，《辽宁省文书档案目录数据库结构与交换格式（试行）》《江苏省文书档案文件级目录数据库结构与数据交换格式》《四川省文书档案目录数据交换格式与著录细则》《浙江省综合档案馆电子目录数据库结构与交换格式》《江西省直机关文书与声像电子档案著录及数据交换格式规范（试行）》《重庆市文书档案目录数据交换格式》等。

（二）《中国档案机读目录格式》的主要内容

《中国档案机读目录格式》的框架是根据国际标准化组织制定的《信息与文献 信息交换格式》（ISO 2709：1996）编写的。执行格式是根据国际图书馆协会和机构联合会制定的《国际机读目录格式》和国际档案理事会制定的《国际标准——档案著录规则（总则）》并结合我国档案机读目录的实际编写的。其目的是规范档案机读目录格式，为实现档案信息资源的共享，建立高质量的档案目录数据库奠定基础。

《中国档案机读目录格式》的体例结构包括前言、引言、范围、规范性引用文件、术语和定义、总则、记录[①]结构、记录头标和数据字段[②]及字段描述，以及附录 A（规范性附录[③]）中国档案机读目录格式数据格式样例、附录 B（资料性附录）中国档案机读目录格式数据字段实例等。

《中国档案机读目录格式》是我国各立档单位和国家档案馆机读目录建设的基本指导性标准依据。

1. 总则

（1）字段描述。

《中国档案机读目录格式》为各种字段的使用提供了指南，为保证叙述的完整性和查找的方便性，按字段标识符数字递增顺序予以说明，并规定各种数字字段的描述结构：

a. 字段定义：对每个字段内容作简要说明。

b. 出现情况：对每个字段是否重复，是否是必备字段或选择使用字段进行说明。在有些字段中，还包括了对字段出现情况的说明和限定。

c. 指示符：对指示符的值进行说明。

d. 子字段：按序列出子字段，每个子字段后列出定义及其适用范围、重复性和是否必备的说明。

e. 字段内容注释：对字段的数据内容和字段中子字段之间的关系进行说明，包括适用范围、著录用标识符以及字段内容的建议。

f. 相关字段：列出与本字段内容相关的字段或数据元[④]，为了有助于字段的比较，并对相关字段的用法进行简要的说明。

如果在某一字段的描述结构中缺省其中的某一项，则表明该项内容在该字段中尚无说明。

（2）符号规范。

《中国档案机读目录格式》所列举的字段、指示符和子字段以及在与其有关的著录和

---

① 记录是字段的集合，由一个记录头标、一个记录目次区、一个数据字段区及一个记录结束符构成。

② 字段是由标识符标识并已被定义的字符串，可包含一个或多个字段。在数据库中，记录是指一行，字段是一列。

③ 标准的附录有两种，一种是规范性附录，一种是资料性附录，二者都属于标准的可选要素。规范性附录属于标准的规范性技术要素之一，它给出标准正文的附加条款。规范性附录一般由正文中以“遵照附录××的规定”的形式来引用，和标准正文一样，是要执行的；资料性附录属于标准的资料性补充要素之一，它给出对理解或使用标准起辅助作用的附加信息，可以执行也可以不执行。

④ 数据元是被明确标识的最小信息单元。在可变长字段内，数据元由子字段标识符标识，并由此构成子字段。在记录头标、目次区和定长字段内，由代码构成的数据元是由其字符所在位置标识的。

实例中，对符号采用下列规范：

a. 字段标识符：用符号“$”表示《信息技术 信息交换用七位编码字符集》（GB/T 1988—1998）中的IS1，作为子字段标识符的第一个符号。

b. 空格符：用符号“#”表示《信息技术 信息交换用七位编码字符集》中的空格符，即七位编码字符集代码表中的2/0位置上的这个字符。“#”表示该标准文本中的空格，或表示从行文上显现得不明显但又必须出现的空格。

c. 子字段分隔符：用符号“@”表示《信息技术 信息交换用七位编码字符集》中的IS2，作为完整实例中的字段分隔符。

d. 记录结束符：用符号“%”表示《信息技术 信息交换用七位编码字符集》中的IS3，作为完整实例中的记录结束符。

e. “未定义”：当短语“未定义”与指示符连用时，则表示在该指示符位置没有赋值，用空格填充。

f. 系统外字符号：对目前暂不能录入的系统外字采用系统外字符号“＝”代替。

g. 非排序字符：ISO 6630目录控制字符集中的08/08与08/09位置上的字符，即“≠NBS≠”和“≠NBE≠”字符，分别表示“不排序开始”和“不排序结束”，即指明在两个排序符号之间的数据是不用于排序的。

2. 记录结构

（1）框架结构。

《中国档案机读目录格式》是国际标准化组织制定的《信息与文献 信息交换格式》的执行格式，对用于交换的机读目录数据规定了必须遵循的框架结构，即由记录头标、记录目次区、数据字段区（变长）和记录结束符构成。

记录的框架结构如图8-10所示。

记录头标	记录目次区	数据字段区	……	记录结束符

图8-10　记录的框架结构

（2）记录头标。

根据《信息与文献 信息交换格式》的规定，每一条记录由24个字符的记录头标开始，记录头标包含《信息与文献 信息交换格式》中定义的关于记录结构的数据和作为《信息与文献 信息交换格式》的执行格式而由《中国档案机读目录格式》专门定义的数据元。这些数据元包括记录类型、记录级别、记录级别关系、档案控制、著录等级、记录的完整程度以及在编制记录中是否采用《档案著录规则》等。记录头标中的数据元主要是为满足记录处理的需要，并间接地利用其来确认档案著录单位。

（3）记录目次区。

在记录头标之后为记录的目次区，目次区中每个目次项由三个部分构成：三位十进制数表示的字段标识符，四位十进制数表示的数据字段的长度以及由五位十进位制数表示的字段起始字符位置。除此之外，在目次项中不再允许有其他字符。记录的目次项结构如图8-11所示。

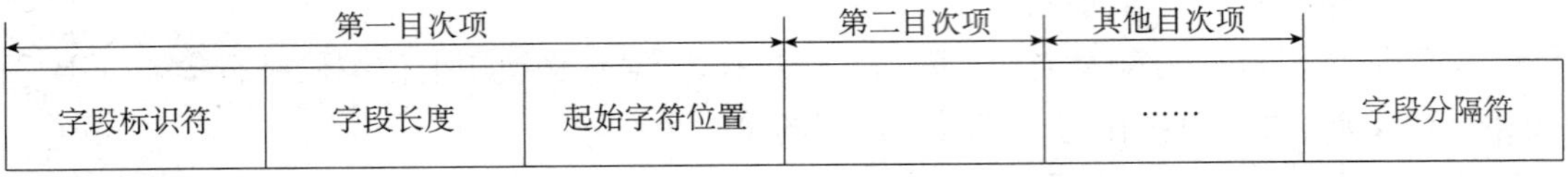

图 8－11　记录的目次项结构

目次区的第二部分是该字段的字符数，其包括该字段的全部字符：指示符、子字段标识符、行文字符或代码数据以及字段分隔符。在字段长度之后，是字段起始字符位置，即相对于记录可变长字段部分的第一个字符位置的字段起始字符位置，第一个可变长字段的第一个字符的位置为 0，0 字符位置由在整个记录头标中第 12—16 位置上的数字标明。

字段标识符的长度为 3 个字符，数据的长度为 4 个字符，起始字符的长度为 5 个字符。所有由 12 个字符所构成的目次项均对应于记录中的各个数据字段。表示目次区结束的分隔符是《信息技术 信息交换用七位编码字符集》中的 IS2。目次区中各目次项是按字段标识符的第一个数字排序的，记录中的数字字段本身不需要排序，因为其位置完全是由目次区确定的。

（4）变长字段[①]。

变长数据字段在目次区之后，通常包括档案目录数据，而不是处理数据。其字段结构如图 8－12 所示。

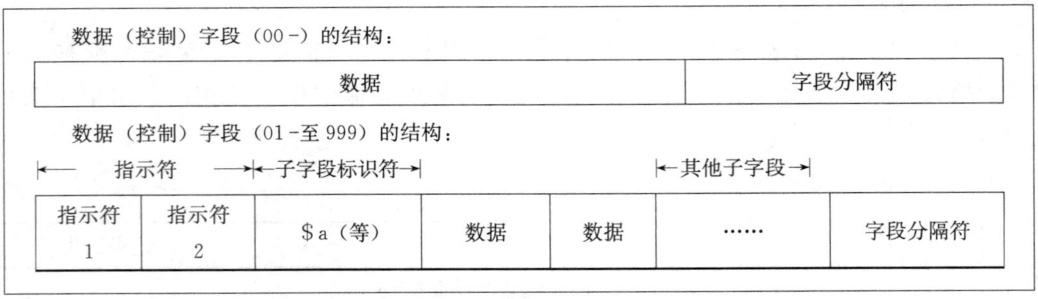

图 8－12　变长数据字段示例图

各个子字段均以一个子字段标识符开始，子字段标识符由一个子字段分界符和一个标识该子字段的代码（一位字母或一位数字）构成。

（5）必备字段。

机读目录的必备字段是指在机读目录记录中必须提供的字段。GB/T 20163 要求的必备字段包括：001——记录标识符；020——档号；100——通用处理数据；101——档案语种；200——题名与责任说明项；801——记录来源。

（6）记录长度。

《中国档案机读目录格式》对记录长度的限定为 99 999 个字符。记录的长度当然也可以由交换单位双方协商来确定。

---

① 变长字段是指长度不定的字段，可包含一个或多个数据元或子字段。其长度按字符数计算，包括文字数据所占的字符数及字段指示符、子字段标识符及字段分隔符所占的字符数的总和。

（7）记录连接。

在实际著录工作中，如果需要将一个著录单位[①]的记录与另一个著录单位的记录连接，可使用记录连接块中的连接字段，这些字段就是专门为建立这样的连接而设定的。

（8）字符集[②]。

根据《中国档案机读目录格式》生成的档案机读目录应使用国家的字符集标准，或使用由国际标准化组织制定的字符集标准。记录头标、记录目次区、指示符、子字段标识符以及《中国档案机读目录格式》所规定的代码值应使用《信息技术 信息交换用七位编码字符集》的功能字符和图形字符，该字符集在机读目录记录中被认为是默认的字符集。

（9）数据重复。

数据可能会出现重复的情况：数据既以编码形式又以文字形式出现，既以显示形式又以非显示形式出现；档案中含有不同语言文字的同一种信息；为熟悉多种语言文字的读者提供多种著录语言文字；为适应各种复杂的输出要求，同一种信息以不同文字形式重复。

（10）记录块功能。

《中国档案机读目录格式》的数据字段区共分为 10 块。0—9 用来表示字段所属的功能块，如表 8 - 7 所示。

表 8 - 7 《中国档案机读目录格式》的数据字段区所属的功能块

标识符	字段功能块名称	说明
0	标识块	著录标识记录或是标识著录单位实体并记载在实体上的号码
1	编码信息块	著录描述记录或数据各个方面的定长编码数据元
2	著录信息块	著录《中国档案著录规则》所规定的著录项目，但附注项和有关代码（档案馆代号、缩微号等）除外
3	附注块	著录关于著录单位的任何附注或与之相关的记录的附注，以补充说明著录项目、检索点[③]等
4	记录连接块	著录揭示该记录与其他档案记录之间的关系，这些关系包括时间关系、级别关系和平行关系
5	相关题名块	著录除正题名以外而又通常出现在档案著录单位实体上的与所著录的档案相关的题名
6	主题分析块	著录由语词或符号构成的不同体系的主题数据
7	文件责任块	著录关于对著录单位负有某种责任形式的个人、机关团体和家族
8	国际使用块	著录国际上一致约定的不适合于 0 -至 7 -块的字段
9	国内使用块	著录与本单位有关的馆藏信息等一些具有交换意义的数据

① 著录单位是指作为一个实体进行处理或其本身就是一个实体而构成一条记录基础的任何载体形式的文件或文件集合。

② 字符集（character set）是多个字符的集合，字符集种类较多，每个字符集包含的字符个数不同，常见字符集名称如 ASCII 字符集、GB2312 字符集、BIG5 字符集、GB18030 字符集、Unicode 字符集等。

③ 检索点是专门用于检索目录记录的名称、词语和代码等。

3. 记录头标和数据字段——基本说明

这部分内容主要说明了字段和字段重复、字段顺序（记录中的字段不需要规定其顺序）、子字段顺序、字符、有歧义时使用的字符、非排序控制符、数据的形式与内容、著录用标识符、中国追加字段等方面的规则和建议。

4. 记录头标和数据字段——字段描述

记录头标部分的内容主要包括记录头标的定义，出现情况，字段的标识符、指示符合子字段，定长数据元，字段内容注释，相关字段等。记录头标是必备的且不可重复，总长度为 24 个字符（其中记录长度 5 个字符，记录状态 1 个字符，执行代码 4 个字符，指示符长度 1 个字符，子字段标识符长度 1 个字符，数据基地址 5 个字符，记录附加定义 3 个字符，目次区目次项结构 4 个字符）。

记录头标部分主要对 10 个功能块的定义、出现情况（说明是否必备）、指示符、子字段、字段内容注释、相关字段、代码符号等方面的著录规则和要求，进行了说明。

值得肯定的是，《中国档案机读目录格式》在记录功能块的“记录连接块”中，对《档案著录格式》的著录（记录）级别作了必要的补充。规定如果在数据库中含有一个全宗、全宗中的类别以及属于该类别的案卷和文件，则应建立下列记录：

（1）一份文件建一条记录，每条记录含有一个字段，用于标识该文件所在的案卷。

（2）一个案卷建一条记录，每条记录含有一个字段，用于标识该案卷所在的类别。

（3）一个类别建一条记录，每条记录含有一个字段，用于标识该类别所在的全宗。

（4）一条全宗的记录。

值得注意的是，这种补充有效弥补了我国《档案著录规则》缺乏多级著录规则的缺陷。

5. 附录 A（规范性附录）中国档案机读目录格式数据格式样例

该附录对记录交换形式和记录字段形式进行了举例说明。

6. 附录 B（资料性附录）中国档案机读目录格式数据字段实例

该附录共列举了 11 个类别的实例。其中包括“B.1 记录头标实例”，“B.2 0——标识块实例”，“B.3 1——编码信息块实例”，“B.4 2——著录信息块实例”，“B.5 3——附注块实例”，“B.6 4——记录连接块实例”，“B.7 5——相关题名块实例”，“B.8 6——主题分析块实例”，“B.9 7——文件责任块实例”，“B.10 8——国际使用块实例”，“B.11 9——国内使用块实例”等。

三、档案目录数据库管理系统

数据库管理系统（DBMS）是管理数据库的系统软件，它将大量的结构化数据按照一定的数据模型组织、存储起来，提供建立、操作、维护档案目录数据的命令和方法。

主流的 DBMS 采用关系型数据结构，关系型 DBMS 相比于其他类型的 DBMS 在数据的可靠性、冗余度、一致性和并发控制方面颇具优势。目前，结构化的档案目录数据库均选择关系型 DBMS 产品，如 SQL Server、Oracle、Access 等。作为档案管理系统的“内核”，DBMS 产品的选择对于系统的运行效率和性价比的提高具有举足轻重的作用。

（一）档案目录数据库管理系统的性能要求

考虑到档案目录数据管理向档案全文数据管理的延伸，所选的档案目录数据库管理系统应当符合以下要求：

（1）安全性能高。DBMS 应具有完备的安全技术措施，能有效控制对数据的各种操作，诊断并拒绝非法数据请求；具有抗干扰、抗故障能力和较强的数据容错和数据恢复能力，不会因某条记录的错误而导致数据库被破坏，也不会因用户的误操作而轻易死机；具有较强的抗病毒和抗黑客侵袭能力。

（2）开放性良好。DBMS 应能运行于多种操作系统平台和硬件环境；具有很好的向后兼容性；提供有效的开发工具，可以通过标准接口与其他应用软件相连，以便于与其他信息系统集成或与外部数据库建立灵活的交互关系。

（3）数据处理能力强。数据库管理系统的选择要充分考虑用户所需的数据容量，能够高效地管理所存储的海量档案数据，提供可选的、有效的文件存储结构以及存储数据的有效路径，保证系统有较好的性能。

（4）操作简便。系统管理员、档案管理人员和档案用户均能方便操作。当然，做到这一点除了合理选择数据库管理平台外，还要基于这一平台开发出界面友好、检索方便的档案管理应用系统。

（5）支持多用户共享。此处的共享有两层含义：一是多个用户共享同一份档案数据，不同用户享受不同的权限，因此要求 DBMS 在提供信息共享时能够实施良好的分级安全控制；二是多用户可能同时存取同一档案数据，因此要求 DBMS 具有良好的多用户并发控制机制，保证数据操作的合理性。

（6）性价比和适用性高。档案部门要从档案数据库的现有规模和发展需要出发，充分比较不同品牌的 DBMS 及同品牌 DBMS 产品不同版本和不同购置方式的性价比，在此基础上确定合理的版本及购置方式。在比较性价比时要重视不同产品售后服务的质量。

总之，适合于档案目录数据库管理的 DBMS 应具有开放性、分布性和集成性。在具体选择时，要立足实际，在上述要求和购置价格之间进行权衡，不能片面地追求全、高、新。

（二）档案目录数据库管理系统的选择

一般来说，馆藏量较丰富的国家档案馆或大型企业事业单位档案馆，可以优先考虑 SQL Server。作为主流产品，SQL Server 的品牌信誉和市场支持程度较高，在兼容性和售后服务方面比较优秀。

Oracle、DB2 这些大型数据库产品虽然系统性能和安全性更好，但价格过高，对操作人员的要求也偏高，更适合高端的商业性应用，对一般档案机构来说软硬件配置费用过大。当然，有条件的国家档案馆或大型企业集团档案馆也可以考虑选用。

库藏量不大的档案馆或综合档案室，考虑到今后的可扩充性，在条件允许的情况下可选用中型的 DBMS，如 SQL Server、Sybase 等，以保证其安全性。

普通档案室档案数据量少，一般仅对本单位内部提供服务，网上查询和网络安全的要求较低，可以选择 Access 或 VFP。Access 的网络性能比 VFP 好一些，要在网上提供档案目录查询的档案室最好使用 Access。这两类 DBMS 的优点是价格便宜、操作简单，普通用户适当培训即可使用；缺点是安全性和网络功能较差。

购置 DBMS 可采取两种办法：

一是选择 DBMS 的基本软件包，保证应用系统的运行和一些数据库的辅助操作，然后在此基础上编程。

二是不考虑经济因素选择 DBMS 的全部软件包，然后根据自己的技术能力进行深层次开发。

（三）档案目录建库工作的组织实施

档案目录数据库建设工作量大，一个县级档案馆的文件级条目数量就有百万条以上。立档单位和国家档案馆可在保证档案安全的前提下，引入市场力量，组织实施档案目录建库工作。具体可包括以下措施：

（1）引入市场化运作机制。将档案目录数据的录入工作外包给专门从事数据处理的公司，或者聘用数据录入人员专职从事该项工作。引入外部力量时，必须注意引入模式，合理分工。例如，通过招投标方式来选择合作公司，通过签约来明确技术要求和双方的权利、责任。合作过程中，档案部门要科学分解任务，采取“两头在内、中间在外”的分工模式，即前处理工作和质量验收工作由档案部门负责，而著录数据的录入工作主要依靠外部力量来完成。动用社会力量建库，必须对参与者进行严格的专项培训并保证馆藏档案的安全。

（2）分解任务，馆、室共建。档案馆对于新移交的文件，可通过行政命令规定移交单位在移交档案的同时必须提交按规范格式制作的机读档案目录。

四、常用手工档案检索工具

在现实的档案管理中，由于各单位的档案管理现代化水平不一，有许多中小型单位还需要编制和使用手工档案检索工具。有时，出于安全考虑，即使是实现了档案检索的信息化的单位，也应输出和保存一定种类的手工档案检索工具。常见的手工档案检索工具包括以下几种类型。

（一）案卷目录

案卷目录是以案卷为单位，依据档案整理顺序组织起来的，固定案卷位置，统计案卷数量，监督、保护档案材料的一种管理工具，也是档案馆（室）最基本的一种检索工具。它既是查找档案最基本的工具，又是编制其他检索工具所必须参考使用的工具。档案馆（室）为开展利用工作和发挥案卷目录的更大作用，还可将案卷目录汇编成册印发各机关单位使用。案卷目录的汇编原则一般以全宗为单位，或根据全宗所有目录的数量状况编成一册或若干分册。为了保证出版质量，需进行必要的编辑加工，应对原目录表达能力（主要是案卷标题）进行审查，在结构上应以原目录中案卷的系统化为基础加以编排。

（二）卷内文件目录汇集

卷内文件目录汇集亦称“全引目录”，即将全宗或全宗的某一部分案卷内的文件目录汇编而成的检索工具。它是案卷目录与卷内文件目录合二为一的产物。其主要形式是，先列出每一个案卷的卷号、标题、起止日期、页数，接着就在下面列出这个卷的卷内文件目录。这种检索工具的优点是不仅有案卷号、案卷标题，而且有卷内每份文件的作者、文号、文件标题、文件成文日期、所在页码，揭示内容和成分比较具体，查找案卷或单份文件都方便。即便档案保存在分库，对库存情况也可了如指掌。编制也比较简便，只要将案卷目录与卷内文件目录打印或复印装订成册即可。其缺点是案卷文件目录汇编之后，往往条目和册数较多，体积庞大；而且只能沿用原来案卷的分类体系，不能按照每份文件内容的性质来分类，问题不够集中，不便按专题查找利用。

各立档单位还可以按照《归档文件整理规则》的要求，编制归档文件目录。

（三）档案分类目录

档案分类目录是根据立档单位的档案实体体系分类方案编制的一种检索工具。

档案分类目录的著录项目主要包括分类号、案卷号（简称“卷号”）、案卷题名、数量（页、件、张数）、责任者、形成时间、保管期限、备注等。

例如，×组织的档案实体分类方案将档案资源划分为党群工作、行政管理、法律事务、人力资源、财务会计、投资管理、信息管理、经济贸易、基建工程、设备管理、招投标管理、实物等12个大类。它可以依据大类划分的结果，分别为每一类档案编制分类目录。案卷分类目录的样式可参照图8－13执行。

档案分类目录

序号	档号		案卷题名	数量	责任者	形成时间	保管期限	备注
	类号	件号						

图8－13　档案分类目录的样式

（四）专题目录

专题目录是系统揭示档案馆（室）内有关某一专门题目档案内容和成分的一种检索工具。专题目录的编制方法大致如下：

（1）选题。选定专题是编制专题目录工作的一个特点，也是编制工作的重要环节。

专题题目的选择和确定，与这一专题目录是否切合实际、是否具有现实利用价值，有着很大的关系。选定题目，一般应考虑党和国家各项工作的需要或一定的利用者某些特定的迫切要求，并根据本馆（室）所保存有关该题目档案材料的状况来确定。

(2) 制订计划。对一些较大的专题，在编制工作开始之前应制订计划。计划的主要内容包括以下方面：专题的名称；题目内容大纲和选材标准，即草拟条目的系统分类方案及其说明；题目所包括的年限和涉及的地区；查找档案的范围所属全宗及全宗的哪些部分；工作步骤与方法及人员分工等。

(3) 选材。选材是在确定题目和拟定计划之后的一项重要工作，也是编制专题目录的一个特点。

(4) 条目著录。

(5) 条目排列。

(五) 档案索引

档案索引的著录项目一般包括索引项（如人名、部门名、文号、关键词、项目号、合同号等）、档案号等。档案索引的式样可参照图 8－14 执行。

档案索引

索引项	档号

图 8－14　档案索引的式样

(六) 全宗指南

全宗指南是以文章叙述的形式介绍某一个全宗档案内容和成分及其意义的一种工具书，又称为全宗介绍。目前有全宗管理权限的立档单位和国家档案馆，应依据行业推荐标准《全宗指南编制规范》（DA/T 14—2012），结合本单位的具体情况，开展全宗指南的编制工作。

全宗指南的结构为段落式条目信息，通常由全宗指南名称、全宗来源简况、档案内容与成分介绍、检索查阅注意事项四部分组成。

1. 全宗指南名称

全宗指南名称由全宗号、立档单位名称（全称或通用简称）、“全宗指南”、起止时间构成，并列成分之间用空格位分开。

例如，北京市计划委员会全宗指南的名称可确定为“J211 北京市计划委员会 全宗指南 1949～1990 年”。再如，钟南山人物全宗指南的名称应为“R322 钟南山 全宗指南 1936～2000 年”。

(1) 全宗号。照录档号四位全宗代码。第一位用汉语拼音字母，后三位用阿拉伯数字。

（2）立档单位名称。按全称书写，通用简称书写在全称后面的圆括号内。例如："中共中央纪律检查委员会（中纪委）"。联合全宗和汇集全宗的全宗构成者名称从其联合或汇集全宗构成者的实有名称。例如："中国共产党广东省高等院校党委 广东省高等教育局"。

中华人民共和国成立前形成的档案全宗，全宗构成者的名称后应加圆括号注明政权名称限定词。例如："成都市财政局（民国）""政务院（民国）""外交部（民国汪、伪）""兵部（清）""李鸿章（清）""廖仲恺（民国）"。

需要注意的是，立档单位所有曾用名称应按时间顺序书写在全宗来源简况中。

（3）起止时间。涉及立档单位及其档案形成的时间跨度标识。一般采用公元纪年表示，使用"～"连接起止年份。必要时，可用朝年或其他特殊纪年方式表示，亦可以其一为主，另一为辅，为辅者加圆括号书于为主者正下方。例如："1928～1948年""光绪三十二年至宣统三年（1906～1911）"等。

2. 全宗来源简况

编制这部分内容时，可采用列表方式依时间顺序登记变化情况，记录和反映全宗来源背景的内容。其顺序如下：全宗构成者形成和职能—全宗构成者所有曾用名称—全宗管理机构和全宗档案数量—全宗档案收集、征集、接收、移交、寄存数量。

个人全宗来源简况，应登记个人的姓名、别名、生卒年月日、籍贯、职务、职称和个人主要经历、业绩、荣誉称号、家族简况以及全宗档案收集、征集、接收、移交、寄存数量。

3. 档案内容与成分介绍

档案内容与成分介绍一般应使用综合概括的介绍方法来进行。其内容一般包括五个方面的情况：

（1）反映立档单位基本职能和主要活动方面的档案。

（2）反映立档单位各阶段中心工作或特殊工作所形成的档案。

（3）具有重要历史价值和地方特色的档案。

（4）涉及具有全国和国际意义知名人物的档案。

（5）馆藏年代久远和特殊载体的档案。

档案内容与成分介绍一般应按全宗内档案的实际分类体系，文字叙述立档单位基本职能和主要活动的内容，并列举文种名称。具体情况可分为三种：

（1）以组织机构分类的档案全宗，分别简介机构基本职能和主要活动的内容，并列举文种名称。

（2）以问题分类的档案全宗，分别简介问题涉及的立档单位基本职能和主要活动的内容，并列举文种名称。

（3）以其他体系分类的档案全宗，应根据该全宗分类的特点结合问题简介立档单位的基本职能和主要活动的内容，并列举文种名称。

需要专门说明的档案按下列方法介绍：

（1）指明该档案文件的名称、责任者和文件形成的时间。

（2）列出该档案文件的检索要素。

（3）对其档案文件内容单独介绍。

一般性文件介绍不使用引用原文的方式，特殊性文件介绍如需使用引用原文的方式则应符合下列条件和原则：引用原文有助于阐述文件的内容实质；引用原文时不详细转述文件中叙述的事实和事件。

与立档单位基本职能和活动没有直接关系的上级文件不作介绍，必要时只作简要交代。

人物全宗应按全宗构成者的活动特点，结合全宗内档案材料的实际情况介绍，包括以下内容：

（1）个人手稿、著作、作品、题词、日记、回忆录的名称和特点。

（2）履历、自传、证书、来往信件以及公务活动与社会活动中形成的文件名称和特点。

（3）财产状况与经济活动材料的名称和特点。

（4）家庭亲属与主要社会关系材料的名称和特点。

（5）图片、照片、录音、录像材料的名称和特点。

未开放的档案，可注明档案数量和使用范围。涉密档案，可注明档案数量，不作任何内容和成分介绍。非纸质档案应简介其种类、特色和数量。

4. 检索查阅注意事项

（1）检索注意事项，包括以下方面：可使用的检索工具和已编制的参考资料的名称；机读目录、手工检索工具条目的数量；纸质档案数字化副本的画幅数量以及占全宗档案总数比例的情况；纸质档案缩微副本的数量以及占全宗档案总数比例的情况；非纸质档案副本的形式、数量以及占全宗档案总数比例的情况。

（2）查阅注意事项，包括以下方面：档案的完整和完好程度以及遗失、销毁的情况；档案的分类与整理方法以及不同载体组卷、装订和保管的情况；档案的利用价值以及鉴定的情况；划分的保管期限种类以及各类保管期限档案的数量；档案内容向社会开放的情况；本全宗指南完成时间和编制者的情况；其他有关问题的说明。

（七）专题指南

专题指南是按照一定的题目，以文章叙述的形式，综合介绍报道档案馆中保存的有关该题目的档案的一种工具书，又称为专题介绍。专题指南所报道的材料，可以不受全宗限制，把几个全宗有关某个题目的材料加以综合介绍，便于利用者从中了解有关该专题的全部档案，这是专题指南同专题目录一致的地方。但在作用上专题指南有其自身的特点，它能向外介绍印发和综合叙述档案内容与成分，而在查找档案的作用方面却略逊于专题目录。

专题指南的编制方法，在确定题目、制订计划、查找档案和选材等方面与专题目录是一样的；而在档案内容和成分的介绍方面，则又类似全宗指南，即概要地介绍档案的来源、内容、形式、可靠程度、所属年度，其中也有简单介绍、详细介绍和重点与全面结合介绍等方法上的区别。但与全宗指南也有不同的地方，即专题介绍只按专题所包含的内容分类介绍档案，而没有按立档单位组织机构介绍档案。专题介绍的项目分类也就是专题目录中的类别，但是它以章节结构的形式出现。因此，如果是根据专题目录编制的专题指南，其章节结构实际上就是专题目录的分类框架。专题指南虽不必根据档案内容逐条指出其所属全宗，但为便于利用者了解所介绍档案的全宗范围，应在专题指南中列出一个总的全宗名单。这种名单可以单独编制，也可以写在专题指南序言中。

关于专题指南的编制工作，一般通过专题条目进行。即先把选出的档案在计算机中填制成条目，然后将通过条目系统排列后的内容综合编辑成专题指南。

（八）档案馆指南

《档案馆指南编制规范》（DA/T 9—92）规定了档案馆指南的编制原则、结构和编写细则，为各级国家档案馆编制档案馆指南，提供了参照标准。

档案馆指南是以文章叙述形式全面概要地介绍档案馆所存全部档案情况的一种工具书，又称档案馆介绍。和宝荣教授曾言："档案馆指南属于综合性叙述式的全宗分类目录型的工具书，所以它的核心是各全宗评介。"① 档案馆指南要让利用者读后产生"览录而知旨，观目而悉词"之效。

编制档案馆指南应做到内容全面、系统、准确、实用、文字简洁。

档案馆指南的结构一般包括提示部分、正文部分和补充部分。下面分别加以介绍和说明。

1. 提示部分

档案馆指南的提示部分主要由封面内容、扉页内容、前言、目次等构成。

（1）封面内容，应交代清楚"指南名称"，通常由档案馆名称加"指南"构成，"编著者"一般用编著馆馆名，"出版者"就是承担指南出版的出版社名称。厚度超过 6mm 的指南，应在书脊上重复标示封面所署指南名称、出版者。

（2）扉页内容，应包括指南名称、编著者、出版者（与封面项目相同），指南版本即指修订本、增订本、续编、简本等，指南出版年代。

（3）前言，其内容包括编著指南的目的和作用、指南框架结构、使用方法、编著指南的简要过程、参加编著工作的人员及其他要说明的问题。前言应另页排印，结尾落编著馆名和完稿日期。

（4）目次，由指南各章节的题目及其所在的页号组成。目次另页排印，单记页号。

2. 正文部分

档案馆指南的正文部分，主要包括档案馆概况、馆藏档案介绍、馆藏资料介绍等。

（1）档案馆概况。

这部分应该介绍档案馆的历史沿革，综述馆藏档案和资料情况。具体内容在编写时，注意简明扼要，切忌写成流水账和工作总结。

---

① 和宝荣．一枝红杏绽春蕾：评《中国第一历史档案馆馆藏概述》兼论档案馆指南．档案学通讯，1986（3）：58－59.

档案馆历史沿革介绍即简要介绍档案馆的馆址，成立时间，档案馆类型，隶属关系，档案馆代码，历任正、副馆长，内部机构设置，工作发展概貌。

馆藏档案综述即简要说明以下方面：其一，档案的来源、进馆方式。其二，档案总数量即全宗（非全宗形式档案的类别等）总数、案卷（包括作为案卷看待的册、袋、盒）总数、档案上架排列总长度（m）。如有特殊的档案统计单位或其他专用术语应在附录中予以解释。其三，档案起止年代，馆藏档案形成的最早和最晚年代。一般用公元纪年表示，必要时可使用朝代纪年表示。亦可以其一为主，另一为辅，为辅者书于后并加圆括号。其四，档案的种类、各类档案的整理简况。

馆藏资料综述即简要说明资料的来源、进馆的方式，资料的总数量即册（件）数、上架排列总长度（m），资料的种类及分类方法，汇编出版档案资料情况等。

利用工作综述即简要说明接待利用者的日期和时间，开放的档案、资料的范围及其查、借阅手续，档案资料检索工具编制情况，提供利用的方式如提供原件、复印件、缩微件、档案资料汇编等，索取档案资料内容的方法如摘抄、复印、外借、购买、函调、咨询等，为利用者提供的实际服务设施等。

（2）馆藏档案介绍。

馆藏档案介绍包括以下方法：其一，馆藏档案以其实际整理、保管的体系为单位，对档案数量、内容及其特点等分别进行介绍。其二，按立档单位整理保管的档案，以全宗为单位介绍。其三，按类别、项目等整理、保管的档案，以相应的类项为单位介绍。

馆藏档案介绍的核心是全宗介绍，也是档案馆指南的核心部分。馆藏重要全宗一般要逐个介绍；非重要全宗可将职能、任务、性质相近的组合在一起综合介绍；一些案卷数量少、利用率不高的小全宗可只列入附录中的全宗名册，不作具体介绍。全宗介绍的内容，可参照表8-8执行。

表8-8　档案馆指南中馆藏档案全宗介绍内容一览表

序号	介绍内容
1	全宗名称的全称、简称、全宗号
2	立档单位沿革：名称、成立时间（如是已撤销单位，应注明撤销时间）、性质、主要职能、隶属关系、内部机构设置及其演变情况
3	个人全宗构成者主要介绍个人姓名、别名、生卒年月、简历、籍贯、职务、职称、主要业绩及荣誉称号等
4	全宗来源：一般不再说明，特殊情况（如私人捐赠等）应予说明
5	全宗内案卷数量、上架排列总长度（m）、起止年代
6	使用非汉字文字和非纸质载体的档案的情况
7	全宗内案卷分类排列非纸质载体的档案的情况
8	档案内容介绍：一般按全宗内档案的实际分类体系，结合问题进行介绍
9	反映全宗构成者基本职能和主要活动方面的档案，具有全国和国际影响和知名人物、历史事件及具有地方特色和重要科学研究价值的档案，馆藏年代久远和特殊载体的档案要详细介绍，需要保密的档案不作介绍

全宗介绍的排列方法：全宗介绍可以按馆藏档案全宗号编排顺序排列，也可结合全宗重要程度、全宗构成之间的隶属关系（组织机构序列）或地区特征等进行排列。

非全宗形式档案[①]介绍，介绍内容可参照表 8-9。

表 8-9　档案馆指南中非全宗形式档案介绍的内容一览表

序号	介绍内容
1	非全宗形式档案的名称全称、档号
2	档案集中的简要进程、主要档案形成者（或主持单位）的名称、职能
3	案卷（册、袋、盒）数及其上架排列总长度（m），起止年代
4	使用非汉字文字和非纸质载体的档案的情况
5	类别、项目内档案分类、排列和编制检索工具情况
6	一般按类别、项目内档案分类、排列体系或结合重要程度进行档案内容的介绍

非全宗形式档案介绍的排列，一般可按历史时序、重要程度或参照《中国档案分类法》的有关类目进行排列。

需要注意的是，在编写档案馆指南时，不能将有明确全宗归属的档案抽取出来，作为非全宗形式档案加以介绍。

（3）馆藏资料介绍。

对馆藏档案有重要补充作用的资料应逐类介绍，但价值一般的资料不作具体介绍。

对馆藏档案有重要补充作用的资料介绍应包括以下内容：其一，资料类目的名称、代号。其二，资料的数量、起止年代。其三，重要资料需注明编撰者。其四，资料内容介绍，按资料的实际分类体系结合资料涉及的问题重要程度等进行介绍。

资料介绍排列按资料的实际分类体系进行。

值得注意的是，编制档案馆指南不需要对馆藏的全部资料，尤其是一些与档案内容关系不大的资料，都不分轻重地予以详细介绍。一般而言，以下资料应予以介绍：与馆藏档案全宗的立档单位有关的文件选编、汇集，公报、法律法规汇编；与民生有关的文件选编、汇编；地方史书、方志、报刊、期刊、出版物，地方统计资料；口述史料；典型的实物资料等。

3. 补充部分

档案馆指南的补充部分包括索引、附录和插图等三种。下面分别加以说明：

（1）索引。

为方便利用者查阅档案馆指南中馆藏档案介绍、馆藏资料介绍中重复出现的、分散在指南各章节中的人名、地名、机构名、历史事件及专题等方面的信息，可通过编制索引的方式，满足利用者的需要。索引编制方法，可参照表 8-10。

（2）附录。

附录是指附在档案馆指南正文之后与正文内容有关的文字、表册等材料。附录主要

① 非全宗形式档案指不是按全宗而是按类别、项目等整理保管的档案。

包括全宗名册、档案资料出版情况一览表、馆藏档案形成单位系统表、开放利用档案规章制度、职官图表、纪年对照表。附录的种类和编写方法可参见表8-11。

表8-10 档案馆指南中的索引编制方法一览表

序号	索引名称	编制方法
1	人名索引	由人名及其在指南中的页号组成，按姓氏笔画或汉语拼音顺序排列
2	机构索引	由机构名称及其在指南中的页号组成，按机构名称首字的笔画或汉语拼音顺序排列
3	事件索引	由事件名称及其在指南中的页号组成，按事件名称首字的笔画或汉字拼音顺序排列

表8-11 档案馆指南中的附录种类及其编制方法一览表

序号	索引名称	编制方法
1	全宗名册	馆藏全部全宗（全宗名称需保密者除外），应按实际编号顺序逐一列出全宗代号、全宗名称、起止年代、案卷数量及其在指南中的页号等内容
2	档案资料出版情况一览表	本馆公开出版物名称、出版单位名称、出版日期、册（卷）数、字数等内容
3	馆藏档案形成单位系统表	根据档案形成单位之间或其内部机构的隶属关系，采用直线连接法示意
4	开放利用档案规章制度	一般应将本馆有关规章制度原文照录
5	职官图表	介绍与馆藏档案所涉及历史时期密切相关的历史职官的名称、建置、品级、职掌等，为历史爱好者和历史人员提供参考信息
6	纪年对照表	纪年方法主要有帝王纪年、岁星纪年、干支纪年、公元纪年等，可以根据需要编制馆藏档案内容所涉及的历史时期相关的历史纪年与公元纪年的对照表

（3）插图。

插图是指刊印于指南中的用以表现馆藏珍贵档案、资料、馆舍建筑以及需要用形象介绍工作情况的照片与图形，应配有图号和文字说明。

编制档案馆指南的过程中，附录部分的内容应繁简适度，不宜过度渲染。一般情况下，应体现“如无必要，勿增实体”的思想原则，将有价值的精华成果、选择结果，呈现给利用者。

思考与练习

1. 如何理解档案检索的概念？档案检索工作的主要内容是什么？
2. 档案检索的类型有哪些？未来的发展趋势是什么？
3. 什么是档案检索语言？档案检索语言的种类和作用是什么？

4.《中国档案分类法》《中国档案主题词表》的用途和基本内容有哪些?

5. 为什么要开展档案著录? 档案著录的规则和主要著录项目有哪些?

6. 如何理解档案标引的概念和作用? 档案标引的类型有哪些?

7. 如何建立档案检索体系?

8. 档案目录数据库的建设应注意哪些问题?

9. 机读档案目录的建设内容和要求有哪些?

10. 档案目录数据库管理系统的建设应注意哪些问题?

11. 常用手工档案检索工具有哪些?

12. 如何编制全宗指南? 如何编制档案馆指南?

第九章
档案编研

内容提要

本章重点讲四个方面的内容：一、档案编研工作概述。二、现行文件编研。三、历史档案编研。四、档案编研制度。

第一节　档案编研工作概述

档案编研工作，即以馆（室）藏档案为主要对象，以满足社会利用需要为目的，在研究档案内容的基础上，对档案文献进行收集、筛选、加工，形成不同形式的出版物，供社会各方面利用的一项专门工作。现代社会，档案编研工作在整个档案工作中的地位和作用不断凸显。

一、档案编研工作的意义

阐述一项工作的意义和作用，事实上是在回答"为什么做"的问题。只有真正理解和把握了为什么做，才有了"做好"的内在动力。档案编研工作是整个档案工作的重要组成部分，在整个档案工作中具有重要的意义和作用，主要体现在以下几个方面：

第一，档案编研工作有利于充分发挥档案的价值与作用，实现档案工作的根本目标。档案是在人类社会实践活动中产生和形成的，是国家机构、社会组织或个人在社会活动中直接形成的原始记录，具有独特的、重要的、广泛的作用。在人类社会漫长的发展中，各个国家都形成和保存了大量的档案。然而，如果档案仅仅静态地被保存在档案馆（室）中，它的价值和作用将难以实现。档案编研工作，通过对档案进行编辑、研究，对档案资源进行开发和利用，以便于利用者利用的形式，通过多种途径，主动向社会提供档案信息服务，有利于活化档案的价值与作用，实现档案工作的根本目标。

第二，档案编研工作有利于档案工作整体水平的提高。档案编研工作以档案馆（室）藏档案为基础，档案的收集、整理、保管、鉴定等其他各个环节的工作直接影响着档案编研工作的开展。因此，档案编研工作的过程也是对档案其他各个业务环节工作的反馈和检验，既发现以往工作的优缺点，又对基础性工作提出新的要求，使档案馆（室）的整体工作水平在良性循环中不断提高。

第三，档案编研工作有利于档案原件的保管。对档案的利用，不仅要满足利用者当前的需求，也要着眼于未来。档案大部分是“孤本”，对原件频繁的利用不利于档案的长久保存，尤其是那些年代久远的、珍贵的档案，一旦损毁，将给国家和社会带来不可挽回的损失。通过编研工作，将各种编研成果提供利用，既满足了利用者的需求，又可以减少对档案原件的重复利用，有利于档案的长久保存。

二、档案编研工作的内容

档案编研工作是档案馆（室）工作人员以档案馆（室）藏档案为基础，主动向社会提供档案信息服务的一项重要工作，是充分发挥档案的价值与作用的重要途径。编研工作的内容要服从于编研工作的目的和意义，主要包括以下方面：

（一）熟悉档案馆（室）藏档案资源构成，研究档案馆（室）藏档案资源内容

档案编研工作以档案馆（室）藏档案资源为基础开展，因此，了解馆（室）藏档案的构成，并研究档案内容，是档案编研工作的基础性工作。在开展编研工作时，首先应梳理本馆的档案资源，包括馆藏的主要构成、馆藏档案的起止时间、特色馆藏等。只有对馆藏档案资源做到心中有数，才可能编研出高质量的研究成果。其次，对馆藏档案内容进行深入细致的研究。只有对档案内容进行细致研究，才能充分挖掘档案的价值与作用，编写出满足利用需求的编研成果。

不同地区、不同级别、不同类型的档案馆（室），档案资源构成各不相同。随着社会的发展，档案馆（室）藏档案资源也会不断地优化和完善。因此，只有全面了解馆（室）藏档案，深入研究档案内容，档案编研工作才能形成一个良好的开端，并沿着健康的道路前行。

（二）形成不同层次的、形式多样的编研成果

档案编研工作的根本目的是通过不同形式的编研成果，挖掘和实现档案的价值和作用，更好地为利用者提供档案信息服务。从我国现有的实践和发展来看，档案编研工作主要通过以下几个方面形成最终编研成果。

1. 编写档案参考资料

档案参考资料是档案馆（室）根据一定的题目，结合本馆（室）相关档案，进行综合加工编写而成的系统性材料。它综合记述档案的内容，反映档案所记载事件（或事物）的相关情况，既能起到帮助利用者查找利用档案的作用，同时又直接提供了利用者所需的有关档案的内容信息。档案编研工作中形成的参考资料种类很多，名称不一，常见的有大事记、组织沿革、统计数字汇集、专题概要等。

2. 汇编档案文集和编纂档案史料

汇编档案文集和编纂档案史料是档案馆（室）编研工作的重要内容之一，主要是按照一定的作者、专题、时间或文种等特征，将相关档案选编成册，按照不同的体例形成各种档案信息加工成果，在一定范围内使用或公开出版。汇编档案文集和编纂档案史料除了对档案原件个别文字或形式方面做必要的加工外，不做任何内容上的改动，例如党政机关的重要文件汇编、政策法令汇编，历史研究和各种专题档案史料汇编等。

3. 参加历史研究和编史修志，撰写有关文章和著作

档案工作和史学研究各有分工，档案馆的历史研究和专题研究，同史学界和其他学术界的研究工作有所不同，档案馆不注重著书立说和广泛系统地研究历史学或某学科的各种问题，而应充分发挥其丰富馆藏资源的优势。一方面，通过研究分析、整理汇编和公布史料，积极提供各项研究所需档案，配合编史修志等研究活动；另一方面，以本馆藏为基础，进行相应范围的历史研究，对出版的历史著作进行印证，撰写一定的历史专著或专门文章，参加或承担编修地方志，以此更好地发挥档案的价值与作用。

三、档案编研工作的原则

档案编研工作涉及诸多因素、诸多环节，是一个复杂的过程。在开展中需遵循以下原则：

（一）“编”和“研”有机结合原则

“编”和“研”是档案编研工作的两个重要组成部分。所谓“研”是对馆藏档案构成的研究，以及对档案内容的研究；所谓“编”是对“研”的深化和加工。对于编研工作的每一个环节都要进行深入的研究，从对馆藏的深入了解到编研课题的论证、选题，再到编研成果的完成，都是在研究的基础之上进行的。“编”是“研”的深化和外化，是形成编研成果的直接手段。可见，编研工作是编中有研，编研结合，只有将二者有机融合，才能将档案信息进行有效的提炼、加工、概括，形成优质的编研成果。

（二）合法合规的遵从性原则

档案编研工作的遵从性原则是指在档案编研工作中必须遵守和服从有关的规定和要求。首先，档案编研工作要遵守相关的法律法规和政策。档案编研成果要在一定范围内公开使用，且编研工作所基于的馆（室）藏档案非编研工作者自身形成的，因此，在编研工作中，应该遵循《中华人民共和国宪法》《中华人民共和国档案法》《中华人民共和国保守国家秘密法》《中华人民共和国著作权法》等法律法规以及相关政策的规定。其次，档案编研工作要服从并服务于档案工作的根本目标。编研工作是档案工作的重要组成部分，编研工作的开展应与整个档案工作的开展和谐一致，实际工作中，应摒弃“为了编研而编研”的错误思想，确保编研成果的有用性和实效性。

（三）方便传播和用户利用原则

编研成果要在一定范围内公开使用，编研成果的传播和利用有利于档案价值和作用的发挥，有利于档案信息资源的开发和利用。因此，在编研过程中，我们既要认真研究档案的内容，又要注重编研成果内容的可读性、易用性，并形成形式多样的编研成果，通过各种途径进行传播和利用。现代社会，飞速发展的科学技术为编研成果的传播和利用提供了更广阔的平台，充分合理利用现代信息技术，有利于编研成果的传播和利用。

四、档案编研工作的关键步骤

在后面的章节中，我们将详细阐述常见的档案编研成果的编写程序和方法。为了更好地学习和掌握不同编研成果的编写，我们先来介绍档案编研工作中最根本的、关键的步骤。

（一）选题

选题就是选择档案编研的题目。题目是统领整个编研工作开展的主线，其他环节的工作都是依据所选题目来展开的。科学合理的选题应做到“三匹配”：

1. 选题应与社会需求相匹配

具体而言，选题既要符合现实的需要，又要具有长远的利用价值，这就要求编研工作者既要考虑利用者现实的利用需求，又要发现和研究档案利用规律，通过一定预见性选择符合时代发展要求的题目。

2. 选题应与馆（室）藏档案资源相匹配

“巧妇难为无米之炊”，编研工作需要以丰富的馆（室）藏档案资源做支撑。如果与选题相关的馆（室）藏档案资源贫乏，就难以形成高质量的编研成果。每个档案馆（室）资源都有各自的特色，应结合自身的特色和优势档案资源确立选题。

3. 选题应与编研团队实力相匹配

编研工作是编与研的结合，编研工作团队既要有较高的研究能力，又要有较高的文字表达能力。既要能对素材正确理解，合理利用，综合分析，又要能系统整理，编辑加工，形成满足公众需求的信息产品。不同的选题，编研工作难度也各不相同。因此，编研工作要在客观认识编研团队实力的基础上，选择与本团队实力相当的题目。

（二）选材

在确定选题后，要通过各种途径查找档案，逐篇研究档案内容，考订文献真伪、形成时间，判断文献的价值等。

在材料选择中，一般要着眼于以下几个方面：第一，确保材料真实可靠。原始记录性是档案信息特有的属性，编研成果作为对档案信息加工而形成的信息产品，应通过真实可靠的材料，反映人或事的原貌。因此，应实事求是、客观地选择档案文献，对不同观点的材料兼收并蓄，不同种类的材料结合选用。第二，确保材料的齐全完整。围绕所选题目，收集与题目有关的全部档案文献，并进行分析，做到点面结合，正面材料与反面材料结合，重点与一般兼顾，典型性与多样性兼顾。第三，选择材料详略得当，重点突出。档案编研工作，不是将相关档案文献简单地集中起来，而是有针对性地、系统地对档案文献进行加工，能够灵活地、方便地供利用者利用。因此，材料的选择既要全面，又要详略得当，紧抓重点问题，突出重点内容。

（三）加工与编写

材料选择好之后，就要对所选档案文献进行加工，根据最终形成的编研成果的不同，对档案文献加工的过程也有所不同，一般表现为对档案文献文字语句的勘正与恢复，划分段落与标点，修拟标题与正文的删节，对文献内容的提炼等。无论以何种形式对档案文献进行加工，都应坚持“维护档案文献的原貌，忠实文献内容的原意”的原则，在真实、客观、准确的基础上进行。经过加工之后的档案文献，须按照一定的体例进行系统化编排和格式化处理，形成便于利用者利用的编研成果。

此外，编研工作的程序还包括辅助性材料的编写、审校等环节。不同编研成果的编写既应遵循编写过程中的统一要求和规律，又应满足各自的形式和特点，才能形成有价值、高质量的信息产品。

五、档案编研成果的分类

按照不同的分类标准，档案编研成果可以分为不同的类别，常见的分类方法主要有以下几种：

按加工层次划分，可以分为一次编研成果、二次编研成果、三次编研成果。一次编研成果是按照一定的要求，以档案文献原文为直接对象，经过收集、筛选、转录、校勘、编排、出版等环节，编制而成的反映档案原文的信息产品，比如各种文件汇编；二次编研成果是按照一定的要求，通过对档案原文内容进行浓缩、提炼、重新组合等加工，或用编者的语言表达，并通过一定的体例编制而成的信息产品，如档案文摘；三次编研成果是在利用一次、二次编研成果的基础上，经过深入综合分析、研究编写出来的档案信息产品，如手册等。

按表达方式划分，可以分为文字式、图形式、数据式、声像式等。

按选题范围划分，可以分为综合型和专题型。

按体裁特征划分，可以分为汇编、文摘、索引、简介、史志等。

按载体划分，可以分为传统纸质载体编研成果，缩微品、电子出版物、网上出版物等新型载体编研成果，展品型编研成果，艺术型编研成果等。

第二节　现行文件编研

现行文件编研工作是推动已公开现行文件利用服务有效开展的重要手段，是充分发挥文件价值和作用的重要途径。

一、法规性文件汇编

法规性文件是指法律、法令、条例、规则、章程等法定文件的总称，泛指国家机关制定的规范性文件，比如各项法律、行政法规、地方性法规、自治条例、部门规章等。将全部或一定范围、一定级别的法规性文件加以汇集，即形成法规性文件汇编。按照汇集内容可将法规性文件汇编分为综合性法规文件汇编和专题性法规文件汇编，前者多是将某一级政府颁布的各种法规性文件加以汇集，后者多是将某一专业领域的法规性文件加以汇集。

法规性文件汇编多以书本的形式公开出版，是组织机构、团体、个人日常工作的规范和查考依据，具有权威性、准确性等特点。

二、政策性文件汇编

由一定的组织机构、社会团体或个人，将围绕某一领域或某一主题的方针政策方面的规定性、领导指导性文件汇集成册，用以指导相关工作的开展，即为政策性文件汇编。政策性文件汇编为该项工作的开展指明了方向，提供了参考和依据，如由人力资源和社会保障部专业技术人员管理司编写的《职称工作实用政策文件汇编》，将职称工作相关的政策性文件按照一定的体例汇集在一起，便于利用者查找和利用，是职称工作开展的重要参考依据。

三、会议文件汇编

会议文件汇编是将会议中形成的具有查考利用价值的文件汇集成册。会议是一种围绕特定目的开展的、组织有序的、以口头交流为主要方式的群体性活动。会议具有沟通信息、发扬民主、科学决策、推动工作等作用。会议召开之前、之中、之后都会形成大量的文件，选择其中能够反映会议的基本情况、对工作开展以及对社会有价值的可公开文件加以汇集，便于公众和会议各方全面系统地把握会议内容和精神，有利于各项工作的开展，并保障公众的知情权，比如党代会、人代会、重要的专业会议和学术会议等都会形成会议文件汇编。在会议文件的汇编过程中，根据会议召开的实际情况，可将一次会议的文件汇编为一册，也可将若干次会议的文件汇编为一册。如《中国共产党第十七届中央委员会第六次全体会议文件汇编》，是对 2011 年 10 月 15 日至 18 日在北京举行的中国共产党第十七届中央委员会第六次全体会议的文件汇编，收录了会议讨论通过的《中共中央关于深化文化体制改革推动社会主义文化大发展大繁荣若干重大问题的决定》和发表的《中国共产党第十七届中央委员会第六次全体会议公报》等文件，供广大党员领导干部在学习工作中使用。

四、政府公报

政府公报是由政府机关出版发行的以登载法令、方针、政策、宣言、声明、人事任免等各类政府文件为主要内容的连续出版物，主要包括中央政府公报和地方各级政府、各机关公报。比如，《中华人民共和国国务院公报》（简称《国务院公报》），集中、准确地刊载以下内容：国务院公布的行政法规和决定、命令等文件；国务院批准的有关机构调整、行政区划变动和人事任免的决定；国务院各部门公布的重要规章和文件；国务院领导同志批准登载的其他重要文件。政府公报是政府信息公开的重要载体，是公民利用现行文件的重要途径。

五、发文汇编

发文汇编是将本单位某一时间段内的全部发文按发文字号排列而汇集成册的编研成果。一般以年度为单位，将一个年度内的全部发文加以汇集，便于利用者按发文字号查找利用。发文汇编一般由封面、文件目录、汇编的文件构成。封面包括单位名称、起止时间、编制单位、编制时间等要素；文件目录由顺序号、发文字号、发文单位、题名、发文时间、页号等要素构成；汇编的文件按文件字号进行排列。

六、专题文件汇编

专题文件汇编是根据利用者和本组织工作的需要，将反映某一专题的现行文件汇编成册，以便于查找和利用，如《2010年中等职业教育管理文件汇编》。

此外，档案馆（室）应根据自身馆（室）资源以及利用者的需求，对现行文件进行汇编，形成形式多样、载体多样、便于传播和利用的现行文件编研成果。《中华人民共和国政府信息公开条例》（简称《政府信息公开条例》）第六条明确规定，“行政机关应当及时、准确地公开政府信息”。现行文件是政府信息的最重要载体，档案馆是公民查阅政府信息的重要场所，因此，各级档案馆应该不断丰富现行文件资源，通过对现行文件的编研，将政府信息公开落到实处。

第三节　历史档案编研

丰富的档案馆（室）藏资源为档案编研工作提供了良好的基础，对历史档案进行编研是档案馆（室）重要的职能与工作任务之一。在长期的研究和实践中，档案馆（室）编研方法和编研手段不断完善和优化，编研成果更加多样化。本节以大事记、组织沿革、统计数字汇集、专题概要等一系列极具生命力的档案编研成果为切入点，对档案编研工作进行介绍。此外，档案史料的汇编也是历史档案编研的重要内容之一，已经形成了一套较为完善的理论和方法，另有专门课程讲述，故在此不赘述。

一、大事记

（一）大事记概述

大事记是按照时间顺序，简要、系统地记载某一组织、某个领域、某个人物等在一定历史时期内发生的重大活动或事实的参考资料。

大事记系统扼要地记录了一定时间的历史发展事实，揭示了重要事件、重要活动发生、发展的过程以及它们之间的联系，是一种常见的档案编研成果。大事记的作用主要体现在以下方面：第一，组织的发展和各项业务活动的进行往往具有一定的连续性，大事记可以帮助组织或个人回顾过去，了解本地区、本机关的工作和发展历史及变化过程，便于更加科学、高效地开展工作；第二，大事记对历史研究人员研究国家和地方的历史、编史修志，提供了真实可靠的参考资料；第三，大事记是对公众进行宣传教育的生动素材，有助于帮助公众正确认识某组织、某地区、某领域的发展历史；第四，文化是历史的积淀，“大事”中往往沉淀和积蓄了本组织、本地区的文化，大事记有助于传承和弘扬本组织、本地区的优秀文化。

大事记种类很多，目前我国档案馆（室）基于馆（室）藏档案资源所编的大事记，主要有以下几种：

1. 机关工作大事记

机关工作大事记主要记载某个机关在一定时期内的重要活动，如《青田政府大事记》。

2. 国家或地区大事记

国家或地区大事记主要记载全国或一个地区在一定时期内的重大事件。

3. 专题大事记

专题大事记主要按照一定专题记载某一地区或某一组织在一定时期内某一方面的重大事件。

4. 个人生平大事记

个人生平大事记主要记载某些重要人物生平的重要活动。

（二）大事记的编写

编写一部大事记，首先要确定所编大事记的时间界限（即大事记的起止时间）和内容范围（即所记载大事的范围、性质等）。其次要查找收集与所确定范围有关的档案文献，按照一定的程序，从档案文献中挑选出符合标准的“大事”。最后要将所选大事按一定的体例编排。

1. 大事记的选材

某一组织、地区或领域一定时期内所发生的事件繁多，而大事记不可能事无巨细一一罗列，因此，对“大事”的判断和选择标准至关重要。判断“大事”的标准一般包括以下几方面的内容：

（1）影响深远的事件。

在某一组织（地区、领域或人物）范围内，往往会发生很多重要的事件，这些事件在当时便被极大地关注和重视，且事后对本组织（地区、领域或人物）的发展，甚至在更大的范围内产生一定的影响，此类事应当作为“大事”编入大事记。比如历史性的会议，重要的法律、方针、政策的制定和颁布实施，重大的政治经济变革，重要的活动，各种自然灾害、重大突发事件等。

（2）意义重大的事件。

意义重大是指所选“大事”在行政、业务、文化、法律、教育等方面的作用突出，主要表现在能够为今后的工作提供借鉴和参考，能够为历史研究提供强有力的支持，能够为教育宣传、文化传承提供具有说服力的素材。“大事”的选材来源于馆（室）藏档案，档案对其形成者和社会在不同的时期表现出不同的价值和作用。大事记编写过程中，从档案文献中所选择的“大事”应是能淋漓尽致体现档案所记载内容的价值和作用的素材。

（3）“大事”是相对重大的事件。

归根结底，判断“大事”没有一个绝对的、万能的标准。编写的大事记类型不同、性质不同，选择的“大事”也各不相同。因此，“大事”的选择，要充分考虑大事记编写的目的、大事记的作用、大事记类型等因素，并与之相吻合。比如，对某一机关自身的发展具有里程碑意义的重要政策的出台，在编写机关工作大事记时，必须将其作为“大事”收录，而在编写某一系统或某一地区的大事记时，根据需要，则不一定将其作为“大事”收录。

根据以上标准，在具体选择和确定“大事”时，要把握一定的时空范围、事件的特点以及相互联系。一般情况下应注意以下方面：一是要立足于本地区、本系统、本组织自身的工作活动来选择“大事”，突出自身的活动和状况；二是根据本组织的性质、任务、主要职能活动来选择“大事”“要事”；三是注意突出本组织、本地区的特点，选择反映一定时期内的中心工作和重要事件的“大事”。

结合选材标准，大事记的选材一般可分为以下三个步骤：第一步，初选。初选阶段力求材料齐全完整，凡属“大事”“要事”范围内的材料力争全部收集。档案馆（室）藏是大事记材料的主要来源，必要时也可扩大取材范围，从多方面选择丰富的素材，比如各种媒体对本组织、本地区的相关报道、调查访问材料等。第二步，复选。对初选收集的材料进行进一步的选择，去粗取精，去伪存真，化繁为简，精益求精，精选最符合要求的材料。第三步，定选。确保材料真实、准确、完整，严格审核考证，确保无任何纰漏。

2. 大事记的内容结构和编写方式

大事记的内容一般由封面、序言、目录、正文、按语与注释、附录等部分按一定的顺序编排构成。

（1）封面。

封面由题名（标题）、记事上下年限、编制单位或编制人、编制年月等事项组成。

（2）序言。

序言，也可称之为前言、编辑说明等，即对大事记编写情况的总说明，主要内容包括编写大事记的目的和意义，编写的指导思想和原则，大事记的时间界限，选材标准、材料来源，档案史料的价值，大事记的结构等需要说明的情况。

（3）目录。

目录，也称目次，即帮助读者查找大事条目的线索，目录与大事记的编排体例相一致，即按照正文大事条目的编排列出大事条目所在页次。

（4）正文。

正文是大事记的主体部分，由条目构成，条目由大事时间和大事记述两部分构成，一条一事，每条对大事涉及的时间、地点、人物、数据、发展过程、因果关系等内容，用简练的文字表达出来。

大事时间：大事时间应力求准确、具体，一般要写明时间发生的年、月、日，有些非常重大的时间还要写明时、分、秒。对某些历史事件，除了公元纪年外，同时要注明当时的朝代年号。对于档案中没有标注时间或时间不准确的事件，应进行考证，在考证后标注。

大事记述：大事记述是对史实的记述，是大事记中最重要的部分。一般要求是，以一条一事的方式用简练、精确的语言记述所选大事。在记述过程中，大事的内容一般应揭示事件的人物、发展过程、结果、因果关系、关键数据等要素，既要全面、完整、系统地反映有关事实的真相，又要详略得当，简明扼要，因此需要编者科学合理地对档案文献原文进行加工，在实事求是的基础上对原记载进行精简、浓缩。语言表达方式一般采用记叙和说明，只记不议，实事求是、客观地记述事件的来龙去脉。一件大事对应一个事件，形成一个条目；一个条目中只能包含一件大事，不可将几件大事放在一个条目中综述，即便是同一事件有多件事要记载，也应各立条目，分段记述。

条目编排：条目编写好之后，按照时间顺序将其进行编排。

具体编排方法：将大事按照时间（年、月、日）先后顺序进行排列，先排有确切日期的大事，后排接近准确日期的，日不清楚者附于月末，月不清楚者附于年末，年不清楚者一般不作记录。如果是同时发生的大事，可按时、分或者重要程度排列；如果一件大事延续时间较长，多按结束日期排列。此外，有一些大事记时间跨度比较长，内容较多，为了便于查阅和利用，可以先分为若干个历史时期，或者先分为几个大类，再按时间顺序进行排列。

（5）按语与注释。

按语与注释是为了引导读者阅读，便于利用者正确理解大事的内容而编写形成的。进行历史时期划分或者类别划分编写的大事记，可在每个时期或者类目之前加按语，简要介绍这一部分的历史背景和大事要点。此外，大事记中某些历史事实中的词句有特定含义，或者有些人物、名称、背景不为今人所熟悉，则可以以注释形式加以说明。

（6）附录。

附录是指为了便于读者查阅，根据大事记的内容和读者的特点而编制的放在正文之后的参考书目、大事主题索引、人名索引、地名索引、行政区划图等等。

二、组织沿革

（一）组织沿革概述

组织沿革是系统记载一个机关、地区或专业系统的体制、组织机构、人员编制等变革情况的参考资料。按照内容范围不同，常见的组织机构大致有以下几种：

（1）机关、企业事业单位等的组织沿革。它主要记载一个机关或企业事业单位等的体制、内部机构、人员编制等演变情况。

（2）地区组织沿革。它主要记载一定区域内（如省、市、县等）所属党、政、群等各级组织的设置及其变化情况，或行政区划的演变情况。

（3）专业系统组织沿革。它主要记载一个专业系统（如工业系统、商业系统、教育系统等）所属组织的设置和变化情况。

组织沿革的作用主要体现在以下方面：首先，组织沿革便于人们认识和了解一定范围内组织机构的发展、变化的历史，进而从整体上完整系统地认识该组织；其次，组织沿革为研究国家机关史、地方史、专业史提供了重要的参考资料，是历史研究不可缺少的宝贵素材；再次，组织沿革有助于档案馆（室）更好地开展档案整理、鉴定以及编写立档单位历史考证等工作；最后，组织沿革作为一种背景信息，可以帮助利用者认识全宗内不同档案的价值，更好地利用档案信息资源。

（二）组织沿革的编写

组织沿革通常以文字、图形、图表或者图文结合的形式，将组织发展、变革的历史脉络清晰地展现给读者，通常由封面、序言、目录、正文等部分构成。

1. 封面

封面一般由题名（标题）、组织机构沿革的起止时间、编制单位或编制人、编制年月等要素构成，根据需要，也可标注出编写组织沿革所用档案文献的所属全宗的全宗号。

2. 序言和目录

序言包括组织沿革编写的目的、体例、时间断限、材料来源等内容。目录即组织沿革正文之前的目次，反映了正文的主要内容和排列次序。

3. 正文

正文是组织沿革的主体部分，正文的主要内容一般包括以下方面：

（1）机关的基本概况，如机关成立、合并撤销和复建情况，机关名称变更、办公地点迁移情况等。

（2）机关性质、职权范围、主要任务及其变化情况。

（3）机关的隶属关系及其变化情况。

（4）机关人员编制及其变化情况，如机关主要领导人的任免情况。

（5）机关内部组织机构设置、机关领导体制及其变化情况等。

正文主要内容的编排体例，常见的有以下几种：

（1）年度（阶段）—内容编排法。以时间为主线，将内容按年或阶段分开，然后在年或阶段下面分别叙述每一时期机关的基本概况、机关性质和职权范围等内容，逐年（或阶段）编写下去。这种编写方法，以时间推进的自然顺序反映了组织的沿革，有助于利用者完整连贯地熟悉和了解整个组织的发展变化情况。其中，以阶段划分时，阶段的划分要与机关的发展变化特点相吻合，以便更科学合理地反映组织的变革情况。

（2）内容—年度（阶段）编排法。以组织机构的设置或者以与组织机构有关的各个方面（如组织的职能与任务、隶属关系、机构人员编制）为主线，分别论述其在每个年度或阶段的发展变化。这种编写方法，通过内容的划分，将同一内部机构或组织内同一方面问题的发展变化集中起来，有助于利用者深入系统地了解组织的某一方面或某一问题。

在实际工作中，对于采用年度（阶段）—内容编排法的体例，通常附之以机构为主线的机构、人员等变化图表；对于采用内容—年度（阶段）编排法的体例，通常附之以时期为主线的历年机构、人员等变化图表。如此一来，可满足不同途径的查找和利用，使利用者全面系统地了解组织机构的发展变化。

三、统计数字汇集

（一）统计数字汇集概述

统计数字汇集又称基础数字汇集，即根据一定的需要和题目，将分散记述在档案中的数字汇集起来，以反映一定地区或某一方面在一定时期内的基本情况的档案参考资料。它具有数据集中、内容系统、简明扼要、形式灵活多样、便于利用等特点。统计数字汇集的作用主要表现在以下方面：首先，档案文献中的数据是人们在以往的社会实践活动中形成和积累下来的，有助于人们了解情况、研究问题、总结经验教训，统计数字汇集是科学决策的重要参考和依据；其次，数字、数据能够准确地说明某一方面的问题，统计数字汇集是宣传教育中最具说服力的典型素材；最后，统计数字汇集是史学工作者进行历史研究的必要参考。

统计数字汇集的种类多种多样，可根据不同的需要进行编制，常见的主要有以下几种：

（1）从范围来看，可分为组织统计数字汇集、地区统计数字汇集、专业系统统计数字汇集等。

（2）从时间来看，可分为××××年（一年）的统计数字汇集、××××年至××××年（多年）的统计数字汇集。

（3）从内容来看，可分为综合性统计数字汇集和专题性统计数字汇集。综合性统计数字汇集是记载和反映有关某一个单位、系统、地区全面情况的数字汇集，专题性统计数字汇集是记载和反映某一个方面或某一问题的基本情况的统计数字汇集。

（二）统计数字汇集的编写

统计数字汇集的编写方法灵活，但一般包括封面、编写说明、目录和正文等部分。

1. 封面

封面由标题、编制单位、编制年月等要素构成，其中标题包括统计数字的来源单位、内容名称、记述的时间范围等。

2. 编写说明

说明编写的原因、目的、任务和所编材料的用途、选编范围、取材标准以及存在的问题等。

3. 目录

目录一般由顺序号、题名、页号组成。

4. 正文

正文的编写通常将图形、表格、文字叙述结合使用，以生动形象地反映和说明相关的基本情况。正文一般包括统计对象、时间与空间范围、统计项目、统计指标、数值等内容，应尽量采用档案文献中的原始数据，所选数据要具有典型性、代表性，能够反映主题，要确保数据的真实性、准确性、权威性、一致性，同时要根据实际工作的变化和统计内容的变换，及时调整汇编数据，以保证数据汇编的全面性和实用性。

四、专题概要

专题概要是以文章叙述的形式，简要说明和反映某一方面工作、现象的产生、发展、变化的过程与状态的一种档案参考资料。

它的作用主要是向利用者集中、系统地提供关于某一方面工作、现象的资料，以便于利用者有针对性、方便、快速地熟悉和了解某一专题的内容。

专题概要的编写，首先要选好题目。专题概要的选题对象极为广泛，可以是人、事、物等，最为重要的是选题要与馆（室）藏和社会需求相适应。一方面，丰富的馆（室）藏是专题概要编写的基础；另一方面，只有满足社会需求，专题概要的价值和意义才能充分发挥和体现。其次要根据不同的选题和档案文献确定专题概要的内容，通常要写清“是什么、为什么、怎么样”，比如人或事、物的历史、现状，作用和意义，发展趋势等等。最后要将内容按一定的逻辑体系编排。专题概要的编写源于档案文献，又不拘泥于档案文献，它是对档案内容进行综合整理、系统分析的结果，具有较强的可读性，但必须保证其客观性，不得主观臆断以致偏颇失真。

第四节　档案编研制度

由于历史的原因以及档案自身的特点，在很长时期内，我国对档案的管理“重藏轻用”，档案的价值与作用难以充分发挥。随着社会政治、经济、文化的不断发展和进步，我们在传承档案工作优良传统的同时，也以更加科学的态度审视档案工作。重藏轻用的思想不断被纠正，档案的“神秘面纱”正在被揭开，档案资源的开发与利用受到广泛关注，档案的价值与作用将进一步发挥。档案资源开发和利用的途径与方式多种多样，表现形式各不相同。档案编研工作是档案资源开发的重要表现形式 是全方位、多角度实现档案提供利用的前提性工作。由于档案编研工作在档案资源开发和利用中发挥着越来越重要的作用，档案馆（室）极为关注，并不断研究和探索档案编研工作如何深入、广泛、扎实有效地开展下去。

档案编研制度，在探求档案编研工作原理和基本规律的基础上，将档案编研工作的主客体以及相关内容纳入一定的框架，并进行标准化和规范化，以确保档案编研工作有章可循、有据可依。有些档案馆（室），将档案编研工作视为“末端工作”，甚至视为“额外”工作，认为可做可不做；还有些虽然认识到此项工作的重要性，但由于人力、财力、物力等原因的限制，未能持久有序地开展。档案编研制度以制度规范的形式，在宏观和微观上为档案编研工作提供了指导，是档案编研工作持续开展的根本保障。

一、档案编研制度的制定程序

任何一项制度，都应合情、合理、合法，要避免成为“一纸空文”，才能对实际工作起到约束和规范作用。科学的档案编研制度的制定和形成主要涉及以下几个环节：

1. 确定档案编研制度的制定者

一项科学合理的制度的形成，往往需要一个团队，团队的成员具有不同的专业优势和特长，能代表和反映相关各方的意见。档案编研工作制度的制定，既要有档案编研工作者参与也要有本单位其他部门的人员参与，既要有本项工作的业务人员参与也要有本单位的相关领导参与，从而形成一个构成多样化的档案编研工作制度制定团队，才能形成具有科学性、全面性的制度。

2. 全面了解本单位的实际情况

档案编研制度一旦形成，就要能够有效地指导本单位编研工作的开展。虽然档案编研工作是档案工作的一个环节，但它不是孤立的，而是受各种因素的影响。每个档案馆（室）都有其自身的特点和不同的发展过程。比如，每个档案馆（室）馆藏资源的数量、质量不同，档案馆（室）工作人员的素质不一，人力、财力、物力的状况不同，档案编研工作已有的基础不同等，这些因素都直接影响着档案编研工作制度的制定。因此，制定档案编研工作制度的第一步就是全面了解本单位影响档案编研工作的各种因素，诸如上述提到的馆（室）藏资源状况，已有工作的开展状况，其他业务环节档案工作开展的状况，人力、财力、物力等现状，并分析这些因素将对档案编研工作产生何种影响，为搭建档案编研工作制度框架打下良好的基础。

3. 拟写档案编研制度的提纲和主要内容

针对本单位的实际情况，结合档案编研工作的内容、任务、原则等，并综合各有关部门和人员的意见和建议，由熟悉档案编研工作的人员草拟档案编研制度的提纲和主要内容。之后，将其放在档案编研制度制定团队内部讨论，并修改完善，在本单位更大范围内征求意见。征求意见的过程是有关部门和个人认可制度内容的过程，是制度得以实施的保证。

4. 撰写并形成档案编研制度全文

结合意见反馈在档案编研制度制定团队内讨论，然后按照制度的格式、表述要求等形成档案编研制度全文。档案编研制度全文一般由标题、正文、落款三部分构成，正文结构一般采用分章列条式和条款式两种形式，将有关编研工作的规定、要求分层次写清楚，内容要具有严密性。语言表述应简洁明了，重点陈述说明做什么、怎么做。

从以上程序可以看出，档案编研制度的制定是一个复杂的过程，而这一复杂过程恰恰是制度的科学合理性与稳定可行的保证。很多制度形同虚设，往往是由于在制度制定阶段埋下的隐患。

二、档案编研制度的基本内容

（一）明确编研工作的总体思路

档案编研工作不是“形象工程”，只有编研出利用者满意的信息产品，该项工作才能具有生机和活力。在档案编研制度中，应阐明该项工作的指导思想、原则、工作思路等，才能确定正确的出发点，并从整体上全面地指导该项工作的开展。

任何组织的档案编研工作，都要以满足利用者需求、充分挖掘档案的价值为导向，档案编研工作的目标应与档案馆（室）整个档案工作的目标相一致。同时，在现代档案编研工作中，先进的科学技术为档案编研成果的形成、传播、利用等提供了宽广的平台，档案编研工作的开展应积极主动地应用各种先进的技术手段，形成丰富多样的编研成果，通过网络、广播、电视等不同的媒介传播编研成果。在此基础上，各个组织结合自身的工作特点、信息化水平、人员素质等等因素，规划出本组织编研工作的总体思路，将其列入制度之中。

（二）厘清编研工作的保障性条件

必要的人力、财力、物力的支持，合理的组织形式等，是档案编研工作的基本保障。档案编研工作制度应该明确列出工作顺利开展的基本条件。现代档案编研工作的开展，形式丰富多样。从组织形式上看，既可以高度集中也可以相对分散，既可以局限于本组织内部也可以与其他组织共同完成，比如不同档案馆（室）之间的馆际联合编研，档案馆（室）与社会其他行业有关部门合作编研，综合档案馆与机关档案室联合编研等。从人力方面看，在本馆（室）工作人员发挥统筹、协调作用的基础上，应主动将档案馆（室）之外的其他部门工作人员纳入编研队伍，积极与利用者互动并吸收利用者中具有一定史料分析研究能力的人员，以充实编研团队。从财力、物力方面来看，要有能够保障编研工作开展的基本资金、物质条件的支持，但也应避免脱离实际工作而一味追求高规格、高标准的技术设备等物质支持。

在编研工作保障方面，现代编研工作应该打破以往工作的封闭状态，注重以开放的理念，合理吸收利用内外部一切可以利用的资源，在更广的范围内、更深的层次上，进行档案编研工作。

（三）规范档案编研工作的内容

档案编研工作的内容是档案编研制度的重要组成部分，主要包括以下方面：规范档案编研工作的程序步骤，回答“由谁做”和“怎么做”等问题；明确档案编研成果的种类、数量、质量，并说明判断和评价标准；细化档案编研工作的基本模式与不断创新的举措等。

档案编研工作开展一般包括以下基本程序：一是制订编研工作计划；二是选题；三是收集资料；四是对材料进行分析研究；五是根据不同的目标形成编研成果。档案编研工作作为一种业务活动，有其自身的特点和规律；但同时受整个档案工作以及组织环境、社会环境的影响。因此，无论是档案编研模式，还是档案编研成果，抑或是档案编研的程序步骤，都应不断适应变化的新情况，趋利避害，丰富和创新档案编研工作。

（四）明确奖励与惩罚措施

奖励与惩罚部分是为了保证制度被遵照执行而规定的奖励与惩罚的范围与措施，是确保相关人员和部门认真贯彻执行制度各项规定的手段。

（五）附则

即将不适宜放在以上四个部分中但确需要说明的内容，放在本部分中加以说明。

第五节 数字档案编研

一、数字档案编研的内涵

大数据、云计算、物联网、移动互联网等新一代信息技术，给社会发展带来了巨大的影响，正在推动着人类社会步入数字时代。数字时代的到来，使人类实践活动面临着新的机遇和挑战，也使社会各个领域、各行各业的发展正处于一个前所未有的新环境，它引发了人们学习、生活、工作方式的变革，也为社会发展注入了新的生机与活力。

数字时代的档案，从形成环境到形式内容，从管理过程到利用服务等，都在不断地与信息技术深度融合。数字档案编研，是以数字档案资源为基础，利用先进的信息技术，通过对档案的编与研、整合开发与深层挖掘等，形成便于在数字环境下实现档案价值的不同形式的成果，以供社会各方利用的一项工作。

数字档案编研，因档案编研与信息技术融合而生，是档案编研在数字时代的具体表现。对数字档案编研的理解，应注意以下两个方面，把握其着眼点和落脚点，才能更好地实现数字档案编研的目标。

（一）数字档案编研工作，以充分实现档案价值为着眼点

档案因其产生和形成过程所赋予的一系列优秀品质，使之具备了独特价值。通过档案编研，激活和释放档案价值，是推动档案管理活动目标实现的重要内容。在人类历史发展的长河中，在过去的很长时间里，人们往往因采集信息、传递信息、搜索信息等的限制，处于数据或信息的短缺状态，人类的决策、活动因信息少而受限。数字时代，信息技术的飞速发展和广泛应用使信息的短缺状况得到了根本性改变，人类进入了一个信息极大丰富的时代。然而，信息的海量、信息的质量不一等，也同时带来了新的问题。在这样的背景下，数字档案编研工作就面临着新的任务，即在茫茫信息海洋中，通过档案编研，使档案的价值能够在新的环境下易于被感知、被发现。同时，数字环境下，现代信息的微传播体系、信息把关人角色的缺失、碎片化等特点，打开了信息潘多拉的盒子，给人类带来了极大的信息污染。因此，更要通过数字档案编研工作，充分发挥档案净化信息生态环境、传承优秀文化、推动社会文明进步的价值和作用。总之，数字档案编研应在全面分析和把握数字时代特征的基础上，以充分实现档案价值为着眼点，从选题、选材到最终编研成果的形成，始终围绕档案价值的彰显和释放来开展。

（二）数字档案编研工作，以更好地满足社会各方利用为落脚点

数字时代，社会各方对档案编研成果的利用表现出一系列新变化，数字档案编研工作应关注利用者的需求变化，通过分析数字时代用户对档案编研成果的内容、形式、传播途径等各方面的需求特点，更好地满足社会各方的利用。数字时代，从用户需求目的看，用户对档案编研成果的需求表现为对其证据价值、知识价值、文化价值等多方面的渴望；从需求的内容看，既有对历史档案的需求，更有对当前政务活动中关系自身利益的档案及其所含数据的需求；从需求的实现形式看，对编研成果的在线需求不断增强。数字档案编研，应始终坚持以用户需求为导向，跳出“以我为中心”的局限，通过利用各种信息技术，深入研究和把握用户需求规律，以更好地满足社会各方利用为落脚点，推动档案编研工作向纵深发展。

二、数字档案编研的新特点

数字时代带给人类社会从理念到行为方式等多方面的变革。数字档案编研不是简单地将档案编研工作与“数字”叠加的过程，在数字档案编研中从选材、选题到编写、编研成果的形成与利用等全过程，在理念、思路、工具等方面都发生了一系列新变化，表现出以下新特点：

第一，在理念上，数字档案编研秉承开放协同的理念。开放协同是现代社会的重要特征之一。在数字档案编研中，注重开放协同是指以开放的思维面向档案编研的主体、客体、资源，以协同的视角处理彼此之间的关系，进而推动档案编研工作的顺利开展，实现档案编研工作的目标。

第二，在思路上，数字档案编研坚持“大而全”与“小而精”相融合的思路。在传统

档案编研中，往往注重形成大而全的、系统的大部头成果，编研成果的形成过程往往也相对漫长。在数字档案编研中，应充分注重网络平台传播的特点，以及公众信息获取、信息利用的特点，形成适合在数字环境中传播的编研成果。小而精的“小”表现为编研成果的轻量型，即围绕某一选题，内容集中，形成便于网络传播、公众在线获取利用的成果；“精”表现为编研成果选题选材契合公众需求，融合微叙事的方式，提升编研成果的可读性。

第三，在工具选择上，数字档案编研注重对各种新技术工具的应用，以与信息技术的深度融合为依托。信息技术的飞速发展深刻影响着各行各业，数字档案编研既是信息技术发展推动的必然结果，也是档案编研主动适应信息技术发展的新内容。信息技术涉及对信息进行采集、传输、存储、加工、表达的各种技术，新一代信息技术则更加关注网络互联的移动化和泛在化、信息处理的集中化和大数据化、信息服务的智能化和个性化。在数字档案编研中，从选题、选材、编写到编研成果的呈现，都应注重对信息技术的深度融合，根据不同编研环节的特点，应用信息收集、信息分析、信息挖掘、信息可视化等技术，以提供满足公众需求、适应社会发展的高质量的编研成果。

三、数字档案编研的关键因素

（一）数字档案编研的主体

数字档案编研的主体回答的是由谁开展此项工作的问题。在传统档案编研工作中，档案编研的主体一般指档案部门及其工作者。在数字档案编研中，编研主体应为档案部门及其工作者主导，社会公众等社会力量共同参与。同时，在数字环境中，数字档案资源、信息技术和各种平台为社会公众、社会各类组织机构共同参与档案编研提供了支撑，打破档案部门单一主体的限制。多元主体共同参与，有助于提高档案编研的效率，提升档案编研成果的质量。其原因在于以下方面：首先，档案形成于社会实践活动中，档案形成者遍及人类社会活动的各个领域。较之档案馆（室），档案形成者在一定程度上更加了解档案的来龙去脉，在编研过程中档案形成者的参与有助于对档案内容的深挖，有助于形成更加精准的编研成果。其次，档案内容丰富多样，具有不同兴趣爱好的社会公众以及不同领域的专家“术业有专攻”，其参与有助于提高编研效率、提升编研成果的质量。

因此，在数字档案编研中，应注重利用网络平台、社交媒体工具等，使公众接触更多的数字档案资源，为公众提供贡献智慧的在线平台，通过融合公众的专业知识和智慧，形成更加科学、更加丰富的编研成果。

（二）数字档案编研的素材

数字档案编研的素材是形成数字档案编研成果的内容支撑，数字档案资源是数字档案编研的核心素材，是数字档案编研的基础。在长期的档案信息化建设中，我国各级各类档案馆形成了丰富的数字档案资源，馆藏档案的存量数字化和增量电子化使编研中可用的数字档案资源不断增多，为数字档案编研工作的开展奠定了良好的基础。

与此同时，在数字档案编研中应以开放协同的理念不断丰富编研素材。在数字档案编研过程中，一方面，应该注重以馆藏数字档案资源为核心，同时吸纳与选题相关的分布在其他组织机构中（比如本馆之外的其他档案馆、图书馆、博物馆、档案形成机关等）的可用资源。另一方面，应该注重从社会公众中征集相关资源，使编研成果更加丰富立体。也就是说，在数字档案编研工作中，素材的选择要打破本馆馆藏的小圈子，以开放协同的理念，打破有形的部门边界，汇聚并整合反映主题的多元数字档案资源。

（三）数字档案编研的方法

以先进技术为支撑的新方法是数字档案编研的重要特点。在数字档案编研中，应广泛应用一切可以应用的现代技术。科学技术的发展深刻影响着人类社会，人类生产生活领域不断变化和延展，档案的产生形成环境不断发生变化，档案的管理和开发利用正在面临着新形势。在档案编研中，从档案资源开始到编研成果的形成，都处于技术的“包围”之中。数字档案编研应该善用新技术、会用新技术，探索以先进技术为支撑的新方法，创新编研成果、提升编研成果质量。数字档案编研离不开丰富的数字档案资源，档案数字化和档案数据化技术是数字档案资源积累的重要支撑；在对素材进行编写、研究的过程中，信息组织、信息分析、数据挖掘、知识发现等技术有助于提升编研效率和编研成果的科学性；在编研成果的展示和传播中利用信息可视化，通过新媒体、移动终端等以公众喜闻乐见的形式，方便公众获取和利用。

四、数字档案编研成果

在数字档案编研过程中，以丰富的数字档案资源为基础，多主体共同参与，充分利用各种先进信息技术，有助于形成丰富的、多元化的数字档案编研成果。数字档案编研成果，主要表现为以下几种类型：

第一类，由传统档案编研成果转化而来的数字化编研成果。伴随着数字时代的到来，档案部门信息化建设不断深入推进，诸多档案部门将传统档案编研成果进行数字化，并提供在线获取和利用，成为当前数字档案编研成果的重要组成部分。

第二类，对传统档案编研在数字环境中的传承和发展，其直接利用数字档案资源形成的大事记、文件汇编等可供在线利用的数字化编研成果。此类编研成果以数字档案资源为基础和素材，利用各种信息技术，成果表现形式仍以传统编研成果表现形式为主。

第三类，创新型数字档案编研成果，即以数字档案资源为基础，吸收并融合多种相关资源，在多主体共同参与下形成的不拘泥于传统档案编研成果的各种形式的数字化编研成果。比如，围绕某一主题的短片视频、专题知识库等等均可成为数字档案编研成果的具体展示形式。

延伸阅读

《战疫·苏史记》

2020 年，江苏省档案馆、《扬子晚报》/紫牛新闻联合推出大型开放式全媒体在线档案产品《战疫·苏史记》，以忠实记录江苏儿女在荆楚大地抗击新型冠状病毒肺炎疫情间

“冲锋在前”“无私奉献”“救死扶伤”的英雄壮举。《战疫·苏史记》是江苏第一部开放式的抗疫档案全媒体产品，其以开放式在线纪实编纂的方式，生动展现江苏支援湖北医务人员的工作生活，从档案和新闻双重视角对江苏抗疫进行全过程记录、全方位宣传。

《战疫·苏史记》分为“纪”“表”“传”“志”四大板块。“纪”记录了江苏在这次抗疫斗争中的重大事件时间线、支援湖北的白衣战士全名单；“表”记录了江苏疫情的数据变化、江苏出台的各种重大抗疫政策；“传”为抗疫斗争中涌现的英烈、楷模和其他作出杰出贡献的普通人树碑立传；“志”记录了江苏各级机关、企事业单位、群众团体在抗疫斗争中的举措和努力。这部史册的编写者不仅仅是档案部门、新闻媒体，更是在抗疫斗争中无私奉献的全体江苏人民以及广大网民。其通过开放各种互动渠道，向全省征集各单位、人物的事迹线索，网民们可通过实时开放式的补充、更新，随时进行线上互动，使抗疫档案收集和抗疫过程的呈现更全面、更详细、更完整。《战疫·苏史记》提供了多种阅读形式，包括App手机版、PC版，电子书、精编实体书册等。其鲜明的融媒体特征、开放的展现形式，让传统的档案宣传“立”起来、“活”起来、“动”起来、“火”起来，有助于档案价值的彰显和释放。

资料来源：http：//www. saac. gov. cn/daj/c100202/202008/306e5aa9291e4a51ac99eeb82ccd886a. shtml. https：//read. yangtse. com/home/sushiji0816.

《南京大屠杀档案选萃》

2014年2月27日，中华人民共和国第十二届全国人大常委会第七次会议通过关于设立南京大屠杀死难者国家公祭日的决定，以每年12月13日为南京大屠杀死难者国家公祭日。国家档案局组织收藏有关南京大屠杀档案的中央档案馆、中国第二历史档案馆、辽宁省档案馆、吉林省档案馆、上海市档案馆、南京市档案馆和侵华日军南京大屠杀遇难同胞纪念馆，选择部分档案制作了七集网络视频《南京大屠杀档案选萃》，祭奠南京大屠杀死难同胞，揭露日军反人类、反人道的残暴罪行，回击日本右翼势力否认南京大屠杀的无耻谰言。

资料来源：http：//www. saac. gov. cn/daj/njdts/zt_njdtx. shtml.

思考与练习

1. 说明档案编研工作的内容。
2. 简述档案编研工作中应遵循的基本原则。
3. 说明档案编研工作的关键性环节。
4. 请列举常见的现行文件编研成果。
5. 简述如何编写大事记。
6. 简述什么是组织沿革，以及如何编写。
7. 如何制定档案编研制度？档案编研制度的内容一般包括哪些方面？

第十章
档案提供利用与用户服务

内容提要

本章的主要内容包括：一、档案提供利用工作与用户服务概述。二、档案提供利用工作的方式。三、档案用户服务工作。四、档案开放与公民权利的保障。五、网上用户服务等方面的原则、理论、方法等。

第一节　档案提供利用工作与用户服务概述

一、档案提供利用工作的含义

档案工作的根本目的就是通过对档案信息资源及相关信息资源的集成，并通过各种渠道和方式有效地满足社会各方面对档案信息的合法需求，为人类社会的进步和发展服务。为了实现这一目的，档案管理机构（如文件中心、档案室、档案馆等）就必须通过合法的途径，积极主动地提供档案信息满足用户的需要。

一般认为，档案管理机构所从事的直接提供档案信息满足用户需要的业务工作，就是档案提供利用工作，简称“档案利用工作”或“档案利用”。

目前学术界对“档案提供利用”往往有不同的理解：“有的认为是指档案机构提供利用；有的认为是指用户使用档案；有的认为兼指二者。”① 在西方国家中，利用（access）一词的一般解释如下：（使用、接近或进入的）方法、权利；进入之路，通路，入口。《简明档案学词典》对“档案利用”的解释是，“政府机关、社会团体或公民个人为了某种目的按规定阅读、收看或收听档案文件的活动”②。《档案学辞典》中对“档案利用”的解释是，“档案管理业务工作的重要环节。以馆（室）藏档案资源为基础，通过一定的方式，直接提供档案为用户服务的工作”。中华人民共和国档案行业标准《档案工作基本术语》对“档案利用”的解释是，“用户以阅览、复制、摘录等方式使用档案

---

① 陈兆祦，和宝荣，王英玮．档案管理学基础．3版．北京：中国人民大学出版社，2005：292.

② 陈兆祦，黄坤坊．简明档案学词典．北京：中国档案出版社，1993：39.

的活动”。

档案提供利用工作的基本内容，就是介绍和报道馆（室）藏档案的内容和成分，通过各种方式为档案用户实际提供档案信息及相关信息，满足用户的各种合法利用需求。档案提供利用工作的主体是档案部门，档案提供利用工作是档案部门的一项基本职能活动，主要应通过各项有效的档案用户服务活动来实现。所以，不能把“档案提供利用工作”等同于“档案用户服务”，前者是职能，后者是该职能的实现方式。下面我们继续讨论一下“档案用户服务”的含义，并进一步说明两者之间的关系。

二、档案用户服务的含义

从一般意义来说，“服务”就是行动、过程和表现。

档案用户服务就是档案部门为支持本单位所收藏档案信息及信息产品（包括二次性档案信息产品、三次性档案信息产品等）价值的实现而采取的行动、过程和表现。

与含义非常明确的档案部门的提供利用工作职能相比，档案用户服务具有以下四个突出特点。

第一，无形性。档案提供利用工作是有形的业务活动，它提供给用户的档案或其信息产品都是看得见、摸得着的、物质化的、数量化的事物；而档案用户服务作为一种产品是看不见、摸不着、非数量化的，档案用户不可能在接受某种档案服务之前进行检验或试用。档案用户服务在很大程度上是无形的和抽象的，无形性是档案用户服务最明显的特点。

第二，差异性。规范的档案提供利用工作应该是无差别的，即对提出档案信息利用需求的所有合法用户，档案部门都不能歧视，都需要依据法规和制度的要求提供无差别的档案及其信息产品。而档案用户服务在不同的时间、地点和场合是存在差异的，即使是同一位档案服务人员在不同时间和场合所提供的服务也是存在差异的。档案用户服务的构成成分及其质量水平经常变化，很难统一界定，没有固定的标准，具有较大的差异性。

第三，不可存储性。在开展档案提供利用工作过程中，人们可以通过登记和统计等方式和手段，把所提供的档案及其信息产品的数量和用户的情况记录并存储起来。而档案用户服务则是一种在特定时间内的用户的感受或情感需要，不可存贮，也容易消失。用户服务也不能如有形的档案及其信息产品那样存储起来，并在用户需要时再拿出来。

第四，不可分离性。在档案用户服务的过程中，服务者同用户不能“间接接触”，只能直接接触。档案人员向用户提供服务时，也正是用户获得服务的时刻，二者在时间上是不可分离的；而档案提供利用工作为用户提供的档案及其信息产品是可以通过间接的方式实现的，如通过网络传输、通过举办档案展览、通过代理查询等途径，也可以满足用户对档案信息的利用需求。

通过上述分析，我们不难发现档案提供利用工作虽然同档案用户服务有着千丝万缕的联系，良好的用户服务可以有效地提升档案提供利用工作的品质，扩大档案部门的社会影响力。然而，如果把两者混为一谈，就会在一定程度上影响档案部门的职能实现，甚至会人为地忽视档案用户服务的作用，降低服务品质，影响档案工作根本目的的实现。档案提供利用工作所追求的目标是及时有效地把用户所需要的档案信息提供给他，消除其“不确定性”；而档案用户服务所追求的目标是有效地提升档案用户的满足感。从一定意义上说，档案用户服务是整个档案工作的存在与发展的生命线，是档案提供利用工作成功的保证。我们可以注意到这样一种常见的情况，即档案用户通过档案部门所提供的档案信息，有效地消除了利用前的不确定性，也解决了工作、生产、生活或研究工作中的实际问题，但是由于档案人员的服务不到位、不周到、不及时或不注意细节等问题的存在，用户的满足感被大大降低了。因此，档案工作者必须在档案提供利用工作实践中，把有形的档案信息及其产品与无形的、周到的、细心的用户服务有机地结合起来，才能更为有效地满足用户的现实需要和心理诉求。

在以往的档案利用理论研究中，研究者把“档案提供利用工作”和“档案用户服务”两个概念结合在一起，统称为“档案的利用服务工作”是有一定道理的。

三、利用档案和档案提供利用工作的关系

“利用档案”和“档案提供利用工作”是两个既有区别又有联系的概念。利用档案是指档案用户为了研究和解决某种问题而使用档案。档案利用工作是指档案部门为满足利用需要向用户提供档案及其信息产品的职能工作活动。一般来说，有利用档案的需要，才有档案的提供利用工作；有档案提供利用工作才能使用户实现对档案及其信息产品的利用；这两种行为往往先后或同时发生，表现为一个过程的两个方面。而档案提供利用工作是用户利用档案的必要条件，利用档案发挥档案的作用，是档案利用工作的直接目的。弄清这两个概念，有利于档案部门明确自己的工作范围和档案提供利用工作的目的，发挥档案工作者的能动性，并注重档案提供利用工作的效果。

四、档案提供利用工作在档案工作中的地位

档案提供利用工作是档案工作为社会各项事业服务的直接手段，它是沟通档案工作内外关系的一个重要环节，在档案工作中占有突出地位。这主要表现在两方面：一方面，档案提供利用工作代表整个档案管理的成果与各行业发生信息传递、数据和文献供应、咨询服务关系，集中地体现了档案工作的方向和存在价值。它是档案工作联系社会的一个窗口，档案提供利用工作做得如何是衡量档案部门业务开展的程度、工作质量的主要标志之一。另一方面，档案提供利用工作在一定程度上体现了外界利用档案的需要，对整个档案工作具有一定的检验和推动作用。其具体表现为以下方面：第一，档案提供利用工作的开展，必然向档案工作本身其他环节提出相应的要求，促进这些工作环节的开展和提高；第二，通过档案提供利用工作的实践，可以获得有关档案管理的反馈信息，能比较客观地发现其他环节工作的优劣，有利于扬长避短，不断提高整个档案工作的管理水平；第三，档案提供利用工作与广大档案信息用户会发生各种联系，做好档案提供

利用工作是对档案工作最实际最有效的宣传，不仅能够引起社会各方面对档案工作的重视，而且会在档案信息资源的形成、积累、收集、鉴定等各项业务活动方面得到更多的理解和支持。

总之，档案提供利用工作是档案工作中最富有活力的一项职能活动。做好档案提供利用才能使整个档案工作充满生机，否则整个档案工作的社会存在价值就会遭到人们的质疑。当前我国处于历史发展的转型期，若想使档案事业蓬勃发展，不断扩大档案事业对人类社会进步和发展的综合贡献力和影响力，就必须下大力气做好档案提供利用工作。

五、优质档案用户服务的基本要求

由于档案用户服务是档案提供利用工作职能实现的必要保证，所以必须对档案用户服务提出相应的要求。一般来说，优质的档案用户服务应该达到如下几个方面的要求：

（一）确立用户服务导向观念

所谓用户服务导向，就是档案部门在开展档案提供利用工作实践活动的过程中，始终把档案用户视为“贵宾”，确立“以用户为中心”的服务理念，一切工作活动（包括利用政策的制定、利用策略的设计、礼仪制度的内容选择、利用工作的组织和评价等）都以目标用户的需要为出发点，集中档案部门的可用资源和力量，千方百计地满足档案用户的合法信息需求，不断提高档案用户对档案部门服务的满意度、信任度和忠诚度。在现实的档案提供利用工作活动中，档案部门要首先明确谁是你的用户，识别他们对档案部门所能提供的档案及其信息产品和服务质量的具体要求，并以此为基础改进提供利用的方式、完善档案资源结构、提高档案信息产品的加工质量、制定合理的利用服务策略。

实现用户导向的档案提供利用工作目标，是一个涉及档案部门所有业务工作活动的战略过程。因为档案部门的每一项工作，不论是不与用户发生直接联系的各项基础工作还是直接与用户发生关联的业务工作，几乎都对用户产生影响。这就要求档案部门的管理者要从用户的需要出发，制定相应的档案工作政策、制度和规范，合理地配置和使用档案部门的各种资源，保证档案部门对用户的各项服务承诺的兑现。

一个档案部门是否真正实现了用户服务导向，可以从以下几个方面来判断：

第一，用户利用档案部门所提供的档案信息资源的方便性。

第二，档案部门是否有效地履行了对用户的信息服务承诺。

第三，档案部门所提供的档案资源及其信息产品是否达到了既定的标准和规范的要求。

第四，档案部门与档案用户之间是否保持了有效的沟通，对用户的反馈意见是否给予了及时答复。

第五，档案部门是否同用户进行了满意的合作。

在档案部门开展档案提供利用工作的过程中，档案人员与用户会有许多直接接触的机会，无论是与用户的交流活动，还是有意识地同用户建立联系，进行用户辅导，处理用户投诉等，都应充分利用这些机会向用户“学习”。一个直接的、有效的学习方法就是经常与档案用户保持联系。档案部门的工作人员如果能够定期与一些经常利用档案信息的用户保持沟通关系，那么不仅可以获取大量的有用信息，而且可以使档案用户感到档案部门对他们的关心和重视。所以，向用户学习是实现档案部门用户导向服务策略的一个非常具体且有效的方式。向用户学习不应走过场，而应当是一个连续不断的过程。只有如此，方可有效地了解和掌握档案用户动态的需求规律和主要特点，从而为更为有效地组织档案提供利用工作创造有利条件。

（二）真诚与微笑

真诚地对待每一位档案用户，并为他们提供微笑服务，是档案部门实现优质档案用户服务的基本要求之一。卡耐基曾言：“要使别人喜欢你，首先你得改变对人的态度，把精神放得轻松一点，表情自然，笑容可掬，这样别人就会对你产生喜爱的感觉了。”①

在档案提供利用工作过程中，档案人员要真心地为用户着想，千方百计地为用户排忧解难，努力满足用户的各种合理合法的档案信息利用需求。对于那些根据现行法律法规和制度规定不能提供的档案信息，档案人员要真诚地向用户说明不能提供的原因，并尽量为用户提供其他有价值的信息线索，做到待人以诚，取得用户的理解和支持，绝不可态度生硬，草率了事。

微笑服务是提高档案用户满意度的必要方式。你如果能用微笑去对待每一位档案用户，那么能成为最受档案用户欢迎的人。多数实践经验表明，微笑不“花费”档案人员什么，但却可以有效地提升档案部门的服务质量。微笑虽然产生于一刹那，却可以给档案用户留下关于档案部门的良好记忆。微笑服务可以创造档案人员与用户之间关系的和谐，给用户带来快乐，建立档案用户对档案部门的好感。正如一位学者所言，微笑是疲倦者的休息室，沮丧者的兴奋剂，悲哀者的阳光。让我们在档案提供利用工作实践中，通过真诚的微笑服务，给每一位用户带来温暖的阳光。

（三）讲求效率

讲求效率，就是要求档案部门要快速而准确地为档案用户服务。在实际工作中，档案人员的服务动作要快速敏捷，不能拖沓敷衍；档案部门的信息检索或查询系统的响应时间要尽可能缩短；档案部门为用户服务设计的程序要准确无误，方便操作；档案信息服务平台（如档案信息网站）的设计要体现用户友好原则的要求，力戒烦琐冗杂、组织混乱、无章可循。

一般来说，档案用户总是希望档案部门能在比较短的时间内满足他们对档案信息的需要，所以一个讲求效率的档案部门还应当制定出不同的应对策略。我们建议采取以下几项基本服务策略：

第一，区分用户需求的缓急程度，首先满足那些急需档案信息解决实际问题的用户需求。

---

① 夏志强．决定成败的60个工作细节．沈阳：万卷出版公司，2006：285.

第二，对不能在短时间内满足的用户需求，应与用户约定一个服务时间范围，并承诺在约定的时间范围内满足用户的需要。

第三，由于法律或政策原因不能为用户提供相关档案信息的，档案人员应首先向用户解释清楚相关的法律法规及政策和规范文件的规定，并提出一些合理性建议，如还有哪些相关信息资源可以利用等。

第四，不断提高档案部门现代化信息服务平台（如数字档案馆、数字档案室等）的建设水平，提升档案信息及相关信息的检索服务能力。

（四）随时做好服务的准备

档案部门的服务人员要随时做好服务的准备，其中包括做好心理方面的准备和做好物质方面的准备两个方面。每一个档案人员都应当明确自己在档案用户面前所扮演的角色，按照一名合格的档案工作者的行为规范去面对你的用户，而不能按照个人的好恶去采取行动。所谓做好心理方面的准备，就是要求档案人员每一天都能够在工作期间保持良好心态，牢记“以用户为尊”的服务理念，热情地投入工作。档案人员良好的心理准备可以有效地提高档案用户的满意度，并为档案部门赢得更为广泛的社会支持。我们的事业发展需要来自政府的大力支持，但是从根本意义上讲，来自社会、来自档案用户的支持更为重要。档案人员的心理准备一般应包括以下几个方面：

（1）调整好心态，忘掉不愉快的事情，全身心地投入工作。

（2）让自己充满热情，用你的热情去感动用户。

（3）强化“以用户为尊”的服务意识，把每一位用户都视为上宾。

（4）提前 5 分钟开始工作，让自己早一些进入工作状态。

所谓做好物质方面的准备，一般应考虑以下几个方面：

（1）保持服务环境的清洁。

（2）保持系统平台的正常运转。

（3）保持档案资源的可用性。

清洁的环境会使档案用户产生舒适感，正常运转的档案信息系统会使用户的查询得到及时满足，档案资源的可用性会使用户的终极诉求得到满足。

（五）做好可见服务，树立全员服务意识

档案部门应把自己的服务工作置于用户的监督之下，使用户能感觉到档案部门的工作成果，如整齐清洁的办公环境和阅览环境，周到热情的服务态度，悉心开发的档案信息系统，明确具体的服务流程提示，及时有效的档案咨询服务等。服务不仅仅是直接为用户服务的档案人员的事情，而且是档案部门所有工作人员的事情。如果每一位档案工作人员都能发自内心地同熟悉的或不熟悉的用户道一声“您好”，如果每一位第一次上门的用户都能得到他所遇到的任何一名档案人员的热情指引和帮助，那么整个档案部门在用户心目中的形象会大为改观。所以，每一位档案工作者都应当注意做好可见的服务，这对于整个档案事业的发展至关重要。

（六）讲礼仪

中国是“礼仪之邦”，档案部门的工作人员应该成为整个社会讲究仪容仪表的表率。仪容仪表不仅体现在着装打扮上，而且体现在语言运用、行为举止上。一句亲切的问候，一句“欢迎您再次光临”，一个甜蜜的微笑等，都会使档案用户获得心理上的满足。在称呼用户时，如果能够在对方的姓氏后面加上“先生”或“女士”或者职务、职衔，都会让档案用户感受到档案工作者对他们的尊重。对档案用户的成绩，如果我们的档案工作人员能够给予称赞，如“您的研究成果水平真高”“您的文章写得真好”“您的工作效率真高”等，那么用户对你的服务将会更加满意。

在档案提供利用工作过程中，档案工作者扮演着非常重要的角色。在档案用户面前档案工作者必须注意自己的仪容仪表，不能拖沓懒散。我们很难想象一名衣冠不整、不修边幅的档案工作者会给档案用户带来好的心情。

（七）出色服务

档案部门的每位工作者都能做到上述六点，就是称职的档案工作者，所提供的服务就是优质档案用户服务。

六、正确处理利用和保密的关系

利用和保密的关系，在利用工作中表现得最为突出，档案工作者应特别注意解决好。国家保存档案的目的，是提供档案给各行各业使用，充分实现档案的利用价值。若长期禁锢档案，就失去了保存档案的真正意义。但是，有些档案确实需要在一定时间、一定范围内控制使用。所以，在开展档案提供利用工作时，既要积极提供档案为用户服务，又要遵守国家的保密规定。利用与保密，从根本上来说两者是一致的，都是为了合理地发挥档案的积极作用，避免消极作用。保密的终极目标，也是为了更好利用。但在实践中，对哪些档案要保密，哪些档案不要保密，保密期限的长短等具体问题如果处理不当，就会造成档案利用与保密之间的冲突，损害用户利益和国家、单位的利益。

档案部门应该合理合法地理解和处理利用和保密之间的关系。档案在什么情况下提供利用，为哪些用户提供利用，采用什么方式满足用户需求，在什么情况下需要保密，保密的范围有多大，什么情况下能解密，都要在维护国家和人民的利益这个大前提下，依据党和国家的方针政策、法规制度来进行。要处理好利用与保密的关系，首先要澄清“利用危险，保密保险”以及历史档案“无密可保”的错误思想。其次，要认真深入地审定档案内容，根据时间、地点和条件的变化情况，适时调整档案的密级，逐步扩大开放范围，简化利用手续，方便用户使用。片面地强调“安全第一”而忽视档案利用价值实现的思想和做法，应坚决予以杜绝。为此，各级国家档案馆（综合档案馆和专门档案馆）都应当依法依规确定档案资源的控制使用范围，并在利用服务实践中，切实履行告知用户的义务。同时应加大档案资源的开放力度，并通过档案数字化、信息化等手段，利用信息网络，为广大档案信息用户提供更为及时、有效的档案数据和信息的服务。

第二节 档案提供利用工作的方式

档案资源只有通过有效的途径提供给用户使用，才能实现其现实价值和历史价值。对于我国的档案部门来说，绝大部分档案资源的生命周期都是有限的，所以不能认为只要保证了档案的完整和安全就达到了档案管理的根本目的。每个档案部门都应树立一种明确的资源利用意识，确立“资源的闲置就等于浪费”的管理理念，积极开展档案提供利用工作，促进档案资源的合理开发与有效利用。

档案资源管理机构（包括国家档案馆、立档单位的档案部门等）提供档案为社会服务，是通过各种各样方式进行的。这些方式，概括起来说一般有如下几种：

其一，提供档案原件的方式。如：档案资源管理机构内开辟阅览室，用户在专门的阅览室内查阅使用档案原件；在某些情况下将档案原件暂时借出使用等。

其二，提供档案复制品的方式。如：制作各种形式的档案复本，代替原件在专门的阅览室内使用或提供外借使用；编辑出版文件汇编和在报刊上公布档案；举办档案展览等。

其三，提供综合性档案信息材料的方式。如：编写各种档案参考资料，制发档案证明，函复查询外调，依据档案材料撰写专门文章和著作，向社会提供加工的档案信息产品或知识产品等。

其四，提供数字化档案信息的方式。如：将传统载体的档案资源数字化处理后，通过档案网站向用户提供网络信息服务；将捕获的电子文件和网络信息资源加工组织后，通过内网、专网、互联网、移动互联网向用户发布；在阅览室内为用户提供网络化档案信息服务；为用户复制档案数字化信息产品；利用数字化档案信息资源举办网上档案展览；利用网络开展现行文件目录及全文信息的查询服务等。

一、档案阅览

通过档案阅览方式来满足档案用户的直接性利用需求，是档案资源管理机构的一种基本的提供利用方式。阅览室是档案资源管理机构集中接待档案用户，直接依据用户的需要传播档案信息，当面提供服务的基本场所。阅览室又似档案资源管理机构对外的“窗口”，外界往往通过它直接感受到档案资源管理机构的服务质量和服务水平，档案资源管理机构也可以通过它直接了解和掌握用户的反馈信息。档案是历史的原始记录，一般多是单份、孤本或稀本，有的内容具有一定的保密性。这些特点，决定了档案一般不宜外借。各立档单位管理的档案资源，不能也不必要全部数字化并广为传播，而应主要采用机构内阅览的提供利用方式。

档案阅览这种提供利用方式的优势主要表现在以下方面：

（1）可以为档案用户提供专门的服务设施。它包括“硬件”设施和“软件”设施等。

（2）可以有效地保证档案的安全。档案部门可以利用技术监控和专人监护等手段，确保档案原件的安全。

（3）可以为档案用户提供及时的信息咨询服务。

（4）可以提高档案的周转率和利用率，避免因一人借出馆外而妨碍多人利用之弊。

（5）便于档案部门随时了解和研究利用档案的情况，从而改进和提高利用工作的质量。

当然，档案阅览服务也存在一定的局限性。如：档案用户会受到一定程度的时空条件限制，只能在档案部门的工作时间到档案部门来利用档案；一些用户的生活习惯会受到限制或禁止等。

要做好档案阅览服务工作，档案工作人员必须具备为用户服务的明确思想、良好的工作作风和扎实的业务基本功。应该热情主动、认真负责地满足用户提出的各种合理的阅览要求，熟悉所藏档案的基本成分及其价值，熟练地掌握各种检索工具或档案信息检索系统的使用方法，根据用户的要求迅速地查找和选择分散在不同全宗、类别里的档案，力争查全、找准。同时，应积极协助和指导用户使用档案检索工具或档案信息检索系统，必要时还应主动向用户推荐或代选档案材料和研究资料满足用户的不同要求，耐心负责地解答借阅档案和研究题目有关的问题。

阅览室的设置，既要考虑服务的便捷，又要方便管控。阅览室地址的选择，以既适于阅览和从事研究，又便于取调档案为宜。室内一般应设有服务台、阅览桌、阅览制度告知栏、检索终端、监护设备等服务设施。阅览室应配置可供用户查询使用的档案检索工具、检索终端、档案参考资料，或附设为用户服务的图书资料室，备有与馆藏有关的和通用的历史、经济、政治、文化出版物，报刊资料，文摘、索引、书目、辞典、年鉴、手册和指南之类的工具书，供用户使用。

阅览室内应安装必要的电源，用户可以携带自己的计算机进入阅览室。在信息化程度较高的档案部门的阅览室内，还可以为用户提供计算机，用户可以利用计算机对档案进行检索，并直接利用已经数字化的档案信息材料。如果需要将有关的档案拷贝下来，可以向档案工作人员提出申请，档案工作人员应在较短的时间内完成拷贝。此外，在档案阅览室，还可以根据需要配备电脑、缩微阅读器和复印、打印设备。

考虑到来馆用户的目的各有不同，有的是为了历史研究目的利用档案，有的纯粹是为了休闲目的利用档案。这两种用户的知识背景不同，利用档案的方式和要求也有很大区别。进行历史研究的用户由于经常利用档案，对档案馆的馆藏有一定的了解，在利用档案的过程中不需要档案馆工作人员进行过多辅导。而带着休闲目的来到档案馆的用户，由于对馆藏内容和档案知识了解不多，他们利用档案时往往需要档案馆工作人员进行必要的指导。在利用档案的要求上，研究人员要有一个安静的环境，而带着休闲目的的利用者利用档案时往往很难做到这一点。为了给所有用户提供优质的服务，档案馆对于这两类用户可以采取不同的服务策略。有条件的档案馆可以开辟两个阅览室，把利用目的不同的用户引入不同的阅览室，提供差异化的服务。

阅览室须制定阅览制度，作为服务人员和用户共同遵守的行动规范，阅览室工作人员要负责宣传与监督它的实施。如规定档案借阅范围和办法以及其他有关的规则。为了保护档案和有效控制涉密档案，用户不能借阅与其利用范围无关的档案。对于残旧、脆化等易损档案和特别珍贵的档案最好提供复制本以及数字化副本。这类档案一般不出借原件。尚未经过整理的零散文件，一般不予借阅。出于特殊的公务活动需要必须借阅时，档案人员须逐件登记。用户必须爱护档案，不得在档案文件上作任何记号和涂改。用户不得将档案带出阅览室外；阅毕的档案，档案人员应及时收回，并认真检查和清点。如发现污损、涂改、遗失及其他异常情况，须立即采取措施，予以妥善处理。为了总结工作经验和改进阅览工作，档案部门应建立利用登记和统计分析制度；通过对用户类型、利用档案成分、利用效果、用户意见等的研究，取得阅览服务的信息反馈。档案部门应定期汇总分析上述情况，了解用户的意见和动向，采集用户的满意度信息，掌握利用工作的规律性，持续改进和提升档案阅览服务以至整个档案提供利用工作的质量。

二、档案外借

档案外借，就是档案资源管理机构根据用户的特殊利用需要，暂时把档案原件借出使用的提供利用方式。档案原件一般不借出使用，但在个别情况下，为照顾本单位或上级单位的工作需要，或某些单位必须用档案原件作证等特殊需要，也可以暂时借出档案机构外使用。

相对于档案馆来说，在一个立档单位内部，把档案原件借给本单位的领导及有关业务部门使用的方式，也是一种较为常见的档案提供利用方式。有时各单位的档案部门还必须根据本单位各职能部门的计划安排和工作进展情况，主动地为有关部门和人员提供档案原件的外借服务。但是，对于特别珍贵与残破的、脆化的常规文件、古稀文本，以及照片、影片、录像带、录音带等原件，不能借出使用。

档案的外借使用，要遵守严格的制度。档案外借包括以下一般制度性要求：

（1）履行一定的批准手续和登记手续后，档案原件才能外借使用。在登记过程中，档案人员除了要登记一些基本的项目（如借阅人、借阅时间、借阅档案的题名与档案号、预计归还的时间等）外，应对重要档案原件中涉及的一些关键性数据项进行必要登记，确保档案内容的安全。

（2）借出使用的期限不宜过长，以免失控，产生档案的遗失或失密、泄密等问题。

（3）对外借档案原件的数量也应作必要的控制，一次借出使用的档案数量不宜过多。

（4）在借出档案原件时应认真清点和登记，并责成借用单位注意保密和保护档案；借用单位和直接当事人应对所借档案的完整和保密负完全责任。保证借出的档案能完整地按时收回，是档案资源管理机构在提供利用工作中必须予以重视的问题。

（5）档案资源管理机构工作人员应掌握档案的借出情况，督促借阅者按期归还。收回借出档案时，对案卷的数量和卷内文件情况需要进行细致的检查。如果发现档案原件出现污损、涂改、抽换、散失等问题，应及时向主管领导汇报，以便及时妥善处理。

三、档案复制品制发

制发档案复制品，亦称“复制供应”，是指档案资源管理机构根据用户的需要，利用各种复制设备制作档案复制品，满足用户需要的一种提供利用方式。随着社会对档案利用需要的不断增长，档案部门服务条件的改善，根据档案原件制发各种复制品已成为档案部门特别是档案馆提供利用的一种日趋发展的方式。目前档案资源管理部门为用户提供的这种服务的主要形式，如表 10－1 所示：

表 10－1　制发档案复制品的主要方式

序号	复制方法与手段	制发档案复制本的种类
1	人工抄写	档案副本、档案内容摘录
2	打字、打印	档案副本、档案内容摘录
3	静电复印	档案副本、档案内容摘录
4	摄影	档案影像副本
5	扫描	档案数字化副本
6	下载	电子副本
7	晒印	标准图、通用图、设计成图等图样的成套或单份复制品
8	缩微	档案缩微品
9	转录	磁带、磁盘、光盘等形式的档案数字化副本

制发档案复制品的提供利用方式具有较多的优点：

首先，用户不必到档案资源管理机构即可获得所需要的档案信息材料，既方便用户，又可在同一时间内满足较多用户的并发性档案信息利用需要，使档案更充分地发挥作用。

其次，有利于档案原件的保护和流传。

再次，能够为用户提供相关的已有成果信息，避免了重复劳动、重复投入，可以在很大程度上节省人力、物力和财力资源。

最后，有利于促进档案信息的交流与共享，有利于档案信息进入技术市场，提高企业和科研部门科技成果的转让能力。

因此，制发档案复制品是档案提供利用的一种有效方式，档案资源管理机构应根据条件，更多地以复制品代替档案原件提供利用。当然，提供档案复制品的方式也有它的局限性，因而应注意提高复制技术水平，尽量满足不同的复制利用要求；同时，在制发范围和批准权限等方面应妥善处理。制发档案复制品，有时同阅览室工作相结合，也可单独规划与组织。档案复制品必须和档案原件仔细校对，并注明档案资源管理机构的名称、档案原件的档号。必要时档案部门还应加盖公章，以示对复制品真实性和可靠性负责。

四、档案展览

档案展览是指根据某种需要，按照一定的主题或专题，系统地组织、陈列或发布档案信息材料，展示和介绍有关档案的内容和成分，满足用户需要的一种档案提供利用方式。

档案展览的主要特点和作用如下：

（1）档案展览本身就是提供档案信息的现场，用户可以从中得到较为集中和系统的材料，甚至发现从未见过和难以找到的珍贵材料和信息线索。

（2）档案展览能在一定范围内组织较多的观众参观，服务面比较广泛。

（3）经过选择和组织展出的典型材料，能以档案的原始性、真实性和形象鲜明见长，给观众留下深刻的印象，起到生动的宣传教育作用。

（4）档案展览可以显示档案内容的丰富及其特有的作用，引起人们对档案的注意和利用的兴趣，从而也宣传了档案工作的意义。

（5）网上档案展览可以更为广泛地宣传馆藏精品，提高档案馆的社会影响力。同时还可以有效地节约成本，提高档案信息传播的效果。不断更新的展览内容，还可以更有效地满足档案用户的个性化利用需要。

档案展览的类型，依据举办展览的时间长短，可以分为长期性展览和临时性展览；依据档案展览的内容构成，可以分为综合性展览和专题性展览；依据举办主体的不同，可以分为档案馆举办的展览和各单位举办的内部展览；依据档案展览的受众对象，可以分为内部档案展览和社会性档案展览；依据档案展览的地点和方式，可以分为固定展览、巡回展览、网上展览等。详细情况请参见表 10－2。

表 10－2　常见的档案展览类型

序号	主办单位	展览形式		备注
1	档案馆	1	长期性档案展览厅或展室	陈列展出本馆保存的珍贵档案文献副本、实物、图片等
		2	临时的综合性或专题性档案展览	配合各种工作和有关的活动，酌情举办各种类型的档案展览会，如历史档案展览会、革命历史档案展览会、各种专题展览会；还可配合各种纪念活动，组织有关人物或事件展览会等
		3	联合型档案展览	由两个及以上档案馆参加组织的，围绕某一专题或主题进行的档案展览活动
		4	网上档案展览	利用档案网站开展的旨在传播档案信息，进行爱国主义宣传教育、历史知识教育、优秀文化传统教育的展览形式
		5	档案工作成果展	通过展出档案馆的各种编研成果和服务效果等方面的信息内容，提高档案信息产品和知识产品的利用率，扩大档案工作的社会影响力
		6	档案工作成就展	宣传档案工作的各种成就和工作业绩，扩大社会影响，提高社会的档案意识水平

续表

序号	主办单位	展览形式		备注
2	单位档案管理机构	1	小型展览	为配合本单位目前的任务和有关的工作，提高本单位的文档质量和规范化水平，可以举办文件质量展、工作成就展、规章制度展、归档情况展、档案整理成果展等
		2	长期性展览	大中型企事业单位为了提高本单位的社会服务能力、产品竞争力，宣传企业（事业）文化，扩大单位影响力，可以利用档案、档案复制品、实物、图片及文字说明等，设置长期性的展馆、展室，面向社会提供档案信息及相关的文化信息服务
		3	网上展览	利用本单位的网站或网页在互联网上展出本单位的档案精品、典型人物照片与事迹材料、企业各时期的商标及广告宣传材料、企业生产流程、企业发展规划与发展蓝图等

举办档案展览是一项严肃的任务，它的政治性、思想性和文化性较强，又是具有科学性和艺术性的一个工作项目，必须认真细致地筹划和组织。为此，举办档案展览要注意以下几个方面的要求。

第一，选好展出的主题和规划展出是组织好档案展览的关键。所以要明确举办展览的目的，确定题目以及展出档案的内容和范围，也就是要确定举办一个什么类型的档案展览。展览的内容，是根据举办的目的和档案资源管理机构所保存的档案的情况决定的。为了保证展览内容的思想性和科学性，最好事先拟出详细的展出计划和展出档案的提纲，提请有关领导批准后据以实施。

第二，围绕主题查找和挑选展出的档案是组织展览过程中最重要的一环。档案展览内容的思想性、科学性和展出效果如何，取决于展出档案的内容和种类。要选择最有价值和最有意义的材料，特别是选择能正确反映历史事件、揭示事物本质的材料。

第三，选择展出档案时，需要对形成档案的历史环境、事件始末进行深入的了解和研究。只有以历史唯物主义的观点，在深入研究材料的基础上进行选择，选出的档案才能是精练和正确反映问题本质的材料。

第四，为了加强展出效果应进行周密的展出设计，并根据整体方案对选出的档案进行分类排列。一般的分类排列方法是先按专题分开，每个专题内再按事件和时间顺序排列，既要照顾到一个专题内档案的集中和系统性，又要照顾到各个专题间的相互联系，使人看了既感到材料丰富、全面，又觉得主题鲜明、中心突出和完整地反映了历史事实的过程。

第五，最贵重的档案可陈列在引人注意的地方。为了使观众能一目了然，在每一部分或专题之前，可以写明标题提要介绍等。档案内容的重点，在不涂写档案的原则下，加上鲜明的标记。

第六，档案展出时必须注意档案的保护和保密工作。展出的档案一般都用复制品，展出原件时应采取透明装置等保护措施，以防止档案的遗失和损坏。展出机密性的档案，需经领导批准和规定参观者的范围。

第七，在展览过程中应配合进行讲解工作，负责解答观众提出的有关问题，并适当地进行必要的宣传。

五、档案证明制发

档案证明是档案资源管理机构根据组织或个人的询问和申请，为了核查某种事实，根据所保存的档案中有关的记载而编写的书面证明材料。某些机关、团体等组织和个人，为了处理和解决某个问题，往往需要档案资源管理机构提供档案中所记载的有关问题和事实的证明材料。例如，公安、检察、司法机关需要审理案件方面的证明材料，个人需要有关工龄、学历和财产方面的证明材料等。因此，档案资源管理机构制发档案证明，是满足机关、团体和公民利用档案来说明一定事实的一种手段，是档案资源管理机构提供档案为组织和公民服务的重要方式之一。

制发档案证明是一项政治性很强的工作，对申请书的审查和档案证明的编写，都必须严肃认真地对待。档案证明必须根据机关、团体或个人的申请才能制发。在申请书中，须写明申请发给档案证明的目的，要求证明的事项及其发生的时间、地点等情况，以便对申请书的审查以及证明材料的查找与编写。档案证明应根据档案正本或可靠的抄本来编写。只有在没有正本或可靠抄本的情况下，才根据草案、草稿来编写，但应在证明材料上加以说明，如未经签署、记录草稿或试行草案等。不论根据什么材料编写，都要在档案证明上注明材料出处和根据。档案证明的文字要求确切明了，内容范围要限定，不能超出申请证明的问题而列入其他材料。

档案资源管理机构是管理档案的机构，不是国家公证机关，它不能代替其他机关的职权和任务。档案资源管理机构所发的档案证明，只是向有关机关或个人证明某种事实在本档案资源管理机构所保存的档案中有无记载和如何记载，不是直接对某种事实下结论或给予某种权利。因此，在编写档案证明上，以引述或节录档案原文为主要方法。如果必须由档案工作者根据档案内容综合或摘要叙述，则务必保证表述的准确性和真实性。

书写档案证明的工作人员不能擅自对材料进行解释，否则证明材料就失去真实性，不能起到凭证作用。如发现档案材料互相矛盾，则应将几种不同的材料同时列入档案证明中，以供使用者分析研究。对于一般人不易了解的某些名词、术语或事件，可作必要的注释和说明。在档案证明中还应写明档案证明接受者（申请者）以及制发档案证明的档案馆的名称和证明制发日期。档案证明写好后，须经认真校对、审查批准，并加盖档案馆或机关公章发出。

六、档案咨询

档案资源管理机构的咨询工作，是档案工作人员根据用户提出的问题，以档案的信息内容为主要依据，解答用户提出的问题，向用户提供档案信息及有关情报的一种提供利用方式。

档案咨询的范围一般包括两部分：解答咨询，通过口头（包括电话）、书面（如信函）、网络服务（如电子邮件）等形式，答复询问；协助检索，指导用户使用检索工具，为查找馆（室）藏档案资料提供新的线索。广大用户在利用档案的过程中，可能遇到许多疑难问题，要求档案人员帮助解决。用户提出的咨询问题多种多样，有的要询问查找某一事实、某个专题的档案材料或其检索途径，有的要求介绍馆（室）藏档案与检索工具的使用方法，有的要求解答与档案有关的名词、术语，有的要求扩大研究课题材料的查找线索，等等。这些咨询内容，有一般咨询也有专门性咨询，有事实性或知识性咨询也有专题研究性咨询或情报性咨询。前者在接待与档案借阅过程中，可随时解答，后者则要有专人负责解答。常见的档案用户咨询问题，如表 10－3 所示。

表 10－3　常见的档案用户咨询问题

咨询类型	序号	常见咨询问题
业务问题咨询	1	服务内容、服务时间、办公地点、信息索取的方法
	2	档案利用限制、档案复制价格、服务费用和标准
	3	档案公布要求
	4	档案专业知识
检索问题咨询	5	检索工具、检索系统的使用方法及其检索效果
	6	档案检索信息的覆盖面
	7	能否提供定题检索服务
事实、数据问题咨询	8	有无有关专题、主题的档案、资料、数据
	9	有无某个事件、某个人物、某种事实或数据的档案、资料、数据
	10	有无能够解决用户合法权益问题的文件

档案咨询工作的一般程序包括以下方面：

1. 接受咨询问题

接受咨询时，首先要审明咨询的目的、内容、范围和要求的深度广度，以便确定检索途径和咨询方式。特别要结合审题，明确本馆（室）有无咨询依据材料和承担咨询的条件。尚未明确的，应向提出咨询的机关、个人进一步问清，以避免无效劳动或答不切询。对用户在借阅档案过程中提出的问题，较简单的有把握的则立即回答，或借助于检索工具和有关材料在短时间内予以解决。问题比较复杂和困难的，记录下来研究后再予答复。接待咨询要求热情认真，解答翔实。无论用户当面还是电话咨询，凡不能即席解答的，或让用户稍候，或另约时间，都应从便于用户考虑，使之省时省事而又获得满意的结果。必须指出的是，不是所有问题都要处理、解答。如所咨询问题的内容已超出业务范围而应由其他机关、单位办理的，涉及党和国家机密的，属于家庭与个人方面不宜公开的问题等，可以说明情况，谢绝解答。

2. 查找档案及相关材料

根据用户提出的咨询问题，深入分析研究，确定查找范围，选定检索工具，明确检索途径和方法，查找有关的档案材料。

3. 答复咨询问题

咨询问题的回答方式视其具体情况分别采取直接提供答案，提供档案复制本，介绍有关查找线索等途径。提供档案材料时要注明档案材料的出处，包括作者、文种、形成时间、档号（全宗号、目录号、案卷号、页号）。若档案中对同一事实有不同记载，则要全部提供给用户，由他们分析判断决定取舍。

4. 建立咨询档案

回答的咨询问题，应有目的地建立咨询档案。凡是重要的有长远参考价值的，或者可能重复出现与解答不了的咨询问题，都应作完整的记载，包括各种原始记录、解答咨询的过程、最后结果等。咨询档案对于全面掌握咨询情况、总结经验，改进工作，探索规律都有重要意义，是一种有参考价值的材料，应该持久地连续积累和发挥它的效益。

随着我国档案部门数字化、信息化和网络化管理水平的不断提高，档案馆和立档单位的档案部门也可以通过网络途径来答复用户的合法咨询问题。目前，最常见的是通过电子邮件的形式答复用户的咨询问题。我国许多档案馆早就开始了档案信息化的进程，全部或部分档案目录已经上网，档案全文数据库的建设和应用也得到了不断发展，这都为档案馆和立档单位的档案部门开展网上档案咨询工作提供了必要条件。档案用户坐在自己的办公室或在自己的家中，就可以通过互联网对有关的档案数据进行检索。在检索到所需档案的目录信息线索后，用户可以向档案馆和立档单位的档案部门发出电子邮件提出利用申请，档案馆和立档单位档案部门的专门人员应以最快的速度对有关申请进行审核。如果利用要求合法，就可以将有关档案的信息内容，通过电子邮件发送给用户。随着档案馆社会化服务工作的不断完善，档案馆通过网络途径答复用户咨询问题已成为一种主要的咨询服务方式。

七、实地参观和考察

这种方式，是国家档案馆为社会公众提供的又一种非常有效的社会化服务活动。在实际工作中，档案馆为了更有效地吸引社会公众利用档案信息资源，提高社会公众的整体档案意识水平，消除人们在心理上对档案馆的“神秘感”，可以组织社会公众（包括本地公民、学生、外地游客等）到档案馆进行实地考察、参观、旅游。国外的档案利用工作实践经验表明，公众通过这种利用方式可以了解档案馆的“庐山真面目”，了解档案馆的职能及其馆藏特色，了解档案馆所能提供的信息服务及相关的手续和制度。百闻不如一见，只有让社会公众亲自体验了档案馆的真实情况，才能有效地改变一些社会公众对档案馆的传统认识。通过组织社会公众到档案馆进行实地参观和考察，档案馆还可以扩大自身的社会影响，并提高社会公众利用档案信息资源的意识。“人生百年，立于幼学”，国家档案馆应在与中小学的互动中，不断强化国民的档案文化意识。

为了使这种提供利用服务工作能够顺利地进行，档案馆还需要做好细致的组织工作。如通过电话预约、网上预约、单位组织等方式，档案馆可以有计划地开展此项服务工作。此外，档案馆也可以同有关单位合作来开展这项服务。如同旅行社及有关的文化事业单位共同组织，来满足社会公众了解档案馆及其所藏资源和服务的需要。

第三节　档案用户服务工作

档案用户服务工作是现代档案资源管理机构必须重视研究和开展的一个重要课题。本节将主要介绍影响档案用户满意度的因素、决定用户满意的基本环节、用户服务的质量标准与流程及评价用户服务质量的主要指标等问题。

一、影响档案用户满意度的因素

档案部门，特别是国家档案馆和各立档单位的档案部门所提供的服务能否让档案用户感到满意，是我们必须关注的一个问题。若想做到使档案用户满意，就应当清楚地了解、认识和把握影响档案用户满意度的各种相关因素，之后才能采取相应的改进策略。档案部门应注意在实际的服务工作中考虑以下几种影响档案用户满意度的因素。

（一）档案资源的质量

档案资源的质量是影响用户满意的最主要因素。这是因为档案用户的信息需求能否得到最终满足，取决于档案部门有无可以满足用户信息需求的档案资源及相关的其他信息资源。巧妇难为无米之炊，如果没有数量充分、质量优化的档案资源的支撑，再好的服务态度和服务表现，也不能让档案用户感到满意。

（二）档案部门的服务质量

比较充分的、高质量的档案资源，并不是影响用户满意的唯一主要因素。档案部门的服务质量也直接影响着档案用户的满意程度。好的资源需要良好的、优质的服务来呈现。如果在服务方面出了问题，哪怕是细节方面的问题，也会降低用户对档案部门的满意度。所以，档案部门不仅要树立“以用户为尊”的服务理念，让档案部门成为“档案服务中心”，而且应在具体的服务行动和表现上切实地体现出来。反之，就必然会使档案用户的满意度下降，甚至会影响档案部门的社会声誉或在立档单位内部的形象。

（三）对用户需求的了解程度

用户利用档案信息资源和档案信息服务的行为是建立在具体的需求基础上的，用户只有产生了对档案信息的利用需求，才会产生利用档案的行为。对档案部门来说，只有充分了解并满足用户的信息需求，才能让用户满意。在目前的情况下，由于我国的国民收入还没有接近或达到一些发达国家国民收入水平，若是强求国民也具备发达国家国民的档案信息需求水平，是不现实的。但是，随着我国步入全面小康社会，国民的整体档案信息需求水平会有较大程度的提高，所以档案部门应当提前做好相应的准备，不能临时抱佛脚。既要扎实地做好当前用户需求的调查工作，又要充分吸取国外的先进用户服务经验，是每个档案信息服务机构应当采取的基本服务策略。

（四）用户以往利用档案的经验

用户以往接受档案部门服务的经验，常常会影响其今后利用档案的动机和行为。如果档案用户在过去利用档案部门的服务过程中，对档案部门的服务感到满意，他会在有新的需求产生时毫不迟疑地选择接受档案部门提供的信息服务，并会以其以往的经验来衡量现在的服务质量。如果现在他所接受的服务不如以前或者使他感到差不多，档案用户就会感到不满意。因此，档案用户以往的利用经验无形中也就构成了今后利用档案部门服务的满意度的衡量尺度，这就要求档案部门要在保持以往服务水平的基础上，不断改进和提升自身的服务质量。

（五）档案部门的口碑、大众传播媒介的宣传与报道

档案用户在利用某一档案部门保存的资源和服务之前，一般会搜集有关信息。从用户的信息来源渠道分析，主要包括私人信息和大众传播媒介的宣传与报道信息。私人信息多为用户周围社会成员的口碑。一些档案部门在以往的服务工作中给某些档案用户留下了“门难进、脸难看”的印象，并在社会上形成了不良的口碑，这往往会影响一些档案用户的需求行为。如果用户通过亲身的利用实践验证了这些口碑，那么其满意度就会大大下降，甚至会影响更多的潜在用户。为此，档案部门，特别是各级国家档案馆必须正视这一严重影响用户满意度的因素，并通过切实有效的变革措施，重新赢得用户的理解和支持。此外，为了改变一些社会成员对档案部门的传统认识，档案部门还应当加强与大众传播媒介的沟通与联系，并通过这一信息传播渠道，大力宣传档案工作的新政策、新服务理念和方便用户的新举措，消除用户的“神秘心理”阴影，提高档案信息资源的使用效果。

二、让档案用户满意的业务环节设计

让档案用户满意的工作是从识别用户、调查用户需求开始的，它应贯穿档案提供利用工作的全过程。一般来说，让档案用户满意的工作大体上可以分为五个业务环节：识别用户，调查并掌握用户的需求，以用户的需求为导向满足其需求，用户满意度调查与评价，不断改进档案部门的服务等。这五个环节是互相关联的整体，是一个应不断循环提高的服务过程。

（一）识别档案用户

档案部门（主要是国家档案馆和立档单位的档案部门）通过识别自己的用户对象，可以有针对性地组织和开展档案信息资源的提供利用工作，也有助于开发符合用户需要的档案信息产品。识别档案用户，可以使档案部门利用自己的档案资源优势和智力优势有效地满足用户的相关信息需求，提高用户的满意度。如果一个档案部门连自己服务的目标对象都不清楚，那么所采取的服务行动也必然是盲目的、收效甚微的。因此，每个档案部门都应该比较清楚地知晓自己在为谁服务。一般来说，国家档案馆的服务对象或目标用户群主要有两类，一类是党政机关及一些社会组织和团体用户群，另一类是社会

公众用户群。

（二）调查档案用户需求（用户调研）

调查档案用户需求是满足用户需求的必要前提，是让档案用户满意的关键性环节。在这个转型变革的时代，没有服务就没有生存空间的理念已经逐渐渗透到社会的各行各业，从政府部门到社会的组织、团体、企业事业单位，无不把提高自身的服务质量和服务水平作为最基本的转型变革策略。档案部门重视对用户需求的调查，是档案部门服务职能的重要体现，也直接关系到档案部门的生存与发展。以人为本的服务思想在档案部门能否得到充分体现，关键是要看档案部门对自己的目标用户群的信息需求是否了解，是否有效地组织和开展了有针对性的服务。从一定意义上说，调查档案用户的需求也是档案部门合理地开展自身资源建设的需要。那种仅满足于立档单位交什么就收什么，收什么就提供什么的被动式资源建设理念已经过时了。就国家档案馆的资源建设来说，如果停留在做党政机关的“文件库”的水平上，恐怕永远也不会成为真正意义上的科学文化事业单位，当然也就不能满足社会用户群广泛的档案信息需求和其他相关的文化诉求。就一个具体单位的档案部门来说，如果停留在传统的档案资源建设水平上，不去根据用户的需求开发、整合、集成有关的信息资源，那么也会被逐渐弱化，甚至会被其他机构取代（淘汰出局）。因此，用户调研对于档案部门组织和开展提供利用服务工作是必要的业务环节，同时对于每个与此相关的“价值链”上的业务工作环节来说，也是非常重要的工作内容。

开展用户调研的主要方式可以参见表 10－4。

表 10－4 档案部门用户调研的主要方式

序号	用户调研的方式	备注
1	网上问卷调查	利用网络发放电子问卷表，搜集用户需求信息和满意度信息及用户建议信息等
2	对特定目标用户群进行问卷调查	问卷调查法是调查者运用统一设计的问卷，利用书面回答的方式，向被调查者了解情况并收集信息的方法
3	利用现场信息登记与观察记录	通过用户利用情况登记簿、预约需求登记和记录用户利用意见等方式收集信息
4	对经常性的用户访谈	采用对话、讨论等面对面的交往方式，是双方相互作用、相互影响的过程；根据访谈对象的数量可以分为集体访谈法和个别访谈法，根据层次可以分为常规访谈法和深度访谈法，根据媒介可以分为当面访谈法和电话访谈法
5	用户抽样调查	按照一定方式，从调查总体中抽取部分样本进行调查，用样本结论说明总体情况的一种调查方法
6	用户反馈信息搜集与分析	通过现场和事后搜集用户利用效果的反馈信息

（三）满足用户需求

满足档案用户需求的基本因素就是档案部门所拥有的资源和所能够提供的服务。这就要求档案部门必须在资源建设和服务质量上下功夫，不断增强自身的档案资源和服务的实力，以保证档案用户的合法档案信息需求目标的实现。因此，档案部门应该树立全员服务意识，每一名工作人员都要在思想和行为上确立“以用户为尊”的人本主义服务理念，在根据用户需求的趋势和特点积极开展档案信息资源建设的前提下，努力提高自身的文化素养，并通过现代化的服务设施和手段，满足用户的合法合理需求。有条件的单位应当加强档案资源数据库的建设、网络信息服务平台的建设，优化网络信息组织，丰富网络信息资源，建立用户需求信息采集和反馈处理系统，及时响应用户的提问和咨询。另外，还应重视服务态度、服务语言、服务礼仪、服务环境整洁、服务承诺兑现等软环境因素的水平和质量，注意服务过程中对细微问题的妥善处理，认真对待和处理用户的投诉。只有如此，才能使档案部门赢得越来越多的用户，树立良好的社会形象，获得良好的服务口碑和满意评价。

（四）档案用户满意度调查

档案部门所提供的档案资源和服务是不是满足了档案用户的需要，是不是已经为用户整合好相关资源、提供了令用户满意的服务，不是档案部门自己能够说了算的事情，只有实际使用了这些资源和体验了档案部门服务的档案用户才能说得清楚。要了解我们的档案资源是不是数量充分、质量优化的信息资源，了解我们服务的品质，最佳的方法就是调查档案用户对从档案部门获得的资源和服务是否满意，让档案用户来评判我们所拥有的资源和所提供服务的质量和水平。

基于上述认识，档案部门必须转变自身的角色定位，不能既当“运动员”又当“裁判员”，而应当把“裁判权”交给档案用户。档案部门只有认真地搜集用户满意度方面的信息，并仔细做好用户反馈信息的分析工作，才能有效地掌握用户对档案部门提供的哪些方面的信息资源和服务是满意的，哪些是比较满意的，哪些是不完全满意或不满意的。通过对这些反映用户满意度信息的分析结果，档案部门才能真正把握今后改进工作的方向，才能继续发扬令用户满意的方面，弥补用户不完全满意的方面，变革用户不满意的方面。从某种意义上说，这也是档案部门自我学习、自我完善和发展应当采取的基本服务策略。在市场经济的条件下，社会服务型机构只有成为真正向用户学习的学习型组织，才能获得发展的内在动力。

（五）不断改进档案服务质量

不断改进档案服务质量体现了档案部门的生存与发展的活力。不断改进服务质量是档案部门让用户满意的关键性作业环节。这是因为如果没有对自身服务质量的不断改进，任何一个档案部门都会陷入停滞不前的境地，继而发生的事情自然就是落后，被人们轻视、歧视。所以只有不断改进档案部门的服务品质，才能让档案用户对档案部门所提供的档案信息资源和服务感到满意。

不断的改进不仅仅是对用户不满意的地方改进，这只是最基本、最起码的要求。不断的改进包括档案部门自愿拥有总量的改进、资源结构的改进、服务机制的改进、服务手段的改进、服务所提供的档案信息产品的改进，以及档案部门服务组织的优化和服务人员素质的提高等诸多方面。通过对档案用户反馈信息的获取与分析，档案部门可以发现自身的资源与服务同其他社会服务型机构和同类型单位的差距，了解档案用户需求的变化，从而找到差距、发现问题，并进一步修正档案部门的发展策略。诚然，每一个档案部门由于自身的能力限制，不可能将所有问题都在短时间内解决，需要有一个不断完善和发展的过程。因此，档案部门可以从所发现的问题中先找出档案用户最敏感、最不满意的问题来着手改进，并定出改进的具体目标，以便使改进的效果得到档案用户的认可。

三、档案部门用户服务的质量标准

每个档案部门都应当重视和加强对档案用户服务质量的评价，并制定出由若干指标构成的档案用户服务质量衡量标准。一个缺乏或不重视档案用户服务质量标准的档案部门，很难提供让用户满意的档案信息服务。

（一）由用户定义的服务标准

在以往的档案管理实践中，一些档案部门主要根据自己的想法制定了比较抽象的服务标准，如“提供及时有效的档案信息服务”“提高档案服务人员的综合素质”“不断简化档案服务手续”等等。这些档案服务标准通常是难以衡量、评价和落实的。那么，档案部门应当构建什么样的服务质量评价标准才能更好地促进服务质量的改进和提高呢？综合国内外档案部门的服务之成功经验，建立“由用户定义的服务标准”，不失为一种明智的选择。

所谓“由用户定义的服务标准”，就是指档案部门服务标准的构建必须建立在对用户的需求、目标和期望值把握的基础上，充分考虑和体现用户的利益和合理要求。

档案部门要想建立“由用户定义的服务标准”，应当注意解决好以下两个问题：

首先，了解档案用户的需求、目标及其期望值的问题。档案部门把服务标准定位于用户，不仅可以促进档案部门开展主动服务，积极了解用户的需求与期望实现的目标，而且可以更为有效地提高管理效益，减少不必要的服务行为和费用开支。档案部门可以通过用户调研和与用户之间的直接沟通，了解和评价用户对档案部门的期望值，从而有针对性地调整自身的服务策略，提供用户满意的档案信息服务。

其次，避免一些档案部门主要是基于自己的需要而建立服务标准和政策的问题。一般而言，如果档案部门在利用服务实践中过多地考虑自身的利益，并根据自身的需要来建立服务标准，那么必然同广大档案用户的期望背道而驰，甚至会严重损害档案部门与广大用户之间的关系。历史的经验表明：档案部门的服务标准由用户来定义，优于由档案部门自身来定义。

（二）由用户定义的服务标准的构成

由用户定义的服务标准可以分为两种主要类型，一种是“硬性”标准，一种是“软性”标准。所谓“硬性”标准是指在服务实践中能够通过计数、计时或观测得到的服务标准；所谓“软性”标准是指建立在用户意见基础上的，无法观测到的，必须通过与用户之间的交流才能收集到相关信息的服务标准。“软性”服务标准为档案部门满足用户需求的过程提供指导、行为准则和信息反馈，并且通过评价用户的满意度、信任度和理解度来加以衡量。

以西班牙国家档案馆为例，它的服务质量的评价标准主要包括表 10－5 中的 13 个基本指标。①

表 10－5 用户服务质量评价标准

1	档案馆提供有关利用条件、文件阅览条件及档案馆服务项目的信息必须是即时的
2	档案用户进入档案阅览室的认证工作必须在 24 小时内完成
3	对信函咨询必须在一个月内给予答复
4	阅览室内必须有有关文件利用和存放地点的人性化建议
5	为了在当日下午就能利用文件，档案馆必须开展预约服务
6	每一盒或每一捆档案可以保留 5 天
7	在阅读器中阅读的缩微胶片必须能够自己翻拍
8	加急照片复制必须在 24 小时内完成
9	对团体参观的答复必须在 7 天以内完成
10	为了便于保存和阅览，破损的档案必须经过修复
11	对投诉和建议要在 20 个工作日内答复
12	文件复制的格式要与国际标准化组织、西班牙和欧盟认证的标准相一致
13	用户能够使用服务质量调查表

这十三个衡量档案服务质量的指标基本上都属于“硬性”服务指标，而且都是基于用户的定义和要求来确立的。之所以说它们是“硬性”服务指标，是因为这些指标都是可以计数、计时和观测到的。充分执行这些服务标准，可以有效地提高档案馆的可信度，并保证为用户提供符合服务承诺要求的档案信息服务。

阿尔伯特·爱因斯坦曾言：并非所有有价值的东西都可以计数，也并非所有能够计数的东西都有价值。“软性”服务标准就是不可以计数的，但可以通过与用户的交流或沟通，通过搜集用户的意见来加以衡量。例如，“档案服务人员要理解档案用户”“档案服务人员要真诚地对待每一位用户”“档案服务人员要注意聆听清楚用户的提问”等服务标准，一般只能通过搜集用户的反馈意见并以书面记录的形式才能衡量。下面的一些“软性”服务标准，可以在开展档案信息服务的实践中加以应用（见表 10－6）。

---

① 傅华．丰富的馆藏，周到的服务：西班牙档案工作考察报告．外国档案工作动态，2005（3）：13－14.

表 10-6 软性用户服务标准

1	耐心询问档案用户的要求，明确用户的问题
2	尊重档案用户，着装得体，佩戴载有服务人员姓名的服务卡，使用礼貌用语
3	礼貌地帮助用户确定信息查询范围，认真填写用户需求记录
4	向用户清晰地说明其利用权限、可利用档案的范围及相关的费用情况
5	反应及时，响应时间短
6	利用现有条件，为用户提供一切可能的帮助
7	重视用户的信息反馈和投诉

总之，只有充分地考虑到档案用户的需求和利益，合理地运用由用户定义的服务标准的原则，才能使我们的档案部门在档案利用实践活动中制定出科学的档案用户服务“金质”标准。

（三）重视档案用户信息的反馈和投诉

现代档案部门的服务必须重视用户信息的反馈。鼓励档案用户对档案部门的服务工作提出建设性的意见，是有效改进档案服务品质的必要条件之一。为了有效地搜集用户的反馈意见，档案部门可以采取如下几种工作方式：

（1）鼓励用户对档案部门的服务进行评价，并对档案部门的服务工作提出各种合理化建议。

（2）组织用户联谊会、座谈会等活动，并鼓励用户积极发表意见。

（3）鼓励用户利用微信、电子邮件、普通信函、用户留言簿等方式，给档案部门的负责人写建议信（书）。

（4）档案部门准备一些有针对性的设计简明的调查问卷表，鼓励用户填写。

（5）在每一次服务后及时采集用户的满意度信息，形成对档案服务人员的有效激励机制。

（6）鼓励用户将他们利用档案的实际效果信息反馈给档案部门。

另外，用户投诉必须得到档案部门的重视。档案部门可以通过处理用户投诉，获得改进服务质量的信息。档案部门应为用户投诉提供必要的“信道”，档案用户要投诉，他们可以在档案馆的意见书中或者在利用意见登记簿中写下自己的投诉意见和建议。用户如果不愿意使用档案部门提供的登记簿，则可以通过信函、微信、电子邮件、电话、传真等方式进行投诉。档案部门应认真对待每一位用户的投诉，并在分析投诉问题的基础上，找出原因及改进服务的对策，给用户提供及时的反馈和答复。

第四节 档案开放与公民权利的保障

一、档案开放的概念

国家档案馆向公众开放的思想原则是1789年法国大革命的一项重要成果。1790年颁布的法国《国家档案馆条例》第11条规定："应公众之需，档案馆将每周开放三天，开放时间为早九点到下午两点，下午五点到晚上九点。"这是法国国家档案馆首次明确规定了公民利用档案馆收藏档案的权利。1794年6月25日，法国颁布的"穑月七日档案法令"将国家档案馆向公众开放的原则以法律形式确定下来，并推广到各省和行政区档案馆。该法令规定："档案馆是为共和国的整体利益而建立的国家档案管理中心"，"共和国的所有公民都可以在规定时间和期限内，到所有的档案馆申请免费查询文件，但不得借出。档案馆需采取适当的措施保护文件，对于要求摘录文件或制作副本的，可在支付15苏之后寄给公民"。自此之后，任何公民都享有利用档案的平等权利的思想，越来越深入人心。体现公民利用档案权利原则的"穑月七日档案法令"也被人们誉为档案的"人权宣言"。两百多年来，档案开放的道路也被人们开拓得越来越宽。从历史档案的开放到现行文件的公开，从公共档案馆的开放到单位档案利用服务的社会化概念的提出，档案开放的范围和途径已经呈现出一种多元化的发展态势。档案的开放也使越来越多的人认识到：档案是一种人类文明的记录，是一种社会性的文化存在；利用档案、了解档案中的信息内容是公民的一种基本民主权利，是公民知情权利的一种实现方式。档案开放是一个社会文明发展程度和水平的重要标志之一。

那么，对于档案开放的概念我们如何来界定呢？在我国20世纪80年代以后出版的档案管理学教材中，一般都把档案开放解释为将保密期满和其他可以公开的档案解除"封闭"，向社会开放，只要履行一般的手续即可通过一定的方式进行利用。这种解释所确立的档案开放理念确实在一定程度上促进了我国国家档案馆档案开放事业的发展，但是随着时代的发展，这种解释也显露出一定的不足之处。如它并没有说明：档案开放的主体是谁？谁可以代表国家和政府部门向社会开放档案？档案开放的实质是什么？难道就是解除"封闭""向社会开放"吗？它与公民民主权利实现的关系是什么？它与国家的政治民主化建设及公民合法权益的保障之间是什么关系？凡此种种问题，都需要我们重新审视档案开放的概念。

从目前来看，档案开放的概念应当进行以下界定：

档案开放就是档案管理单位根据档案价值实现的客观规律和特点，依法向社会公众和组织公开未列入保密与豁免公开范围的档案文件信息内容，并通过有效方式及时提供给有关组织或个人，满足其合法利用需求的社会化服务政策与措施。它是公民知情权、参政权、议政权等民主权利得以实现的必要保证，是国家政治民主化的重要标志。

这一概念的基本含义主要包括以下几个方面。

（一）档案开放必须建立在对档案价值实现的规律和特点的深刻理解基础上

在现代社会中，文件与档案已经被越来越多的人意识到是国家和社会的一种核心信息资源，如果得不到及时有效的开发利用，就会因为资源的闲置而造成巨大的浪费。这种核心信息资源也同样具有自己的"生命周期"，即活跃期、休眠期、死亡期等生命阶段。在其生命周期的活跃期范围内，如果得不到有效的开发利用，许多文件和档案就会失去发挥作用的时机，甚至成为无用的"故纸堆"，多数档案会在休眠期间"死去"，只有少量的具有历史文化价值的档案能从休眠期中"醒来"，被人们作为"永久性的社会历史记忆”保存下去。为此，我们必须把握时机，及时组织档案信息的开放，才能使档案潜在的社会利用价值转化为现实的利用价值，为民所用，造福于民，并推动社会各项建设事业的健康发展。

在以往的理论中，我们一般认为档案的第一价值实现是在立档单位的保存阶段，档案第二价值的实现是在国家档案馆管理阶段。首先实现档案的第一价值，即档案对其形成者的价值，然后才实现由第一价值向第二价值的过渡，进而实现其对社会的价值。这种理论在传统的封闭和半封闭的社会背景条件下是具有一定说服力的。但是，就目前我国的政府信息化建设与发展的情况而言，已经暴露出其中的不适宜之处。因为现代政府的基本社会职能就是服务，其建设与发展的目标就是建立“阳光政府”，而这种类型的政府的基本标志之一就是实现政务信息的依法公开。在以往的社会环境中，社会公众的档案意识薄弱，特别是维护权利的意识非常薄弱；而在新时代的社会信息环境中，公民和组织的知情意识、信息共享意识、依法维权意识等，都已经得到了前所未有的提高。所以，档案部门如果还是固守原来的档案管理思维和价值理论，就会为时代所淘汰。为此，我们必须非常注意开展现行文件（或归档文件）和档案资源的开放，以便为其社会价值的实现搭建一个良好的“平台”。档案信息是一种不同于图书、情报资料的社会文化信息资源，具有较为突出的内向性特征。如果不及时有效地加以公开，社会组织和公民就很难了解其中有哪些方面的信息可以满足其利用需求。就此而言，档案开放，特别是现行文件或现行档案开放，是引导社会用户有效地开发和利用这种核心信息资源的必要前提和基础。

（二）档案开放的范围应当依法确定

一般来说，凡是未列入保密范围或豁免公开范围的文件和档案，原则上都应属于档案开放的范围。但是，档案开放应讲求实际效果，所以具体的开放形式应根据实际需要来加以选择。例如：对利用率较高且与百姓切身利益相关的政策、现行法律法规档案，以及反映重大历史事件、重要历史人物、民族风俗文化等方面的档案，可以采用全文公开的方式予以开放；对于那些利用需求不明的现行文件和档案，可以首先开放其目录信息，以便引导社会用户正确选择和使用；另外，还可以直接根据社会用户的合法申请，查询相关的档案内容，满足其利用需要。政府档案是一种公共的社会精神文化财富，通常应当无偿提供给社会公众。各级人民政府应当树立这样一种新的理念，即人民群众对我们的执政情况了解得越多，他们的参政、议政意识就会越强，政府的政策和措施才能得到更为充分的社会理解和支持，并真正体现“立法为公、执政为民”的政府服务宗旨。当然，出于国家安全、社会稳定及维护公民隐私权益的需要，各级人民政府的档案管理部门要依法对那些涉及国家安全、外交、军事、核心技术等方面机密的档案以及涉及公民个人隐私的档案，加强管理和控制。

（三）档案开放应通过多种渠道和方式进行

档案开放就是让越来越多的社会组织和个人有效地开发和利用政府的文件与档案，使这种社会核心信息资源的有用性和有益性得到更为充分的认识和利用，避免因资源闲置而造成浪费。档案部门有责任也有义务帮助社会公众接触、认识和有效利用这种核心信息资源。一般来说，信息流通的有效性取决于信息传播的渠道，有什么样的渠道就有什么样的信息利用方式。档案部门应当积极地选择和营造各种有效的档案信息传播渠道，如建立和完善档案信息服务网站、开辟公众容易接近的阅览场所、设立信息展厅、利用大众传播媒介、利用大学讲坛和中小学课堂等，逐步实现面向社会公众的服务格局。同时，档案部门还应当根据每一种不同渠道的特点，运用相应的服务方式，满足社会公众对档案开放信息的利用需要。

（四）档案开放既是一种利用服务政策，也是一种服务措施

政策的有效性是保证我们事业不断进步和发展的关键性因素。档案部门的服务政策只有充分体现其服务对象最根本的利益要求，才能获得社会公众的认可，才能得到事业发展的真正动力源泉。档案开放是我国自 20 世纪 70 年代末确定的一项重要的档案服务政策，它的出台极大地推动了我国档案事业，特别是档案馆事业的发展，并有效地促进了社会档案信息意识的提高。随着我国政治、经济体制改革的不断深入，档案开放的政策逐步得到丰富、发展和完善，并以法律法规的形式确立下来。对于档案部门来说，档案开放也是一种服务措施。它要求档案部门必须通过各种有效的变革，实现档案开放所确定的各种政策目标。档案开放措施的施行，已经使越来越多的档案馆走出了“封闭”或“半封闭”的“死亡之谷”，重新回到了社会母亲温暖的怀抱，并且通过开展社会性的档案开放信息服务，赢得了越来越多社会公众的青睐。“赢服务者赢天下”，在这个信息时代谁赢得了社会公众的支持，谁就会立于不败之地。因此，档案开放不能只停留在口头上，而应当成为一项落到实处的利用服务措施。

（五）档案开放是公民民主权利得以实现的必要保证，也是国家政治民主化的重要标志

一个民主的社会、一个亲民的政府，必须让百姓享有较为充分的民主权利。档案开放是公民知情权、参政权、议政权等民主权利得以实现的必要保证。没有档案开放，公民就很难知晓真实可靠的政务信息，当然也就不可能真正地参政、议政；同时政府的各项方针、路线、政策和措施办法等，也很难为社会公众接受和认可。所以，各级政府部门必须把有效地实现档案开放作为其执政为民的一项必要的政策和措施来对待，绝不可漠视，更不能将其作为一种“政绩”的招牌，有名无实。档案开放也是一个国家政治民主化的重要标志。当今世界的政治文化可以区分为“民本文化”和“官本文化”，前者属于开放性的文化，后者属于封闭性的文化，两者“道”不同，故不能两立。我国政府正在积极推进政治民主化的进程，档案部门必须努力跟进，并将档案开放的政策与措施落到实处。

二、档案开放的依据和意义

（一）档案开放的依据

1. 实践依据

自从档案的开放原则和思想提出至今，档案开放的实践对促进各有关国家的社会政

治、经济、文化和科学技术的发展，起到了良好的影响作用。它使民主的思想深入人心，使社会的档案信息资源得到越来越多的开发利用。档案开放实践的直接结果，就是使公民的知情权得到了有效保障，并为社会公众的参政、议政提供了基本的信息支持。档案是一种权力，生成档案就意味权力的产生，利用档案也同样意味着公民民主权利的实现。所以，档案开放不仅仅是档案部门的事情，而且是整个社会都应关注的事情。在一个民主社会中，政府的权力来自人民，广泛的公民权利衍生出公民对政府行政的知情权。政务信息公开是“阳光政府”的重要标志之一，而政务信息公开中最重要、最普遍的就是依法对现行文件和档案等公共信息资源的开放。

我国的档案开放实践表明，档案开放不仅可以促进档案提供利用工作的开展，有效提高档案信息资源的开发利用水平，而且可以为档案事业的整体发展创造一种动力机制。对档案部门来说，开放不仅仅是对社会、对社会公众的给予，更是一种获得，它所释放出来的推动我国档案事业发展的能量是难以测度的。无论档案开放的最初要求是来自公众还是某种社会组织，随着开放程度的提高都会逐渐内化为档案部门的一种根本性生存与发展需要，成为档案事业存在的根据和理由，发展的动力和生命的灵魂。这种动力机制反映在两个方面：一是来自外部的动力。档案开放带给档案部门的不仅是广大档案用户信息利用需求的满足，而且是日益广泛的社会认可，与社会生活的密接以及随之而来的理解、支持和各种档案事业发展所需要的社会资源。二是来自档案部门内部的动力。档案开放对档案业务管理工作提出了许多新的要求，从而对档案的收集、鉴定、整理、编目与检索、数字化及上网工程的实施等起到了全面的推动作用，档案管理的全程化、规范化、集约化、信息化的水平不断提升，其中的科技含量日益提高，社会化服务越来越丰富，档案开放使档案事业的发展出现了勃勃生机。

2. 理论依据

科学的理论是实践活动应当具备的条件之一。如果没有科学的理论指导，档案开放的实践就会走许多弯路。档案之于国家行政是一种必不可少的重要资政资源，档案之于社会公众同样是一种实现和维护其合法权益的核心信息资源。我国自从20世纪80年代以来所进行的开放理论研究成果，特别是档案价值实现方面的理论研究成果，为今后档案开放政策的进一步发展和完善提供了较为坚实的理论支撑。另外，我国及世界其他国家理论界在政务信息公开、建立无缝隙政府、公民权利实现等方面的研究成果，对深入开展档案开放也具有重要的理论借鉴意义。

3. 法律依据

就目前而言，虽然我国现有的档案法律法规还存在一些需要进一步修正和完善之处，但是就整体来说，档案开放的工作已经具备了较好的法律法规条件。《中华人民共和国档案法》及其实施办法，为档案开放提供了最基本的法律法规依据，同时我国档案行政部门依法制定的《各级国家档案馆开放档案办法》等也为档案开放提供了更为具体的指南。随着我国政务信息公开立法工作的发展，政府信息公开法律法规的陆续出台，档案开放的法律环境条件将会越来越好。

（二）档案开放的意义

档案开放是从我国档案管理的状况和形势发展需要的实际情况提出的。由于党和国家工作重点的转移，社会主义现代化建设的发展，经济管理和科学研究等各方面迫切要求各类档案馆更为广泛系统地提供档案资料，以满足咨询和研究等各种需要。我国档案工作经过新中国成立以来多年建设，各项业务工作已走上了正轨，也初步具备了档案开放的条件。提出档案开放，正是适应新的历史时期客观形势的需要，也是档案馆自身工作发展的规律，这对我国社会进步和档案事业都有重要的意义。

（1）档案开放是强化“开发利用档案信息资源，服务四化建设”的新方针，有利于政治民主化和繁荣科学文化的一项新政策。我国档案开放的方针，是我国整个社会实行改革开放战略决策的一个组成部分，它从一个侧面反映着我国社会开放的程度，并服务于社会的改革、开放。档案开放也是政治民主化的一种表现，它体现着我国公民利用档案的权利。档案开放必将有利于加速我国民主政治的建设和科学文化事业的繁荣。积极地做好档案开放工作，已成为档案工作者的社会责任。

（2）档案开放是档案管理的一项重大改革，对于档案馆事业的发展具有深远的影响。长期以来，全国星罗棋布的档案馆在为各个机关、单位和社会公众利用服务方面，都作出了重要的贡献。但是由于种种原因，档案馆系统始终未能摆脱封闭和半封闭的状况。档案开放则标志着档案馆工作对传统观念和封闭思想的一次根本转变，这不仅简化了利用档案的手续，开阔了利用档案的领域，而且在广泛地为社会主义物质文明和精神文明建设服务的实践中必将促进档案馆事业向更高的水平发展。同时，更充分地发挥档案馆的社会服务功能和更充分地实现档案的社会价值也必将提高社会的档案意识，更加唤起社会各方面对国家档案馆的关注和支持，这将有力地推动国家档案馆事业持续健康发展。

三、档案开放的要求和措施

档案开放，是新时代赋予档案工作者的一项光荣而又艰巨的任务，是我国档案馆事业发展的动力源。它向档案工作提出了更高的要求，必须采取相应的措施予以保证。

（一）档案的开放与保密

正确处理档案开放与控制的关系，明确档案开放的范围。必须解放思想，提高认识，树立档案开放和保密观念相统一的全面思想。一方面应该看到，我国各级档案馆保存的30年以前形成的档案，特别是历史档案，尤其是古代档案，绝大多数已不涉及现在党和国家机密。这批丰厚的档案信息资源，只有及时地开放利用，才有利于空前发展的社会主义现代化建设和各项事业。另一方面也必须明确，档案开放并非档案馆无条件地敞开门户，不受任何限制。只有有利于社会主义事业，而无损于党和国家、民族、公民权利等各方面利益的档案，才能开放。档案的开放和必要的限制，这在任何档案开放的国家都是存在的。《中华人民共和国档案法》对档案开放的一般年限及其掌握原则作了基本的规定，并在《各级国家档案馆开放档案办法》等规范文件中，具体规定了档案开放和控制利用的范围。各级国家档案馆应据此对馆藏所有已到开放年限的档案及时进行开放审查，具体确定本馆档案开放的范围。

（二）做好基础工作，为档案开放创造必要条件

各级各类档案馆开放的档案及其管理、设施，起码应该达到下列要求：

（1）开放利用的档案必须经过系统的整理。

（2）编有供用户自行检索的案卷或文件级开放目录。

（3）破损或字迹褪变、扩散的档案，经过修复保护。

（4）古老、珍贵和重要的档案，以复制件代替原件提供利用。

（5）设有档案开放阅览室，并配备必要的阅览和复制设备，以及其他必要的利用服务设施。

具备这些初步条件也需要进行大量的工作，应该根据各个档案馆的实际情况，将馆藏档案分期分批地向社会开放。为此，必须把档案开放工作和各项业务建设密切结合起来，以档案开放推动和促进档案的收集、整理及完善检索体系等各项基础工作，为开放利用创造良好的条件。

（三）建立和健全档案开放的规章制度

由于档案开放是档案馆一项严肃而细致的工作，所以必须有严密的制度保证。各级国家档案馆应根据档案法及其实施办法、档案馆档案开放办法等有关规定，制定本馆的实施细则以及其他规章制度。其中特别需要明确下列几方面的内容：

（1）定期审查馆藏档案的密级，确定解密和划分控制使用的范围。各级国家档案馆保存的1991年1月1日前形成的涉密档案，由档案馆负责进行解密工作。对形成将满30年的涉密档案，原档案形成机关、单位认为仍属国家机密的，应提前通知同级档案行政管理机关和国家档案馆，逾期未通知延长保密期限的，由各级国家档案馆按照1991年国家档案局、国家保密局发布的《各级国家档案馆馆藏档案解密和划分控制使用范围的暂行规定》中有关条款，确定是否解密和划控。1991年1月1日前形成的未进馆的涉密档案，其解密工作由各档案形成机关、单位负责进行。馆藏的1991年1月1日后形成的涉密档案，未接到保密期限变更通知的，自保密期限届满之日起，即自行解密。档案馆必须根据有关文件的规定，陆续地具体确定开放的案卷及其他保管单位。

（2）档案馆的寄存档案是否开放和如何开放，必须由寄存者或其合法继承者决定。如无合法继承者，其档案的开放由档案馆按照档案法及其实施办法、档案开放办法中开放年限和掌握标准等有关规定办理。

（3）使用开放的档案，允许用户摘抄、复制，也可在研究著述中引用，但不得以任何形式公布，即不得以刊物、广播、展览、宣读等形式向社会公开档案的全部或部分原文。属于国家所有的档案，由国家授权的档案馆或有关单位公布。

（四）通过多种形式加强开放的档案信息服务工作

各级国家档案馆应继承我国档案部门的优良传统，主动地开展档案信息的编研工作，

汇编各种档案史料，编写与出版档案参考资料，为用户提供高质量的档案信息产品服务。另外，各级国家档案馆也要注意开展档案的数字化、网络化和信息化服务工作，不断提高档案馆的信息服务能力和服务水平。具体包括以下服务形式：

1. 重视馆藏档案的数字化和电子化，积极推动业已开放档案的信息服务网络化

馆藏档案的数字化，是实现档案信息服务网络化的重要前提。所以，各级国家档案馆要积极开展馆藏档案的数字化工作，积极推动“存量资源数字化、增量资源电子化”的政策落实，为社会化档案信息服务体系的建设提供丰富的数字化、电子化档案信息资源。目前我国许多档案馆都在积极开展此项工作，并已经取得了令人欣慰的业绩。可以说，没有数字化的档案资源，档案信息服务网络化就会成为一句空话。

2. 重视办好网上档案展览，积极开展开放档案信息的主动推送服务

利用档案网站举办档案展览已经成为目前许多档案馆面向社会用户提供档案信息服务的一种主要方式。通过丰富多彩的网上档案展览，不仅可以使用户了解档案开放的信息，而且可以有效地扩大档案馆的社会影响力，增强整个社会的档案意识，促进档案信息资源的开发利用。同时，通过搜集和分析党和国家及社会各方面的利用需求信息（包括规划、计划信息，重大活动安排信息，社会利民政策信息，学术研究、历史研究、文化建设的需求信息等），有针对性地加工和组织档案信息、数据及相关的信息资源，以档案信息包、档案数据包的形式，积极开展主动的档案资源网络推送服务。

3. 建立档案数据库，为开放档案的利用和服务工作奠定坚实的基础

近年来，一些国家档案馆利用开放的档案资源，建立了档案目录数据库和档案全文数据库，为广大社会用户提供了越来越多的档案信息数据资源。通过网络，用户可以根据自己的需要检索所需的档案信息资源。这不仅极大地方便了用户对档案信息资源的利用，而且使档案信息资源的利用效益得到有效改善。为此，各级国家档案馆应在开展数字档案馆工程的建设中，大力组织好档案数据库建设工作，包括档案目录数据库、档案全文数据库和专题档案数据库等。如按照历史时期建设综合性的“革命历史档案全文数据库”“民国时期档案全文数据库”“太平天国档案资料全文数据库”“明代历史档案全文数据库”“清代档案专题数据库”“中华人民共和国专题档案全文数据库”等。有条件的国家综合性档案馆可以根据用户调研，建设反映地方历史、地方文化、地方人物的专题数据库。但是，无论建立何种类型的目录数据库或全文数据库，都必须坚持三个原则，即档案资源保证原则、用户需求保证原则和规范标准保证原则，不能盲目地开展此类工作。

四、公布档案

公布档案是指档案部门依据国家有关法律法规的要求，通过各种有效方式，及时向社会公开发布已列入开放范围的档案内容信息的活动。向社会公布档案，可以通过报纸、刊物、图书、声像出版物、电子出版物、缩微品、计算机信息网络、电台、电视台等媒介，采取刊印、陈列、展览、宣读、网络传播、播放等形式。

按照目前的档案法律法规的要求，档案馆保管的档案，由档案馆公布。必要时应当征得形成档案的单位的同意，或者报请其主管部门批准后公布。

国家机关、社会团体和国有企业事业单位保管的档案，由保管档案的组织公布，重要的档案应当经其主管机关批准后公布。

其他组织和个人的档案，由档案所有者公布，法律法规规定应当报经市或者区、县档案行政管理部门批准的除外。

向社会公布档案，应当遵守国家保密规定，不得损害国家、集体或者公民的利益。任何组织和个人不得擅自公布不属于自己所有的档案。

档案的公布应按国家规定办理，任何组织和个人不得擅自公布属于国家所有的档案。

第五节　网上用户服务

为不见面的档案用户服务，满足在线用户的需求，已经成为21世纪的档案部门信息服务工作的主要价值取向之一。

一、网络信息时代档案用户获取信息的新动向

随着IT技术的普及应用，人类社会开始真正进入了一个崭新的时代——信息时代，档案部门建立网站，利用网站向社会公众发布档案信息，不仅可以让用户更为有效地共享公共档案信息资源，促进档案部门社会信息服务职能的实现，而且可以直接获取用户的反馈信息，准确掌握用户需求的动向。

在政府信息上网工程的带动下，我国绝大多数国家档案馆已经在互联网上建立了自己的网站，并成为政府部门向社会公众发布规范性文件信息、历史档案信息、文化信息的重要窗口和信息资源平台。在线档案用户的数量已经超过了到档案部门直接利用档案信息的“看得见的用户”数量，并且这种用户的数量还在迅速增加。我国一些地区数字档案馆的建设，不仅对档案部门的信息化建设工作起到了示范作用，同时也为社会公众利用档案信息资源和档案部门的服务提供了更为便捷的信息环境条件。

就西方一些发达国家的档案信息服务经验而言，档案网站所提供的信息资源越丰富，组织和维护的水平越高，档案用户的在线访问量就越大，档案部门的社会影响力和对社会进步与发展的贡献率也会越大。欧美国家在档案网站的建设方面起步较早，并且拥有大量“看不见的远程用户”。目前，我国档案网站的建设水平和信息发布与组织水平和国外相比，依然存在着比较明显的差距。但是，随着档案网站建设经验的不断积累和丰富，我们也将拥有越来越多的在线档案信息用户。为此，各级国家档案馆的网站建设者有必要借鉴一些国外的先进经验，树立现代档案信息服务意识，为越来越多的“看不见的网上用户”提供优质的档案信息服务。

二、网上用户的服务工作

与“看得见的用户”相比，网上用户通常是匿名的。网上用户有的可能到过档案部门，但绝大多数却从来未到过档案部门。这种类型的用户通常在档案部门的网站上找寻可以满足他们需求的信息材料。这种用户的数量会越来越多，也是我们今后服务的主要对象之一。所以，档案部门若想不断提高自身的信息服务质量，就必须对他们的构成有所了解。

档案部门可以通过分析访问档案网站的用户计算机域名的方式，来获取网上用户的数据。当然，这也并不能完全说明情况，因为许多“. com”和“. net”用户是海外用户，并且这些用户可能在家中直接利用档案网站上的信息资源。

获取网上用户信息的其他方法有在线反馈表、用户留言板、电子邮箱等。另外，档案网站也可以采用用户访问身份验证的方式，要求新用户在访问档案网站时，填写用户的基本信息和他们利用档案目录以及档案的用途。通过这些方式所收集到的信息，档案部门可以了解网上用户的基本构成情况，并对他们的信息需求构成有一个比较清楚的认识。

根据国内外的有关调查材料，目前档案部门的网上用户构成包括“个人用户”和“组织用户”两种基本类型。其中“个人用户”已经占到网上用户总数的60%以上。网上用户主要包括大学生和专业研究人员、普通社会公众、社会组织团体的工作人员，以及党政机关人员等。

为了更好地满足更多的在线用户，很明显，我们需要提供更多的信息（更加完整的目录）和更高质量的信息（附有主题词索引的目录），使用户通过多种途径更加容易利用档案信息资源。当然，档案部门的在线服务应面向所有用户，他们应同访问档案部门的用户一样得到同样等级的服务。

对于一些网上用户来说，利用档案图片、音频和视频信息材料是另一个正在变得越来越重要的领域。一些档案网站通过数字化项目为网上用户提供了这种服务，并收到了良好的服务效果。通过在网站上设置专栏、开设专题展览等服务方式，一些档案网站吸引了越来越多的用户点击和利用档案网站的信息资源。

由于社会公众对档案部门的总体认知程度还不高，所以档案部门的网站的点击率依然不是很高。为了解决这一问题，档案部门目前可以采取的方式就是与那些富有影响力的网络搜索服务公司合作，如百度、谷歌（Google）等，把在线档案信息的描述重点放在建立国际互联网的数据接口上，允许“查询机器人”进入档案网站的一些栏目，使档案网站这些栏目的网页在国际互联网上有更好的呈现度，进而提高用户的访问量。

从用户访问档案网站的途径的调查看，80%的用户直接从搜索引擎到达那些静态的页面。然后，他们中的许多用户使用带有相关描述的“索引链接”浏览站点。就网上用户的利用习惯来说，一般的用户在利用网络资源时通常都喜欢采取“点击”的方式，而不喜欢通过“打字”的方式输入网址后再利用档案网站的资源。向搜索引擎开放档案网站的一些网页内容，将满足最广泛的用户需要。

我们的网上用户与在档案部门利用档案的用户同样重要。档案部门为了吸引那些不喜欢去档案部门的潜在用户，需要设计好档案网站，提升在线信息服务能力。

通过本章上述内容的陈述和说明，你也许对档案提供利用工作和用户服务的目的和基本的业务工作内容、要求和方法有了一定的了解，然而我们觉得这还是很不够的，因为一项好的档案信息服务只有通过档案利用工作实践才能真正得到体现。良好的档案提供利用工作和用户服务理念只能为我们的行为提供向导，能否把服务做到位并达到用户的合理期望要求，只能通过实践来检验和证明。

作为一名真正的档案工作者，我们必须明确一个基本道理：我们为档案用户提供的不仅仅是他们所需要的档案信息资源本身，而且包括我们的热情、周到、细致、及时的服务。因为如果服务不到位的话，过不了多久就没有用户肯光顾我们的信息资源了。即使光顾也只是一种为满足工作、生产或科研需要而不得已为之的被动行为。没有了来自广大用户的支持和理解，我们的档案管理工作将失去存在与发展的必要前提。

我们强调档案提供利用工作和用户服务的重要性，绝不是忽视其他档案管理业务工作，其实说到底，档案提供利用工作和用户服务只是整个档案管理“价值链”上的一个组成部分。按照全程管理原理的要求，优质的档案信息服务工作是整个档案部门一系列业务管理活动的成果体现和目的体现，它既相对独立于其他档案业务管理活动，又贯穿于档案部门各项业务管理活动的始终。

让利用档案部门信息服务的每一位用户满意，对于提升档案部门的社会影响力和贡献力至关重要。所以，我们要特别注意服务的细节、服务的承诺，绝不能粗心大意。为此，我们不仅要在服务环境的营造、服务设施的完善、服务手段和方式的选择、服务制度和规范的建立等方面充分考虑用户的需求，同时要在服务态度、服务的及时性、服务的便捷性等方面为用户着想。简单拒绝、不耐烦的解释、难看的脸色、不合理的收费、无端的限制、漫不经心的态度、以貌取人的行为等等，都是造成档案部门用户服务失败的因素，必须杜绝。在基础条件具备的情况下，档案人员的服务态度将决定一切。

在现代的档案提供利用工作和用户服务实践中，沟通是关键之举。你无论想了解用户想什么、需要什么还是想知晓用户对你的服务的满意程度等，都离不开与用户之间的有效沟通。实践表明，坚持与档案部门的用户沟通，是密切档案部门与用户间的联系，加强档案部门用户管理的一项关键性的活动。

在网络信息时代，档案网站和数字档案馆（室）的建设为档案部门提升用户服务的水平和质量注入了新的活力，档案部门必须注意建设和利用好这些现代化的档案信息服务平台和服务环境，为社会公众和组织利用档案信息资源创造更为便捷的条件。

鉴于部分档案内容的保密性，档案部门和档案工作人员还应树立正确的保密观念和信息安全意识，在档案提供利用和用户服务实践中自觉遵守国家法律法规，维护国家机密、组织秘密和公民隐私。

三、档案信息推送服务

（一）档案信息推送服务的概念

传统的档案信息服务多数情况下是根据用户的需求，利用一定的检索系统为用户寻找可以与其需求相匹配的档案数据和信息的过程，即“为用户找信息”；而在信息网络环境下的档案信息服务除了采取传统的“为用户找信息”的方式外，还可以由档案管理部门根据所掌握的用户需求规律和特点及用户的动态需求线索，利用信息推动技术主动地为用户提供相关的档案目录信息、全文信息、“碎片化”主题信息，并通过内部网络、局域网或互联网传输给用户，即“为信息找用户”。随着大数据思维、互联网＋档案信息服务、移动互联网技术等现代档案服务思想和技术的应用，“为信息找用户”的档案信息推送服务已逐渐成为立档单位档案部门和国家档案馆“为民服务”的一种主要方式。

同传统的档案信息服务方式相比，档案信息推送服务的基本特征包括以下方面：

（1）主动性和及时性。这是档案信息推送服务最基本的特征。立档单位档案部门和国家档案馆的工作人员和信息服务系统，根据对相关档案用户既往需求信息的分析和记录，当有新的相关档案信息被发现时，依据传送档案信息的类型和重要性不同，利用推送软件主动提醒用户接收新信息线索或新消息，激发和引导用户利用档案信息资源，从而提高档案信息的利用效率。档案信息推送服务的及时性好，“信源”及时地向档案用户推送不断更新的动态信息；对用户要求低，普遍适用于广大公众，不要求用户掌握专门的档案信息检索技术。

（2）针对性和动态性。档案信息推送服务提供的信息是根据用户的特定需求定制的，这充分体现了用户的个性化需求的要求。这种个性化的服务还是动态的，档案用户只需在定制之初描述信息需求，推送软件就会自动跟踪档案用户的利用需求的倾向，适时地完成特定档案信息的推送和个性化传播。

（3）准确性和集成性。在档案信息推送服务中，档案工作人员从各种渠道，通过各种方式获取信息，并对其进行加工集成，再通过一定的渠道（如电子邮件、微信、公众号等）传递给用户，这种经过加工的档案信息显然会更全面、更准确地消除用户在工作和生活中出现的各种不确定性。

（4）便捷性和高效性。在一般情况下，档案用户只需输入一次信息请求，就可获得连续的相关档案信息服务。档案信息推送服务还可采用信息代理机制，自动跟踪用户的档案信息需求。这样的推送服务既节省了用户搜索档案信息线索和撷取档案信息的时间，又减少了冗余档案信息的传送，提高了档案信息与用户需求的匹配度，从而可以极大地提高档案部门为用户服务的工作效率，也使广大档案用户获得更多的便捷服务，增强档案用户的满足度。

（二）档案信息推送服务的过程和基本方式

1. 信息推送服务的基本过程

信息推送服务的基本过程是，用户信息需求了解、专题信息搜索、信息定期反馈。

（1）由用户向系统输入自己的信息需求，这包括用户的个人注册信息、用户感兴趣的信息主题等。（2）由系统或人工在网上进行针对性的搜索。（3）最后定期将相关档案信息推送至用户主机上，通过邮件、“频道”报送、预留网页、手机短信、微信、公众号等多种途径将相关信息传送给档案用户。档案管理部门可以效法其他信息服务机构推出诸如个性化频道定制、个人智能化搜索代理等类型的主动信息服务。

2. 信息推送服务的方式

互联网的信息推送技术，也被称为“网播”，是1996年由PointCast Network公司首先提出的。它与有关媒体公司合作，利用其信息推送软件，向互联网的广大用户主动地发布、推送各种新闻及财经、体育等信息。用户在互联网上浏览，不是盲目地点击和游荡，而是像收听电台广播那样，可选择自己感兴趣的频道或节目，有目的地获取信息。

档案信息推送一般包括以下方式：直接推送式，即直接将档案部门保存的数字化信息资源中的信息本身（数据、图表、图像等）发送给用户；间接推送式，即只将有关档案信息的目录或索引通知发送给档案用户，由用户根据通知去查询相应的信源。

（1）“网播”的信息推送方式。

“网播”的信息推送主要包括以下方式：其一，频道式推送。频道式网播技术是目前普遍采用的一种模式，它将某些页面定义为浏览器中的频道，用户可像选择电视频道那样接收有兴趣的信息。目前没有统一的“网播”技术标准。Microsoft、Netscape、PointCast都有各自的频道定义格式。如，Microsoft提出的“频道定义格式（CDF）”是一种为现有站点信息内容建立的目标索引文本文件，它提供了独立于信息格式的基于内容的索引结构，允许个人化定制的信息推送，可优化安排推送时间，以提高信息推送的效率；Netscape则提出了一种基于“元内容（MCF）”方式。其二，邮件式推送，即用电子邮件主动将所推送信息发布给各相关用户。其三，网页式推送，即在某个特定网页（例如，企业、组织、个人网页）内将所推送的信息提供给用户。其四，专用式推送，即采用专门的信息发送和接收软件，将“信源”信息推送给专门用户。例如，涉密信息的点对点推送。

Microsoft和Netscape的Web浏览器都支持信息推送模式，PointCast等公司还开发了PointCast Network等网上信息推送软件等。中国的网络软件，如“资讯天使”等同样具有信息推送功能。

（2）智能数据库系统的主动信息推送。

主动信息推送的智能数据库系统包括以下两类：其一，操作式推送。由用户数据操作启动信息推送。当某用户对数据进行操作时，把修改后的新数据存入数据库后，即启动信息推送过程，将新数据推送给其他用户。其二，触发式推送。由数据库中的触发器启动信息推送。当数据发生变化即出现增加、删除、修改操作时，触发器即可启动信息推送过程。

（3）利用微信公众号的主动信息推送。

这是立档单位的档案部门和国家档案馆通过在微信公众平台上申请的应用账号，开通公众号的方式，实现和特定档案用户群体的文字、图片、语音、视频等档案信息的全方位沟通、互动的一种主动信息推送方式。

思考与练习

1. 档案管理的根本目的是什么？如何组织有效的档案信息服务工作？

2. 作为一个单位的档案工作者，你可以通过哪些途径和方式来满足用户合理合法的档案信息需求？

3. 在现代社会条件下，档案管理部门应当如何组织和开展档案信息咨询服务工作？

4. 有效的档案用户服务工作应当具备哪些基本特征？

5. 如何改进我国档案部门的档案提供利用工作和用户服务工作的质量？

6. 你对《中华人民共和国档案法》及其实施办法等法律法规的内容中事关档案信息利用的条款有何修改建议或评价？

7. 从用户角度出发，你对档案馆的网站建设工作有什么建议？

8. “态度决定一切”的观念对档案信息服务工作有何借鉴意义？

9. 档案部门优质服务的标准有哪些？对此，你有何建议？

第三编

专门档案管理

第十一章

人事档案管理

内容提要

本章以干部档案为重点，对人事档案的收集、鉴别、整理、日常管理、纪律与监督、审核等工作进行了讲述，对流动人员人事档案的管理进行了介绍。主要内容包括：一、人事档案概述。二、人事档案工作。三、流动人员人事档案管理与公共服务。四、人事档案的审核工作。

第一节　人事档案概述

一、人事档案的定义

人事档案是各级党委（党组）和组织人事等有关部门在党的组织建设、人事管理、人才服务等工作中形成的，反映关系人政治品质、道德品行、思想认识、学习工作经历、专业素养、工作作风、工作实绩、廉洁自律、遵纪守法以及家庭状况、社会关系等情况的历史记录。

二、人事档案的特点

人事档案是以关系人为对象形成的专门档案。人事档案不仅具有一般档案属性和特点，而且具有其自身的独特属性和特点。

（一）人事档案是关系人成长经历的记录

人事档案是组织为了实现人事工作知人、用人的目的，围绕关系人产生的。无论是内容上还是形式上，人事档案都具有明显的个人专指性。

（二）人事档案是经过组织认可的真实的关系人文件材料集合

虽然人事档案是记录一个人经历和德才表现的材料，但记录一个人的经历和德才表现的个人材料并不都是人事档案。那些能够真实记录关系人情况的个人材料，经过组织认可之后才可转化成为一个人的人事档案（有的时候，有些记录关系人情况的个人材料只有经过了本人的认可后才能成为一个人的人事档案）。

（三）人事档案是关系人德才能绩等各方面情况的全面性记录

人事档案是正确地了解人和使用人的工具，其内容不仅反映关系人的历史，而且反映关系人的现实；不仅反映关系人的业务，而且反映关系人的思想；不仅反映关系人的专长，而且反映关系人的不足；不仅反映关系人的贡献，而且反映关系人的错误。因此，一个关系人的完整的人事档案往往可以客观地反映一个人的全部情况。

（四）人事档案是一种动态性记录

人事档案是反映一个整体面貌的文件材料，是一个人社会实践活动的记录。人的社会活动是不断进行的，因而有关一个人的人事档案会在社会实践活动中不断产生，这也就使得一个人的人事档案内容会不断得到充实和丰富。此外，一个人一生中会在不同的单位里工作，或者一个人的社会地位会随着个人的发展而有所变化（例如职务的升迁），这些变化都会使一个人的人事档案不可能固定在一个单位里保管，而是要随着关系人的流动而流动，要保管在不同的单位。

（五）人事档案是具有一定保密性的记录

由于人事档案涉及关系人的自然情况、工作学习情况和身体健康等方面的内容，其中必然涉及关系人经历的重大事件、工作失误及家庭和个人隐私等内容，所以人事档案在相当长的时期内是保密的，处于封闭状态，不对外开放。按照《组织工作中国家秘密及其密级具体范围的规定》，党政机关干部人事档案的密级划分为绝密级、机密级和秘密级三个密级。

三、人事档案的种类划分

（一）学生、工人、干部、军人的人事档案

人事档案是围绕着一个个关系人形成的一种专门档案。社会中的人由于其工作和活动都有不同的性质和职能，据此可以分成不同的种类，人事档案相应地就产生了不同的类别。根据人事档案关系人的不同，可以将人事档案分为学生人事档案、工人人事档案、干部人事档案、军人人事档案等。

学生人事档案是学生在校学习过程中形成的、能反映学生成长情况的历史记录。学生档案是学校对学生进行了解、培养、管理的记录和依据，为学生升学或参加工作等介绍情况。学生档案是一个人形成人事档案的最初阶段，其内容较之于其他人事档案要简单一些。

工人人事档案是反映工人个人经历、劳动态度、思想品德、业务技能与奖惩等情况的历史记录。这种档案主要产生在企业事业单位中，其内容较学生档案要多一些，但较之干部档案要少一些。

干部人事档案是各级党委（党组）和组织人事等有关部门在党的组织建设、干部人事管理、人才服务等工作中形成的，反映干部个人政治品质、道德品行、思想认识、学习工作经历、专业素养、工作作风、工作实绩、廉洁自律、遵纪守法以及家庭状况、社会关系等情况的历史记录。所谓干部，按照《干部人事档案工作条例》的规定，主要包括党政领导干部、机关公务员、参照公务员法管理的机关（单位）工作人员（工勤人员除外），国有企事业单位领导人员、管理人员和专业技术人员，等等。

军人人事档案指记录中国人民解放军、武装警察部队人员的经历及其德、能、勤、绩等方面情况的历史记录。

（二）机关人员、企业事业单位人员、流动人员、军事单位人员的人事档案

根据社会上不同人员的从业职业特征，目前我国在人事档案管理实践中也将人事档案的种类划分为机关人员人事档案、企业事业单位人员人事档案、流动人员人事档案、军事单位（部队）人员人事档案等四种类型。

机关人员人事档案是指在各级党委、人大、政府、政协、纪委、人民法院、人民检察院和各民主党派、人民团体等机关工作的干部人员的人事档案。其中包括国家公务员人事档案、普通工作人员人事档案和军队转业干部的人事档案等等。

企业事业单位人员人事档案是指在国有企业和事业单位供职人员的人事档案。其中包括企业干部人员人事档案、职工（员工）人事档案、事业单位干部人事档案、军事单位（部队）人员人事档案等等。

流动人员人事档案是人事档案的重要组成部分。根据中共中央组织部、人力资源和社会保障部、国家发展和改革委员会、财政部、国家档案局联合发布的《关于进一步加强流动人员人事档案管理服务工作的通知》（人社部发〔2014〕90号）的规定，流动人员人事档案的具体范围如下：

（1）非公有制企业和社会组织聘用人员的档案。

（2）辞职辞退、取消录（聘）用或被开除的机关事业单位工作人员档案。

（3）与企业事业单位解除或终止劳动（聘用）关系人员的档案。

（4）未就业的高校毕业生及中专毕业生的档案。

（5）自费出国留学及其他因私出国（境）人员的档案。

（6）外国企业常驻代表机构的中方雇员的档案。

（7）自由职业或灵活就业人员的档案。

（8）其他实行社会管理的人员的档案。

军事单位（部队）人员人事档案是指在中国人民解放军、武装警察部队等军事机关、部队的现役人员的人事档案。

（三）在（现）职人员、离退人员、已故人员、失联人员人事档案

根据人事档案关系人的职业状态及生命状态等特征，可以把人事档案区分为在（现）职人员人事档案、离退人员人事档案、已故人员人事档案和失联人员人事档案等种类。

在（现）职人员人事档案是指在机关、企业事业单位及其他社会组织中从事现职

（现役）工作的各种人员的人事档案。其中包括干部人事档案、企业事业单位人员人事档案、职工人事档案、军人人事档案等等。

离退人员人事档案是指已经办理完离休、退休、退役等相关手续的非现职（现役）人员的人事档案。

已故人员人事档案是指已经被证实死亡的人员的人事档案。

失联人员人事档案，习惯上又称“无头档案”，是指长期失去关系人下落或难以找到关系人下落的相关人员的人事档案。

第二节 人事档案工作

人事档案是教育培养、选拔任用、管理监督干部、人员和评鉴人才的重要工具，是维护关系人合法权益的重要依据，是社会信用体系的重要组成部分，是党和国家的重要执政资源之一。人事档案管理工作主要涉及管理体制和职责、内容和分类、日常管理、利用和审核、纪律和监督等方面的内容。

一、人事档案工作概述

（一）人事档案工作的主要目标

我国新时代人事档案管理的主要目标是，为了深入贯彻习近平新时代中国特色社会主义思想和党的十九大精神，落实从严管理干部（人才）的要求，充分发挥人事档案在建设高素质专业化人才队伍中的重要作用，推动人事档案工作科学化、制度化、规范化。

总结党的十八大以来从严管理人事档案的新经验、新成果，对人事档案工作的体制机制、内容建设、日常管理、利用审核、纪律监督等加以规范完善是今后一个时期全国各级各类干部人事档案工作的基本遵循。

（二）新形势下做好人事档案工作的基本原则

2018 年 11 月开始实施的《干部人事档案工作条例》提出了五项基本工作原则：其一，党管干部、党管人才。其二，依规依法、全面从严。其三，分级负责、集中管理。其四，真实准确、完整规范。其五，方便利用、安全保密。

（三）人事档案的管理体制和职责

1. 人事档案的管理体制

全国干部人事档案工作在党中央领导下，由中央组织部主管，各地区各部门各单位按照干部管理权限分级负责、集中管理。中央组织部负责全国干部人事档案工作的宏观指导、政策研究、制度建设、协调服务和监督检查。建立由中央组织部牵头、中央和国家机关有关部门参与的干部人事档案工作协调配合机制，研究完善相关政策和业务标准，解决有关问题，促进工作有机衔接、协同推进。

各级党委（党组）领导本地区本部门本单位干部人事档案工作，贯彻落实党中央相关部署要求，研究解决工作机构、经费和条件保障等问题，将干部人事档案工作列为党建工作目标考核内容。

各级组织人事部门负责本地区本部门本单位干部人事档案工作，建立健全规章制度和工作机制，配齐配强工作力量，组织开展宣传、指导和监督检查。

中央组织部负责集中管理中央管理干部的人事档案；中央和国家机关各部委、参照公务员法管理的机关（单位）组织人事部门，中管金融企业、中央企业、党委书记和校长列入中央管理的高校组织人事部门，负责集中管理党委（党组）管理的干部（领导人员、管理人员、专业技术人员）和本单位其他干部的人事档案；省（自治区、直辖市）、市（地、州、盟）党委组织部门负责集中管理本级党委管理干部的人事档案 省、市级直属机关和国有企业事业单位组织人事部门集中管理党委（党组）管理的干部和本单位其他干部的人事档案；县（市、区、旗）以下机关（单位）的干部人事档案可以按不同类别、身份，由县（市、区、旗）党委组织部门、人力资源社会保障部门等分别集中管理。

根据工作需要，经上级组织人事部门批准，有关机关（单位）组织人事部门可以集中管理下级单位的干部人事档案；干部人事档案工作人员和与其档案管理同在一个部门且有夫妻、直系血亲、三代以内旁系血亲、近姻亲关系人员的档案，由干部人事档案工作人员所在单位组织人事部门另行指定专人管理。

组织人事部门应当明确负责干部人事档案工作的机构（以下简称干部人事档案工作机构），每管理 1 000 卷档案一般应当配备 1 名专职工作人员。有业务指导任务的干部人事档案工作机构，还应当配备相应的业务指导人员。管理档案数量较少且未设立工作机构的单位，应当明确岗位，专人负责。

2. 人事档案的管理职责

干部人事档案工作机构（含干部人事档案工作岗位）包括以下职责：

（1）负责干部人事档案的建立、接收、保管、转递，档案材料的收集、鉴别、整理、归档，档案信息化等日常管理工作。

（2）负责干部人事档案的查（借）阅、档案信息研究等利用工作，组织开展干部人事档案审核工作。

（3）配合有关方面调查涉及干部人事档案的违规违纪违法行为。

（4）指导和监督检查下级单位干部人事档案工作。

（5）办理其他有关事项。

二、人事档案管理的内容

（一）人事档案的收集与鉴别

1. 人事档案的收集

人事档案的收集就是人事档案管理部门通过各种渠道将其所管人员已经形成的分散

的人事档案材料集中起来，统一保管。收集是人事档案管理工作的起点，只有及时、全面地收集了有关关系人的全部人事档案材料，人事档案才能完整、全面地反映一个人的历史面貌。同时，只有开展了人事档案的收集工作，才能为人事档案管理的其他各业务工作的开展提供必要的条件。可以说，收集是人事档案管理工作中最重要的环节。

（1）人事档案材料的收集范围。

各级人事档案管理部门应根据《干部人事档案工作条例》、《干部档案整理工作细则》、《干部人事档案材料收集归档规定》（中组发〔2009〕12 号）、《中共中央组织部关于完善干部人事档案材料的通知》（组通字〔2017〕25 号）等文件的规定，结合本单位的实际情况，确定干部人事档案材料的归档范围。

人事档案是在人们的实践过程中产生的，实践的持续和发展使得人事档案带有了持续性和动态性的特点。因此，在收集人事档案时必须根据人事档案的特点注意补充人事档案材料。

（2）人事档案材料的收集要求。

第一，建立有效的收集归档机制，履行归档手续。各单位的人事文件材料形成部门必须按照有关规定规范形成人事文件材料，建立人事文件材料的归档收集机制，在材料形成之日起一个月内按要求向人事档案管理部门归档，并履行移交手续。

第二，建立联系制度，及时掌握人事档案材料的形成信息。人事档案管理部门应当建立联系制度，及时掌握形成人事档案材料的信息，主动向人事档案材料的形成部门、人事档案关系人和其他有关方面收集人事档案材料。

第三，建立材料审核制度，严格执行审核制度。各单位的人事档案管理部门必须严格审核归档材料，重点审核归档材料是否办理完毕，是否对象明确、齐全完整、文字清楚、内容真实、填写规范、手续完备。

第四，维护人事材料的成套性，及时补充缺少材料。成套材料必须头尾完整，缺少的档案材料应当进行登记并及时收集补充。

第五，注意管理规范，手续齐备。归档材料填写不规范，手续不完备，或材料上的姓名、出生时间、参加工作时间和入党时间等与档案记载不一致的，材料形成部门应当重新制作，补办手续，或者由具有干部管理权限的组织（人事）部门审改（或出具组织说明）并加盖公章。

第六，明确归档时间，及时整理。符合归档要求的材料，必须在接收之日起一个月内放入本人档案，一年内整理归档。

第七，严明纪律，强化治理。在干部人事档案材料收集归档工作中，人事档案材料形成部门、人事档案工作人员和关系人必须严格执行并遵守“五不准”的纪律要求。“五不准”纪律要求如下：其一，不准以任何借口涂改、伪造档案材料。其二，不准将应归档材料据为己有或者拒绝、拖延归档。其三，不准将本规定所列归档范围之外的材料擅自归档。其四，不准将虚假材料和不符合归档要求的材料归入档案。其五，不准私自、指使或者允许他人抽取、撤换或销毁档案材料。

（3）人事档案材料的收集途径。

人事档案材料来源广泛，有个人形成的也有组织形成的，有个人自然产生的也有组织专门填写形成的。同时，在一个人一生中，他可能会在不同单位或组织中工作，这些不同的组织和单位都会成为人事档案的新来源。只有搞清了各种人事档案材料的来源才能在档案收集工作中做到心中有数，才能确保人事档案材料收集及时、齐全和完整。人事档案材料的收集主要通过下列途径来进行：

（1）通过组织、人事、劳资部门收集各种履历、考核、任免、调动、晋升行政职务、晋升专业技术职务、学位、学衔、工资、离退休材料。

（2）通过筹备召开各种代表大会的机构收集大会形成的反映个人情况的材料；通过党团组织、工会等有关部门收集入党入团、党团登记、党团鉴定、退党退团等材料。

（3）通过纪律检查、行政监察、保卫、司法部门收集违法乱纪的个人检查、受处分方面的材料。

（4）通过教育管理部门和学校收集学习成绩、学历、鉴定、奖励等方面的材料。

（5）通过科技、业务部门收集业务考绩、技术发明、论文篇目、成果贡献评价等方面的材料。

（6）通过卫生部门收集新近的体检材料。

（7）通过原工作单位收集过去形成的档案材料。

人事档案的收集方法主要有定向收集、定时收集和追踪收集三种。

2. 人事档案的鉴别

鉴别就是人事档案管理部门根据一定的原则和方法，对收集起来的人事档案材料进行真伪甄别和价值鉴定，以决定其存毁或进行其他方面处理的过程。其实质是决定一份档案文件能否作为人事档案归档保存。鉴别是人事档案工作中极其重要的环节，是保证人事档案精练、真实和实用的重要手段，这项工作应贯穿于人事档案工作的始终。

（1）人事档案材料鉴别的原则包括实事求是原则、具体问题具体分析原则、归档材料必须符合归档范围的原则。

（2）人事档案材料鉴别的内容包括以下七个方面：其一，判断其是否属于人事档案。其二，确定其是否属于该人的档案材料。其三，查明材料是否处理完毕。其四，检查材料是否齐全、完整。其五，审查材料是否重复。其六，检查手续是否完备。其七，确定材料是否有保存价值。

（3）对不需要归档材料的处理。经鉴别不需作为人事档案保管的材料，要对其进行妥善的处理。其方法如下：其一，转出。对别的单位有价值的材料，应填写《转递人事档案材料通知单》，转给有关部门，接收单位也要按有关规定办理接收手续。其二，退还。经过鉴别后，可退还的人事档案材料有两大类：一类是手续不完备或没有办理完毕的材料，要退还材料形成单位，说明原因，提出意见，要求限期交回人事档案管理部门。另一类是奖状、荣誉证书、任命书、日记等不应归入人事档案的材料，应退还个人保管或处理。退还材料时要开列清单，然后报领导审批。批准后人事档案管理部门要保存退还材料清单。在有关单位或个人接收退还材料时，要对退还材料进行清点，并在退还材料清单上签字或盖章。其三，留存。对于虽然不属于人事档案的范围，但是对于组织、人事部门的工作具有一定参考价值的材料，经整理后可由组织、人事部门妥善保存起来，供日后工作时参考。其四，销毁。经过鉴别，没有保存价值的材料，应按有关规定予以销毁。凡是准备销毁的材料，应仔细审查，逐份登记，写明销毁理由，经主管领导批准后方能销毁。

（二）人事档案的整理

人事档案材料的整理是根据一定的原则和方法，将收集起来、经过鉴别的人事档案材料，以关系人为单位，进行分类、排列、登记目录、技术加工和装订，使之成为系统化和条理化的专门案卷。

1. 人事档案的整理要求

按照《干部档案整理工作细则》的规定：“整理干部档案，须做到认真鉴别、分类准确、编排有序、目录清楚、装订整齐。通过整理使每卷档案达到完整、真实、条理、精练、实用的要求。”

2. 人事档案的整理内容

（1）人事档案的分类。在人事档案的各大类别中，无论是干部档案、军人档案、工人档案还是学生档案，其内容都不是单一的。在对一个人的档案进行整理时，必须根据档案的内容、数量的不同而划分为不同的类别。档案内容复杂、数量较多时可以多设立一些类别；档案内容简单、数量较小时，可以少设立一些类别。以干部档案为例，按照中央组织部发布的《干部人事档案工作条例》《干部档案整理工作细则》和《干部人事档案材料收集归档规定》的要求，干部人事档案的内容可以划分为十类（见表 11-1）。

表 11-1 干部人事档案分类表

大类		属类		类目范围说明
类号	类名	类号	类名	
一	履历类材料			主要有《干部履历表》和干部简历等材料
二	自传和思想类材料			主要有自传、参加党的重大教育活动情况和重要党性分析、重要思想汇报等材料
三	考核鉴定类材料			主要有平时考核、年度考核、专项考核、任（聘）期考核，工作鉴定，重大政治事件、突发事件和重大任务中的表现，援派、挂职锻炼考核鉴定，党组织书记抓基层党建评价意见等材料
四	学历学位、专业技术职务（职称）、学术评鉴和教育培训类材料	（一）	学历学位材料	主要有中学以来取得的学历学位，职业（任职）资格和评聘专业技术职务（职称），当选院士、入选重大人才工程，发明创造、科研成果获奖、著作译著和有重大影响的论文目录，政策理论、业务知识、文化素养培训和技能训练情况等材料
		（二）	职业（任职）资格和评（聘）专业技术职务（职称）材料	
		（三）	反映科研学术水平的材料	
		（四）	培训材料	

续表

大类		属类		类目范围说明
类号	类名	类号	类名	
五	政审、审计和审核类材料			主要有政治历史情况审查，领导干部经济责任审计和自然资源资产离任审计的审计结果及整改情况、履行干部选拔任用工作职责离任检查结果及说明，证明，干部基本信息审核认定、干部人事档案任前审核登记表，廉洁从业结论性评价等材料
六	党、团类材料			主要有《入党志愿书》、入党申请书、转正申请书、培养教育考察，党员登记表，停止党籍、恢复党籍，退党、脱党，保留组织关系、恢复组织生活，《入团志愿书》、入团申请书，加入或者退出民主党派等材料
七	表彰奖励类材料			主要有表彰和嘉奖、记功、授予荣誉称号，先进事迹以及撤销奖励等材料
八	违规违纪违法处理处分类材料			主要有党纪政务处分，组织处理，法院刑事判决书、裁定书，公安机关有关行政处理决定，有关行业监管部门对干部有失诚信、违反法律和行政法规等行为形成的记录，人民法院认定的被执行人失信信息等材料
九	工资、任免、出国和会议代表类材料	（一）	工资材料	工资待遇审批、参加社会保险材料
		（二）	任免材料	录用、聘用、招用、入伍、考察、任免、调配、军队转业（复员）安置、退（离）休、辞职、辞退，公务员（参照公务员法管理人员）登记、遴选、选调、调任、职级晋升，职务、职级套改，事业单位管理岗位职员等级晋升
		（三）	出国（境）材料	出国（境）审批材料
		（四）	参加会议的代表登记表等其他材料	当选党的代表大会、人民代表大会、政协会议、群团组织代表会议、民主党派代表会议等会议代表（委员）及相关职务等材料
十	其他可供组织参考的材料			主要有毕业生就业报到证、派遣证，工作调动介绍信，国（境）外永久居留资格、长期居留许可等证件有关内容的复印件和体检表等材料

（2）人事档案的正本和副本划分。干部档案正副本的建立主要是为了保证档案的安全，以便更及时有效地为人事工作或其他有关工作服务。2018 年 11 月中共中央办公厅印发了的《干部人事档案工作条例》规定，干部人事档案应分为正本和副本。

首次参加工作被录用或者聘用为《干部人事档案工作条例》第六条所列人员，包括党政领导干部、机关公务员、参照公务员法管理的机关（单位）工作人员（工勤人员除外），国有企业事业单位领导人员、管理人员和专业技术人员等，由相应的干部人事档案工作机构以其入党、入团，录用、聘用，中学以来的学籍、奖惩和自传等材料为基础，建立档案正本，并且负责管理。干部所在单位或者协管单位干部人事档案工作机构根据工作需要，可以建立副处级或者相当职务以上干部的干部人事档案副本，并且负责管理。副本由正本主要材料的复制件构成。正本有关材料和信息变更时，副本应当相应变更。

发现干部人事档案丢失或者损毁的，必须立即报告上级组织人事部门，并且全力查找或者补救。确实无法找到或者补救的，经报上级组织人事部门批准，由负责管理档案的干部人事档案工作机构协调有关单位重新建立档案或者补充必要证明材料。

人事档案的正本主要是由全面反映一个关系人的历史和现实情况的完整的人事档案材料构成。副本是正本的浓缩，由正本中的部分材料组成，扼要地反映关系人的概貌。副本材料中有的，正本中一定要有，但正本中有的，副本中不一定有。

（3）人事档案的技术加工。人事档案的技术加工包括以下方面：其一，对制成材料和书写材料中不符合归档要求的进行复制，对破损的进行补救。其二，对于大于 A4 的材料在不损害档案内容的情况下进行剪裁，不能剪裁的进行折叠，使之整齐美观。其三，对于破损、卷边、折皱和小于 A4 规格的档案材料要进行裱糊。其四，对于幅面过窄或破损未空出装订线的档案材料，应首先进行加边，然后打孔。

（4）人事档案材料的排列、编目和装订，应符合《干部人事档案工作条例》和相关规范的管理要求。

三、人事档案的日常管理

人事档案日常管理主要包括档案建立、接收、保管、转递、信息化、统计和保密，档案材料的收集、鉴别、整理和归档，等等。日常管理工作中，组织人事部门及其干部人事档案工作机构应当执行国家档案管理的有关法律法规，接受同级档案行政管理部门的业务监督和指导。

（一）人事档案数字化

人事数字档案是按照国家相关技术标准，利用扫描等技术手段将干部人事纸质档案转化形成的数字图像和数字文本等数字化副本。

组织人事部门及其干部人事档案工作机构在干部人事档案数字化过程中，应当严格规范档案目录建库、档案扫描、图像处理、数据存储、数据验收、数据交换、数据备份、安全管理等基本环节，保证数字档案副本的真实性、完整性、可用性、安全性，确保与纸质档案一致。

人事档案的数字化副本在利用、转递和保密等方面的要求，应与纸质人事档案的相关要求一致。

（二）人事档案保管和保护要求

组织人事部门及其干部人事档案工作机构应当按照预防为主、防治结合的要求，建立和维护科学合理的档案存放秩序，按照有关标准要求建设干部人事档案库房，加强库房安全管理和技术防护。档案数量较少的单位，也应当设置专用房间保管档案。阅档场所、整理场所、办公场所应当分开。

（三）人事档案整理、转递和入库审核要求

人事档案管理权限发生变动的，原管理单位的干部人事档案工作机构应当对档案进行认真核对整理，保证档案内容真实准确、材料齐全完整，并在 2 个月内完成转递；现管理单位的干部人事档案工作机构应当认真审核，严格把关，一般应当在接到档案 2 个月内完成审核入库。

（四）人事档案转递要求和主要途径

人事档案关系人出现辞职、出国不归或者被辞退、解除（终止）劳动（聘用）合同、开除公职等情况，在党委（党组）或者组织人事等有关部门对当事人作出结论意见或者处理处分，经保密审查后，原管理单位的干部人事档案工作机构应当将档案转递至相应的干部人事档案工作机构、公共就业和人才服务机构或者关系人户籍所在地的社会保障服务机构。接收单位不得无故拒绝接收人事档案。

转递人事档案必须通过机要交通或者安排专人送取，转递单位和接收单位应当严格履行转递手续。

（五）人事档案移交和死亡人员档案的管理要求

因行政区划调整、机构改革等原因单位撤销合并、职能划转、职责调整，国有企业破产、重组等，组织人事部门应当制定干部人事档案移交工作方案，编制移交清单，按照有关要求及时移交档案。干部死亡 5 年后，其人事档案移交本单位档案部门保存，按同级国家档案馆接收范围的规定进馆。

（六）人事档案信息化管理体系的建设要求

组织人事部门及其干部人事档案工作机构应当按照国家相关标准和要求，加强档案信息资源的规划、建设、开发和管理，提升档案信息采集、处理、传输、利用能力，建立健全安全、便捷、共享、高效的干部人事档案信息化管理体系。

（七）人事档案统计、分析、研判的管理要求

组织人事部门及其干部人事档案工作机构应当定期对干部人事档案日常管理、基础设施和队伍建设等工作情况进行统计、分析、研判，加强档案资源的科学管理。

（八）人事档案保密管理的基本要求

各级党政机关、国有企业事业单位和其他组织及个人，对于属于国家秘密、工作秘密的干部人事档案材料和信息，应当严格保密；对于涉及商业秘密、个人隐私的材料和信息，应当按照国家有关法律规定进行管理。

（九）人事档案材料收集、归档的基本要求

人事档案工作机构及其工作人员应当按照相关标准和要求，及时收集材料，鉴别材

料内容是否真实，检查材料填写是否规范，手续是否完备等；对于应当归档的材料准确分类，逐份编写材料目录，整理合格后，一般应当在2个月内归档。

四、人事档案的利用

人事档案利用工作应当强化服务理念，严格利用程序，创新利用方式，提高利用效能，充分发挥档案资政作用、体现凭证价值。

人事档案利用方式主要包括查（借）阅、复制和摘录等等。因工作需要，符合下列情形之一的，可以查阅人事档案：

（1）政治审查、发展党员、党员教育、党员管理。

（2）干部录用、聘用、考核、考察、任免、调配、职级晋升、教育培养、职称评聘、表彰奖励、工资待遇、公务员登记备案、退（离）休、社会保险、治丧。

（3）人才引进、培养、评选、推送等。

（4）巡视、巡察，选人用人检查、违规选人用人问题查核，组织处理，党纪政务处分，涉嫌违法犯罪的调查取证、案件查办等。

（5）经具有干部管理权限的党委（党组）、组织人事部门批准的编史修志，撰写大事记、人物传记，举办展览、纪念活动。

（6）干部日常管理中，熟悉了解干部，研究、发现和解决有关问题。

（7）其他因工作需要利用的事项。

因工作需要，符合下列情形之一的，有关用户可以查阅关系人的人事档案：

（1）人事档案关系人及其亲属办理公证、诉讼取证等有关个人合法权益保障的事项，可以按照有关规定提请相应的组织人事等部门查阅档案。

（2）复制、摘录的档案材料，应当按照有关要求管理和使用。

第三节　流动人员人事档案管理与公共服务

根据《中华人民共和国档案法》、中共中央组织部《关于进一步从严管理干部档案的通知》（中组发〔2014〕9号）、人力资源和社会保障部等五部门《关于进一步加强流动人员人事档案管理服务工作的通知》、《关于简化优化流动人员人事档案管理服务的通知》（人社厅发〔2016〕75号）等文件的规定，流动人员人事档案管理与服务工作应包括如下内容。

一、流动人员的人事档案管理

（一）流动人员的人事档案管理体制

流动人员人事档案管理，实行集中统一、归口管理的管理体制。流动人员人事档案管理的主管部门是县级以上（含县级）人民政府的人力资源社会保障部门。政府的人力资源社会保障部门应接受同级党委组织部门的监督和指导。流动人员人事档案具体由县级以上（含县级）公共就业和人才服务机构以及经人力资源社会保障部门授权的单位管理，其他单位未经授权不得管理流动人员人事档案。严禁个人保管本人的人事档案或他人的人事档案。跨地区流动人员的人事档案，可由其户籍所在地或现工作单位所在地的公共就业和人才服务机构负责管理。

（二）流动人员的人事档案范围

目前，我国流动人员的人事档案主要包括以下几类：非公有制企业和社会组织聘用人员的人事档案；辞职辞退、取消录（聘）用或被开除的机关事业单位工作人员的人事档案；与企业事业单位解除或终止劳动（聘用）关系人员的人事档案；未就业的高校毕业生及中专毕业生的档案；自费出国留学及其他因私出国（境）人员的人事档案；外国企业常驻代表机构的中方雇员的档案；自由职业或灵活就业人员的人事档案；其他实行社会管理人员的人事档案。

二、流动人员人事档案的公共服务

（一）流动人员人事档案基本公共服务内容

流动人员人事档案管理服务是基本公共就业和人才服务的重要内容。政府为流动人员人事档案管理提供的基本公共服务内容包括以下方面：人事档案的接收和转递，人事档案材料的收集、鉴别和归档，人事档案的整理和保管，为符合相关规定的单位提供人事档案查（借）阅服务，依据人事档案记载出具存档、经历、亲属关系等相关证明，为相关单位提供入党、参军、录用、出国（境）等政审（考察）服务，党员组织关系的接转，等等。

（二）流动人员人事档案接收和转递要求

根据国家有关规定，流动人员的人事档案接收和转递服务应满足如下基本要求：

（1）各级公共就业和人才服务机构不得拒收符合存放政策以及按照有关政策规定转来的流动人员人事档案。

（2）接收的档案应真实、准确、完整、规范，如实反映存档人员的出生日期、教育培训、工作经历、职务任免、职称评审、奖励处罚、政治面貌等基本情况。

（3）要加强与存档人员本人、工作单位及相关部门的联系，及时收集有关材料，建立规范的收集、鉴别、整理、归档机制。

（4）存档期间不再调整档案工资。

（5）档案转递时，行政（工资）介绍信、转正定级表、调整改派手续等材料不再作为接收审核流动人员人事档案的必备材料。

（6）转递档案时应严密包封并填写档案转递通知单，通过机要交通或派专人送取，严禁个人自带档案转递。

（三）流动人员人事档案管理服务信息化要求

信息化是流动人员人事档案管理服务的重要手段和发展方向。各地政府应大力推进流动人员人事档案信息化建设，全面掌握流动人员的数量、结构、分布、流向等情况，更好地服务于高校毕业生及中专毕业生就业、流动人才党员管理等工作。研究制定流动人员人事档案信息化建设标准，推进档案数字化，实现数据向上集中，完善资源共享、异地查阅、统计分析等功能，为全国跨地区档案信息的共享和管理服务水平的提升奠定基础。建立流动人员人事档案基本情况定期统计分析和信息报送制度，探索建设诚信档案、业绩档案等，充分发挥流动人员人事档案的凭证、依据和参考作用。

三、简化优化流动人员人事档案管理服务

根据《关于简化优化流动人员人事档案管理服务的通知》的要求，各级公共就业和人才服务机构应按照下述要求，简化和进一步优化流动人员人事档案管理服务工作。

（一）推进流动人员人事档案管理服务信息公开

1. 公布机构目录和办事指南

各地要汇总整理辖区内公共就业和人才服务机构以及授权管理流动人员人事档案的机构（简称档案管理服务机构）信息，包括机构名称、地址和联系方式等，并实行动态更新。要全面落实《关于进一步加强流动人员人事档案管理服务工作的通知》明确的基本公共服务内容，并结合本地实际，梳理服务项目，细化办事流程，编制服务指南，明晰办事时限和注意事项。要通过各级政府网站、相关专业网站、服务场所显示屏以及印制手册等形式，向社会公开档案管理服务机构信息和办事指南。有条件的地方可开通官方微博、微信公众号等，及时发布相关信息。

2. 加强对重点群体的指导

各地要积极做好面向高校毕业生等重点群体的政策解读，每年在高校毕业生离校前后，将档案管理服务政策作为就业创业政策咨询、就业指导等活动的重要内容，加大宣传力度，引导做好档案转递工作。

3. 宣传普及档案政策知识

各地要通过多种渠道组织形式多样的流动人员人事档案管理服务知识宣传，介绍档案材料内容、形成过程及主要功能，提高用人单位和存档人对档案重要性的认识，强化档案材料收集意识，营造良好工作氛围。

（二）促进流动人员人事档案管理服务便民利民

1. 实行档案接收告知承诺制

档案管理服务机构在接收档案时，要本着实事求是、便民利民的原则，对缺少材料的实行告知承诺制。要认真审核和甄别档案材料，对缺少关键材料的，一次性告知所缺

材料及其可能造成的影响，经关系人作出书面知情说明、承诺补充材料后予以接收，或与原工作单位协商退回并补充材料。对缺少非关键材料的，采取先存后补方式予以接收。关键材料一般是指用于核定存档人的出生日期、参加工作时间、入党时间、学历学位、工作经历等重要信息的材料。

2. 取消办理转正定级等手续

为简化办事环节和手续，今后档案管理服务机构对初次就业的流动人员不再办理转正定级手续。机关事业单位和国有企业在招考、聘用、招用流动人员时，可参考档案中的劳动合同、企业录用手续等材料及就业登记、劳动用工备案、社会保险缴费记录，认定参加工作时间和工作年限。档案管理服务机构要通过多种渠道，指导、督促用人单位和个人及时将上述材料收集归档。流动人员人事档案存档期间，档案管理服务机构不再办理档案工资记载、调整相关手续。

3. 畅通档案转递渠道

档案管理服务机构转递档案时不再开具行政（工资）介绍信。应届高校毕业生档案被档案管理服务机构接收、成为流动人员人事档案后，即可按照有关规定进行转递。个人跨地区就业且按照有关规定办理入职手续后，其档案在有人事档案管理权限的机关事业单位、国有企业和流动人员人事档案管理服务机构之间可直接办理转递手续。档案转递时，转出机构要在档案内附上档案材料目录清单，通过机要通信或专人送取方式进行转递，不得个人自带档案。

4. 推进前台业务受理、后台政策协调

办理社会保险代缴、退休初审、专业技术资格评定等其他基于档案的延伸服务的档案管理服务机构，要加强前台服务和后台政策的协调，及时反映有关共性问题，并配合行政管理部门研究制定合理可行的解决办法，积极为存档人解决难题。

5. 强化人力资源社会保障系统信息共享

各地要建立人力资源社会保障部门内部信息共享机制。档案管理服务机构要加强与其他经办机构的信息互通和数据衔接，依据档案材料可出具相关证明的，不再转递档案。

6. 推进档案信息化工作

各级人力资源社会保障部门要加快流动人员人事档案电子化、数字化工作，建立全国流动人员人事档案基础信息数据库，推动数据向上集中，方便档案信息异地查询，加强信息安全管理。有条件的地方可开发流动人员人事档案管理服务网上办事平台，推广网上预审、网上受理、网上办理，提高管理水平和服务效率。

（三）规范收费行为

1. 严格落实取消收费规定

档案管理服务机构要不折不扣地贯彻落实取消档案收费和人才集体户口管理服务费（包括经营服务性质的收费）的决定。各级人力资源社会保障部门要积极协调同级财政部门落实《关于进一步加强流动人员人事档案管理服务工作的通知》要求，将流动人员人事档案基本公共服务相关经费纳入同级财政预算，参考保管的档案数量等因素确定经费数额。

2. 规范基于档案的延伸服务的收费行为

不得将参加社会保险、职称评审等业务与档案保管相挂钩，杜绝以档案为载体的捆绑收费、隐形收费行为。对基于档案延伸的其他服务，严格按物价部门核准的收费依据和标准进行收费，并且做到公开透明；没有收费项目和收费标准的，一律不得收费。

3. 加大对基础设施建设的投入

各地要结合制定“十三五”规划、实施金保工程二期、加强基层就业和社会保障服务设施建设等，加大对流动人员人事档案库房、服务场所和信息系统等基础设施建设的投入，保障档案管理服务工作正常开展。

（四）健全流动人员人事档案管理服务工作体系

1. 建立科学合理的服务体系

各省级人力资源社会保障部门要根据当前辖区内档案管理服务机构现状，建立科学合理的流动人员人事档案管理服务体系，形成以县级及以上公共就业和人才服务机构为主体，授权管理服务机构为补充的流动人员人事档案管理服务工作格局。省级、地市级档案管理服务机构要充分考虑县级档案管理服务机构的实际服务能力和条件，不得强行推行档案属地化管理服务，对现已保管的流动人员人事档案，除因用人单位或关系人申请档案转递外，一律不得以任何理由进行清退。

2. 落实人事档案管理的主体责任

对用人单位集体委托存档的，原则上由用人单位工商营业执照或组织机构代码登记的同级档案管理服务机构负责；对个人委托存档的，按照关系人自愿选择，由其现工作单位所在地或户籍所在地的档案管理服务机构负责。鼓励用人单位办理集体委托存档业务，加强档案材料收集，提高管理服务效率。有人事档案管理权限的国有企业、国有控股企业和事业单位，要依据有关规定做好本单位干部职工档案管理工作。

3. 强化行政部门指导监督职能

各级人力资源社会保障行政部门要将流动人员人事档案管理服务作为公共服务的重要内容，切实加强组织领导，做好统筹规划，明确职责分工，完善政策制度，强化监督检查。对存在虚假宣传、推诿拒收、无故清理档案、违反档案保密纪律等行为的档案管理服务机构，要加强问责，督促整改。流动人员人事档案比较集中的超大城市人力资源社会保障部门，要尽快制定并实施在本地就业的非户籍流动人员的人事档案管理服务相关规定。

4. 要统一思想、提高认识

各级人力资源社会保障部门要统一思想，提高认识，切实贯彻落实好简化优化流动人员人事档案管理服务的各项措施，加强服务窗口作风建设，创造性地开展工作，为人才流动就业服务，为大众创业、万众创新服务。

第四节　人事档案的审核工作

人事档案审核工作是为维护人事档案的权威性、真实性，从严管理干部，保护人事档案关系人的合法权益，保证社会公平正义的重要管理活动。中共中央组织部及各级人事管理部门都非常重视此项工作的开展。

一、人事档案审核工作开展的主要法律法规依据

《干部人事档案工作条例》指出，干部档案是干部个人经历和社会实践的记录，是干部思想品德、业务能力和工作情况的反映，是历史地、全面地考察了解和正确选拔使用干部的一个重要依据。该条例也是开展人事档案审核工作的重要法规依据。目前，我国开展人事档案审核工作中所依据的规范性文件主要包括中共中央组织部《干部人事档案造假问题处理办法（试行）》（中组发〔2015〕23 号），中共中央组织部《关于进一步从严管理干部档案的通知》，中共中央组织部、人事部、公安部《关于认真做好干部出生日期管理工作的通知》（组通字〔2006〕41 号），中共中央组织部《关于进一步开展干部人事档案审核工作的通知》（组厅字〔2006〕5 号），中共中央组织部《干部人事档案审核工作检查验收办法》（2006 年），国家教委、总参谋部、总政治部《关于中国人民解放军院校学历证书实行统一制作和管理的通知》（教学〔1995〕2 号），国家教委、劳动部、人事部《关于博士生和在职人员考取硕士生学习期间工龄计算问题的通知》（教高〔1990〕001 号），中共中央组织部、劳动人事部《关于确定建国前干部参加革命工作时间的规定》（中组发〔1982〕11 号），等等。

二、人事档案审核工作的主要内容

一般应重点审核干部的“三龄两历一身份”和家庭情况等信息。“三龄”即干部的出生日期、入党时间和参加工作时间，“两历”即干部的学历学位和工作经历，“一身份”即干部身份。

人事档案审核的一般方法是，先依据最新的《干部任免审批表》和《干部履历表》，作为现在工作中使用的干部相关信息，再到涉及该信息的材料中反查核对，比照最新的《干部任免审批表》和《干部履历表》的信息是否与材料的记载一致，不一致要做好记录并作核实处理，差缺的材料要进行补充。具体审核工作可按下述方法进行。

（一）出生日期的审核依据、要点和方法

1. 出生日期的认定依据

出生日期的认定应以人事档案中最早形成材料记载的出生日期为依据。最早形成材料记载的出生日期有涂改的，要查找相关材料（原始户籍材料和亲属材料）予以印证。

2. 出生日期的审核要点

重点审核最新《干部任免审批表》填写的出生日期记载是否与档案中最早形成材料记载的时间一致。出生日期记载前后是否一致的界定：

（1）如果最新《干部任免审批表》的出生日期记载与档案中最早形成材料的记载时间一致，且和大部分主要材料记载均一致，则该档案的出生日期不存在问题。

（2）如果最新《干部任免审批表》的出生日期记载与档案中最早形成材料记载的日期不一致，且无相应的认定材料或有认定材料但没有更早于档案中最早形成材料记载出生日期的相关材料（档案材料或原始户籍材料）作为依据，那么该档案中最新《干部任免审批表》等材料的出生日期存在问题，须进行相应记录及整改。

3. 出生日期的审核程序

（1）比对信息。首先详细审核档案材料记载的下述三个材料的出生日期，并判断最早形成材料记载的出生日期、最新《干部任免审批表》和其他主要材料记载的出生日期是否一致。根据档案目录中材料形成时间，常见的最早形成材料是中学毕业生登记表、入学（入伍、招工）政审表、《入团志愿书》、应征入伍登记表、招工登记表和体检表等。载于其上的就是最早形成材料记载的出生日期。此外还有最新《干部任免审批表》中记载的出生日期，《公务员登记表》、最新《干部履历表》和《军人身份证号登记表》填写的身份证号中记载的出生日期。

（2）涉嫌造假。出生日期涉嫌涂改造假主要指涉嫌涂改最早形成材料的出生日期等情况；出生日期涉嫌材料造假主要指涉嫌伪造记载出生日期的最早形成材料等情况。可通过逻辑推算进行初步判断：首先，根据记载推算上学、参加工作、入党年龄等是否合理，并进行判断，如按照党章规定入党时要年满 18 周岁。其次，根据家庭成员年龄推算其年龄是否合理，即对档案材料记载的相关信息进行互相比对印证。如根据《干部履历表》、自传、政审材料、《入团志愿书》、任免表等材料中填写的家庭成员年龄，推算其出生日期是否合理。

（3）有认定情况的审核。档案中如有关于出生日期的相关认定材料，需对下列情况进行判断：认定是否符合文件规定；认定材料是否齐全完整。

4. 出生日期的问题处理建议

最新《干部任免审批表》出生日期记载与档案中最早形成材料记载的出生日期不一致又没有其他认定材料的，以最早形成材料记载的出生时间为依据对出生日期进行认定，并应对相关信息进行整改（如出具相关的认定材料），必要时应重新制作最新《干部任免审批表》。以后形成的《干部任免审批表》及涉及出生日期的相关材料必须使用最早形成材料记载的出生日期。若有符合规定的认定，则用认定的出生日期。对出生日期审核应特别强调以下方面：

（1）组织认定时间若与干部档案中最早记载的时间不一致，必须要有更早于档案中最早记载出生日期的相关材料（档案材料或原始户籍材料）作为依据，没有依据的组织认定无效。

（2）组织上认定干部的出生日期是以关系人档案或户籍档案的最早记载为依据，而不是以身份证为依据。

此外，军队转业干部在部队期间认定出生日期的，如符合中组部有关政策规定，且依据充分的，该认定有效；否则，应重新予以认定。

（二）参加工作时间的审核依据、要点和方法

1. 参加工作时间的认定依据

参加工作时间以参加工作时形成材料记载的时间为依据。

2. 参加工作时间的审核要点

重点审核最新《干部任免审批表》的工作时间和参加工作时形成材料记载的时间是否一致。参加工作时间前后是否一致的界定：

（1）若最新《干部任免审批表》的工作时间和参加工作时形成材料记载的时间一致且与档案中其他主要材料记载的工作时间也一致，则该档案中的工作时间不存在问题。

（2）若最新《干部任免审批表》的工作时间和参加工作时形成材料记载的时间不一致，且无相应证明材料的，则该档案中参加工作时间前后不一致，须进行整改。

3. 参加工作时间的审核程序

（1）确认材料齐全、制作规范。参加工作的有关材料，如职工登记表、招生（入伍、招工）政审材料、知青上山下乡证明、录（聘）用审批（备案）表、应征入伍登记表、招工审批表、毕业生转正定级审批表等等。

（2）比对信息。判断参加工作时形成材料和最新《干部任免审批表》记载的参加工作时间是否一致。须详细审核以下材料中记载的信息：其一，参加工作时形成材料记载的参加工作时间；其二，最新《干部任免审批表》记载的参加工作时间。

（3）涉嫌造假。主要指是否涂改档案材料中的参加工作时间，是否有虚假的记载参加工作时间的材料。

（4）有认定情况的审核。档案中如有关于参加工作时间的相关认定材料时，应审核以下方面：其一，认定是否符合文件规定要求，并注意有无组织批复；凡更改参加工作时间而没有组织批复的，不予承认。其二，认定材料是否齐全完整。

4. 参加工作时间的问题处理建议

最新《干部任免审批表》的工作时间和参加工作时形成材料记载的时间不一致，且无相应的认定材料的，应以档案中参加工作时形成材料记载的时间为依据；并对相关信息进行整改，必要时应重新制作最新《干部任免审批表》。以后形成的《干部任免审批表》、工资审批表等材料必须使用认定后的工作时间。

（三）入党时间的审核依据、要点和方法

1. 入党时间的认定依据

入党时间以入党时形成材料记载的时间为依据，《入党志愿书》是证明党员身份和党员入党时间的重要材料。

2. 入党时间的审核要点

主要审核《入党志愿书》中入党时间记载是否与最新《干部任免审批表》中信息一致。入党时间前后不一致的界定：

（1）若最新《干部任免审批表》与《入党志愿书》的入党时间记载一致，且与档案中其他主要材料记载一致，则该档案中的入党时间不存在问题。

（2）若最新《干部任免审批表》与《入党志愿书》的入党时间记载不一致，则须进行整改。

3. 入党时间的审核程序

（1）确认材料齐全、制作规范。

（2）比对信息。

（3）查明是否涉嫌造假。主要指入党材料造假。审核人员应注意查看《入党志愿书》、入党申请书等入党材料是否真实，与档案中其他材料记载是否一致，注意分析各时间信息的逻辑关系。

4. 入党时间的问题处理建议

最新《干部任免审批表》和《入党志愿书》的入党时间记载不一致的，须以《入党志愿书》记载的时间为准，对入党时间前后记载不一致的须对相关信息进行整改。以后形成的《干部任免审批表》等材料必须使用《入党志愿书》中记载的入党时间，若缺少《入党志愿书》的，须按规定重新填写归档，填写的个人情况截至重新填写之日，同时须有组织的相关证明材料。

5. 入党时间的其他情况处理办法

加入民主党派的，需有加入民主党派的材料。加入民主党派的时间以材料为准。民主党派的党员身份及入党时间要按照该党派相应的章程来确定。

（四）学历学位的审核依据、要点和方法

1. 学历学位的认定依据

学历学位以反映学历、学位的材料为依据，均归在干部档案第四类。

2. 学历学位的审核要点

重点审核最高学历学位材料是否齐全，该学历学位国家是否认可，与最新《干部任免审批表》中的学历学位信息是否一致。学历学位信息的确认：

（1）该档案中最高学历学位是国家认可的。审核要求如下：材料齐全且与最新《干部任免审批表》一致的，该档案中学历学位记载无问题；材料不齐全时存在问题，须补齐学历学位材料。

（2）该档案中最高学历学位国家不认可，则以档案中可认定的下一级学历为最高学历。

3. 学历学位的审核程序

（1）确认材料齐全、制作规范。审核常见学历学位材料是否齐全，审核非常见学历

学位材料是否齐全，并根据档案中学历学位材料记载，按全日制和在职分别审核。

（2）确认是否涉嫌造假。主要指学历学位材料造假、上学经历造假等情况。通过档案材料鉴别来判断是否涉嫌造假。

4. 学历学位的问题处理建议

审核最新《干部任免审批表》和学历学位材料中记载的国家认可的最高学历学位信息是否一致，不一致时审核认定相关信息后进行整改，必要时应重新制作最新《干部任免审批表》。以后形成的《干部任免审批表》等材料必须使用经认定的学历学位信息。

（五）工作经历的审核依据、要点和方法

1. 工作经历的审核认定依据

工作经历以反映工作经历的材料为依据，主要包括《干部任免审批表》《干部履历表》等等。

2. 工作经历的审核要点

以最新《干部任免审批表》的简历作为现使用的信息逐一进行倒查，反查各类材料一一印证干部的每段经历。重点审核每一次职务变动是否均有《干部任免审批表》，提任的是否有考察材料，任免职时间是否正确，经历时间是否衔接。特别注意：1997 年以来任副科以上职务的《干部任免审批表》必须要有；提任职务的要有考察材料。

3. 工作经历的审核程序

（1）根据最新《干部任免审批表》审核干部任职经历，查看《干部任免审批表》和考察材料是否齐全。判断其职务晋升是否符合相关规定，是否属于破格提拔。

（2）涉嫌造假。根据履历、自传、学历学位、工资、任免等材料综合判断干部工作经历是否真实，有无造假嫌疑。

4. 工作经历的问题处理建议

1997 年以后任副科以上职务的必须要有《干部任免审批表》，如因年代久远无法找到的可用任免通知或党组会议纪要代替。任免材料中的“德才表现”可视为考察材料。简历的时间前后要衔接，如 1999.01—2001.02，2001.02—2004.05，不得空段。工作经历信息有出入的须进行整改，必要时应重新制作最新《干部任免审批表》。以后形成的《干部任免审批表》等材料须使用认定后的工作经历。

（六）干部身份的审核依据、要点和方法

1. 干部身份的审核认定依据

干部身份以进入干部队伍的相应材料为依据，包含企业事业单位和乡镇聘用制干部的材料。

2. 干部身份的审核要点

重点审核转干、录干、聘用制干部的审批材料是否真实有效，聘用干部审批材料是否按规定进行续、转聘。

3. 干部身份的问题处理建议

若无转干、录干、聘用制干部的材料，须由单位作出说明并加盖组织印章；若材料存在疑问，应查找批准单位的批复文件或其他依据材料核对。

（七）家庭情况的审核依据、要点和方法

1. 家庭情况的审核认定依据

主要包括第一类中的履历材料，第二类中的自传，第五类中的政审材料，第六类中的《入团志愿书》《入党志愿书》和《党员登记表》，第九类中的《干部任免审批表》《初次出国审批表》，第十类中的相关材料，等等。

2. 家庭情况的审核要点

重点审核《干部任免审批表》《干部履历表》等材料，确保家庭信息符合实际情况。家庭情况记载是否存在问题的界定：

（1）若档案材料记载的家庭信息符合实际情况，则该档案的家庭情况记载不存在问题。

（2）若档案材料记载的家庭信息不符合实际情况，或干部最新的家庭信息在档案中没有反映，则该档案的家庭情况记载存在问题，须进行整改。

3. 家庭情况的问题处理建议

重点核实最新《干部任免审批表》中反映的家庭情况是否符合当时实际。当干部重新组建家庭时，最新的家庭情况应在人事档案中有所反映。

（八）干部履历表的审核依据、要点和方法

1999 年以前参加工作的，须有中组部制发的 1988 年版和 1999 年版《干部履历表》；1999 年以后参加工作的，须有 1999 年版《干部履历表》。对缺少此类材料的要按如下方法处理：

（1）没有相应的 1988 年版、1999 年版《干部履历表》的要尽量查找收集。

（2）1988 年版《干部履历表》确实找不到的，可以不再补充填写。

（3）缺 1999 年版《干部履历表》的，必须及时填写（1999 年以后参加工作的也必须补充填写）。补填 1999 年版的《干部履历表》时，以干部填写时的情况逐项填写。《干部履历表》所填信息应真实、准确、规范、完整，必须有照片、本人签名、填表时间和组织印章。

（九）年度考核登记表的审核方法

人事档案中应有 1994 年以来的《年度考核登记表》，若没有则必须补齐。如因年代久远无法查找的，则由组织做出考核情况说明并加盖公章。《年度考核登记表》必须要有本人签字，并加盖组织的印章。

思考与练习

1. 什么是人事档案？它有什么特点？
2. 人事档案管理的主要理论依据是什么？
3. 如何开展人事档案材料的归档工作？
4. 如何确定人事档案材料的归档范围？
5. 如何进行人事档案的分类？
6. 人事档案的编目有何要求？
7. 如何做好档案利用服务工作？
8. 如何加强流动人员人事档案的管理？
9. 人事档案审核工作的内容与要求是什么？
10. 如何有效进行干部人事档案的审核工作？

第十二章
会计档案管理

内容提要

本章的主要内容包括：一、会计档案概述。二、会计档案的收集。三、会计档案的整理。四、会计档案的鉴定和处置。五、电子会计档案的管理。

第一节　会计档案概述

一、会计档案的定义

会计档案是指单位在进行会计核算等过程中接收或形成的，记录和反映单位经济业务事项的，具有保存价值的文字、图表等各种形式的会计资料，包括纸本会计档案、电子会计档案等种类。这一定义的基本含义如下：

第一，定义指明了会计档案的形成者——各种社会实践主体。会计档案形成者的广泛社会性，决定了会计档案来源的广泛性。可以说，只要有经济活动的地方，一般就会产生会计记录，形成会计档案。就人类社会的现状来说，社会上会计类型是多种多样的，如农业会计、工业会计、商业会计、税务会计、事业单位会计、企业会计、保险会计、交通运输会计等等。从会计的专业属性来说，不仅有预算会计、管理会计、决算会计、责任会计，还有成本会计、涉外会计、国际会计等等。

第二，定义指明了会计档案的特定形成领域——会计核算专业活动。专门档案的突出特点之一，就是有明显的专业属性。在定义中指明会计档案的主要形成领域，可以使会计业务部门和档案管理部门更为有效地认识和把握会计记录［包括具有凭证性的会计文件（资料）］的形成规律与特点，并且据此确定较为科学、合理的管理方案。

第三，定义指明了会计档案的价值属性特征——具有一定的保存价值。并非所有的会计核算资料都可以作为会计档案保存，否则就会出现“有文必档”现象。

第四，定义揭示了会计档案的本质属性——会计核算专业活动的历史记录。会计档案的管理实践表明，有一些会计记录、会计资料是伴随着会计核算专业活动直接形成的，有一些会计记录是在一定的会计核算专业活动之后编制或刻录的。但是，就总体而论，各种会计档案依然是会计核算专业活动过程及其结果的有机组成部分，其所承载的会计数据和会计信息也具有明显的凭证性特点。

第五，定义说明了会计档案的存在形式特征。《会计档案管理办法》（中华人民共和国财政部和国家档案局令第 79 号）的第二条规定，“本办法所称会计档案是指单位在进行会计核算等过程中接收或形成的，记录和反映单位经济业务事项的，具有保存价值的文字、图表等各种形式的会计资料，包括通过计算机等电子设备形成、传输和存储的电子会计档案”。从中，我们不难看出会计档案的主要记录形式包括文字、图表等形态，其存在方式包括纸本和电子两种主要方式。

值得说明的是，《会计档案管理办法》中对“会计档案”的解释，从逻辑学角度看，是属于“界说”性质的说明，重点在于强调国家和单位管理会计档案的范围，而并非逻辑学上所讲的“定义”。另外，各单位在从事会计核算业务活动中所形成的或接收的“会计资料”是会计行业的一种习惯性说法，这种“会计资料”并不是通常意义上的通过交流、购买、网络信息采集等方式获取的，仅具有会计业务活动参考价值的第二手资料，而是指围绕着相关单位的会计业务活动直接形成或接收的第一手资料。基于此，本书在多数情况下会采用会计记录这种专业表达法，但为了便于人们理解《会计档案管理办法》，有时也会采用“会计资料”这种概念表达法。

二、会计档案的价值、功能和作用

（一）会计档案的价值概念及其构成

会计档案的价值，是指会计档案对人类社会的现实实践活动和长远的历史文化建设所具有的积极意义。它是由各种有用性和有益性构成的一个概念体。但是应当注意的是，会计档案价值的产生根源，是各种会计记录、会计资料的形成者以及会计档案管理者等社会活动主体的各种有效付出的凝结。其中包含了这些社会主体的创造性劳动、智慧、经验、知识、辛劳等。因此，会计档案的价值实质上反映了广大会计工作者、档案工作者同其他社会实践主体之间的一种互动关系。认识到会计档案价值的这种本质规定性，对于我们重视会计人员和会计档案人员等社会群体所承担职责的社会存在必要性，是十分有益的。

会计档案的价值构成，主要包括以下方面：

（1）会计档案是制订财务计划的重要数据源。

（2）会计档案是进行科学经济决策的信息源。

（3）会计档案是维护正常经济、工作秩序的法定证据，是实施会计审计、会计监督的必要条件，也是促成新经济活动的信息支持源泉。

（4）会计档案是研究社会经济文化存在与发展规律的重要文献源。

（5）会计档案是开展历史研究的记忆库。

（6）会计档案是储备会计工作经验、技术、智慧和教训的知识库。

（二）会计档案的功能

会计档案的功能，就是指它对其形成单位或社会的经济管理活动和历史文化建设等所具有的作用能力。在潜在的条件下，会计档案的功能是中性的，没有利弊、积极与消极之分。但是在显现的条件下，会计档案的功能则会以一定的作用形式表现出来，并且具有一定的倾向性，同时也会具有利弊、好坏之分。会计档案包括以下基本功能：（1）原始凭证功能；（2）历史查考功能；（3）历史记忆功能；（4）维护经济秩序功能；（5）促成新业务产生的功能等。

（三）会计档案的作用

会计档案的作用是会计档案功能的具体体现，主要包括以下几个方面：

1. 信息保障作用

会计档案为国家经济建设实行综合平衡和制订国民经济发展计划，反映和考核国民经济各部门有关计划和预算的执行情况，提供重要的信息。会计档案可以为制订经济计划、进行经济可行性研究、开展科学的经济决策、有效地领导经济工作等，提供各种有用的数据和信息。同时，会计档案也可以为研究国家的经济建设活动规律和特点，为合理的经济政策制定等项工作，提供重要的数据和信息资源。

2. 维系管理作用

会计档案是保护国家财产、打击经济领域犯罪活动和反对不正之风的有力工具。会计档案这种突出的维系管理作用，已经得到了世界各国政府的广泛重视，并且通过建立和健全有关的会计工作法律、法规、制度、规范等，保证会计档案内容信息的可靠性、完整性和系统性，以便充分发挥会计档案的这种作用。

3. 监督检查作用

会计档案是监督、检查和维护国家财政纪律，确保国家利益不受侵犯的重要凭据。实践经验表明，会计档案对保护国家财产、监督国家财务制度和财经纪律的执行情况、查处违法经济案件、打击经济领域的犯罪活动等，都具有重要的凭据作用。

4. 经济、历史研究作用

会计档案是研究经济和财政历史的可靠史料。会计档案是管理经济活动的历史真实记录，它的经济与历史研究作用就是充分地开发利用高质量的会计信息资源，通过缜密的分析，总结与探索国民经济发展的经验、成果及教训，发现规律和所存在的问题，从而有针对性地进行相应的调整，正确地制定出一定时期的经济与社会发展战略、发展规划、发展方案。诚然，会计档案作为社会经济历史的真实记录，作为社会记忆的一个有机的组成部分，也是“今世赖之以知古，后世赖之以知今”不可或缺的宝贵史料资源。

5. 凭证、查考作用

会计档案是机关工作、企业管理工作的必要手段和工具。会计档案的凭证作用，是由会计档案的特点决定的。从会计档案的形成过程来说，它是在各种会计核算活动中自然形成的，记录和反映了各个单位财政收支、资金使用及周转等项活动的具体过程信息。它对任何依法建立的、相对独立的社会实践主体的经济活动和财务开支情况，都有明确的记录和反映。因此，会计档案是各个单位从事经济管理活动和财政管理活动的重要凭据或历史证据。凡是会计制度不健全、会计档案管理混乱的单位，常常会由于缺乏充分的会计核算证据而蒙受不应有的经济损失，有的企业单位甚至会因此面临破产的风险。相反，已经建立了正常的会计管理制度并能够认真组织施行的单位，不但其会计档案完整、系统，而且能据此有效地保证其正常的工作、生产或科研秩序，及时地解决问题、化解各种经济业务纠纷和矛盾。

会计档案的查考作用也是会计档案在机关、组织、企业事业单位工作管理中的一项重要作用。因为会计档案之中蕴藏着十分丰富的经济、财务、资金来源和利用等方面的数据和信息资源，它可以为各有关单位进行经济决策、制订科学合理的财务工作计划，提供可信的查考信息依据。

第二节　会计档案的收集

会计档案的收集，就是按照国家有关法律法规和制度的要求，将具有一定保存价值的会计记录（资料）整理归档，定期移交给档案机构集中管理的一项档案业务活动。

一、会计文件（资料）的归档制度

会计文件（资料）的归档制度内容可以区分为归档范围、归档时间、归档要求和归档手续等。

（一）归档范围

归档范围就是指哪些会计记录和会计文件（资料）可以作为会计档案保存，哪些会计记录、会计文件（资料）不能作为会计档案保存。一般来说，根据会计档案鉴定标准（保管期限表）的规定，具有一定保存价值的会计凭证、会计账簿、会计报告及其他会计记录和会计文件（资料）均应作为会计档案保存。归档的会计记录和会计文件（资料）主要来源于财政机关的总预算会计、单位预算会计、建设银行会计、机关经费会计、税收机关会计、建设单位会计，以及企业事业单位会计。会计记录和会计文件（资料）的归档范围，主要包括财政部和国家档案局发布的《会计档案管理办法》所规定的四类会计记录和会计文件（资料）。具体来说以下类型的会计记录和会计文件（资料），均应归档保存。

（1）会计凭证，包括原始凭证、记账凭证。

（2）会计账簿，包括总账、明细账、日记账、固定资产卡片及其他辅助性账簿。

（3）财务会计报告，包括月度、季度、半年度、年度财务会计报告。

（4）其他会计资料，包括银行存款余额调节表、银行对账单、纳税申报表、会计档案移交清册、会计档案保管清册、会计档案销毁清册、会计档案鉴定意见书及其他具有保存价值的会计资料。

同时满足下列条件的、单位内部形成的属于归档范围的电子会计文件（资料）可仅以电子形式保存，形成电子会计档案：

（1）形成的电子会计文件（资料）来源真实有效，由计算机等电子设备形成和传输。

（2）使用的会计核算系统能够准确、完整、有效接收和读取电子会计文件（资料），能够输出符合国家标准归档格式的会计凭证、会计账簿、财务会计报表等会计文件（资料），设定了经办、审核、审批等必要的审签程序。

（3）使用的电子档案（记录）管理系统能够有效接收、管理、利用电子会计档案，符合电子档案的长期保管要求，并建立了电子会计档案与相关联的其他纸质会计档案的检索关系。

（4）采取有效措施，防止电子会计档案被篡改。

（5）建立电子会计档案备份制度，能够有效防范自然灾害、意外事故和人为破坏的影响。

（6）形成的电子会计文件（资料）不属于具有永久保存价值或者其他重要保存价值的会计档案。

在满足上述规定条件的前提下，单位从外部接收的电子会计资料中，附有符合《中华人民共和国电子签名法》规定的电子签名的，可仅以电子形式归档保存，形成电子会计档案。

值得注意的是，为了保证这些会计档案的可读性，必须在归档时注意将相关的支持软件及其说明材料等，一并归档保存。

不需要作为会计档案归档保存的文件材料主要包括以下几类：

（1）为参考需要而交流或购买来的会计业务材料。

（2）不属于会计档案性质的文件或记录材料，如财会部门经办的有关财会工作方针、政策、制度、预算计划、工作总结、工作报告以及其他来往文书等，都不属于会计档案范围，而应当按照文书档案的管理办法进行管理。

（3）所有打印或复印的会计记录或文件的废件。

（二）归档时间

归档时间就是会计人员或会计机构应当向本单位档案人员或档案部门移交整理好的会计档案的时间。

一般情况下，当年形成的会计档案，在会计年度终了后，可由单位会计管理机构临时保管一年，再移交单位档案管理机构保管。特殊情况，因工作需要确需推迟移交的，应当经单位档案管理机构同意。单位会计管理机构临时保管会计档案最长不超过三年。临时保管期间，会计档案的保管应当符合国家档案管理的有关规定，且出纳人员不得兼管会计档案。

（三）归档要求

归档要求就是对会计文件（资料）归档的职责以及会计档案保管单位的质量等所提出的相关要求。一般性的归档要求是，归档的会计文件（资料）、会计记录应齐全完整，保持文件（资料）之间的有机联系，适当区分保存价值，便于日后会计档案的保管和会计档案信息资源的开发利用。具体性的要求是，各个立档单位可以根据本单位的具体情况，以及会计文件（资料）、会计记录的产生和形成的规律和特点，具体加以规定。但是，一般应当包含如下几个方面的内容：

(1) 单位会计管理机构在办理会计档案移交时，应当编制会计档案移交清册，并按照国家档案管理的有关规定办理移交手续。

(2) 未设立档案机构的单位，应当在会计机构内指定专人保管需要归档的会计档案。

(3) 出纳人员不得从事会计档案的归档工作，更不能兼管归档的会计档案。

(4) 纸质会计档案移交时应当保持原卷的封装。电子会计档案移交时应当将电子会计档案及其元数据一并移交，且文件格式应当符合国家档案管理的有关规定。特殊格式的电子会计档案应当与其读取平台一并移交。单位档案管理机构接收电子会计档案时，应当对电子会计档案的准确性、完整性、可用性、安全性进行检测，符合要求的才能接收。

(5) 按照会计制度的统一规定，年终在办理决算以后，会计凭证、会计账簿、财务报告等应一律归档保存，以备查询。

(6) 归档的会计文件（资料）和会计记录，必须经过鉴定并划定合理的保管期限。

(7) 需要整理的会计文件（资料）和会计记录，必须按照国家的有关要求认真整理好。

(8) 归档会计文件（资料）和会计记录的制成材料和书写材料必须符合档案安全保护的需要。

(9) 财会部门和经办人必须按期将应归档的会计档案全部移交档案部门，不得擅自封包保存。

(10) 档案人员或档案部门必须按期接收会计人员或会计机构移交来的会计档案，并进行仔细清点和检查，不得借故推诿拒收。

(11) 与纸质会计文件（资料）、记录有关联的其他载体形式或介质的会计数据和会计信息的记录，如磁盘、磁带、光盘、缩微胶卷、缩微平片、会计电子文档的支持软件以及检索工具、数据库文件等，也应一并移交。

(12) 必须经常对计算机硬盘上的数据建立备份，一般每月不得少于一次。不得直接对硬盘上的会计数据和作为正式会计档案的备份磁盘或磁带上的会计数据进行任何非法操作，不得随意删除硬盘和软盘上的会计数据。如果恢复计算机系统的数据，就必须使用最新的备份文件。

(13) 必须妥善保管好会计数据的备份文件，备份用的磁盘应贴上写保护标签，并用印章或封条签封，由专人负责保管。备份文件应置于安全、洁净、防热、防潮、防磁的环境中，并定期进行转存。存储有会计数据的计算机硬盘和备份文件不得随意放置或外借使用。

（四）归档份数

归档份数是指归档的会计文件（资料）、会计记录的实际份数。一般性质的会计文件（资料）和会计记录，只要归档一份即可。但是特殊的会计档案，一般应留有安全副本或备份文件，以防不测。

（五）归档手续

会计档案形成后应首先在会计机构保管一年，期满后应当由会计机构编制移交清册，移交本单位档案机构统一保管；未设立档案机构的，应当在会计机构内部指定专人保管。在移交会计档案时，交接双方必须按规定履行一定的移交手续，具体做法如下：档案人员应当根据会计档案移交清册，详细清点案卷；经认真核对无误后，交接双方应在会计档案移交清册上履行签字手续，交接双方各存一份。

二、会计核算系统中电子会计档案的收集管理制度

单位的会计档案包括储存在磁盘（软盘和硬盘）上的会计文件（资料）和会计凭证、会计账簿、会计报表等书面形式会计核算文件。

会计核算系统内数据文件及其备份和作为会计档案打印输出的各种凭证、账册、报表，应按有关财会制度使用、收集。

（一）现金记账凭证及日记账的输出及收集

现金收（付）业务要做到当日业务当日清。现金记账凭证一律由专职会计人员手工做记账凭证，审核无误当日输入计算机并打印出现金日记账页，审核后交现金出纳人员核对现金库存，相符后出纳员及主管负责人在账页上盖章，按月编页码装订成册，加盖封印。年终将各月现金日记账顺序装订成册，加盖封印，妥为保管。

在满足《会计档案管理办法》（第七、八、九条）等相关规定的前提条件下，也可仅以电子的形式保存。

（二）银行记账凭证、账册的输出与收集

银行记账凭证分机制凭证和手编记账凭证两种，有关财务人员必须及时把经审核无误的原始凭证或手编记账凭证当日输入计算机并打印银行日记账页，以保证银行出纳当日业务当日清算。银行账页经银行出纳审核无误后，出纳和主管会计签字盖章，按月装订成册。年终将各月银行日记账顺序装订成册，并加盖封印，妥为保管。

在满足《会计档案管理办法》（第七、八、九条）等相关规定的前提条件下，也可仅以电子的形式保存。

（三）转账凭证的输入、输出与收集

转账凭证包括手编凭证与机制凭证两种，有关会计人员应及时将审核无误的原始凭

证或手工编制的记账凭证输入计算机。机制凭证在输入计算机后要打印输出来，并与手编凭证同样装订成册，妥为保管。

在满足《会计档案管理办法》（第七、八、九条）等相关规定的前提条件下，也可仅以电子的形式保存。

（四）科目汇总表、账表打印时间

现金、银行日记账每天打印。银行余额调节表每月打印一次。总分类账和各明细分类账每月打印一次。现金、银行存款、转账记账凭证的科目汇总表每月打印一次，并同该本记账凭证一起装订。

由机器打印输出的会计档案发生缺损时，必须补充打印，并要求操作人员在打印输出的账页上签字盖章，财务主管签字盖章认可。

（五）数据备份收集

由于会计核算数据的重要性，必须经常进行备份工作，以避免意外和人为错误造成数据的丢失；发生会计数据丢失时，必须及时用备份数据进行恢复。

在日常工作中，准备三套软盘循环使用，隔日进行备份，以避免意外和人为错误造成对工作的干扰。

需要做备份的包括系统设置文件、科目代码文件、期初余额文件、本月账务文件、报表文件及其他核算子系统的数据文件。

会计核算系统内凭证及总分类账、明细分类账、报表应视同会计文件（资料）按月做两套软盘备份，交会计档案保管员分别放置在不同的地方妥为保管。

（六）电子会计档案的集中管理

会计档案存档手续：打印输出的凭证、账册、报表，必须有会计主管的签章才能存档保管。

为了保证备份数据的安全，备份软盘必须贴上写保护标签，装入盘套，存放在安全、洁净、防热、防潮、防磁的场所。

由打印输出的凭证、账册、报表等书面形式的会计档案按《会计档案管理办法》规定的保管期限和管理办法管理。

随计算机配置而来的操作系统、各类应用程序软件以及购买的商品化会计核算系统软件以及上述软件的备份磁盘，必须作为会计档案保管。

各类会计档案的出借，必须经过会计主管审批同意并签章。如果对备份磁盘的操作可能危及该备份磁盘的完整性，则应制作该备份磁盘的复制件，使用复制件进行操作。

必须加强会计档案的保密工作，任何人如有伪造、非法涂改变更、故意毁坏数据文件、账册、备份磁盘等的行为，将受到行政处分，情节严重者，将追究其法律责任。

第三节　会计档案的整理

整理工作是会计档案管理工作的一项主要业务活动。无序、不系统、无条理的会计档案，不但不便于安全保管，而且不便于科学地组织会计信息资源的开发利用工作。整理可以为会计档案的合理保管和利用，提供一个最基本的物理性的会计文件（资料）有机体系。

一、会计档案整理的内容

会计档案的整理，就是对全宗内的会计档案进行分类、组合、排列和编目的活动。简单地说，会计档案的整理工作，就是对有关的会计档案进行整序的活动。会计档案整理工作的内容主要包括以下几项：

（一）会计档案的分类

会计档案的分类，就是以会计核算业务为基础，以维护会计文件（资料）之间的历史有机联系与方便保管和利用为目标，设计并执行会计档案划分方案的活动过程。

（二）会计档案的组合

会计档案的组合即会计档案的组卷，就是依据各个终端类内会计文件（资料）之间的相互联系，在适当鉴别会计文件（资料）、会计记录的保存价值的基础上，按照便于保管和利用的基本要求，将互有联系的、保密等级和保存价值相同或相近的会计文件（资料）、会计记录组合在一起的活动。

（三）会计档案的排列

会计档案的排列主要包括案卷内文件（资料）或记录的排列以及案卷的排列等项工作内容。

（四）会计档案的编目

会计档案的编目就是通过一定的方式或方法，将会计档案的分类、组合及排列的整理工作成果固定下来的活动。

二、会计档案的分类

会计档案分类有广义和狭义之分。广义的分类包括会计档案种类的划分、会计档案实体的分类和会计档案信息内容的分类等三个方面的内容。每一种分类所针对的实际工作对象和所要达到的目标是不一致的。本书主要介绍会计档案实体的分类要求、标准和方法等。

（一）会计档案的分类标准

会计档案的分类标准，又称会计档案的分类根据。会计档案实体的分类标准，是指对档案原件进行整理分类时所依据的文件属性和特征。其中包括来源标准、时间标准、内容标准和形式标准等类型。

（1）来源标准，如组织机构标准等。进行会计档案的分类，必须注意首先分清会计档案的所属全宗，即依据会计文件（资料）、会计记录的来源属性，将不同立档单位的会计档案区分清楚，并将会计档案与有关立档单位的档案视为一个有机的统一整体，加以整理和管理。

（2）时间标准，如会计年度标准等。

（3）内容标准，如会计类型、会计科目等。会计档案是在会计核算活动中，按照一定的会计活动类型，如税收会计、经费会计、税收统计等进行的。而且各种类型的会计活动也是根据会计业务活动的繁简，通过设立不同的会计分科来完成的。会计档案的分类应当根据需要反映会计档案的内容属性特征。

（4）形式标准，如会计文件（资料）、会计记录的种类等。这是会计档案分类时经常采用的一种分类标准。

（二）会计档案的分类方法

在会计档案的分类实践中，常用的会计档案分类方法主要包括以下几种类型。

1. 会计年度-会计文件（资料）形式（财务会计报告、账簿、凭证、其他会计资料）-保管期限分类法

这种分类方法，首先应分开会计年度，再把一个会计年度的会计档案按财务会计报告、账簿、凭证和其他会计资料 4 种形式分为 4 个二级类，然后在 4 个二级类内按永久、30 年、10 年、2 年的顺序排列，一年编一个案卷流水号。这种分类方法简便、容易掌握，分类与保管同一，便于查找和利用。详见表 12－1、表 12－2、表 12－3、表 12－4：

表 12－1　企业和其他组织会计档案分类表

<table>
<tr><th>年度类</th><th colspan="2">形式类</th><th>保管期限类</th></tr>
<tr><td rowspan="9">2016 年</td><td rowspan="2">财务会计报告</td><td>年度财务会计报告</td><td>永久</td></tr>
<tr><td>月度、季度、半年度财务会计报告</td><td>10 年</td></tr>
<tr><td rowspan="2">账簿</td><td>总账、明细账、日记账、其他辅助性账簿</td><td>30 年</td></tr>
<tr><td>固定资产卡片</td><td>固定资产报废清理后保管 5 年</td></tr>
<tr><td>凭证</td><td>原始凭证、记账凭证</td><td>30 年</td></tr>
<tr><td rowspan="3">其他</td><td>会计档案保管清册、销毁清册、鉴定意见书</td><td>永久</td></tr>
<tr><td>会计档案移交清册</td><td>30 年</td></tr>
<tr><td>银行存款余额调节表、银行对账单、纳税申报表</td><td>10 年</td></tr>
</table>

续表

<table>
<tr><th>年度类</th><th colspan="2">形式类</th><th>保管期限类</th></tr>
<tr><td rowspan="9">2017年</td><td rowspan="2">财务会计报告</td><td>年度财务会计报告</td><td>永久</td></tr>
<tr><td>月度、季度、半年度财务会计报告</td><td>10年</td></tr>
<tr><td rowspan="2">账簿</td><td>总账、明细账、日记账、其他辅助性账簿</td><td>30年</td></tr>
<tr><td>固定资产卡片</td><td>固定资产报废清理后保管5年</td></tr>
<tr><td>凭证</td><td>原始凭证、记账凭证</td><td>30年</td></tr>
<tr><td rowspan="3">其他</td><td>会计档案保管清册、销毁清册、鉴定意见书</td><td>永久</td></tr>
<tr><td>会计档案移交清册</td><td>30年</td></tr>
<tr><td>银行存款余额调节表、银行对账单、纳税申报表</td><td>10年</td></tr>
</table>

表 12-2 财政总预算单位会计档案分类表

<table>
<tr><th>年度类</th><th colspan="2">形式类</th><th>保管期限类</th></tr>
<tr><td rowspan="10">2016年</td><td rowspan="3">财务会计报告</td><td>政府综合财务报告、财政总决算</td><td>永久</td></tr>
<tr><td>国家金库年报（决算），基本建设拨、贷款年报（决算）</td><td>10年</td></tr>
<tr><td>下级财政、本级部门和单位报送的综合财务报告</td><td>2年</td></tr>
<tr><td>账簿</td><td>总账、明细分类、分户账或登记簿</td><td>30年</td></tr>
<tr><td rowspan="2">凭证</td><td>财政总预算拨款凭证和其他会计凭证</td><td>30年</td></tr>
<tr><td>国家金库编送的各种报表及缴库退库凭证、各收入机关编送的报表</td><td>10年</td></tr>
<tr><td rowspan="3">其他</td><td>会计档案保管清册、销毁清册、鉴定意见书</td><td>永久</td></tr>
<tr><td>会计档案移交清册</td><td>30年</td></tr>
<tr><td>银行存款余额调节表、银行对账单</td><td>10年</td></tr>
<tr><td rowspan="10">2017年</td><td rowspan="3">财务会计报告</td><td>政府综合财务报告、财政总决算</td><td>永久</td></tr>
<tr><td>国家金库年报（决算），基本建设拨、贷款年报（决算）</td><td>10年</td></tr>
<tr><td>下级财政、本级部门和单位报送的综合财务报告</td><td>2年</td></tr>
<tr><td>账簿</td><td>总账、明细分类、分户账或登记簿</td><td>30年</td></tr>
<tr><td rowspan="2">凭证</td><td>财政总预算拨款凭证和其他会计凭证</td><td>30年</td></tr>
<tr><td>国家金库编送的各种报表及缴库退库凭证、各收入机关编送的报表</td><td>10年</td></tr>
<tr><td rowspan="3">其他</td><td>会计档案保管清册、销毁清册、鉴定意见书</td><td>永久</td></tr>
<tr><td>会计档案移交清册</td><td>30年</td></tr>
<tr><td>银行存款余额调节表、银行对账单</td><td>10年</td></tr>
</table>

表 12-3　行政单位、事业单位会计档案分类表

年度类	形式类		保管期限类
2016 年	财务会计报告	部门财务报告、部门决算	永久
		单位会计月、季度报表	10 年
		所属单位报送的部门财务报告、部门决算，所属单位报送的会计月、季度报表	2 年
	账簿	日记账、总账、明细分类、分户账或登记簿	30 年
		单位固定资产卡片	固定资产报废清理后保管 5 年
	凭证	各种会计凭证（原始凭证、记账凭证和传票汇总表）	30 年
	其他	会计档案保管清册、销毁清册、鉴定意见书	永久
		会计档案移交清册	30 年
		银行存款余额调节表、银行对账单	10 年
2017 年	财务会计报告	部门财务报告、部门决算	永久
		单位会计月、季度报表	10 年
		所属单位报送的部门财务报告、部门决算，所属单位报送的会计月、季度报表	2 年
	账簿	日记账、总账、明细分类、分户账或登记簿	30 年
		单位固定资产卡片	固定资产报废清理后保管 5 年
	凭证	各种会计凭证（原始凭证、记账凭证和传票汇总表）	30 年
	其他	会计档案保管清册、销毁清册、鉴定意见书	永久
		会计档案移交清册	30 年
		银行存款余额调节表、银行对账单	10 年

表 12-4　税收会计档案分类表

年度类	形式类		保管期限类
2016 年	财务会计报告	税收年报（决算）	永久
		税收会计报表	10 年
		所属税务机关报送的税收会计报表	2 年
	账簿	日记账、总账、税收日记账（总账）、明细分类、分户账或登记簿	30 年
	凭证	国家金库编送的各种报表及缴库退库凭证	10 年
	其他	会计档案保管清册、销毁清册、鉴定意见书	永久
		会计档案移交清册	30 年
		银行对账单	10 年

续表

<table>
<tr><th>年度类</th><th colspan="2">形式类</th><th>保管期限类</th></tr>
<tr><td rowspan="9">2017 年</td><td rowspan="3">财务会计报告</td><td>税收年报（决算）</td><td>永久</td></tr>
<tr><td>税收会计报表</td><td>10 年</td></tr>
<tr><td>所属税务机关报送的税收会计报表</td><td>2 年</td></tr>
<tr><td>账簿</td><td>日记账、总账、税收日记账（总账）、明细分类、分户账或登记簿</td><td>30 年</td></tr>
<tr><td>凭证</td><td>国家金库编送的各种报表及缴库退库凭证</td><td>10 年</td></tr>
<tr><td rowspan="3">其他</td><td>会计档案保管清册、销毁清册、鉴定意见书</td><td>永久</td></tr>
<tr><td>会计档案移交清册</td><td>30 年</td></tr>
<tr><td>银行对账单</td><td>10 年</td></tr>
</table>

2. 会计年度-保管期限-组织机构分类法

先按会计年度分开，再把一个年度的会计档案按不同保管期限分开，然后在同一保管期限内，按单位内组织机构的顺序进行排列（同一组织机构先排报表，后排账簿与凭证），一年编一个案卷流水号。各级财政总预算会计单位可采用这种分类方法，详见表 12-5。

表 12-5 会计档案分类表

<table>
<tr><th>年度类</th><th>保管期限类</th><th>组织机构类</th></tr>
<tr><td rowspan="12">2016 年</td><td rowspan="3">永久</td><td>××处</td></tr>
<tr><td>××处</td></tr>
<tr><td>……</td></tr>
<tr><td rowspan="3">30 年</td><td>××处</td></tr>
<tr><td>××处</td></tr>
<tr><td>……</td></tr>
<tr><td rowspan="3">10 年</td><td>××处</td></tr>
<tr><td>××处</td></tr>
<tr><td>……</td></tr>
<tr><td rowspan="3">2 年</td><td>××处</td></tr>
<tr><td>××处</td></tr>
<tr><td>……</td></tr>
</table>

3. 会计年度-会计类型-文种（形式）-保管期限分类法

先把会计档案按会计年度分开，再把一个年度的会计档案按会计类型（如税务部门的税收计划、税收会计、经费会计）分设属类，然后按同一属类内会计档案的报表、账簿、凭证、其他的顺序结合保管期限进行排列。各级税务机关的会计档案分类可采用这种方法。

另外，一些省份的会计单位也将会计栏案的分类同会计档案的移交工作结合起来考虑，并且提出了如下两种整理会计档案的分类方法：

(1) 保管期限-会计年度-文种分类法。即首先根据鉴定工作的结果将同一种保管期限的会计档案作为一个大类，然后再根据会计年度标准划分每个大类中的二级类目，最后再把各个年度类别中的会计档案按照文种划分成三级类目。根据这种分类的结果，我们可以较为便利地将具有相同或相似保存价值的会计档案集中起来加以排列，并且在一部分保管已满一定期限的会计档案被移交档案馆或剔除销毁后，不用进行费时费力的倒架，便可以将新形成的会计档案放置在已经腾空的档案装具中。

(2) 保管期限-文种-会计年度分类法。这种分类方法与上一种分类方法的区别在于二级类目的划分标准和三级类目的划分标准不同。

企业会计档案的分类方法，根据《工业企业档案试行规则》(1991 年 4 月国家档案局发布）的要求，应当"按文件形式（名称）设置"会计档案类的二级类目及二级以下类目，即会计报表、会计账簿、会计凭证和其他等。对于规模较大的企业，可以在二级类目下设置三级类目。如，在会计账簿类目下设立"总账""明细账""日记账""辅助账簿"等三级类目；再如，在会计凭证类目下设"原始凭证""记账凭证""汇总凭证"等三级类目；在会计报表类目下设立"年度会计报表""月（季度）会计报表""财务快报"等三级类目。

高等学校财务会计档案的分类方法，一般可以分为以下五类：

第一类，综合类。其中包括上级有关财务工作的文件，本校财务管理的有关规定、计划、总结、请示、批复等文件，学校基金管理工作文件，有关财务管理方面的其他文件，会计档案移交清册，会计档案保管清册，财会档案销毁清册等。

第二类，会计报表类。其中包括决算报表（含基建综合决算），预算会计报表，年度以上规划表、分配计划、测算表，年度以上的各种统计报表（含工资报表），季度以下的各种计划和统计报表。

第三类，会计账簿类。其中包括涉及外事的会计账簿，总账，预算内账簿（如明细账、分户或登记账等），学校专项基金账簿，日记账（如现金日记账和银行存款日记账等）。

第四类，会计凭证类。其中包括涉及外事的会计凭证，预算内各种原始凭证和记账凭证，预算外各种原始凭证和记账凭证，学校基金的各种原始凭证和记账凭证，银行存款余额调节表，会计拨款凭证及其他会计凭证，银行对账单，涉及债权、债务及未清理完毕事项的会计凭证等。

第五类，工资清册类。其中包括工资发放名册、卡片，工资转移证明、通知存根，各种奖金、奖学金、贷学金、助学金名册、卡片等。

三、会计档案的组卷

所谓组卷，又称立卷，就是将互有联系的保存价值和保密等级相同或相似的纸本会计文件（资料）、会计记录组合成会计档案保管单位的活动过程。

（一）纸本会计核算文件（资料）、记录的立卷方法

纸本会计核算专业文件（资料）和记录的立卷方法的选择，必须方便会计文件（资料）和会计记录的保管与利用。对于已经形成的会计核算专业文件和记录，可以由会计人员或会计机构按照归档制度的要求，视不同情况，采取平时归卷和年终调整立卷相结合的方法，进行整理立卷。

1. 凭证的立卷方法

会计凭证是各单位经费收支的原始记录，是会计记账的依据。这种类型的会计记录具有严格的时间特征和序时性，它们是按照时间顺序逐日产生，并按月结算的。当会计凭证的内容被登记到会计账簿上后，有关会计人员应将各种记账凭证连同所附原始凭证，按时间顺序整序，并依据它们的形成顺序依次编号（页号），所附原始凭证应折叠整齐。在实践中，我们也可根据会计凭证数量的多寡，采取每月订一本或每月订数本的做法加以整理。每本会计凭证的厚度最好不超过 2 厘米。具体的做法可以区分为以下几种情况：

（1）较大单位如果所形成的凭证数量过多，可以把不同类型的会计凭证，如收款凭证、付款凭证、转账凭证等，分别制作传票，分别编写页号，并分别装订。

（2）对于一些不便随同记账凭证一同装订或保管的价值明显不同的原始凭证，如涉外凭证、工资名册、对资改造凭证等，应当抽出单独装订。但是，应当在原来的记账单上注明所抽出的凭证的名目、数量和去向，并注意要由立卷人签名。

（3）其他种类的会计凭证，如送款单、付款委托书、缴款书、医疗报销单等，应当根据会计制度的有关要求，按照时间顺序编写页号，并装订成册。

（4）会计凭证装订时一定要注意去掉金属物，加上封面与封底，在左侧用脱脂棉绳装订，然后在封面上做好编目工作。如填写清楚单位名称、案卷题名、全宗号、目录号、年度、月份、凭证起止号和张数、保管期限、分册号等事项。会计凭证封面上填写的张数，应为凭证中记账凭单的张数；记账凭单的附据张数，应当以每件反映金额的原始单据为单位进行计算。

最后，装订人员和主管会计人员都应在整理好的会计凭证上签章。

2. 账簿的立卷方法

会计账簿的整理立卷比较简单，这是由于会计账簿在形成时，一般都有固定的格式和明确的分类，所以在年终结账、决算后稍加整理，一本账簿就可以成为一个案卷。整理立卷时应当注意以下几点：

（1）死页账中的空白页不能折账去掉，应保持账簿本身的完整性。

（2）活页账可以折账，会计人员将账中的空白账去掉后可重新组织，并应当在账页的右上角编上页码，加上账簿封面与封底，用脱脂线绳装订成册；有的活页账账页较少，可将科目内容相近的账页按类别排列编号，合并装订成册。

（3）重新整理的账簿，应在账簿封面上标明立卷部门、案卷题名、年度、页数、全宗号、目录号、案卷号、保管期限等事项。

（4）跨年度使用的固定资产账簿，应在使用完的那一个年度立卷。

3. 财务报告的立卷方法

财务报告主要包括月度财务报告、季度财务报告、年度财务报告，其主体部分主要是各种会计报表。在立卷时，一般可以按照月报、季报、年报的种类分别立卷，也可以按照报表的性质分别立卷（如一般分析、小结检查、总结等）。应当注意的事项如下：本单位的会计报表与下属单位的会计报表，应当分开立卷；年度会计报表要单独立卷；季度、月度会计报表，可以依据文件的数量情况，合并或分开立卷；各级财政机关的报表，可以按照报表的名称以及报表所反映的地区、行业等，进行组卷。

在对所形成的会计报表进行整序时，应去掉金属物，并在报表的右上角编号。月报、季报可不编页号，以册为计算单位。如因会计报表的数量少，保存价值相似的月报或季报同年报放在一起立卷时，应当注意编页号，并用线在报表的左侧装订。组织在一起的会计报表，应加上封面与封底，并在封面上著录立卷部门、案卷题名、年度（月度、季度）、页数、档案号、保管期限等事项。

总之，会计核算专业文件的立卷，不必采取文书档案的整理方法。在具体做法上，对过去已经整理立卷的会计档案，一般没有必要重新拆封加工，也不必另外增加封面、封底，当然也没有必要重新进行案卷的编目。

（二）纸本会计档案的立卷编目

会计档案的立卷编目，是指通过一定的方式和方法，将会计档案组卷工作的系统化成果固定下来的一项业务活动。其编目工作的内容主要包括以下几个方面：

1. 拟制案卷题名

各类案卷一般都应当拟制规范的题名，以便为日后查找和利用提供一个基本的检索标识。会计档案的案卷题名一般应包括立档单位或责任者因素、时间因素、会计档案文种因素等，如“某某机关某年某月会计凭证”“某某公司某年会计账簿”“某某单位某年会计年度报告”等。

2. 填写卷内目录

除了订本账、会计凭证外，其他会计档案的案卷均应填写卷内目录。卷内目录应用于永久和定期（保存年限在10年以上者）保管的案卷，按照格式用耐久或比较耐久的书写字迹材料书写或打印。其中“所在张次”一栏一般只需填写每分文件的开始页码，最后一份文件务必填写其起止页码。

3. 案卷封面其他项目的编目

（1）立卷部门，应填写具体的内部机构的名称。

（2）类别，应填写会计报表、会计账簿、会计凭证等不同的类别名称。

（3）起止时间，应填写会计记录或会计文件（资料）的最早和最晚形成时间。

（4）档案号，应填写全宗号＋目录号＋卷号或册号或者年度号＋分类号＋案卷号或册号等。

4. 备考表的编目

除了订本账和会计凭证组成的案卷外，其他案卷一般均应加入备考表。备考表的内容一般包括以下两个方面：

（1）本卷需要说明的情况。归档前的情况，如页数、价值、保管情况、相关文件的档案号等。归档后的情况，如鉴定后卷内文件的变更情况、保管状况（字迹状况、载体状况等）。另外，案卷中文件的缺损、补充及移出等需要说明的情况也可以写入备考表。

（2）本单位财务负责人、立卷人或经办会计人员的签章。

5. 卷脊的编目

卷脊的编目项目一般包括全宗号、目录号、册号、类别、保管期限、凭证号等。

四、纸本会计档案排列与案卷目录的编制

（一）会计档案的排列方法

会计档案的排架一般是根据会计档案分类方案所确立的分类体系，实行分类排列的方法。会计档案的排列一般可以采用以下四种方法中的一种。

1. 年度-类别-保管期限排列法

这种排列方法就是将一个会计年度形成的会计档案分为会计报表、会计账簿、会计凭证和其他会计档案四大类，然后再把不同保管期限的会计档案分别组织保管单位，并在大类中依保管期限降级排列，一年编一个流水号。其优点是方法简便，易于掌握，保管和分类统一，便于查找利用。这种方法适用于单位预算会计档案。

2. 年度-保管期限-组织机构分类排列法

这种排列方法就是先将一个会计年度内形成的会计档案按保管期限分开，然后按组织机构划分属类，在各个组织机构的类别内再按会计档案的四种类型加以排列，一年编一个流水号。这种分类排列方法的优点是，时间段限清楚，能够体现一个单位会计档案的完整性，查找利用方便。这种方法适用于总预算会计档案。

3. 年度-会计类型分类排列法

这种排列方法就是按年度设置会计档案的大类，大类中按税收计划、税收会计、经费会计等会计类型划分属类，然后将同一属类内的会计档案按会计档案的四种类型排列。它的优点是，能反映会计活动的不同阶段和性质，保持档案的内在联系，能体现全宗内会计档案的系统性，便于会计人员随时查阅，也便于今后查用。这种方法适用于税收会计档案。

4. 会计文件（资料）或会计记录形式分类排列法

这种排列方法就是先分会计报表、会计账簿、会计凭证和其他会计档案四大类，按年度、保管期限降级排列，一类编一个大流水号。这样排列的优点如下：

（1）类目体系清楚，管理方便，便于查找和利用。

（2）经过一定年限的保存后，对应销毁的会计档案，按类销毁，并不影响其他类别案卷的排列顺序，且分类目录可作为销毁清册，无须重新编制。这种方法适用于行政事业单位和中小型企业的会计档案。

由于各个单位大小不同，性质不同，社会往来不同，形成会计档案的类别也不尽相

同。因此，会计档案的分类排列要从各单位的具体情况出发，不能强求一致，更不能不考虑各单位会计档案的具体特点和形成规律，搞大一统或者一刀切。

（二）会计档案号的编制方法

会计档案数量庞大，保管期限多样，利用频繁。为了最后固定会计档案案卷分类排列的物理顺序和空间位置，并为会计档案的统计、保管和查找利用创造条件，我们必须对所有的会计档案案卷进行编号。因此，在案卷的排列编号上要尽量适应本单位会计档案形成的特点。这里主要谈两种编号法：

1. 不需要向档案馆移交会计档案单位的会计档案号

即按会计报表、会计账簿、会计凭证和其他会计档案四大类，由于受保管期限不一、载体大小不一的制约，加设属类给予区别，分别从 1 号开始逐年流水编号。会计档案案卷档案号的一般模式如下：

会计档案号＝会计档案代字（代号或代码）＋大类号和属类号＋案卷号

这种档案号一般适用于不需要向档案馆移交档案的国家机关、社会组织。

2. 高等院校财会档案号

根据我国部分高校财会档案的管理实践经验，财会档案号一般可以采用以下模式：

财会档案号 ＝ 年度号＋财会档案分类号＋案卷号

例如：2000CK2.2－3。其中“2000”是该会计档案的年度代号；“CK2.2”是财会档案代码、会计账簿分类号、总账分类号；“3”是总账的案卷号。

有的单位也采用双位制的编号形式来编制会计档案的二级类目的分类号，如 KJ11 表示会计档案的“会计报表类”，KJ12 表示会计档案的“会计账簿类”，KJ13 表示会计档案的“会计凭证类”，KJ14 表示会计档案的“其他类”。如果各个类别还需要进一步划分，那么所形成的三级类目就应当用自然数依次在各个二级类目范围内分别编制流水分类号。

（三）会计档案案卷目录的编制

会计档案的案卷目录包括以下作用：它可以固定会计档案案卷的分类排列顺序，记录和反映会计档案整理工作的成果，便于科学地管理会计档案；它可以揭示和介绍会计档案的信息内容，是一种基础性的检索工具，为利用会计档案信息提供了最基本的查找手段；它是会计档案的保管清册和总账，是统计会计档案数量的一种管理性工具。

为了保证会计档案案卷目录的质量，编制会计档案案卷目录工作一般应当由会计部门负责完成，这也是会计管理工作的一个有机组成部分。《会计档案管理办法》规定：当年会计档案，在会计年度终了后，可暂由本单位财务部门保管一年。期满之后，原则上应由财务会计部门编造清册移交本单位的档案部门保管。其中所谓“编造清册”，是指编制案卷目录。编制会计档案的案卷目录，通常的做法一般有以下几种：

做法之一：一个单位一个会计年度形成的会计档案，应按会计核算与其他会计文件（资料）等大类各编一本目录。

做法之二：按会计凭证、会计账簿、会计报表和其他会计文件（资料）四大类各编一本目录。

做法之三：一个单位一个会计年度形成的会计档案，按保管期限降级排列编一本目录。

在编制会计档案案卷目录的实践活动中值得我们注意的是，保管期限不同的案卷一般应该分别编制案卷目录，尤其是永久保管的会计档案应单独编制案卷目录。这样做的主要作用是有助于会计档案的安全保管，有利于会计档案的移交，减少重新编目工作的负担。

会计档案案卷目录是以案卷为单位进行登记编制的，记录和反映案卷内容和成分并按一定次序编排的一览表。它是一种传统的手工管理性检索工具，又称“案卷名册”。会计档案案卷目录的著录项目主要有以下一些记录事项。在实际工作中，我们也可以根据管理和检索会计档案信息的需要增加或减少其中的有关著录项目。会计档案案卷目录的格式，如表 12－6 所示。

表 12－6　会计档案案卷目录

顺序号	案卷号	原凭证号	案卷题名	起止时间	张数	保管期限	存放位置			备注
							排号	栏号	格号	
1	KJ—1.2—2	会资01	某某单位 2015 年 1—4 季度资金平衡表	20150430—20151231	68	15	10	3	8	
2										

会计档案案卷目录是一种重要的检索工具，也是要长远保存的会计档案清册。因此，在填制时一定要用耐久性较好的书写材料填写，尽可能用碳素墨水或蓝黑墨水，不要用纯蓝墨水，更不要用圆珠笔填写。书写字迹要端正、清楚，不要潦草，使人难以辨认。另外，书写要用已公布的规范简体字，不要自造简体字。每页案卷目录填写完后，要认真校对，使案卷目录与案卷封面所写的内容完全相符，以免出现差错，给提供利用带来不便。

随着会计档案管理现代化的逐步实现，以及信息化会计的发展，我们应当利用计算机编辑和打印出高质量的案卷目录。

会计档案的案卷目录要编制一式四份，其中一份由会计部门保管供日常使用。其他三份案卷目录，一年后连同会计档案一同移交本单位的档案室或档案人员。

第四节　会计档案的鉴定和处置

一、会计档案鉴定工作的要求

国务院财政部门和国家档案行政管理部门主管全国会计档案工作，共同制定全国统一的会计档案鉴定工作制度，对全国会计档案工作实行监督和指导。县级以上人民政府财政部门和档案行政管理部门管理本行政区域内的会计档案工作，并对本行政区域内会计档案工作实行监督和指导。

会计档案鉴定工作应当由国家机关、社会团体、企业事业单位和其他组织（简称单位）档案管理机构牵头，组织单位会计、审计、纪检监察等机构或人员共同进行。

单位应当定期对已到保管期限的会计档案进行鉴定，并形成会计档案鉴定意见书。经鉴定，仍需继续保存的会计档案应当重新划定保管期限，对保管期满、确无保存价值的会计档案可以销毁。

经鉴定可以销毁的会计档案，应当按照以下程序销毁：

（1）单位档案管理机构编制会计档案销毁清册，列明拟销毁会计档案的名称、卷号、册数、起止年度、档案编号、应保管期限、已保管期限和销毁时间等内容。

（2）单位负责人、档案管理机构负责人、会计管理机构负责人、档案管理机构经办人、会计管理机构经办人在会计档案销毁清册上签署意见。

（3）单位档案管理机构负责组织会计档案销毁工作，并与会计管理机构共同派员监销。监销人在会计档案销毁前应当按照会计档案销毁清册所列内容进行清点核对，在会计档案销毁后应当在会计档案销毁清册上签名或盖章。

（4）电子会计档案的销毁还应当符合国家有关电子档案的规定，并由单位档案管理机构、会计管理机构和信息系统管理机构共同派员监销。

（5）保管期满但未结清的债权债务会计凭证和涉及其他未了事项的会计凭证不得销毁，纸质会计档案应当单独抽出立卷，电子会计档案单独转存，保管到未了事项完结时为止。单独抽出立卷或转存的会计档案，应当在会计档案鉴定意见书、会计档案销毁清册和会计档案保管清册中列明。

二、会计档案鉴定标准和保管期限表

（一）会计档案保管期限的划分依据

会计档案的保管期限是依据会计档案的价值大小及其发挥作用时间的久暂确定的会计档案的保管年限。目前，我国档案部门一般都根据财政部和国家档案局的有关文件精神和规定，将会计档案的保管期限划分为永久和定期两种。对于需要定期保存的会计档案，国家规定要采取定量的划分方法，具体划分会计档案的保管年限。2016 年 1 月 1 日开始实施的《会计档案管理办法》，将会计档案的定期保管期限划分为 10 年、30 年等两种。对于一些所属单位报送的会计档案的保管期限，该办法规定为保存 2 年。对于一些事关固定资产的会计文件（资料），如“固定资产卡片”“行政单位和事业单位固定资产卡片”等，规定应在有关固定资产报废清理后保管 5 年。单位会计档案的具体名称如有同《会计档案管理办法》附表所列档案名称不相符的，应当比照类似档案的保管期限办理。

会计档案保管期限的计算方法是从会计年度终了后的第一天算起。国家规定的会计档案保管期限，一般是指有关档案的最低保存年限。在实际工作中，各单位可以根据实际利用的经验、规律和特点，适当延长有关会计档案的保管期限，但是必须有较为充分的理由，并做好记录，归入本单位的全宗卷保存。

（二）各种保管期限的会计档案的构成

1. 企业和其他组织会计档案保管期限的构成

根据《会计档案管理办法》的规定，企业和其他组织会计档案的保管期限构成应依据表 12－7 执行。

表 12－7　企业和其他组织会计档案的保管期限表

序号	档案名称	保管期限	备注
一	会计凭证		
1	原始凭证	30 年	
2	记账凭证	30 年	
二	会计账簿		
3	总账	30 年	
4	明细账	30 年	
5	日记账	30 年	
6	固定资产卡片		固定资产报废清理后保管 5 年
7	其他辅助性账簿	30 年	
三	财务会计报告		
8	月度、季度、半年度财务会计报告	10 年	
9	年度财务会计报告	永久	
四	其他会计资料		
10	银行存款余额调节表	10 年	
11	银行对账单	10 年	
12	纳税申报表	10 年	
13	会计档案移交清册	30 年	
14	会计档案保管清册	永久	
15	会计档案销毁清册	永久	
16	会计档案鉴定意见书	永久	

2. 财政总预算、行政单位、事业单位和税收会计档案保管期限的构成

根据《会计档案管理办法》的规定，财政总预算、行政单位、事业单位和税收会计档案保管期限构成应依据表 12－8 执行。

表 12－8　财政总预算、行政单位、事业单位和税收会计档案保管期限表

序号	档案名称	保管期限			备注
		财政总预算	行政单位事业单位	税收会计	
一	会计凭证				

续表

序号	档案名称	保管期限			备注
		财政总预算	行政单位事业单位	税收会计	
1	国家金库编送的各种报表及缴库退库凭证	10 年		10 年	
2	各收入机关编送的报表	10 年			
3	行政单位和事业单位的各种会计凭证		30 年		包括原始凭证、记账凭证和传票汇总表
4	财政总预算拨款凭证和其他会计凭证	30 年			包括拨款凭证和其他会计凭证
二	会计账簿				
5	日记账		30 年	30 年	
6	总账	30 年	30 年	30 年	
7	税收日记账（总账）			30 年	
8	明细分类、分户账或登记簿	30 年	30 年	30 年	
9	行政单位和事业单位固定资产卡片				固定资产报废清理后保管 5 年
三	财务会计报告				
10	政府综合财务报告	永久			下级财政、本级部门和单位报送的保管 2 年
11	部门财务报告		永久		所属单位报送的保管 2 年
12	财政总决算	永久			下级财政、本级部门和单位报送的保管 2 年
13	部门决算		永久		所属单位报送的保管 2 年
14	税收年报（决算）			永久	
15	国家金库年报（决算）	10 年			
16	基本建设拨、贷款年报（决算）	10 年			
17	行政单位和事业单位会计月、季度报表		10 年		所属单位报送的保管 2 年
18	税收会计报表			10 年	所属税务机关报送的保管 2 年
四	其他会计资料				
19	银行存款余额调节表	10 年	10 年		
20	银行对账单	10 年	10 年	10 年	
21	会计档案移交清册	30 年	30 年	30 年	
22	会计档案保管清册	永久	永久	永久	
23	会计档案销毁清册	永久	永久	永久	
24	会计档案鉴定意见书	永久	永久	永久	

注：税务机关的税务经费会计档案保管期限，按行政单位会计档案保管期限规定办理。

三、会计档案的合理处置

会计档案的处置就是对已满一定保管期限的会计档案或立档单位发生变化时对原单位形成的会计档案做出续存、销毁、移交决定的一项会计档案管理活动。一般情况下，可以按照以下方法处置已满一定保管期限的会计档案。

（一）会计档案处置的基本要求

（1）单位应当定期对已到保管期限的会计档案进行鉴定，并形成会计档案鉴定意见书。经鉴定，仍需继续保存的会计档案应当重新划定保管期限，对保管期满、确无保存价值的会计档案可以销毁。

（2）会计档案鉴定工作应当由单位档案管理机构牵头，组织单位会计、审计、纪检监察等机构或人员共同进行。

（3）经鉴定可以销毁的会计档案应当按照以下程序销毁：

其一，单位档案管理机构编制会计档案销毁清册，列明拟销毁会计档案的名称、卷号、册数、起止年度、档案编号、应保管期限、已保管期限和销毁时间等内容。

其二，单位负责人、档案管理机构负责人、会计管理机构负责人、档案管理机构经办人、会计管理机构经办人在会计档案销毁清册上签署意见。

其三，单位档案管理机构负责组织会计档案销毁工作，并与会计管理机构共同派员监销。监销人在会计档案销毁前应当按照会计档案销毁清册所列内容进行清点核对，在会计档案销毁后应当在会计档案销毁清册上签名或盖章。

其四，电子会计档案的销毁还应当符合国家有关电子档案的规定，并由单位档案管理机构、会计管理机构和信息系统管理机构共同派员监销。

其五，正在项目建设期间的建设单位，其保管期满的会计档案不得销毁。

（4）保管期满但未结清的债权债务会计凭证和涉及其他未了事项的会计凭证不得销毁，纸本会计档案应当单独抽出立卷，电子会计档案单独转存，保管到未了事项完结时为止。

（5）单独抽出立卷或转存的会计档案，应当在会计档案鉴定意见书、会计档案销毁清册和会计档案保管清册中列明。

（二）单位发生变动时会计档案的处置要求

单位发生变动时会计档案的处置按照《会计档案管理办法》的规定应符合如下要求：

（1）单位因撤销、解散、破产或其他原因而终止的，在终止或办理注销登记手续之前形成的会计档案按照国家档案管理的有关规定处置。

（2）单位分立后原单位存续的，其会计档案应当由分立后的存续方统一保管，其他方可以查阅、复制与其业务相关的会计档案。

（3）单位分立后原单位解散的，其会计档案应当经各方协商后由其中一方代管或按照国家档案管理的有关规定处置，各方可以查阅、复制与其业务相关的会计档案。

(4) 单位分立中未结清的会计事项所涉及的会计凭证，应当单独抽出由业务相关方保存，并按照规定办理交接手续。

(5) 单位因业务移交其他单位办理所涉及的会计档案，应当由原单位保管，承接业务单位可以查阅、复制与其业务相关的会计档案。对其中未结清的会计事项所涉及的会计凭证，应当单独抽出由承接业务单位保存，并按照规定办理交接手续。

(6) 单位合并后原各单位解散或者一方存续其他方解散的，原各单位的会计档案应当由合并后的单位统一保管。单位合并后原各单位仍存续的，其会计档案仍应当由原各单位保管。

(7) 建设单位在项目建设期间形成的会计档案，需要移交给建设项目接收单位的，应当在办理竣工财务决算后及时移交，并按照规定办理交接手续。

(8) 单位之间交接会计档案时，交接双方应当办理会计档案交接手续。

(9) 移交会计档案的单位，应当编制会计档案移交清册，列明应当移交的会计档案名称、卷号、册数、起止年度、档案编号、应保管期限和已保管期限等内容。

(10) 交接会计档案时，交接双方应当按照会计档案移交清册所列内容逐项交接，并由交接双方的单位有关负责人负责监督。交接完毕后，交接双方经办人和监督人应当在会计档案移交清册上签名或盖章。

(三) 电子会计档案的处置要求

电子会计档案应当与其元数据一并移交，特殊格式的电子会计档案应当与其读取平台一并移交。档案接收单位应当对保存电子会计档案的载体及其技术环境进行检验，确保所接收电子会计档案的准确、完整、可用和安全。电子会计档案的具体处置方法，可参照本章第五节的有关内容执行。

第五节　电子会计档案的管理

一、电子会计档案概述

(一) 电子会计档案的含义

《企业会计信息化工作规范》指出，电子会计档案是指存储在计算机硬盘中的会计数据以及其他磁性介质或光盘存储的会计数据和计算机打印出来的书面等形式的会计数据。会计数据是指记账凭证、会计账簿、会计报表等数据。《会计基础工作规范》第四十五条规定，“实行会计电算化的单位，有关电子数据、会计软件资料等应当作为会计档案进行管理”。因此在会计信息化过程中形成并归档保存的各种账簿、报告、凭证，存储会计数据和程序的软盘、光盘及其他存储介质，系统开发运行中编制的各种文档及其他会计信息资料均属于电子会计档案的范畴。《会计档案管理办法》也明确了会计档案中包括“通过计算机等电子设备形成、传输和存储的电子会计档案”。电子会计档案管理是重要的会计基础工作。

（二）电子会计档案的特点

纸本会计档案是指会计凭证、会计账簿和财务会计报告等会计核算专业材料，它是记录和反映单位经济业务的重要资料和凭据。这些资料和凭证具有严格的序时性、数据平衡性和严肃性。随着各类财务软件的使用，单位在实行会计信息化管理后，会产生许多依附于计算机上的数据与资料，财务人员的所有收集、录入工作以及历年来形成的会计资料的查阅都在计算机财务软件上完成，同以往的人工记账会计档案相比，电子会计档案出现了许多新的特点：

（1）存储范围的扩大化。电子会计档案除了包括打印输出的记账凭证、会计账簿、会计报表外，还包括存储在计算机存储介质（包括软盘、硬盘、磁带、光盘等）上的电子化会计凭证、账簿和报表等数据，也包括相应信息化环境下的计算机系统软件、财务软件及其开发文档等内容。

（2）系统环境的依赖性。纸本会计档案直观性强，人们可以不借助任何技术手段而直接查看到会计信息。而电子会计档案必须在特定的计算机硬件与软件环境下才可重现，对计算机系统环境具有依赖性。

（3）信息处理的便易性。手工系统的会计档案信息载体是纸张，占用的空间大，不易保管，查找数据比较困难；信息化系统的会计档案信息载体是各类存储介质，占用空间小，容易保管，数据查找方便快速。电子会计档案因其会计信息的数字化，使会计人员从繁重的手工核算报表中解脱出来，大大提高了会计档案的利用效率，便于会计档案信息的资源共享。

（4）安全易受威胁性。由于会计数据被记录在磁盘或光盘等磁性介质上，在技术上对电子数据进行非法修改可做到不留痕迹；由于会计数据的高度集中，未经授权的人员有可能通过计算机和网络浏览全部数据文件，复制、伪造甚至销毁重要的数据；由于受计算机软硬件环境限制，如计算机硬件损坏、计算机病毒感染、财务软件升级等都使会计档案的安全受到威胁。

（5）管理软件系统化。实行会计信息化的时间越长，会计档案与财务软件的各类版本就越多。实行会计信息化档案管理后对软件要求更系统化了。

二、电子会计档案管理工作

为了更有效地做好会计信息化工作，根据电子会计档案的特点，要分别做好会计档案的收集、管理、保存、利用等方面的工作。

（一）电子会计档案的收集

电子会计档案的收集是指在一定的时间间隔内一般按一个会计年度（为了录入数据的安全，每月月结后，最好把数据导出保存），把计算机系统中的所有会计数据拷贝（备份）存储到磁性介质或光盘上，从而形成脱离于原计算机系统的会计档案。财务部门应把财务数据的备份文件保存好并记录以下内容即档案形成的时间、会计数据的内容及备份，以便在计算机硬件系统损坏后恢复原有的会计记录信息管理系统的备份数据。此外，计算机硬件（硬盘的容量、内存的大小）、系统的型号、外部设备的配套类型，计算机采用的操作系统，财务软件的版本，不同数据库系统类型都对会计数据的形成有一定的影响，要分别登记财务软件的系统名称、版本号，财务软件的销售与维护公司的名称、地址、电话与联系人以及与信息化软件系统相配套的各种说明书及使用手册，以备系统在发生故障的情况下能及时修复。

（二）电子会计档案的集中管理

各级财政部门建立会计档案馆，实行会计档案集中管理。目前我国绝大多数企业单位的会计档案均实行分散管理，这种方式存在以下不足：会计档案容易丢失或被擅自销毁，不利于监督和检查，不利于会计档案信息的安全，不利于电子会计档案载体（磁盘、光盘等）的保管。电子会计档案实行集中管理，即各单位除现金日记账、保管账必须在本单位登记保存外，其他账目包括总账、明细账、成本账以及会计凭证等一律移交会计档案馆保存，这样可加强对原始凭证的管理。在每年会计报表报出后，在单位保管的现金日记账、保管账等连同报表以及其他会计资料一起移交会计档案馆。为了保证会计档案的完整、正确，对归档的会计档案必须附有会计注册师的审计报告，并在审计报告后附会计档案明细清单。集中保管可以方便监督和检查，可以确保会计档案信息的安全及载体的长期保存。信息化会计数据高度集中于磁盘、光盘等，企业未经授权的人员出于私利和不正当目的，有可能通过计算机和网络浏览全部数据文件，伪造、销毁一些重要的会计数据，集中保管会计档案可在一定程度上阻止这些行为发生。

（三）电子会计档案的保存

电子会计档案管理人员应当定期将相应的会计数据备份到磁性介质上。为更好保存备份数据资料，以适应会计档案的保管期限，根据会计信息化档案信息载体的物理特性，采用“AB 备份法”进行数据备份。而且，每份备份上要注明形成档案的时间与操作员姓名，贴上写保护标签；同时设立备查登记簿，认真登记备份的时间、备份人员、备份数量及保管方式等内容。除保存各版本的备份财务数据外还应保存对应版本的会计信息化软件系统版本软件，因为在不同版本软件下形成的会计档案的数据结构有可能不同。对采用磁性软盘或光盘保存的档案，一定要定期进行检查，定期进行复制或重新刻录。一般情况下，单位每一至两年应对电子会计档案进行一次大的清理，发现纸质档案有损坏要进行修补，而对磁性介质档案每两年应进行一次复制，以防止损坏。同时对采用磁性软盘或光盘保存的档案的保存环境也有一定的要求，应远离磁场，注意防潮、防尘、防划伤等。防止磁性软盘或光盘因质量问题或保存原因而造成损坏，以致会计档案丢失，造成无法挽救的损失。

由于计算机技术的飞速发展，不同时期的电子会计档案所依赖的系统软件、数据库软件、信息处理软件在不断变化，而且新的软、硬件系统不一定兼容旧的系统，这就造成了不同时期电子会计档案的非兼容性和不通用性，影响了后期对会计档案的调用和信息处理，可能会给会计工作带来档案数据报废失效的重大损失。因此，在电子会计档案的保管工作中，除了采取保存不同时期会计档案所依赖的软件环境（包括相应版本的财务软件、数据库系统、操作系统以及财务软件开发说明书）这一常规、保守做法外，还应采取更加积极的做法，就是根据财务软件的更新，及时将往年的电子会计档案数据更新为新的软件数据格式，以保持不同时期电子会计档案数据格式的一致性与兼容性。

（四）电子会计档案的利用

在信息化环境下，会计档案管理工作应该向“保管、开发和利用并重”的方向转变。会计档案的专业性很强，主要供本单位的财会部门查阅、利用。由于会计资料和会计数据存在一定的连续性，因此需要经常对会计资料和会计数据进行查阅，如未了结的债权债务，在建工程的相关数据，未到期的证券、债券，对处理历史遗留问题有重要参考价值的数据等。随着软件系统的不断升级，我们要查阅的会计档案会出现两种情况：

(1) 所查阅的会计档案的版本号与当前会计记录信息管理系统版本号一致，即通过信息化软件系统中的档案进行查阅即可。

(2) 所查阅的会计档案的版本号与当前会计记录信息管理系统版本号不一致，即需另行安装与此档案相对应版本的系统，然后再进行查阅。

另外，可以通过收集整理历年的数据对本单位财务状况进行比较和分析，为单位的决策者提供可靠的经营决策依据，改善单位经营管理、提高单位经济效益。我们还可以利用会计档案信息化的数据设计出一些有利于管理与决策的数据图表，建立一套比较完善的决策支持系统，为单位制定规划、计划、调查取证以及进行决策提供依据和咨询材料，实现电子会计档案的再利用。我们应该充分利用现代计算机技术，建立会计档案信息资源系统（可作为企业 ERP 系统的一个组成部分），通过对会计档案信息资源的挖掘、整理，提高会计档案的合理开发和充分利用，增强会计档案信息资源的共享性。要在坚持保密原则的前提下，使会计档案管理工作从“封闭式”向“开放式”“互动式”管理转变，以适应信息化时代的需要，开创电子会计档案管理的新局面。

三、加强电子会计档案管理的具体措施

加强电子会计档案的管理已成为会计档案管理工作的一项紧迫、复杂、长期的任务，信息化环境下的会计档案管理工作除了应严格执行《会计档案管理办法》《企业会计信息化工作规范》等有关规定外，还应针对电子会计档案的特点和电子会计档案管理面临的问题，做好以下几方面的工作。

（一）建立健全法规和制度，规范电子会计档案的管理

我们应该健全电子会计档案管理的法律法规，制定严格的内部管理制度，加强对电子会计档案的管理和控制，使其在各项工作中发挥更大的作用。建立切实可行的管理制度，如制定细化的电子会计档案管理办法、电子会计档案岗位责任制、电子会计档案操作管理制度、安全保密制度、计算机硬软件和数据管理制度等内部管理制度，是管理好

电子会计档案的保障。应严格按照电子会计档案的归档制度、保管制度、定期备份制度、借阅制度、销毁制度等实行规范化的管理。

（二）加强教育，提高信息化会计管理人员的综合素质

一方面，会计人员是会计档案信息的生成者和见证者，是防止会计档案信息失真，保证会计档案信息质量的第一道防线。会计人员应加强职业道德教育，自觉遵守会计法律、规章制度，牢固树立真实、准确、负责的道德规范，把诚信原则、职业道德贯彻于会计工作之中。同时加强对会计人员业务知识和现代化专业技术的培训，增强会计人员素质，促进会计档案信息质量的提高。

另一方面，会计档案管理人员素质的提高是电子会计档案规范化、科学化管理的保证。除了要具备传统的会计档案管理专业知识外，还必须具备信息化基础知识、计算机软硬件基础知识、网络工程和信息系统知识，以及较高的计算机操作技能。要通过多种方式进行培养教育，使电子会计档案管理人员既具有良好的思想品德、高度的责任感、良好的工作态度，更具备丰富的会计信息化业务知识、档案管理专业知识、现代化的操作技能和潜在的创新意识与能力。

（三）规范会计信息化财务软件，强化会计档案管理的前端控制

加强会计档案信息的前端控制，包括会计软件程序研制开发、维护过程中，要采取有效控制来确保程序的正确性、安全性，以及对电子会计档案信息在形成和维护阶段进行监督，确保会计数据不被篡改、破坏。有关部门应尽快制定出一些具体法规或通过行业会计协会制定统一的财务软件准则，加强对财务软件销售公司和开发者的管理，进一步规范会计信息化软件市场。选用功能符合本单位实际业务需要的信息化会计软件，最好是具有档案管理辅助功能的信息化软件。相关的具体会计准则要对会计信息化软件采用的标准、软件的安全性、具体的会计处理方法、会计信息的规范使用、会计信息化文档的保管以及会计信息化人员的责任做出指导和说明。

（四）做好信息化会计系统的安全管理，保证会计档案的完整安全

一是建立健全信息化会计系统的安全管理制度。对会计人员、会计管理领导的职责要严格规范，加强对密码、口令、授权的管理。制定相应的管理规范，如网络、机房、服务器管理规范，会计信息存储管理规范，安全操作规范等。监控与操作分离，实现系统内部的有效控制。二是采用先进成熟的计算机操作系统、先进的通用软件开发平台和数据库技术，对数据库文件彻底加密，并在软件功能上采取必要的控制手段，如提示功能、保护功能、检验功能等，从源头上进行防范。三是采取必要技术手段来防范病毒及黑客对网络会计系统的攻击，可以采用认证技术、访问控制策略、防火墙技术、入侵检测与安全审计技术等。财务部门应建设独立的内部网络，由财务部门管理，并与外部网络进行物理隔离，从根本上保证会计系统的安全性。针对对外公布的会计数据，可单独设立一台服务器与外网相连，将要发布的数据从内部网络服务器中复制到该服务器进行发布，这样即使该服务器被攻击，也不会影响内部网络会计系统的安全性。

（五）保持电子会计档案保管手段的先进性，严格控制库房环境

电子会计档案的新型存储介质不断出现，体积越来越小、容量越来越大、性能越来越好、质量越来越可靠。与此同时，随着计算机软件技术发展，处理电子会计档案的数据库技术、压缩技术也在不断进步。因此，电子会计档案的保管手段必须与时俱进，紧跟当代计算机技术发展，不断引进先进的存储介质和技术手段，更新旧的、落后的存储介质和技术手段。只有这样，才能更加有效地保证电子会计档案的安全性和时效性。

同时，电子会计档案磁性载体材料需严格控制其保存环境。会计档案馆可建立专门的磁盘和光盘库，做好库房的防磁、防尘、防光、防有害气体、严格控温控湿等工作，加强库房管理，并定期进行检查。有条件的企业事业单位要提供环境清洁与温湿度稳定适宜的专用会计档案存放仓库；配备具有高清晰度打印能力的激光或喷墨打印机，以它们作为打印纸质会计档案副本（复制品）的工具。由于电子会计档案对软硬件环境依赖性强，所以要定期进行迁移，防止载体损坏，避免电子会计档案信息丢失。

思考与练习

1. 如何理解会计档案的定义？会计档案的特点是什么？
2. 会计档案的积极作用有哪些？
3. 如何建立本单位的会计文件（资料）归档制度？
4. 会计文件（资料）的立卷方法有哪些？
5. 会计档案的分类标准与方法有哪些？
6. 会计档案的鉴定规则是什么？
7. 会计档案的保管期限如何确定？
8. 电子会计档案概念的含义及其管理依据是什么？
9. 电子会计档案的管理内容和要求是什么？

第十三章
声像档案的管理

内容提要

本章着重说明和介绍了声像档案的管理理论、原则、技术和方法。主要内容包括：一、声像档案概述。二、照片档案管理。三、电子声像档案著录。

第一节 声像档案概述

一、声像档案的定义

声像档案，又称音像档案、视听档案、音频视频档案，是指以摄录手段记述和反映党政机关、企业事业单位及其他社会组织或个人在履职或从事政治、经济、科学、技术、文化艺术等活动中直接形成的有利用和保存价值的，以记录声音、图像数据和信息为主，并辅以文字说明的历史记录。其中包括照片文件、唱片文件、影片文件、专题片文件、录音文件、录像文件以及存储在光盘、磁带、磁盘、软盘等载体中的音频、视频、数码照片等数字类型的文件。声像档案是各立档单位和国家档案馆保存的档案资源的重要组成部分，也是总结历史经验、传承历史文化、延续人类文明的宝贵信息财富，是生动形象的社会历史记忆。

二、声像档案的特点

同单纯的文字档案相比，声像档案主要具有以下特点：

（一）具体性和场景性

单纯的文字档案往往只是记录了人类活动的部分数据和信息，并不能提供完整的、具体的场景性的记录。声像档案的出现，有效地填补了这一空白，使人类记录历史的手段又一次得到了提升。人类通过音频和视频的记录方式，可以使自己所经历的历史得到更加细致、具体的记录和场景的再现。这是文字记录所不及的优势。

（二）生动性和形象性

单纯的文字档案无论记述得多么详细，都不可避免地遗漏一些关键性的数据和信息，而声像档案则可以生动、形象地将相关人类活动的场景记录下来，并给人一种身临其境的感受。声像档案可以有效地记录和反映自然界和人类的声音的特性（包括响度、音调和音色）和图像的特性（包括时间上的延续性、空间上的广延性）。录音等音频档案，可以给人类留下各种声音特性的历史记录。音乐唱片等音频档案，还可以通过对音乐的三要素（旋律、节奏、和声）的记录，给人类留下生动的音乐历史记录。纪录片、专题片、现场录像等影视档案则以兼具图像、声音记录的特点见长，并可以更加生动、直观、具体地记录人类活动的情况。录像档案，往往一个镜头记录就可以提供综合多样的视觉信息；其声音还原的结果，则是各种声音信息的再现；声音与图像配合，向用户提供丰富信息，具有很强的表现力和真实感。

（三）易理解性和接受性

声像档案可以通过视听直接获取的特性使其超越语言和文化的界限，对于识字和不识字的人来说，声像档案都可成为文字档案的重要补充。

三、声像档案的种类

根据声像档案的定义，声像档案主要包括以下种类：照片档案，包括银盐感光材料照片档案和数码照片档案；录音档案，包括录音带档案和数码录音档案；录像档案，包括录像带档案和数码录像档案；影片档案，包括胶片影片档案和数字影片档案；唱片档案等。广义的声像档案还包括归档保存音像档案的光盘、软盘、硬盘、磁带等。在实际工作中，一般机关、企业事业单位产生的音像档案主要包括照片档案、录音录像档案和少量宣传影片档案等。

四、声像档案的一般管理要求和内容

（一）声像档案的一般管理要求

各立档单位在形成和管理声像档案的工作中，应遵循如下要求：

（1）及时归档管理。各级机关、团体、企业事业单位在社会活动中形成的、具有长期保存价值的照片、录音、录像等声像文件，应及时归档管理。

（2）应建立并切实实施声像档案管理制度，明确职责分工，规范工作流程，配备管理系统，采取现代保护技术手段。

（3）档案部门应负责制定声像文件归档管理制度，指导声像文件形成部门开展鉴定、著录与归档工作，参与声像文件备份策略的制定与实施；负责声像文件的鉴定、归档、整理、编目与著录、利用、备份、移交等各项管理工作。形成部门负责声像文件的初次鉴定、格式转换、著录、归档等工作。信息化部门负责为声像文件的管理提供信息化支持。保密或安全部门负责监督涉密声像文件的管理。

（4）声像档案的管理应遵循有关的标准要求。1996 年，国家档案局发布《磁性载体档案管理与保护规范》（DA/T 15—95）对录音带、录像带、软磁盘、计算机磁带等的归档要求、管理、存储与保护进行了规范；2002 年，国家质量监督检验检疫总局发布《照片档案管理规范》对银盐感光材料照片档案的收集要求、整理程序和保管条件进行了规范，发布《电子文件归档与电子档案管理规范》对电子文件（包括电子图像文件、电子影像文件、电子声音文件等）和电子档案的形成、积累、归档、保管、利用、统计的一般方法进行规定。各立档单位和国家档案馆应在声像档案的管理实践中予以践行。

（5）涉密声像文件的归档和声像档案的收集、保存、利用等管理工作应按照国家有关保密规定执行。

（6）国家档案馆和有关立档单位应加强声像档案的保护，切实抢救濒危声像档案。

（二）声像档案的一般管理内容

声像档案的一般管理内容包括声像档案的收集、分类整理、价值鉴定、检索编目、安全保存、利用开发等。下面着重介绍一下对声像档案的收集、整理等的一般管理内容。

1. 声像档案的收集范围

声像档案的收集范围一般包括以下方面：

（1）围绕一个社会组织的主要职能活动形成的，反映其基本历史面貌和重要工作成果的声像文件。其中包括各组织在举行的重要会议、纪念活动中形成的声像文件材料；记录本组织生产、科研、基建、重要设备管理的声像文件材料；本组织历届领导班子合影及主要领导证件照片文件；本组织的劳动模范、先进人物及其典型活动的声像文件材料；本组织保存的重要实物的照片文件；上级领导和著名人物参加本组织、本地区重大公务活动形成的声像文件材料。

（2）记录本地区、本组织重大活动、重大事件、重大事故、重大自然灾害、重点工程的声像文件材料。

（3）记录本地区地理概貌、城乡建设、名胜古迹、自然风光以及民间风俗和著名人物的声像文件材料。

（4）本组织形成的其他具有保存价值的声像文件材料等。

2. 声像档案的收集要求

归档声像文件材料的品质、载体形式等应符合国家、上级主管部门的要求。收集的声像档案应满足如下要求：

（1）主题鲜明，影像和语音清晰，人物形象端正。

（2）数码录音录像应刻制光盘。

（3）重要或珍贵的数码录音以 WAV 格式保存，其他的以 MP3 格式保存，音频采样率不低于 44.1kHz；数码录像以 MPEG 或者 AVI 格式保存，比特率不低于 8Mbps。

3. 声像档案的收集职责

《中华人民共和国档案法》规定，各单位档案机构或者档案工作人员负责对所属机构的档案工作实行监督和指导。《照片档案管理规范》要求，对具有归档价值的照片，其摄影者或承办单位应及时整理，向档案室归档，一般不应跨年度。据此，各立档单位应明确声像文件材料由其形成部门及时收集整理归档，并于次年 6 月底前向本组织的档案机构或档案工作人员移交，同时必须移交相应文字说明。

4. 声像档案的整理业务原则

声像档案的整理应当采取以下业务原则，即遵循声像文件材料的形成规律，保持声像文件材料之间的有机联系，区分不同载体和价值，便于保管和利用。

（1）遵循声像文件材料的形成规律，保持声像文件材料之间的有机联系。一份声像文件材料应存储于一个载体，避免人为分散；一次活动形成的关系密切的不同载体声像文件材料之间应有参见标识；应当避免将不同年度不同类别声像文件材料存储于同一个载体。

（2）区分不同载体和价值，便于保管和利用。不同载体声像档案的保管要求和利用方式不同，因此应从便于保管和利用的角度区分载体形式分类整理。声像档案载体形式主要有照片（银盐感光材料照片）、录音带、录像带、影片带、光盘（数码照片、数码录音、数码录像刻制的光盘），各载体形式的声像档案应当区分价值划分保管期限，并分别排列编号、制作目录。

5. 声像档案的保管期限

声像档案的保管期限分为永久和定期两种。定期一般分为 30 年、10 年。这一规定使声像档案和文书档案的保管期限一致，既便于档案整理，又有利于内容关系密切的不同载体形式档案保持联系，有利于声像档案的保管和利用。

6. 数码录音、录像的管理

各单位可按照《电子文件归档与电子档案管理规范》、《电子文件归档光盘技术要求和应用规范》（DA/T 38—2008）的要求，区分声像档案的保管期限，并按年度刻制光盘。

7. 声像档案档号的结构和编制要求

档案馆（室）在整理和管理声像档案的过程中，以字符形式赋予声像档案的一组代码就是档号。档号是存取档案的标记，并具有统计监督作用。编制声像档案的档号一般可采用下列档号结构：

（1）全宗号-音像文件类别代码·年度-件号。

（2）全宗号-档案门类代码·年度-案卷号-件号。

（3）全宗号-档案门类代码·年度·保管期限代码-案卷号-件号。

（4）全宗号-档案门类代码·年度-案卷号-子卷号-件号。

第四种结构的档号可用于编目管理持续时间长、下分若干项子活动的大型业务活动中形成的电子录像档案。如××省政协十一届四次会议形成的所有电子录像档案组成一个卷，该次会议的开幕式、选举大会、闭幕式上各自形成的若干电子录像档案可分别组成三个子卷。

档号各组成部分的著录细则参见档案门类代码、年度、保管期限、案卷号、件号等著录项的著录要求。档号各组成部分之间用半角“-”相连，类别号中各子项之间用中圆点“·”相连。

示例 1：X001-ZP·2011-012-00266，表示为 X001 全宗 2011 年度 012 卷第 00266 件照片档案。

示例 2：X035-LX·2010·D30-005-00026，表示为 X035 全宗 2010 年度保管期限为定期 30 年的 005 卷第 00026 件录像档案。

示例 3：X033-LX·2011-005-02-00026，表示为 X033 全宗 2011 年度 005 卷 02 子卷第 00026 件录像档案。

全宗号是国家综合档案馆为同级立档单位给定的全宗的规范化代码。不向国家综合档案馆移交档案的单位由各单位根据本单位法人变更情况自行设定。全宗号由 4 位代码构成。其中第一位用汉语拼音字母或阿拉伯数字标识全宗属性，后三位用阿拉伯数字标识某一属类全宗的顺序号。一个档案馆内不能有相同的全宗号。

示例 1：X033

示例 2：1001

档案门类代码是声像档案所属门类的规范化代号。声像档案分为照片、录音、录像等三种门类，其对应的档案门类代码分别为 ZP、LY、LX。

年度是声像档案的形成年度。用 4 位阿拉伯数字标识声像档案的形成年度，如“2010”表示著录对象形成于 2010 年。当形成年度无法考证时，著录声像档案的归档年度，并在附注项加以说明。

案卷号是一个年度或一个保管期限下案卷排列的顺序号。案卷号用 3 位阿拉伯数字标识。一个年度或一个专题下的案卷号应是连续的流水号，不应有空号。案卷号不足 3 位时，应在前面用“0”补足，如“020”。

子卷号是一个案卷下子案卷排列的顺序号。子卷号用 2 位阿拉伯数字标识。一个案卷下的子卷号应是连续的流水号，不应有空号。不足 2 位的子卷号，应在前面用“0”补足，如“01”。

件号是同一案卷或子卷内声像档案排列的顺序号。件号最好用 5 位阿拉伯数字标识。件号应是连续的流水号，不应有空号。不足 5 位的件号，应在前面用“0”补足，如“00260”。

8. 电子档案文件名

电子档案文件名是在计算机存储器中唯一标识电子声像档案文件的一个字符串。按电子声像档案文件的实际名称著录。可采用档号或其他命名规则为声像类电子档案文件命名。例如，一张 JPEG 格式的电子照片档案文件档号为 X035-ZP·2008-036-00012，采用该档号为其命名时其电子声像档案文件名应著录为 X035-ZP·2008-036-00012。

第二节　照片档案管理

照片档案是机关、组织或个人在社会活动中利用相机等拍摄设备形成的，有保存价值的原始静态图像记录。其中包括记录模拟静态图像的银盐感光照片档案（简称银盐照片档案）和记录数字静态图像的数码照片档案（简称数码照片档案）。本节主要介绍这两种类型照片档案的管理要求和管理方法。

一、银盐照片档案的管理

银盐照片档案的结构一般包括底片、照片和说明三部分。各单位可根据国家推荐标准《照片档案管理规范》的要求，开展银盐照片档案的管理。

（一）银盐照片档案的收集

1. 立档单位照片档案的收集范围

在一个立档单位的各项职能活动中，应根据国家、行业及本单位的规定和要求，将具有现实意义和历史研究价值的重要对象、场景等，通过照片的形式记录下来，并纳入本单位的档案资源体系中，为本单位、党和国家留存生动形象的历史记录。一般而言，各立档单位应将下述照片定为收集的主要对象。

（1）记录本单位主要职能活动和重要工作成果的照片。

（2）领导人和著名人物参加与本单位、本地区有关的重大公务活动的照片。

（3）本单位组织或参加的重要外事活动的照片。

（4）记录本单位、本地区重大事件、重大事故、重大自然灾害及其他异常情况和现象的照片。

（5）记录本地区地理概貌、城乡建设、重点工程、名胜古迹、自然风光以及民间风俗和著名人物的照片。

（6）其他具有保存价值的照片。

这些应该列入立档单位照片档案收集范围的照片，仅仅是一种指导性的规定和要求。各立档单位均应结合自己的实际情况，加以细化，并确定更为具体、翔实的照片档案收集范围。

2. 立档单位照片档案的收集要求

对属于立档单位收集范围的照片，各单位的相关部门或机构应按照归档制度定期向本单位档案机构或档案工作人员归档，集中管理，任何单位或个人不得据为己有。具体的业务工作要求包括以下方面：

（1）对存有真伪疑义的照片应采取必要措施进行鉴定。

（2）对反映同一内容的若干张照片，应选择其主要照片归档。收集的照片档案应具有主题鲜明、影像清晰、画面完整、未加修饰剪裁、有代表性等特点。

（3）重大活动、重大事件、重大事故、重大自然灾害、重点工程照片应反映事件的全貌和全部过程，可从多个场景选取具有代表性和典型性的照片。

（4）照片档案应达到照片、底片和文字说明齐全的要求；底片与照片影像应一致；对无底片的照片应制作翻拍底片；对无照片的底片应制作照片。

（5）照片档案的移交、采集和征集应符合有关标准的要求。

3. 立档单位照片档案的收集时间

对具有归档保存价值的照片，其摄影者或承办单位应及时整理，向本单位的档案管理机构和档案人员归档，一般不应跨年度。

依照《中华人民共和国档案法实施办法》的规定，照片档案随立档单位其他载体形态的档案一起向有关档案馆移交。在特殊情况下，经同级档案行政管理部门同意可以提前或延迟移交。档案馆应按收集范围随时征集对国家和社会具有保存价值的零散照片。

（二）银盐照片档案的整理

1. 整理原则

照片档案的整理应遵循有利于保持照片档案的有机联系、有利于保管、有利于提供利用的原则。照片档案的底片、照片应分开存放。

2. 照片、底片的鉴定

（1）保管期限的划分。

保管期限是按照片、底片的价值划定的存留年限，分为永久、定期两种。对照片、底片保管期限的划分按照国家档案局的相关规定执行，其中包括《机关文件材料归档范围和文书档案保管期限规定》《企业文件材料归档范围和档案保管期限规定》等。照片档案是相关职能业务活动的组成部分，其保管期限的划分不能孤立地进行，而应同其他相关联的同类归档文件材料的保管期限保持一致。

（2）密级的确定。

密级是指照片、底片保密程度的等级。密级的划定按照《中华人民共和国保守国家秘密法》《中华人民共和国保守国家秘密法实施办法》《文献保密等级代码与标识》及有关规定执行。各单位的保密责任人应具体负责此项工作。

3. 底片的整理

照片底片的整理应满足如下要求：

（1）底片的编号。

底片的编号即底片号是固定和反映底片在全宗内排列顺序的一组字符代码，由全宗号、保管期限代码、张号等构成，其格式为全宗号-保管期限代码-张号。其中，全宗号是国家档案馆给各立档单位编制的全宗代号；保管期限代码分别用“1、2、3”或“Y、C、D”对应代表永久、30 年、10 年；张号是在全宗内某一保管期限的底片从“1”开始排列的顺序编号。

（2）底片号的登录要求。

宜使用铁笔将底片号横排刻写在胶片乳剂面片边处（刻写不下时，前段可不写），不得影响画面；也可采用其他方式将底片号附着在胶片乳剂面片边处，不得污染胶片。底片号登录顺序应与照片号登录顺序保持一致。

（3）底片袋的标注方法。

底片放入底片袋内保管，一张一袋。应在底片袋的右上方标明底片号。对翻拍底片，应在底片袋的左上方标明“F”字样。对拷贝底片，应在底片袋的左上方标明“K”字样。

（4）底片入册的管理要求。

底片册一般由 297mm×210mm 大小的若干芯页和封面、封底组成。底片应按底片号顺序将底片袋依次插入底片册。芯页的插袋上应标明相同的底片号。

（5）大幅底片的放置要求。

对幅面超过底片册芯页尺寸的大幅底片，应在乳剂面垫衬柔软的中性偏碱性纸张后，放入专用的档案袋或档案盒中，按底片号顺序排列。

（6）册内备考表的编目要求。

册内备考表项目包括本册情况说明、立册人、检查人、立册时间。册内备考表应放在册内最后位置，其格式可参考《照片档案管理规范》附录 A 的设计。

（7）底片册的封面、册脊的编目要求。

底片册的封面应印制“底片册”字样。底片册册脊的项目包括全宗号、保管期限、起止张号、册号。

（8）底片册的排架要求。

底片册按照全宗号、保管期限、册号的顺序排列，上架保存。

4. 照片的整理

照片的整理内容包括分类、编号、保管单位编目、排列等。

（1）照片的分类。

应在全宗内按年度-问题进行分类，跨年度且不可分的照片也可按问题-年度进行分类。分类方案应保持前后一致，不应随意变动。

（2）照片的排序。

应在分类方案的最低一级类目内，按问题结合时间、重要程度等进行排列。为便于提供利用，照片排列及入册时应同时考虑不同保密等级照片的定位。

（3）照片的编号方法。

照片号即照片档案档号，是固定和反映每张照片在全宗内分类与排列顺序的一组字符代码，由全宗号、年度、册号、张号或全宗号、年度、张号组成。照片档案的档号结构具体格式有两种，如表 13－1 所示。

表 13－1　照片档案档号格式

格式 1	全宗号-照片档案类别代码·年度-册号-张号
格式 2	全宗号-照片档案类别代码·年度-张号

其中，全宗号是指档案馆给立档单位编制的代号；照片档案类别代码为“ZP”，照片文件的类别代码为“ZP1”，底片文件的类别代码为“ZP2”；册号是指在一个全宗的某一大类内照片册的排列从“1”开始的顺序编号；张号是指照片在册内的排列从“1”开始的顺序编号。

若采用格式 2，可选用照片、底片分别编号法或合一编号法（影像相符的照片、底片编号相同）。选用合一的编号方法，宜以照片、底片齐全为基础。

（4）照片的入册。

照片册一般由 297mm×210mm 大小的若干芯页和封面、封底组成。芯页以 30 页左右为宜，有活页式和定页式两种。各立档单位应按照分类、排列顺序即照片号顺序将照片固定在芯页上，组成照片册。

（5）大幅照片的放置。

对于照片册放置不下的大幅照片，可将其放入专用的档案袋或档案盒中，按照片号顺序排列。如竖直放置，应首先将照片固定在专用的纸板上，再放入袋、盒中；如水平放置，照片的堆放高度不宜超过 5cm。以竖直放置为宜。

（6）单张照片说明的填写。

● 说明的格式：应采用横写格式，分段书写。其格式和填写要求可参照表 13－2。

表 13－2　单张照片说明的填写事项和要求

题名	简明概括、准确反映照片的基本内容，人物、时间、地点、事由等要素尽可能齐全
照片号	据实填写照片的编号
底片号	若采用照片、底片合一编号法，则可不填写底片号
参见号	指与本张照片有密切联系的其他载体档案的档号。其格式如下：（相关档案种类）档号 注：括号内为选择性著录内容 示例 1：文书档案 0113-2-18 示例 2：科技档案 G-J-21 照片档案由档案室移交至档案馆后，应对其参见号进行核对，对与实际情况不符的应及时调整
时间	用 8 位阿拉伯数字表示，第 1—4 位表示年，第 5—6 位表示月，第 7—8 位表示日。 示例：1953 年 3 月 2 日写作 19530302
摄影者	一般填写个人，必要时可加写单位
文字说明	应综合运用事由、时间、地点、人物、背景、摄影者等要素，概括揭示照片影像所反映的全部信息，或仅对题名未及内容作出补充。其他需要说明的事项亦可在此栏表述，例如照片归属权不属于本单位的，应注明照片版权、来源等

● 密级：应按《文献保密等级代码与标识》所规定的字符在照片周围选一固定空白处标明，使用印章亦可。

● 说明的位置：单张照片的说明，可根据照片固定的位置，在照片的右侧、左侧或正下方书写。

● 大幅照片的说明：对大幅照片的说明可另纸书写，与照片一同保存。一组联系密切的照片中的大幅照片，应随该组照片一同在册内编号，填写单张照片说明，并注明其存放地址。

（7）组合照片说明的填写。

● 一组（若干张）联系密切的照片按顺序排列后，可拟写组合照片说明。采用组合照片说明的照片，其单张照片说明可以从简。

● 组合照片说明应概括揭示该组照片所反映的全部信息内容及其他需要说明的事项。

● 应在组合照片说明中指出所含照片的起止张号和数量。

● 同组中的每一张照片均应在单张照片说明的左上角或右上角标出组联符号。组联符号按组依次采用①②③……同组中的照片其组联符号相同。如册内只有一组照片和其他散片时，组联符号采用①。组联符号不宜越册。

● 整理照片时因保管期限或密级的不同，有些同组的照片可能会被分散到不同的照片册内，应在组合照片说明中指出这些密切相关照片的保管期限、册号和组号。

示例：相关照片 2-4-⑥
（上例中“2”表示保管期限为 30 年）

● 组合照片说明可放在本组第一张照片的上方，也可放在本册所有照片之前。

（8）照片的编目和排列要求。

照片的册内备考表可参照底片的册内备考表进行设置和编目。照片册的封面应印制“照片册”字样。照片册册脊的项目包括全宗号、保管期限、册号、起止张号。照片册册脊的格式可参照《照片档案管理规范》附录 B 执行。照片册按照全宗号、保管期限、册号的顺序排列，上架保存。

5. 照片档案目录的编制

照片档案目录主要包括以下编制内容和要求：

（1）目录的著录项目。

照片档案目录的著录项目：照片号、底片号、题名、时间、摄影者、备注、参见号、册号、页号、组内张数、分类号、项目号、主题词或关键词、密级、保管期限、类型规格、档案馆代号、文字说明等。

条目的著录单位：以照片的自然张或若干张（一组）为单位著录成为照片档案目录的条目。

组合照片的著录要求：以一组照片为单位著录时，题名应根据题名拟写要素，简明概括、准确反映一组照片的基本内容。以一组照片为单位著录时，照片号、底片号、页号均应著录起止号，时间应著录起止时间，参见号、摄影者可以著录多个。

大幅照片的标注：对于大幅照片、底片，应在备注栏内注明“大幅”和存放地址。以一组照片为单位著录时，还应在备注栏内注明其中所含的大幅照片的照片号、底片号。

著录与标引的要求：照片档案著录与标引的方法和要求，应按照《档案著录规则》《档案分类标引规则》和《档案主题标引规则》执行。

（2）目录的编制。

照片档案目录种类包括册内目录、基本目录、分类目录、主题目录、摄影者目录等。

照片档案目录的必备项目是照片号、题名、时间、摄影者、底片号、备注，可根据需要增加项目。基本目录的条目应按照片号排序。

册内照片目录为选择性目录，其组成项目是照片号、题名、时间、页号、底片号、备注。册内目录的条目应按照片号排序。册内目录位于册内最前面。

（三）银盐照片档案的保管

1. 包装与装具

照片档案的包装与装具主要有底片袋、底片册、照片册、贮存柜架等。

应使用表面略微粗糙和无光泽的中性偏碱性纸制材料制作底片袋，其 pH 值应在 7.2～9.5 之间，α-纤维素含量应高于 87%。应使用中性胶粘剂的底片袋，接缝应在袋边。

底片册、照片册所用封面、封底，均应采用中性偏碱性纸质材料制作芯页，其 pH 值应在 7.2～9.5 之间，化学性能稳定，且不易产生碎屑或脱落的纤维。

底片、照片应在能关闭的装具中保存，如存储柜、抽屉、有门的书架或文件架等。贮存柜架应采用不可燃、耐腐蚀的材料，避免使用木制及类似材料。木制材料易燃烧、易腐蚀，还可能挥发出某些有害气体，促使底片、照片老化或褪色。贮存柜架的喷涂用料应稳定耐用，且对贮存的底片、照片无有害影响。对贮存柜架进行排列时，应保证空气能在其内部循环流通。

2. 温度、湿度要求

底片、照片应恒温、恒湿保存。长期贮存环境要求，24 小时内温度的周期变化不应大于±2℃，相对湿度变化不应大于±5%。中期贮存环境要求，24 小时内温度的周期变化不应大于±5℃，相对湿度变化不应大于±10%。所推荐的温度、湿度条件，应在各单独的贮存器具内或整个贮存室内加以保证。底片、照片贮存的温、湿度与提供利用房门的温、湿度若存在较大差别，应设缓冲间，在其提供利用前应在缓冲间过渡几小时。

二、数码照片档案的管理

数码照片是用数字成像设备拍摄获得的，以数码形式存储于磁带、磁盘、光盘等载体，依赖计算机等数字设备阅读、处理，并可在通信网络上传送的静态图像文件。数码照片文件由数码照片和元数据两部分组成，元数据一般包括该照片的文字说明与可交换图像文件（exchangeable image file，EXIF）信息[①]（见图 13-1）。数码照片档案是指国家机构、社会组织以及个人在社会活动中形成的，有保存价值的数码照片的集合。

---

① EXIF 信息是专门为数码相机的照片设定的，可以记录数码照片的属性信息和拍摄数据。EXIF 可以附加于 JPEG、TIFF、RIFF 等文件之中，为其增加有关数码相机拍摄信息的内容和索引图或图像处理软件的版本信息。EXIF 最初由日本电子工业发展协会在 1996 年制定，版本为 1.0，1998 年升级到 2.1，增加了对音频文件的支持，2002 年 3 月公布了 2.2 版。

项目	信息（举例）	项目	信息（举例）
制造厂商	Canon	ISO 感光值	100
相机型号	Canon EOS-1Ds Mark III	EXIF 信息版本	30，32，32，31
图像方向	正常（upper-left）	图像拍摄时间	2005：09：25　15：00：18
图像分辨率 X	300	图像存入时间	2005：09：25　15：00：18
图像分辨率 Y	300	曝光补偿（EV+—）	0
分辨率单位	dpi	测光模式	点测光（spot）
Software	AdobePhotoshopCSMacintosh	闪光灯	关闭
最后异动时间	2005：10：06　12：53：19	镜头实体焦长	12mm
YCbCrPositioning	2	Flashpix 版本	30，31，30，30
曝光时间	0.00800（1/125）sec	图像色域空间	sRGB
光圈值	F22	图像尺寸 X	5 616pixel
拍摄模式	光圈优先	图像尺寸 Y	3 744pixel

图 13－1　数码照片 EXIF 信息示例图

资料来源：https：//baike. baidu. com/item/Exif/422825？fr=aladdin.

数码照片档案属于全宗档案的组成部分，由本单位档案部门实行集中统一管理。档案部门负责建立健全数码照片档案归档制度，对归档范围、归档时间、归档要求等作出明确规定，指导形成部门开展数码照片归档工作。形成部门负责对应归档的数码照片进行收集，按要求向档案部门移交。信息化部门负责为数码照片档案管理提供信息化支持。

（一）数码照片的归档

数码照片的归档可参照《数码照片归档与管理规范》执行。数码照片档案的保管期限划分为永久和定期，其中定期分为 30 年和 10 年。

1. 数码照片的归档范围

一个立档单位数码照片的归档范围通常包括以下方面：

（1）记录本单位主要职能活动和重要工作成果的数码照片。

（2）本单位主办或承办的重点工作、重大活动、重要会议的数码照片。

（3）本单位重点建设项目、重点科研项目的数码照片。

（4）领导人、著名人物和国际友人参加与本单位、本地区有关的重大公务活动的数码照片。

（5）本单位劳动模范、先进人物及其典型活动的数码照片。

（6）本单位历届领导班子成员的数码证件照片。

（7）记录本单位、本地区重大事件、重大事故、重大自然灾害及其他异常情况和现象的数码照片。

（8）记录本地区地理概貌、城乡建设、重点工程、名胜古迹、自然风光以及民间风俗和著名人物的数码照片。

（9）其他具有保存价值的数码照片。

2. 数码照片的归档时间和归档要求

数码照片在拍摄完成后应及时整理和归档，最迟在第二年6月底前完成归档。

数码照片的归档包括以下要求：

（1）归档的数码照片应是用数字成像设备直接拍摄形成的原始图像文件，不能对数码照片的内容和EXIF信息进行修改和处理。

（2）对反映同一内容的若干张数码照片，应选择其中具有代表性和典型性的数码照片归档，所选数码照片应能反映该项活动的全貌，主题鲜明，影像清晰、完整。反映同一场景的数码照片一般只归档一张。

（3）归档的数码照片应为JPEG、TIFF或RAW格式，推荐采用JPEG格式。

（4）归档的数码照片应附加文字说明。文字说明应综合运用事由、时间、地点、人物、背景、摄影者等要素，概括揭示该张数码照片所反映的主要内容。

（5）数码照片可通过存储到符合要求的脱机载体上进行离线归档，也可通过网络进行在线归档。

（6）归档时，应参照《电子文件归档与电子档案管理规范》对数码照片进行真实、完整、可用和安全方面的鉴定、检测。

（二）数码照片档案的整理和著录

1. 数码照片档案的整理要求和方法

在同一全宗内，数码照片档案按“保管期限-年度-照片组”分类。照片组是指有密切联系的若干张数码照片的集合，如一次会议、一项活动、一个项目、反映同一问题或事由等形成的若干张数码照片为一组。

数码照片档案的分类方案应保持前后一致，不宜随意变动。不同年度的数码照片应分别整理。同一组内的数码照片档案按形成时间或重要程度先后排列。

整理过程中，应对数码照片文件进行重命名。数码照片文件采用“保管期限代码-年度-照片组号-张号．扩展名”格式命名。保管期限代码，分别用“YJ”“30”“10”代表永久、30年、10年；年度为4位阿拉伯数字；照片组号为4位阿拉伯数字，同一年度内的照片组从“0001”开始顺序编号；张号为4位阿拉伯数字，同一照片组内的数码照片从“0001”开始顺序编号。

示例：2018年某单位拍摄的一组××工作会议的数码照片为本年度第一组照片，保管期限为“永久”，存储格式为JPEG，则该组第一张照片的文件名应为YJ-2009-0001-0001.jpg。

数码照片档案应在计算机中建立层级文件夹进行分类存储。一般应在计算机硬盘建立“数码照片档案”总文件夹；在总文件夹内按不同保管期限和不同年度建立层级文件夹，并以保管期限和年度命名层级文件夹；在同一年度文件夹内再按不同组分别建立组文件夹，并以该组组号加数码照片主要内容或者事由命名组文件夹，组号与内容或者事由之间加空格。

示例：××局的数码照片档案统一存放于档案室计算机硬盘的非系统分区D盘。2019年××局办公室拍摄的一组××工作会议的数码照片为2019年第一组照片，保管期限定为“永久”，该组照片应存放在以下计算机路径下：

D：\数码照片档案\YJ\2019\0001××工作会议\……

2. 数码照片档案的著录

数码照片档案的著录项目应至少包括全宗号、保管期限、年度、部门、照片组号、张号、参见号、摄影者、时间、题名、文字说明、组题名、开放状态（见表13-3）。

表13-3 数码照片档案著录项目、要求和目录数据库结构及字段表

1. 著录项目及要求

数码照片档案应至少著录以下字段：全宗号、保管期限、年度、部门、照片组号、张号、参见号、摄影者、时间、题名、文字说明、组题名、开放状态

全宗号	档案馆给立档单位编制的代号
保管期限	照片所划定的保管期限，包括永久、长期、短期或永久、30年、10年
年度	归档年度，采用4位阿拉伯数字
部门	归档部门，采用部门全称或规范化简称，并保持相对一致和稳定
照片组号	在某一年度内的组从“1”开始的顺序编号，为4位阿拉伯数字，不足4位的在前补“0”
张号	同一组内数码照片从“1”开始的顺序编号，为4位阿拉伯数字，不足4位的在前补“0”
参见号	与本张照片有密切联系的其他载体档案的档号
摄影者	照片的拍摄单位或拍摄人
时间	数码照片拍摄时间，采用8位阿拉伯数字，依次为年度4位，月和日各2位，不足的在前补“0”
题名	本张照片的标题
文字说明	本张照片的说明，包括事由、地点、人物、背景等要素
组题名	本组照片所共同反映的主要内容
开放状态	本张照片是否开放的标记，开放为“T”，不开放为“F”

2. 数据库结构及字段表

字段名称	字段名	字段类型	字段长度
全宗号	QZH	字符型	6
保管期限	BGQX	字符型	4
年度	ND	字符型	4
部门	BM	字符型	100
照片组号	ZPZH	字符型	4
张号	ZH	字符型	4
参见号	CJH	字符型	20
摄影者	SYZ	字符型	100

时间	SJ	字符型	8
题名	TM	字符型	160
文字说明	WZSM	字符型	254
存储文件名	CCWJM	字符型	30
开放状态	KFZT	逻辑型	2

（三）数码照片档案的存储、保管和利用

1. 数码照片档案的存储

数码照片档案的存储应符合《电子文件归档与电子档案管理规范》的要求。推荐采用只读光盘（一次写光盘）为存储载体。软磁盘不能作为数码照片档案的存储载体，移动硬盘、U盘等移动存储设备只能做数码照片档案备份使用，不能作为长期保存的载体。

不同年度的数码照片档案一般不应刻录在同一张光盘中。

数码照片档案光盘应一式三套，一套封存保管，一套提供使用，一套异地保存。封存的该套光盘不得提供利用。

2. 数码照片档案的保管和利用

数码照片档案的保管按照《电子文件归档与电子档案管理规范》的规定执行。要建立数码照片档案的定期检查制度。光盘每满4年进行一次抽样机读检验，抽样率不低于10%，发现问题应及时采取措施。

数码照片档案的利用应遵守各单位档案利用借阅制度，进行登记并由利用者反馈利用效果。

第三节 电子声像档案著录

一、电子声像档案的著录项目

电子声像档案著录项共设7个大项50个小项，主要用于揭示电子声像档案的内容、形式特征，以及重要的业务与技术环境背景。7个大项分别是标识项、题名与责任者项、时间项、主题项、管理与权限项、背景信息项、附注项。

为保证电子声像档案的真实、完整与可理解、可检索，应自电子声像档案形成之日起3个月内完成著录工作。

下面从定义、著录细则、示例等三个层面对各著录项的著录规范作进一步描述，以此作为实施电子声像档案著录的具体方法与要求。

（一）标识项

1. 聚合层次

档案在分类、整理、著录、保管和提供利用时，作为个体和特定群体的控制层次。

聚合层次由高到低分为全宗、类、卷、件等层次。

2. 档号

档案馆（室）在整理和管理档案的过程中，以字符形式赋予档案的一组代码。档号是存取档案的标记，并具有统计监督作用。

除聚合层次和档号外，还有全宗号、档案门类代码、年度、案卷号、子卷号、件号、电子档案名等，其著录方式与要求见本章前述相关部分。

（二）题名与责任者项

1. 题名

能揭示电子声像档案主题的一组文字。题名应简明概括、准确地揭示电子声像档案记录的主要内容，包括事由、主要人物等。可使用业务活动名称作为案卷级的电子声像档案题名。

2. 摄影者

电子声像档案的拍摄者。应著录摄影者姓名及其工作单位名称，姓名与工作单位名称之间用“，”隔开。以卷为著录对象时，不同单位的多个摄影者之间用“；”分隔。摄影者无法考证时用“□□□”代替。

3. 录音者

电子录音档案的录制者。著录录音者姓名及其工作单位名称，姓名与其工作单位名称之间用“，”隔开；不同单位的多个录音者之间用“；”分隔。录音者无法考证时用“□□□”代替。著录格式要求见摄影者项。

4. 摄像者

电子录像档案的拍摄者。著录摄像者姓名及其工作单位名称，姓名与工作单位名称之间用“，”隔开；不同单位的多个摄像者之间用“；”分隔。摄像者无法考证时用“□□□”代替。著录格式要求见摄影者项。

5. 采集者

对声像档案实施数字化、转码、编辑等业务活动的责任人。如对传统载体录音、录像档案进行数字化的操作者，或对录音、电子录像档案进行转存、转码、编辑等的责任人。著录采集者姓名及其工作单位名称，姓名与其工作单位名称之间用“，”隔开。采集者无法考证时用“□□□”代替。著录格式要求见摄影者项。

6. 著录者

对电子声像档案进行著录的责任人姓名及其工作单位。归档前对录音、录像电子文件进行简要著录的责任人，归档后作进一步著录的责任人等都应在该著录项加以描述。描述著录者姓名及其工作单位名称，姓名与其工作单位名称之间用“，”隔开。著录格式要求见摄影者项。

7. 审核者

对电子声像档案著录结果进行审核的责任人。著录审核者姓名及其工作单位名称，姓名与其工作单位名称之间用“,”隔开。著录格式要求见摄影者项。

（三）时间项

1. 摄影时间

电子声像档案的拍摄时间，手工著录精度为日期。由数字档案管理系统自动提取时，应著录摄影的日期时间。以卷为著录对象时，应著录卷内电子声像档案最早与最晚的摄影时间。

2. 录音时间

电子录音档案的录制时间，手工著录精度为日期。由数字档案管理系统自动提取时，应著录录音的日期时间。以卷为著录对象时，应著录卷内电子录音档案的起止时间，即最早与最晚的录制时间。著录格式要求见摄影时间项。

3. 摄像时间

电子录像档案的拍摄时间，手工著录精度为日期。由数字档案管理系统自动提取时，应著录摄像的日期时间。以卷为著录对象时，应著录卷内电子录像档案的起止时间，即最早与最晚的拍摄时间。著录格式基本要求见摄影时间项。

4. 采集时间

录音、录像档案数字化时间，或将数字录音、录像文件由数字设备转码、收录、采集并存储到计算机中的时间。著录录音、录像档案数字化或采集日期，著录格式要求见摄影时间项。

5. 时间长度

录音、电子录像档案持续时间的数量（长度），以小时、分、秒为计量单位。时间长度著录格式为“hh:mm:ss”。其中，hh 表示以小时为计量单位的时间长度，mm 表示以分为计量单位的时间长度，ss 表示以秒为计量单位的时间长度，间隔符使用英文状态下的“:”。

（四）主题项

1. 地点

电子声像档案的摄录地点。著录摄录地点的全称或通用简称。

2. 人物

电子声像档案中记录的主要人物。可按主要人物职务或在画面中的自然排列顺序逐一著录任务信息，包括人物姓名、职务及其图像中所处的位置等。多个人物信息之间用“;”隔开。

3. 背景

电子录像档案中具有检索意义的实物背景信息，如著名建筑物、纪念牌、文物等。

4. 主题描述

对录音、电子录像档案重要主题内容所作的一组定位描述信息。此项无须进行具体著录。在数字档案管理系统中，主题描述的内容描述、内容起始时间和内容结束时间等三个子著录项是一组可重复赋值的数据项，可对一件录音或电子录像档案中的多个片段内容做定位描述。

（1）内容描述。对录音、电子录像档案的重要片段、人物或地点、背景等方面的具体描述。采用撰写题名方式对片段进行描述。关于录音、电子录像档案中的人物、地点、背景等主题，可参照上述人物、地点、背景项的著录要求进行描述。

（2）内容起始时间。一个内容描述对象在录音、电子录像档案时间轨道上的开始位置。内容起始时间著录格式为“hh:mm:ss”。具体含义见时间长度著录项。

（3）内容结束时间。一个内容描述对象在录音、电子录像档案时间轨道上的结束位置。内容结束时间著录格式为“hh:mm:ss”。具体含义见时间长度著录项。

（五）管理与权限项

1. 体裁

体裁是根据电子声像档案记录对象的内容、作用、运动形式等特征对电子声像档案的分类结果。体裁类目有重大活动、重大事件、重点工程、重要业务、城市记忆、口述历史及其他。

（1）重大活动类是指由同级地方党委、政府主办、承办的有关政治、经济、文化、体育、外交以及社会事业等方面的各种活动中形成的电子声像档案。

（2）重大事件类是指发生在本地区的严重自然灾害、突发性的群体或社会事件中形成的电子声像档案。

（3）重点工程类是指经同级人民政府批准，由投资计划主管部门下达的各种工程建设项目中形成的电子声像档案。

（4）重要业务类是指除去重大活动、重大事件、重点工程等业务活动外，列入本单位大事记或年鉴的业务活动中形成的电子声像档案。

（5）城市记忆类是指对城市历史人文、历史建筑、市井风俗等开展拍摄活动中形成的电子声像档案。

（6）口述历史类是指围绕某一专题，拍摄记录由亲历者讲述某一件（段）历史事实的活动中形成的电子声像档案。

各单位应根据电子声像档案的内容等信息，选择恰当的体裁类目进行著录。根据著录工作需要，体裁的类目可以自定义，但分类类目应具有普遍性，类目名称应规范简要、语义明确。

2. 电子档案生成方式

电子档案生成方式是指电子声像档案的形成方式。根据电子声像档案的实际生成方式著录。照片、电子录音档案生成方式值域：原生，数字化。电子录像档案生成方式值域：原生，数字化，编辑。

3. 格式名称

格式名称是指标识电子声像档案不同编码标准的格式名称。著录电子声像档案的扩展名，即后缀名，如 TIFF。

4. 离线存址

离线存址是指电子声像档案离线备份介质的编号。著录光盘、磁带等离线备份介质的编号，多个编号之间用“；”隔开。离线备份介质编号规则按照《××省数字档案与数据离线备份介质管理规范》编制，如 436001G2010D0009。

5. 保管期限

保管期限是根据档案价值确定的电子声像档案的保存时间。根据对电子声像档案保管期限的鉴定结果著录。电子声像档案保管期限分为“永久”“30 年”“10 年”，用“Y”“D30”“D10”分别作为三种保管期限的代码。

6. 控制标识

控制标识是指控制电子声像档案能够安全利用的分类标识。根据电子声像档案三网管理与分级利用的需要，控制标识符的值域有互联网开放、政务网开放、开放、控制、待定、其他。“互联网开放”表示可在互联网门户网站利用平台上公开。“政务网开放”表示可在国家综合档案馆政务网利用平台上公开。“开放”“控制”是在国家综合档案馆局域内网的安全利用标识。“待定”表示电子声像档案接收进馆后待鉴定，与“控制”的利用权限相同。各立档单位的控制标识符的值域可根据工作需要自定义。

7. 版权所有者

版权所有者是指对电子声像档案拥有各种专项权利的组织或个人。应著录版权所有者的名称。版权所有者为组织时，应著录其全称或通用简称，例如××省商务厅。

8. 版权期限

版权期限是指版权所有者对电子声像档案拥有版权的时间期限。各立档单位与国家综合档案馆对电子声像档案拥有的版权期限根据《××省档案管理条例》的有关规定著录。立档单位应著录电子声像档案形成起的版权期限，国家综合档案馆应著录电子声像档案接收进馆后的版权期限，例如 20 年、永久。

（六）背景信息项

1. 职能业务

职能业务是关于电子声像档案所记录的业务活动的一组描述信息。此项无须进行具体描述。职能业务以下四个子著录项共同描述一项业务活动。

（1）业务名称。电子声像档案得以形成的职能业务活动的名称。著录业务活动的正式全称。

（2）业务开始时间。电子声像档案得以形成的职能业务开始时间。著录业务活动开始的日期。著录格式要求见摄影时间项。

（3）业务结束时间。电子声像档案得以形成的职能业务结束时间。著录业务活动结束的日期。著录格式要求见摄影时间项。

（4）业务描述。对电子声像档案得以形成的职能业务总体情况的概括性描述。应使用纪实性文字客观地描述业务活动的总体情况与主要内容，包括时间、地点、主题、重要人物、主要议程、成果等。

2. 原始载体

原始载体是关于录音、电子录像档案原始记录载体的一组描述信息。此项无须进行具体著录。采集信息的以下四个子著录项共同描述一个录音或电子录像档案的原始记录载体。

（1）原始载体类型，是指录音、电子录像档案原始记录载体的类型。根据原始记录载体的实际类型著录。载体类型有磁带、光盘、P2 卡、磁盘及其他。

（2）原始载体型号，是指录音、电子录像档案原始记录载体的型号。按照原始记录载体型号原文著录。

（3）原始载体编号，是指档案馆（室）赋予录音、电子录像档案原始记录载体的一组代码或系列号，代码由阿拉伯数字和字母组成。按照原始记录载体编号原文著录。

（4）原始载体描述，是指对录音、电子录像档案原始记录载体信息、内容完整性、载体完好性等情况的描述。著录原始载体需要记录的内容，如记录因消磁致使某一段录音带上声音无效的情况。

原始载体的著录以磁带、P2 卡为采集对象，按照 4 个子著录项的顺序集中示例。

示例 1：磁带
DVCPRO AJ-P66LP
436001D20090001
该磁带专为松下 DVCPRO（1/4 数字）摄像机设计制作。记录载体良好。
示例 2：P2 卡
AJ-P2C016RMC
ABE08H0251
该 P2 卡为松下生产的 16G 容量存储卡。记录载体良好，使用正常。

3. 捕获设备

捕获设备是指创建、生成电子声像档案的设备，包括摄录设备、电视收录设备、数字化设备、非线性编辑设备等。此项无须进行具体著录。在数字档案管理系统中，捕获设备的设备制造商、设备型号两个子著录项是一组可重复赋值的数据项。设备制造商为创建、生成电子声像档案设备的制造商，著录设备制造商的全称或通用简称。设备型号为创建、生成电子声像档案设备的型号，按照设备型号原文著录。电子声像档案中，一件电子录像档案自生成到归档管理可能经过多种设备的创建、转换和编辑，应记录这类重要转换与管理过程。

（七）附注项

附注项是指电子声像档案各著录项需要解释和补充的事项。附注项的内容依各著录项目的顺序著录，项目以外尚需要解释和补充的事项列在其后。

二、电子声像档案著录简表

电子声像档案各著录小项及其类型、应用门类、应用层次与约束性等项目的著录要求可参见表 13-4 执行。

表 13-4 电子声像档案著录项简表

序号	著录项目	子著录项目	项目类型	应用门类	应用层次	约束性
1	聚合层次		简单型	声像	卷，件	必填
2	档号		简单型	声像	卷，件	必填
3	全宗号		简单型	声像	卷，件	必填
4	档案门类代码		简单型	声像	卷，件	必填
5	年度		简单型	声像	卷，件	必填
6	案卷号		简单型	声像	卷，件	必填
7	子卷号		简单型	录像	卷，件	选填
8	件号		简单型	声像	件	必填
9	电子档案名		简单型	声像	件	选填
10	题名		简单型	声像	卷，件	必填
11	摄影者		简单型	照片	卷，件	必填
12	录音者		简单型	录音	卷，件	必填
13	摄像者		简单型	录像	卷，件	必填
14	采集者		简单型	声像	件	选填
15	著录者		简单型	声像	件	选填
16	审核者		简单型	声像	件	选填
17	摄影时间		简单型	照片	卷，件	必填
18	录音时间		简单型	录音	卷，件	必填
19	摄像时间		简单型	录像	卷，件	必填
20	采集时间		简单型	录音，录像	件	选填
21	时间长度		简单型	录音，录像	件	必填
22	地点		简单型	声像	件	选填
23	人物		简单型	照片	件	选填
24	背景		简单型	照片，录像	件	选填
25	主题描述		容器型	录音，录像	件	
26		内容描述	简单型			选填
27		内容起始时间	简单型			选填
28		内容结束时间	简单型			选填
29	体裁		简单型	声像	卷，件	选填

续表

序号	著录项目	子著录项目	项目类型	应用门类	应用层次	约束性
30	电子档案生成方式		简单型	声像	件	选填
31	格式名称		简单型	声像	件	必填
32	离线存址		简单型	声像	件	选填
33	保管期限		简单型	声像	卷，件	必填
34	控制标识		简单型	声像	卷，件	选填
35	版权所有者		简单型	声像	卷，件	选填
36	版权期限		简单型	声像	卷，件	选填
37	职能业务		容器型	声像	件	
38		业务名称	简单型			选填
39		业务开始时间	简单型			选填
40		业务结束时间	简单型			选填
41		业务描述	简单型			选填
42	原始载体		容器型	录音，录像	件	
43		原始载体类型	简单型			选填
44		原始载体型号	简单型			选填
45		原始载体编号	简单型			选填
46		原始载体描述	简单型			选填
47	捕获设备		容器型	声像	件	
48		设备制造商	简单型			选填
49		设备型号	简单型			选填
50	附注		简单型	声像	卷，件	选填

三、电子声像档案目录数据库结构规范

下面是照片、录音、电子录像档案案卷级、文件级目录数据库结构列表，以此作为建设电子声像档案目录数据库的依据与要求。

（一）电子照片档案目录数据库结构规范

1. 电子照片档案案卷级目录数据库结构（可参见表 13－5 执行）

表 13－5　电子照片档案案卷级目录数据库结构表

序号	字段名	可重复性	数据类型	数据长度	约束性
1	聚合层次	否	字符型	2	必填
2	档号	否	字符型	26	必填

续表

序号	字段名	可重复性	数据类型	数据长度	约束性
3	全宗号	否	字符型	4	必填
4	档案门类代码	否	字符型	12	必填
5	年度	否	字符型	4	必填
6	案卷号	否	字符型	3	必填
7	题名	否	字符型	不定长	必填
8	摄影者	否	字符型	不定长	必填
9	摄影时间	否	字符型	35	必填
10	体裁	否	字符型	不定长	选填
11	保管期限	否	字符型	4	必填
12	控制标识	否	字符型	12	选填
13	版权期限	否	字符型	6	选填
14	版权所有者	否	字符型	不定长	选填
15	附注	否	字符型	不定长	选填

2. 电子照片档案文件级目录数据库结构（可参见表 13-6 执行）

表 13-6 电子照片档案文件级目录数据库结构表

序号	字段名	子字段名	可重复性	数据类型	数据长度	约束性
1	聚合层次		否	字符型	2	必填
2	档号		否	字符型	26	必填
3	全宗号		否	字符型	4	必填
4	档案门类代码		否	字符型	12	必填
5	年度		否	字符型	4	必填
6	案卷号		否	字符型	3	必填
7	件号		否	字符型	5	必填
8	电子档案名		否	字符型	不定长	选填
9	题名		否	字符型	不定长	必填
10	摄影者		否	字符型	不定长	必填
11	采集者		否	字符型	不定长	选填
12	著录者		否	字符型	不定长	选填
13	审核者		否	字符型	不定长	选填
14	摄影时间		否	日期型	17	必填
15	地点		否	字符型	不定长	选填
16	人物		否	字符型	不定长	选填
17	背景		否	字符型	不定长	选填

续表

序号	字段名	子字段名	可重复性	数据类型	数据长度	约束性
18	体裁		否	字符型	不定长	选填
19	电子档案生成方式		否	字符型	6	选填
20	格式名称		否	字符型	不定长	必填
21	离线存址		否	字符型	不定长	选填
22	保管期限		否	字符型	4	必填
23	控制标识		否	字符型	12	选填
24	版权期限		否	字符型	6	选填
25	版权所有者		否	字符型	不定长	选填
26	职能业务		否			
27		业务名称	否	字符型	不定长	选填
28		业务开始时间	否	日期型	8	选填
29		业务结束时间	否	日期型	8	选填
30		业务描述	否	字符型	不定长	选填
31	捕获设备		是			
32		设备制造商	否	字符型	不定长	选填
33		设备型号	否	字符型	不定长	选填
34	附注		否	字符型	不定长	选填

（二）电子录音档案目录数据库结构规范

1. 电子录音档案案卷级目录数据库结构（可参见表 13－7 执行）

表 13－7　电子录音档案案卷级目录数据库结构表

序号	字段名	可重复性	数据类型	数据长度	约束性
1	聚合层次	否	字符型	2	必填
2	档号	否	字符型	26	必填
3	全宗号	否	字符型	4	必填
4	档案门类代码	否	字符型	12	必填
5	年度	否	字符型	4	必填
6	案卷号	否	字符型	3	必填
7	题名	否	字符型	不定长	必填
8	录音者	否	字符型	不定长	必填
9	录音时间	否	字符型	35	必填
10	体裁	否	字符型	不定长	选填
11	保管期限	否	字符型	4	必填

续表

序号	字段名	可重复性	数据类型	数据长度	约束性
12	控制标识	否	字符型	12	选填
13	版权期限	否	字符型	6	选填
14	版权所有者	否	字符型	不定长	选填
15	附注	否	字符型	不定长	选填

2. 电子录音档案文件级目录数据库结构（可参见表 13－8 执行）

表 13－8　电子录音档案文件级目录数据库结构表

序号	字段名	子字段名	可重复性	数据类型	数据长度	约束性
1	聚合层次		否	字符型	2	必填
2	档号		否	字符型	26	必填
3	全宗号		否	字符型	4	必填
4	档案门类代码		否	字符型	12	必填
5	年度		否	字符型	4	必填
6	案卷号		否	字符型	3	必填
7	子卷号		否	字符型	3	选填
8	件号		否	字符型	5	必填
9	电子档案名		否	字符型	不定长	选填
10	题名		否	字符型	不定长	必填
11	录音者		否	字符型	不定长	必填
12	采集者		否	字符型	不定长	选填
13	著录者		否	字符型	不定长	选填
14	审核者		否	字符型	不定长	选填
15	录音时间		否	日期型	17	必填
16	采集时间		否	日期型	17	选填
17	时间长度		否	时间型	8	必填
18	主题描述		是			
19		内容描述	否	字符型	不定长	选填
20		内容起始时间	否	日期型	8	选填
21		内容结束时间	否	日期型	8	选填
22	体裁		否	字符型	不定长	选填
23	电子档案生成方式		否	字符型	6	选填
24	格式名称		否	字符型	不定长	必填
25	离线存址		否	字符型	不定长	选填
26	保管期限		否	字符型	4	必填

续表

序号	字段名	子字段名	可重复性	数据类型	数据长度	约束性
27	控制标识		否	字符型	12	选填
28	版权期限		否	字符型	6	选填
29	版权所有者		否	字符型	不定长	选填
30	职能业务		否			
31		业务名称	否	字符型	不定长	选填
32		业务开始时间	否	日期型	8	选填
33		业务结束时间	否	日期型	8	选填
34		业务描述	否	字符型	不定长	选填
35	原始载体		否			
36		原始载体类型	否	字符型	不定长	选填
37		原始载体型号	否	字符型	不定长	选填
38		原始载体编号	否	字符型	不定长	选填
39		原始载体描述	否	字符型	不定长	选填
40	捕获设备		是			
41		设备制造商	否	字符型	不定长	选填
42		设备型号	否	字符型	不定长	选填
43	附注		否	字符型	不定长	选填

（三）电子录像档案目录数据库结构规范

1. 电子录像档案案卷级目录数据库结构（可参见表 13－9 执行）

表 13－9　电子录像档案案卷级目录数据库结构表

序号	字段名	可重复性	数据类型	数据长度	约束性
1	聚合层次	否	字符型	2	必填
2	档号	否	字符型	26	必填
3	全宗号	否	字符型	4	必填
4	档案门类代码	否	字符型	12	必填
5	年度	否	字符型	4	必填
6	案卷号	否	字符型	3	必填
7	题名	否	字符型	不定长	必填
8	摄像者	否	字符型	不定长	必填
9	摄像时间	否	字符型	35	必填
10	体裁	否	字符型	不定长	选填
11	保管期限	否	字符型	4	必填

续表

序号	字段名	可重复性	数据类型	数据长度	约束性
12	控制标识	否	字符型	12	选填
13	版权期限	否	字符型	6	选填
14	版权所有者	否	字符型	不定长	选填
15	附注	否	字符型	不定长	选填

2. 电子录像档案文件级目录数据库结构（可参见表 13－10 执行）

表 13－10　电子录像档案文件级目录数据库结构表

序号	字段名	子字段名	可重复性	数据类型	数据长度	约束性
1	聚合层次		否	字符型	2	必填
2	档号		否	字符型	26	必填
3	全宗号		否	字符型	4	必填
4	档案门类代码		否	字符型	12	必填
5	年度		否	字符型	4	必填
6	案卷号		否	字符型	3	必填
7	子卷号		否	字符型	3	选填
8	件号		否	字符型	5	必填
9	电子档案名		否	字符型	不定长	选填
10	题名		否	字符型	不定长	必填
11	录音者		否	字符型	不定长	必填
12	采集者		否	字符型	不定长	选填
13	著录者		否	字符型	不定长	选填
14	审核者		否	字符型	不定长	选填
15	摄像时间		否	日期型	17	必填
16	采集时间		否	日期型	17	选填
17	时间长度		否	时间型	8	必填
18	主题描述		是			
19		内容描述	否	字符型	不定长	选填
20		内容起始时间	否	日期型	8	选填
21		内容结束时间	否	日期型	8	选填
22	体裁		否	字符型	不定长	选填
23	电子档案生成方式		否	字符型	不定长	选填
24	格式名称		否	字符型	不定长	必填
25	离线存址		否	字符型	不定长	选填
26	保管期限		否	字符型	4	必填

续表

序号	字段名	子字段名	可重复性	数据类型	数据长度	约束性
27	控制标识		否	字符型	12	必填
28	版权期限		否	字符型	6	选填
29	版权所有者		否	字符型	不定长	选填
30	职能业务		否			
31		业务名称	否	字符型	不定长	选填
32		业务开始时间	否	日期型	8	选填
33		业务结束时间	否	日期型	8	选填
34		业务描述	否	字符型	不定长	选填
35	原始载体		否			
36		原始载体类型	否	字符型	不定长	选填
37		原始载体型号	否	字符型	不定长	选填
38		原始载体编号	否	字符型	不定长	选填
39		原始载体描述	否	字符型	不定长	选填
40	捕获设备		是			
41		设备制造商	否	字符型	不定长	选填
42		设备型号	否	字符型	不定长	选填
43	附注		否	字符型	不定长	选填

思考与练习

1. 什么是照片档案？银盐照片档案如何收集和整理？
2. 银盐照片档案的管理有哪些需要注意的问题？
3. 银盐照片档案收集范围如何确定？
4. 银盐照片档案的保管条件有何要求？
5. 数码照片档案的概念是什么？如何管理好数码照片档案？
6. 数码照片档案的收集归档范围如何确定？
7. 数码照片档案的管理有哪些特殊要求？
8. 如何开展数码照片档案的著录工作？
9. 电子声像档案的著录项目和著录要求是什么？

第四编

档案信息化

第十四章

档案信息化概述

内容提要

本章重点讲三个方面的内容：一、档案信息化的概念和内容。二、我国档案信息化的发展阶段。三、档案信息化的意义与发展原则。

第一节　档案信息化的概念和内容

20 世纪计算机技术和通信技术的成功融合和广泛应用，从根本上改变了信息产生、处理、传输、存储的方式，并以这种改变推动了社会经济结构、生产方式以及人们生活方式和工作方式的彻底变革，“信息化”一词是对这个过程的概括。如今，信息化已经成为全球共同的路径选择，成为世界各国的发展战略，成为各行各业的建设重点。档案信息化是国家信息化、地区信息化、行业信息化和机构信息化的重要组成，也是当代档案学理论和实践的核心任务。

一、档案信息化的概念

简而言之，档案信息化是指应用信息技术生成、管理、开发利用档案的过程，亦有档案信息化工作、档案信息化建设、档案管理信息化、档案工作信息化等称谓。这个概念具有以下几个方面的特点：

（一）档案信息化是一个动态的概念

信息化本身是一个渐进的过程，信息技术不断发展，信息资源不断丰富，技术应用不断扩展，资源开发不断深入，社会变革不断产生。档案信息化随着社会整体信息化的推进而不断发展，每一个新的进展都是前一阶段的结果，同时又是下一发展阶段的新起点。因此，无法就某国家、地区、行业、单位是否实现了档案信息化进行回答，只能分析其档案信息化建设的状态和水平。

（二）档案信息化以信息技术的应用为前提

信息技术应用是档案信息化的起点，也是其最基本的特征。信息技术在档案管理中的应用是全方位的，涵盖档案从生成到永久保存或销毁的整个过程，如电子文件的生成、纸质馆藏数字化、档案自动标引、档案信息网络检索等。

（三）档案信息化是一个多要素综合作用的过程

信息技术只是档案信息化的一个要素，在应用信息技术生成、管理、开发利用档案的过程中，还有其他多个非技术因素在共同起作用，包括符合档案信息化要求的档案管理业务、人才、标准规范、政策法规、管理体制与机制等。“三分技术、七分管理”，档案信息化的成果，往往不在于技术本身的先进程度，而更多地取决于非技术因素的支撑程度，取决于技术、非技术因素之间的匹配程度。

二、档案信息化的内容

档案信息化的覆盖面很广，一切与应用信息技术生成、管理、开发利用档案有关的活动都属于其内容。从工作性质来看，档案信息化的内容主要包括环境构建和资源建设两大类。所谓环境构建，是指为档案信息化建设创造适宜的环境、提供全面的保障工作，具体包括体制和机制的完善、法规政策的健全、标准规范的制定、社会服务体系的培育、人才的培养等内容，可视作档案信息化的宏观管理层。而资源建设中的“资源”指档案信息，资源建设是指在档案从形成到保存或销毁的整个生命周期中合理应用信息技术，促进管理效率和服务水平的提升，具体包括资源创建、资源管理、资源服务、系统设计与管理等内容，可视作档案信息化的微观操作层。承担档案信息化环境构建的主要有国家和地方各级相关主管部门，包括档案行政管理部门、立法机构、信息化主管部门、行业主管部门等，开展资源建设的主体为各级各类档案馆和立档单位档案室。

环境构建和资源建设相辅相成，环境构建是基础，资源建设是核心。没有适宜的体制机制、法规标准、人才、服务等环境支撑，档案信息化的发展便会缓慢且艰难，这在档案信息化初始阶段显得尤为突出；而资源建设的成果直接体现了档案信息化的意义所在。

（一）环境构建

1. 管理体制和机制的理顺

体制和机制历来是各项事业的关键问题，其科学与否，关系到事业中各个要素能否得到合理配置，各方力量能否得到有效激发。同时，由于体制和机制涉及多个部门的责权关系和组织体系，往往也是难点所在。“统一领导、分级管理”是《中华人民共和国档案法》所规定的档案管理体制。档案信息化作为档案事业的一部分，在此框架下运作。档案馆（室）的工作由国家档案行政机关统一掌管，地方各级档案行政机关分级管理。同时，专业档案工作则要接受专业主管部门的统一管理。

信息化建设使得这个体制框架变得复杂化：一方面，作为社会整体信息化的组成部分，档案信息化需要接受国家、地方、行业整体信息化的统筹，而我国现阶段尚未建立分工合理、责任明确的信息化体制，存在政出多门的问题；另一方面，电子文档一体化的迫切性又要求档案主管部门与文件工作主管机关工作相衔接，而党、政、军三大系统拥有各自的文件工作主管机关。可以说信息化条件下档案管理体制由条块结合变成多头指挥，成为管理不统一的根源，如党、政、人大、政协共用的、相对统一的档案主题词表都很难提出。无论是国家还是地方，都需要理顺体制，建立、完善切实可行的协调、监督机制，保证档案信息化良性发展。

2. 法规政策的健全

档案信息化是一项新工作，管理对象是具有新特点的档案类型，采用的是新的技术手段，电子化、自动化、网络化的工作内容和方法也较以前发生较大改变。这个过程中必然会产生许多新的问题，其中涉及权利和义务关系的问题需要通过法律法规来调整和规范，比如电子文件的凭证作用、保存要求、信息开放原则和内容等，而涉及事业定位、发展途径的问题则需要政策引导和支持。目前最迫切的政策需求是将档案信息化作为信息资源开发利用的重要内容，纳入国家、政府、行业、地方信息化之中，纳入相关的国家、地方和行业信息化发展战略行动计划之中，并制订与信息社会发展要求相适应的档案信息化规划和攻关计划。

3. 标准规范的制定

档案信息化过程遭遇到的操作规程问题需要通过标准规范来解决，以普及优秀的档案管理实践经验，统一管理方法，减少低水平重复，促进信息共享和交换。数字档案管理较之传统档案管理的标准化要求更高，否则可能面临多种风险。比如：若没有全国统一的档案信息交换格式标准，档案馆各自采用不同的格式建设档案数据库，就会形成一个个信息孤岛，无法或难以交换、共享；若没有电子文件存储格式标准，档案信息将可能因无法输出而丢失，可能导致珍贵记忆的空白。因此，档案信息化的推进过程同时也是档案标准化不断深入的过程。

4. 社会服务体系的完善

单靠档案馆、立档单位、相关主管部门，并不能胜任档案信息化的所有工作。这项事业还需要多方社会力量的参与，包括档案管理软硬件提供商、信息安全服务商、咨询机构、高等院校、科研机构、行业协会等各类服务组织，这些组织所提供的产品和服务是档案信息化发展的必备要素。相关部门可通过出台政策、制定标准、出资等方法吸引社会力量参与到档案信息化工作中，并规范服务过程和服务方法。随着社会服务体系的完善，档案馆（室）可将部分重复性、技术性或智力性工作外包，如扫描、数据录入、系统开发、系统维护、系统评估、制度设计、方案设计等，以提高效率和质量，降低成本。

5. 人才的培养

档案部门有着这样一个共同的慨叹："既懂信息技术又懂档案专业的人才太少了！"这个事实是许多单位信息化水平徘徊不前、许多档案管理软件不适用、许多档案工作者难以准确描述档案管理软件需求的根源所在。档案信息化工作所需要的人才并不仅限于复合型人才，也需要更为专业的档案人才、技术人才、管理人才，这是因为专业知识正在快速更新。人才的培养，需要在教材建设、师资建设等多方面同步努力，也需要学校教育、在职教育、国内培训、国际交流多渠道进行。此外，还应将培养人才和吸引人才、留住人才并重。

（二）资源建设

1. 资源创建

资源创建是指通过各种手段形成数字档案及其加工信息的过程。这里数字档案及其加工信息统称为“数字档案信息资源”，这些信息以二进制代码存在，可在计算机上处理，可通过网络传递。数字档案信息资源是档案信息化工作的立身之本。没有资源，信息化无从谈起。在手段、方法持续更新的背景之下，资源本身的重要性彰显。

数字档案信息资源的层次丰富、种类繁多。按照信息的加工程度，可分为原文信息、目录信息和编研信息。数字档案原文信息可直接在计算机系统中生成，一般称为电子文件或电子档案，本书统称为电子文件①；也可通过扫描等模/数转换手段将已有的纸质档案、缩微胶片、照片、录音、录像数字化加工后形成，称为数字化档案。数字档案原文信息包括文本、图像、数据、声频、视频等多种媒体格式。计算机系统中的档案目录也叫机读目录，可以由人工输入形成，也可以通过捕获文件形成过程中的元数据而自动生成。在档案管理系统中，机读目录多以数据库的形式存在。编研信息在档案原文信息和目录信息的基础上加工而成。相较传统的编研成品，数字环境中编研信息的种类和表现形式更为多样化，音频剪辑、视频剪辑、网上展览、知识库就是其新成员。

2. 资源管理

档案信息资源创建之后，需要对之实施有效管理，维护其真实、完整、可用。不同种类的档案信息资源，管理工作的具体内容也有所区分。总体来讲，无论是电子文件、数字化档案，还是机读目录、编研信息，都以电子形式保存在计算机系统中，因而其保存过程中的维护工作都是必需的，包括存储、载体转换、迁移、访问与安全控制、备份等。在信息技术不断发展和新旧技术之间兼容困难的情况下，数字信息保存后失真、丢失、无法识读的风险很大。长期保存一直是国际上信息资源领域理论研究的焦点，也是档案信息化工作的难点。而电子文件管理的内容则要宽泛很多，除了保存、维护之外，还需对之加以分类、价值鉴定、收集（归档）、处置、著录和统计，而这些工作都可全部或部分实现自动化。

3. 资源服务

资源服务是指通过一定的方式方法将档案信息资源提供给用户利用。除了传统的阅览、出借、复制之外，网络服务是目前用户群最广、最有发展前景的服务方式。档案馆在互联网上建立网站，提供档案目录检索、档案原文浏览、网上展览、编研信息发布等

---

① 关于电子文件或电子档案的概念及其相互关系，详见第十五章第一节。

多种信息服务。而立档单位档案室则一般通过局域网向内部用户提供查询、浏览、利用申请与批准等服务。

4. 系统设计与管理

系统设计与管理是指对档案管理系统的设计、实施与维护工作。这是档案信息化中极富特色的一部分内容。档案管理系统是用来管理档案信息资源的计算机系统，包括硬件基础设施、操作系统、数据库管理系统、应用软件等。设计与管理的任务包括计算机、服务器的购置，交换机、路由器、防火墙等网络设备的部署，软件平台的选择，存储介质和存储方案的明确，备份、灾难恢复、认证等安全保护技术的确定等，当然其中最重要的还是档案管理软件的开发与维护。有时人们直接用“档案管理系统”来称呼档案管理软件，其功能好坏直接关系资源管理的质量。

按照管理对象，档案管理系统可分为档案辅助管理系统、电子文件管理系统（亦称电子档案管理系统）、集成档案管理系统。档案辅助管理系统是利用计算机的数据处理能力，对档案整理、编目、保管和利用工作进行辅助管理的系统，管理对象主要是处于非现行阶段的传统档案及其数字化版本，机读目录是其发挥辅助功能的基本工具。电子文件管理系统以电子文件为对象，涵盖其从生成到永久保存或销毁的全过程，元数据是其发挥功能的基本工具。集成档案管理系统是对档案辅助管理系统和电子文件管理系统的集成，适用于多载体档案并存的情况，可实现传统档案和电子文件的统一管理和提供利用。

第二节　我国档案信息化的发展阶段

对我国档案信息化发展阶段进行划分，有助于认识其发展规律，总结经验教训。从20世纪70年代至今，从推进方式、建设规模、建设重点、档案管理方法革新程度等角度来看，我国档案信息化大致经历了起步、成长、提升三个阶段。

一、起步阶段

我国档案信息化起步阶段的时间跨度大约为从20世纪70年代末到20世纪90年代初。这个阶段具有如下几个方面的特色：

（一）档案信息化推进方式为自发式

我国档案信息化起步于个别单位自发性的研究和实验。1979年起，中央档案馆、中国人民解放军档案馆、国家档案局档案科学技术研究所等个别机构陆续购置计算机设备，开展了计算机在档案管理应用的调研和可行性论证工作，并着手开发档案管理实验性的应用系统，拉开了我国档案信息化的序幕。

（二）以单机系统为主要的技术工具

20世纪80年代应用在档案管理中的信息技术装备主要是单机系统，当时研发的管理软件主要也是单机版的，可能也正是由于这个原因，当时的档案信息化被叫作“档案计算机管理”。

（三）以基于机读目录的档案辅助管理系统为建设重点

此阶段中，计算机处于档案管理辅助工具的地位，且只能覆盖档案管理的部分环节，代表性应用是建立机读目录和在此基础上实现的档案编目和目录检索。自动标引技术是这个阶段研发的关键技术，同时在检索处理技术上也有所创新，如中央档案馆的基于模糊运算的智能性检索系统和国防科工委档案馆的人工智能关键词处理技术等。《档案著录规则》《中国档案分类法》《中国档案主题词表》等相关的著录标引标准也于 20 世纪 80 年代出台。档案辅助管理系统的建设需求带动了国内档案管理软件市场的发展，通用性软件开始出现。

20 世纪 80 年代末，文档一体化计算机辅助管理软件产生，如 1989 年上海市政府办公厅完成文档一体化计算机辅助管理系统，将收发文、办文、立卷、编目、标引、归档、保管、鉴定等文件处理和档案管理活动有效整合，并在文书立卷改革上作了尝试。

（四）档案信息化建设的规模较小，相对封闭

这个阶段拥有计算机装备的机构很少，数据量也不足。尽管中央档案馆、河北省档案馆等几家档案馆的数据记录总量分别超过 100 万条，但是就平均水平来看，受设备和人员不足的限制，每个单位每年的平均建库量不足 5 万条记录。① 同时档案管理系统主要应用于档案部门内部，未与其他系统相连，而且操作和使用计算机的也只是少数专业人员，所以应用效果受到局限。

二、成长阶段

20 世纪 90 年代，在信息技术快速普及、网络应用高速推进的时代背景下，我国档案信息化也进入了快速成长阶段。这个阶段的主要特色如下：

（一）档案信息化推进方式由自发向自觉过渡

这个阶段档案信息化建设的主要推进方式仍以机构自发开展、分头探索为主。不过这种自发行为的规模迅速增加，据统计，到 20 世纪 90 年代末，档案工作中使用的计算机数量已超过 1 万台。同时，在国家层面也逐渐采取了一些举措促进档案信息化建设。比如，1996 年国家档案局成立了电子文件归档与电子档案管理研究领导小组，集合有关力量开展相关研究。再如，1996 年国家档案局开始对国内的计算机档案管理软件进行测评和筛选工作，1997 年推荐了首批软件。不过，对于档案信息化建设，无论是国家还是地方都尚无统一的规划。

① 邱晓威，孙淑扬．我国档案计算机管理的发展历程与前景分析．档案学通讯，1999（5）：33－37.

（二）基础设施建设进展较快，但相应的社会化服务水平不高

此时购置计算机的档案部门迅速增加，有些档案部门开始部署内部网络，并和其他系统相连。到21世纪初，全国档案部门拥有微机26 000多台，服务器1 500多台。[①] 档案管理软件的应用较为普遍，据不完全统计，软件种类达到1 000多种。但是总体上档案信息化得到的外部支持仍然较少，面向档案信息化工作的社会化服务水平不高。鲜有机构在运作档案信息化项目时向外部咨询；外包业务主要在数字化操作、数据录入等手工劳动领域；通用性的档案管理商业软件市场有所发展，但欠成熟，表现在每种软件的用户数量过少，至20世纪90年代末有70%以上的软件只是在本单位应用，另有20%的软件用户数量只有几个至十几个，能推广到上百个用户的很少。[②] 这种现象既造成了重复投资，也不利于档案信息化质量的提升。

（三）档案辅助管理软件的功能得以拓展，传统档案的管理方法改进明显

档案辅助管理软件的建设仍然是档案信息化成长阶段的发展重点，光盘、条形码、多媒体等技术不断得以应用，其功能也不断拓展，包括以下方面：

（1）网络功能的增加，从最初的单机版发展到客户机/服务器（C/S）模式、浏览器/服务器（B/S）模式的网络版，并开始与办公自动化等其他应用系统互联互通。

（2）覆盖管理环节的增加，从编目、检索发展到归档、立卷、库房管理等多个环节。

（3）检索功能的增加，从基于机读目录的自动编目、联机检索发展到档案全文信息存储与检索。

（4）处理信息媒体类型的增加，从一般的文本、数据管理发展到文本、数据、声音、图像等多种媒体档案信息的综合处理。在档案辅助管理软件一点一滴的进步背后，是档案管理方法的革新。比如借助于计算机系统，实体案卷无须再承担检索功能，案卷内部文件之间不再必然具有有机联系，从而大大简化了档案实体整理。再如在一些文档一体化档案辅助管理软件的支持下，收发文登记与归档、分类立卷、价值鉴定能够同步完成。

（四）电子文件管理成为档案信息化建设的新热点

20世纪90年代中期，电子文件开始大量产生，采用传统的管理方法难以保障其作为档案必须具备的原始性、可靠性，甚至连最起码的可以识读的要求有时也无法满足，这给档案界带来了巨大挑战。鉴于电子文件将是信息社会档案管理的主要对象，电子文件的归档与管理因而迅速成为人们的关注焦点。电子文件管理的第一个科研项目、第一篇博士论文、第一本教材、第一个标准都是在这个阶段开展或出台的。当然，这个阶段被管理的电子文件，往往并不具备独立的文件属性，在处理过程之中或处理完毕之后需要打印出纸质文本。电子、纸质文件双轨运行，双套保存，这在一定程度上折损了电子文件管理方法的科学性。不过，有关机构就电子文件全过程管理进行探索，深化了文档

① 杨公之．档案信息化导论．北京：中国档案出版社，2001：12.

② 倪慧敏，邱晓威．档案管理软件的商品化分析．档案学通讯，1998（1）：49-52.

一体化的发展，兼顾电子和纸质文件的一体化管理软件面世并受到欢迎。

三、提升阶段

21世纪之后，信息化被提升到国家战略的高度，这为档案信息化的发展提供了良好的社会环境。档案信息化已经从个别单位的实验性探索变为所有单位档案管理的必由之路。无论是信息化的规模和质量还是信息化意识和方法，都有了大幅提升。这个阶段的特色如下：

（一）档案信息化开始整体推进

2002年11月《全国档案信息化建设实施纲要》发布，明确提出了全国档案信息化建设的目标和主要任务，标志着国家层面开始了档案信息化建设的整体规划，档案信息化开始整体推进。2005年年底，“国家数字档案建设与服务工程”（简称“金档”工程）提出，国家层面的宏观组织进一步得以加强。各地档案行政机关也效仿国家做法，为当地的档案信息化建设制订专项规划，有些地方还将档案信息化纳入政府信息化、国民经济与社会发展信息化的规划之中。

（二）信息化投入增加，信息基础设施进一步完善

随着对档案信息化的重视，投入也开始增加。各地各行业都有多项投资不菲的馆藏数字化、电子文件管理、数字档案馆项目立项，有些项目投入金额达到数百、数千万，可以说档案信息化建设的外部条件得到了较大改善。信息基础设施进一步完善，仅国家综合档案馆拥有计算机的数量就从2002年的9 590台增加到2006年的23 189台，5年时间增长了142%；服务器的拥有量从2002年的374个增加到2006年的1 381个，增幅达269%。[①]

（三）电子文件管理、馆藏数字化、档案信息网络服务成为三大发展主线

随着国家整体信息化的快步推进，越来越多的单位已经采用了以电子方式为主的工作方式，电子文件管理无可争辩地成为档案信息化建设中最引人关注的部分。2005年4月1日《中华人民共和国电子签名法》出台，认定了电子文件的“原件”资格，这促使了依存于纸质档案的电子文件管理向独立的电子文件管理发展。经过十多年的探索，电子文件归档、鉴定、元数据管理、管理流程优化等领域都有了长足的进步，实时归档、集中存储、双重鉴定、元数据自动捕获等方法都已经从理论探讨走向了实际应用。自2004年年底起，江苏、安徽、广西、天津等地陆续开展了电子文件中心建设，开启了地方政府集中管理电子文件的实践。相关标准规范制定脚步加快，《电子文件归档与管理规范》（GB/T 18894—2002）完成修订，关于电子文件管理软件功能需求、元数据等一批国家标准相继出台。

---

① 党的“十六大”以来全国档案事业发展成就数字解读．中国档案报，2007-10-15.

馆藏数字化为网络环境中档案信息服务提供资源基础，该领域投入显著增加，其规模迅速扩大。在中央档案馆、中国第一历史档案馆、中国第二历史档案馆以及北京、天津、辽宁、上海、江苏、安徽、陕西、广东、重庆等省市档案馆档案数字化试点工作的推动下，馆藏数字化已经成为各档案机构开展信息化工作的必备内容，部分档案馆（室）甚至已经或计划将所有馆藏都予以数字化。《纸质档案数字化技术规范》（DA/T 31—2005）标准的出台和修订为之提供了科学指南，缩微胶片、录音、录像、照片档案数字化技术规范也陆续出台。

进入 21 世纪之后，在机构内部通过局域网传递档案信息服务已经非常普遍。在 1999 年政府上网工程的促进下，档案部门通过档案网站逐步开展面向社会的网络化服务。至 2006 年年底，我国几乎所有省、直辖市、自治区都开通了省级档案网站，各级市县综合档案馆开设的网站已达 150 多家，专业档案馆、高校档案馆设立的网站也日益增多。这些网站是档案信息服务的新窗口，将档案目录信息、原文信息以及编研信息提供给全球用户，这种服务方式打破了地域、时间的局限，极大地提高了档案信息利用率。《关于加强信息资源开发利用工作的若干意见》（中办发〔2004〕34 号）明确了信息资源开发利用对于国家信息化的战略意义，提出要大力开展公益性信息服务。国家档案局随之颁布了《关于加强档案信息资源开发利用工作的意见》，并以 2005 年 1 号文件下发，这为档案信息网络化服务提供了更为扎实的认识基础和政策环境，也提升了档案公共服务意识。

（四）数字档案馆成为新的发展焦点

在电子文件管理、馆藏数字化、档案信息服务网络化的合力之下，将这三项任务集于一身的数字档案馆建设工作应运而生，且发展迅猛。2000 年，我国第一个数字档案馆项目“深圳市数字档案馆工程的研究与开发”立项。2003 年第一个建成的数字档案馆系统“青岛市数字档案馆”开通。2004 年第一个企业数字档案馆“江苏电力公司数字档案馆”通过验收。“十一五”之后，经济基础好、信息化程度高的地方、行业、机构纷纷着手建设数字档案馆，数字档案馆成为新的发展焦点。

数字档案馆代表了网络环境下档案信息资源的整体处理模式。从管理对象来看，数字档案馆涵盖了所有种类的数字档案信息资源，从数字化档案、电子文件到各种加工信息；从技术角度来看，数字档案馆系统是档案辅助管理系统、电子文件管理系统、档案网站的集大成者；从建设目标来看，数字档案馆建设旨在实现档案信息的长久保存、整合、共享与社会服务；从建设内容来看，数字档案馆是一个系统工程，涉及规范制定、机制设计、信息基础设施构建、应用系统开发、数字资源建设与服务、人才队伍培养等多方面内容。我国综合档案馆建设的数字档案馆普遍以馆藏数字化为主，项目周期短，基础研究和整体规划不足，馆间数据共享程度低，尚存在较大的提升空间。

（五）面向信息化的档案人才培养方案初步确定，社会服务能力提升

21 世纪初，《档案计算机管理》《电子文件管理教程》等一批档案信息化教材面世，各高等院校档案学专业课程方案增加了计算机原理、网络、软件设计、档案计算机管理、电子文件管理等课程，以培养适应信息化需要的高素质、综合性人才。

基层单位、档案行政主管部门在推进信息化过程中，开始向咨询公司、高等院校、研究机构寻求方案设计、整体规划等智力支持，档案管理系统行业扩大，除了应用软件厂商外，存储厂商、数据库提供商、监理公司也开始进入档案领域，社会服务体系正在形成。

起步、成长、提升三个阶段的划分只是立足于现有水平对我国信息化发展阶段的划分。从人类发展的长河来看，档案信息化的工作才刚刚开始。

第三节 档案信息化的意义与发展原则

档案信息化是档案管理部门面对信息技术革命的积极回应，是档案管理发展的必然选择。对于档案管理工作，其根本意义在于触发并推进了档案管理从理论到实践、从理念到手段的全面革新，提高了管理效率和服务质量；对于档案管理人员，其意义在于开阔视野，更新观念，提高素质；对于整个社会来讲，其意义在于丰富了公众的信息生活，促进信息产业的发展。

一、档案信息化的意义

（一）催生新理论

档案信息化的开展，尤其是电子文件管理的探索，孕育出新来源观、后保管模式、文件连续体等一批新的基础理论，这些理论如今已经对档案管理实践产生全面而深刻的影响。

1. 新来源观

来源原则或称全宗原则是最重要的档案管理原则。来源指的是档案形成者，包括组织机构或个人。来源原则要求在档案整理和分类时，同一来源的档案不可分散，不同来源的档案不可混淆。由于组织机构变动频繁，特别是电子世界里文件是动态的数据集合，与形成机关不再是一一对应的关系，一些档案学者因而主张建立“新来源观”，变“实体来源”为“概念来源”，即来源不仅指文件的形成机关，更包括其形成目的、形成过程等。来源原则的应用领域也不仅限于实体整理与分类，在检索、鉴定、著录、凭证性确认等活动中也具有重要作用。《国际标准——档案著录规则（总则）》［ISAD（G）］反复强调的档案多级著录规则是其一个典型应用，美国、加拿大、澳大利亚等国家档案馆的机读目录系统严格按照全宗、类、案卷、文件这样的层级来展现，以体现文件间的有机联系。

2. 后保管模式

后保管模式与新来源观一脉相承，也是档案记录革命的产物。英文中，“后”作为前缀是对某个事物的否定。保管模式将档案管理的重心放在档案的实体保管上，放在档案的内容上；后保管模式则将重点从档案的实体保管转移到信息利用上，从档案的内容转移到其形成过程、文件反映的职能、文件之间的联系（即背景或概念来源）上。档案管理者的角色也由被动的保管员转变为关于业务职能、文件联系的知识的主动提供者。

3. 文件连续体

文件连续体是对文件生命周期理论的扬弃。该理论构建了一个由文件形成者、业务活动、价值表现和文件保管四个坐标轴，生成、捕获、组织、利用四个维度组成的立体化的理论模型，用以描述文件生成、管理、保存中的各种要素及其相互影响。该理论认为文件管理是往复运动于从生成到处置的连续体中的一个过程，区别于文件生命周期线性分割文件生命阶段和管理活动的思路。其意义在于提醒文件、档案工作者以整体的、联系的观念管理文件和档案，提倡档案工作者早期参与或介入文件管理，在文件生成的同时或之前就开始。在文件连续体理论的启发下，以美国为代表的应用文件生命周期理论的国家，对文件生命周期理论加以完善，提倡“文件全生命周期”的管理，打破文件价值形态与其保管场所的对应关系，对文件实施全程的、连续的管理。

（二）促进管理效率的提高

管理效率的提高意味着以较少的人力、物力、时间完成较高质量或较多数量的工作。信息化过程中档案管理效率的提高主要表现在以下方面：

1. 档案管理的自动化和档案实体管理的简化

经过精心设计的档案管理系统一方面可以实现许多管理过程的自动化，包括归档、存储、鉴定、统计分析，另一方面还可以简化档案实体管理，如立卷、实体分类等，从而减少档案工作人员的手工劳动，缩短工作时间，提高管理效率。

2. 历史档案原件得到保护

利用信息技术可以从两个角度来保护历史档案：第一，代替原件提供利用。经过数字化之后，利用者可以查看历史档案的数字化版本，从而减少对原件的损害，这是较为普遍的保护视角。尽管数字化本身对原件也会造成一定的损害，但是相比反复的物理接触，损害程度还是比较轻的。第二，以电子的方式传承历史。不管保护措施如何完善，档案载体的寿命总是有限的，字迹会消退，介质会损坏，影像会模糊，声音会喑哑。如果将珍贵的历史档案数字化，且格式选择得当，用“0”“1”比特表示的档案信息就会永久存在，这是保护珍贵档案原件的新视角。台湾于 2002 年 7 月开始实施“数位典藏计划”，将台湾地区重要的典藏（包括珍贵图书、文物、档案等）予以数字化，其目的之一就是建立数字化的文化典藏，保存文化历史记忆。

（三）促进服务水平的提高

服务水平的提高意味着以更为恰当的方式将更丰富的信息提供给用户，满足其日益增长和变化的需求。信息化过程中档案服务水平的提高主要表现在以下方面：

1. 多元化利用需求的满足

手工环境下，每种检索工具只能提供一种检索角度，限制了利用。档案管理系统具有很强的数据处理能力，可实现目录数据的一次输入、多次输出，可以从多个角度查检档案，有助于满足用户多元化的检索需求。

2. 查询效率的提高

相比亲临现场，在多个手工检索工具中翻找、在多个柜架中寻觅，在计算机中输入检索词并等待档案管理系统的反馈就显得简单多了。信息化条件下查询效率的提高不仅表现在检索时间的缩短，更表现在查全率和查准率的提高上。越是跨时空、大规模、综合性的查找，这种优越性表现得越明显。比如，总后财务部按照总后统一部署对新中国成立之后颁发的法规标准开展全面彻底的清理，按照手工查档方法，需要对该全宗 50 多年、5 000 多卷、5 万多份档案进行一次全面翻阅，需用时至少 1 个月，还要进行复印，费时耗材。现在，他们利用几张数字化档案光盘，输入几个关键词，就将所需档案全部找到。①

3. 服务内容和手段的丰富

网络环境中，档案信息服务的主动性能够更好地得以发挥。档案工作者可以通过网站将开放档案全部发布，可以将档案信息以文字、图像、音频、视频等多种媒体形式予以展现，可以将档案信息与其他数字信息有机整合，并以超链接、超媒体的方式提供便捷的访问途径，还可以通过电子邮件、手机短信等手段提供服务。利用者可用的信息内容更为全面、立体，获取服务的手段、途径也更为多样化。

（四）促进交流与合作

档案信息化对于档案工作和档案工作者既是机遇，又是挑战。从技术应用、系统设计到档案利用需求，都在不停地发生变化，新问题不断涌现，迫切要求档案界加强与外部的交流与合作，学习经验、交流心得，寻求在理念、制度、方法、手段等各方面的支持。近年来档案界在中外交流以及产、学、研合作方面得到了加强，与信息技术、图书情报、法律、公共管理等领域的交流与合作也有深化趋势。

（五）促进人员素质的提高

档案信息化对档案人员的素质提出了更高的要求，相关档案人员的专业素质、信息素质和综合素养得到了提升，视野、能力、观念得到改善。从电子文件管理到数字档案馆建设，从对业务流程和业务系统的支撑到公共服务，档案工作者做了许多创新性工作并获得良好的效果。

（六）有助于公众信息生活品质的提升

档案是一座文化的金矿，既有反映重大历史事件和重要决策的珍贵文献，也有反映百姓生活和地方风土人情的点滴记录。通过信息技术搭建的新平台，享用这些独特的文化产品和文化服务的用户数量正在迅速增长。这项工作不仅可以满足广大历史工作者的研究需求，更面向千万普通大众，满足其追根溯源的心理需求，提高其对民族文化的认

---

① 王贤会，贺冰，曹军民．档案信息化建设带来的变革与启示．中国档案，2006（4）：10－11．

同感，提升其信息生活的品质，而高品质的信息生活是信息社会的重要标志。

（七）推动信息产业的发展

档案信息化对于软硬件产品的需求是推动信息产业发展的重要力量，存储设备、归档软件的市场逐年扩大。与此同时，档案也是数字内容产业的原始素材，部分历史档案可以做增值开发。台湾的“数位典藏计划”除了有建立数字化的文化典藏、提高公众文化素养的人文目的之外，还有一个重要的经济目的，那就是利用数字化的典藏，促进知识管理、多媒体网络、中文语言处理等相关技术的研发，促进内容产业的发展，使民间可以对数字化之后的典藏做增值性应用。

二、档案信息化的发展原则

档案信息化的意义深远，任务繁重，要实现其稳健快速的发展，需要坚持注重效益、统筹规划、需求导向、保障安全的原则。

（一）注重效益

档案信息化的效益体现在两个方面：一是合理的投入产出比，二是工作成果的可持续性。进入“十一五”之后，国家、地方、行业档案信息化项目投入增加显著，耗资几百万元、上千万元的项目并不鲜见。历史上也出现了很多深刻教训，如因格式选择不当导致电子文件无法阅读成为“死档”；对数字化对象的范围鉴选不当，导致数字化资源束之高阁；为数不少的单位先后用过多个档案管理软件，档案数据散存在这些系统中互不联通，查询极为不便等。在档案部门占有资源较少、目前外部发展环境较好的情况下，应格外重视信息化效益，通过科学的规划、监控、审计机制，保证投入的有效产出以及档案信息化的可持续发展。

（二）统筹规划

统筹规划是注重效益原则的必然要求。档案信息化是一个长期发展的系统工程，要素众多，投资不菲。为充分发挥各方面的积极性，避免重复建设和盲目建设，促进信息交换与共享，提高档案信息化的整体水平，需要对各阶段的目标、任务、措施进行总体规划和部署，分步实施，有序推进。在国家、地方、行业和基层单位等各个层面，都有必要开展相应的档案信息化规划工作。国家、地方档案行政管理机关，行业主管部门以及各档案馆（室）应在国家、地方、行业、单位信息化规划的框架下，协调好与相关部门的关系，对相应层次的档案信息化建设进行统筹考虑，作出总体安排。

（三）需求导向

需求导向原则也是注重效益原则的要求。只有面向档案管理和开发利用的主要需求，解决工作中存在的实际问题，才能提高信息化项目的实际效果，实现合理的成本效益比，并有助于档案信息化的持续推进。从规划到实施，从法规建设到标准制定，从系统开发到资源构建，都应切实以需求为导向，认真调研、广泛论证、集思广益，不能拍脑袋决策，不能做成面子工程。

（四）保障安全

保密是手工条件下档案安全保护工作的主要任务。而电子环境中档案安全保护的任务除了防止泄密之外，还需要防止数字信息的丢失、失真和不可用。磁性、光学载体存储密度高，区区一张光盘的丢失可能意味着上千份档案的丢失。网络的四通八达在为合法利用提供方便的同时，也为篡改、删除、泄密等非法利用提供了渠道。可以说信息时代档案安全保护的难度加大，这就要求在健全法规、统一标准的基础上加强档案信息的安全保障工作，正确处理信息开放与安全保密的关系，搭建信息安全保障体系，从硬件挑选、软件设计、制度建设、人员管理等方面全面维护数字档案信息资源的安全。

思考与练习

1. 如何理解档案信息化的概念？
2. 档案信息化的内容有哪些？
3. 比较档案辅助管理软件和电子文件管理软件的异同。
4. 我国档案信息化建设面临哪些体制上的问题？
5. 从 20 世纪 70 年代至今，我国档案信息化大致经历了哪几个发展阶段？每个阶段有何特点？
6. 结合某单位、地方、行业或国家的实际情况，谈谈档案信息化的意义。
7. 如何做好档案信息化的统筹规划？
8. 如何理解需求导向这一档案信息化的发展原则？

第十五章
电子文件管理

内容提要

本章重点讲六个方面的内容：一、电子文件的概念和技术特点。二、电子文件管理的目标和方法要点。三、电子文件的形成与分类。四、电子文件的鉴定与归档。五、电子文件的著录和开发利用。六、电子文件的保管与移交。

第一节　电子文件的概念和技术特点

一、电子文件的概念

电子文件，又称数字文件，是在数字设备及环境中生成，以数码形式存储于磁带、磁盘、光盘等载体，依靠计算机等数字设备阅读、处理，并可在通信网络上传送的文件。[①] 作为文件家族的新成员，电子文件与其他类型文件的区别在于记录方式和载体形式的不同，两者在支撑业务活动和传承社会记忆方面的功能则是一样的。

电子文件是内容、结构和背景这三个要素的统一体。内容是指文件中所包含的表达作者意图的信息。结构是指文件内容信息的组织表达方式，分为物理结构和逻辑结构。物理结构是指文件信息存储于载体上的位置及分布情况，例如文件的正文、批示、附件等各部分信息在载体上的存储位置。电子文件所使用的载体、编码方案、存储格式即反映了其物理结构方面的信息。逻辑结构是指文件信息的内在关系，例如文件中的文字排列、章节构成、页码顺序、插图位置、附件等方面的信息。背景是指能够证明文件形成环境、形成过程、存在状态以及文件之间相互关系的信息，如作者、签发人、成文日期、收文者、形成文件的活动说明、文件生成的软硬件环境、文件状态改变的说明、相关文件名称及其关系说明等。背景亦称形成背景，在文件形成过程中生成，是说明文件来源、证明其原始性的关键要素。

---

① 这个定义出自国家标准《电子文件归档与管理规范》。

电子档案是具有保存价值的电子文件。从全球范围来看，档案界同行较多采用电子文件而较少使用电子档案的概念。其原因大致有两个：其一，在电子文件形成初期，尚不能确定这种新型载体的文件能否作为档案永久保存，即便将其接收进馆，仍称之为文件而非档案。时至今日，虽然电子文件作为档案保存的可能性已经得到论证，但称谓并没有随之改变。其二，电子环境中，现行文件与档案之间的界限已不明显，文件生命阶段的各项管理活动要重新整合，某些档案管理活动需要提前至文件形成阶段。采用大文件观，将电子文件和电子档案统一称为电子文件，有助于实现科学管理。因此，这种名称上的变化有其深刻的管理背景。目前我国也多以电子文件的称谓为主。

电子文件的种类多样，按照信息存在的形式，可分为文本文件、数据文件、图像文件、影像文件、声音文件、程序文件、多媒体文件、超文本文件、超媒体文件等。

二、电子文件的技术特点

从泥板、石刻、甲骨、竹简到纸张，当文件记录在这些传统载体上时，人们形成、管理和利用文件时无须他物，人与文件之间的关系是直接的，如图 15－1 所示。而到了电子文件，这种直接的关系被打破，计算机系统是文件无法离开的生存环境，人对文件的一切行为都需要借助于系统才能实现，只有通过特定的程序才能记录、修改、办理和阅读文件内容，如图 15－2 所示。相比传统载体的文件，电子文件具有许多新的特点，这些特点皆因系统而生，故而称之为技术特点。这些技术特点对电子文件管理提出了新的要求，产生了深远的影响。在一定程度上，电子文件管理方法和理念的变革正源于此。

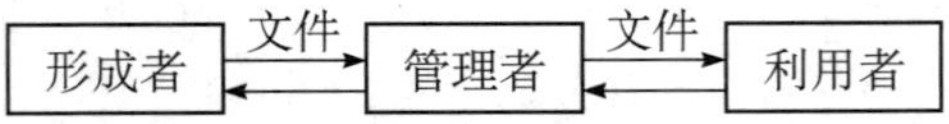

图 15－1　传统环境中人与文件的关系

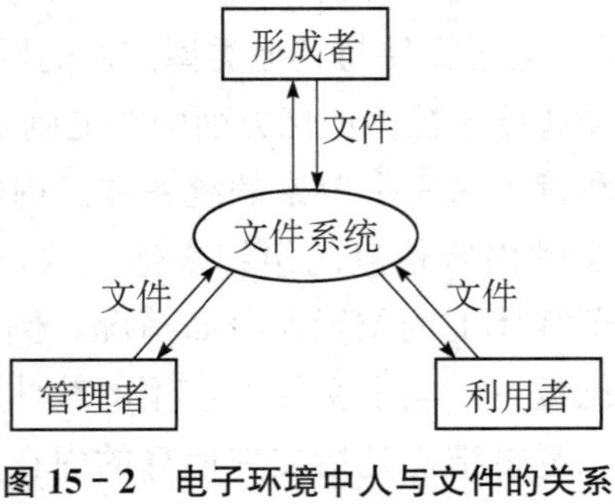

图 15－2　电子环境中人与文件的关系

（一）信息的非人工识读性

在计算机系统中，信息以“0”“1”的数字代码表示，和人的肉眼所视完全不同，不同类型的信息有各自的编码方案。只有通过特定的程序对这些代码进行解释还原，人方可识读和理解。电子文件信息的非人工识读性对管理工作提出了一个基本要求：为了能够使用电子文件，首先要保证它可以识读。

（二）信息的系统依赖性

电子文件信息的系统依赖性有两层含义：其一，在一般意义上，电子文件的形成、处理，以至归档后的全部管理活动都必须借助于计算机系统才能实现；其二，电子文件信息在显示输出时依赖于特定的计算机系统，那就是其形成系统，与形成系统不兼容的计算机和应用软件则无法打开文件。在20世纪七八十年代开始保存电子文件的档案馆，大多遭遇到因无法提供相应软件导致文件不可用的问题。如2001年美国航天总署发现其20世纪70年代中期取得的有关火星资料的计算机档案已经无法读取，当初撰写该档案格式的软件工程师已经去世或无法回忆起当年的工作，旁人也无法解读当年的程序原始码。[①] 因此，若要文件可以识读，必须借助其形成系统或与之兼容的系统。

（三）载体的可转换性

载体的可转换性亦称“信息与特定载体之间的可分离性”。传统载体的文件，信息一旦生成，即被固定在某一载体上，两者结合为“原件”。虽然也可通过静电复印等方法传播、利用信息，但可容易地分辨出原件和复制件。人们通过判断载体及记录在载体上的笔迹、签名、印章等相关标记的原始性来判断文件的原始性，通过保护载体的原始性来维护内容的原始性。电子文件中则不存在实体意义上的原件，它可以根据需要在不同的载体上同时存在或相互转换，不同载体上的信息，包括字体、签名、印章在内，则可完全一致，载体的转换并不会影响电子文件信息的原始性。而且由于磁性载体和光学载体寿命短，对于电子文件而言，转换载体是必需的。没有一份电子文件拥有恒久不变的载体，电子文件不可能有固定不变的实体形态和物理位置。正因为如此，对于电子文件，人们往往用“真实性”而非“原始性”的概念来描述其信息的原生特性。

（四）信息的易变性

电子文件信息容易改变，其主要原因如下：其一，人为有意改动。计算机系统中人们对信息的增删更改十分方便，除非事先设定，否则并不会留下痕迹。其二，系统无意改动。计算机技术发展速度很快，编码方案、存储格式、系统软件、存储介质不断推陈出新，而转换过程中由于操作和其他方面的原因，可能导致信息的改变、损失甚至丢失。如果说可以通过制度和技术措施来有效规避人为有意改动，系统无意改动则是防不胜防的。电子文件载体的可转换性、信息的易变性导致手工环境中依靠保护载体原始性来保护档案信息原始性的方法在电子世界里失效。

（五）信息存储的分散性

电子文件信息存储的分散性表现在两个方面：其一，一份电子文件的内容、结构和

---

① 毛庆祯．电子档案格式之开放性研究．（2004－09－10）［2021－04－03］．http：//www.lins.fju.edu.tw/mao/works/filestd.htm.

背景信息分散保存。以行政公文为例，其内容和结构信息由文字处理软件生成，而包括起草者、审批者、审批流程、办理意见、签发时间等许多背景信息则由办公自动化系统生成，两者可能分别存放在文件系统和数据库中。其二，一份电子文件的信息可能来自其他多个文件。比如，一份关于某城市人口情况的报告，其数据来源于常住人口和流动人口的数据库，生成该报告的应用程序只保存这些数据的地址和其他内容信息，有关数据仍然保存在人口数据库中，因此关于该报告的内容、结构和背景信息，可能分布于不同的系统、机器、地点。电子文件信息分散存储，在归档保存时容易出现部分信息缺失的情况，影响文件质量及其功能的发挥。

（六）信息存储的高密度性

电子文件的信息存储密度大大高于以往各种人工可识读的信息介质。一张 5 英寸 CD-R 光盘（650MB～1GB）可存储3 亿～5亿个汉字或数千页 A4 幅面的文稿图像，一张容量达 4.7GB 的 DVD 光盘，可存储 20 多亿汉字和数万页文稿图像。过去一个几十平方米库房中的档案信息量现在则可能十几张光盘就可以承载，这极大节约了存储空间。随着技术的进步，电子文件介质的存储密度还将继续加大。然而，存储的集中也意味着风险的集中，载体一旦受到侵害，损失就可能很大。2007 年 10 月，英国皇家税务及海关总署在邮寄过程中丢失两张重要数据光盘，其中包括约 2 500 万人的个人资料和银行信息，这意味着英国6 000万人口中，有近一半人将面临受欺诈的危险。[①]

（七）信息的可操作性

相比被固化在传统载体上的信息，电子文件中的数字信息则是灵活、可变的，人们可以利用各种技术工具和手段，对之进行多种操作，如剪切、复制、粘贴、着色、压缩等，这为文件信息利用带来了极大的方便。经过相应的操作，人们可以使电子文件处于操作者希望的状态之下。该特点要求电子文件管理者更多地考虑用户的需求，为其提供便利，同时也要注重保护归档电子文件不被人为有意改动。

（八）信息的可共享性

共享性是指一份文件可实现多人、同时、异地利用。电子文件的出现，打破了必须在固定场所和固定时间内查阅固定份数的文件的利用限制。在网络环境中，同一文件可以同时在多台处于不同地点的计算机屏幕上显示，利用者不必亲临文件保存地，也不受限于档案馆（室）作息时间，数字时代全天候、跨地域的信息服务已经非常普遍。电子文件因而被誉为“流动的资源”。不过，电子文件信息的可共享性也给其安全性造成了一定的威胁，向合法用户开放的同时也给偷窥现行机构、档案馆信息秘密的行为提供了机会，给病毒、蠕虫、木马等恶意程序的入侵提供了渠道。

---

① 英国税务及海关总署丢失数据光盘．(2007 - 11 - 27) [2021 - 04 - 03]．http：//news. cctv. com/world/20071121/108272. shtml.

第二节　电子文件管理的目标和方法要点

一、电子文件管理的目标

电子文件管理的目标是决定电子文件管理内容和方法的核心因素。电子文件管理的目标主要可以分为两类：一是电子文件的质量目标，包括真实、完整、可读、可用、保密、及时等；二是电子文件管理的其他目标，包括提高业务效率、满足法规要求、降低业务风险、维护社会记忆的完整等。这些目标的实现程度依赖于电子文件的质量。这里主要阐述电子文件的四个最基本的质量目标：真实性、完整性、可读性和可用性。

（一）保证电子文件的真实性

对于电子文件的真实性有多种解释，其中最具代表性和影响力的观点有两种。第一种是原始记录性在数字世界中的演绎：真实性是指电子文件确系业务活动的真实记录，其内容、逻辑结构和背景信息经过传输、迁移等处理后依然保持不变，与形成时的原始状态一致。它要求电子文件不是非法用户伪造的，没有经过非法改动，处理工作亦未造成其内容、逻辑结构和背景信息的变动。当然，物理结构以及一些信息显示形式上的变化并不影响电子文件的真实性。尽管表述可能有所差异，我国的大部分学者、由三十几个国家和地区的专家参与的“永久保障电子文件真实性的国际研究项目”（Inter PARES）采用的都是此类界定。第二种是国际标准《信息与文献——文件管理》（ISO 15489）的定义：文件与其既定用意相符；文件的形成者与发送者与其既定的形成者与发送者相符；文件的形成与发送时间与其既定的形成与发送时间相符。所谓“既定”，是指法规、标准、制度的规定。这个定义除了明确了信息不能非法变动之外，还强调其生成的合法性，内涵更为丰富。考虑到我国档案管理的实情，本书采用第一种解释。

电子文件的真实性表现在两个方面：一是文件在形成过程中的真实，即某一份文件客观反映和真实记录了机构业务活动，只有真实的电子文件才能有效支撑电子化业务活动，保证其有序运行；二是文件在形成之后的真实，表现为在整个文件生命周期里未被误改或篡改，保持历史说明能力，这样的真实性也称为长期真实性，是电子文件作为社会记忆长久保存的基本前提。

正因为电子文件真实性的重要作用，其认定与维护工作一直是电子文件管理中的关键内容，其中文件形成过程中的真实性问题更是受到社会的普遍重视。保证电子文件真实性的最大难题就在于电子文件不可能不变，它的载体会变化，存储位置会改变，格式可能转换，这些变化有些会影响真实性，有些则不然，关键要掌握各种可能的变化，准确判断出变化的性质及其后果，并且做好相应的防控措施。电子文件形成过程中的真实性，主要依靠包括身份认证、数字签名、权限控制等在内的技术手段以及配套管理制度来保证；对于其长期真实性，主要采用事前控制存储格式、完整保存电子文件信息、全程跟踪记录文件形成和管理过程、事后审计的方法来加以维护。

（二）保证电子文件的完整性

完整性是指文件信息齐备，没有缺失。电子文件的完整性主要包括两个方面的含义：其一，每一份电子文件的内容、结构和背景信息没有缺损；其二，作为记录机构活动真实面貌的、具有有机联系的电子文件及其他形式的相关文件数量齐全，文件之间的有机联系得以揭示和维护。

完整性是实现电子文件价值的保障，对于真实性、可读性、可用性的保证也有着重要意义。说明电子文件重要属性和有效管理过程的信息若不完整，则往往不能证实其真实性；若说明电子文件技术状况方面的信息缺失，则对其可读、可用也有负面影响。

为了确保每一份电子文件的完整，应分析电子文件的构成要素，完整的电子文件是这些要素的有机结合。在传统环境下，文件的各个要素是可视的，并且通过载体固定在一起；而在计算机系统中，表达电子文件内容、结构和背景的要素完全可能独立存在，分别管理，而且有些要素是不可视的，如对于文件格式的控制命令等。为保证和维护电子文件的完整性，需要有意识地将这些要素集中管理。

对于某项活动形成的电子文件及相关文件的完整，应提前明确归档范围和归档要求，通过系统执行和人工监控将具有有机联系的文件收集齐全，并在相关文件之间建立有效的关联。如果这些文件都是电子形式的，则有必要将这些电子文件进行适当的物理集中，并通过链接、标引等方式保持其有机联系。如果一项活动除了形成电子文件外，还生成纸质文件、模拟影像、缩微胶片等其他载体形式的重要文件，如很多机关自身生成的请示和其他对外行文是电子文件，而收到的批复和其他来文却是纸质文件，则可通过数字化手段将其他载体形式的文件数字化，并建立关联；若没有数字化，则应在目录中反映整个活动所形成的所有文件。

（三）保证电子文件的可读性

电子文件的可读性是指文件经过存储、传输、压缩/解压缩、加密/解密、载体转换、系统迁移等处理后能够以人可以识读、可以理解的方式输出，并保持其内容的真实性。电子文件的可读性是其存在和价值的基础，如果文件不能顺利读出，文件中的信息便成为“死信息”，再有价值的东西也失去了存在的意义。

电子文件的系统依赖性使得每一份文件只有在相应的系统环境中才能读出，这个系统环境涵盖的因素很多：中央处理器（CPU）、载体、操作系统、应用软件、加密软件、压缩软件等，其中任何一个因素的规格、版本发生改变，就可能导致文件的全部或部分无法读出，尤其以应用软件的影响最大。人们日常的工作和交往中常常遇到电子文件读不出来的情况，教训也相当深刻。

目前保证电子文件可读性的措施主要有这样几类：其一，将电子文件以开放格式保存。格式规定应用软件解释文件中数据的方式，通常文件的后缀名标志了其格式。开放格式的规范是公开的，若开放格式由标准化组织推动，则为标准格式。任何组织和个人可根据公开的规范编写开放格式文件的编辑、阅读软件，由此摆脱其对特定软硬件的依赖。不过目前并非所有文件都能转换成开放格式，有些文件在格式转换过程中可能有信息丢失或变形情况。因而有些档案部门同时保存文件的原始格式和开放格式。其二，将文件形成系统与电子文件一起归档保存。这种方法保全了电子文件的形成环境，不过形成系统的收集、维护都需要专门人员来做。其三，采用能打开多种格式文件的阅读软件，这种软件只能浏览不能编辑电子文件，这一点符合档案管理要求，缺陷在于其能够打开的文件格式是有限的。其四，随着系统环境的变化，将电子文件从旧的技术环境（平台）转换到另一种技术环境上，这个过程称为迁移。迁移是不同信息格式之间的转换，有时还涉及整个系统配置的改变。其缺点在于可能造成部分文件受损。其五，将电子文件信息转移到纸张、缩微胶片等传统载体上，这种方案无法呈现声音、视频等非静态信息。以上措施各有优缺点，目前业界倾向于采用开放格式的解决方案。

（四）保证电子文件的可用性

可用性指文件可以查找、检索、呈现或理解。也就是说，一旦用户产生使用文件信息的需求，便能查找到所需信息，并且文件能以用户可理解的方式输出。可用性以可读性为前提，同时提出了便于查询利用的更高要求。

为保证电子文件可用性，除了做好可读性维护之外，还应准确把握和预见各方面的信息需求，对电子文件及相关信息内容进行有序组织、深入挖掘，提供多种检索途径和多样化的信息产品，及时回应利用申请。此外，还要保护电子文件的信息安全，避免在利用过程中遭到破坏，避免非法用户的访问。

二、电子文件管理的方法要点

电子文件管理要在传统档案管理原则、方法的基础上，结合电子文件的特点和社会需求的变化，加以合理变革和更新。不同机构、种类的电子文件，其管理要求和管理方法不完全相同，但如下基本要点则是一致的：

（一）对电子文件生命周期全过程实施持续管理

电子文件的管理要遵循全程管理原则，对电子文件从产生到永久保存或销毁的整个生命过程实施连续管理。

对电子文件整个生命周期实施连续管理，是追求整体效益最佳化的要求。应打破现行文件和档案管理分段、脱节的管理模式，注重各个生命阶段所有管理活动和管理要素的统筹兼顾，把握实施管理行为的最佳时机和适宜方式，削减在分类、著录、存储等方面的重复劳动、抵触措施或遗漏之处，强调各项管理内容和要求的无缝链接、系统整合和总体效应。

对电子文件整个生命周期实施连续管理，是保证电子文件质量的要求。电子文件管理过程中任何一项具体操作的失误都有可能对电子文件造成不良后果。因此，应对文件各个生命阶段施以统一的质量要求和管理要求，并对文件生成、登记、修改、审核、签署、分发、鉴定、归档、保管及利用的全过程进行监控、跟踪与记录，及时发现和纠正失误。

（二）自电子文件形成阶段开始便实现档案管理功能

电子文件的管理，要遵循前端控制原则。在电子文件的生命周期中，文件的形成是前端，处理、鉴定、整理、编目等具体管理活动是中端，永久保存或销毁是末端。前端控制是全程管理的必然延伸，它要求对电子文件管理过程的目标、要求和规则进行系统分析和科学整合，把需要和可能在文件形成阶段实现或部分实现的管理功能尽量在文件形成阶段实现。

自电子文件形成阶段开始便实现档案管理功能，是保证电子文件长期真实、完整、可读、可用的有效策略。形成阶段是决定电子文件质量的关键时期，文件的内容、结构、形成背景都在此阶段形成。如果有不符合文件质量要求的地方或是管理失误，到了档案保存阶段将不可修复或难以更正，比如没有生成足够的背景信息、选择了依赖某种特殊软硬件的存储格式等。在文件形成过程采取适当措施贯彻落实档案管理要求，可以有效避免其先天不足，以尽可能低的成本达成尽可能好的结果。比如，在文件形成时就确定其是否属于归档范围，重点监管应归档文件的动向，确保其得到合理处置。

自电子文件形成阶段开始便实现档案管理功能，化被动的收集、保管为主动监管、控制，有助于提高管理效率，提升管理质量。电子文件形成阶段的档案管理措施，一般是由文件形成者在创建、接收、登记、处理文件的同时完成，或由电子文件管理系统自动完成，不需要档案管理者事后作业，管理效率和效果均佳。如在文件生成、处理的同时及时捕获说明其形成过程的管理信息，可以消除事后著录、重复录入，减少信息误差。

在初步建立了电子文件管理系统的机构中，电子文件在业务系统中生成和运转，在电子文件管理系统的辅助下捕获和归档，因此电子文件管理过程的前端就延伸到了业务系统和电子文件管理系统的设计阶段，前端控制的形式也部分转移到业务系统和电子文件管理系统的功能设计之中。这也是有观点认为控制要从文件形成之前开始的原因所在。

（三）对电子文件管理流程加以优化

文件管理流程是指文件生命周期中施加于文件的一系列相关管理活动的有序组合。电子文件管理流程不是对手工管理流程的复制和模拟，而是应根据电子文件的技术特点，利用计算机系统高效处理数据、一次输入多次输出、可并行作业等优势，构建更为科学高效的新流程，具体落实全程管理和前端控制。

相比手工管理流程，电子文件管理流程的内容，以及组成流程的各项管理活动的开展时间、承担者、相互关系都有变化。在内容上，有些管理活动需要增加，如确定文件存储格式、确定文件存储位置等；有些管理活动应被简化，如实体整理、分发；另外一些则变得复杂，如鉴定工作中增加了技术鉴定的内容，著录的范围扩大等。在电子文件管理活动的开展时间上，有些活动提前，如归档、鉴定、分类、著录等提前到文件形成阶段就开始；与此同时，著录、鉴定等延伸到整个文件生命周期。在承担者上，除了档案人员、文件形成者之外，信息技术人员、计算机系统成为电子文件管理队伍的新成员。信息技术人员承担技术鉴定、迁移、备份等技术管理工作；如果设计和使用得当，文件系统可以承担、参与许多事务性、重复性的工作任务，如文件的分发、鉴定、归档、著录、跟踪、统计等，使之自动化。在文件管理活动之间的相互关系上，手工条件下基本上依次开展、顺序衔接、相互独立的管理活动，在电子环境中正逐渐变得同时开展、相互交叉、部分内容合成，从而使得电子文件管理流程具备并行化、非线性化、集成化等特征，如很多文件管理活动的结果都可被自动记录到著录数据库中，从而促成著录同其他文件管理活动的集成。

各单位应综合考察业务、技术、制度、标准、人员、文化等多个要素，通过合并、削减、前置、并行、自动化等手段，优化设计电子文件管理流程，并将电子文件管理流程的优化纳入机构业务流程的整体优化之中。

（四）以电子文件管理软件为中心实施管理

电子文件的技术特点和随之而来的管理问题都直接或间接地起源于系统，而最后的解决途径也一般都要归结到系统的设计上。在电子文件管理体系中，管理系统（主要是软件）处于中心位置，没有系统的管理对于电子文件而言是不可想象的。设计合理的电子文件管理系统是相关管理制度、标准、方法的执行者，是电子文件管理活动重要的承担者，是全程管理、前端控制和流程优化的根本保证。

承担电子文件管理功能的系统主要由两部分组成：形成电子文件的业务系统和独立的电子文件管理系统。业务系统负责生成合格的电子文件并将之交付给电子文件管理系统，电子文件管理系统负责适时捕获、采集电子文件并保证其长期真实、完整、可读、可用。这两个系统之间应该有数据接口，以保障数据顺畅、无损传递。当然，有些业务系统包括功能相对齐备的文件、档案管理模块，不过一般只能管理本系统产生的电子文件，而专业的电子文件管理系统则能综合管理多种电子文件。

近年来电子文件管理软件的功能需求一直是国际关注的热点，对于文件系统开发的参与也被档案部门看作解决电子文件管理难题的一条重要措施。独立的电子文件管理系统应该具备的一般功能包括捕获（归档）、分类、鉴定与处置、著录（元数据管理）、存储与保护、检索与利用、安全与存取权限控制、日志与审计、报表设计与制作等。[①]

（五）将元数据作为电子文件管理的基本工具

元数据（metadata）是信息技术应用后才出现的概念，其一般性解释为“关于数据的数据”，其基本功能为描述和定义数据。作为数据管理的工具，元数据被广泛地应用在数据库、图书馆、情报、文档管理等信息资源管理领域。国际标准 ISO 15489 将元数据定义为描述文件的背景、内容、结构及其整个管理过程的数据。全世界档案管理领域基本都采用此概念。

元数据是个新概念，但其实质并非全新。手工管理中出于检索目的而编制的著录卡片、目录中的信息，以及文件登记簿、销毁记录、利用记录中的信息皆为元数据。只不过这些信息的存储和管理分散，需要重复输入。电子文件的元数据较传统文件的元数据管理的范围扩大，它好比电子文件的跟踪摄像机，全面描述文件的本来面貌和生命历程。

---

① 冯惠玲．政府电子文件管理．北京：中国人民大学出版社，2004：67.

元数据可在源头一次性捕获，并为不同管理活动所调用，无须反复输入。

正因为其全面的描述作用，元数据的功能是全方位的。根据完整的元数据记录，可以回溯电子文件的原貌和变化过程，从而确认电子文件的真实性，这是保障长期真实性的最重要的措施。利用元数据可以维护文件内容、结构和背景之间以及文件之间的关联，从而保护电子文件的完整性。元数据记录了电子文件形成、迁移后的技术环境，为保证其长期可读性提供了必要的信息。对具有检索意义的元数据加以有效组织，可为利用者提供全方位、多角度的检索入口，从而有力地支持了文件的可用性。在一次性捕获元数据之后，便可以在多项文件处理、管理活动之间共享，从而为电子环境下文件管理流程的集成和优化提供了基础和保障。

因此，元数据是电子文件管理的基本工具，是业务系统和电子文件管理系统的信息血脉，每一项管理活动都是记录、调用相关元数据的过程。档案部门应明确需要采集的元数据项目、捕获方式和管理方式，并在有关的业务系统和电子文件系统中实现。

（六）采用基于职能的管理方法

职能是机构对于社会承担的主要职责，它包括为了完成一定目标而组织在一起的若干工作。有时若干部门联合执行某项职能，有时不同部门在职能中会有交叉。机构承担的职能相对稳定，而组织结构和部门设置则相对灵活多变。文件是机构履行职能的记录，职能的类别是判断文件类别的依据，职能的重要程度是决定文件重要程度的依据。按照职能分类体系组织文件，可以充分反映文件的来源联系，说明其来龙去脉。职能分类法、职能鉴定法以及以职能为基础组织文件信息提供利用，是档案管理中极富特色的专业方法，为多个国家所采纳，并被国际标准 ISO 15489 确认，在电子文件管理中也应该采用这些管理方法。职能分析也是电子文件管理系统设计过程所必须开展的工作内容。

以上要点的阐述都是在方法层面上展开的。管理好电子文件，仅有科学的方法是不够的，还要构建覆盖观念、制度、组织、方法、手段等的全面管理体系。

第三节　电子文件的形成与分类

一、电子文件的形成

电子文件的形成是对电子文件从无到有的过程的统称，一般包括创建、流转、传输三类活动。

（一）创建

电子文件的创建，是指在计算机系统中拟制文件或接收外单位的来文的过程。已经电子化的业务类型非常多，电子文件的创建工作也各不相同，从行政公文的起草、设计图纸的绘制到公民纳税数据的登录，种类多样的电子文件全面记录信息社会的方方面面。经过创建的电子文件应在软件系统中予以登记。

如果说形成阶段是电子文件管理的关键时期，那么创建则是关键中的关键。电子文件创建期要展开一些重要的管理活动，主要包括以下内容：

1. 为文件命名

这是电子环境中新增的管理内容，文件名是操作系统识别文件的主要标志，机构最好制定文件命名规则，以防命名随意所导致的重名、无法体现内容等不良情况。

2. 确定文件的存储格式

最好在文件创建的时候就采用通用格式或开放格式，以免事后格式转换造成信息损失，这实际上在选购应用软件时就是要考虑的。各类电子文件常用的成为标准的开放格式如表 15－1 所示。如果难以采用开放格式，应尽量选用覆盖面广、成为事实标准的存储格式，以降低未来格式迁移的难度。

表 15－1　电子文件存储格式

电子文件种类	开放格式	常用的封闭格式
文本文件	. txt，. xml，. odt，. uof，. pdf	. doc，. ceb
图像文件	. jpeg，. tiff，. bmp，. gif，. svg	. psd
声音文件	. mp3，. wav	. wma，. mov，. rm
视频文件	. mpeg1，. mpeg2，. mpeg4	. avi，. asf，. mov，. rm

3. 对电子文件进行分类

判断电子文件的类别，国际上通月的方法是根据文件反映的职能判断文件在整个分类体系中的位置。

4. 对电子文件进行价值鉴定

根据电子文件保管期限表，赋予其保管期限。当然，目前还有很多机构的鉴定工作并非是在电子文件创建期完成的。

5. 将电子文件保存在适宜的位置

有条件的单位，公务活动中形成的电子文件不宜随意存储在个人计算机中，而应集中存储，以便保护和控制。

6. 形成元数据

上述管理活动会产生许多有价值的元数据，如作者、标题、时间、存储格式、编号、类别、存储位置等，应该予以实时捕获、集中管理。

（二）流转

流转是电子文件由机构内部多个部门、多个人员处理生效的过程，也是可借助信息系统规范业务流程、大幅提高效率的阶段。在业务系统中，可以为不同类型的文件设定相对固定的流转路径，也可允许用户为一份文件自定义流转路径。

在电子文件流转的过程中，容易生成多个版本，应加强版本控制，避免不必要版本的出现，保证归档的是最终版本，并保存必要的修改痕迹。流转也是生成元数据的重要环节，可能生成的元数据包括审批人、审批过程、审批意见等。流转过程还应保证创建阶段形成的元数据不丢失，并始终与文件保持关联。

（三）传输

传输是指电子文件在不同机构之间的传递过程。一个单位的发文经过网络传输成为另一个单位的来文。电子文件的传输大致有两种形式：一是通过公共网络，一般可利用电子邮件、即时通信等工具传递，这种传输方式并不安全；二是通过专门网络传递，如虚拟专用网（VPN）或企业网，可通过电子邮件、即时通信等工具传递，也可通过专门的传输软件传递，后者一般采用了加密、数字签名等技术手段，安全性更高。如国务院办公厅和各地区、各部门之间建立了电子公文传输系统，可传输红头文件。

除了安全因素之外，电子文件的传输还有一些值得关注的管理问题，比如格式问题，为保证传输的快捷与安全，电子文件在传输之前往往经过压缩、加密、转换格式等处理，到了接收方需要解压缩、解密、转换格式后方可阅读，这既可能造成信息丢失或变形，也可能因依赖某种特殊系统而对文件的处理、存档造成不便。再如传输软件与业务系统的集成问题，由于系不同的商业软件，二者的集成度可能不高，这意味着在发送、接收电子文件的时候，需要人工将文件从一个系统转入另一个系统，甚至是从一台计算机转入另一台计算机，不仅手续复杂，而且容易导致元数据不全。

二、电子文件的分类

电子文件的分类有实体分类和信息分类两种。

（一）实体分类

实体分类是对保存电子文件信息的载体的类别划分。由于电子文件存储密度高，载体的数量较少，故而类别划分相对简单，可按照载体类型连续编号，亦可结合存储信息的媒体类型简单分类后编号。

（二）信息分类

对于电子文件的信息分类，有看法认为电子文件的著录信息（元数据）很详细，只需输入关键词、作者、时间等，便可以快速检索出有关文件，很少有用户会使用分类号或主题词来查检文件，分类支持检索的功能较弱，分类主要的目的就是满足存储、与纸质文件对照等日常管理的需要，宜简单粗放，可借鉴传统档案实体分类中的组织机构分类法或时间分类法，或者根据信息媒体类型划分文件类别，包括文本类、图像类、声音类、视频类等。

上述看法有其现实合理性，其缺陷在于未从整体管理的角度看待电子文件的分类。除了支持检索之外，电子文件的分类具有更为广泛的用途，包括揭示文件之间的有机联系、支持鉴定、支持存取权限控制、支持归档等，这些功能的发挥取决于合理的分类方法——职能分类法，即依据电子文件反映的机构职能进行类别划分的方法。当然，组织机构、时间、媒体类型也是常用的、辅助的文件分类方法。

利用职能分类法对电子文件进行分类一般包括三个步骤：

1. 建立职能分类方案，制定电子文件分类方案

电子文件形成机构所承担的职能有多项，为了完成某一项职能需要开展若干业务活动，而一项活动往往由若干单独的事务步骤组成，通过职能、活动、事务的关系分析，可以形成多层级的、结构化的树状职能分类方案，如图 15－3 所示。电子文件分类方案和职能分类方案基本一致，类、子类、案卷基本对应着不同职能中所形成的电子文件集合，具体的层次设置需要结合电子文件形成机构的实际情况而定，如图 15－4 所示。分类方案不是一成不变的，需要定期进行维护。无论是职能分类方案还是电子文件分类方案，都要为每个职能、活动、事务，以及类、子类、案卷配置唯一的分类标识符。

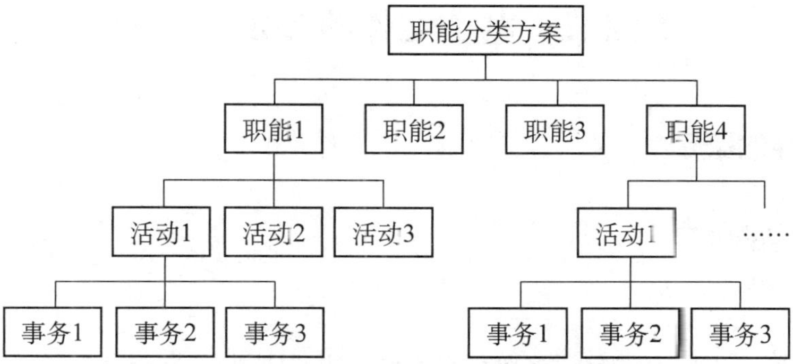

图 15－3 电子文件形成机构的职能分类方案

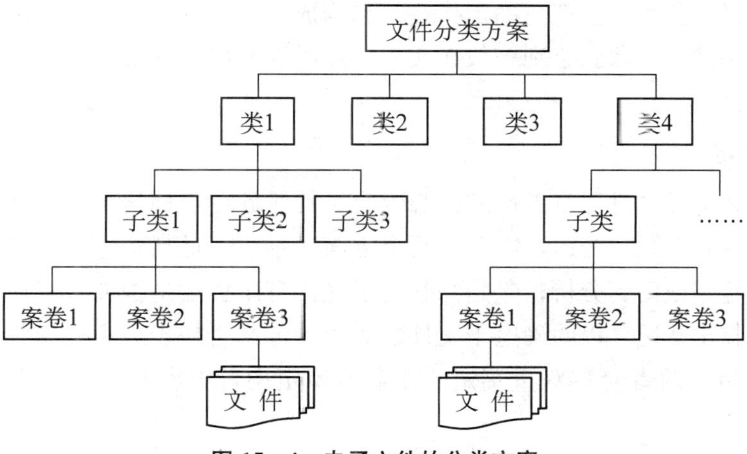

图 15－4 电子文件的分类方案

在我国，在一定程度上可以参考《中国档案分类法》编制分类方案。但从分类层次上来讲，由于《中国档案分类法》是对所有组织机构的整体职能进行分类，所以难以直接指导机构内部职能的划分。

2. 在业务系统和电子文件管理系统中配置职能分类方案和文件分类方案

形成电子文件的业务系统和电子文件管理系统都应当支持电子文件的职能分类，并能够对之加以维护，跟踪其发展变化。

3. 对电子文件进行分类

在电子文件创建的时候，根据系统中已定义的分类方案，选择或填写电子文件的类目，并赋予其相应的分类标识符。

按照职能对电子文件进行分类，可以反映其文件最本质的有机联系，即来源联系。不仅如此，职能分类法还有效地促进其他重要的电子文件管理活动，提高自动化水平和管理效率。比如基于分类方案制定保管期限表，规定每一类而不是每一份文件的保管期限，这样就可以在判定文件类别时自动判断其保管期限，并可以类目或案卷为单位执行批量、自动的鉴定处置。

第四节　电子文件的鉴定与归档

一、电子文件的鉴定

（一）鉴定的内容

1. 鉴别

电子文件形成机构内部存在多个信息系统，并非其中所有信息都是文件信息，如私人邮件、某些即时消息等，也不是所有文件信息都是以独立单元加以存储的，如数据库中某些数据记录。鉴别工作就是确定哪些信息构成一份文件，明确需要以文件管理方法加以管理的数字信息对象。鉴别一般在文件创建时期开展，其结果就是赋予每一份电子文件唯一的文件号。

2. 双重鉴定

双重鉴定是电子文件鉴定工作的核心内容，其任务在于科学地判断电子文件的保存价值，确定其保管期限。为此，需要从两个方面入手：一是判断电子文件信息的有用程度，称为内容鉴定或内容分析；二是判断电子文件有用程度是否具有实现的可能，即检查电子文件的技术状况，以明确电子文件的利用价值是否处于可利用的状态，称为技术鉴定或技术分析。两者合称双重鉴定。在双重鉴定中，内容鉴定是核心，技术鉴定是保障。

3. 处置

处置是对双重鉴定结果的具体执行，工作人员根据确定或调整了的保管期限对电子文件进行留存、销毁、移交等操作或处理。

4. 监控

鉴定是一项高智力水平的工作，也具有相当的风险，为了保证其合乎规范，及时纠正某些不当行为，需要对电子文件鉴定过程予以记录，根据记录加以监控。

（二）内容鉴定的方法

职能鉴定法是电子文件鉴定的主要方法，文件价值的大小取决于职能活动的重要程度。这种方法立足于文件产生的原因（社会运转和职能活动的需要），而不是某一部分利用者的利益或兴趣，从而克服鉴定过程中的主观性和随意性，增加鉴定的客观性，使得利用紧随而不是领先于鉴定。它面对的是某种职能、活动或事务的文件，而不是单份文件，故而常常表现为一种“批处理”的方式，鉴定的效率高。职能鉴定法的实施以职能分类法为前提，没有后者，前者的执行往往无法深入，也不可能实现鉴定的自动化。当然，电子文件的内容鉴定也不排除逐件鉴定的直接鉴定法，对于未被保管期限表收入其中的新文件以及微观文件等特殊文件，有时需要采取直接鉴定法。

电子文件内容鉴定的步骤如下：

1. 制定电子文件保管期限表

保管期限表是电子文件鉴定的依据性文件，主要包括文件的名称、类别、保管期限、处置类型等内容。在电子文件管理系统设计的调查阶段，便应开展职能分析、职能分类，并参照执行《机关文件材料归档范围和文书档案保管期限规定》和其他有关科技文件、专门文件归档范围及保管期限的规定，着手保管期限表的制定工作。保管期限表应该具体、可操作性强、具有可扩展性。

2. 将电子文件保管期限表纳入管理系统并予以维护

根据电子文件保管期限表的规定，明确系统各类用户的鉴定职责。若条件允许，还应开发自动鉴定的模块。

3. 归档鉴定

在鉴定自动化的系统中，文件一旦生成，系统即将文件类别与保管期限表的条款对照判断，划定其保管期限。如果某些文件未纳入保管期限表，导致系统暂时无法判断其保管期限，则应及时提示用户判断。尚未实现自动鉴定的机构，一般是在文件办理完毕之后由形成者或档案人员进行鉴定。

4. 期满鉴定

对于保管期限到期的文件，系统应自动提示用户以便下一步处置，或更改其保管期限，或作其他处理工作，如暂缓一段时间销毁等。期满鉴定一般由档案人员承担。没有自动提示功能的系统中，期满鉴定则主要依赖档案人员的自觉。

5. 进馆鉴定

具有永久保存价值的电子文件在形成机构中保存一段时间后，应向相应的国家或地方档案馆移交。对于这些文件，系统应自动提示用户进行检查，档案馆应从保存价值、完整性、可读性等方面进行复核后再接收进馆。

（三）技术鉴定的方法

技术鉴定需要在电子文件生命周期中多次开展。无论是归档鉴定、期满鉴定还是进馆鉴定，都必须在内容鉴定的同时开展技术鉴定。每一次技术环境的变换，如载体转换、迁移等，都需要对电子文件的技术状况进行检测。此外，该项工作还应定期开展。

技术鉴定的过程大致如下：

1. 分析影响文件技术状况的因素以及采取的相应措施

技术鉴定的实质是事后的检查，在总体上是一项被动性的工作，其结果依赖于技术分析之前采取的防范措施的效果。所以，要判断电子文件是否真实、可靠、完整、可读，首先需要分析影响文件信息质量的因素及据此所采取的措施。

2. 检查保障措施的实施结果

对每一项保障措施的实施结果进行检查，比如检查文件是否按照预先规定的标准格式保存；检查文件的数字签名；检查文件的元数据记录是否齐全；检查一份文件各个要素是否完备；分析联系一份文件各个要素的手段是否有效，包括超级链接、标签等；运用病毒检测软件检测文件及其存储介质是否携带病毒；检查介质的规格是否符合工业标准；检测介质物理性能，如清洁度、光滑度如何，是否有划伤、磨损等。

3. 根据检查的结果，判断文件技术状况

如果电子文件的技术状况已经不足以保证其质量，则应该采取载体转换、迁移等应对措施。

二、电子文件的归档

归档是赋予有保存价值的电子文件以档案身份的过程，其标志性动作是将具有档案价值的电子文件由形成部门向档案部门移交，电子文件管理责任也随之由文件生成部门向档案部门正式转移。电子文件的管理强调主动控制，亦常用“捕获”一词来表示对应归档文件的主动收集和获取。

（一）归档范围

电子文件归档的主要对象，是经过鉴定需要保存的电子文件。此外，还应从以下几个方面考虑收集相关材料：

1. 支持软件

电子文件具有软硬件依赖性，对于采用专有格式的电子文件，可归档文件的支持软件及软件的文档资料，档案部门已有的无须重复归档。

2. 元数据以及相关管理信息

描述电子文件内容、结构和背景的元数据必须都随着电子文件一起归档。另外，电子文件形成阶段的管理活动也可能形成一些记录材料，如更改单、登记表、使用权限登记表等，有些可能记录在纸张上，也应予以归档。归档之后应保持元数据、管理信息与文件的联系。

3. 其他载体形式的文件

在同一活动中，除了电子文件外，有时还会生成纸质文件、缩微胶片等其他形式的重要文件，如上级机关的来文、外购设备文件等。为保持这些文件之间的历史联系，确保同一活动中形成的档案信息完整无缺，需要将之一同归档。有条件的单位可将这些文件做数字化处理，作为电子文件归档和保存。

4. 纸质或缩微拷贝

《电子文件归档与管理规范》规定：具有永久保存价值的文本或图形形式的电子文件，如没有纸质等拷贝件，必须制成纸质文件或缩微品等。虽然《中华人民共和国数字签名法》已经承认了部分电子文件的原件资格，不过大多机构为谨慎起见，仍坚持将电子文件及其硬拷贝一起归档，双套保存，这就是双套制。

双套归档是文件载体转换时期不可避免的一种现象，只要电子文件管理中的关键问题得不到根本解决，双套归档就有其存在的合理性和必要性。虽然双套归档起到了双保险的作用，但同时也加重了档案部门的日常工作，增加了管理成本。一些基层单位已开始单独归档电子文件的探索，仅以电子形式保存的文件有通过局域网传递的上级来文、在纸质条件下不予归档的微观文件等。

（二）归档方式

电子文件的归档方式有两种：物理归档和逻辑归档。二者的区别在于归档前后电子文件的存储位置是否改变。

1. 物理归档

物理归档是指把计算机及其网络上的电子文件以网络传输或介质传递方式移交给档案部门的过程。归档前后电子文件的存储位置发生改变。以网络传输方式进行的归档亦称在线归档，电子文件形成者将归档文件通过网络直接传输到档案部门规定的地址，并存储在档案部门本地载体上。以介质传递方式进行的归档亦称离线归档或卸载式归档，电子文件形成者将归档文件存储在一定的介质上移交给档案部门。

2. 逻辑归档

逻辑归档是指在计算机网络上进行、不改变原存储方式和位置而实现的电子文件向档案部门移交的过程。电子文件生成在什么位置，归档后的物理位置仍保持不变，仅其管理职责由形成部门移交给档案部门。逻辑归档也有以下两种类型：

（1）电子文件存储在形成部门的服务器中。电子文件归档之后档案部门并不实际拥有文件数据，但负有管理职责，依照有关规定对其安全保管和合法存取进行有效的监控。电子文件保存在原系统中的时间是有限的，为减少文件形成系统的荷载，提高系统效率，并集中保护电子文件，还是应该定期将有用文件信息做物理归档。

（2）电子文件存储在档案部门的服务器中。电子文件形成伊始就已经保存在档案部门本地，实现了数据的集中存储。采取这种逻辑归档方式的机构，具备较为完善的网络基础设施和相对全面的系统规划设计。

无论是物理归档还是逻辑归档，都要实现电子文件的集中控制，保证电子文件的安全以及利用的便利。

（三）归档时间

电子文件的归档时间分实时归档和定期归档两种。实时归档是指电子文件形成后即刻归档；定期归档是指按照机构有关规定，在电子文件形成一段时间之后再向档案部门移交。一般来讲，逻辑归档尽可能实时进行，以免发生失控；物理归档既可实时进行，又可与介质归档一样，借鉴纸质文件归档的经验并遵照有关规定定期完成，如管理性文件在次年年初归档，科技文件在项目完成之后归档，机密文件随时归档等。双套归档的电子文件和纸质文件，归档时间应尽可能统一。在实际工作中，无论采取何种归档方式，都存在提前归档的趋势，这有利于及时控制有用文件信息，保护其完整与安全。

（四）归档要求

归档电子文件的质量要求包括以下方面：

1. 齐全完整

归档的电子文件应齐全完整，凡是归档范围内的文件均应及时向档案部门移交。尤其应注意相关电子文件的支持软件、元数据、管理信息、其他载体文件和硬拷贝的收集。

2. 真实有效

归档的电子文件应真实有效，文本文件应是最后定稿，图形文件如经更改则应将最新版本及更改记录予以归档，各种文件的草稿、原稿根据需要决定是否归档。有条件的机构应采用数字签名技术，以便确认电子文件的有效性。

3. 格式规范

电子文件存储格式是保证长期可读性的一个极为重要的问题，能够转换为通用格式的应予尽量转换。

4. 多套保存

归档的电子文件至少应保存三套，其中一套封存，一套提供利用，另一套异地保管。封存和异地保管的电子文件需要脱机保存，提供利用的电子文件可联机、可脱机。电子文件在长期保存过程中可能会出现读取的错误，以不同载体、不同方式多套保存，可以减少出错、失真现象，增加安全性。

5. 经过分类

归档的电子文件应经过分类，定期归档的电子文件还需要形成机读目录。介质归档时还应对电子文件的载体简单整理，在载体或其包装盒表面贴上标签，注明编号、名称、密级、保管期限、软硬件环境等。

（五）归档手续

为明确责任，电子文件移交双方应确认归档电子文件的数目、技术状况以及相关材料是否齐全，并在确认结果上签字盖章，保存备查。

第五节 电子文件的著录和开发利用

一、电子文件的著录

电子文件的著录，是指获取、核对、分析、组织和记录关于文件内容、结构、背景和管理过程的信息，以准确描述电子文件的过程。由此概念可以看出，在电子文件管理中，著录信息即元数据。具体说来，著录项目即元数据元素，著录项目的具体数据即元数据元素的值，著录条目的格式即元数据格式，著录信息的编制即元数据的生成、捕获，著录信息的管理即元数据的管理，著录信息的应用即元数据的应用，著录信息的保存、维护和移交即元数据的保存、维护和移交。

（一）电子文件著录的特点

相比国家档案局1999年颁布的行业标准《档案著录规则》中“在编制档案目录时，对档案内容和形式特征进行分析、选择和记录的过程”这个定义，电子文件著录具有全面性、全程性、综合性的特点，两者的比较如表15－2所示。

表15－2 电子文件著录与传统著录

项目 名称	电子文件著录	传统著录
范围	文件的内容、结构、背景和管理过程	档案的内容特征和形式特征
作用	维护文件的真实、完整、可读以便于检索（编制检索工具）	编制检索工具（如目录）
时间	整个文件生命周期	文件归档后
手段	人工直接编制，文件系统自动捕获	人工直接编制（手工编制或人工录入计算机）

1. 全面性

电子文件著录的全面性包括两层含义：其一，描述对象的全面性，具体包括文件内容、结构、背景和文件在形成后所经历的整个管理过程。其二，作用的广泛性，著录最基本的作用是描述电子文件，在此基础上可以有多种用途，除了挑选具有检索意义的著录信息编制检索工具之外，还包括保障电子文件的真实、完整、可读等。①

2. 全程性

电子文件的著录不再发生于归档后的某一个时间点，而是贯穿于文件的整个生命周期。文件一经产生，其著录便已开始；文件一旦变化，其变化情况就被记录在案。

① 参见本章第二节有关元数据的内容。

3. 综合性

电子文件的著录综合采用人工著录和系统自动著录相结合的手段。随着自动化程度的加深，人工直接著录将减少，系统自动著录将增加，电子环境中大多著录信息都可以由系统自动生成或捕获。当然，不管自动化程度如何，人工控制是必不可少的。

对电子文件著录范围、作用、时间、方法的思考促进了对档案著录的全面反思。在国际档案理事会 1999 年 9 月发布的《国际标准——档案著录规则（总则）》[ISAD（G）]的第二版中，对于档案著录的解释则为通过获取、核对、分析、组织和记录有助于确认、管理、查询和解释档案材料、背景及其生成时的文件系统的信息，以形成对所描述对象及其构成部分的准确表述的过程及成果。可以看出，这里的著录概念已经比传统的为检索开展的著录要宽泛、深刻，与电子文件著录的内涵基本一致。

（二）电子文件的著录项目

较 1985 年颁布的国家标准《档案著录规则》（GB/T 3792.5—85）而言，《档案著录规则》（DA/T 18—1999）增加了“电子文档号”一项，且为必要项目。但是不难看出，该标准规范的仍然是旨在编制检索工具的档案著录，针对电子文件的著录项目不足。之后，澳大利亚、英国、加拿大等国家已经出台了元数据标准，我国一些地方和行业也出台了自己的元数据标准。2008 年 3 月，国家档案局公布了《电子文件元数据标准》征求意见稿。较传统的著录标准而言，这些标准具有以下特色：

1. 内容类著录项目基本一致

两类标准基本上都包括文件题名、分类号、主题词、关键词等项目。

2. 结构类著录项目增多

结构类著录项目描述了与电子文件解码、输出相关的属性，除了稿本、文种等之外，元数据标准还规定了格式模板、媒体类型、数据格式、存储位置、系统环境、密码、数字签名等著录项目，这些项目为电子文件著录所独有。

3. 背景类著录项目细化

电子文件的背景类著录项目包括形成文件的职能活动、职能部门、工作人员、形成时间等行政背景，形成文件的法律依据等法律背景，以及文件间联系等。其中的人员、时间项目，则有可能根据文件的特点予以细化。比如对于电子邮件，人员则可能包括发件人、收件人、转发者等。详细的背景信息有助于确认电子文件的历史原貌。

4. 增加了管理过程类著录项目

在出台的所有元数据标准中，都设有管理史、保存史、利用史等项目，用来描述保存文件过程中鉴定、归档、销毁、迁移、移交、载体转换、利用等各项活动的时间、人员、处理结果和相关法律规定。这对于回溯电子文件历史原貌异常关键。

二、电子文件的开发利用

电子文件开发利用工作的内容较手工管理并无明显区别，信息开发工作包括分类、编目、编研等，信息服务包括提供利用、用户分析和反馈等。不过，在网络和计算机技术的支撑下，电子文件开发利用工作可借助的手段更多，信息的表现形式更丰富，利用的效率更快，当然，安全问题也更为突出。

（一）电子文件开发利用中应该处理好的几对关系

1. 处理好方便利用与安全保护的关系

便于传输、操作是数字信息的特点，这既给利用带来了巨大方便，也给安全保护提出了难题。档案部门要对电子文件开发利用的优势和风险有清楚的认识，并引进科学的方法加以解决，既不能忽视可能存在的安全威胁，也不能过于保守，徒增无用的烦琐手续，甚至放弃信息时代提供的提升开发利用水平的机会。

2. 处理好利用成本和利用效益的关系

开发利用电子文件的前期投入较高，尤其是网络化利用。电子文件检索系统的开发、检索设备的购置、纸质文件的电子化、管理人员的培训都需要花费一定的资源。因此应对开发利用进行科学规划，与机构内、社会上的其他部门开展资源开发和服务方面的合作，加强监督与审计，尽量减少不必要的资源消耗。

（二）电子文件的检索

检索是最重要的开发利用工作，查全率、查准率的高低是决定用户满意度的关键因素。电子文件的检索工作，应满足以下要求：

1. 实现目录体系的标准化

制定、遵守目录标准，既是共享、互换信息的需要，也是持续建设档案目录的要求，是一件利在长远的工作。尤其是进馆文件，标准化目录是档案馆提供无缝检索的数据基础。文件检索标准包括规定著录项目的数据内容标准、规定著录项目之间关系的数据结构标准以及规定著录项目取值的数据值标准。

2. 提供多种检索途径

按照用户的使用方式，检索途径可以分为两类：一是主动式，即用户通过主动输入要查询的文件所包含的数据值来检索文件，如关键词、主题、时间、责任者、文种等。目前，较为普遍的检索途径是关键词，关键词或者来自题名，或者来自全文。在关键词检索中，布尔检索是较为常见的检索方式，用户可以根据需要，对多个关键词进行逻辑运算，更精确地表达检索需求。二是被动式，即系统为用户提供分类体系，用户按照既定的目录结构层层搜索，直至发现所需的文件。完善的检索系统，应该同时提供以上两种检索入口。

3. 展现文件层次结构

文件的价值往往不单独体现在某一份具体的文件上，而是体现在一系列相关的文件整体上。电子文件检索系统，尤其是档案馆的检索系统应能展现从文件集合到单份文件的层次结构。这种按照文件来源组织而成的等级结构，体现了文件、档案管理者关于文件来源、文件形成背景、文件间内在联系等方面的专业知识，是文件检索的特色所在，其最大的好处是能够让用户获得所需文件的完整的背景信息。

第六节　电子文件的保管与移交

一、电子文件的保管

手工管理中的保管是指对经过整理入库的档案的日常维护工作，一般发生在文件归档之后，基本方法是通过保护载体来维护信息的完整和有序。电子文件的保管则贯穿在文件整个生命周期之中，无法仅仅通过载体保护的方法来维护数字信息，工作内容和方法都较手工保管要复杂。

（一）电子文件的存储管理

存储管理的基本任务是为电子文件信息选择合适的存储设备（即载体）、存储方式和存储系统架构，并对载体实施保护。

1. 存储设备

（1）硬磁盘和磁盘阵列。硬磁盘即通常所称硬盘，利用电磁信号转化来记录和读出信息。按接口类型分有 ST506、IDE、SCSI 接口；按磁盘尺寸分有 14 英寸、8 英寸、5.25 英寸、3.5 英寸等。作为计算机系统中最常用的外存，其存储容量大，采用随机存储方式，存取速度快，数据传输率高，可靠性高。适宜作为在线存储介质。

磁盘阵列应用磁盘数据跨盘技术，组合多个硬盘，使其协同工作。它容量极大，可以很好地满足多人在线并发访问，安全性好，能够免除单块硬盘故障所带来的灾难性后果，为许多大型系统所采用。

（2）磁带和磁带库。磁带是最早出现的磁存储介质。目前的计算机系统多采用二分之一英寸开盘式磁带和四分之一英寸盒式磁带。磁带存储容量较大，成本低，以串行方式记录数据，存取速度较慢，通常作为硬磁盘可靠又经济的大容量备份。

磁带库技术支持从装有多盘磁带的磁带匣中自动搜索磁带、拾取磁带并放入驱动器中，可实现数据的连续备份、智能恢复、实时监控和统计，整个存储容量可达数万 GB。

（3）光盘和光盘塔、光盘库。光盘采用激光技术写入和读出信息，主要包括只读光盘、一次写入光盘和可擦写光盘三种。其中只读光盘只能用来检索或者播放已经记录在盘上的信息，如 CD-ROM、CD-I、VCD、DVD 等。一次写入光盘可根据需要录入信息，但只能写入一次，一旦录入便不能再进行修改和删除。可擦写光盘允许反复擦写信息。光盘成本低、制作简单、容量大、体积小。一次写入光盘是档案部门常用的光盘类型。

光盘塔由几台或十几台 CD-ROM 驱动器并联构成，可同时支持几十个到几百个用户访问信息。光盘库是一种可存放几十张或几百张光盘并带有机械手和一个光盘驱动器的光盘柜。它利用机械手从机柜中选出一张光盘送到驱动器进行读写，或将光盘取出放置到机柜的指定位置上。光盘库容量极大，适用于具有海量多媒体信息的存储。

2. 存储方式

（1）在线存储。在线存储是指存储设备和所存储的数据时刻保持可直接、实时、快速访问的状态，通常选用硬盘、磁盘阵列作为在线存储设备，性能好，但价格相对昂贵。

（2）离线存储。离线存储也称脱机存储，存储设备和所存储的数据远离系统应用，无法直接访问。通常选用磁带、光盘等作为离线存储介质，容量大，价格相对低廉。需要离线存储的数据包括在线数据的备份，以及不常用的数据。

（3）近线存储。近线存储即近似在线存储，是介于在线存储和离线存储之间的一个存储级别，所采用的设备通常是由廉价磁盘组成的磁盘阵列。访问量不大的数据可采取近线存储的方式。

3. 存储系统架构

信息化建设初期，若要访问数据，必须将存储设备与某服务器或客户机直接相连，这样的存储系统架构称为直接附加存储（direct attached storage，DAS）。随着对更高存取效率和更低存储成本的追求，出现了网络附加存储（network attached storage，NAS）和存储区域网络（storage area network，SAN）这两种新的存储系统架构。网络附加存储将存储设备直接连在网络上，按照 TCP/IP 协议进行通信。存储区域网络将各种存储设备集中起来形成一个存储网络，以便于数据的集中管理。2008 年 2 月立项的福建省电子文件与电子档案数据接收中心的基本思路就是采用存储区域网络光纤通道存储系统。

4. 存储设备的保护

1995 年发布的行业标准《磁性载体档案管理与保护规范》可用于指导磁性载体的保管，考虑到颁布年限已经不短，且更多地面向录音、录像档案的载体保护，在应用时需要结合当前成熟的技术成果适当变通。规范光学载体的标准《电子文件归档光盘技术要求和应用规范》正在征求意见之中。对电子文件载体的保护重点在于对影响载体的物化因素的控制，具体措施包括以下方面：保持适宜的温湿度；防止灰尘，不能用手直接接触光盘的信息部，使用后应放在盘盒中储存；防止外来磁场，确保磁性载体的记录不受磁场的破坏；防止机械震动；防止光线（特别是紫外线）和有害气体的影响；加强日常管理维护工作等。

（二）电子文件信息维护

1. 电子文件信息维护体系

可能危害电子文件信息的因素，除了质量受损的存储设备之外，还包括计算机技术自身的固有缺陷，木马病毒等恶意程序，地震、洪水等天灾，火灾、盗窃等人祸，不合理、不完善的安全保护制度，怀有恶意企图的用户等各种因素。因此在机构和档案馆内部应构筑涵盖制度、管理、人员、技术等的全面的信息维护体系，包括制定出完善的规章制度，合理分配和有效监督各类人员的管理权限，培训和考核人员，采用可靠的安全保障技术等。当然，广义上的电子文件信息维护体系还包括相应的法律规范和道德规范，这需要全社会的努力。

2. 电子文件信息维护的关键技术

（1）加密。加密的目的是让非法用户无法读懂信息，其原理就是在参数（即密钥）的指示和控制下，通过一定的规则（即加密算法）将原本可读懂的数据（即明文）转换为伪随机的乱码（即密文）。合法用户若要读懂数据，则需要在密钥的指示和控制下，通过算法将密文还原为明文，这个过程称为解密。

加密技术包括对称加密技术和非对称加密技术两种。如果加密密钥与解密密钥相同，则为对称加密，又称私钥加密。对称加密技术的特点在于使用简单快捷，密钥较短但破译困难，然而存在密钥难于安全分发、难于管理等问题，不适用于开放系统，一般用于不在政府确定的保密范围之内的民用敏感信息。如果加密密钥和解密密钥不同，则为非对称加密，又称公钥加密。其中加密密钥可公之于众，称为公钥，解密密钥只有解密人自己，称为私钥。非对称加密技术的保密强度不及对称加密技术，但密钥管理、传递简单，适用于开放系统，且可用于数字签名。实际上两种加密技术也可以综合应用。经过加密的电子文件一般应解密后保存。

（2）身份认证。身份认证技术旨在确认用户的身份。在用户进入计算机系统时验证其身份的技术包含口令认证、智能卡认证、USB Key 认证、生物认证等。口令认证通过验证用户输入的用户名和口令来验证其身份，是最常见的认证技术。智能卡是一种内置集成电路的芯片，芯片中存有与用户身份相关的数据，用户登录时将智能卡插入专用的读卡器读取其中的信息，以验证用户的身份。USB Key 是一种 USB 接口的硬件设备，它内置单片机或智能卡芯片，可以存储用户的密钥或数字证书，利用 USB Key 内置的密码算法实现对用户身份的认证，是目前较流行的一种验证方式。基于公钥基础设施（public key infrastructure，PKI）的 USB Key 还可以用作数字签名。公钥基础设施是利用公钥加密技术提供安全服务的基础设施。生物认证技术以人体唯一的、可靠的、稳定的生物特征（如指纹、虹膜、脸部、掌纹等）为依据，通过图像处理、模式识别的方法来验证用户身份。这几种验证方法的成本依次增加，安全性也依次增加。

在接收、查看信息时验证信息发送者的主流技术是数字签名，数字签名可以防止冒充、抵赖，同时还能验证信息在传送或存储过程中未被篡改。数字签名本质上是公钥加密技术的一种应用。在 PKI 系统中，如果用某人的私钥来加密明文，由于其公钥是公之于众的，能够得到公钥的用户都可以打开信息，并且能够确认信息发送者系私钥拥有者，私钥加密的结果形成了数字签名，其他人因没有该私钥，故无法签名，也就无法伪造、篡改文件。当然以上只是对数字签名原理的简单说明，在实际应用中非对称加密技术还需要结合单向函数运算一起使用。

3. 权限控制

为保护国家和机构秘密、知识产权、个人隐私，需要在分析机构规章制度、业务性质、利用风险的基础上，合理定义各类用户、各类文件的访问权限，并在业务系统和电子文件管理系统中实现，以保证合法用户访问的便利，防止非法用户的恶意访问。权限控制应当尽可能细致，防止未经授权就对信息采取存取、收集、利用、公布、删除、修改和销毁等操作。

4. 长期可存取

长期可存取技术即保障电子文件长期可读性的技术，包括转换为开放格式、迁移、采用多格式阅读软件等，在本章第二节中已有阐述。

5. 备份

备份是信息安全保障最重要的辅助措施，可为受损或崩溃的信息系统提供良好的、有效的恢复手段。备份不仅是数据文件的备份，在复杂系统中还需要对数据文件所依赖的系统环境和应用程序进行备份操作。备份时需要根据相关制度确认备份的方式，确定备份的存储设备、套数，明确是否需要异地备份。备份最好自动执行。

6. 物理隔离

物理隔离是将不同网络相分离，保证其不相连接，其目的在于隔断非法用户的访问链路。凡涉及国家秘密的计算机信息系统，不得直接或间接地与国际互联网或其他公共信息网络相连接，必须实行物理隔离。物理隔离技术发展很快，从最初的双机双网方案到安装在计算机硬盘上的隔离卡，再到网闸这种独立的物理隔离设备，在保证两个独立主机系统间永不连接的条件下，内外网切换访问的便利性在不断增加。

7. 防火墙

防火墙是一种逻辑装置，通常处于机构内网与外网之间，通过监测、限制、更改跨越防火墙的数据流，限制来自外网的用户对内部网络的访问以及管理内部用户访问外界的权限，对外部网络屏蔽有关被保护网络的信息、结构，从而实现对网络的安全保护。防火墙不能有效控制发生在内部的非法访问。

8. 入侵检测

入侵检测系用于监控网络和计算机系统是否出现被入侵或滥用的征兆，可以阻断发生在内部的非法访问，是对防火墙技术的有效补充。

二、电子文件的移交进馆

在我国电子文件的移交进馆还没有成为一种普遍的、常规的管理活动，2000 年之后全国陆续开展的电子政务试点项目、电子文件中心建设、数字档案馆工程等开始了这方面的尝试，并取得一定的经验。发达国家电子文件移交进馆的实践历时要长，相对要成熟一些。

（一）移交方式

电子文件的移交进馆主要有介质移交和网络移交两种，目前以介质移交为主。在政府专网已经建成运转的一些地方，则通过专网向档案馆移交电子文件。

（二）移交时间

移交时间分为定期移交和实时移交两种。采取介质移交方式的，一般是定期移交，而通过网络移交的，则可实时进行。由于电子文件形成时间尚短，一般未满 10 年至 20 年的进馆时间规定，所以已经进馆的电子文件，其纸质复制件一般仍保存在原单位。

（三）移交要求

移交要求主要集中在格式、载体规格、元数据这三个方面。

虽然都是出于保证电子文件长期可读性来考虑其格式要求，但各个国家、地区、地方档案馆对进馆电子文件的格式要求不尽相同。比如英国国家档案馆可以接受的文件格式主要有 Postscript、TIFF、SGML、PDF 等；澳大利亚国家档案馆则以两种格式保存同一份电子文件即原始格式和 XML 格式；安徽省电子文件中心推荐的文本文件格式为 PDF/A、CEB，图像文件格式为 TIFF、JPEG，视频格式为 MPEG、AVI，音频格式为 MP3、WAV。尽管还是有个别的私有格式，但总体上还是以由国际标准组织制定和认可的开放格式为主，同时也兼顾了本国、本语言档案信息资源安全管理的需要。

电子文件移交进馆之后可以转换载体，故而对于载体规格要求的严格程度不一，比如英国国家档案馆除推荐了使用 WORM 技术的 CD-ROM 和 CD-R、4mm 的数字音频磁带、DVD 之外，还推荐了 ZIP 盘和软磁盘；而澳大利亚维多利亚州公共档案馆的规定则要严格得多，只接收 CD-R，DVD-5，DDS-1、DDS-2、DDS-3 或 DDS-4 磁带，LTO-1 或 LTO-2磁带，并对光盘的染料类型、容量、刻录模式以及磁带的存档格式等作出详细规定。

电子文件元数据对于其真实性、完整性维护至关重要，各档案馆在这个方面的要求日趋严格和完善。除了要求提交文件目录之外，安徽省电子文件中心还要求以 XML 格式对电子文件元数据进行封装，将封装对象和电子文件一起移交。

为加强对电子文件信息的控制，应对原单位在电子文件移交进馆之后如何处理作出规定。

（四）移交手续

移交双方应对移交文件及相关材料的数量、质量进行核对审查，并签字确认。

思考与练习

1. 简述电子文件的概念和三要素。
2. 简述电子文件的技术特点及其对管理提出的要求。
3. 电子文件管理的目标有哪些？
4. 结合实际谈谈电子文件管理的方法要点有哪些，这些方法要点在实施时可能面临哪些困难、如何解决。
5. 简述电子文件形成阶段的管理内容和注意事项。

6. 电子文件鉴定工作包括哪些内容？
7. 简述电子文件双重鉴定的方法。
8. 电子文件逻辑归档和物理归档之间有何区别和联系？
9. 电子文件的著录有哪些特点？哪些是电子文件这种文件类型所独有的？
10. 电子文件的著录和元数据管理之间关系如何？
11. 电子文件检索应满足哪些要求？为什么？
12. 电子文件存储管理包括哪些内容？
13. 电子文件信息维护体系涉及哪些方面的内容？
14. 结合国内外实践，简述电子文件的移交要求。

第十六章
档案数字化

内容提要

本章重点讲四个方面的内容：一、档案数字化的概念和工作流程。二、档案数字化工作的要求。三、档案数字化的关键技术。四、档案数字化案例。

第一节　档案数字化的概念和工作流程

一、档案数字化的概念

对于档案数字化，有广义和狭义两种理解。狭义的档案数字化，又称数字化加工或数字化转换，是指通过一定的技术手段将存储于传统载体上的、以模拟形态存在的档案信息转化为以数字形态存在的、计算机可以识别和处理的信息的过程。可以转换为数字化信息的档案类型包括纸质档案、照片档案、录音档案、录像档案、缩微胶片等，转换之后的数字信息可以有文本、图形、图像、音频、视频等多种媒体格式。广义的档案数字化，是指通过一定的技术手段将存储于传统载体上的、以模拟形态存在的档案信息转化为以数字形态存在的、计算机可以识别和处理的信息，并加以存储、组织、检索、维护的过程。狭义的档案数字化是广义的档案数字化的基础和核心。本书采用的是广义的档案数字化概念。

二、档案数字化的工作流程

档案数字化的工作流程包括管理流程和业务流程两个方面，如图 16－1 所示。管理流程以档案数字化工作为管理对象，通过指挥、计划、组织、控制等手段对该项工作进行部署，并保证顺利实施。业务流程以档案信息资源为操作对象，通过模数信号转换、目录录入、数据库建设、软件应用等手段获得有序、可用的数字化信息。业务流程是档案数字化工作流程的主体，管理流程是业务流程的保障。

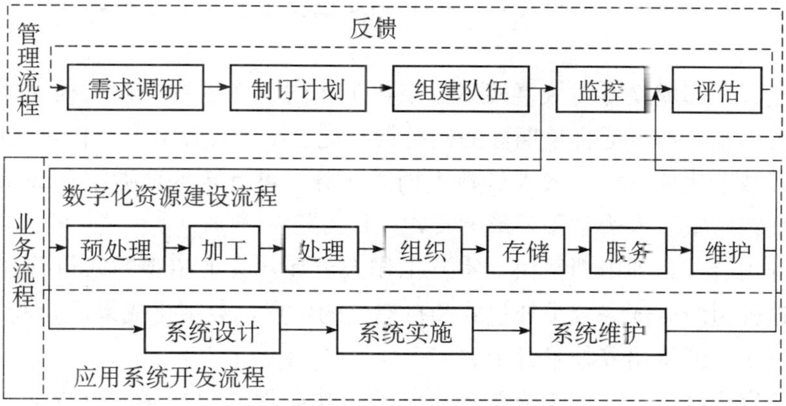

图 16-1 档案数字化的工作流程

按照工作内容，业务流程又可以分为应用系统开发流程和数字化资源建设流程两个方面。应用系统开发流程负责设计、实施、维护档案管理系统，为数字化档案的加工、处理、存储、提供利用和保存提供工具。数字化资源建设流程则借助于档案管理系统创建、管理数字化档案，并向用户提供多样化的利用服务。应用系统开发流程和数字化资源建设流程相辅相成，并行开展。

（一）档案数字化的管理流程

1. 开展档案数字化工作需求调研

在具体开展档案数字化之前，先对此项工作的实际需求展开调研，包括以下方面：调查档案馆（室）藏的数量、质量，现有管理和服务状况；归纳国内外同类机构的经验教训；分析档案数字化工作的效益；研究档案数字化工作的可行性和必要性；明确档案数字化的工作目标，以及为达成目标所需资金、人员、时间、制度等条件；对档案数字化工作提出相关建议等。可聘请第三方机构或人员参与需求调研，最终需形成调研报告。

2. 制订档案数字化工作计划

应在调查研究的基础上制订档案数字化工作计划，明确档案数字化工作的目标、工作内容、人员组织和职责分工、主要技术指标和方法、验收依据、安全管理措施、进度安排、经费预算、招投标事宜等。制订科学合理的工作计划，有助于合理安排各项资源，监督、检查工作质量和工作进度，保证档案数字化的合法化和标准化，并获得较高的投资回报。

3. 组建工作队伍，配备相关条件

档案数字化工作的组织形式主要包括以下几种：

（1）外包式，即通过签订合同的方式由档案馆以外的人员（通常来自数字化专业公司）承担档案数字化工作。采用这种组织方式，一方面较少占用馆（室）内部的人力资源，不影响其他日常工作的开展，另一方面通过购买社会专业化服务，可以提高工作效率，节约成本。外包式是档案数字化工作常用的组织模式，需要注意的是从事档案数字化业务的公司一般缺乏档案专家和长期从事档案专业工作的技术队伍，存在工作质量不

符合档案管理要求的风险，需要在合同中明确质量要求和验收标准，并施以必要的监督和指导。

（2）自建式，即成立专门从事档案数字化工作的工作机构，或从相关处室抽出有关人员组成临时小组，前者适合长期性的档案数字化工作，后者适合工作量集中、任务急、为时短的档案数字化项目。档案人员熟悉档案业务，可有效保证数字化成果的质量，但可能造成档案馆（室）人手紧张，影响日常工作。

（3）内外组合式，即由档案馆（室）工作人员和社会上招聘的人员共同组成档案数字化队伍。这种组织方式综合了外包式和自建式的优点，数字化成果质量和工作效率高，也有利于通过实践锻炼培养技术骨干。

队伍组建完毕之后，需要为之配备一定的工作条件，包括场所、资金、时间等。应明确和制定相关的规章制度，如档案数字化加工操作规程、档案机读目录格式等，以保证档案数字化的科学性和规范化。必要时还应对有关人员进行培训，使其更全面清楚地了解档案数字化的方法和要求。

4. 监控档案数字化工作的开展

在具体开展档案数字化预处理、加工、处理、组织、存储、服务、维护的业务流程中，有关责任方要按照工作计划开展必要的监督和检查，及时发现问题，并予以纠正和调整。

5. 评估数字化工作成果

在档案数字化业务告一段落之后，应组织相关力量，采取科学的评估方法对数字化工作成果进行评估，内容涉及数字化资源的利用率、易用性、保存情况等多个方面。评估人员可以来自档案馆（室）内部、第三方机构，也可以是两者的结合。评估结果是改进后续档案数字化工作的依据，也可为档案部门争取更多数字化方面的投入提供必要的支持。

（二）数字化资源建设流程

1. 预处理

预处理又称前处理，是数字化档案资源建设的第一步，主要内容包括鉴选、清点、登记、整理、清洁、修复等。

鉴选是指依据档案数字化的目的，按照一定的原则和方法对数字化对象加以鉴定、选择，只有符合要求的实体档案，包括纸质档案、缩微胶片、录音、录像、照片等，才有必要进行数字化转换。确系要数字化的对象，应对其规格、数量进行清点、登记，并开展必要的整理、清洁和修复工作，使待数字化的实体档案及其目录有序化，为下一步的数字化转换做好准备，提供规范的目录数据和可直接进行数字化加工的实体。具体工作内容包括目录的规范、补全、修正，以及档案实体的扫灰、除虫、拆卷、分类、修复等。需要指出的是，对于老旧的录音、录像磁带，数字化加工之前也应进行修复处理。老旧磁带普遍存在电声指标下降、磁粉脱落、霉变、粘连等现象，影响其正常播放和原录信号的提取，对其实施必要的修复、清洁和坚固处理，可保证正常播放操作，并且得到高质量的源信号。

2. 数字化加工/转换

数字化加工/转换的主要内容是将记录在传统载体的档案信息通过模数转换技术和设备转换为以数字形式表示的信息资源。不同类型的实体档案，模数转换技术和设备不同。纸质档案、照片的数字化加工主要采用扫描仪、数码相机等设备加以扫描或拍照，缩微胶片的数字化主要采用缩微胶片扫描仪加以扫描。录音档案的数字化设备主要是音频采集卡，录像档案的数字化设备则是视频采集卡，录音、录像的输出设备通过特定的音视频传输线与音频采集卡、视频采集卡相连，音频采集卡、视频采集卡安装在计算机上。

这一阶段的关键问题在于有关技术参数的选择。在选择技术参数时，应兼顾三个方面的需求：

（1）原始信息的保真，数字信息应尽可能清晰、准确地再现档案原件的面貌。

（2）用户利用的便利，数字信息应便于传输、浏览，可满足不同用户的操作要求。

（3）档案原件的保护，数字化加工过程要保证档案原件，尤其是濒危档案不受损失。这些方面的需求可能是矛盾的，比如从存档的角度来看，要求数字失真程度低、失真度越小的计算机文件容量越大；从利用的角度看，容量大的文件传输速度慢。积极吸纳国际、国内成熟稳定的标准规范、指南、手册的规定和建议，切实把握数字化信息资源利用和管理的需求，将有助于提高数字化加工的水准。

3. 信息处理

信息处理是指对数字化加工所得的图像、多媒体信息等加以适当的处理，以符合利用需求。具体的工作内容包括核对（对照原始档案进行）、压缩、去边、去污、去噪、去干扰，采用光学符号识别（OCR）技术对图像中的文字加以识别，通过矢量化技术将光栅图像转化为矢量图形等。在需要的情况下，还可嵌入数字水印，以保护数字化档案资源的知识产权。

4. 信息组织

信息组织负责建立机读目录和索引，创建目录、全文、多媒体等数据库，并将数字化信息（图像、原文、音频、视频等）与目录、索引信息加以挂接。

若在数字化加工之前已建有机读目录，则需要补充一些必要的著录项目，如数字化档案信息资源的计算机文件名、存储位置、格式等；还可能需要修正完善一些必要的著录项目，如关键词、摘要等。著录是档案智力控制的手段，机读目录的著录质量高低关系到数字化档案信息的查检和维护工作的难易，历来都是理论和实践关注的重点，著录标准化又是重中之重。对于有研究价值的历史档案信息，这个阶段还可能需要开展必要的研究工作，比如对原文中人名、地名信息的考证，应将考证结果和考证依据资料一并予以著录。

5. 信息存储

信息存储是指为数字化档案及其目录信息选择恰当的存储介质、存储方式和存储架构。数字化档案信息资源的存储要求、方法与电子文件的存储要求、方法基本一致。

6. 信息服务

便于传输、利用是数字信息的一大特色，在更大范围为更多用户提供更及时、更满意的服务也是档案数字化的根本动力。综合档案馆的数字化馆藏凡属公开范围的，宜通过互联网网站的方式对外发布，提供在线利用。档案室的数字化信息则宜通过内部网络为内部用户所共享。负有公共服务职责的机构，也应考虑通过在线查询、就地阅览等方式对公众提供服务。

具体利用方式要视馆藏的具体情况而言。目前国内外很多数字影像的在线服务方式是提供免费的在线目录检索和小尺寸、低分辨率图像的浏览，而原始尺寸、高分辨率的影像利用则需要申请付费使用。数字化手段在很大程度上提高了档案馆的服务能力和响应速度，一些档案馆已经接近或达到商业机构的服务水准。

7. 信息维护

应对数字化之后的档案及其目录信息予以长期保存，维护其完整、可读、可用，以保护投资价值。对于数字化档案信息资源的维护要求、方法与电子文件的维护要求、方法基本一致。

（三）应用系统开发流程

1. 系统设计

系统设计是开发档案管理系统功能模块的过程。系统功能模块主要包括两类：一是档案数字化业务类，该类功能模块是开展数字化档案资源建设的基本工具，提供档案数字化信息加工、处理、著录、发布、检索、维护等功能；二是应用系统管理类，该类功能模块是系统管理员对系统加以实施和维护的工具，提供用户管理、基础数据维护、元数据自定义、日志管理等功能。为保证档案管理系统的质量，设计过程中软件编程人员应与用户反复沟通，经过严格的测试才能将系统交付使用。

2. 系统实施

系统实施是安装、应用档案管理系统的过程。伴随着软硬件应用的，是相关标准规范的贯彻实施和原有工作方式的变革。为使有关人员尽快熟悉、掌握档案管理系统，应开展必要的培训。培训方式包括面对面的培训、提供用户手册、提供在线帮助功能等。在实施的过程中若出现问题，要予以恰当调整。应在数字化加工之前完成系统的设计与实施工作。

3. 系统维护

系统投入日常使用之后，要保证其持续、安全运行。一旦发生灾难，应在尽可能短的时间内恢复。若系统功能已经难以满足工作要求，则应对之加以升级甚至更换。

第二节　档案数字化工作的要求

在注重效益、统筹规划、需求导向、保障安全这四大档案信息化发展原则的指导下，档案数字化工作应该满足以下几个方面的具体要求：

一、目标合理

档案数字化工作投入巨大。如皋市档案馆从 2000 年 10 月开始在近 5 年的时间内，对馆藏利用频繁的婚姻、私人建房审批、土地房产证等档案进行计算机条目输入，只建成了 6 个包含 80 多万条目录的数据库，投入则达 160 多万，这项工作还没有涉及数字化加工。[①] 而数字化加工的工作量和投资规模要占到档案信息化投入的近一半。[②] 现实中很多档案数字化项目在缺乏科学论证和需求分析的情况下仓促上马，其成果往往束之高阁，或仅限于内部使用，档案利用率并没有如期望的那样得到大幅提升。业内人士近年来不断呼吁加强成本效益观念，对档案数字化加以科学规划。

树立清晰、合理的目标是确保效益、科学规划的关键。总的来说，档案数字化的目标在于建立高质量的、便于使用的数字化资源，可以长久保存、反复使用，可以被广泛、方便地获取，可以应用于不同的环境，具体包括以下四个方面：

（一）方便用户查询和利用

数字形式的信息可以实现快速检索、异地传输、远程利用，易于进行复制、更改等操作。数字化可以极大地提高档案信息的易用性，为档案价值的充分发挥创造便利条件。这是档案数字化工作最为普遍、最为重要的目标。

（二）支持电子化业务流程

随着信息化的深入，越来越多的单位采用了基于计算机网络的工作方式，工作效率得以极大提升。然而，并非所有业务环节都能直接生成电子文件，尤其是对外业务，如外单位来文、保险合同、银行票据等，将这些业务文件数字化，纳入业务系统，可以借助于信息技术，提升文件处理流程的效率。

（三）保护档案原件

制作珍贵历史档案的数字化副本，可以减少因档案利用时的物理接触对其造成的损伤。此外，当档案实体难以保持原有状态时，通过数字化，其信息生命可凭借数字方式得以延续。比如，记录在磁带上的录音、录像档案，因磁性载体的老化、利用频繁等原因可能造成磁粉脱落，而每一次的转录都可能产生失真和噪音，从而导致声音、图像信息质量下降，甚至无法使用。将模拟声音、图像信号转化为数字信号存储和发送，在处理时很少会引入噪声，从而减少了原有信号质量进一步降低的概率。

此外，将档案数字化信息异地保存，还是防范天灾人祸对档案造成毁灭性打击的有效方法。

---

① 龚燕华．谈成本与效益：对档案数字化的理性思考．浙江档案，2005（11）：18－19．

② 张照余，吴品才．档案信息化建设现状、问题与对策．档案管理，2007（6）：10－15．

（四）汇聚分散保存的档案信息

通过网络可以汇聚分散存储在各地的档案信息，实现信息资源的跨库检索和综合开发利用，实现更广范围内的资源整合和资源共享。比如欧洲虚拟档案馆项目（www.eva-eu.org）统一开放和提供存放于欧洲各地档案馆的、关于安特卫普和伦敦这两个欧洲城市的照片档案，并为今后更方便地利用其他照片馆藏建立一个框架。

设计档案数字化的目标，需回答“面向哪些用户以何种方式提供什么样的资源服务”的问题。目标的合理性很大程度上体现在数字化对象的鉴选上。《纸质档案数字化技术规范》中规定了两大鉴选原则：其一，合法性原则，进行数字化的档案必须符合国家档案开放规定以及有关规定，属于开放范畴的档案才能数字化；其二，价值性原则，属于归档范围且应当永久或长期保存的、社会利用价值高的档案可进行数字化。此外，实用性原则、抢救性原则[①]、特色性原则[②]也是档案界总结出来的带有一定普遍性的鉴选原则。所谓实用性原则，即将常用档案作为数字化的重点对象，以保证数字档案的利用率；所谓抢救性原则，即应对面临字迹消退、载体脆化等危险状态的历史档案进行数字化；所谓特色性原则，即选择本馆（室）独有的、具有资源优势的档案加以数字化。各单位还需要结合本单位档案数字化的具体目标做进一步的筛选。无论是合法性原则、价值性原则，还是实用性原则、抢救性原则、特色性原则，都要结合各单位的具体情况加以灵活应用。

二、遵守法规

档案数字化加工和服务要在法律框架和行业规范下进行，以保护合法权益，避免非法利用。档案数字化工作需要遵守的法规主要包括四类：

（一）关于档案公开和保密的法规

此类法规对数字化档案信息服务的范围予以限定。档案部门提供数字化档案信息服务，既要履行法定的信息公开义务，保障公民的知情权，同时也不得泄露国家秘密和机构秘密。相关法规包括《中华人民共和国档案法》及其实施办法、《中华人民共和国保守国家秘密法》、《中华人民共和国政府信息公开条例》等。

《中华人民共和国档案法实施办法》规定：国家档案馆保管的档案，一般应当自形成之日起满30年向社会开放。经济、科学、技术、文化等类档案向社会开放的期限，可以少于30年，涉及国家安全或者重大利益以及其他到期不宜开放的档案向社会开放的期限，可以多于30年。《中华人民共和国保守国家秘密法》规定：国家秘密是关系国家的安全和利益，依照法定程序确定，在一定时间内只限一定范围的人员知悉的事项。《中华人民共和国政府信息公开条例》规定：行政机关应当及时、准确地公开政府信息，但不

---

① 梁伟，李学广．数字档案馆建设创新．中国档案，2005（5）：47－50.

② 方毓宁．馆藏档案数字化十原则．中国档案，2004（3）：37－38.

得公开涉及国家秘密、商业秘密、个人隐私的政府信息；不得危及国家安全、公共安全、经济安全和社会稳定。若行政机关对政府信息不能确定是否可以公开，则应当依照法律法规和国家有关规定报有关主管部门或者同级保密工作部门确定。可以看出上述条款乃原则性规定，对具体执行的支持力度有限，档案信息公开范围、公开时间的确定还有待于实践探索和进一步细化的法律规定。

（二）保护知识产权的法规

按照《中华人民共和国著作权法》的规定，部分档案是不受著作权法保护的，如法律、法规，国家机关的决议、决定、命令和其他具有立法、行政、司法性质的文件等。但档案部门还收藏有其他性质的档案，如企业档案、个人档案等，这些档案的数字化加工可能涉及其复制权，网络发布、提供利用可能涉及其发表权、信息网络传播权、汇编权，此类档案的数字化加工和提供服务可能引起法律争议。《信息网络传播权保护条例》规定：图书馆、档案馆、纪念馆、博物馆、美术馆等可以不经著作权人许可，通过信息网络向本馆馆舍内服务对象提供本馆收藏的合法出版的数字作品和依法为陈列或者保存版本的需要以数字化形式复制的作品，不向其支付报酬，但不得直接或者间接获得经济利益。虽然如此，但后续条款严格限定了数字化复制的条件，即前款规定的为陈列或者保存版本需要以数字化形式复制的作品，应当是已经损毁或濒临损毁、丢失或失窃，或者其存储格式已经过时，并且在市场上无法购买或只能以明显高于标定的价格购买的作品。正因为如此，《文献档案资料数字化工作导则》（GB/T 20530—2006）指出：只有通过正规渠道获取的，一般不会引起版权争议的文献档案资料才可以作为数字化的对象。

（三）隐私权保护的法规

数字化档案的服务不得侵犯个人隐私，关于这一点已经达成广泛共识。档案数字化工作要注意保护私人信息不受他人非法搜集、刺探、公开利用和侵扰。我国尚没有隐私权保护的专门法规出台，有关隐私权保护的规定散见于若干法律法规中，如《中华人民共和国民法通则》《中华人民共和国民事诉讼法》《中华人民共和国未成年人保护法》等。档案数字化实践中的个人隐私保护，应当充分尊重国际惯例，尊重当事人意见。

（四）网络服务行为规范

基于数字化档案信息的开发利用是充分发挥档案价值、获得广泛收益的有效途径。在一些情况下，除了通过网络提供原文和目录信息的查找服务之外，以数字方式加工三次文献并出版发行也是开发利用的具体方式，这时需要遵守《电子出版物出版管理规定》《网络出版服务管理规定》等有关要求。

三、遵循标准

在档案数字化建设过程中，标准问题一直广受重视，但目前为止效果尚难如人意。这和档案数字化工作的目标定位有一定关系。如果数字化后的档案信息资源只为内部使用，没有跨部门、跨机构、跨地区的共享，那么标准化程度如何并无大碍。标准的重要性只有在共享中才得以彰显，越普遍的共享，越需要以遵守标准为前提。

（一）标准概览

档案数字化涉及要素众多，包括资源、软件、硬件、业务过程、业务方法等，这些要素都是标准化的对象。目前，已经出台的相关国际、国家、行业标准如表 16－1 所示，其中没有包括信息安全技术类的标准，而此类标准中仅国家标准就有数十个。正在酝酿的国际、国家、行业标准如表 16－2 所示。随着工作的深入，将有更多标准面世。

表 16－1　已出台的档案数字化标准

类别	标准代号	标准名称	规范对象
国际标准	ISO 14721：2003	空间数据与信息移交系统——开放档案信息系统（OAIS）参考模型	系统设计
	ISO/TS 12033：2001	电子成像——文件图像压缩方法选择导则	信息存储
	ISO 19005—1：2005	文档管理——电子文档长久保存格式——第 1 部分：1.4 版 PDF 的使用（PDF/A-1）	信息存储
国家标准	GB/T 20530—2006	文献档案资料数字化工作导则	档案数字化整体工作
行业标准	DA/T 18—1999	档案著录规则	信息组织
	DA/T 31—2005	纸质档案数字化技术规范	数字化资源建设流程
	DA/T 33—2005	明清档案目录中心数据采集标准 明清档案机读目录数据交换格式	信息组织
	DA/T 17.5—1995	革命历史档案机读目录软磁盘数据交换格式	信息组织
	DA/T 20.4—1999	民国档案目录中心数据采集标准 民国档案机读目录软磁盘数据交换格式	信息组织

表 16－2　待出台（正在制定或征求意见）的档案数字化标准

类别	标准名称	规范对象
国际标准	档案数字化标准	档案数字化整体工作
	信息与文献——电子文件长期保存需求（ISO/CD TR 26102）	信息维护
行业标准	电子文件管理系统功能需求	系统设计
	电子文件归档光盘技术要求和应用规范	信息存储
	电子文件管理细则之二：长久保存格式需求	信息存储
	缩微胶片数字化转换技术规范	数字化资源建设流程
	录音档案数字化技术规范	数字化资源建设流程
	录像档案数字化技术规范	数字化资源建设流程

（二）标准的配套与执行

相比单个标准的制定，标准之间的配套性、衔接性，以及标准的贯彻落实同样值得重视。以机读目录格式为例，1999 年之后，天津、江苏、浙江、福建、安徽、上海陆续制定文书档案目录数据库结构与著录格式的标准，且互不相同，这将是未来实现跨区域的目录交换和共享的一个隐患。在多标准共存的局面下，档案数字化工作一般遵循如下采标原则：凡是已有相应国家标准的，应优先采用国家标准；当国家标准尚未制定时，可参照和采用相应的国际标准。

在遵循标准的过程中还应认识到标准升级或更新可能导致的风险。《文献档案资料数字化工作导则》规定了两方面的指导原则：其一，数据兼容。在兼容未来发展技术的基础上，遵循普遍性、权威性、合理性等原则建立的行业标准或企业内部标准，可过渡性地保留使用。但其信息发布和数据传输部分的设计应采用模块化堆叠设计，以保证在国家标准或国际标准颁布实施时，信息发布和数据传输可根据新的标准体系方便地升级。其二，数据共享。为了使采用新标准对原系统的影响最小化，减少投入风险，凡采用内部标准设计的系统，均须考虑建立在二次检索基础上的数据共享接口设计，并至少为数据的重复使用和管理建立联机和脱机使用的两种模式。

四、管理集成

管理集成也是注重效益原则的要求，即将档案数字化融入档案馆（室）的整体工作中，与其日常管理工作相结合。具体体现在三个方面：

（一）基础工作集成

档案馆（室）应将开展数字化工作看成是一个提高基础工作质量的契机。通过预处理工作，夯实基础工作、实现综合效益的主要途径有三：其一，将数字化对象的鉴选与档案鉴定工作结合起来，消除重复件和无须继续留存的档案，将真正具有永久查考利用价值的档案列入数字化范围；其二，将数字化对象的鉴选和破损档案的抢救修复工作结合起来，延长珍贵档案的物理寿命；其三，将数字化对象的整理、编目工作和档案的整理、编目工作结合起来，提高分类、著录、编目的规范化水平。

（二）信息服务集成

档案部门在开展档案数字化加工之前，可能已经利用档案辅助管理软件提供检索服务；在开展档案数字化工作的同时，可能也在开展电子文件管理工作。应将计算机档案辅助管理、电子文件管理和档案数字化工作结合起来，突出地表现在为用户提供机读目录、数字化档案原文信息、电子文件信息的集成服务上，让用户通过统一的界面，即可查找所有可用的数字信息。

（三）管理系统集成

管理系统的集成是工作集成的手段。应保证档案辅助管理系统、电子文件管理系统（或系统模块）、档案数字化系统（或系统模块）的集成，包括数据集成和功能集成，避免数据不兼容、不关联、不一致，减少重复投入，降低系统的应用成本。

五、互助协作

加强档案部门、业务部门、技术部门、咨询部门以及其他信息资源管理部门等有关方面的互助合作，发挥优势互补，共享成果和经验，可以避免不必要的重复劳动，提高档案数字化的效率。各有关方面的互助协作主要体现在以下几个方面：

（一）档案数字化成果的交换共享

传统环境中，因地域阻隔、利用需要等原因，各地档案馆（室）之间存在较为普遍的馆（室）藏重复的情况。由于网络环境中存储在某节点处的数字化档案可以方便地为所有网络用户共享，因此，有关主管部门应加强协调，减少各地档案馆（室）重复加工、转换相同档案的现象。对于重复件，采用“一家转换，多家共享”的数字化加工模式，由一家为主承担数字化加工，数字化成果则在广泛范围内交换与共享。

（二）档案数字化工作经验的交流共享

档案部门、图书馆、情报机构等信息资源管理部门之间应积极交流数字化工作经验，相互学习和借鉴，积极防范档案数字化风险，提高整体水平。

（三）档案数字化课题的联合攻关

为提升档案数字化工作的技术含量和业务水准，避免低水平重复建设，档案部门应该集中智慧和经验，就档案数字化中的重点问题和难点问题进行联合攻关，并在合理范围内共享研究成果、试验（试点）成果。

（四）档案数字化业务的外包共建

档案数字化加工、机读目录录入等工作较为细致、烦琐，工作量大，一般可外包给专业化公司来承担。档案部门以相对较低的成本购买专业化水平较高的社会化服务，而将主要精力放在业务监控和数字化资源的开发利用上，以此提高档案数字化的速度和质量。

六、强化核查

档案数字化工作覆盖的业务内容多，在工作外包的情况下，接触档案原件、档案目录，开展数字化加工、数据录入的人数众多，造成质量差错、安全事故的风险点也较多，宜强化监督、审核和检查工作。

（一）数字化档案原文质量核查

通过将数字化档案与其原件对比，检查数字化转换后的信息质量，包括对文字内容的校对，图像、音频、视频质量的检查，密级校核等。如发现遗漏、数据失真、数据错误，则应及时弥补。

（二）机读目录核查

机读目录是档案检索的依据，应确保准确、完整。为此需要加强数据录入的校对和审核，有时需要开展多次校核。有些单位采用“一稿双录、人机双校”的数据录入和校验模式，即由两名不同的录入员分别录入两份数据，由软件自动对比校验，若发现不一致，再由人工校对。这种模式依据概率论中“两个不同的人在同一个地方犯同一错误的概率几乎为零”的原理，校对效率高，错误率低。

（三）数据挂接核查

用户若要最终获取档案原文信息，除了目录要准确之外，还需要在档案数字化原文与机读目录之间建立准确的挂接。一般采用抽查的方法来进行数据挂接核查，抽检比率不低于5%。

（四）安全审查

安全审查贯穿于档案数字化业务全过程。预处理阶段侧重于对档案出库、入库、拆卷、装订进行检查，确保原件不损坏、不丢失，内容不泄露。数字化加工、存储、组织、服务、维护阶段则着重对各种安全技术、安全管理措施的效果进行检查和审计。

第三节 档案数字化的关键技术

档案数字化的每一个阶段都会应用到特定的技术。本章着重阐述将模拟信息转化为数字信息的数字化加工技术，以及将数字化加工所得信息加以识别以提高计算机处理能力的自动识别技术。数字化档案信息资源的存储、组织、检索和长期维护的技术方法与电子文件存储、组织、检索和长期维护的技术方法趋同。

一、数字化加工技术

采用不同材质、记录方式的档案，数字化加工技术不同。纸质档案、照片、底片、缩微胶片的数字化主要采用扫描技术。当扫描效果不好，或者载体无法扫描时，也可采用数码拍摄的方法。录音、录像档案则主要采用针对声音、视频的模数转换技术，也可采用数字录音、数字摄像的方法。

（一）扫描技术

扫描是通过扫描仪获取档案原文图像的技术。扫描仪的基本工作原理是将光线照到待扫描对象上，感光元件接收到反射光线，再将光波转换为数字信息。市场上扫描仪的种类很多，应参考各类扫描仪的技术指标，并结合档案的特点、经费的情况加以选择。

1. 扫描仪的技术指标

（1）光学分辨率。光学分辨率体现了扫描仪在扫描时所能达到的精细程度，是衡量扫描仪性能高低的重要指标，用每英寸捕获的光点数来表示，单位为 dpi（dots per inch）。分辨率越高，扫描出来的图像越清晰。扫描仪的光学分辨率一般用两个数字相乘，如 600dpi×1 200dpi，其中前一数字为横向分辨率，后一数字则代表纵向分辨率或是机械分辨率。在判断扫描仪光学分辨率时，应以最小的一个为准。

（2）色彩位数。色彩位数也称色深，是指描述一个像素点颜色信息的二进制位数，它一般采用红绿蓝（RGB）三通道的数值总和来表达，常见的有 24 位、30 位、36 位、42 位等，其中每个通道的数值位数分别为 8 位、10 位、12 位和 14 位。这是反映扫描仪识别色彩的能力和能够描述的颜色范围的性能指标，决定了颜色还原的真实程度。色彩位数越大，扫描的效果越好、越逼真，扫描过程中的失真就越少。

（3）灰度级。该指标反映了扫描时提供由暗到亮层次范围的能力，即从纯黑到纯白之间平滑过渡的能力。灰度级越大，扫描结果的层次就越丰富，扫描的效果越好。常见的灰度级为 8 位，即 256 级。

（4）扫描幅面。该指标反映了扫描仪所能扫描纸张的大小，一般有 A4（210mm×297mm）、A4 加长（210mm×356mm）、A3（297mm×420mm）这几种，工程扫描仪还可使用 A0（841mm×1 189mm）幅面。

（5）扫描速度。该指标是指扫描仪从预览开始到图像扫描完成后光头移动的时间。可用扫描标准 A4 幅面所用的时间或完成一行扫描的时间来表示。

（6）接口类型。扫描仪提供的可与计算机相连的接口类型主要有 SCSI、EPP、USB、IEEE1394 等。

2. 扫描仪的类型

档案数字化工作用到的扫描仪类型主要包括平板式扫描仪、胶片扫描仪、鼓式扫描仪等。

（1）平板式扫描仪，又称平台式扫描仪、台式扫描仪，主要用于扫描纸质档案。其光学分辨率在 300dpi～8 000dpi 之间，色彩位数从 24 位到 48 位。部分产品可安装透明胶片扫描适配器，用于扫描透明胶片。少数产品可安装自动进纸实现高速扫描。扫描幅面一般为 A4 或是 A3。零边距扫描仪是用来扫描古籍档案的一种特殊类型的平板式扫描仪，用该扫描仪可不拆装、压迫原件。

（2）胶片扫描仪，又称底片扫描仪或接触式扫描仪，用于扫描各种透明胶片，包括缩微胶片和底片。其光学分辨率在1 000dpi以上，一般可达 2 700dpi。

（3）鼓式扫描仪，又称滚筒式扫描仪，是扫描仪中的高端产品，特点是以点光源逐个像素地进行采样，效果好。光学分辨率在 1 000dpi～8 000dpi，色彩位数从 24 位到 48 位。扫描速度较慢，扫描一幅图可花费几十分钟甚至几个小时。

3. 扫描件技术参数的选择

扫描件主要的技术参数包括分辨率、色彩模式、色彩位数、文件格式、压缩算法等。

（1）分辨率。扫描图像的分辨率与扫描仪的光学分辨率既有联系也有区别。后者是硬件设备的分辨率，体现的是扫描仪捕获精细图像的能力；前者是利用扫描设备获得的图像的分辨率，是描述图像本身精细程度的一个量度。除了 dpi 之外，有时也用 ppi（pixels per inch）来表示图像分辨率，指每英寸长度上扫描图像所含有像素点的个数。在扫描仪采集图像时，扫描仪的每一个样点和所形成图像的每一个像素相对应，因此扫描时设定的 dpi 值与扫描形成图像的 ppi 值是相等的，此时两者可以画等号。但其他情况下，dpi 和 ppi 未必相同。

（2）页面大小。扫描图像一般采用 A4 幅面的页面尺寸。有些档案由于年代久远或纸张特殊不是 A4 大小，可视情况扫描成 A3 或其他页面大小。若纸张大于一个 A4 页面，则可把档案扫描成多个 A4 文件，事后通过图像拼接再还原为原大小。

（3）色彩模式和色彩位数。扫描图像的色彩模式有三种：黑白模式、灰度模式和彩色模式。采用黑白模式的扫描图像系黑白二值图像，只有黑白两级灰度，每个像素只用一个二进制位来记录色彩。采用灰度模式和彩色模式的扫描图像系连续色调静态图像，以多于两级灰度的不同浓淡层次或以不同颜色通道组合而成，每个像素颜色的表示位数大于一位。

（4）文件格式和压缩算法。常用的图像格式有 TIFF 和 JPEG 两种标准格式。TIFF 格式支持多页存储，可进行无损或有损压缩，支持多种压缩算法，包括 CCITT G3、CCITT G4、RAW、LZW、JPEG 等。JPEG 既是一种单页存储的图像格式，又是一种标准的压缩算法，允许采用不同的压缩比例对文件进行压缩。TIFF 格式适合保存高质量的原件，JPEG 则是互联网上主流图像格式，适合屏幕显示。此外，还可采取 GIF、PDF 等格式提供扫描图像的利用。

为扫描件确定合适的技术参数，主要有如下两个角度：

（1）扫描件的使用目的。扫描件的用途主要包括保存、浏览、预览、打印等。可以为同一份档案建立多个数字化副本，选择不同的技术参数。作为图像采集的直接成果，原版图像的主要作用在于保存和生成派生文件，应尽可能保持原件的视觉信息。浏览、预览图像则分别用于高清晰度和低清晰度要求的屏幕显示。打印图像则用于打印输出。表 16－3 反映的是美国西部八州数字扫描的最佳实践指南，该指南主要着眼于扫描件的使用目的推荐了有关技术参数。①

表 16－3 美国西部八州数字扫描的最佳实践指南

技术参数			
图像分辨率	长边 300ppi～1 600ppi	150ppi	72ppi
尺寸大小	与原稿等大	长边 600 像素	长边 100 像素～200 像素
色深	1 位单色 8 位灰度 24 位彩色	1 位单色 8 位灰度 24 位彩色	1 位单色 8 位灰度 8 位索引彩色 24 位彩色
文件格式	TIFF	JPEG	JPEG、GIF
压缩	无损压缩	JPEG，中等质量压缩	JPEG，低质量压缩

① Western States Digital Imaging Best Practice-Quick Reference. [2021－06－01]. http://www.bcr.org/cdp/digitaltb/digital_imaging/quick-ref.html.

（2）档案原件的质量情况。《纸质档案数字化技术规范》主要着眼于档案原件的情况，对色彩模式、扫描分辨率加以规定，它指出：页面为黑白两色，并且字迹清晰、不带插图的档案，可采用黑白二值模式进行扫描；页面为黑白两色，但字迹清晰度差或带有插图的档案，以及页面为多色文字的档案，可采用灰度模式扫描；页面中有红头、印章或插有黑白照片、彩色照片、彩色插图的档案，可视需要采用彩色模式进行扫描；分辨率一般均建议选择≥100dpi；需要运用光学字符识别（optical character recognition，OCR）进行汉字识别的档案，扫描分辨率建议选择≥200dpi。

实际工作中，应综合考虑扫描件的使用目的和档案原件的质量情况，来决定扫描件的技术参数，保证各参数之间协调、匹配。

（二）录音档案的模数转换技术

通过由放音设备、音频采集卡（声卡）、音频输入线、计算机等设备以及相应的音频数字化软件搭建而成的录音档案数字化转换系统，可以将模拟声音信号转化为数字音频信号。其主要工作过程包括采样、量化和编码。通过系统的设置，该过程可以批量化、自动化进行。

1. 采样

模拟的声音信号是连续变化的信号。采样是指每隔一定的时间，采集模拟声音信号的幅度值作为样本，以样本表示原来的信号。采样频率是采样过程中的重要技术参数，即每秒钟采集多少个声音样本，这是用数字信号表达声音精确度高低的参数。采样频率越高，即采样的时间间隔越短，声音波形就表达得越精确。理论上采样频率应大于声音信号最高频率的两倍，常见的采样频率有 11.025kHz、22.05kHz、44.1kHz、48kHz 等。其中，达到 CD 音质的采样频率为 44.1kHz。

2. 量化

量化是指度量样本幅度值并表示为二进制码的过程。量化之前要规定信号的量化精度。量化精度，又称样本大小、量化比特率，是指样本振幅值的等级，一般用二进制位数来表示，如 8 位、16 位等，达到 CD 音质的量化精度是 16 位，16 位的量化精度可以划分 $2^{16}=65\,536$ 个量化级别。根据量化精度，可以明确每一个量化级别对应的幅度范围，将样本幅度值与之比较，就可以得出离散的量化值。量化精度越高，量化级别就越多，声音还原效果越好。除了量化精度外，本阶段的主要技术参数还有声道数，常见的声道数包括单声道、双声道、5＋1 声道、7＋1声道等，声道数越多，音质越好。

3. 编码

编码是指用相应位数的二进制代码按照规定的格式表示量化后的样本。编码阶段的技术参数有编码方式、文件格式、压缩算法等。常见的编码方式包括脉冲编码调制（pulse code modulation，PCM）无压缩编码和 MPEG-1 Layer 3 压缩编码方式等，利用前者可形成 WAV 格式的音频文件，利用后者形成的音频文件为 MP3 格式。WAV 格式也支持多种压缩算法，通用性好，保真度高，常用作音频文件的存档格式。MP3 压缩比高，音质较好，是互联网上流行的音频格式，可用于录音档案的提供利用。此外，还可采用 RM、MOV 等流媒体格式提供网络利用。凡压缩编码形成的音频文件在使用过程中，重复编码和解码会导致内容质量的损伤。

（三）录像档案的模数转换技术

通过由放像设备、视频采集压缩卡、视频输入线、计算机、编辑机等设备以及相应的视频数字化处理软件搭建而成的录像档案数字化转换系统，可以将模拟视频信号转化为数字视频信号。其主要工作过程同样包括采样、量化和编码。录像档案数字化过程比录音档案数字化过程要复杂，除了采集音频信号之外，还要采集视频信号，而后者是由一系列静止的图像组成的。

录像档案数字化之后形成的视频文件，可根据用途选用 MPEG1（VCD 格式）、MPEG2（DVD 格式）、MPEG4、RM、MOV、ASF 等中的一种或多种格式。其中 MPEG1、MPEG2 主要用于存档，MPEG4、RM、MOV、ASF 则是用于网络传输的流媒体格式。目前档案部门多采用 MPEG2 格式，相应的数据传输率不低于 4Mbps。

二、自动识别技术和方法

目前在档案数字化领域得以应用的自动识别技术主要有光学字符识别技术和图形矢量化技术。另外，语音识别技术也有一定的应用潜力。

（一）光学字符识别技术

1. 光学字符识别简介

光学字符识别是指通过扫描仪等光学输入设备读取文字图像信息，通过检测暗、亮的模式确定其形状，然后用字符识别方法将形状翻译成计算机文字的过程。通过光学字符识别技术可获取印刷或打印文字、表格、手写字体、版面信息等，其中文字包括简体字、繁体字、英文字符等。

目前手写体的识别率还没有达到应用的程度，光学字符识别技术主要用于识别印刷或打印文字，即使印刷质量较差的文字的识别率也可达到 95%以上。市场上很多扫描仪都捆绑有通用的光学字符识别技术软件，但若需特定功能则还要另外购买专业级光学字符识别技术软件。如银行、邮政、税务、海关、统计等需日常处理大量表格信息录入的部门，一般要用到特定的光学字符识别技术产品。如今光学字符识别技术大量应用于行政公文、书面合同、银行票据、增值税发票等档案的数字化领域，节省了人工输入劳动，提高了工作效率。

2. 光学字符识别技术的工作过程

光学字符识别技术的主要工作过程包括图像采集、图像预处理、特征抽取、对比特征、判断识别、人工校正和成果输出。

（1）图像采集。通过扫描仪等光学设备将图像传入计算机，是光学字符识别技术的第一步。

（2）图像预处理。其任务是将整体图像分割为一个个的文字图像，包括图像的正规化、去噪、图像矫正、图像分析、文字行与字分离等。

（3）特征抽取。这是光学字符识别技术的核心，目的在于捕获字符的主要特征。特征可分为两类：统计特征和结构特征。前者如文字区域内的黑点与白点数比，后者如笔画端点、交叉点之数量及位置。目前大多光学字符识别技术产品采用的是结构特征抽取法。

（4）对比特征。特征抽取之后，将之与比对数据库或特征数据库中的记录进行比对。

（5）判断识别。根据不同的特征，选用不同的方法进行比较，识别出字符。

（6）人工校正。光学字符识别技术的识别率尚未达到100%。自动识别后，人工校对和更正是必需的。汉字、英文字母和数字的混排以及标点符号都是容易出错的地方。

（7）结果输出。应将识别结果以恰当的方式予以存储，可以单独存成一份计算机文件，也可以将有关数据填入数据库中。

（二）图形矢量化技术

图形矢量化，是对扫描所得的光栅图像数据加以分析、识别，最终重建其中的图形对象、形成矢量数据的过程。将光栅图像数据转换成矢量图形数据，即以坐标方式记录图形要素的几何形状。矢量化之后，可以利用计算机直接调用、编辑、计算、统计、分析图形要素，如点、线、面等，从而提高图形利用的效率。矢量化是图纸复用、自动理解的基础，在工程设计、工程管理、测绘等众多领域得到较广泛的应用，发挥了较大价值。与光学字符识别技术相类似的是，图形矢量化也无法全部由计算机系统自动完成，在自动识别后还需要经过人工处理、分层、添色，才能达到与原图一致的效果。

（三）语音识别技术

语音识别是将语音信号转变为相应的文本或命令的过程。语音识别是一门交叉学科，涉及信号处理、模式识别、概率论和信息论、发声机理和听觉机理、人工智能等领域。语音识别技术的应用受到语音的词汇量、清晰度、口音等条件的限制，中文语音识别产品市场化的时间不长，识别率有待提高，档案数字化领域尚无应用实例。

第四节　档案数字化案例

为使读者更为深入地理解档案数字化工作中各活动、各要素之间的关联和互动，本节将通过中国台湾"'中央研究院'历史语言研究所藏内阁大库档案数位化①计划"这个案例的介绍和分析，让读者有更为直接的认识。

"'中央研究院'历史语言研究所藏内阁大库档案数位化计划"② 是中国台湾于2002

---

① 台湾地区所称"数位化"等同于大陆所称"数字化"。

② 参见史语所明清档案工作室网站相关内容（http：//archive. ihp. sinica. edu. tw/mct/index. htm）。

年起开始执行的第一期"数位典藏计划"中的一个分支计划。"数位典藏计划"旨在将台湾地区重要的文物典藏数字化，以数位典藏促进人文、社会、产业与经济的发展，下设内容发展、技术研发、训练推广、应用服务、维运管理五个分项计划。"中央研究院"历史语言研究所（简称"史语所"）承担了"内容发展分项计划"之下的"珍藏历史文物数位化典藏计划"，"内阁大库档案数位化计划"是其中的第五个分支计划，旨在提升内阁大库档案的学术研究价值与科普价值，同时永久保存重要的文化遗产。

一、内阁大库档案管理沿革

史语所藏内阁大库档案具有极高的学术价值，在 20 世纪二三十年代与殷墟甲骨文、汉晋简牍、敦煌千佛洞卷轴、中国境内古外族遗文并称五大新发现，深受史学界的重视。据 1952 年的统计，史语所藏内阁大库档案总计 31 万多件，内容非常丰富。档案内容多涉及一般行政事务，其中许多材料是会典或则例中所没有的，对于研究制度史、社会史、经济史等具有重要价值。

1930 年史语所开始整理内阁大库档案，但出于政治局势不稳、经费困难等原因，大规模的整理工作直到 1981 年才得以展开。至 1995 年，史语所将已整理完成的部分档案陆续刊印出版。1996 年起史语所正式开展档案数字化工作，将档案原件制成影像文件存入光盘保存。2001 年起按照授权使用的方式，提供网络在线阅览及复印服务。

虽然史语所藏内阁大库档案数字化工作已进行多年，但是开始时仅着眼于档案的保存与服务学术研究两项目标，并未开展档案元数据与规范文件[①]的研究，致使该工作在数字文化传承、数字化质量以及国际合作上都存在不足。自 2002 年起，为了提高内阁大库档案数据库的质量和检索效率，加强与其他数字信息的互通和共享，"内阁大库档案数位化计划"的重点转为研究档案整理工作、档案著录格式及著录方式，建立符合国际标准的档案元数据及规范文件，以及规划数据库及著录模块的系统架构。

二、内阁大库档案数字化的保障

为了提高数字化质量，史语所从人员配备和分工，设备、技术和规范支持及经费安排上给予了充分的保障。

（一）人力保障

史语所整合多方力量开展档案数字化工作，包括数位典藏计划的聘任人员、明清档案工作室的人员、计划执行的研究人员等，所有参与人员按照业务分为五组：整理组、摘录组、数字档案组、规范资料组、行政组。各组分工如表 16－4 所示。

---

① 规范文件（authority file），是指为了提高检索的效率，对档案中出现的人名、地名、团体、标题等名称进行统一规定、著录、编码的规范性文件。

表 16-4 “内阁大库档案数位化计划”的组织分工

组名	分工
整理组	扫灰、除虫、补缀、分类、登录、封存上架
摘录组	登记内阁大库目录及全文著录
数字档案组	扫描、数字摄影、校对影像
规范资料组	著录人名、地名等名称
行政组	处理行政业务，制定相关规范，规划、开发、检测系统模块

（二）设备、技术和规范保障

设备、技术和规范保障，由史语所“资源共享计划”及“数位典藏计划”中的“技术研发分项计划”支持，内容包括档案管理技术、数字影像技术、检索技术、其他技术、法律要求、其他相关管理规则、其他网络服务功能七个方面。其中，档案管理技术包括档案整理、档案著录、档案著录编码、规范控制、内容分析、修复维护等；数字影像技术包括影像制作方式与格式、硬件规格选择、检测标准、存储环境与载体、容量等；检索技术包括索引制作、检索接口、全文检索、影像检索、逻辑运用等；其他技术包括缺字处理、数字水印、网络付费机制、权限管理等；法律要求涉及知识产权、网络行为规范等；其他相关管理规则包括明清档案工作室作业管理规范、内阁大库档案扫描及校验相关作业标准、明清档案工作室《档案人员工作伦理》等。

（三）经费保障

史语所将此分支计划与史语所里原有档案业务进行了区分，主要经费重点用于档案的增值分析及数字化档案的制作（含影像与目录）、系统的整合规划上，原有业务经费主要用于档案的整理维护、管理及提供利用上。

三、内阁大库档案数字化的流程

史语所为内阁大库档案数字化工作制定了一套严谨的流程，整个数字化工作包括整体规划、实体整理、数字化、应用几个阶段，其中整体规划是对档案数字化业务进行全盘计划，实体整理、数字化、应用则是档案数字化业务的三个主要阶段。工作流程如图 16-2 所示。

（一）实体整理阶段

实体整理阶段主要开展以下五个方面的工作：

1. 原件检查

检查原件的实体状况，以决定后续处理的方法。

2. 原件扫灰

用软刷清除原件上的蠹鱼、虫卵、霉斑及灰尘。

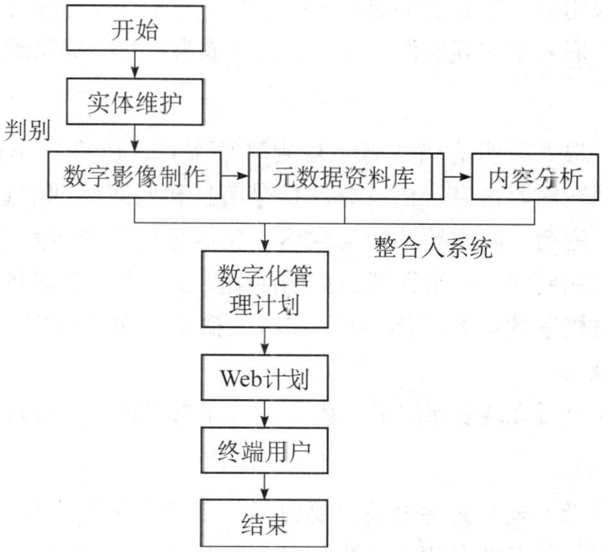

图 16-2 内阁大库档案数字化的工作流程

3. 修复、裱褙

档案原件如果较为完整，原则上还是会经过补洞、喷水润平等整理过程的。若有破损或残缺，就需要修补、裱褙，以尽力维护档案原件的完整性。目前，内阁大库档案多采用干裱的方式。

4. 原件校核登录

数字化加工结束之后，要校核档案的完整性及其排列次序，再钤印典藏章，进行登录编号。

5. 入库上架

原件登录后，以中性纸逐件包装，将一定数量的档案装入典藏箱中，封上典藏标签，进行上架，保存在恒温恒湿条件的库房中。

（二）数字化阶段

此阶段的工作包括影像处理、目录编制、增值分析三个方面，这三个方面同步进行。

1. 影像处理

（1）原件扫描、数字摄影。根据档案数字化的不同用途，制定数字影像的规格；再根据原件的实体整理状况决定制作数字影像的方法，分为扫描法与数字摄影法。折件多用扫描方式进行数字化，超大尺寸、卷轴型或太残破的档案则采用数字摄影法。扫描外包给厂商操作，数字摄影则自行开展。用作存档的扫描图像的规格为 300dpi、灰度或彩色模式、TIFF 格式，由系统直接降阶转存为 150dpi 或 72dpi 之后提供在线利用。

（2）数字影像校对、修正。校核影像的正确性、完整性与清晰度，主要检查是否有漏页、重复页、少字、缺字，必要时进行修正。

（3）数字影像后期制作。后期制作的工作内容主要包括影像接图，采用扫描法的进行系统自动合档，采用数字摄影法的进行人工接图、合档等，再将扫描所得的典藏数字档案进行降阶转档、嵌入水印等操作，使数字档案成为可实际提供给利用者的数字影像。

2. 目录编制

（1）目录著录。根据《明清档案著录规则（草案）》，以件为单位，编写提要目录。提要目录主要包括档案内容信息、档案载体状况信息和档案管理信息三个方面。其中内容信息包括具奏人、官衔、时间等，档案载体状况信息包括档案是完整或残缺、装潢或裱褙与否、保存状况如何等，档案管理信息包括摘要撰写人、档案将来的用途等。

此外，还要针对档案的内容写出 60 字左右的摘要，对于内阁大库档案已有的摘要"贴黄"，则要全部录入。

（2）目录校对。进行在线著录之后，由系统打印校对报表，进行校对与修正。

3. 增值分析

（1）规范文件著录。规范文件著录主要包括如下四个步骤：其一，决定规范文件的性质属于人名规范文件或者地名规范文件；其二，从档案中摘录人名与地名；其三，选择考证与参考资料，按照考证的可信度排列，并查找、记录数据来源与位置；其四，根据《明清档案人名规范文件著录规则（草案）》《明清档案地名规范文件著录规则（初稿）》，进行资料的考证比对并予以著录。

（2）规范文件校对。校对分为自校与互校两种。由系统打印校对报表或在线校对，并进行修正。

（三）应用阶段

1. 系统挂接

连接影像文件、目录、规范文件，执行系统功能，提供检索，并进行权限控制。系统以档案著录编码（encoded archival description，EAD）的标准格式反映内阁大库档案管理全宗、全宗、案、件四个层次的元数据项目。目前已可以从网上进行目录检索，影像部分则需申请付费使用。

2. 开放利用

制定档案阅览规则，在系统控制下，为用户提供检索、阅览目录及阅览全文影像等服务。

四、内阁大库档案数字化的成果

内阁大库档案数字化成果主要表现在系统模块、规范、系统规格、数字化档案数量四个方面。至 2006 年计划一期结束时，建成了整合式档案管理自动化系统以及明清档案主题分析 webgis 测试系统，制定了《明清档案著录规则》《明清档案人名规范文件著录规则》《明清档案地名规范文件著录规则》等规范，编制了整合式档案管理自动化系统架构、功能需求书、元数据需求规格书等系统规格，建成并提供在线利用 206 434 笔已整合好的内阁大库档案的目录和影像，以及 5 809 笔人名规范文件。

目前，中国台湾的“数位典藏计划”已进入二期，“珍藏历史文物数位化典藏计划”的二期为“数位知识总体经营计划”，“内阁大库档案数位化计划”的二期为“明清档案数位知识网络”，在已有数字化成果的基础上继续深入，并征集明清档案数字内容，开展数据库系统与网络平台规划，整合明清学术研究资源。

思考与练习

1. 如何理解档案数字化的概念？
2. 简述档案数字化工作中的管理流程。
3. 简述档案数字化工作中的业务流程。
4. 简述档案数字化工作的目标。
5. 我国现有法律法规的相关规定对档案数字化工作有哪些影响？
6. 我国现有标准对档案数字化工作有哪些影响？
7. 在档案数字化领域，档案部门如何与其他部门开展互助协作？
8. 扫描仪的技术指标有哪些？
9. 如何选择扫描件的技术参数？
10. 简述录音、录像档案数字化加工过程。
11. 自动识别技术有哪些？在档案数字化工作中的应用如何？
12. 结合本章第四节的案例，谈谈档案数字化工作的关键因素有哪些。

图书在版编目（CIP）数据

档案管理学/王英玮，陈智为，刘越男编著．--5版．--北京：中国人民大学出版社，2021.7
新编21世纪档案学系列教材
ISBN 978-7-300-29637-1

Ⅰ.①档…　Ⅱ.①王…②陈…③刘…　Ⅲ.①档案管理学－高等学校－教材　Ⅳ.①G271

中国版本图书馆CIP数据核字（2021）第137539号

“十二五”普通高等教育本科国家级规划教材
新编21世纪档案学系列教材
档案管理学
第五版
王英玮　陈智为　刘越男　编著
Dangan Guanlixue

出版发行	中国人民大学出版社		
社　　址	北京中关村大街31号	**邮政编码**	100080
电　　话	010－62511242（总编室）		010－62511770（质管部）
	010－82501766（邮购部）		010－62514148（门市部）
	010－62515195（发行公司）		010－62515275（盗版举报）
网　　址	http：//www.crup.com.cn		
经　　销	新华书店		
印　　刷	北京宏伟双华印刷有限公司	**版　　次**	1989年1月第1版
开　　本	787 mm×1092 mm　1/16		2021年7月第5版
印　　张	31插页1	**印　　次**	2025年3月第6次印刷
字　　数	694 000	**定　　价**	69.00元

中国人民大学出版社　管理分社

教师教学服务说明

中国人民大学出版社管理分社以出版工商管理和公共管理类精品图书为宗旨。为更好地服务一线教师，我们着力建设了一批数字化、立体化的网络教学资源。教师可以通过以下方式获得免费下载教学资源的权限：

★ 在中国人民大学出版社网站 www.crup.com.cn 进行注册，注册后进入“会员中心”，在左侧点击“我的教师认证”，填写相关信息，提交后等待审核。我们将在一个工作日内为您开通相关资源的下载权限。

★ 如您急需教学资源或需要其他帮助，请加入教师 QQ 群或在工作时间与我们联络。

中国人民大学出版社　管理分社

教师 QQ 群： 648333426(工商管理)　114970332(财会)　648117133(公共管理)
教师群仅限教师加入，入群请备注(学校+姓名)

联系电话： 010-62515735，62515987，62515782，82501048，62514760

电子邮箱： glcbfs@crup.com.cn

通讯地址： 北京市海淀区中关村大街甲 59 号文化大厦 1501 室(100872)

管理书社　　人大社财会　　公共管理与政治学悦读坊